[구조방정식모형]

원리와 적용

Rex B. Kline 저

이현숙 · 장승민 · 신혜숙 · 김수진 · 전경희 공역

Principles and Practice of
Structural Equation Modeling [4th ed.]

학지사

Principles and Practice of Structural Equation Modeling, Fourth Edition
by Rex B. Kline

　　다양한 통계 기법 가운데 구조방정식모형(SEM)만큼 단기간에 연구자들의 관심과 주목을 받은 것은 많지 않을 것이다. 이 책의 2판을 번역했던 약 10년 전만 해도 SEM은 이제 막 학계에서 관심을 받기 시작한 고급 통계분석 방법이었고, 방법론적 복잡성에 비해 사용자들이 쉽게 접근할 수 있는 분석 프로그램의 존재와 직관적으로 명료한 분석 논리로 인해 급속도로 대중적인 인기를 끌게 되었다. 많은 사람이 SEM을 이용해서 논문을 쓰고 있고, SEM을 배우고 싶어 한다. SEM을 이용한 기본적인 분석방법을 소개한 책들이 속속 출간되고 있고, 기초 통계를 다룬 책에서도 마지막 몇 장 정도는 으레 SEM에 할애할 만큼, SEM은 이제 더 이상 생소하고 새로운 분석방법이 아니다.

　　이처럼 SEM이 대중에게 인기 있는 통계분석 방법이 되면서, 한편으로는 SEM을 오용하는 사례도 늘어나고 있다. 특히 SEM을 학습하고자 하는 학생들이나 연구자들이 차근차근 공부할 시간이 없다 보니, 자신의 연구에 즉각적으로 활용할 수 있는 '레시피' 스타일의 책으로 SEM에 입문하는 경우가 많다. 하지만 연구자들이 실제로 분석하고자 하는 현상들은 책에 나와 있는 사례와 방법들보다 훨씬 더 복잡하며 여러 가지 분석상의 난제를 수반하는 경우가 많기 때문에, 기초 공사를 탄탄하게 하지 않으면 실제 연구 및 분석 과정에서 난관에 봉착할 수도 있다. SEM은 사실 복잡한 수리적인 배경을 필요로 하는 분석 기법이다. 하지만 사회과학 분야의 학생들이나 연구자들 중 상당수는 수리적인 접근 방식에 친숙하지 않기 때문에, 많은 사람이 역자에게 '문과생들도 쏙쏙 알아들을 수 있는' SEM 책이 없는지 묻곤 한다. 그때마다 역자는 이 책의 원저인 『Principles and Practice of Structural Equation Modeling』을 추천한다.

　　이 책은 수리적인 배경이 약한 독자들을 위해 수식을 거의 사용하지 않은 채 개념적인 접근 방식을 취하고 있다. SEM의 핵심적인 개념들과 분석방법들을 포괄적으로 다루면서 차근차근 쉽게 풀어 서술함으로써, 독자들이 SEM에 대한 부담이나 거부감 없이 자연스럽게 개념적인 이해를 할 수 있도록 집필된 '친절한' 책이라고 하겠다. 또한 심리학과 사회학 등 다양한 분야에서 SEM을 활용한 사례들을 자세히 소개하고 실제 데이터 및 컴퓨터 프로그램 명령문을 예시로 제공하였는데, 이를 통해 기존 연구자들이 수행한 실제 연구를 독자들이 직접 분석해 봄으로써 개념적인 원리를 실제 상황에 응용할 수 있는 능력을 배양할 수 있도록 하였다.

구조방정식모형이 태동기에서 성장기를 거쳐 점차 방법론적 깊이와 범위가 확장되고 있는 가운데, 이제는 구조방정식모형의 기초적인 이해와 더불어 더 심화된 분석 기법까지 다루고자 하는 수요가 점차 증가하고 있다. 이는 우리나라뿐 아니라 세계적으로 공통된 추세이며, 이 책의 원저자인 Kline 박사는 이러한 변화의 흐름을 반영하기 위해 구조방정식모형의 기본 개념 및 원리를 넘어서 심화된 주제와 최근 연구 동향을 반영한 4판을 최근 출간하였다. 『구조방정식모형: 원리와 적용』 4판은 구조방정식모형을 처음 접하는 사람들이 부담 없이 학습할 수 있는 기본 입문서로서의 성격과, 구조방정식모형에 대해 이미 어느 정도 접한 연구자들이 보다 심화된 학습을 하기 위해 활용할 수 있는 전문서의 성격을 둘 다 갖추고 있다. 이전 판에 비해 심화된 주제를 다양하게 다루면서도 독자들의 이해를 돕기 위해 세세한 설명과 예시를 제공한 것은 다른 SEM 서적과 구별되는 이 책만의 독특한 장점이라고 할 수 있겠다.

이 책을 읽는 독자들에게 세 가지 사항을 강조하고 싶다. 첫째, 언제나 이론이 우선이라는 기본적인 원리를 단순히 선언적 구호가 아닌 신념으로 받아들이기를 바란다. 저자는 SEM이 확인적(confirmatory) 속성을 지향하는 분석방법이므로 개별 모수에 대한 통계적 검증보다는 이론에 기반하여 선험적으로 설정된 모형 자체의 타당성을 검증하는 데에 보다 무게를 둘 것을 이 책의 전반에 걸쳐 강조하고 있다. 또한 모형을 설정하거나 재설정할 때, 또는 여러 가지 동치모형 중 가장 합리적인 모형을 선택해야 하는 의사결정의 상황에서도 언제나 우선권을 가지는 것은 경험적 데이터가 아닌 이론이어야 한다는 점을 재차 강조한다. 역자가 SEM을 적용한 논문들을 읽으면서 가장 많이 느끼는 점 중 하나도 역시 SEM을 탐색적 도구로 이해하여 사용하는 연구자들이 적지 않다는 점이다. 이 책을 통하여 독자들의 이러한 인식이 전환되는 계기가 되었으면 하는 바람이다.

둘째, SEM 컴퓨터 프로그램의 블랙박스를 해체하기 바란다. SEM의 대중성을 높이는 데 무엇보다 큰 기여를 한 것이 바로 사용자에게 친숙한 환경의 컴퓨터 프로그램이 제공되고 있다는 점이다. 요즘에는 컴퓨터가 거의 모든 작업을 대신 수행해 주기 때문에 연구자들이 마우스 버튼만 클릭하면 그럴듯한 분석 결과물을 얻을 수 있지만, 사실 그 안에서 진행되는 일련의 절차들이 타당한 것인지, 연구자의 의도에 맞는 것인지에 대해서는 블랙박스를 뜯어 보기 전에는 알 수 없다. 블랙박스의 해체 작업이 바로 이 책을 깊이 있게 공부하는 과정이라고 생각한다. 컴퓨터가 통계분석을 실시하는 데 사용되는 알고리즘 자체를 일일이 이해할 필요는 없지만, 적어도 연구자가 입력한 정보들이 무엇을 의미하고, 어떠한 절차와 방법을 통하여 분석결과에 도달하게 되는지에 대해서는 이해할 필요가 있다.

셋째, 사전 준비 작업을 충분히 거친 다음 분석을 시작하자. 숙련된 건축가는 집을 짓기 전에 먼저 정교한 설계도를 작성하고 잠재적인 문제의 발생 가능성 등을 모두 검토한 다음 건축을 시작할 것이다. 설계도 없이 집을 짓는 것은 매우 비효율적이며 부실 공사를 초래할 가능성이 높다는 것은 너무도 당연한 사실이다. 그러나 SEM 분석에서 이러한 기본적인 원리가 간과되는 경우가 가끔 있다. 일단 데이터부터 수집해 놓고 보자는 식의 접근을 취하기보다는, 데이터를 수집하기 전에 이론적 모형을 설정하고, 설정된 모형의 합리성과 식별 가능성 등을 충분히 검토한 다음 분석을 시작하는 것이 바람직할 것이다.

저자는 이 책을 'SEM으로 떠나는 여행'의 가이드북이라고 하였다. 여행자는 같은 지역을 여행하더라도 매번 다른 것을 느끼고 다른 것을 경험한다. 어떤 지역을 처음 방문하는 사람은 여행 기간 동안 그 지역에 대한 대략적인 느낌과 인상을 가지고 여행을 마감한다. 여행지에 대한 인상이 좋았다면, 다음에 방문할 때는 더 많은 정보와 기대를 가지고 여행에 임할 것이며, 첫 번째 여행에서 아쉽게 지나쳤던 곳에서 더 많은 시간을 보내거나 현지인들만 아는 절경을 감상하게 되는 여유를 가질 수도 있을 것이다. 이 책은 매우 방대한 내용을 포괄적이면서도 세세하게 다루고 있기 때문에, SEM을 처음 접하는 사람들에게는 여전히 놓치는 부분이나 어렵게 느껴지는 부분들이 있게 마련이다. 이 책이 SEM을 공부하는 동안 항상 지니면서 보고 또 보는 친절한 가이드북이 되기를 바란다.

2019년 2월
역자 일동

서론

　이번에『Principles and Practice of Structural Equation Modeling』의 네 번째 개정판을 출간하게 되어 매우 기쁘게 생각한다. 이전 판과 마찬가지로 4판에서도 수리적인 배경이 강하지 않은 독자들이 SEM의 개념을 쉽게 이해할 수 있도록 서술하는 데 주안점을 두었고, 개념 이해를 돕기 위하여 교육학, 심리학, HR, 심리측정학 등 다양한 분야에서 SEM이 적용된 사례를 몇 가지 더 추가하였다. 이번에는 모범사례뿐만 아니라 기술적인 문제가 발생한 사례도 일부 포함하여, 연구자들이 실제 연구를 수행하면서 직면할 수 있는 문제 상황에 적절하게 대처할 수 있도록 하였다.

　4판에서는 특히 학습 효과를 최대화하기 위하여 연습문제와 심화학습 주제를 선별하여 제시하고, SEM과 관련된 최신 연구 결과들을 충실히 담아내고자 노력하였다. 이전 판에 비하여 가장 크게 변화된 점은 다음의 네 가지로 정리할 수 있다.

1. 인과모형에 대한 독특한 관점을 제시한 Pearl의 구조인과모형(SCM)을 하나의 독립된 장으로 구성하였다.
2. 이 책에서 소개한 분석 사례들은 Amos, EQS, R의 lavaan 패키지, LISREL, Mplus, Stata 등과 같이 활용도가 높은 SEM 분석 프로그램을 이용하여 분석하였으며, 독자들이 직접 실습해볼 수 있도록 프로그램 관련 파일을 웹사이트에 모두 제공하였다.
3. 모형의 설정과 식별에 관해 집필한 부분에서는 경로모형의 설정과 식별에 관해 먼저 다룬 후 잠재변수 모형의 설정과 식별을 설명하는 방식으로 구성하였고, 추정과 가설검정 관련 주제는 잠재변수 모형에 대한 이해 없이도 이해할 수 있도록 집필하였다. 이와 같이 구성한 것은 잠재변수 모형을 설명하기 전에 모형의 설정과 식별에 관해 언급하는 것이 이 책을 교재로 사용하는 교수자들이 수업을 구성하는 데 더 편리할 것이라고 보았기 때문이다.
4. 확인적 요인분석(CFA)에 있어서는 크게 두 가지 변화가 있다. 먼저, 순서형 자료를 이용한 CFA 분석을 설명하기 위해 새로운 분석 사례들을 제시하였으며, 다집단 CFA에 관한 주제는 별도의 장을 두어 비중 있게 설명하였다.

웹사이트

이 책에서 다룬 분석과 관련된 모든 자료는 www.guilford.com/kline에서 받을 수 있다. 웹사이트에는 모든 분석 사례에 대한 입력 자료, syntax 파일, 결과 파일 등을 탑재하였고, 특정 분석을 수행하는 데 필요한 계산 도구를 제공하는 웹사이트나 이 책에서 다룬 다양한 주제와 관련된 웹사이트의 링크도 제시하였다.

학습자가 실제로 분석을 수행하면서 관련 개념을 학습하면 SEM의 개념과 원리를 이해하는 데 훨씬 도움이 된다. 웹사이트에 탑재된 자료와 syntax 파일을 이용하여 이 책에 수록된 연구 사례들을 직접 분석해 보기 바란다. 자료들이 모두 ASCII 텍스트 파일로 작성되어 있기 때문에 일반적인 편집기에서 읽을 수 있으며, PDF 파일들도 Adobe Reader를 통해 무료로 읽을 수 있다. 대부분의 독자들은 이 책에서 제시한 다양한 SEM 분석 소프트웨어 중 한 두 가지 정도만 사용할 것이다. 하지만 자신이 사용하지 않는 다른 프로그램에서 얻은 분석결과를 검토하고 비교하면 동일한 분석을 다른 관점에서 생각해 볼 수 있다는 점에서 의미가 있다. 또한 각 장의 마지막에 있는 연습문제에는 분석 예시에서 다룬 내용을 응용하여 풀 수 있는 문제를 포함하여, 실제 자료를 가지고 연습할 기회를 추가로 가질 수 있도록 하였다.

집필 원칙

이 책을 SEM 강좌나 세미나의 교재로 사용하는 독자들도 있겠지만, 이 책을 보면서 혼자 공부하는 독자들도 있을 것이다. 나는 독자들이 대부분 SEM을 처음 접하는 단계에 있거나, SEM에 대한 기초 개념은 알지만 좀 더 깊이 있게 학습하고자 하는 상황이라고 가정하여 책을 집필하였다. 또한 이 책의 주요 독자들이 수리적인 배경을 가진 통계학 전공자보다는 SEM을 적용하고자 하는 응용 연구자일 것으로 가정하였기 때문에, 가급적 수식보다는 글과 그림으로 풀어서 설명하고자 하였다. 행렬 대수의 관점에서 접근한 SEM 서적들도 있지만(Bollen, 1989; Kaplan, 2009; Mulaik, 2009b), 이러한 서적들은 SEM의 개념을 다룬 기본서를 읽은 후 기술적인 측면에서 심화학습을 하고자 할 때 읽는 것이 더 효과적일 것이라고 본다.

컴퓨터 프로그램

이 책의 내용이 특정 소프트웨어를 중심으로 서술된 것은 아니기 때문에, SEM 프로그램을 한 번도 사용해 보지 않은 독자라 해도 전혀 걱정할 필요는 없다. 특정 소프트웨어를 중심으로 SEM의 분석 기법들을 연결하여 설명하면 그 프로그램을 사용하는 사람에게는 도움이 되겠지만 다른 프로그램을 사용하는 사람에게는 별로 도움이 되지 않을 것이다. 이 책에서는 어떤 컴퓨터 프로그램을 사용하든지 상관 없이 반드시 알아야 할 SEM의 주요 원리를 중심으로 설명하였다. 특정 소프트웨어를 사용하려면 사용법을 익혀 연습하면 된다. 하지만 개념적 지식 없이는 분석결과들을 의미 있게 해석하기 어렵고, 심지어 잘못 해석할 가능성도 있다.

기호체계

다른 통계분석 방법과 마찬가지로 SEM에서도 모든 사람이 공통으로 사용하는 표준화된 기호체계가 있는 것은 아니다. 그러나 LISREL에서 사용해 온 기호체계가 현재까지 여러 SEM 문헌에서 가장 보편적으로 사용되고 있다. 이 책 역시 LISREL의 기호체계를 기반으로 설명하고 있기는 하지만, 독자들이 기호체계를 외우지 않아도 책의 내용을 이해하는 데에는 전혀 무리가 없다. LISREL의 기호체계는 전체 체계를 외우고 있지 않는 한 오히려 혼동을 줄 수 있기 때문에, 이 책에서는 가장 기본적인 기호들만 사용하고, 나머지는 부록에 제시하였다.

SEM과 함께하는 여행

우리의 인생이 긴 여행이듯, 새로운 통계 기법을 배우는 것 역시 긴 여정을 가진 여행이다. 때로는 낯선 땅에 도착하기도 하고 새로운 것을 배우는 기쁨도 있다. 여행에는 늘 시간의 헌신이 필요하며, 시행착오를 견딜 수 있는 의지도 있어야 한다. 그러나 홀로 만들어 가는 여행이 아니기에 두려워할 필요는 없다. 이 책을 여행 지도나 가이드북, 또는 그 여행지의 언어나 문화에 익숙한 가이드라고 생각하자. 이 책을 통해 여러분은 무엇을 보고 무엇을 조심해야 할지, 그리고 지평선 너머에 무엇이 존재하는지에 대해 하나씩 알아 갈 수 있을 것이다. 이 책의 개념적 접근과 실제 사례, 분석과 관련된 조언 등은 여러분의 통계적 여정을 훨씬 쉽고 즐겁게 만들어 줄 것으로 기대한다.

이 책의 구성

SEM과 관련된 주제는 매우 방대하기 때문에, 모든 내용을 한 권의 책에서 세세히 다루기는 어렵다. 이러한 현실을 고려하여, 다음과 같은 핵심적인 주제를 중심으로 책의 내용을 구성하였다.

1부에서는 SEM 분석에 필요한 가장 기초적인 개념과 컴퓨터 프로그램에 관해 소개하였다. 1장에서는 SEM의 기본적인 특징과 SEM에 대해 사람들이 가지는 일반적인 생각에 대해 다루었으며, 인과적 추론을 다루는 통계 기법들과 SEM이 어떤 관계에 있는지도 설명하였다. 2장과 3장에서는 SEM 학습의 기초가 되는 통계적 원리에 대해 소개하고, 회귀분석, 통계적 유의성 검정, 붓스트랩 기법 등을 다루었다. SEM 분석을 위한 자료 준비와 적합도 지수에 관해서는 4장에 서술하였으며, 5장에서는 SEM과 SCM 분석을 위한 컴퓨터 프로그램에 관해 설명하였다.

2부는 SEM 분석 단계 중 모형의 설정과 식별을 중심으로 구성하였다. 6장과 7장에서는 관찰변수 모형인 경로분석의 맥락에서 설정과 식별에 관해 설명하였고, 8장은 SCM과 인과 그래프 이론의 관점에서 경로분석을 설명하였다. CFA 모형과 구조회귀모형은 9장과 10장에서 각각 다루었다. 구조회귀모형은 경로모형과 측정모형을 모두 포함하는 모형을 의미한다.

3부는 실제 분석과 관련된 내용으로 구성하였다. 11장과 12장은 일반적인 구조방정식 모형에 적용되는 추정과 가설검정의 원리를 다루었으며, CFA 모형과 SR 모형의 분석은 13장과 14장에서 각각 설명하였다. 3부에서는 전반적으로 독자들이 분석의 원리를 이해하기 쉽도록 실제 연구문제와 연결하여 설명하고자 하였다.

4부는 SEM과 관련된 심화 주제로서 고급 분석 기법을 몇 가지 소개하였다. 15장에서는 구조방정식모형에서 평균구조를 분석하는 방법을 다루었으며, 잠재성장모형과 같은 종단적 분석 기법에 대해서도 소개하였다. 16장은 다집단 SEM 분석에 대한 주제를 중심으로 기술하였으며, CFA의 측정동일성에 관해서도 자세히 설명하였다. 17장에서는 잠재변수의 상호작용 효과, 조건적 과정분석, 인과적 매개분석, 그리고 다층모형과 SEM의 관계에 관해 설명하였고, 마지막으로 18장에서는 SEM 분석 시 고려해야 할 사항과 더불어, 연구자들이 흔히 저지르는 실수와 이를 피하기 위한 방법 등에 관한 가이드라인을 제시하였다.

차례

Part 1. SEM의 기본 개념과 분석 도구

Chapter **1** 새로운 시대의 도래

Chapter 5 SEM 컴퓨터 프로그램

Part 2. 모형의 설정과 식별

Chapter 6 경로모형의 설정

Chapter **7** 경로모형의 식별

Chapter 10 구조회귀모형의 설정과 식별

Part 3. 분석

Chapter 11 모수추정과 지역 적합도 검정

Chapter **12** 모형 적합도 평가

Chapter **13** 확인적 요인분석 모형

Chapter **14** 구조회귀모형

Part 4. SEM 분석의 고급 기법

Chapter **18** 구조방정식모형의 바람직한 활용을 위한 제언

Part **1**

SEM의 기본 개념과 분석 도구

새로운 시대의 도래

이 책은 수리적인 배경이 강하지 않은 연구자와 학생들이 구조방정식모형(SEM)의 원리, 가정, 강점과 약점, 적용 등을 쉽게 이해할 수 있도록 돕기 위한 안내서다. 수리적인 접근보다는 공식이나 기호의 사용을 최소화하여 개념적으로 접근하였으며, 심리학, 교육학, 의학 등 다양한 분야의 SEM 적용 사례를 제시함으로써 독자의 이해를 높이고자 하였다. 독자들이 이 책을 읽고 난 후 SEM을 이용한 연구를 수행할 때, 이론과 원리에 충실한 분석을 수행할 수 있는 역량을 갖추기를 기대한다. 극작가 조지 버나드쇼는 삶이란 자신에 대한 발견이라기보다 자신을 새로운 모습으로 만들어 가는 여정으로 보았다. 이 책과 함께 새로운 것을 창조하는 여정으로 함께 떠나 보도록 하자.

SEM 학습을 위한 준비

이 절에서는 SEM을 배우기 위한 준비 과정에 대해 안내하고자 한다. 이 장에 소개된 방법들은 여러분이 SEM 입문 단계에서부터 연구자로서 합리적인 감각과 관점을 갖게 하는 데 도움이 될 것이다.

연구 분야에 대한 이해

SEM을 배우는 데 있어 가장 중요한 것은 자신의 연구 분야와 관련된 이론적·경험적 선행연구에 대해 충분히 이해하고 있어야 한다는 점이다. 초기 모형설정에서부터 분석과 결과 해석에 이르기까지 모든 과정이 연구자의 관심 영역에 대한 이해도에 의해 좌우되기 때문이다. 통계 전문가나 컴퓨터 전문가로서의 역할보다 연구자로서의 자세를 갖추는 것이야말로 SEM을 배우는 데 있어 가장 중요하며 우선시되어야 할 요건이다. 이는 대부분의 통계분석에 공통으로 적용되는 사항으로서 통계분석 결과의 가치는 분석의 기반인 연구자의 아이디어가 얼마나 질적으로 우수한지에 의해 결정되기 때문이다. 연구 분야에 대한 충분한 이해 없이 SEM 분석이 이루어질 경우, 잘 알려진 표현인 'garbage in-garbage out'처럼 쓸모없는 자료가 입력되어 활용 가치가 전혀 없는 분석결과가 도출되는 경우가 초래될 수 있다.

측정자료에 대한 이해

Kühnel(2001)은 SEM을 학습하기 위해 먼저 기본적인 측정학적 문제들에 대한 이해가 있어야 한다고 하였다. 특히 높은 신뢰도와 타당도를 갖춘 측정자료를 분석하는 것이 SEM 분석에서 필수적이다. 가령, 가설적 구인인 잠재변수들을 포함하는 구조방정식모형을 분석할 때 이러한 구인들이 어떻게 측정되었는지를 고려하지 않은 채 분석을 진행할 수는 없는 일이다. 만일 하나의 구인이 단일한 측정변수로만 이루어진 경우라면 이 변수의 심리측정학적 특성에 대한 검증이 더욱 중요해진다. 심리측정학적으로 양호하지 않은 측정자료를 분석할 경우 연구 결과가 왜곡될 수도 있다.

통계개념 및 방법에 대한 기초 지식

SEM을 배우기에 앞서 다음 세 영역에 대한 기본적인 이해가 필요하다. 이는 (1) 회귀분석의 원리(다중회귀, 로지스틱회귀, 프로빗회귀 등), (2) 통계적 유의도 검정 및 결과해석, (3) 데이터 선별 및 측정도구의 선택 등 세 가지로, 2장에서 각각에 대해 보다 상세히 다룰 것이다. 여기서는 이러한 영역들이 SEM을 배우는 데 있어 왜 중요한지에 대해 설명하고자 한다.

SEM 분석으로부터 산출되는 추정치 중 경로계수는 회귀분석의 회귀계수와 유사하게 해석된다. 일반적인 회귀분석과 마찬가지로, SEM의 모수추정치는 예측변수들 간의 상관에 따라 달라질 수 있고, 모형에 포함된 예측변수와 관련성이 높은데도 불구하고 연구자가 모형에 포함시키지 않은 중요한 예측변수가 있는 경우 분석 결과가 왜곡될 수 있다. 통계적 유의도 검정 결과는 SEM을 포함한 대부분의 통계분석에서 잘못 해석될 수 있는 여지가 큰 부분으로서, 연구자는 이렇듯 자주 발생하는 문제에 대한 대처방안을 잘 알고 있어야 한다. SEM 분석을 위한 자료 준비 단계에서 잠정적으로 발생할 수 있는 문제에 대한 검증 및 해결책 등이 마련되어야 할 것이다.

연구자의 사고와 판단

세상에서 가장 훌륭한 연구용 컴퓨터는 바로 인간의 두뇌, 즉 연구자 자신의 사고와 판단일 것이다. 통계분석의 최종 단계에서 연구자는 자신이 세운 가설을 어느 정도 지지할 수 있는지 평가하고 예상치 못한 결과를 설명해야 한다. 또한 자신의 연구 결과를 선행연구 결과와 관련짓기도 하며 후속 연구를 위한 제언에 반영하기도 한다. 이러한 일들은 모두 연구자의 판단에 관한 문제로 볼 수 있다. 통계 전문가나 컴퓨터 전문가가 분석방법을 선택하거나 프로그램 명령어를 작성하는 데 도움을 주는 몇 부분을 제외하고는 모두 내용 전문가인 연구자가 직접 판단하고 관여해야 하는 영역인 것이다. Pedhazur와 Schmelkin (1991)은 "연구자가 충분히 숙고하지 않으면 어떠한 전문성도 제대로 발휘될 수 없다."고 하였다(p. 2).

SEM 분석을 위한 컴퓨터 프로그램

SEM 분석을 하려면 컴퓨터 프로그램이 반드시 필요하다. 현재 많은 컴퓨터 프로그램이 출시되어 있으며, 일부 프로그램은 무료로 제공되기도 한다. 무료 컴퓨터 프로그램의 예로는 구조방정식모형의 설정과 검정을 위한 그래픽 환경인 Ωnyx, 통계적 컴퓨팅과 그래픽 환경을 제공하는 오픈소스 언어인 R 패키지로서 lavaan과 sem 등이 있다. 상용화된 프로그램으로는 Amos, EQS, LISREL 및 Mplus가 있으며, 이들은 모두 대규모 컴퓨팅 환경을 필요로 하지 않는 독립 실행형 프로그램이다. 통계 프로그램 내에서 SEM 분석을 할 수 있는 대표적인 프로시저로는 SAS/STAT의 CALIS, Stata의 sem과 gsem 명령어, Systat의 RAMONA, STATISTICA의 SEPATH가 있다. 이상에서 언급한 프로그램을 포함하여 다양한 SEM 분석도구에 대한 자세한 설명은 5장에 기술하였으며, 이 책의 웹사이트에 각 SEM 컴퓨터 프로그램의 홈페이지로 연결되는 링크를 제시하였다(서론 참조).

SEM 커뮤니티

SEMNET[1]은 이메일 네트워크에 기반한 SEM 커뮤니티로, SEM과 관련된 전반적인 이슈에 대한 토론과 논의의 장을 제공한다. 이곳에서는 인과관계의 특성이나 인과추론 등

---

1) www2.gsu.edu/~mkteer/semnet.html

철학적인 논의를 비롯하여 SEM 분석과 관련된 질의응답이 자유롭게 이루어진다. SEM 입문자부터 이 책에 언급된 저명한 학자에 이르기까지 다양한 학문 분야의 연구자들이 SEMNET을 이용하고 있다. 때로는 논의가 격렬해질 때도 있지만, 대체로 과학적인 토론 형식으로 진행된다. 주로 게시물만 읽는 이용자들도 있고 적극적으로 참여하는 이용자들도 있지만, 어떠한 경우든 SEMNET에서 새로운 것을 배울 수 있는 기회가 제공되고 있다. David Rogosa(1988)가 지은 'Ballad of the Casual Modeler'라는 제목의 SEM 테마곡이 있을 정도로, 이 커뮤니티는 매우 활성화되어 있다.

🥧 SEM의 개념

구조방정식모형(Structural Equation Modeling: SEM)이라는 용어는 단일한 통계적 기법이라기보다는 여러 가지 분석방법의 집합체라고 할 수 있다. 연구 맥락에 따라 **공분산구조분석**(covariance structure analysis or analysis of covariance structures)이나 **공분산구조모형**(covariance structure modeling)으로 지칭되기도 한다. 이 용어 중 어느 것을 사용해도 무방하나 이 책에서는 구조방정식모형이라는 용어로 통일하여 사용하기로 한다.

Pearl(2012)은 SEM을 세 가지 투입요소(input: I)와 세 가지 산출요소(output: O)로 구성된 인과추론 방법으로 정의하였다. 먼저, SEM의 세 가지 투입요소(I)를 살펴보면 다음과 같다.

I-1. 연구가설: 구조방정식모형의 형태로 표현된 인과관계에 대한 연구가설로, 이론 및 실증연구에 근거한다. 연구가설은 일반적으로 연구자의 잠정적 가정을 기반으로 하며 이 중 일부에 대하여만 실제 자료 수집을 통한 검증이 이루어진다.

I-2. 연구문제: 연구자가 관심을 가지는 변수들 간의 인과관계에 대해 설정한 연구문제다. 가령, 종속변수인 Y에 영향을 미치는 여러 변수를 통제했을 때 Y변수에 대한 X변수의 직접효과($X \longrightarrow Y$)가 어느 정도인지를 밝히기 위한 연구문제가 설정될 수 있다. 연구문제는 구체화된 구조방정식모형에 근거하여 진술된다.

I-3. 연구설계: SEM은 실험설계 또는 준실험설계 맥락에서도 적용 가능하나 대부분 비실험설계 상황에서 이루어진다. 이에 대한 자세한 설명은 Bergsma, Croon, and Hagenaars(2009)를 참조하기 바란다.

다음으로 SEM의 산출요소(O)를 살펴보기로 하겠다.

O-1. 모수추정치: $X \longrightarrow Y$와 같이 설정된 효과에 대한 모수추정치가 분석자료로부터 산출된다.

O-2. 논리적 추론이나 함의: 직접적인 모수추정치로는 산출되지 않더라도 SEM을 이용한 가설 검정 결과로부터 일련의 논리적 추론이나 함의가 도출될 수 있다. 예를 들어, 어떤 모형에서 특정 변수를 통제하면 변수 W와 Y는 서로 관련이 없다는 사실을 모형을 통해 추론할 수 있다.

O-3. 모형의 타당성: 구조방정식모형을 이용한 분석으로부터 도출된 결론이 주어진 자료에서 어느 정도 뒷받침될 수 있는지에 대한 정보를 제공한다.

이어지는 절에서 SEM의 투입요소와 산출요소에 대해 보다 자세히 살펴보기로 하겠다.

🝆 이론의 중요성

다른 통계방법에서와 마찬가지로 SEM의 분석결과는 연구자가 지닌 아이디어가 얼마나 타당한지에 달려 있다. SEM의 핵심은 적절한 관찰변수로 측정된 구인 간의 관계를 타당하게 예측하는 모형을 설정함으로써 연구자의 이론을 검증하는 데 있다(Hayduk, Cummings, Boadu, Pazderka-Robinson, & Boulianne, 2007). 만일 연구자가 설정한 모형이 데이터에 적합하지 않게 나오면, 모형이 이론과 대치되거나 오류가 있음을 의미하는 분석결과가 나타나기도 한다.

초보자들은 간혹 데이터에 적합한 모형을 찾는 것이 SEM 분석의 핵심이라는 잘못된 믿음을 갖고 있는 경우도 있으나, 모형과 데이터 간 적합도가 좋다고 해서 그 모형이 타당하다고 확신하기는 어렵다. 어떤 모형이든, 심지어 잘못 설정된 모형도 모수를 추가하여 모형을 보다 복잡하게 구성함으로써 데이터에 적합하도록 만들 수 있기 때문이다. 실제로 최대한 모형을 복잡하게 설정하면 모형이 데이터에 완전히 일치하도록 만들 수 있는데, 이 것은 통계 모형의 일반적인 특징으로서 SEM에 국한된 것만은 아니다. 그러나 SEM 분석의 성패는 모형의 적합도와 관계없이 중요한 이론적 문제들을 얼마나 적절하게 다루는지에 의해 결정된다. 즉, 과학적으로 의미 없는 모형은 데이터와의 적합성 여부와 관계없이 적절하지 않다(Millsap, 2007).

SEM 분석의 선험적, 확인적 속성

컴퓨터 프로그램을 이용하여 SEM 분석을 하기 위해서는 연구자가 변수 간 인과효과의 방향성(예: $X \longrightarrow Y$ vs. $Y \longrightarrow X$)과 같은 다양한 정보를 제공해야 한다. 이러한 선험적 (a priori) 설정을 통해 연구자의 가설이 모형에 반영되고, 전체적인 분석 모형이 구성된다. 이러한 의미에서 SEM 분석은 확인적(confirmatory) 속성을 갖는다고 할 수 있다. 그러나 실제 분석을 수행하게 되면 데이터와 모형이 일치하지 않는 경우가 발생하게 되는데, 이 경우 연구자는 해당 모형을 폐기하거나 그 모형의 기반이 되는 가설 중 일부를 수정하게 된다.

SEM의 확인적 속성을 얼마나 엄격하게 적용하는가에 따라 SEM 분석을 다음의 세 가지 맥락으로 구분할 수 있다. 첫 번째 맥락은 **엄격한 확인적 적용**(strictly confirmatory applications)으로, 연구자가 단일한 모형을 설정한 후 데이터와의 일치 여부를 근거로 모형을 채택하거나 기각하는 상황을 말한다(Jöreskog, 1993). 그러나 모형 검증이 이처럼 좁은 범위에서 수행되는 경우는 거의 없다. 두 번째 맥락은 엄격한 확인적 적용에 비해 제한이 약한 경우로서, 연구자가 선정한 선험적인 모형이 두 개 이상인 상황, 즉 **경쟁모형** (alternative models)이 존재하는 상황에서 SEM을 적용하는 경우다(Jöreskog, 1993). 경쟁모형은 일반적으로 동일한 관찰변수를 포함하되 변수 간 관계를 다르게 설정한 모형을 의미한다. 경쟁모형을 설정하려면 둘 이상의 모형을 설정하기 위한 충분한 근거가 필요하다. 특정 모형과 데이터 간 적합도가 양호할 경우 모형이 유지되겠지만 그렇지 않은 경우에는 기각될 것이다. 세 번째 맥락인 **모형 생성**(model generation)은 가장 흔한 경우로 연구자가 초기에 설정한 모형이 데이터에 적합하지 않아 수정하는 상황이다. 연구자는 모형을 수정한 후 같은 데이터를 이용하여 다시 검증하게 된다(Jöreskog, 1993). 이러한 과정을 통한 분석의 목적은 세 가지 특징을 지닌 모형, 즉 이론적으로 타당하고, 적절한 수준으로 간명하며, 데이터와의 적합성을 갖춘 모형을 '발견'하는 데 있다고 할 수 있다.

확률적 인과성

SEM에서 분석되는 모형은 일반적으로 **결정적 인과성**(deterministic causality)이 아닌 확률적 인과성을 가정한다. 결정적 인과성은 원인변수가 변화할 때 모든 사례의 결과변수가 동일하게 변화하는 것을 의미한다. 이와 반대로, **확률적 인과성**(probabilistic causality)에서는 원인변수가 변화할 때 결과변수가 사례에 따라 다르게 변화할 수 있다고 가정한다. 즉,

결과변수가 일어날 확률이 1 미만인 것이다. 표본자료에 대해 이러한 확률(효과)을 추정하는 데 있어서 일반적으로 정규분포와 같은 특정 분포의 가정에 근거한다. 확률적 인과성의 가정에 따라, 두 변수 간 함수관계로서 인과성은 유지되지만 설정된 인과효과에 의해 확률 분포가 변화한다고 가정된다(Mulaik, 2009b).

확률적 인과모형의 예는 [그림 1-1]과 같다. 그림에 표현된 두 변수 간 구체적인 함수 관계는 다음과 같다.

$$\hat{Y} = .05X^2 - .50X + 10.00 \tag{1.1}$$

식 (1.1)에서 $\hat{Y}$은 정규분포 상에서 특정 X 점수에 대하여 예측된 평균점수를 의미한다. [그림 1-1]에서 X 변수의 수준이 증가할 때, Y의 예측 분포도 선형적 또는 비선형적으로 증가하며, 확률적 인과관계가 설정된 모든 지점에서 오차분산이 존재한다.

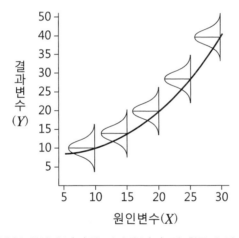

[그림 1-1] 연속형 원인변수(X)와 결과변수(Y) 간 확률적 관계에 대한 예시

관찰변수와 잠재변수

SEM의 주요 특징 중 하나는 관찰변수와 잠재변수가 명확하게 구별된다는 점이다. 관찰변수는 연구자료, 즉 연구자에 의해 수집되고 데이터 파일에 입력된 변수를 의미한다. 관찰변수는 범주형과 연속형 모두 가능하나, SEM의 모든 잠재변수는 연속형 변수여야 한다. 범주형 잠재변수를 분석하기 위한 다른 통계적 방법들이 있지만 SEM에서는 연속형 잠

재변수만을 다룬다.

SEM의 잠재변수는 **가설적 구인**(hypothetical constructs)으로, 직접 관찰이 불가능한 연속변수라는 속성을 가진다. 그 예로 지능을 들 수 있다. 지능은 단일한 의미로 규정되는 측정치라기보다는 일반적으로 어휘추리력, 암기력과 같이 다양한 측면에 대한 여러 관찰변수로 측정된다. SEM에서 잠재변수는 다양한 현상을 설명하는 맥락에서 사용되는데, 예컨대 심리적 속성(지능, 불안감 등), 분석 단위(소그룹, 지역구, 국가 등), 측정도구 효과(자기보고식검사, 관찰조사 등), 정보 출처(교사, 학생 등)와 관련된 다양한 속성이 SEM의 잠재변수로 사용될 수 있다.

특정 구인에 대한 간접 측정지인 관찰변수를 **측정지표**(indicator)라 하며, 측정지표의 점수 분석에 기반하여 연구자가 개념적으로 정의한 구인이 통계적으로 표상된 것을 **요인**(factor)이라 한다. SEM에서는 측정지표와 요인을 명확하게 구분함으로써 요인의 측정과 관련된 다양한 연구가설을 검증할 수 있다. 연구자가 변수 $X_1 \sim X_3$와 $X_4 \sim X_5$가 각각 다른 구인을 측정하는 것으로 믿고 있다고 가정해 보자. 이때 SEM에서는 $X_1 \sim X_3$ 변수를 하나의 요인에 대한 측정지표로, $X_4 \sim X_5$ 변수를 다른 요인에 대한 측정지표로 가정하는 모형을 상대적으로 쉽게 설정할 수 있다. 설정된 모형에 대한 적합도가 좋지 않을 경우 모형이 근거로 하고 있는 연구가설은 기각될 것이다. 이처럼 SEM은 관찰변수와 잠재변수를 동시에 분석할 수 있다는 점에서 관찰변수만을 다루는 분산분석(ANOVA)과 다중회귀분석과 같은 일반적인 통계기법과 차별성을 갖는다.

SEM에서 또 다른 잠재변수 유형으로는 잔차 또는 오차항이 있으며, 이러한 변수 유형은 관찰변수 또는 결과변수로 설정된 요인과 관련되어 있다. 측정지표의 경우 오차항은 요인에 의해 설명되지 않은 분산을 나타낸다. 설명되지 않은 분산의 일부는 무작위로 발생하는 측정오차 또는 낮은 신뢰도에 기인한다. 측정오차를 명료하게 설명할 수 있다는 것은 SEM이 가진 장점으로 볼 수 있다. SEM의 이러한 특징이 분석에 있어 중대한 심리측정학적 오류를 완전하게 통제하는 것은 아니나, 실제 상황에 보다 적합하도록 분석의 질을 높일 수 있도록 한다. 이러한 관점에서 보면, 전통적 통계 기법들 중에는 비합리적인 가정을 전제로 하는 것도 있다. 예를 들어, 다중회귀분석에서는 모든 예측변수가 오차 없이 측정된다고 가정되는데, 이러한 가정은 실제 연구 상황에서 위배되는 경우가 많다. SEM 분석에서 모수를 추정하기 위해서는 오차분산을 반드시 추정해야 한다. 오차분산은 원자료에서 직접적으로 관찰되지 않는 잠재변수로 취급되므로, 구조방정식모형의 경로도에서 오차항은 연구의 초점이 되는 잠재변수와 동일한 기호로 표현된다.

SEM에서 관찰변수와 잠재변수를 독립변수나 결과변수로 취급하여 분석할 수 있다는 점은 가설 검정을 위한 연구가설 설정에 있어 상당한 융통성을 제공한다. 그러나 SEM 모형이 반드시 잠재변수를 포함할 필요는 없다. SEM에서는 잠재변수를 포함하지 않고 관찰변수로만 구성된 모형을 평가하는 것이 가능하며, 이를 경로분석이라고 한다.

◑ SEM의 분석 자료

SEM 분석을 위한 기초 자료로서 공분산(covariance)이 사용된다. 연속형 변수인 X와 Y에 대한 공분산은 다음과 같이 정의된다.

$$cov_{XY} = r_{XY}SD_X SD_Y \qquad\qquad (1.2)$$

r_{XY}는 X와 Y의 적률상관계수를, SD_X와 SD_Y는 각각 두 변수의 표준편차를 나타낸다.[2] 따라서 공분산은 X와 Y의 선형관계에 대한 강도와 분산의 크기를 종합적으로 표현한다고 할 수 있다. 공분산은 원점수 척도에서 산출되는 비표준화된 통계값으로서 고정된 상한계와 하한계를 갖지 않는다. 즉, −1,003.26이나 13.58과 같은 값을 가질 수 있다. 하지만 공분산(cov_{XY})은 표준화된 척도상의 관계에 국한된 상관계수(r_{XY})에 비해 더 많은 정보를 제공한다.

공분산은 다음 두 가지 목적으로 사용된다는 점에서 SEM 분석의 기본이 되는 통계량으로 간주된다. 공분산을 통해 변수 간 관계의 형태를 이해할 수 있고, 분석 모형에서 변수들의 분산을 최대한 설명할 수 있도록 한다. 분산과 공분산에 대한 가설을 나타내는 구조방정식모형의 일부를 **공분산구조**(covariance structure)라 한다. 이어지는 장에서 공분산구조분석의 이론적 부분을 자세히 설명하겠지만 모든 SEM 모형의 분석은 기본적으로 공분산구조에 기초한다고 볼 수 있다.

분산분석을 주로 사용하는 연구자들은 SEM이 공분산을 분석하는 데에만 관심이 있다고 생각하는 경향이 있는데, 이는 SEM 분석의 범위를 지나치게 좁게 보는 관점이다. SEM에서는 공분산뿐 아니라 평균도 분석의 대상이 될 수 있다. 또한 다른 통계방법과 구별되는 특징으로 SEM에서는 잠재변수의 평균도 추정할 수 있는 반면, ANOVA에서는 관찰변수의 평균만 분석 가능하다. SEM은 ANOVA와 같이 전통적 분석방법에서 다루는 효과들,

---

2) 동일한 변수 간의 공분산은 그 변수의 분산과 같음($cov_{XX} = s_x^2$).

예컨대 집단 간 또는 집단 내(반복측정) 평균 비교와 같은 분석에도 활용될 수 있다. 즉, SEM에서는 잠재변수의 집단 간 평균차이를 검정하는 것이 가능하며, 이는 ANOVA에서는 다룰 수 없는 부분이다. SEM에서 평균이 공분산과 함께 분석될 때, 모형은 공분산구조와 **평균구조**를 모두 갖게 되며 평균구조는 잠재변수들에 대한 평균 추정치를 나타낸다. 대부분의 SEM 연구에서는 평균구조를 필요로 하지 않으므로 평균이 분석되는 경우가 드물기는 하나, 평균구조에 대한 분석은 SEM 분석에 있어 또 다른 측면의 융통성을 제공한다고 볼 수 있다.

대규모 표본 확보의 필요성

SEM을 소표본 자료에 적용할 수 있는 가능성을 탐색한 연구들(Jung, 2013)이 있기는 하나, SEM은 여전히 대규모 표본을 필요로 하는 통계방법이다. 잠재변수에 대한 표준오차는 표본이 크지 않을 경우 부정확하게 추정될 수 있으며, 추정 과정에서 기술적 문제가 발생할 위험도 증가할 수 있다는 점에 유의할 필요가 있다.

이렇듯 표본크기는 SEM 분석에서 중요한 문제이므로 'SEM 분석에 필요한 최소 표본크기는 어느 정도인가'라는 근본적인 질문에 대해 생각해 볼 필요가 있다. 그러나 다양한 요인에 따라 SEM 분석에 필요한 최소 표본크기가 달라질 수 있기 때문에 적정한 표본크기가 어느 정도인지 단순히 말하기는 어렵다.

1. 추정해야 할 모수가 많은 복잡한 모형일수록 컴퓨터가 모수를 정확하고 안정적으로 추정하기 위해서는 큰 표본이 요구된다.

2. 모든 결과변수가 연속형 변수이면서 정규분포 및 선형성에 대한 가정을 따르고 상호작용을 포함하지 않는 분석의 경우에는 이와 같은 조건들이 위반되는 경우에 비해 더 작은 크기의 표본을 필요로 할 것이다. 즉, 범주형 변수가 포함된 경우, 변수 간 관계가 비선형적이거나 정규분포를 따르지 않는 경우, 상호작용을 포함하는 분석 상황에서는 더 큰 표본을 필요로 한다. 또한 SEM에는 여러 종류의 추정 방법이 있는데, 추정 방법별로 데이터에 대하여 어떠한 가정을 하는가에 따라 매우 큰 표본이 필요한 경우도 있다.

3. 검사점수 신뢰도가 낮을수록 측정오차로 인해 발생할 수 있는 왜곡을 줄이기 위해 큰 표본이 필요하다. 잠재변수 모형은 측정오차를 모형 내에서 통제할 수 있으므로

구인에 대한 측정변수가 여러 개인 잠재변수 모형은 관찰변수만 포함하는 모형에 비해 상대적으로 작은 표본크기를 필요로 한다. 결측 데이터의 비율 또한 표본크기 결정에 영향을 미친다. 데이터의 결측 비율이 높을수록 정보의 손실을 줄이기 위해 더 큰 표본을 필요로 하게 된다.

4. 구조방정식모형의 유형에 따라서도 표본크기에 대한 요건은 달라질 수 있다. 예를 들어, 요인분석에서 요인별 측정변수의 수가 상대적으로 적거나, 요인이 각 측정변수에 대한 분산을 설명하는 비율이 측정변수에 따라 큰 차이를 보이는 경우에 상대적으로 큰 표본이 필요하다. 또한 일부 측정변수가 다수의 요인들과 연결되어 있거나 요인 수가 많은 경우, 그리고 요인 간 공분산이 상대적으로 작은 경우에도 큰 표본이 필요하다.

이와 같이 다양한 요인을 고려할 때, 모든 연구에 공통적으로 적용될 수 있는 표본크기에 대한 단순한 법칙을 제시하기는 어렵다. 다만, SEM의 표본크기를 결정할 때는 적어도 다음의 두 가지 사항을 고려해야 할 필요가 있다. 첫째는 모수추정의 정확성을 확보하기 위해 적절한 수준의 표본크기는 어느 정도인가 하는 점이며, 둘째는 통계적 유의도 검정에서 만족할 수준의 통계적 검정력을 확보하기 위해 필요한 표본크기가 어느 정도인가 하는 점이다. 가설 검정에서 검정력이란 대립가설이 참일 때 영가설을 기각하고 대립가설을 채택할 확률을 의미한다. 일반적으로 .85 이상이 적절한 검정력 수준으로 간주되지만 제2종 오류, 즉 참이 아닌 영가설을 기각하지 못하는 데 따른 영향이 심각한 경우에는 이보다 더 높은 수준의 검정력이 요구되기도 한다. 모형과 분석방법에 따라, 적정 수준의 통계적 검정력을 확보하는 데 필요한 최소 표본크기가 모수추정의 정확성을 확보하기 위해 필요한 표본크기에 비해 훨씬 큰 경우도 있다.

Wolf, Harrington, Clark와 Miller(2013)의 몬테카를로 시뮬레이션 연구 결과를 보면 SEM에서 표본크기 요건과 관련하여 '획일적(one-size-fits-all)' 접근을 하는 것이 매우 어려움을 알 수 있다. 이들은 요인분석 모형, 관찰변수로 구성된 매개효과 모형과 잠재변수로 구성된 매개효과 모형, 단일 측정변수와 다중 측정변수로 구성된 측정 모형의 분석 상황에서 구조방정식모형의 표본크기에 대한 연구를 수행하였다. 모의실험 조건은 통계적 정확성과 검정력 확보를 위한 최소 표본크기를 분석방법과 결측 정도에 따라 여러 수준으로 구성하였다. 구체적으로 요인 수(1~3), 요인 별 측정변수의 수(3~8), 요인과 측정변수간 평균 상관계수(.50~.80), 요인상관의 정도(.30~.50), 결측 정도(측정변수별 2~20%)를 고려하여 요인분석 모형을 위한 최소 표본크기를 총 사례수 30에서 460의 범위로 구성하였다.

구조방정식모형의 검정력 분석에서 요구되는 최소 표본크기를 추정하는 방법은 후속되는 장에서 자세히 설명하도록 하고, 여기서는 통계적 정확성을 확보하기 위한 최소 표본크기에 관해 몇 가지 가이드라인을 제시하고자 한다. Jackson(2003)은 $N{:}q$ 규칙을 제안하였는데, 이 규칙은 결과변수가 연속형이면서 정규분포의 가정을 충족시키는 데이터를 분석하는 데 있어서 대부분의 SEM 분석도구의 기본 설정인 최대우도법에 의해 잠재변수 모형을 분석하는 상황에서 적용 가능하다. 이 규칙에 따라 연구자는 사례수(N)와 모수추정치의 개수(q)의 비율이 20:1이 되도록 최소 표본크기를 정하도록 제안하였다. 예를 들어, SEM 분석에서 추정될 모수의 개수(q)가 10개라고 하면 최소 표본크기는 이것의 20배인 $N=200$을 필요로 하게 된다. 이 규칙을 좀 더 느슨하게 적용하면 $N{:}q$의 비율이 10:1이 되도록 할 수 있으며, 이 경우 분석에 필요한 표본크기는 $N=100$이 된다. $N{:}q$ 비율이 10:1 이하로 떨어지면 분석결과의 신뢰도가 낮아질 것이며 추정 문제가 발생할 위험도 증가하게 될 것이다.

최소 표본크기를 절대적 기준으로 제시하기란 어려운 일이지만, SEM 연구에서 통상적으로 사용되는 표본크기를 고려하는 것이 도움이 될 수 있다. 경영학(Shah & Goldstein, 2006)과 교육 및 심리학(MacCalum & Austin, 2000) 등의 연구 분야에서 수행된 SEM 연구들을 살펴본 결과, 표본크기의 중앙값이 대략 200인 것으로 나타났다. 그러나 모형이 복잡해지거나 비연속형 변수가 포함되는 경우, 선형성이나 정규성 가정이 위배되거나 상호작용을 포함하는 경우, 또는 최대우도법이 아닌 다른 추정법이 적용되며 결측값이 많은 상황이라면, $N=200$은 작은 표본으로 간주될 수 있다. 사례수가 100 미만인 경우, 구조방정식모형을 설정하기 어렵다. 모형을 매우 간단하게 설정하여 이 문제를 피한다 하더라도 이러한 모형의 분석결과는 그다지 흥미롭지 않을 것이다. Barrett(2007)은 모집단의 범위 자체가 매우 제한적인 경우를 제외하고는 SEM 분석에서 표본크기가 200 미만인 학술지 논문을 심사과정에서 탈락시켜야 한다고 제안하였다. 이러한 주장이 절대적인 기준은 아니더라도, 작은 표본에 기반한 SEM 분석에 문제의 소지가 있을 수 있다는 점은 연구자가 심각하게 인식할 필요가 있다.

지금까지 학술지에 발표된 SEM 연구 논문 중에 표본크기가 적정 수준에 미치지 못한 연구들도 적지 않을 것이다. Loehlin(2004)은 연구자들이 검정력 분석(power analysis)을 실시하면 자신이 사용한 표본크기가 적정 수준의 통계적 검정력을 확보하기에 지나치게 작다는 것을 깨닫게 될 것이라고 지적하였다. Westland(2010)는 4종의 경영정보시스템 학술지에 발간된 총 74개의 SEM 연구를 검토한 후 다음과 같은 결과를 제시하였다. 첫째, 연구에 사용된 평균 표본크기는 약 $N=375$였는데, 이는 결과를 지지하는 데 필요한 적정한 표본크기의 약 50%밖에 되지 않는다. 둘째, 표본크기의 중앙값은 $N = 260$이었는데, 이는 최소 표본크기 요건의 불과 38%에 해당되며, 충분하지 않은 수의 표본에서는 상당히 큰 부적 편포가 나타났다. 셋째, 모든 연구의 약 80%는 표본크기가 충분하지 않은 자료에서 도출되었다. 후속되는 장에서 표본크기 요건에 대해 다시 논의할 것이며, 이 절에서는 지금까지 발표된 SEM 연구들이 지나치게 작은 표본에 기반하였음을 알 수 있다.

🫧 통계적 유의도 검정

SEM에서 통계적 유의도 검정은 ANOVA와 다중회귀분석 등 다른 통계 기법에서의 역할과 비교할 때 그 비중이 크지 않다. 첫 번째 이유로, SEM에서는 모형을 전체적으로 평가하기 때문인데, 이는 SEM이 보다 상위 수준의 분석적 관점을 가짐을 의미한다. 일부 연구에서는 모형에 포함된 변수의 개별 효과 검정에 관심이 있을 수 있으나, 결국 어느 시점에는 연구자가 전체 모형을 기각할지, 수정할지, 수정한다면 어떠한 방향으로 수정할지에 대한 결정을 내려야 한다. 이러한 점에서 전체 모형에 대한 평가와 분석이 개별 변수에 대한 효과 검정보다 우선되어야 한다.

SEM에서 통계적 유의도 검정의 역할이 제한적인 두 번째 이유로 대규모 표본에 기초한 분석이라는 점을 들 수 있다. 표본크기가 크면 대부분 '매우 유의한'($p < .0001$) 결과가 나타나지만 효과크기는 미미한 경우가 많다. 이와 마찬가지로 표본크기가 충분히 큰 경우 사실상 0이 아닌 모든 효과는 통계적으로 유의한 결과를 보일 것이다. 따라서 표본크기가 클 때 통계적으로 유의한 결과가 산출되었다면, 이는 사용된 표본의 크기가 크다는 점을 단순히 확인하는 것에 지나지 않는다. 그러나 대부분의 SEM 연구에서 그렇듯이 표본크기가 너무 작으면 검정력이 매우 낮아져 가설검정 결과를 정확하게 해석하는 것이 불가능하게 된다.

SEM에서 통계적 유의도 검정의 역할이 제한적인 세 번째 이유는 추정된 모수에 대한 유의확률(p) 값이 추정방법이나 컴퓨터 프로그램에 따라 달라질 수 있다는 점에 있다. 사실상 컴퓨터 프로그램에 따른 p값의 차이가 그다지 크지 않으나, 때로는 사소한 차이만으로도 가설검정에서 전혀 다른 결과가 도출될 수 있다. 예를 들어, 유의수준 .5에서 어떤 효과에 대한 p값이 .051과 .049일 때 p값은 작은 차이를 보이지만 가설검정 결과 상반된 결론에 이르게 된다.

SEM에서 통계적 유의도 검정이 상대적으로 덜 강조되는 네 번째 이유는 SEM에만 해당된다기보다 일반적인 통계분석에 모두 해당되는 사항인데, 연구자는 통계적 유의도 검정 결과보다 효과크기와 추정의 정확성에 더 관심을 가져야 한다는 점이다(Kline, 2013a). SEM은 ANOVA와 다중회귀분석과 같은 관찰변수에 대한 전통적 통계기법에 비해 더 정확한 효과크기 측정치를 제공한다. 이러한 이유로 저자는 다음과 같은 Rodgers(2010)의 견해에 동의한다. 그는 SEM이 '조용한 방법론적 혁명'의 한 부분으로서 개별 효과에 대한 통계적 유의도 검정으로부터 전체 통계모형에 대한 평가로 통계분석의 초점을 전환하고 있다는 점을 강조하였다.

SEM과 기타 통계분석 방법

ANOVA가 다중회귀분석의 특수한 형태라는 점을 이미 많은 독자가 알고 있을 것이다. 이 두 가지 통계방법은 **일반선형모형**(General Linear Model: 이하 GLM)으로 알려진 보다 큰 수리모형의 집합체에 기반하고 있다. 다변량 분산분석(multivariate ANOVA: MANOVA)과 정준변량분석(정준상관) 역시 GLM에 해당된다. 이러한 GLM 분석방법들은 관찰변수를 분석하기 위해 사용되는 SEM의 특수한 형태로 볼 수 있다(Fan, 1997). 따라서 SEM을 배운다는 것은 GLM에 비해 활용범위가 큰 통계기법을 습득함으로써 분석 기술을 한 수준 확장시키는 것이라고 볼 수 있다.

SEM에서는 잠재변수를 연속형 변수로 가정한다. 그러나 범주형 잠재변수 또는 **계층**(class)을 분석하기 위한 통계방법들도 있다. 이때 계층이란 피험자가 어느 집단에 속해 있는지 모르는 상태에서 데이터 분석을 통해 추론한 소속집단을 의미한다. 이러한 분석의 주요 목적은 잠재계층의 수와 특성을 파악하는 것으로 볼 수 있다. **잠재계층분석**(latent class analysis)은 범주형 측정변수와 잠재변수에 대해 실시하는 요인분석의 일종이다(Hagenaars & McCutcheon, 2002). 잠재계층 요인모형의 특수한 형태로서 **잠재전이모형**(latent transition model)이라는 것도 있는데, 하나의 상태에서 다른 상태로 이동하는 것(예: 비숙달에서 숙달로 이동)을 모형화한 것이다. **잠재계층회귀분석**(latent class regression)은 소속 계층에 대한 추정치와 이와 관련된 다른 변수들을 예측변수로 하여 종속변수를 예측하는 분석방법이다. 연속변수를 대상으로 한 일반적인 회귀분석과는 대조적으로 잠재계층 회귀에서 예측변수들은 연속형, 이산형, 계수형(count) 변수 등이 모두 가능하며, 종속변수 역시 연속형, 이산형, 반복형 측정변수 모두 가능하다. 또한 잠재계층회귀분석에서는 같은 예측변수 모형이 모든 사례에 대해 동일하게 적용된다고 가정하지 않는다.

최근까지만 해도 연속형 잠재변수를 분석하기 위한 SEM 기법은 앞에서 설명한 범주형 잠재변수 분석 기법과는 다른 유형이라고 생각되어 왔다. 그러나 이러한 관점은 최근 모든 잠재변수 모형을 하나의 공통된 수리적 체계 내에서 표현하고자 하는 시도로 인해 점차 변화하고 있다(Bartholomew, 2002). 예를 들어, B. Muthén(2001)은 연속형과 범주형 잠재변수가 모두 포함된 **혼합모형**(mixture model) 분석방법에 대해 설명하였다. 하나의 모형 내에 두 가지 유형의 잠재변수가 동시에 존재하는 모형을 분석하는 것은 기본적으로 모형에서 추정된 몇 개의 하위집단(계층)에 걸쳐 SEM 분석을 수행하는 것과 같다. Skrondal과 Rabe-Hesketh(2004)는 **일반화 선형잠재혼합모형**(generalized linear latent and mixed models: 이하 GLAMM)을 (1) 각기 다른 유형의 관찰변수(연속형, 이분형 등)가 잠재변수와 관련성을 갖는 반응모형, (2) 관찰변수 또는 잠재변수가 예측변수 또는 결과변수가 될 수 있는 구조모형, (3) 비모수 모형을 포함하여, 연속형 또는 비연속형 잠재변수에 대한 분포모형이라는 특징을 갖는다고 설명하였다. 다층모형 역시 이러한 모형 체계에 속한다.

비교적 최근에 개발된 SEM 컴퓨터 프로그램을 이용하면 다양한 잠재변수 모형에 대한 분석이 가능하다. 예를 들어, Mplus 프로그램으로 SEM 구조방정식모형과 혼합모형의 모든 기본 모형을 분석할 수 있다. Mplus에서는 이 두 종류의 분석이 다층분석의 형태로 결합될 수도 있다. Stata 명령어인 gsem을 통해 GLAMM 기반 모형들을 분석할 수 있으며, Mplus와 LISREL에는 문항반응이론(IRT)의 문항특성곡선을 분석하는 기능이 있다. 이상에서 언급한 컴퓨터 프로그램에서는 SEM, 잠재계층분석, 다층모형분석, 혼합모형분석, IRT 분석들을 하나의 체계 내에서 분석할 수 있다.

SEM과 기타 인과추론 분석방법

SEM 분석은 다른 인과추론 방법들과도 관련이 있다. Jerzy Neyman과 Donald Rubin의 이름에서 유래하여 **Neyman-Rubin 모형**으로도 불리는 **잠재적결과모형**(potential outcomes model: 이하 POM)과 Judea Pearl의 **구조인과모형**(structural causal model: 이하 SCM)은 대표적인 인과추론 모형이다. POM은 인과추론에서 반사실적(counterfactual) 가정의 역할을 고려한 방법이다(Rubin, 2005). **반사실적** 가정이란 실제 일어나지 않았지만 다른 조건하에서는 일어날 수 있었던 사건이나 결과에 대한 잠재적 가설 또는 조건적 진술을 의미한다. 가령, '알람을 정확하게 맞춰 놓았다면 지각하지 않았을 것이다.'라는 진술은 반사실적 가정의 예로 볼 수 있다. 이러한 반사실적 가정은 실험연구의 맥락에서 두 가지 유형으로 생각해 볼 수 있는데, 첫째는 통제집단에 속한 연구대상을 처치집단에 배정했다면 어떠한 결과가 도출되었을까 하는 문제와, 둘째는 처치집단에 속한 연구대상을 통제집단으로 배정했다면 어떠한 결과가 도출되었을까 하는 문제다. 연구대상을 통제집단과 처치집단 중 하나에만 배정하게 되면 이와 같은 잠재적 결과를 관찰할 수 없다. 이러한 점은 곧 관찰된 연구결과가 처치와 통제의 무수한 조합에서 도출될 수 있는 다양한 연구결과 중 하나에 불과함을 시사한다.

POM 분석방법은 모든 잠재적 결과를 포함하지 않는 데이터를 분석할 때 어떤 조건하에서 인과효과를 추정할 수 있는가에 초점을 두고 있다. 실험설계에서 무선할당으로 피험자를 배정하면 동일한 실험을 반복하더라도 처치집단과 통제집단의 동질성이 보장된다고 가정한다. 이에 따라 연구 결과에서 나타나는 집단 간 차이가 처치에 기인한다고 해석하는 것이 가능하다. 그러나 무선할당이 이루어지지 않거나 어떤 방식으로 할당이 이루어졌는지 명확하지 않은 준실험연구 또는 비실험연구 설계에서는 결과 해석이 더욱 복잡해진다. 이 경우 집단 간 평균 차이는 처치효과와 다른 변수의 효과가 혼재되어 추정된 결과로 해석될 수 있기 때문이다. POM에서는 관찰된 데이터에 대한 방정식과 인과관계 모수들에 대한 방정식을 구분하여 설정한다. 이러한 접근 방식은 데이터에 기반한 추정치와 인과모형에 기반한 추정치가 어떻게 구별되는지 명확하게 이해하는 데 도움을 준다(MacKinnon, 2008). POM은 무선화 임상실험과 매개효과 분석의 맥락에서 많이 적용되어 왔다. 매개효과에 관해서는 후속 장에서 별도로 다시 다루기로 하겠다.

어떤 연구자들은 POM이 SEM보다 더 체계적인 인과추론 방법이라고 주장한다(Rubin, 2009). 그러나 이러한 주장은 두 가지 문제점을 가진다(Bollen & Pearl, 2013). 첫째, 인과변수에 대한 값을 반사실적 진술의 조건에 해당하는 상수로 고정시키면 SEM에서 반사실성을 결과변수에 대한 예측값으로 표현하는 것이 가능하다(Kenny, 2014b). 이는 곧 POM의 다양한 추정방법이 SEM에서도 사용될 수 있음을 의미한다. 둘째, POM과 SEM은 두 방법이 호환 가능한 원리와 기호로 표현된다는 점에서 이론적으로 동일한 방법으로 볼 수 있다. 즉, SEM에서는 관찰변수나 잠재변수 간의 함수관계로 표현하고, POM에서는 이를 반사실적 잠재변수 사이의 관계로 표현하는 등 이 두 분석방법이 다른 방식으로 인과관계 가설을 표현하고 있으나 이것은 단지 피상적인 차이에 불과하다고 볼 수 있다(Pearl, 2012).

SCM은 그래프 이론에 기반한 인과모형 분석방법으로서 베이지안 네트워크나 기계학습과 관련한 Pearl의 컴퓨터 과학 연구로부터 시작되었다. Pearl은 1980년대 이후로 POM과 SEM을 인과관계 추론을 위한 하나의 종합적인 분석체계 내에서 통합하고 각각의 장점들을 확장하여 방법론적으로 더욱 정교화하였다(Pearl, 2009b). 이에 Hayduk 등(2013)은

SCM을 SEM의 미래라고 표현한 바 있으며, 저자도 이 책을 통해 SCM에 대해 소개하고자한다. SCM은 역학과 같은 학문 영역에서는 비교적 잘 알려진 반면, 심리학이나 교육학 분야에서는 생소한 모형이다. SCM이 갖는 여러 장점과 학습의 가치를 고려할 때 상대적으로 덜 알려져 있다는 것이 아쉬울 뿐이다.

SCM은 기본적으로 그래프를 이용한 분석방법이라 할 수 있다. 인과가설은 관찰변수 또는 잠재변수 간 정향 그래프로 표현된다. 수집된 데이터를 바탕으로 분석을 수행하는 일반적인 SEM 모형의 그래프(경로도)와 달리, SCM에서는 데이터 없이도 특수한 컴퓨터 프로그램을 이용하여 정향 그래프를 분석할 수 있다. 이와 같은 기능으로 인해 연구자는 데이터를 수집하기 전에 연구 아이디어를 사전에 검증할 수 있다. 예를 들어, 추가적인 변수가 투입되지 않을 경우 특정 인과효과에 대한 추정이 불가능하다는 사실을 정향 그래프를 분석하여 미리 파악할 수 있다. 데이터 수집 전 연구 계획 단계에서 이러한 문제가 발견되면 해결하기가 훨씬 수월하다. 또한 SCM 분석을 위한 컴퓨터 프로그램은 연구자가 설정한 인과관계에 대한 가설 중 검정 가능한 함의를 도출하는 데 도움을 줄 수 있다. 그러나 분석을 하는 데 특별한 소프트웨어가 필요한 것은 아니다. 연속변수 간 관계에 대한 연구가설은 편상관을 이용하여 평가할 수 있는데, 편상관은 일반적인 통계분석 프로그램을 통해 추정할 수 있기 때문이다.

일부 연구에서는 SCM을 설명하는 데 있어서 수학적 정리나 보조정리, 증명과 같은 수학적 기호체계가 사용되기도 한다(Pearl, 2009b). 이러한 방식을 통해 보다 정확하고 이론에 충실한 설명이 가능할 수 있으나, 초보자들이 이해하기에는 다소 어려울 수 있다. 따라서 이 책에서는 독자들이 SCM을 쉽게 이해할 수 있도록 수리적 공식이나 절차를 사용하기보다는 개념적으로 설명하고자 한다.

SEM에 대한 잘못된 인식

앞서 언급한 바와 같이, SEM에 관해 일반적으로 가지는 두 가지 잘못된 인식이 있다. 첫째는 SEM이 공분산만을 분석하는 모형이라는 생각이고, 둘째로 비실험 연구에서만 적용 가능하다는 생각이다. Bollen과 Pearl(2013)은 이에 더하여 몇 가지 문제를 더 제기하였는데, 그중 하나가 SEM은 비선형관계 또는 상호작용 효과를 분석할 수 없다는 인식이다. 적절한 모형설정만 이루어진다면 SEM에서 이러한 효과를 분석하는 것은 사실상 문제가 되지 않는다. SEM 분석이 선형적 인과모형의 연속형 결과변수만 분석할 수 있다는 인식 역시 SEM에 대해 가지는 오해 중 하나다. 최근 개발된 SEM 분석 프로그램에는 이분형이나 순서형 변수와 같은 비연속형 결과변수들을 다룰 수 있는 추정방법들이 포함되어 있으며, 인과모형의 선형성 여부에 관계 없이 분석이 가능하다. 이러한 기능은 후속 장에서 설명하기로 하겠다.

　　Bollen과 Pearl(2013)은 인과추론에 있어 SEM의 기능과 관련한 몇 가지 또 다른 인식을 설명하였다. 이러한 인식 중에는 인과관계 추론에 있어 POM이 SEM보다 본질적으로 우월하다고 보는 비관적 입장도 있는 반면, 변수 간 관련성(공분산)만으로도 인과관계에 대한 추론이 가능하다고 믿는 등 SEM의 기능에 대해 지나치게 낙관적으로 보는 견해도 있다.

　　그런데 두 견해 모두 사실과 다르다. SEM은 인과모형설정, 자료수집, 모형-데이터 간 적합성 평가와 이에 따른 모형 수정, 그리고 연구문제에 대한 결론 도출을 가능하게 하는 일종의 마법과 같은 통계방법이 아니다. 일부 연구자들이 이러한 식으로 SEM을 잘못 이용하는 것은 사실이나, 상관관계로부터 인과관계를 추론하기 위해서는 이론이나 지식, 연구 설계, 자료수집, 반복연구, 인과가설 등이 있어야 하며, 이 중 일부만이 경험적으로 확인 가능하다.

　　SEM에서 모형과 데이터가 서로 일치한다는 결론이 내려진다고 하여 설정된 모형이 완전하게 입증되었다고 말할 수는 없다. SEM은 일종의 '**부당성 확인법**'(disconfirmatory procedure)으로서 모형-데이터 간 적합도가 좋지 않은 모형을 기각할 수는 있으나 이것이 연구자가 설정한 모형의 타당성을 입증하는 것은 아니다. 연구자가 선호하는 모형과 동일한 정도로 데이터를 설명하는 동치모형이나 이에 준하는 준동치모형들이 존재하며, 설정 오류가 발생했거나 연구가설이 잘못 설정되었을 가능성도 있기 때문이다. Bollen(1989)은 이러한 문제를 다음과 같이 기술하였다.

　　　　모형이 실제 현상과 일치하면 데이터는 모형과 일치할 것이다. 그러나 데이터와 모형이 일치하더라도 그것이 곧 모형이 실제 현상을 그대로 반영하고 있음을 의미하는 것은 아니다(p. 68).

　　SEM에서 모형이 채택되면 인과관계에 대한 연구가설의 잠정적 타당성을 좀 더 확실히 가정할 수 있겠지만, 연구가설의 타당성을 확인하려면 동일 데이터에 대해 상이한 모형을 설정할 수 있는 가능성에 대해 자신이 설정한 모형의 정당성을 설명할 수 있어야 하고, 독립된 데이터를 바탕으로 반복연구를 실시하더라도 동일한 결과가 도출되어야 한다(Bollen & Pearl, 2013).

　　SEM에 대한 또 다른 인식은 SEM과 회귀분석을 동일한 방법으로 오인하는 것이다. 추정된 결과를 보면 언뜻 유사한 부분이 있긴 하나, Bollen과 Pearl(2013)에 따르면 SEM은 회귀분석과 근본적으로 다른 방법임을 알 수 있다. 회귀분석에서는 이론적으로 예측변수와 결과변수를 상호교환적으로 사용할 수 있다. 예를 들어, 한 분석에서 Y를 X의 예측변수로 설정하고 다른 분석에서 X를 Y의 예측변수로 설정하여도 단순 회귀분석에서는 별다른 문제가 발생하지 않는다. 한편, SEM에서는 X가 Y에 영향을 준다는 변수 간 인과관계가 이론 및 연구가설에 의해 설정되기 때문에 반대 인과관계는 성립될 수 없다. 경로모형과 같이 특수한 형태의 모형에서는 일반적인 회귀분석기법이 인과관계를 추정하는 데 적용될 수 있다. 그러나 SEM 맥락에서는 단순한 통계적 예측이 아닌 인과관계에 대한 분석이 이루어진다.

🥧 SEM 분석 시 유의사항

　　연구자들 사이에서 SEM에 대한 관심이 점차 높아지고 있다는 사실을 부정할 이는 없을 것이다. 이와 같은 현상은 SEM 분석을 위한 컴퓨터 프로그램 개발 건수, 대학원 개설 강좌 수, 관련 세미나 개최 건수, SEM 분석결과 발표를 위한 학술지 논문 수의 증가를 통해서도 확인할 수 있다. 또한 심리학이나 교육학, 또는 그 외 다른 학문 분야에서 발간되는 학술지 논문 중 SEM을 다루지 않는 발행 호를 발견하기란 쉽지 않을 것이다.

　　이렇듯 SEM에 대한 지대한 관심과 열의를 어렵지 않게 확인할 수 있다. 이 책의 2판에서 편집자인 David Kenny의 표현을 빌리자면, SEM은 연구자가 답을 얻고자 하는 연구문제들을 다루고, 연구자가 연구문제에 대하여 사고하는 방식과 비슷한 구조로 모형화하기 때문에 연구자들로부터 사랑받는다. 그러나 SEM 분석결과를 발표한 많은 논문 중에는 최소 한 가지 이상의 오류를 포함하는 경우가 상당하고, 그것이 때로는 논문의 과학적 가치를 심각하게 훼손할 수 있다.

　　MacCallum과 Austin(2000)은 16종의 심리학 학술지에 발표된 약 500건의 SEM 연구를 검토하였는데, 대부분의 연구에서 분석결과 보고에 문제가 있는 것을 확인하였다. 예를 들어, 학술논문의 약 50%에서 모수추정치에 대한 보고가 불완전하였으며(예: 비표준화 추정치 생략), 약 25%에서 분석된 데이터 행렬(예: 상관 대 공분산행렬)에 대한 설명이 생략되어 있었다. 그리고 약 10%의 논문에서는 요인에 대한 측정변수나 모형설정에 관해 명료하게 기술하지 않았다. 한편, Shah와 Goldstein(2006)은 4종의 경영학 학술지에 발표된 93개 학술논문을 살펴보았는데, 대부분의 논문에서 실제로 검정된 모형이 무엇인지, 어떠한 측정변수를 사용하였는지에 대한 정보가 누락되어 있음을 발견하였다. 또한 검토한 논문 중 절반 가량에서는 추정방법에 관한 정보가 기술되어 있지 않았으며, 143개 연구 중 31개 연구에서는 이론적으로 제시한 연구모형과 분석결과에 제시된 최종 모형이 일치하지 않는 것으로 나타났다.

연구자가 설정한 모형과 동일한 수준으로 데이터를 설명하지만 인과관계 설정을 달리한 모형을 **동치모형**(equivalent models)이라고 하며, 어떤 구조방정식모형도 동치모형의 존재 가능성에서 자유로울 수 없다. 그러나 대부분의 SEM 연구는 동치모형의 가능성에 대해 아예 언급조차 하지 않는 경우가 많았다(MacCallum & Austin, 2000). 동치모형의 존재를 간과하는 것은 일종의 심각한 **확증 편향**(confirmation bias) 문제로서, 하나의 모형만을 검정하고 그 모형에 대해 지나치게 긍정적으로 평가하며, 데이터를 설명할 수 있는 다른 가능성을 모두 배제시키는 셈이 된다(Shah & Goldstein, 2006). 확증 편향의 가능성은 반복연구의 부재로 인해 더욱 커질 수 있다.

그러나 SEM 분석이 독립적으로 수집된 표본으로 반복수행되는 경우는 매우 드물다. SEM 분석이 대규모 표본을 필요로 하기 때문에 반복연구는 사실상 어려우며, 이에 따라 SEM 연구문헌의 대부분은 일회적 연구로 구성되어 있다. 단순한 통계분석결과를 넘어 실질적으로 중요한 함의를 갖는 분석이라면 구조방정식모형에 의한 분석을 반복적으로 수행하는 것도 중요하다. Kaplan(2009)에 따르면 행동과학연구 분야에서 SEM을 이용한 연구가 40년 이상 수행되었음에도 불구하고 SEM 분석결과가 정책 또는 임상 관련 예측 연구에 사용된 사례는 흔치 않다.

SEM을 비롯한 통계분석 모형의 궁극적인 목적은 소위 **통계적인 아름다움**(statistical beauty)을 달성하는 데 있다. 저자는 SEM 분석에서 최종적으로 채택된 모형은 다음의 세 가지 기준을 충족시켜야 한다고 본다.

1. 명확한 이론적 근거에 기반한 모형(상식과 이치에 맞는 모형)
2. 분석을 통해 밝힐 수 있는 것과 밝히지 못하는 것을 구분하는 모형, 즉 모형의 적용 범위 또는 일반화의 한계를 명확히 한 모형
3. 새로운 연구문제를 제기할 수 있는 조건을 갖춘 모형

SEM을 적용한 기존 연구에서 이와 같은 기준들이 대체로 지켜지지 않았다는 사실은 앞으로 우리가 보다 바람직한 방향으로 SEM 연구를 수행하는 데 있어 좋은 자극이 될 수 있을 것이다.

SEM의 역사

SEM은 여러 가지 분석방법의 집합체이므로 그 기원 역시 하나가 아니다. 그중 하나는 현재 우리가 알고 있는 탐색적 요인분석을 개발한 Charles Spearman(1904)의 시대인 20세기 초로 거슬러 올라간다. 그로부터 몇 년 후, 유전학자 Sewall Wright(1921, 1934)는 경로분석의 토대를 마련하였다. 그는 관찰된 공분산이 관찰변수들 사이의 직접효과 및 간접효과 모수와 어떠한 관련이 있는지 보여 주면서, 이러한 효과들이 표본자료로부터 어떻게 추정될 수 있는지에 대해 설명하였다. Wright는 또한 오늘날까지 우리가 사용하고 있는 경로도와 인과가설의 도식적 표현 체계를 개발하였다. 경로분석 기법은 사회학 분야의 Blalock(1961)과 Duncan(1966)을 비롯한 여러 학자에 의해 행동과학 분야에 도입되었다(Wolfle, 2003 참조).

측정적 접근(요인분석)과 구조적 접근(경로분석)은 1970년대 초반 Jöreskog, Keesling, Wiley, 이 세 연구자의 논문에서 통합되었고, Bentler(1980)는 이를 **JKW 모형**이라고 지칭하였다. Jöreskog와 Sörbom은 1970년대에 JKW 모형을 분석할 수 있는 최초의 컴퓨터 프로그램 LISREL을 개발하였다. 일반 컴퓨터에서 사용할 수 있도록 공식적으로 출시된 첫 번째 버전은 LISREL III로서 1974년에 공개되었고, LISREL은 이후 여러 차례 업데이트되었다.

1980년대와 1990년대에 이르러 보다 많은 컴퓨터 프로그램이 개발되었고, 행동과학의 다양한 분야에서 SEM 기법의 사용이 급증하였다. 이 시기에 SEM을 적용한 연구의 예로는 시간에 따른 성장이나 변화를 분석하기 위한 잠재변수 모형에 대한 연구(Duncan, Duncan, Strycker, Li, & Alpert, 1999)와 잠재변수의 비선형 관계 및 상호작용 효과 분석 연구(shumaker & Marcoulides, 1998) 등을 들 수 있다. 또한 순서형 데이터 분석방법에 대한 Muthén(1984)의 연구를 통해 SEM 적용 범위가 확장되었다. SEM의 역사에서 또 다른 주목할 만한 변화는 SEM 모형의 확장 및 통합, 그리고 다층모형 기법의 개발이다(Muthén, 1994).

2000년대 이후 행동과학 분야에서는 베이지안 방법에 대한 관심이 급증하였다. 베이지안 통계는 새로운 데이터가 수집되어 기존 데이터나 지식과 결합될 때 가설을 체계적으로 다듬고 수정하는 통계방법이라 할 수 있다. 영가설하에서 사건의 확률을 추정하는 전통적인 통계적 유의도 검정 방법과 달리, 베이지안 방법에서는 주어진 데이터로부터 가설에 대한 확률을 추정할 수 있다. 또한 베이지안 방법을 적용하려면 가정된 효과(모수)에 대하여 새로운 데이터를 결합하기 전(사전분포)과 결합 후의 분포(사후분포)의 정확한 형태가 설정되어야 한다. 동일한 데이터에 적용된 두 경쟁모형을 비교하기 위해 베이지안 정보 기준을 사용하기도 하는데, 이에 관해서는 이 책의 후반부에서 다루기로 한다. Amos와

Mplus를 비롯한 SEM 컴퓨터 프로그램에서 베이지안 방법을 이용한 분석이 가능하다. Bayesian SEM에 대한 자세한 내용은 Kaplan과 Depaoli(2012)를 참조하기 바란다.

지금까지의 SEM 역사를 돌아볼 때 이제는 SEM의 새로운 시대가 도래했다고 할 수 있겠다. 이는 SEM 분석의 방법론적 측면에서 한층 성숙과 발전을 도모해야 함을 의미한다. 아울러 그간 사용되어 온 방법들이 가졌던 한계를 인지하여야 함은 물론, 한계를 극복하고자 하는 동기와 새로운 관점에 대한 열린 자세를 가져야 한다. 이러한 맥락에서 이 책에서는 기존의 SEM 저서에서 잘 다루어지지 않은 주제인 Pearl의 SCM 등과 같은 새로운 주제들을 소개하고자 한다. 인생이 연속적인 배움의 과정이듯 인과관계 모형에 대해서도 지속적으로 학습할 필요가 있다고 하겠다.

요약

SEM 방법론은 관찰변수 간의 회귀분석과 잠재변수에 대한 요인분석에 기원을 두고 있다. SEM의 주요 특징으로는 선험적인 속성을 가지는 점, 관찰변수와 잠재변수를 구별할 수 있다는 점, 실험설계와 비실험설계에서 공분산뿐 아니라 평균을 분석하는 것이 가능하다는 점을 들 수 있다. 이전에 비해 많은 연구자가 SEM을 사용하고 있지만, 많은 연구에서 SEM의 적용 방식이나 분석방법에 대한 설명, 또는 결과 보고 방식에 있어 심각한 문제가 발견되었다. 후속되는 장에서는 SEM 분석에서 접할 수 있는 문제점들을 예방하는 방법들에 관해 주요한 주제로 다루게 될 것이다. Pearl의 구조인과 모형(SCM)은 SEM을 잠재적결과모형과 통합하고 이 두 방법론의 기능을 확장한 모형이다. 이러한 접근 방식은 행동과학 분야의 인과관계 추론에 있어 새로운 논리적 확장을 가져온 변화라고 볼 수 있다. 이 장에서 소개된 아이디어를 바탕으로 다음 장에서는 SEM 분석의 근간이 되는 회귀분석의 기본원리에 대해 검토하고자 한다.

심화학습

Matsueda(2012)에는 SEM의 역사가 간략하게 소개되어 있으며, Bollen과 Pearl(2013)은 SEM에 대한 오해나 잘못된 인식들에 관해 설명하였다. 또한 Wolfle(2003)는 사회과학 분야에서 경로분석이 도입된 경위를 소개하였다.

Bollen, K. A., & Pearl, J. (2013). Eight myths about causality and structural equation models. In S. L. Morgan (Ed.), *Handbook of causal analysis for social research* (pp. 301–328). New York: Springer.

Matsueda, R. L. (2012). Key advances in structural equation modeling. In R. H. Hoyle (Ed.), *Handbook of structural equation modeling* (pp. 3–16). New York: Guilford Press.

Wolfle, L. M. (2003). The introduction of path analysis to the social sciences, and some emergent themes: An annotated bibliography. *Structural Equation Modeling*, 10, 1–34.

회귀분석의 기초

회귀분석에 대해 이해하면 SEM을 배우는 데 있어 큰 도움이 된다. 다음에 설명하게 될 통계 방법들은 관찰변수에 국한된 분석방법이지만, 기본 원리는 SEM의 핵심적인 부분을 구성하게 된다. 여기에는 분석에 사용된 데이터뿐 아니라 모형설정 과정에서 모형에 포함되지 않은 변수들에 대한 설정오류 등에 관한 개념도 포함된다. 회귀분석에 대해 이미 많이 알고 있다고 생각하더라도 이 장을 주의 깊게 읽기 바란다. 이 장을 읽고 나면 기존에 미처 알지 못했던 내용들을 새롭게 이해하게 될 것이다. 이 장에서는 연속변수에 대한 표준편차(SD)가 표본분산, 즉 $s^2 = SS/df$의 제곱근으로 산출된다고 가정하였다. 이때 SS는 편차 제곱합을 의미하며, 전체 자유도는 $df = N-1$이다. 표준화 점수 또는 정규 편차는 연속변수 X에 대해 $z = (X-M)/SD$로 계산됨을 숙지하기 바란다.

단순회귀분석

〈표 2-1〉은 세 개의 연속변수에 대해 관찰된 점수를 제시하고 있다. 먼저, 변수 X와 Y에 대한 단순회귀분석(이변량 회귀분석)에 대해 설명한 다음, 변수 W를 포함하는 다중회귀분석을 다루고자 한다. 변수 X로부터 Y를 예측하기 위한 비표준화 회귀식은 다음과 같다.

$$\hat{Y} = B_X X + A_X \tag{2.1}$$

이 식에서 $\hat{Y}$는 모형에 의해 예측된 점수를 의미한다. 식 2.1은 직선의 방정식으로, 예측 변수 X에 대한 비표준화 회귀계수인 B_X는 기울기를 나타낸다. A_X는 상수 또는 절편에

〈표 2-1〉 단순회귀분석과 다중회귀분석에 대한 예시 자료

사례	X	W	Y	사례	X	W	Y
A	16	48	100	K	18	50	102
B	14	47	92	L	19	51	115
C	16	45	88	M	16	52	92
D	12	45	95	N	16	52	102
E	18	46	98	O	22	50	104
F	18	46	101	P	12	51	85
G	13	47	97	Q	20	54	118
H	16	48	98	R	14	53	105
I	18	49	110	S	21	52	111
J	22	49	124	T	17	53	122

주. $M_X = 16.900$, $SD_X = 3.007$; $M_W = 49.400$, $SD_W = 2.817$; $M_Y = 102.950$, $SD_Y = 10.870$; $r_{XY} = .686$, $r_{XW} = .272$, $r_{WY} = .499$.

해당하며, $X = 0$일 때 $\hat{Y}$의 값에 해당한다.

〈표 2-1〉의 자료를 분석하면 다음과 같은 회귀식이 산출된다.

$$\hat{Y} = 2.479X + 61.054$$

이 공식에 따르면 X가 1점 증가할 때 Y는 2.479점 증가하며, $X = 0$인 경우 $Y = 61.054$가 된다. 연습문제 1에서 〈표 2-1〉의 자료를 이용하여 이러한 계수들을 직접 계산해 보도록 하자.

식 2.1에 정의된 예측점수는 예측변수와 절편에 가중치를 부여하여 선형적으로 합산한 점수라고 볼 수 있다. 식 2.1에서 B_X와 A_X의 값은 일반적으로 **최소제곱법**(ordinary least squares: OLS)으로 추정되므로, **최소제곱기준**(least squares criterion)을 충족하는 값이다. 최소제곱기준이란 잔차의 제곱합, 즉 $\sum (Y - \hat{Y})^2$이 특정 표본에서 가장 작은 상태를 의미한다. 결과적으로 OLS 추정은 B_X와 A_X의 값이 표본에 따라 달라지는 특징, 즉 우연변동성(capitalizes on chance variation)을 갖게 된다. 추후 다시 설명하겠지만 이러한 특징은 작은 표본에서 더 큰 문제가 된다.

식 2.1에서 B_X는 다음과 같이 Pearson 상관계수 r_{XY}와 X와 Y의 표준편차의 비를 곱해서 계산된다.

$$B_X = r_{XY}\left(\frac{SD_Y}{SD_X}\right) \tag{2.2}$$

r_{XY}에 대한 공식은 추후 제시하겠으나, 여기서는 B_X가 X와 Y 사이의 공분산 $cov_{XY} = r_{XY}SD_XSD_Y$를 다른 방식으로 표현한 것이라는 정도만 기억하기 바란다. 이러한 점에서 B_X는 식 2.1의 공분산구조에 해당한다고 볼 수 있다. 계수 B_X의 값은 변수 X와 Y의 원척도를 반영하기 때문에, 두 변수 중 어느 하나의 척도가 바뀌면 B_X값 역시 바뀌게 된다. 동일한 이유로, B_X값은 특정 범위에 국한되지 않는다. 예를 들어, X와 Y의 원점수 척도가 무엇인지에 따라 B_X 값은 −7.50이 될 수도 있고 1,225.80이 될 수도 있다. 결과적으로, B_X값이 크다고 하여 X가 Y의 중요한 예측변수라든가 영향력 있는 예측변수라고 해석할 수 없다.

식 2.1의 절편 A_X는 B_X와 두 변수의 평균을 바탕으로 추정된다.

$$A_X = M_Y - B_X M_X \tag{2.3}$$

A_X는 하나의 수로 표현되지만, 두 변수의 평균에 관한 정보를 전달한다는 점에서 식 2.1의 평균구조에 해당한다. 앞서 언급한 바와 같이, $X = 0$일 때 $\hat{Y} = A_X$가 된다. 그러나 어떤 예측변수는 0이라는 값을 아예 갖지 못하는 경우도 있다. 예를 들어, 일반적으로 사용되는 IQ 척도에서 0점이라는 IQ 점수를 갖는 것은 사실상 불가능하다. 이러한 경우 분석에 앞서 X점수를 $x = X - M_X$와 같이 편차점수로 변환하여 **중심화**(centering)하여 분석하기도 한다. 단, Y점수에 대해서는 중심화를 적용하지 않는다. 중심화가 이루어지면, 편차점수 $x = 0$은 중심화되기 전의 원척도 상의 평균, 즉 $X = M_X$에 해당한다. 편차점수 x로 Y를 예측하는 회귀식의 경우, 절편 A_x의 값은 $x = 0$일 때 $\hat{Y}$값과 같다. 즉, 절편은 X가 평균값을 취할 때 Y에 대한 예측점수로 볼 수 있다. 중심화 과정을 거치면 일반적으로 절편 값이 바뀌게 되지만($A_X \neq A_x$), 비표준화 회귀계수 값에는 영향을 미치지 않는다($B_X = B_x$). 연습문제 2에서 〈표 2-1〉의 자료를 이용하여 이 점을 증명해 보도록 하자.

회귀분석의 잔차(residual)인 $Y - \hat{Y}$를 모든 사례에 대해 합하면 0이 되며, 회귀잔차와 예측변수 X 간의 상관은 0이다.

$$r_{X(Y-\hat{Y})} = 0 \tag{2.4}$$

컴퓨터를 이용하여 특정 표본에 대한 회귀계수와 절편을 계산하려면 식 2.4의 가정이 필요하다. 개념적으로, 잔차와 예측변수 간 독립성, 즉 회귀 규칙(regression rule; Kenny & Milan, 2012)에 대한 가정이 있어야 모형에 포함되지 않은 변수들을 배제한 예측변수의 고유한 설명력(예: 식 2.1의 변수 X에 대한 계수 B_X)을 추정할 수 있다. Bollen(1989)은 이러한 가정을 일컬어 예측변수 X를 모형에 포함되지 않은 다른 모든 예측변수로부터 분리하는 **가분리**(pseudo-isolation)라고 정의하였다. 이 개념은 회귀계수 B_X를 추정하는 데 있어, 변수 X가 Y에 대한 예측변수로서 모형에 설정된 다른 예측변수들뿐 아니라 모형에 포함되지 않은 모든 예측변수와도 전혀 관련이 없다고 가정하는 통계적 통제(statistical control)의 핵심적인 개념이라고 할 수 있다.

단순회귀분석에서 예측변수와 준거변수는 이론상 상호 교환가능하다. 다시 말해, X를 예측변수로 하여 Y를 설명하거나 Y를 예측변수로 하여 X를 설명하는 두 가지 다른 방향의 분석이 가능하다는 것이다. 그러나 X가 Y보다 먼저 측정되었거나 X가 Y의 원인으로 알려진 변수일 경우, Y를 예측변수로 한 회귀식은 논리적으로 타당하지 않다. 이러한 경우를 제외하면, 회귀분석에서 예측변수와 준거변수의 역할은 고정된 것이 아니다. Y를 예측변수로 한 비표준화 회귀방정식은 다음과 같다.

$$\hat{X} = B_Y Y + A_Y \tag{2.5}$$

식 2.5의 회귀계수와 절편은 각각 다음과 같이 정의된다.

$$B_Y = r_{XY}\left(\frac{SD_X}{SD_Y}\right), \quad A_Y = M_X - B_Y M_Y \tag{2.6}$$

B_X에 대한 식(식 2.2 참조)과 비교할 때, B_Y에 대한 식 역시 동일한 공분산, 즉 $cov_{XY} = r_{XY}SD_XSD_Y$를 다른 형식으로 표현한 것에 불과하다. 〈표 2-1〉에 제시된 자료에 대해 변수 Y로부터 X를 예측하기 위한 비표준화 회귀식은 다음과 같이 산출된다.

$$\hat{X} = .190Y - 2.631$$

이 식에 따르면 Y가 1점 증가할 때 X는 0.190점 증가하게 되고, $Y = 0$일 때 $\hat{X} = -2.631$이다. [그림 2-1]은 〈표 2-1〉에 제시된 자료에 대하여 X에서 Y로, Y에서 X로 회귀시키는

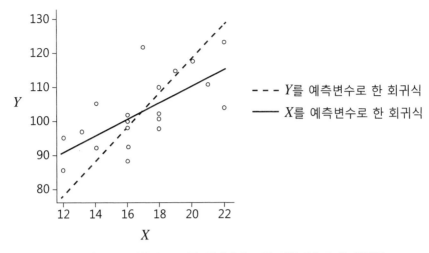

[그림 2-1] X를 예측변수로 한 회귀식과 Y를 예측변수로 한 회귀식

비표준화 방정식을 그림으로 나타낸 것이다. 그림에서 보는 바와 같이, 일반적으로 단순 회귀분석에서 회귀의 방향을 달리한 비표준화 회귀식은 서로 동일하지 않다. X로 Y를 예측하는 회귀식은 Y의 잔차를 최소화하는 반면, Y로 X를 예측하는 회귀식은 X의 잔차를 최소화하기 때문이다.

두 변수를 표준화하면 원점수가 z점수로 변환되며, 이때 X에 대한 Y의 회귀식은 다음과 같다.

$$\hat{Z}_Y = r_{XY} Z_X \qquad\qquad (2.7)$$

식 2.7에서 $\hat{Z}_Y$는 표준화된 예측점수를, Pearson 상관 r_{XY}는 표준화 회귀계수를 의미한다. 변수를 표준화하면 평균이 0이 되기 때문에 식 2.7에는 절편이나 상수항이 없다. 〈표 2–1〉에 제시된 자료의 경우 $r_{XY} = .686$이다. $z_X = 1.0$이고 $r_{XY} = .686$이면 $\hat{Z}_Y = .686(1.0) = .686$이 된다. 즉, 변수 X에서 평균보다 1표준편차 단위만큼 높은 점수는 Y의 평균보다 대략 0.7표준편차 단위만큼 큰 값을 갖게 되는 것으로 예측할 수 있다. 따라서 표준화 회귀계수는 X가 1표준편차 단위만큼 증가할 때 Y가 표준편차 단위로 어느 정도 증가하게 되는지를 예측한 값이라고 할 수 있다. 식 2.2에 제시한 비표준화 회귀계수 B_X와 달리, 표준화 회귀계수(r_{XY})는 X나 Y의 척도에 따라 달라지지 않는다. 예측변수와 준거변수를 바꾸어 회귀식을 설정하면 표준화 회귀식은 $\hat{Z}_X = r_{XY} z_Y$가 되며, 이때 표준화 회귀계수는 $r_{XY} = .686$이 된다.

표준화 회귀계수 r_{XY}와 비표준화 예측점수 사이에는 특별한 관련성이 있는데, 예를 들어 X를 예측변수로 Y를 예측하는 회귀식에서는 다음의 관계가 성립된다.

1. X와 Y의 단순상관(이변량 상관)은 Y와 $\hat{Y}$의 단순상관과 같다($r_{XY} = r_{Y\hat{Y}}$).
2. Y의 관찰분산은 예측점수 분산과 잔차분산의 합, 즉 $s_Y^2 = s_{\hat{Y}}^2 + s_{Y-\hat{Y}}^2$로 나타낼 수 있다.
3. X와 Y 간 상관의 제곱은 관찰점수 Y의 분산 중 예측점수의 분산이 차지하는 비율과 같다($r_{XY}^2 = s_{\hat{Y}}^2 / s_Y^2$).

앞서 제시된 식들은 상관의 제곱을 설명된 분산의 비율 또는 **결정계수**(coefficient of determination)로 해석하는 데 있어 기초가 된다. 〈표 2-1〉에 제시된 자료의 경우, $r_{XY}^2 = .686^2 = .470$이므로 X가 Y 분산의 약 47.0%를 설명하거나 Y가 X 분산의 약 47.0%를 설명한다고 해석할 수 있다. 연습문제 3에서 〈표 2-1〉의 자료를 이용하여 2번과 3번 식이 성립됨을 확인해 보자.

독립적으로 수집된 데이터를 바탕으로 반복연구를 수행하는 경우, 여러 표본에 걸쳐 표준화 회귀계수를 비교하는 것보다 비표준화 회귀계수를 비교하는 것이 더 낫다. 특히 X의 분산이나 Y의 분산이 다른 표본이라면 더욱 그렇다. 상관계수 r_{XY}가 특정 표본의 분산을 기반으로 표준화되기 때문에, 두 표본의 분산이 동일하지 않으면 표준화의 기준이 표본 간에 일정하지 않게 된다. 반면, B_X의 척도는 변수 X와 Y에 대한 원점수 척도이므로 여러 표본에 대해 일정한 값을 갖는다.

변수의 척도가 임의적인 척도가 아니라 고유한 의미를 가지는 척도이면 비표준화 회귀계수로 해석하는 것이 더 낫다. 예를 들어, 어떤 운동을 완료하는 데까지 걸리는 시간이 Y이고, 훈련 소요 시간을 X라고 가정해 보자. 두 변수가 부적 관계에 있다고 가정할 때, B_X 값은 훈련 시간이 한 단위 늘어날 때 예상되는 운동 수행 시간의 감소를 나타낸다. 반면, 표준화 계수는 운동 수행에 있어 훈련의 효과를 원척도가 아닌 표준편차 단위로 표현한다. 단순회귀분석의 가정은 다중회귀분석에도 공통적으로 적용된다. 다음 절에서 이러한 가정들에 대해 살펴보기로 하겠다.

🔵 다중회귀분석

이 절에서는 두 개의 연속형 예측변수 X와 W가 연속형 준거변수 Y를 예측하는 경우에 적용할 수 있는 다중회귀분석의 기본 원리를 설명할 것이다. 예측변수가 세 개 이상인 경우에도 동일한 원리가 적용된다. X와 W에서 Y로 회귀하는 비표준화 회귀식은 다음과 같다.

$$\widehat{Y} = B_X X + B_W W + A_{X,W} \qquad (2.8)$$

B_X와 B_W는 **비표준화 편회귀계수**(unstandardized partial regression coefficients)이고 $A_{X,W}$는 절편이다. 계수 B_X는 변수 W를 통제한 상황에서 X가 1점 변화할 때 Y의 변화를 추정한 값이다. 계수 B_W도 유사하게 해석된다. 절편 $A_{X,W}$는 두 예측변수의 X와 W의 점수가 0일 때 Y에 대한 예측점수이다. 만약 원척도상에서 0이라는 점수가 두 예측변수에 의미 없는 점수라면, 예측변수를 중심화하여 회귀분석을 실시할 수도 있다. $x = X - M_X$, $w = W - M_W$로 중심화하면, $X = M_X$, $W = M_W$일 때, $\widehat{Y} = A_{x,w}$이 된다. 단순회귀분석과 마찬가지로 중심화 여부는 회귀계수의 값에 영향을 미치지 않는다.

다중상관은 준거변수 Y의 관찰점수와 Y에 대한 예측점수($\widehat{Y}$) 사이의 Pearson 상관인 $R_{Y.X,W} = r_{Y\widehat{Y}}$에 해당된다. 하지만 단순상관과는 달리 R 값의 범위는 0-1.0이며, R^2 값은 변수 X와 W의 상관을 통제한 후 이 두 변수에 의해 설명되는 Y 분산의 비율을 의미한다. 〈표 2-1〉의 자료에 대한 비표준화 회귀식은 다음과 같다.

$$\widehat{Y} = 2.147X + 1.302W + 2.340$$

이 식에서 다중상관은 .759이며 회귀분석 결과에 대해 다음과 같이 해석할 수 있다.

1. W를 통제하였을 때, X가 1점 변화하면 Y가 2.147점 높아진다고 예측할 수 있다.
2. X를 통제하였을 때, W가 1점 변화하면 Y가 1.302점 높아진다고 예측할 수 있다.
3. $X = W = 0$일 때, $\widehat{Y} = 2.340$이 된다.
4. 예측변수 X와 W의 상관($r_{XW} = .272$)을 고려한 상태에서 구한 다중상관 R은 .759이므로, 두 변수는 $.759^2 = .576$, 즉 변수 Y의 분산 중 약 57.6%를 설명한다.

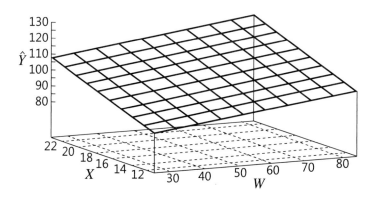

[그림 2-2] 예측변수 X와 W 및 종속변수 Y에 대한 비표준화 회귀 평면

앞에서 설명한 회귀식은 X축의 기울기가 2.147이고 W축 기울기가 1.302이며 $X = W = 0$일 때 Y절편이 2.340인 3차원 공간에 표현할 수 있다. 이 회귀 모형을 〈표 2-1〉에 제시된 자료의 점수 범위에 대해 도식화하면 [그림 2-2]와 같이 나타낼 수 있다.

예측변수 X와 W에 대한 비표준화 편회귀계수의 공식은 다음과 같다.

$$B_X = b_X \left(\frac{SD_X}{SD_Y} \right), \quad B_W = b_W \left(\frac{SD_W}{SD_Y} \right) \tag{2.9}$$

여기서 X와 W에 대한 계수 b_X와 b_W는 다음과 같이 정의되며, **표준화 편회귀계수**(standardized partial regression coefficient) 또는 **베타계수**(beta weight)라고 한다.

$$b_X = \frac{r_{XY} - r_{WY} r_{XW}}{1 - r_{XW}^2}, \quad b_W = \frac{r_{WY} - r_{XY} r_{XW}}{1 - r_{XW}^2} \tag{2.10}$$

식 2.10의 분자를 보면, 준거변수와 각 예측변수 간 단순상관이 준거변수와 해당 변수 이외의 예측변수 간 상관 및 두 예측변수 간 상관에 의해 조정됨을 볼 수 있다. 또한 분모에서는 표준화된 전체 분산(1)에서 두 예측변수가 공유하는 비율만큼 제거하여 총분산을 조정한다. r_{XY}, r_{WY}, r_{XW}의 값이 표본에 따라 달라지면 식 2.8~2.10에서의 계수 값도 이와 함께 달라지게 된다.

예측변수가 세 개 이상인 경우에는 회귀계수의 공식이 더 복잡해지기는 하나 원리 자체는 동일하다(Cohen et al., 2003, pp. 636-642 참조). 예측변수가 X 하나일 경우, 표준화 회귀계수는 상관계수와 동일하게 된다($b_X = r_{XY}$). 식 2.8에서 절편은 다음과 같이 비표준화 편회귀계수와 세 변수의 평균을 바탕으로 정의된다.

$$A_{X,W} = M_Y - B_X M_X - B_W M_W \qquad (2.11)$$

표준화 변수에 대한 회귀식은 다음과 같다.

$$\hat{z}_Y = b_X r_{XY} + b_W r_{XY} \qquad (2.12)$$

〈표 2-1〉에 제시된 자료에 적용하면 $b_X = .594$로 산출되는데, 이는 W를 통제하였을 때 X에서 1 표준편차 단위 만큼의 차이가 나면 Y에서 약 .60 표준편차 단위만큼의 차이가 예측된다는 것을 의미한다. $b_W = .337$도 통제변수가 X라는 점을 제외하고는 이와 유사한 의미로 해석된다. 모든 변수가 표준화된 상태에서는 변수들이 동일한 척도를 갖게 되기 때문에 b_X와 b_W의 값을 직접적으로 비교하는 것이 가능해진다. 또한 두 계수의 비가 .594/.337 = 1.76이라는 것에서 변수 X의 상대적 예측력이 변수 W보다 약 1.76배 높다고 해석할 수 있다. 일반적으로 표준화계수인 b값은 동일 표본 내 다른 예측변수들과 예측력을 직접적으로 비교하는 데 사용될 수 있으며, 비표준화계수(B)는 동일한 예측변수의 효과를 서로 다른 표본에 걸쳐 비교하는 경우에 사용하는 것이 바람직하다.

$R^2_{Y \cdot X, W}$는 준거변수와 예측변수 간 상관과 베타계수의 함수로 표현되며, 예측변수가 두 개인 경우 다음과 같이 나타낼 수 있다.

$$R^2_{Y \cdot X, W} = b_X r_{XY} + b_W r_{WY} \qquad (2.13)$$

이 식을 보면, 여러 예측변수 간의 중첩(overlap)에 대한 보정으로서 베타계수의 역할이 명백하게 드러난다. 만일 예측변수들이 서로 독립적이어서 $r_{XW} = 0$이면, $b_X = r_{XY}$이고 $b_W = r_{WY}$(식 2.10)가 되므로, 이때 $R^2_{Y \cdot X, W}$는 r^2_{XY}와 r^2_{WY}를 단순히 합한 값이 된다. 하지만 예측변수들 간의 상관이 존재하여 $r_{XW} \neq 0$이 되면, b_X와 b_W 값은 단순상관과 다른 값을 가지게 되기 때문에 $R^2_{Y \cdot X, W}$는 r^2_{XY}와 r^2_{WY}를 단순히 합한 값보다 작아지게 된다. 연습문제 4에서 〈표 2-1〉의 자료를 이용하여 이러한 특징들을 확인해 보도록 하자.

회귀분석을 수행하는 데에 원자료 파일이 꼭 필요한 것은 아니다. 왜냐하면 식 2.13에서 볼 수 있듯이 회귀식과 R^2 값은 기술통계만 있어도 계산할 수 있고, 대부분의 회귀분석 컴퓨터 프로그램에서도 기술통계 결과를 입력 데이터로 읽어 들이기 때문이다. 예를 들어, 다음에 제시된 SPSS 명령문을 살펴보면 〈표 2–1〉의 자료에 대한 기술통계를 읽어 들인 후, X와 W로부터 Y를 예측하는 회귀식을 설정하고 있음을 확인할 수 있다. 입력 데이터에 대한 척도는 소수점 4자리로 하여 정확성을 기하는 것이 바람직하다.

```
comment table 2.1, regress y on x, w.
matrix data variables=x w y/contents=mean sd n corr
 /format=lower nodiagonal.
begin data
16.9000 49.4000 102.9500
3.0070 2.8172 10.8699
20 20 20
.2721
.6858 .4991
end data.
regression matrix=in(*)/variables=x w y/dependent=y
 /enter.
```

기술통계를 이용하여 회귀분석을 수행하는 데 따른 단점이 있다면, 개별 사례에 대해 잔차를 계산할 수 없다는 점을 들 수 있다.

편향의 교정

R^2은 모집단의 설명된 분산비율인 ρ^2에 대한 추정량으로, 모집단의 분산비율보다 더 크게 추정되는 정적 편향(positively biased) 추정량이다. 편향의 정도는 표본이 작을수록, 그리고 사례수에 비해 예측변수의 수가 많을수록 더 커진다. 예를 들어, 단순회귀분석에서 사례수가 2명이면서 X나 Y에 동점이 없으면 r^2은 1.0이 될 것이다. 다음으로 사례수 $N = 100$이고 예측변수의 수가 $k = 99$라고 가정해 보자. 이처럼 사례수 대비 예측변수의 수가 최대인 경우에는 오차분산이 존재하지 않으므로 R^2 값은 1.0이 되며, 이는 다른 임의의 수에 대하여도 마찬가지다.

이러한 경우에 표본크기(N)와 예측변수(k)의 수를 이용하여 R^2 값을 하향 조정하기 위한 방법들이 몇 가지 있는데, 그중 가장 잘 알려진 방법이 아래 제시된 Wherry(1931)의 공식이다.

$$\hat{R}^2 = 1 - (1 - R^2)\left(\frac{N-1}{N-k-1}\right) \tag{2.14}$$

이 식에서 $\hat{R}^2$을 ρ^2에 대한 **축소교정추정치**(shrinkage-corrected estimate)라고 한다. 표본크기가 작으면 $\hat{R}^2$ 값이 0보다 작아지는 경우가 발생할 수 있으며, 이러한 경우에는 $\hat{R}^2$ 값을 0으로 간주한다. 예측변수의 수가 동일한 경우에는 표본크기가 증가함에 따라 $\hat{R}^2$과 R^2의 값은 점차 근접하게 되며, 표본크기가 아주 커지면 거의 동일한 값을 가지게 된다. 즉, 표본크기가 아주 클 때는 R^2의 과대추정에 대해 교정할 필요가 없다. 연습문제 5에서 〈표 2-1〉의 자료를 이용하여 Wherry 교정 방법을 적용해 보도록 하자.

회귀분석의 통계적 가정 및 개념적 가정

회귀분석을 위한 통계적 가정과 개념적 가정은 사실상 많은 연구자가 인식하는 것 이상으로 매우 엄격하다. 이러한 가정들을 요약하면 다음과 같다.

1. 회귀계수는 비조건적 선형 관계만을 반영한다. 식 2.8의 B_X에 대한 추정에서 X와 Y 사이의 선형 관계는 변수 X와 모형에 포함된 예측변수인 W, 그리고 측정되지 않은 모든 예측변수에 대해 모든 수준에서 일정하다고 가정된다. 그러나 X와 Y 사이의 관계가 명백한 곡선적 관계를 보이거나 조건부 관계일 경우에는 선형관계의 가정에 기초한 B_X 값의 예측력이 왜곡될 수 있다. X와 Y가 조건부 관계에 있다는 것은 상호작용을 의미한다. 즉, 두 변수 간 공분산이 다른 예측변수의 수준에 따라 달라짐을 의미한다. 두 변수 간의 곡선적 관계 역시 회귀면의 형태가 X의 여러 수준에 걸쳐 달라진다는 점에서 조건적 관계로도 볼 수 있다(예: [그림 1-1]). 회귀분석 및 SEM에서 곡선적 효과나 상호작용 효과를 다루는 방법은 17장에서 살펴보기로 하겠다.

2. 모든 예측변수의 신뢰도는 완벽하다. 즉, 측정오차가 존재하지 않는다. 이처럼 매우 강한 가정을 필요로 하는 이유는 회귀분석의 틀 안에서 신뢰도가 낮은 예측변수들을 다룰 수 있는 직접적인 방법이 없기 때문이다. 이 가정이 약간 위배된 정도라면 회귀분석 결과에 큰 영향을 미치지 않겠지만, 심각하게 위배된 경우에는 상당한 편향을

초래할 수 있다. 이 편향은 측정오차가 개입된 예측변수의 회귀계수뿐만 아니라 다른 예측변수의 회귀계수 추정에도 영향을 줄 수 있다. 이처럼 측정오차가 모형 전체에 퍼지는 경우(propagation of measurement error) 편향의 방향을 예측하는 것은 쉽지 않은 일이다. 변수 간 상관에 따라 어떤 회귀계수는 값이 과도하게 커지는 방향으로 왜곡될 수도 있고, 값이 과도하게 작아지는 방향으로 왜곡되는 **감쇠편향**(attenuation bias)이 발생할 수도 있다. 회귀분석에서 준거변수에 대해서는 반드시 오차 없이 측정되어야 한다는 요건이 부여되어 있지는 않으나, 측정학적으로 결함이 있는 도구를 사용하면 R^2 값이 작게 산출될 가능성이 높다. 준거변수의 측정오차는 표준화 회귀계수에만 영향을 미치고 비표준화 회귀계수에는 영향이 없다. 만약 순거변수뿐 아니라 예측변수 측정에도 오차가 개입된 경우에는 준거변수로 인한 편향이 과대 또는 과소 추정되거나 상쇄될 가능성이 있다. 회귀분석에서 측정오차에 대한 자세한 내용은 McDonald, Behson, Seifert(2005)를 참조하기 바란다.

3. 회귀분석의 유의도 검정에서 잔차는 정규분포를 따르고 등분산성을 만족한다. 등분산성이란 잔차가 예측변수의 모든 수준에 걸쳐 일정하게 분포되어 있음을 의미한다. 이상값이 존재하거나 관찰점수가 심각한 수준의 비정규성을 가지는 경우, 그리고 준거변수 또는 예측변수의 수준에 따라 측정오차의 크기가 다르거나 모형설정이 잘못된 경우에는 잔차 분포의 등분산성과 정규성 가정이 위배될 수 있다. 회귀분석 시 잔차에 대한 분석이 반드시 이루어져야 하며(Cohen, Cohen, West, & Aiken, 2003, 4장 참조), 회귀분석 결과를 보고할 때도 잔차에 대한 내용이 포함되어야 한다. 연습문제 6에서 〈표 2-1〉의 자료를 이용하여 다중회귀분석을 위한 잔차 분석을 실시해 보기 바란다. 회귀분석에서 원점수가 정규분포여야 한다는 요건은 없지만 예측변수와 준거변수의 분포가 상당히 다른 분포를 가지는 경우에는 다중상관과 절대 부분 회귀계수 값이 작게 추정될 가능성이 있다.

4. 예측변수 간에는 인과효과가 없다. 즉, 회귀식은 하나의 등식으로만 표현된다. 회귀분석에서는 이론상 예측변수와 준거변수 간 상호교환이 가능하므로 엄밀히 말하면 예측모형으로 간주된다. 그러나 때로는 회귀분석이 명시적 또는 암묵적으로 인과적 가설을 검증하기 위해 수행되기도 한다. 이 경우, 연구자는 회귀분석을 인과모형 분석을 위한 일종의 프로토타입(prototype)으로 간주하여 예측변수를 원인으로, 준거변수를 결과로 설정하여 분석하기도 한다(Cohen et al., 2003). 회귀분석에서 예측변수의 인과효과를 분석하려면 예측변수들 간에는 인과효과가 없다고 가정해야 한다. 회귀분석에서는 예측변수 X가 다른 예측변수 W에 영향을 미치고 다시 준거변수

Y에 영향을 미치는 간접효과를 허용하지 않는다. 구조방정식모형에서는 이와 같은 간접효과가 인과의 순서에 따라 다음과 같이 표현된다.

$$X \longrightarrow W \longrightarrow Y$$

회귀분석의 관점에서 보면, 변수 W는 Y의 예측변수이자 X의 결과다. 이 식은 실제로 W와 Y를 각각 종속변수로 한 두 개의 회귀식으로 구성되어 있다. 그러나 회귀분석에서는 한번에 하나의 회귀식만 분석할 수 있으므로 직접효과만 추정 가능하다. 간접효과가 명백하게 존재하는 것으로 보이는 상황에서 간접효과를 설정하지 않고 회귀분석을 수행하게 되면, 직접효과의 추정에 있어 매우 심각한 수준의 오류가 발생할 수 있다(Achen, 2005). 이러한 오류에 대해서는 8장에서 인과추론의 그래프 이론을 다루며 상세하게 설명하고자 한다.

5. 설정오류는 존재하지 않는다. 설정오류와 관련되어 발생할 수 있는 오류들이 몇 가지 있다. 가령, 곡선적 효과나 상호작용 효과가 분명히 존재하는 데이터에서 비조건적 선형효과를 가정하는 것과 마찬가지로, 예측변수와 준거변수 간 관계를 반영하는 함수의 형태를 정확히 추정하지 못하게 되는 경우가 이러한 오류에 포함된다. 잘못된 추정 방법을 사용하는 것 또한 오류의 한 유형으로 간주된다. 예를 들어, OLS 추정 방법은 연속형 준거변수에 대해 적용할 수 있지만, 합격/불합격 판정과 같이 이분형 준거변수에 대한 분석에는 로지스틱 회귀분석(logistic regression)과 같은 다른 통계 방법이 적용되어야 한다. 모집단의 특성과 전혀 관련이 없는 예측변수를 모형에 포함하는 것 역시 설정오류에 해당한다. 표집오차로 인해 모집단의 특성과 전혀 관련이 없는 어떠한 예측변수가 특정 표본자료에서만 준거변수와 관련이 있는 것으로 나타날 수 있으며, 이처럼 우연적 공분산이 존재하는 경우 다른 예측변수에 대한 회귀계수 값이 왜곡될 소지가 있다. 회귀모형에서 준거변수의 분산 중 일부를 고유하게 설명하는 변수가 모형에서 누락되거나, 예측변수와 관련이 있는 중요한 변수가 누락되는 경우를 누락변수 오류라고 하며, 이에 대해 다음 절에서 살펴보기로 하겠다.

🥧 누락변수 오류

누락변수 오류(left-out variable error)는 영문 초성을 따서 'L.O.V.E.의 비통함'(Mauro, 1990)으로 묘사되기도 하며, 모형에 심각한 영향을 미칠 수 있는 설정오류를 의미한다. 모형에 포함된 예측변수와 모형에서 제외된 예측변수 간 관련성이 클수록, 누락변수 오류는 분석결과를 더욱 심하게 왜곡시킬 가능성이 높다. 예측변수 X와 W가 준거변수 Y와 가지는 상관계수가 각각 $r_{XY} = .40$과 $r_{WY} = .60$이라고 가정해 보자. X를 Y의 유일한 예측변수로 설정하여 단순회귀분석을 실시하였다면, X에 대한 표준화 회귀계수는 $r_{XY} = .40$이 될 것이다. 그러나 만약 연구자가 단순회귀분석에서 포함되지 않았던 예측변수 W를 식 2.8과 같이 다중회귀모형의 두 번째 예측변수로 포함시킨다면, X의 베타계수 b_X는 $.40$이 아닌 다른 값이 도출되었을 수도 있다. W가 중요한 예측변수임에도 불구하고 모형에서 누락된 채 X만 예측변수로 설정하여 분석하였다면, 표준화 회귀계수 r_{XY}는 X와 Y의 실제 관계를 제대로 반영하지 못하게 된다.

r_{XY}와 b_X의 차이는 모형에 포함된 예측변수와 누락된 예측변수 간 상관인 r_{XW}에 따라 달라진다. 만일 이 상관계수가 0이라면 예측변수들 간 상관에 따른 교정이 필요 없기 때문에 $r_{XY} = b_X = .40$으로 동일한 값을 가지게 될 것이다.

$$r_{XY} = .40, \ r_{WY} = .60, \ r_{XW} = 0$$

식 2.10과 2.13을 이용하면, 두 예측변수에 대한 다중회귀분석 결과가 다음과 같이 도출되는 것을 확인할 수 있다.

$$b_X = .40, \ b_W = .60, \ R^2_{Y \cdot X, W} = .52$$

즉, $r_{XW} = 0$인 경우에는 변수 W의 포함 여부에 관계없이 $r_{XY} = b_X = .40$이 되는 것을 알 수 있다.

이번에는 다음과 같이 모형에 포함된 예측변수 X와 누락된 예측변수 W 간의 상관이 .60이라고 가정해 보자.

$$r_{XY} = .40, \ r_{WY} = .60, \ r_{XW} = .60$$

X만 예측변수로 포함한 단순회귀분석에서는 이전과 마찬가지로 $r_{XY}=.40$이지만, 다중회귀분석의 결과는 다음과 같이 산출될 것이다.

$$b_X=.06,\ \ b_W=.56,\ \ R^2_{Y\cdot X,W}=.36$$

여기서 b_X와 r_{XY}의 값을 비교하면 각각 .06과 .40이므로 b_X 값이 훨씬 작다는 것을 알 수 있다. 회귀계수 b_X는 두 예측변수 X와 W의 상관($r_{XW}=.60$)을 통제한 상황에서 산출되지만 r_{XY}는 그렇지 않기 때문이다. 따라서 r_{XY}는 b_X에 비하여 X와 Y 사이의 관계를 과대추정했다고 볼 수 있다.

예측변수들과 상관이 있는 예측변수가 회귀분석 모형에서 누락되었다고 해서 모형에 포함된 예측변수의 예측력이 항상 과대추정되는 것은 아니다. 예를 들어, X가 모형에 포함되고 W는 누락되었을 때, r_{XY}의 절댓값이 b_X 절댓값보다 작게 추정되거나 r_{XY}와 b_X의 부호가 반대로 나타나는 경우도 있다. 이를 억제효과(suppression)라고 한다. 하지만 예측변수가 누락됨으로써 과대추정되는 경우가 과소추정되는 경우보다 더 많다. 모형에 포함된 변수와 모형에서 누락된 변수들이 여러 개일 경우에 어떤 변수는 과대추정되고 어떤 변수는 과소추정되어, 추정의 오류가 복잡한 양상으로 나타나기도 한다.

예측변수가 누락되는 경우는 대부분 그 변수를 측정조차 하지 않은 경우이므로, 예측변수의 누락으로 인해 어느 정도의 크기와 방향으로 결과가 왜곡되었는지를 알기는 어렵다. 사실 연구자가 준거변수와 관련된 예측변수들을 모두 파악하여 측정하는 것은 현실적으로 어렵다. 이러한 점에서 본다면, 모든 회귀방정식은 어느 정도 잘못 설정되었을 가능성을 항상 가지고 있다고 볼 수도 있다. 누락된 예측변수들과 모형에 포함된 예측변수들 간의 상관이 실제로 없다면 설정오류가 초래하는 결과는 미미할 것이다. 하지만 이들 간의 상관이 실제로 존재한다면 설정오류의 결과는 심각해질 수 있다. 심각한 설정오류를 방지하기 위한 가장 좋은 방법은 선행 이론과 연구 문헌들을 면밀히 검토함으로써 예측변수의 누락 가능성을 최소화하는 것이다.

🥧 억제효과

억제효과가 발생하는 대표적인 경우는 다음 두 가지로 정리할 수 있다. 예측변수에 대한 베타계수의 절댓값이 그 변수와 준거변수 간의 단순상관보다 크거나, 베타계수와 단순

상관의 부호가 서로 다를 때 억제효과가 있다고 한다(Shieh, 2006 참조). 억제효과가 나타났다는 것은 다른 예측변수들을 통제한 상태에서 예측변수와 준거변수 간 관계를 추정한 결과가 예측변수와 준거변수의 단순상관을 고려할 때 '이례적'임을 의미한다. 예를 들어, X는 심리치료 기간, W는 우울증의 정도, Y는 자살 시도의 횟수를 나타내고, 이 데이터로부터 변수 간 단순상관이 다음과 같이 산출되었다고 가정하자.

$$r_{XY}=.19,\ r_{WY}=.49,\ r_{XW}=.70$$

이 결과에서 보면, 심리치료 기간과 준거변수인 자살 시도 횟수가 정적 상관을 나타내고 있으므로 심리치료의 효과가 오히려 해로운 것처럼 보인다($r_{XY}=.19$). 그러나 두 예측변수(우울증과 심리치료 기간)가 모두 회귀식에 포함되었을 때 결과는 다음과 같았다.

$$b_X=-.30,\ b_W=.70,\ R^2_{Y\cdot X,W}=.29$$

여기서 심리치료 기간에 대한 베타계수(−.30)는 단순상관계수(.19)와 반대 방향의 부호를 가지며, 우울증 정도에 대한 베타계수(.70)는 단순상관계수(.49)보다 크다는 것을 알 수 있다.

이러한 결과가 나타난 것은 다른 예측변수를 통제하였기 때문이다. 우울증이 심할수록 심리치료를 받는 경향이 많았고($r_{XW}=.70$), 자신에게 해를 가하고자 시도하는 경향도 많았다($r_{WY}=.49$). 이러한 상관관계를 고려하여 다중회귀분석을 실시한 결과, 우울증 변수를 통제한 후 심리치료와 자살 시도와의 관계는 음수가 되었다. 또한 심리치료 기간을 통제한 상태에서 산출한 우울증과 자살 시도의 상관은 이보다 훨씬 더 강하게 나타났다. 이처럼 예측변수 중에서 심리치료나 우울증 중 하나가 누락된 상태에서 회귀분석을 실시하면 잘못된 결론을 도출할 수 있다.

이는 예측변수 각각은 준거변수와 정적인 상관을 가지지만 다중회귀분석을 실시한 결과 산출된 회귀계수는 음수가 되는 **부적억제**(negative suppression)의 전형적인 예다. 억제효과의 두 번째 유형으로 **고전적억제**(classical suppression)라는 것이 있는데, 이는 한 예측변수와 준거변수 간의 상관이 0이었으나 다른 예측변수의 영향을 제거한 상태에서 산출한 회귀계수는 0이 아닌 경우를 의미한다. 예를 들어, 변수 간의 상관이 다음과 같을 때,

$$r_{XY}=0,\ r_{WY}=.60,\ r_{XW}=.50$$

다중회귀분석의 결과가 다음과 같이 산출되었다고 하자.

$$b_X = -.40, \ b_W = .80, \ R^2_{Y \cdot X, W} = .48$$

이와 같은 고전적 억제의 예($r_{XY}=0, b_X=-.40$)를 보면, 다른 변수들을 통제한 상태에서 산출되는 예측 관계가 실제로 0이 아님에도 불구하고 단순상관이 마치 0인 것처럼 보이게 되는 것을 확인할 수 있다. 억제효과의 세 번째 유형은 **상호억제**(reciprocal suppression)로, 두 예측변수가 모두 준거변수와 정적으로 상관을 가지지만 예측변수 상호 간에는 부적 상관을 가지는 경우다. 결과변수에 대한 인과적 선행변수들의 직접효과와 간접효과가 일관되게 나타나지 않는 일부 억제효과의 경우 구조방정식모형으로 모형화할 수 있으며, 이러한 내용들은 이 책의 후반부에서 살펴보기로 하겠다.

예측변수의 선정 및 투입

억제효과의 존재는 예측변수를 선택함에 있어 준거변수와의 단순상관에 의존해서는 안 된다는 점을 시사한다. 이처럼 다른 예측변수와의 상관을 통제하지 않은 상태에서 산출한 **0차 연관성**(zero-order associations)은 동일 변수에 대한 편회귀 계수와 비교할 때 왜곡될 수 있다. 이와 같은 이유로 예측변수를 선정할 때 준거변수와의 단순상관이 통계적으로 유의한지 여부는 그다지 중요하지 않다. 컴퓨터 프로그램을 이용하여 회귀분석을 수행하면, 통제변수를 비롯하여 많은 수의 예측변수들을 탐색적인 목적으로 쉽게 투입할 수 있으나, 이처럼 무분별한 변수 투입은 지양해야 한다(Achen, 2005). 예측변수들 사이에 존재하는 비선형성이나 간접효과는 그 크기가 작더라도 편회귀계수를 심각하게 편향시킬 수 있는 위험이 있다. 현재의 이론이나 선행연구 결과를 참조하여 가급적 적은 수의 중요한 예측변수들을 분별력 있게 선택하는 것이 바람직하다.

변수들이 선택되고 난 후 회귀모형에 예측변수들을 투입하는 방식으로는, 모든 예측변수를 한 번에 입력하는 **동시 입력**(simultaneous entry) 방식과 단계적으로 입력하는 **순차적 입력**(sequential entry) 방식의 두 가지가 있다. 변수 투입 순서는 이론적(논리적) 기준이나 경험적(통계적) 기준을 바탕으로 결정된다. 변수 투입을 위해 논리적 기준을 적용하는 예로는 **위계적 회귀분석**(hierarchical regression)이 있으며, 연구자는 이론에 근거하여 미리 정한 순서대로 예측변수를 입력하도록 컴퓨터에 지시하여 분석을 실시한다. 예를 들어,

1단계에서는 인구통계학적 변수를 투입한 후, 2단계에서는 연구자가 관심을 갖는 심리 관련 변수들을 투입하는 방식이다. 이와 같은 순서로 변수를 투입하면 인구통계학적 변수를 통제할 수 있을 뿐 아니라, 이러한 변수들이 통제되고 난 후 심리 관련 변수들의 고유한 예측력을 평가하는 것도 가능해진다. 후자는 다중상관제곱의 변화량, 즉 ΔR^2으로 추정되며, 1단계에서 투입된 인구통계학적 변수의 설명력과 2단계에서 투입된 모든 예측변수의 설명력 차이로 계산된다.

  변수 투입을 위해 통계적 기준을 적용하는 방식의 예로는 **단계적 회귀분석**(stepwise regression)이 있는데, 이것은 컴퓨터로 하여금 통계적 유의성 결과를 참조하여 회귀모형에 투입될 예측변수를 선택하도록 하는 방법이다. 즉, 여러 예측변수 중 어떤 변수가 투입되어야 그 변수의 편회귀계수에 대한 p값이 가장 작아질 것인가에 기초하여 변수가 선택된다. 모형에 투입될 변수 선택이 이루어진 후, 후속 단계에서 모형에 포함된 예측변수들의 p값에 따라 다시 회귀모형에서 제거되기도 한다. 예를 들어, 분석의 특정 단계에서 회귀모형에 포함된 예측변수의 p값이 0.5보다 큰 경우 제거된다. 이러한 단계적 회귀분석 절차는 예측변수를 추가하더라도 ΔR^2 값이 더 이상 통계적으로 유의하지 않을 때 종료된다. 단계적 회귀분석 방법의 유형에는 회귀식에 예측변수가 투입되면 후속 단계에서 제거되지 않고 모두 유지되는 **전진 선택법**(forward inclusion)과 시작 단계에서 모든 변수가 모형에 투입된 후 유의미성이 가장 낮은 순으로 제거되는 **후진 제거법**(backward elimination)이 있으며, 변수선택 과정은 컴퓨터가 자동으로 처리한다.

  단계적 회귀분석과 같은 변수 선택 기법의 사용에 따른 문제점이 심각하다는 이유로 이 방법들의 사용을 전면 금지하고 있는 학술지도 있다(Thompson, 1995). 첫 번째 문제는 표본의 특성에 따른 우연성에 과도하게 의존하고 있다는 점이다. 단계적 회귀분석 및 관련 기법들에 의한 결과는 특정 표본에서 산출되는 p값에 의해 결정되기 때문에, 독립적으로 수집된 표본에 반복해서 적용할 때 동일한 결과가 나오지 않을 가능성이 크다. 두 번째 문제는 단계적 회귀분석을 수행하는 프로그램 중에서 각 단계에서 모형에 투입된 총 변수의 수에 대해 보정된 p값을 사용하지는 않는 경우가 있다는 것이다. 따라서 단계적 회귀분석 방법을 적용한 분석결과에서 p값은 지나치게 낮고, 검정 통계량의 절댓값은 지나치게 높게 추정되는 경향이 있다. 이것은 곧 컴퓨터에 의한 변수 선택이 사실상 잘못된 것일 수 있음을 의미한다. 더욱 심각한 문제는 연구자가 변수 선택의 근거에 대해 생각할 필요가 없다는 잘못된 인상을 준다는 점이다. 이러한 문제들로 인해 단계적 회귀분석 및 관련 기법들은 현대의 데이터 분석 맥락에서 시대착오적이라는 비판을 받기도 한다. 이에 대한 자세한 내용은 Whittingham, Stephens, Bradbury, Freckleton(2006)을 참고하기 바란다.

논리적 근거를 바탕으로 선택된 예측변수들의 조합이 최종적으로 회귀모형에 투입되고 난 후, 회귀계수가 통계적으로 유의하지 않다고 하여 변수들을 순차적으로 제거해서는 안 된다. Loehlin(2004)은 통계적으로 유의하지 않은 모든 예측변수를 제거해야 한다는 강박감을 가져서는 안 된다고 지적한다. 표본크기가 작은 경우 유의도 검증의 검정력이 낮게 나타날 수 있으며, 통계적 유의성이 나타나지 않은 예측변수를 제거하게 되면 분석 결과가 크게 달라질 수 있다. 어떤 예측변수를 포함시켜야 하는 충분한 이유가 있다면, 독립적으로 실시된 반복연구에서 해당 예측변수가 준거변수와 전혀 관련이 없음을 밝힐 때까지 회귀모형에 그대로 두는 것이 바람직하다.

편상관 및 부분상관

편상관의 개념은 **허위성**(spuriousness)이라는 현상과 관련이 있다. 두 변수 간에 관찰된 관계가 전적으로 하나 이상의 공통된 원인에 기인하는 경우, 그 연관성은 허위적이라고 한다. 초등학생의 어휘력(Y), 신발 사이즈(X), 연령(W) 간의 단순상관이 다음과 같다고 가정해 보자.

$$r_{XY} = .50, \quad r_{WY} = .60, \quad r_{XW} = .80$$

신발 사이즈 X와 어휘력 Y 사이의 상관관계는 매우 높은 편이나(.50), 제3의 변수인 연령 W, 즉 성숙도로 인한 것이라고 본다면 그다지 놀랄 만한 일이 아니다.

1차 편상관(first-order partial correlation) $r_{XY \cdot W}$는 제3의 변수 W의 효과를 X와 Y에서 모두 제거한 후 두 변수 간의 관계를 나타낸 것으로 다음과 같이 추정된다.

$$r_{XY \cdot W} = \frac{r_{XY} - r_{XW} r_{WY}}{\sqrt{(1 - r_{XW}^2)(1 - r_{WY}^2)}} \tag{2.15}$$

이 식을 적용하면, 연령이 통제된 상황에서 신발 사이즈와 어휘력 사이의 편상관은 $r_{XY \cdot W} = .043$으로 산출된다. 즉, W가 통제될 때 X와 Y 사이의 관계가 거의 사라지기 때문에, 신발 사이즈와 어휘력 간의 단순상관은 허위적 관계라고 할 수 있다. SEM에서는 변수들이 공유하고 있는 원인으로 인한 허위적인 관계를 모형화하는 것이 용이하다.

편상관에 대한 식 2.15는 두 개 이상의 가외변수(external variable)를 통제하는 데까지 확장될 수 있다. 예를 들어, **2차 편상관**(second−order partial correlation) $r_{XY \cdot WZ}$는 W와 Z를 모두 통제한 상태에서 변수 X와 Y 간의 관계를 추정한 것이다. 편상관과 유사한 개념으로, **부분상관**(part correlation) 또는 **준편상관**(semipartial correlation)이라고 하는 것도 있는데, 부분상관은 가외변수를 X와 Y에서 모두 제거하지 않고 이 중 하나에서만 제거하여 구한 상관이라는 점에서 편상관과 차이가 있다. X와 W 사이의 관계만 통제하고 Y와 W 간의 관계는 통제되지 않은 **1차 부분상관**(first−order part correlation)인 $r_{Y(X \cdot W)}$에 대한 공식은 다음과 같다.

$$r_{Y(X \cdot W)} = \frac{r_{XY} - r_{WY} r_{XW}}{\sqrt{1 - r_{XW}^2}} \tag{2.16}$$

세 변수 사이의 단순상관을 대입하여 계산하면, 연령별 신발 사이즈만이 통제된 경우 어휘력(Y)과 신발 사이즈(X) 간의 부분상관은 $r_{Y(X \cdot W)} = .033$이다. .033이라는 값은 좀 전에 구한 편상관 $r_{XY \cdot W} = 0.043$보다 작은 값이다. 일반적으로, 편상관이 부분상관보다 크게 산출되며, $r_{XW} = 0$이면 편상관과 부분상관의 값이 동일하다.

앞서 설명한 다양한 상관계수들의 관계는 [그림 2-3]에 제시된 바와 같이 벤 다이어그램으로 설명할 수 있다. 그림에서 각 원은 각 변수의 총 표준화 분산을 나타낸다. a~d로 표시된 영역은 Y의 전체 표준화 분산에 해당하며, 다음과 같이 나타낼 수 있다.

$$a + b + c + d = 1.0$$

a 영역은 Y의 분산 중 X에 의해 고유하게 설명된 분산 비율을 나타내고, b 영역은 Y의 분산 중 W에 의해 고유하게 설명된 분산 비율을 나타낸다. 반면, c 영역은 준거변수 Y에 대해 두 예측변수 X와 W가 동시에 설명하는 분산 비율을 나타낸다.[1] d 영역은 두 예측변수에 의해 설명되지 않는 분산 비율이다. 준거변수와 예측변수 간 상관제곱과 다중상관제곱은 다음과 같이 표현할 수 있다.

---

[1] 모든 이변량 상관이 양수이면서 억제효과가 없는 경우에는 c 영역을 분산비율로 해석하는 데 무리가 없다. 그러나 이러한 조건이 위배되는 경우에는 c가 음수값으로 나올 수 있는데, 분산 비율이 음수인 것은 논리적으로 타당하지 않기 때문에 문제가 있다.

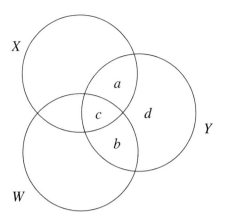

[그림 2-3] 준거변수 Y와 예측변수 X 및 W에 대한 표준화 분산의 벤 다이어그램

$$r^2_{XY} = a + c, \ \ r^2_{WY} = b + c$$

$$R^2_{Y \cdot X, \, W} = a + b + c = 1.0 - d$$

부분상관제곱은 [그림 2-3]에서 변수 X와 W의 고유영역에 해당하는 a, b 영역과 직접적으로 대응시켜 해석할 수 있다. 이 영역들은 회귀모형에 두 번째 예측변수를 추가함에 따라, 기존의 예측변수가 설명하는 분산 비율에서 추가로 설명되는 비율(ΔR^2)에 해당한다. 즉, 다음과 같이 나타낼 수 있다.

$$r^2_{Y(X \cdot W)} = a = R^2_{Y \cdot X, \, W} - r^2_{WY}$$

$$r^2_{Y(W \cdot X)} = b = R^2_{Y \cdot X, \, W} - r^2_{XY} \tag{2.17}$$

편상관제곱은 [그림 2-3]의 a, b, d 영역을 이용하여 다음과 같이 구할 수 있으며, 준거변수 중 다른 예측변수가 통제된 상태에서 한 예측변수만이 고유하게 설명하는 분산 비율을 추정한다. 이에 대한 공식은 다음과 같다.

$$r^2_{XY \cdot W} = \frac{a}{a + d} = \frac{R^2_{Y \cdot X, \, W} - r^2_{WY}}{1 - r^2_{WY}}$$

$$r^2_{WY \cdot X} = \frac{b}{b + d} = \frac{R^2_{Y \cdot X, \, W} - r^2_{XY}}{1 - r^2_{XY}} \tag{2.18}$$

〈표 2-1〉에 제시된 자료에서 $r_{Y(W \cdot X)}^2 = .327$이며 $r_{XY \cdot W}^2 = .435$이다. 즉, 준거변수 Y의 전체 분산 중 예측변수 X가 고유하게 설명하는 비율은 32.7%이며, Y의 분산 중 W에 의해 설명되지 않은 나머지 부분 중에서 예측변수 X가 설명하는 비율은 43.5%이다. 연습문제 7에서 동일한 자료를 이용하여 예측변수 W에 대한 결과를 계산하고 해석해 보도록 하자.

모형에 포함된 예측변수들이 서로 연관되어 있는 경우, 베타계수, 편상관 및 부분상관은 해당 변수를 제외한 나머지 예측변수들을 통제한 상태에서 각 예측변수의 상대적 예측력에 대해 설명해 줄 수 있는 통계량들이다. 각 통계량은 동일한 자료에 대해 서로 다른 관점으로 접근하기 때문에 이 중 어느 것이 더 정확하다거나 덜 정확하다고 말할 수는 없다. 한편, 비표준 회귀계수는 동일한 변수에 대한 분석결과를 여러 표본에 걸쳐 비교할 때 적합한 방법이다.

관찰된 상관과 추정된 상관

Pearson 상관은 두 연속변수 간의 선형 관계를 추정하는 것으로 그 공식은 다음과 같다.

$$r_{XY} = \frac{cov_{XY}}{SD_X SD_Y} = \frac{\sum_{i=1}^{N} Z_{X_i} Z_{Y_i}}{df} \tag{2.19}$$

이 식에서 $df = N-1$이다. Rodgers와 Nicewander(1988)는 상관을 구하기 위한 공식 총 11개를 소개하였는데, 각 공식은 개념적으로나 계산상으로 다르게 표현되지만 모두 같은 결과를 산출함을 보여 주었다.

연속변수는 이론적으로 정의된 점수 범위 내에서 모든 값이 가능한 변수로, 3.75초나 13.60kg과 같이 소수점으로 표현되기도 한다. 실제로 점수가 비연속적(discrete)이거나 10, 11, 12점과 같이 정수로 표현되는 변수라도 최소 15점 이상의 범위를 갖는다면 연속변수로 간주하는 것이 일반적이다. SEM 분석을 위한 준비 단계에서 사용되는 LISREL의 PRELIS 프로그램은 이러한 가정을 반영하여 가능한 값의 개수가 16개 미만인 변수를 자동으로 순서형(ordinal) 변수로 분류한다.

이론상 상관계수 r의 절댓값은 최대 1.0이다. 그러나 X와 Y 사이의 관계가 선형이 아니거나, 측정오차가 있는 경우, 또는 X와 Y의 분포가 각각 다른 모양을 갖는 경우에는 실제 상한선이 1.0보다 작아질 수 있다. 또한 표본의 분산도 r 값에 영향을 미친다. 일반적으로, 표집이 제한된 범위에서 이루어지거나, X나 Y가 특정한 값 이상일 때만 연구대상으로 선정되는 경우에는 점수의 범위가 제한됨으로 인해 상관계수의 절댓값이 작게 추정되기도 한다(Huck, 1992 참조). 또한 이상값이나 극단적인 점수가 있으면 r 값이 왜곡될 수도 있다. 이에 대한 상세한 내용은 Goodwin과 Leech(2006)를 참조하기 바란다.

관찰변수가 성별과 같이 이분형 변수이거나 순서형 변수인 경우에 적용 가능한 특수한 형태의 Pearson 상관계수도 있다.

1. **점이연상관**(point-biserial correlation; r_{pb})은 이분형 변수와 연속형 변수 사이의 상관을 추정한다(예: 실험집단/통제집단 여부와 몸무게 간 상관).

2. **파이계수**(phi coefficient; $\hat{\varphi}$)는 두 개의 이분형 변수 간 상관을 나타낸다(예: 실험집단/통계집단 여부와 생존/사망 여부 간 상관).

3. **스피어만의 순위상관계수** 또는 **스피어만의 rho**(Spearman's rank order correlation or Spearman's rho; $\hat{\rho}$)는 두 개의 순서형 변수 간 상관을 나타낸다(예: 달리기 순위와 훈련 시간에 따른 순위 간 상관).

이와 같이 특수한 형태의 상관을 계산하는 식은 상관계수 r의 기본 공식인 식 2.19를 다르게 표현한 것에 불과하다(예: Kline, 2013a, pp. 138-166).

모든 종류의 Pearson 상관은 관찰변수 간의 관계를 추정한다. 이와 달리, 데이터는 이산형이지만 그 이면에 존재하는 잠재변수는 연속형이면서 정규분포를 이룬다고 가정하여 산출하는 상관도 있으며, 그 예는 다음과 같다.

1. **이연상관**(biserial correlation; r_{bis})은 체중과 같은 연속형 변수와 회복/미회복과 같이 이분화된 잠재변수 간 상관을 나타낸다. 이때 회복/미회복은 본래 연속형 잠재변수인 회복 정도의 점수를 두 개의 범주로 구분한 것이다. 이연상관은 두 변수가 모두 연속형이면서 정규분포를 이루고 있다고 가정할 때 Pearson r값이 얼마로 산출되었을지 추정한 값이다.

2. **다연상관**(polyserial correlation)은 이연상관(r_{bis})의 확장된 형태로서 하나의 자연적인 연속형 변수와 이론적으로 연속형이면서 다분형인 변수(3개 이상의 범주) 간의 상관을 나타낼 수 있도록 일반화한 것이다. 조사도구나 설문지 문항의 리커트형 척도

에서 흔히 사용되는 응답 범주가 동의 정도(예: 동의한다, 동의하지 않는다, 잘 모르겠다 등)에 대한 다분형 응답 척도의 예로 볼 수 있다.

3. **사분상관**(tetrachoric correlation; r_{tet})은 두 이분형 변수 간의 상관계수로서, 두 변수가 모두 연속형이면서 정규분포를 이룰 때 Pearson r이 얼마로 산출되었을지 추정한 것이다.

4. **다분상관**(polychoric coefficient)은 2개 이상의 범주를 가지는 범주형 변수들 간의 상관을 산출하는 데 사분상관의 개념을 확장하여 일반화한 것이다.

다연상관과 다분상관은 계산 절차가 다소 복잡하므로 LISREL 8의 PRELIS와 같은 득수한 프로그램을 이용해야 한다. 이러한 프로그램은 일반적으로 연속형 잠재변수의 정규성을 가정하는 최대우도 추정법을 사용하며, 관찰변수의 범주 수가 약 5에서 2로 감소함에 따라 오차분산이 급격히 증가하는 경향이 있다. 즉, 연속형 변수가 두 개의 범주를 가지는 것으로 설정될 때 정확성이 가장 낮아지게 되는 것이다.

PRELIS 프로그램을 이용하면 관찰된 값이 변수의 범위를 벗어난 **절단변수**(censored variable)도 분석할 수 있다. 어떤 저울의 눈금이 1에서 300파운드 사이의 값을 가지고 있다고 가정하자. 1파운드 이하나 300파운드 이상의 무게를 지닌 물건이 있으면, 각각 1파운드와 300파운드의 눈금을 가리킬 것이다. 이 예에서 가정한 척도는 1 이하 또는 300 이상의 값이 정의되어 있지 않기 때문에 척도의 좌우 양 극단값으로 절단된다. 다른 방식으로 절단되는 경우도 있기는 하지만, 어느 경우든 절단변수의 값은 정확히 알 수 있는 값을 가지거나(예: 무게=250) 부분적으로만 알 수 있는 값을 가진다(예: 무게≥300). 절단자료를 분석하는 데에는 **절단회귀분석**(censored regression)이라는 기법이 활용되며, 행동과학보다 경제학에서 더 많이 활용되고 있다.

SEM에서 결과변수가 연속형일 때는 Pearson 상관계수를 바탕으로 공분산구조에 대한 분석이 수행되며, 결과변수가 비연속형인 데이터도 SEM으로 분석할 수 있다. 결과변수가 비연속형인 경우 적용할 수 있는 한 가지 방법은 원자료에서 다연상관 또는 다분상관을 먼저 계산한 다음 그 결과에 기반하여 모형을 분석하는 것이다. SEM에서 비연속형 변수를 분석하기 위한 방법들에 대해서는 13장과 16장에서 다룰 것이다.

회귀분석과 SEM에서 원래 연속형인 예측변수나 결과변수를 범주화하여 **가상집단**(pseudo-groups)을 생성하는 것(예: 평균을 기준으로 '낮음'과 '높음'으로 분류)은 바람직한 방법이 아니다. 변수를 범주화하면 원자료 분포에 나타난 개별적인 차이에 대한 수리적인 정보를 손실하게 될 뿐 아니라 정규분포를 따르는 모집단의 경우 표본상관의 절댓값을 감소시키는 결과를 가져올 수 있다. 범주를 구분하는 점수가 평균에서 먼 지점에 설정될수록 표본상관의 절댓값이 작아지는 경향은 증가한다. 그러나 모집단 상관이 낮고 표본크기가 작으면 범주화를 통해 표본상관의 절댓값이 증가하기도 한다. 연속변수를 범주화하여 분석하면 주효과나 상호작용 효과가 왜곡될 수 있으며, 구분 점수를 임의로 설정할수록 이러한 가능성은 더 커진다. 따라서 연속형 변수를 범주화하지 않고 원래 변수 그대로 분석하는 것이 바람직하다. 이에 대한 보다 상세한 내용은 Royston, Altman, Sauerbrei(2006)을 참조하기 바란다.

로지스틱 회귀 및 프로빗 회귀

SEM에서 이분형 종속변수를 다루기 위한 방법 중 하나로 **로지스틱 회귀**(logistic regression)를 기반으로 한 방법을 적용할 수 있다. 선형회귀와 마찬가지로 로지스틱 회귀분석의 예측변수로는 연속형이나 범주형 변수가 사용될 수 있다. 그러나 로지스틱 회귀분석의 예측방정식은 **로지스틱 함수**(logistic function) 또는 'S'자 모양의 시그모이드 함수다. 이는 회귀분석에서 예측된 결과와 관찰된 결과를 연결시키는 변환함수 또는 **연결함수**(link function)의 한 유형으로 볼 수 있다. 연속형 종속변수의 분석에 사용되는 다중회귀분석에서 연결함수는 **동일 연결함수**(identity link)이며, 이때 준거변수 Y에서 관찰된 점수는 예측 점수인 $\hat{Y}$와 동일한 단위 상에서 표현된다(예: [그림 2-1]). 그러나 종속변수가 연속형이 아닌 경우 관찰 점수와 예측 점수는 서로 다른 척도에 놓이게 된다.

동일한 증상을 가진 32명의 환자가 환자마다 다르게 설정된 기간(5~60일) 동안 매일 치료를 받는 상황을 가정해 보자. 치료 후에는 환자가 회복된 경우(1)와 회복되지는 않은 경우(0)로 이분화하여 평가한다. 〈표 2-2〉는 이 예시에 대한 가상의 자료를 제시한 것이다. 이 자료를 분석하는 데에는 Statgraphics Centurion(StatPoint Technologies, 1982-2013)[2]을 이용하여 95%의 신뢰구간을 가지는 로지스틱 함수로 표현하였다. 그 결과는 [그림 2-4]에 제시하였다. 여기서 로지스틱 함수는 처치 일수 X에 따른 회복 확률 $\hat{\pi}$을 예측하는 함수다. [그림 2-4]에서 보듯이 표본크기가 작기 때문에 모형에 의한 예측의 신뢰구간은 매우 크게 나타났다. 모형을 통해 추정되는 종속변수가 예측 확률이므로 잠재 연속변수에 해당하며, 이런 의미에서 로지스틱 회귀 및 프로빗 회귀분석은 잠재변수 분석기법으로 볼

2) www.statgraphics.com/downloads.htm

수 있다.

로지스틱 회귀분석의 추정 방법은 OLS가 아닌 최대우도추정 방법으로서, 이분형 종속변수를 **로짓**(logit)값으로 변환한 후 적용된다. 이때 로짓값은 종속변수가 발생할 **승산** (odds)인 $\hat{\omega}$에 자연로그(밑이 e=2.7183인 로그)를 취한 값이다. 승산($\hat{\omega}$)이란 목표 사건이 발생할 확률을 그 사건이 발생하지 않을 확률로 나눈 값이다. 가령, 치료 후 환자의 60%만 회복하고 40%가 회복되지 않는다고 가정할 때, 다음과 같이 나타낼 수 있다.

$$\hat{\pi} = .60, \quad 1 - \hat{\pi} = .40$$

따라서 어떤 환자가 회복될 승산은 $\hat{\omega} = .60/.40 = 1.50$이며, 회복될 승산이 3:2라고도 표현할 수 있다. 승산값에 1을 더한 뒤 승산값을 이 값으로 나누면 다시 원래 확률로 변환된다. 예를 들어, $\hat{\omega} = 1.50$이므로 회복 확률은 $\hat{\pi} = 1.50/2.50 = .60$이다.

로지스틱 회귀분석에서 예측변수에 대한 회귀계수는 로그 척도상에서 계산되며, 이렇게 구해진 계수는 **승산비**(odds ratio)로 환산하여 해석할 수 있다. 승산비는 다른 예측변수들을 모두 통제한 상태에서 예측변수가 1점 증가할 때 목표 사건이 발생할 승산이 얼마나 증가하는가의 정도를 의미한다. 〈표 2-2〉에 제시된 자료를 Statgraphics Centurion의 로지스틱 회귀분석 프로시저로 분석할 경우, 로그 척도상의 예측 방정식은 다음과 같이 산출된다.

$$\text{logit}(\hat{\pi}) = \ln\left(\frac{\hat{\pi}}{1 - \hat{\pi}}\right) = \ln(\hat{\omega}) = .455X - 13.701$$

이때 .455는 치료 일수에 대한 예측변수 X의 계수이며, -13.701은 절편이다. 치료 일수에 대한 계수의 진수(antilogarithm)를 구하면 다음과 같이 승산비 1.576이 산출된다.

$$\ln^{-1}(.455) = e^{.455} = 1.576$$

〈표 2-2〉 로지스틱 회귀분석 및 프로빗 회귀분석 자료 예시

상태	n	치료 일수(X)
회복되지 않은 경우($Y=0$)	16	6, 7, 9, 10, 11, 13, 15, 16, 18, 19, 23, 25, 26, 28, 30, 32
회복된 경우($Y=1$)	16	27, 30, 33, 35, 36, 39, 41, 42, 44, 46, 47, 49, 51, 53, 55, 56

이 값은 치료 일수가 하루 추가될 때마다 회복할 승산이 57.6% 증가함을 의미한다. 그러나 증가율은 선형이 아니기 때문에 로지스틱 곡선이 상승 또는 하강하는 속도는 예측변수의 값에 따라 변한다. 이 자료에서 예측된 회복의 최대 변화율은 치료 후 30일에서 40일 사이에 발생한다. 그러나 [그림 2-4]에서 보는 바와 같이, 치료 일수의 양극단 범위($X<30$ 또는 $X>40$)에서는 회복 확률상의 변화율이 훨씬 작다. [그림 2-4]의 로지스틱 곡선은 다음과 같이 로짓 함수의 역함수로 구한 것이다.

$$\hat{\pi} = \text{logit}^{-1}(.455X - 13.701) = \frac{e^{.455X - 13.701}}{1 + e^{.455X - 13.701}}$$

이분형 결과변수를 분석하는 다른 방법으로는 **프로빗 함수**(probit function)를 이용하는 **프로빗 회귀분석**(probit regression)이 있으며, 이때 프로빗은 'probability unit(확률 단위)'의 약자다. 프로빗 모형은 종속변수인 목표 사건 발생 여부가 평균 0, 분산 1인 정규분포를 따르는 연속형 잠재변수 Y*에 의해 결정된다고 가정한다.

$$Y = \begin{cases} 1 & (Y^* \geq 0\text{인 경우}) \\ 0 & (Y^* < 0\text{인 경우}) \end{cases} \tag{2.20}$$

프로빗 회귀 방정식은 먼저 정규편차 점수인 z 점수 척도상에서 $\hat{Y}^*$를 생성한 다음, 정규 곡선의 누적분포함수(Φ)에 대한 방정식을 이용하여 각 사례의 $\hat{Y}^*$ 값으로부터 목표 사건

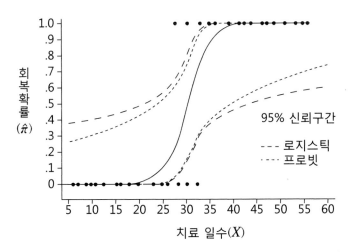

[그림 2-4] 〈표 2-2〉 데이터를 이용한 회복확률 및 95% 신뢰구간

의 예측 확률인 $\hat{\pi}$을 계산한다.

$$\hat{\pi} = \varPhi\left(\widehat{Y*}\right) \tag{2.21}$$

식 2.21은 **정규 오자이브 모형**(normal ogive model)이라고도 한다.

  Statgraphics Centurion의 프로빗 분석 프로시저를 사용하여 〈표 2-2〉의 자료를 분석한 결과, 다음과 같은 예측 방정식이 산출되었다.

$$\widehat{Y*} = .268X - 8.072$$

X의 계수 0.268은 치료 일수가 1 표준편차 단위 증가함에 따른 회복의 변화량을 추정한다. 즉, 회복에 대한 z-점수는 치료 일수가 증가함에 따라 0.268씩 증가한다. 이때 변수 간 관계가 비선형이기 때문에 변화율은 일정하지 않다([그림 2-4] 참조). 이 예제에서 회복의 예측 확률은 프로빗 함수에 의해 다음과 같이 산출된다.

$$\hat{\pi} = \varPhi(.268X - 8.072)$$

프로빗 함수에 대한 95% 신뢰구간은 로지스틱 함수로 구한 값과 다소 차이가 있다([그림 2-4] 참조).

  표본크기가 큰 경우 로지스틱 회귀와 프로빗 회귀는 유사한 결과를 나타내지만, 계수의 척도가 서로 다르다. 로지스틱 모형의 결과를 정규 오자이브(프로빗) 모형과 동일한 척도로 변환하는 척도화 상수(scaling factor)는 약 1.7이다. 예를 들어, 〈표 2-2〉 데이터에 대해 로지스틱 회귀분석과 프로빗 회귀분석을 적용하여 구한 예측변수의 계수 간의 비는 .455/.268=1.698이며, 이를 소수점 첫 번째 자리로 반올림하면 1.7이 된다. 두 방법은 데이터에 극단값이 많거나(예측 확률이 0 또는 1에 가까운 사례가 많은 경우) 표본이 작은 경우 상당히 다른 결과를 나타낼 수 있다. 프로빗 회귀분석은 로지스틱 회귀분석에 비해 복잡한 계산을 필요로 하나, 빠른 프로세서와 충분한 메모리 성능을 갖춘 컴퓨터를 사용하면 그다지 큰 문제가 되지는 않는다. 표본크기가 작은 데이터에 프로빗 회귀분석을 적용하면 계산상의 문제가 발생할 수 있다. 범주형 데이터에 대한 자세한 분석방법은 Agresti(2007)를 참조하기 바란다.

요약

SEM의 기본 원리를 배우기에 앞서 회귀분석에 대해 이해할 필요가 있다. SEM과 회귀분석에서 종속변수는 모형에 포함된 변수뿐 아니라 측정되지 않은 변수에 의해서도 영향을 받을 수 있는데, 특히 모형에서 누락된 예측변수가 모형에 포함된 예측변수와 관련성이 있는 경우, 즉 설정오류가 발생한 경우에 분석결과는 달라질 수 있다. 따라서 연구자는 해당 분야에 대한 선행연구를 면밀하게 검토한 후 신중하게 예측변수들을 선택할 필요가 있다. 회귀분석 모형에서는 측정오차를 허용하지 않기 때문에 예측변수들은 측정학적으로 양호한 특성을 가지는 변수여야 한다. 반면, SEM에서는 측정오차를 모형화하여 분석하지만, 적절하지 않은 변수를 사용하면 연구 결과가 심각한 수준으로 왜곡될 가능성이 있다. 예측변수 선택 시, 연구자의 합리적 판단이 통계적 유의도 검증 결과보다 더 중요하다. 통계적 유의도 검증의 역할과 SEM의 붓스트래핑 기법은 다음 장에서 살펴보기로 하겠다.

심화학습

Cohen, Cohen, West, Aiken(2003)의 저서는 다중회귀분석에 대한 일종의 교과서로 여겨지므로 참조하기 바란다. Royston, Altman, Sauerbrei(2006)는 예측변수나 종속변수를 범주화하는 것이 바람직하지 않은 이유에 대해 설명하였으며, Shieh(2006)는 억제효과에 대해 기술하였다.

Cohen, J., Cohen, P., West, S. G., & Aiken, L. S. (2003). *Applied multiple regression/correlation analysis for the behavioral sciences* (3rd ed.). New York: Routledge.

Royston, P., Altman, D. G., & Sauerbrei, W. (2006). Dichotomizing continuous predictors in multiple regression: A bad idea. *Statistics in Medicine, 25*, 127–141.

Shieh, G. (2006). Suppression situations in multiple linear regression. *Educational and Psychological Measurement, 66*, 435–447.

연습문제

〈표 2-1〉의 자료를 이용하여 다음 연습문제에 답하시오.

1. 기술통계를 바탕으로 X에서 Y를 예측하기 위한 비표준화 회귀방정식을 계산하시오.

2. X에 대한 중심화 점수는 Y를 예측하기 위한 비표준화 회귀계수에는 영향을 주지 않지만 절편에는 영향을 미친다는 점을 설명하시오.

3. X가 Y의 유일한 예측변수일 때, $S_Y^2 = S_{\hat{Y}}^2 + S_{Y-\hat{Y}}^2$ 과 $r_{XY}^2 = S_{\hat{Y}}^2 / S_Y^2$ 가 성립됨을 설명하시오.

4. X와 W로 Y를 예측하는 비표준화 회귀방정식과 표준화 회귀방정식을 산출하고, $R_{Y \cdot X, W}^2$ 를 계산하시오.

5. $\hat{R}_{X \cdot Y, W}^2$ 를 계산하시오.

6. X와 W로 Y를 예측하는 회귀식에서 잔차의 히스토그램을 구하시오.

7. $r_{WY \cdot X}^2$ 와 $r_{Y(X \cdot W)}^2$ 를 계산하고 각각 해석하시오.

유의도 검정 및 붓스트랩 기법

이 장에서는 통계적 유의도 검정과 붓스트랩 기법을 살펴보고 각 방법이 SEM에서 가지는 역할에 대해 설명하고자 한다. 유의도 검정에 대한 논란은 최근 들어 더욱 심화되고 있다. 이는 유의도 검정 자체가 지닌 방법상의 한계와 연구자들의 이해력 부족에서 기인한 결과로 보인다. 이에 이 장에서는 유의도 검정에 대한 대안으로 신뢰구간 추정 방법을 설명한다. 복잡한 분포를 가지는 통계치에 대한 신뢰구간을 계산하는 방법으로는 비중심성 구간 추정 및 붓스트랩이 있다. SEM의 적합도 지수 중에는 비중심 검정 분포를 바탕으로 정의된 지수들이 있으며, 붓스트랩 기법은 컴퓨터 기반 재표집 절차를 SEM 분석에 적용한 것이다.

표준오차

표준오차는 **표집분포**(sampling distribution)의 표준편차를 의미한다. 표집분포란 모집단에서 표본크기가 동일한 표본을 무작위로 추출하였을 때 나올 수 있는 모든 표본의 통계치가 이루는 확률적인 분포를 의미한다. 표준오차는 모집단 모수와 표본 통계치의 차이인 **표집오차**(sampling error)를 추정한 것으로, 모집단의 분산이 일정할 때 표준오차는 표본크기(N)에 반비례한다. 즉, 표본크기가 클수록 통계치에 대한 표집분포의 폭은 좁아지고 분산이 감소함을 의미한다.

단순분포(simple distribution)상에서 표본통계치의 표준오차를 구하는 데에는 교과서에서 흔히 볼 수 있는 공식을 적용하면 된다. 여기서 '단순'이라 함은 (1) 통계치가 하나의 모수만을 추정하고, (2) 분포의 모양이 그 모수의 값에 따라 변하지 않음을 의미한다. 표본평균에 대한 표집분포는 단순분포이고, 평균에 대한 표준오차의 공식은 다음과 같다.

$$\sigma_M = \frac{\sigma}{\sqrt{N}}$$

(3.1)

이 식에서 σ는 모집단 표준편차이며, σ_M의 값은 N이 증가함에 따라 작아진다. [그림 3-1]은 정규분포를 따르는 모집단 분포에서 표본크기를 $N=5$와 $N=25$로 달리한 표집분포를 생성할 경우 두 분포가 어떻게 다른지 보여 준다. 표본크기가 작을 때는 모집단 평균 μ를 중심으로 한 표본평균의 분산이 커진다. σ가 알려져 있지 않은 경우에는 다음 공식을 이용하여 σ_M 값을 추정해야 한다.

$$SE_M = \frac{SD}{\sqrt{N}}$$

(3.2)

이때 SE_M 값은 동일한 모집단에서 무작위로 추출된 표본에 따라 달라지기 때문에, 그 자체가 표준오차를 포함하는 개념이다.

관찰변수의 통계치에 대한 표준오차는 다음과 같은 엄격한 가정하에서 표집오차를 추정한다.

1. 표집방법은 무선적으로 이루어졌거나, 적어도 반복 추출 시 모집단을 대표하는 표본을 생성할 수 있을 정도로 충분히 임의적인 방식으로 이루어졌다.
2. 표집오차 이외에 다른 오차원은 존재하지 않는다.
3. 모수 통계치에 대한 표준오차는 흔히 정규성 또는 등분산성을 가정한다.

문제는 대부분의 연구에서 이러한 가정들이 제대로 지켜지지 않는다는 점이다. 예를 들어, 무선 표집을 하려면 모집단에 속한 모든 구성원의 목록이 필요하겠지만 이러한 목록을 구하기는 쉽지 않은 일이다. 경험 연구에서는 연구에 참여 가능한 참가자로 구성된 편의 표본을 사용하는 경우가 많은데, 이러한 표본에서 표준오차가 무엇을 측정하는지를 정확히 알기는 어렵다. 현실적으로, 관찰점수는 표집오차나 측정오차뿐 아니라, 실험 처치의 시행상에서 발생하는 오류, 환자와 치료자 간의 협조가 잘 안 되어 규정대로 치료를 실시하지 못하는 오류 등 다양한 종류의 오류에 영향을 받는다. 이 밖에도 중요한 변수가 모형에서 누락되는 설정오류가 발생한 경우, 내적타당도의 위협 요인(예: 가외변수의 존재)이나 외적타당도의 위협 요인(예: 다중 처치로 인한 간섭)이 존재하는 경우, 또는 구인타당도가

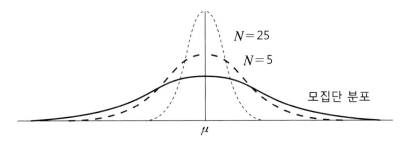

[그림 3-1] 모집단 분포와 표본크기가 $N=5$와 $N=25$인 표집분포

확보되지 않은 경우(예: 낮은 신뢰도)도 모두 오차의 원인이 된다(Shadish, Cook, & Campbell, 2001). 그러나 표준오차를 추정하는 데 있어서는 이와 같은 오차 요인들이 없다고 가정하며, 무선표집에서 발생하는 오차만이 유일한 오차라고 가정한다.

　모집단 분포에 대해 일반적으로 설정하는 정규성 가정은 실제 연구에서 확보되지 않는 경우가 많다. 대부분의 경험적 분포는 대칭이 아닌 경우가 많으며, 때로는 정규분포에서 현저하게 벗어난 경우도 있다(Micceri, 1989). Geary(1947, p. 214)는 "정규성은 일종의 신화이며, 정규분포는 이제까지 한번도 나타나지도 않았고 앞으로도 결코 볼 수 없을 것이다."라고 단언하면서, 이러한 내용이 모든 통계책에 명시되어야 한다고 주장하였다. 집단 간 분산의 비도 크게는 8:1 정도까지 나타나는 일이 흔하기 때문에(Keselman et al., 1998) 등분산성 가정 역시 신화라고 보는 견해도 있다. 표본크기가 작거나 모집단에 대한 대표성이 결여된 표본의 경우, 분포에 관한 가정에서 약간만 벗어나더라도 표준오차가 크게 왜곡될 수 있다. 분포에 대한 가정을 완화시킨 안정적인 추정방법들도 있으나(Erceg-Hurn & Mirosevich, 2008), 이때도 표준오차는 여전히 무선표집을 가정한다.

임계비

　유의도 검정에서 가장 기본적으로 사용되는 통계량은 **임계비**(critical ratio)로서, 추정된 통계치를 표준오차로 나눈 값을 의미한다. 표본크기가 크고 정규성을 가정할 때, 임계비는 평균이 0이고 표준오차를 표준편차로 하는 정규분포를 따르는 z 통계치라고 해석할 수 있다. $|z| > 2.00$인 경우, 모수값이 0이라는 영가설(H_0)은 양측 검정(H_1)의 .05 수준에서 기각된다($p < .05$). $|z|$의 정확한 기각값은 유의수준이 .05일 때 1.96이고 유의수준이 .01인 경우 2.58이다. 다음 예시를 살펴보자.

$$M = 5.00, \quad SD = 25.00, \quad N = 100, \quad H_0 : \mu = 0, \quad H_1 : \mu \neq 0,$$

$$SE_M = \frac{25.00}{\sqrt{100}} = 2.50, \quad z = \frac{5.00}{2.50} = 2.00$$

무선 표집이 이루어졌고 표집오차 이외의 다른 오차가 없다고 가정하면, $z = 2.00$에 대한 p값은 .046이므로 모집단 평균이 0이라는 영가설은 유의수준 .05 수준에서 기각된다.

표본크기가 작은 경우, 통계치를 표준오차로 나눈 비(M/SE_M)는 t 분포를 따른다. 이때 .05 또는 .01 수준에서 임계값을 결정하기 위해서는 특별한 표가 필요하다.[1] 이러한 분포는 영가설을 참이라고 가정하는 **중심 t 분포**(central t distribution)다. t 분포는 자유도(df)라는 단일 모수를 가지며, 추정해야 할 평균이 하나인 경우 자유도는 $N-1$이다. 두 개의 독립표본에 대한 평균을 비교하는 t 검정에서 자유도는 $N-2$이며, 이때 N은 두 독립 표본의 전체 사례수를 의미한다. t 검정의 유형에 따라 자유도는 각기 다르지만 모든 중심 t 분포에서는 영가설이 참이라고 가정한다. F나 χ^2과 같은 다른 검정 통계들도 중심 분포가 있으며, 이에 대한 임계값을 제시한 표는 대부분의 통계 책에 수록되어 있다.

SEM 컴퓨터 프로그램에 따라서는 비표준화 해에 대해서만 표준오차가 계산되는 프로그램이 있다. 분석결과 출력물에 표준화 해에 대한 표준오차가 나와 있지 않으면, 비표준화 해에서만 표준오차를 제공하는 프로그램이라고 생각하면 된다. 이런 경우 유의도 검정 결과(z)는 비표준화 추정치에 대해서만 가능하지만, 많은 연구자는 비표준화 추정치에 대한 p 값이 표준화 추정치에도 적용된다고 생각한다. 물론 표본이 크고 모집단을 잘 대표하는 경우에는 이 가정이 부적절한 것은 아니다. 그러나 비표준화 추정치의 p 값이 표준화 추정치에 자동으로 적용되지 않는다는 점은 반드시 알고 있어야 한다. 표준화 추정치도 그 자체로 표준오차를 가지기 때문에, 표준화 추정치의 임계비와 그에 대응하는 비표준화 임계비가 동일하지 않을 가능성이 있다. 따라서 (1) 비표준화 추정치를 보고할 때 반드시 표준오차를 포함해야 하며, (2) 비표준화 추정치에 대한 p 값을 표준화 추정치와 연관시키지 않아야 한다. 예를 들면 다음과 같다.

비표준화 추정치가 4.20, 표준오차가 2.00, 표준화 추정치가 .60이라고 가정하자. 표본이 클 때, $z = 4.20 / 2.00 = 2.10$이고, 이 값이 임계값인 1.96을 초과하여 p 값이 .05 이하가 되기 때문에 비표준화 추정치는 유의수준 .05에서 통계적으로 유의미하다고 해석할 수

---

1) 대표본에서 t 분포와 z 분포는 점근적(asymptotic) 성격을 가지므로, 표본크기가 커질수록 동일한 통계치에 대한 t 값과 z 값은 거의 같아진다.

있다. 동일한 유의수준에서 표준화 추정치 .60이 유의한지의 여부는 표준오차가 없기 때문에 알 수 없다. 따라서 표준화 계수에 $p < .05$를 의미하는 별을 붙여 .60*로 보고하는 것은 부적절하다. 비표준화 추정치와 표준화 추정치를 함께 보고하되, 비표준화 추정치에 대한 표준오차와 유의도를 다음과 같이 보고하는 것이 좋다.

$$4.20^* \ (2.10) \ .60$$

🫓 검정력과 영가설 유형

가설검정에서 p 값이 유의수준보다 크게 산출되어 영가설을 기각할 수 없다고 결론 내리게 될 때, 이것이 의미 있는 결론이 되기 위해서는 적절한 수준의 검정력이 확보되어야 하고 영가설이 타당해야 한다. **검정력**(power)이란 영가설이 참이 아닐 때 임의 표본에 대한 가설검정에서 통계적으로 유의한 결과를 얻게 될 확률이다. 검정력은 제2종 오류(참이 아닌 영가설을 기각하지 못함)인 β를 1에서 뺀 값으로, $1 - \beta$로 나타낸다. 검정력이 높으면 제2종 오류 확률 β가 낮아지고 검정력이 낮아지면 β가 커지게 된다. 검정력은 모집단의 효과크기와 표본크기에 따라 달라진다. 검정력에 영향을 미치는 요인은 다음과 같다.

1. 통계적 유의수준 α(.05 또는 .01) 및 H_1의 방향성(단측 또는 양측 검정)
2. 독립표본/종속표본의 여부(집단 간 또는 집단 내 설계)
3. 사용된 검정 통계량
4. 신뢰도

일반적으로 표본크기가 클수록 검정력이 높아지며, 유의수준이 .05일 때가 .01때보다 검정력이 높다. 또한 양측 검정보다는 단측 검정에서, 집단 간보다 집단 내 설계에서, Mann–Whitney U와 같은 비모수 통계보다 t 검정과 같은 모수통계를 사용할 때 검정력이 더 높으며, 점수의 신뢰도가 높을수록 검정력이 높아진다.

검정력은 연구설계 단계에서 자료가 수집되기 이전에 추정하는 것이 좋다. 연구기관에서 연구 과제에 대한 제안서를 심사할 때 검정력 추정치에 대한 정보를 연구 계획에 포함하라고 요구하는 경우도 있다. 검정력이 낮을 경우 연구 수행의 의미가 없다고 볼 수 있기 때문이다. 예를 들어, 검정력이 약 .50에 불과하면, 참이 아닌 영가설을 기각할 가능성은 동전을 던져서 앞면이 나올 확률에 지나지 않는다. 이러한 경우라면 연구를 수행하는 대신 동전 던지기로 의사결정을 하는 것이 시간과 비용 면에서 더 나을 수도 있다.

그러나 안타깝게도 연구자의 약 10% 정도만이 사전 검정력을 보고하고 있다(Ellis, 2010). 검정력 추정치에 대한 정보가 없을 경우 결과를 정확하게 해석하는 것이 불가능하기 때문에 검정력을 사전에 확인하고 보고하는 것은 중요하다. 즉, 통계적으로 유의하지 않은 결과가 연구자의 가설에 대한 증거가 불충분하기 때문인지 검정력이 낮기 때문인지 구분하기 어렵다. 무료 소프트웨어[2])를 이용하면 검정력을 손쉽게 구할 수 있다. SEM의 검정력 추정 방법에 대해서는 12장에서 자세히 다룬다. 특정한 유형의 유의도 검정에서는 표본 크기가 큰 표본에서 조차 검정력이 매우 낮게 나타나는 경우노 있다.

가장 보편적으로 사용되는 영가설은 **귀무가설**(nil hypothesis)로서, 하나의 모수 또는 둘 이상의 모수 간 차이가 0이라는 가설이다. 평균을 비교하기 위한 t 검정의 영가설은 다음과 같이 두 개의 모집단 평균이 정확하게 같다고 예측한다.

$$H_0 : \mu_1 - \mu_2 = 0$$

귀무가설의 문제점은 어떤 모수값이 0이거나 두 모수값의 차이가 정확히 0일 가능성이 매우 희박하다는 것이며, 이때 0이라는 값이 효과 또는 연관성이 전혀 없음을 의미하는 경우에 특히 그러하다. 드물기는 하지만, t 검정에서 **비귀무가설**(non-nil hypothesis)을 설정할 수도 있다. 비귀무가설은 다음과 같이 모집단 효과 또는 연관성이 0이 아니라고 예측하는 것이다.

$$H_0 : \mu_1 - \mu_2 = 5.0$$

세 개 이상의 평균을 비교하는 데 사용되는 F 검정 통계량에 대하여 비귀무가설을 설정하고 검정하는 과정은 더 복잡하다. 이는 많은 컴퓨터 프로그램에서 대부분 귀무가설을 가정하기 때문이다. 효과성이 존재하는지 여부조차도 알려지지 않은 새로운 연구 분야에서는 귀무가설을 설정하는 것이 적절할 수도 있으나, 특정 효과가 존재한다는 사실이 이미 알려진 연구 분야에서는 귀무가설을 설정하는 것이 적합하지 않을 수도 있다. 후자의 경우에 귀무가설을 설정하여 분석하게 되면, 너무 쉽게 기각될만한 가설을 분석하는 것이므

---

2) www.gpower.hhu.de/en.html

로 연구문제로서의 가치가 별로 없으며, p 값도 매우 낮게 나타날 것이다. 즉, 실제보다 훨씬 더 효과가 있는 것처럼 해석될 수 있는 여지를 갖게 된다.

유의도 검정 관련 논쟁

최근까지도 유의도 검정은 모든 연구자가 당연히 해야 하는 것으로 인식되고 있다. 그러나 요즘 들어 유의도 검정이 비과학적이고 실제성이 결여되었다는 비판적 인식이 점차 확대되고 있다(Kline, 2013a; Lambdin, 2012). 통계 분야에서 혁신을 주도하는 학파에서는 일반 연구자들이 유의도 검정결과를 맹신함에 따라, 유의도 검정이 지닌 고유의 한계점과 인지적인 왜곡으로 인해 분석결과를 제대로 이해하지 못하는 경향이 크다고 지적하였다(Ziliak & McCloskey, 2008). 유의도 검정은 다음과 같은 점에서 비판받고 있다.

1. 많은 연구에서 유의도 검정의 결과(p 값)가 잘못 도출된 경우가 많다.
2. 연구자들이 p 값을 제대로 이해하지 못한다.
3. 유의도 검정을 올바르게 적용한 사례들이 많지 않다.
4. 연구자가 밝히고자 하는 내용은 유의도 검정을 통해 알 수 없다.

p 값이 비현실적인 가정(예: 무선 표집, 정규성, 측정오차의 부재)하에서 산출된다는 사실은 앞서 표준오차를 설명한 절에서 언급한 바 있다. 많은 연구자가 모집단에 대한 대표성이 결여된 작은 표본에서조차도 유의도 검정이 안정적이라고 믿고 있기 때문에 분포에 관한 가정을 검정하지 않는 경우가 대부분이다(Hoekstra, Kiers, & Johnson, 2013). 분포에 대한 가정을 점검한 경우에도 잘못된 유의도 검정 방법을 사용하는 경우가 많다. Levene의 등분산성 검정과 같이 분포에 대한 가정을 검정하는 방법 자체가 비현실적인 가정에 기초하고 있기 때문에, 가정이 위배되는 경우 잘못된 결과가 산출되는 경우도 있다(Erceg-Hurn & Mirosevich, 2008).

또한 많은 연구자가 통계적 유의도를 잘못 해석하고 있다. 예를 들어, 심리학 교수의 약 80~90%가 통계적 유의도에 대한 오개념을 가지고 있으며, 이는 기초 통계를 수강하는 심리학 학부생의 수준과 크게 차이가 없다(Haller & Krauss, 2002). 교수들이 수업에서 잘못된 정보를 학생들에게 전달하면, 다음 세대에까지 오개념이 전파될 수 있다. p 값에 대한 오개념의 대표적인 예는 '확증 편향(confirmation bias)'으로 영가설이 기각되는 경우 연구자의 가설이 확증되었다고 과도하게 지지하는 것이다. [Topic Box 3-1]에서는 통계적 유의도와 관련한 다섯 가지 대표적인 오개념을 살펴보기로 하겠다. 연습문제 1-3번에서는 p 값에 대한 잘못된 정의의 예시를 살펴보고, 그에 대한 의견을 정리해 보도록 하겠다.

[Topic Box 3-1]
유의도 검정에 관한 오개념

먼저, p 값에 대해 정확한 해석을 제시하고자 한다. 실제로 p 값은 다음과 같은 조건부 확률이다.

$$p\left(\begin{array}{c} \text{표본에 나타난 결과 또는 그 이상의} \\ \text{극단적 결과} \end{array} \middle| \begin{array}{c} \text{참인 } H_0\text{, 무선 표집,} \\ \text{그외 다른 모든 가정의 충족} \end{array}\right)$$

p 값은 영가설이 참이면서 다른 모든 가정이 충족되는 조건(분포 관련 가정, 표집오차 이외의 오류가 없는 경우, 독립 점수 등)하에 표본으로부터 나타난 결과 또는 그 이상의 극단적인 결과가 나타날 확률로 정의된다. p 값을 계산할 때 표본에서 얻은 값보다 극단적인 값을 고려하므로, p 값은 순수하게 실증자료에서 얻은 값이라고 보기는 어렵다. 예를 들어, $p < .05$인 경우 다음과 같이 두 가지로 해석할 수 있다.

1. 영가설이 참인 모집단에서 다수의 무작위 표본을 추출하는 연구를 반복 수행한다고 가정하자(즉, 모든 결과가 우연에 의해 발생함). 이러한 가상적인 상황에서 얻은 결과의 5% 미만은 실제 표본에서 얻은 결과보다 H_0과 더 불일치하는 결과라고 할 수 있다.
2. H_0이 참인 가설하에서 얻은 표집분포에서, 다수의 무작위 표본에 대한 검정 통계치 중 5% 미만은 관찰된 결과값보다 평균으로부터 멀리 떨어져 있다. 다시 말해, 무작위 표본에서 관찰된 결과보다 극단적인 값을 얻을 확률은 5% 미만이다.

다음으로 p 값을 잘못 해석하는 다섯 가지 대표적인 유형에 관해 설명하고자 한다. 첫 번째 오류는 이른바 **우연성 확률에 대한 오류**(odds against chance fallacy)로서, p 값이 표집오차로 인해 특정 표본에서 얻은 결과값이 우연히 발생할 확률을 나타내는 것이라고 생각하는 오류다. 앞서 설명한 바와 같이 p는 하나의 값이 아니라 관찰된 값 이상의 범위에 대해 계산되는 값이다. 또한 H_0가 이미 참이라고 가정하여 p를 계산하므로, 표집오차가 유일한 오차일 확률은 이미 1이다. 따라서 p를 표집오차의 발생 가능성을 측정하는 지표로 보는 것은 논리적이지 않다. 게다가 표본 자료의 분석결과가 표집오차, 측정오차 또는 설정오류와 같은 오류의 영향을 받을 확률은 거의 1에 가깝다. 이러한 관점에서, 사실상 모든 표본 자료 분석결과는 오류를 포함한다(Ioannidis, 2005). 즉, 분석 자료에는 여러 유형의 오류가 포함되어 있기 때문에, 메타분석 기법과 같은 연구를 통해 다양한 연구 결과를 통합하여 해석하는 경우에만 이러한 오류를 줄일 수 있다. 이러한 관점에서 보자면 개별 연구의 유의도 검정은 큰 의미를 가지지 않는다.

　　두 번째 오류는 유의수준 .05에서 실시한 유의도 검정에서 $p < .05$로 산출되어 H_0가 기각된 경우, 영가설이 기각된 결정이 I종 오류일 확률이 5% 미만이라고 해석하는 **지역 I종 오류에 대한 오류**(local Type I error fallacy)다. H_0에 대한 기각 결정은 옳을 수도 있고 틀린 것일 수도 있으며, 이와 관련하여 어떠한 확률(0 또는 1 이외의 오류)이 관련되어 있는 것이 아니므로 이것 역시 잘못된 해석이다. 충분한 반복연구를 통해서만 특정 연구에서 H_0를 기각하는 결정이 올바른지의 여부를 결정할 수 있다. 세 번째 오류는 **역확률 오류**(inverse probability fallacy)로, p를 영가설이 참일 확률로 생각하는 오류다. 이 오류는 p 값이 영가설 하에서 얻은 자료에 대한 확률이라는 사실을 간과함으로 인해 발생한다.

　　다음 설명할 두 가지 유형의 오류는 $1 - p$에 관한 것이다. **타당한 연구 가설의 오류**(valid research hypothesis fallacy)란 $1 - p$를 대립가설이 참일 확률로 잘못 해석하는 것이다. $1 - p$는 H_0 하에서 실제 관측된 값보다 결과가 훨씬 덜 극단적일 가능성을 의미한다. **반복가능 오류**(replicability fallacy)란 $1 - p$를 다른 무작위 표본에서 동일한 결과가 나타날 확률로 보는 오류다. 만약 우리가 이 확률을 알 수 있다면 매우 유용하겠지만, 이는 잘못된 해석이다. p는 단지 영가설 하에서 특정 표본에 나타난 결과의 확률을 의미한다. 일반적으로 반복연구는 실험설계에 관한 사항으로 어떠한 효과가 모집단에 실제로 나타나는지를 설명하는 경험적 연구 방법이다. p 값에 대한 잘못된 믿음과 관련한 보다 자세한 내용은 Kline(2013a, 4장)을 참조하기 바란다.

대부분의 연구자가 유의도 검정에 대한 검정력을 보고하지 않는 관행과 더불어, 모든 연구 분야와 학문 영역에 공통으로 적용되는 황금률인 통계적 유의수준(.05 또는 .01)을 설정하는 데에서도 잘못된 관행이 존재한다. α 값은 제I종 오류가 발생할 확률 또는 임의표본에서 참인 영가설이 기각될 확률로 정의되는데, 연구문제에 따라서는 제II종 오류의 경우가 더 심각할 수 있다. 자료를 수집하기 전에 이미 귀무가설이 거짓이라고 알려진 경우를 예로 들 수 있다. 이 경우, α의 유효수준은 0이며, 제II종 오류만이 유일한 오류다. 다른 예로, 질병에 대한 치료가 도움이 되었으나 치료 결과가 유의수준 .05에서는 유의하게 나타나지 않는 경우를 생각해 볼 수 있다. 이 맥락에서 제II종 오류는 치료 효과가 실제로 있음에도 불구하고 연구를 통해 확인되지 않았음을 의미한다. 제I종 오류 확률과 제II종 오류 확률 사이에 적절한 균형을 고려하지 않은 채 유의수준을 .05 또는 .01로 임의적으로 설정하는 것은 바람직하지 않다(Hurlbert & Lombardi, 2009).

Armstrong(2007)은 유의도 검정이 적절한 방식으로 수행된다 하더라도 과학의 발전을 촉진하는 데 큰 도움이 되지 않는다고 하였는데 그 이유는 유의도 검정 결과가 연구자들이 알고자 하는 것에 대한 정보를 모두 주지 않기 때문이다. 가령, 일부 가설이 사실일 가능성이나 영가설이 기각된 후 제1종 오류의 발생 확률, 반복연구 효과, 그리고 연구 결과가 실제 맥락에서 어느 정도 중요한지의 여부 등은 유의도 검정을 통해 밝혀지지 않는다. 이에 대한 대안으로 효과크기와 정확도(신뢰구간)의 측면에서 반복된 연구 결과를 기술하고 특정 연구 상황과 관련된 이해당사자들의 언어를 사용하여 연구 결과에 대한 실질적인 유의성을 해석할 필요가 있다(Aguinis et al., 2010). 위에서 설명한 문제들도 인해, 『Basic and Applied Social Psychology』와 같은 일부 학술 저널에서는 유의도 검정에 대한 보고가 사실상 금지되어 있기도 하다(Trafimow & Marks, 2015).

신뢰구간과 비중심 검정 분포

구간 추정은 유의도 검정에 대한 하나의 대안적인 방법으로 볼 수 있다. 신뢰구간 추정과 함께 효과크기에 대한 보고를 하는 것도 방법이다. 이때 오차 범위를 포함한 신뢰구간은 표집오차 범위 내에서 동등한 결과로 간주되는 추정치의 범위를 나타낸다. 단순분포를 가진 통계치의 경우 양측 검정 가설에 대한 $100 \times (1-\alpha)\%$ 신뢰구간의 범위는 표준오차와 유의수준 α에서 중심 검정 통계량에 대한 임계값의 곱으로 결정된다. 예를 들어, 다음과 같은 값이 주어졌을 때 신뢰구간을 계산해 보자.

$$M = 100.00, \quad SD = 9.00, \quad N = 25, \quad SE_M = 1.80$$

이 자료에 대한 95% 신뢰구간은 다음과 같다.

$$100.00 \pm (1.80) \; t_{2-tail, \alpha = .05}(24)$$

이때 $t_{2-tail, \alpha = .05}(24)$는 유의수준 .05에서 구한 중심 t 분포의 양측 검정 임계값 중 양수로서, $df = 24$인 경우 2.064이다. 따라서 95% 신뢰구간은 다음과 같이 계산된다.

$$100.00 \pm 1.80 \ (2.064), \ \text{즉} \ 100.00 \pm 3.72$$

이 식을 계산하면, 95% 신뢰구간은 [96.28, 103.72]의 구간으로 정의된다. 이 구간은 95% 신뢰 수준으로 설정된 표집오차 한계 내에서 관찰된 평균과 동일하다고 간주되는 값의 범위를 의미한다. 점 추정치(point estimate) 100.00은 이 구간에서 정확히 중앙에 위치한 값으로, 이 값을 기준으로 신뢰구간을 설정함에 따라 오차 범위가 해당 통계치(100.00)와 관련된 값이라는 점을 명시적으로 나타내고 있다. 그런데 여기서 [96.28, 103.72]의 구간은 σ_M에 대한 단일 추정치인 $SE_M = 1.80$을 기반으로 하여 도출되었음을 기억할 필요가 있다. 그러나 1.80이라는 값 자체가 하나의 점 추정치이며 다른 표본에서의 SE_M 값은 1.80이 아닐 가능성이 크다. SE_M의 표집오차까지 고려한다면 [96.28, 103.72] 구간이 너무 좁게 설정되었다고도 볼 수 있다.

　신뢰구간은 유의도 검정에서 사용되는 것과 동일한 표준오차를 기반으로 하며 유의도 검정 시 전제로 하는 비현실적인 가정들에 의존하므로, 신뢰구간의 상한과 하한에 대한 과도한 해석은 지양하는 것이 좋다. $M = 2.50$에 대한 95% 신뢰구간이 [0, 5.00]이라고 가정할 때, 이 구간에는 0이 포함된다. 이것을 잘못 해석하게 되면 $\mu = 0$이라는 결론에 이를 수 있다. 그러나 0은 추정 범위 내의 하나의 값에 불과하며 어느 특정한 상태를 의미하지 않는다. 다시 말해, $\mu = 0$이라는 가설이 $\mu = 5.00$이라는 가설 또는 μ가 0–5.0 사이의 다른 어떤 값과 동일하다는 가설보다 선호되지 않는다. 신뢰구간도 표집오차의 영향을 받기 때문에, 추후 연구를 반복 수행할 경우 95% 신뢰구간 내에 0이 들어가지 않을 수도 있다. 신뢰구간을 유의도 검정을 수행하는 다른 방식으로 보아서는 안 된다(Thompson, 2006). 신뢰구간과는 달리 유의도 검정은 영가설을 필요로 하고, 많은 경우 이러한 영가설이 아무런 과학적 가치가 없기 때문이다.

　복잡한 분포를 갖는 통계량은 중심 분포를 따르지 않을 수도 있다. 예를 들어, 결정계수 $\rho^2 = 0$이면, R^2의 분포는 k와 $N - k - 1$ 자유도를 갖는 **중심 F 분포**(central F distribution)를 따른다. 여기서 k는 예측변수의 수를 의미한다. 중심 F 분포는 $\rho^2 = 0$을 가정하고 다중회귀분석 또는 ANOVA에서 익숙한 F 검정에 대한 임계값을 제공한다. 그러나 $\rho^2 > 0$인 경우, R^2의 표집분포는 **비중심성 모수**(noncentrality parameter)라고 하는 추가적인 모수를 포함하는 **비중심 F 분포**(noncentral F distribution)에 의해 정의된다. 이 모수는 $\rho^2 = 0$이라는 귀무가설이 거짓인 정도를 나타낸다. 비중심 F 분포는 다음과 같은 형태를 취한다.

$$F\,(k,\ N\!-\!k\!-\!1,\ \lambda) \tag{3.3}$$

이때 λ은 비중심성 모수로서, ρ^2와 표본크기에 의해 결정된다.

$$\lambda = N\!\left(\frac{\rho^2}{1-\rho^2}\right) \tag{3.4}$$

$\rho^2 = 0$일 때 $\lambda = 0$이며, 이때는 귀무가설과 차이가 없다. 식 3.4를 이용하여 ρ^2을 λ와 표본크기의 함수로 나타내면 다음과 같다.

$$\rho^2 = \frac{\lambda}{N\!+\!\lambda} \tag{3.5}$$

[그림 3-2]의 두 그래프는 자유도가 5와 20인 F 분포를 나타낸다. 그림의 왼쪽 부분에 있는 중심 F 분포의 경우 $\lambda = 0$이고, 오른쪽의 비중심 F 분포에 대한 비중심 모수 $\lambda = 10.0$이다. 그림에서 두 분포는 모두 정적 편포 형태를 보이고 있으며, 중심 F 분포가 비중심 F 분포에 비해 편포의 정도가 더 크다. 또한 비중심 F 분포는 중심 F 분포에 비해 더 큰 기댓값을 가진다. 비중심 F 분포가 $\rho^2 > 0$이라고 가정하는 반면, 중심 F 분포는 $\rho^2 = 0$을 가정하기 때문이다.

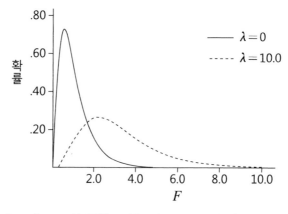

[그림 3-2] $\lambda = 0$인 중심 F 분포와 $\lambda = 10.0$인 비중심 F 분포

　　Steiger와 Fouladi(1997)는 λ에 대한 신뢰구간을 아는 경우 식 3.5를 이용하여 R^2에 기초한 신뢰구간을 구하는 방법을 설명하였다. 컴퓨터 프로그램을 사용하면 λ에 대한 신뢰구간의 하한인 λ_L을 찾을 수 있다. 95% 수준에서 하한값 λ_L은 비중심 F 분포에서 관찰된 F가 97.5퍼센타일에 해당하는 λ 값이며, 상한값 λ_U는 관찰된 2.5퍼센타일에 해당하는 λ 값이다. 그러나 어떤 비중심 F 분포가 연구자가 수집한 자료에 가장 부합하는지 찾아야 하는데, 이는 적절한 컴퓨터 프로그램만 있으면 해결할 수 있다.

　　J. Steiger가 개발한 Windows 기반 무료 프로그램인 Noncentral Distributional Calculator (NDC)를 사용하면 비중심 구간 추정을 할 수 있다.[3] 〈표 2-1〉의 자료를 이용하여 신뢰구간 추정에 필요한 통계치를 계산하면 다음과 같다.

$$R^2_{Y \cdot X, W} = .576, \quad N = 20, \quad F(2, 17) = 11.536$$

관찰된 F 값 11.536은 다음의 위치에 해당한다고 할 수 있다.

1. 비중심 F (2, 17, 4.190) 분포에서 97.5퍼센타일
2. 비중심 F (2, 17, 52.047) 분포에서 2.5퍼센타일

즉, 이 자료의 λ에 대한 95% 신뢰구간을 계산하면 [4.190, 52.047]이 된다. 식 3.5를 이용하여 ρ^2에 대한 신뢰구간으로 변환하면, $N = 20$인 표본에서 산출한 R^2(.576)에 대해 [.173, .722]의 비중심 95% 신뢰구간을 구할 수 있다. 계산 결과는 여러분이 직접 확인하기 바란다. 이 구간은 $R^2 = .576$에 대해 대칭이 아니다. 연습문제 4에서는 더 큰 표본을 이용하여 동일한 R^2 값에 대한 95% 비중심 신뢰구간을 계산해 보도록 하겠다.

　　t와 χ^2과 같은 다른 검정 통계량에 대해서도 비중심 분포가 존재하며, 이들은 모두 비중심성 모수의 크기만큼 영가설이 거짓이라고 가정한다. 중심 검정 분포에서는 비중심성 모수값이 0이므로 중심 검정 분포는 비중심 검정 분포의 특별한 경우로 간주된다. 특정 유형의 통계분석에 있어 비중심 검정 분포는 중요한 역할을 한다. 효과크기와 유의도 검정에 대한 검정력을 추정하는 컴퓨터 프로그램은 대부분 비중심 분포를 분석한다. 검정력의 개념을 정의할 때, 영가설이 참이 아니며, 영가설이 0이 아닌 효과크기 정도의 거짓을 포함하고 있다고 가정하는데, 이때 효과크기는 일반적으로 0이 아닌 비중심성 모수에 해당한다.

---

3) www.statpower.net/Software.html

R^2 외에 효과크기를 측정하는 다른 표본 통계량에 대하여도 신뢰구간을 추정할 수 있다. 예를 들어, 표준화된 평균 차이(d), 즉 평균의 차이를 표준편차로 나눈 비는 일반적으로 관련된 모수들이 모두 0일 때만 중심 t 분포를 따르며, 모수들이 0이 아닌 경우 d 통계량은 비중심 t 분포를 따른다. d 통계에 대한 비중심성 구간 추정에 사용할 수 있는 특별한 컴퓨터 프로그램도 있다(Cumming, 2012). 효과크기 추정에서도 역시 영가설, 특히 귀무가설이 참이 아니라고 가정한다.

SEM의 모형 적합도 통계량 중에는 비중심 χ^2 분포를 기반으로 하는 통계량들이 있다. 이러한 통계량은 **완전적합도**(exact fit)에서 어느 정도 완화된 **근사적합도**(approximate fit, close fit)를 측정한다. 완전적합도로부터 어느 정도의 부적합까지 '허용 가능한' 수준으로 보는지는 컴퓨터가 모형과 자료에 대해 계산하는 χ^2에 대한 비중심성 모수와 관련하여 결정된다. 완전적합도에서 이탈의 정도를 측정하는 적합도 통계량들은 일반적으로 모형이 모집단에 완벽하게 적합하다는 영가설을 기반으로 한 중심 χ^2 분포에 의해 정의된다. 그러나 비중심 카이제곱에 기초한 근사적합도 통계치에서는 이러한 영가설이 참이 아니라고 가정한다. 근사적합도와 완전적합도라는 두 가지 기준을 바탕으로 한 모형 적합도 평가는 12장에서 자세히 다루도록 하겠다.

붓스트랩 기법

붓스트랩 기법은 1970년대에 통계학자 B. Efron에 의해 개발되었다. 붓스트랩 기법은 통계적 정확도를 평가하기 위해 수집된 자료의 사례들을 다양한 방식으로 결합하는 컴퓨터 기반 **재표집**(resampling) 방법이다. 가장 보편적으로 사용되는 붓스트랩 기법은 **비모수 붓스트랩**(nonparametric bootstrapping)으로, 표본분포가 모집단분포의 기본적인 형태를 반영한다는 가정 이외에 별다른 가정을 필요로 하지 않는다. 이 방법은 수집된 표본을 가상의 모집단(pseudo-population)으로 취급하여 사례들을 무선적으로 복원 추출함으로써 표본크기와 동일한 크기의 자료 세트를 생성한다. 표본을 복원 추출하기 때문에 동일한 사례가 두 개 이상의 자료에 추출되거나 하나의 자료 내에서 여러 번 나타날 수도 있으며, 표본을 구성하는 사례들이 표본마다 다를 수도 있다.

이러한 과정을 컴퓨터로 여러 번 반복하게 되면(예: >500) 모집단으로부터 무수히 많은 표본을 모의로 생성할 수 있으며, 생성된 표본으로부터 통계량에 대한 **경험적 표집분포** (empirical sampling distribution)를 구성할 수 있다. **비모수 붓스트랩 신뢰구간**(nonparametric

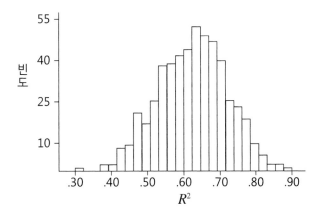

[그림 3-3] 500개의 붓스트랩 표본에서 계산된 $R^2_{Y \cdot X, W}$에 대한 경험적 표집분포

bootstrapped confidence interval)은 이러한 경험적 분포에서 계산된다. 예를 들어, 95% 붓스트랩 신뢰구간의 하한 및 상한은 각각 경험적 표집분포에서 2.5퍼센타일 및 97.5퍼센타일에 해당한다. 이 구간에는 붓스트랩 통계치의 95%가 포함된다. 붓스트랩 기법은 복잡한 분포를 가진 통계량에 더 유용하게 사용될 수 있다. 예를 들면 다음과 같다.

〈표 2-1〉의 자료로부터 표본크기가 20인 총 500개의 붓스트랩 표본을 생성하기 위해 Windows 2000용 SimStat 프로그램 버전 2.6.1(Provalis Research, 1995-2011)의 비모수 붓스트랩 절차를 이용하였다.[4] [그림 3-3]은 이렇게 생성된 표본들로부터 계산된 R^2에 대한 경험적 표집분포를 보여 준다. SimStat에서 이 분포의 평균은 .626, 중앙값은 .630, 표준편차는 .102로 산출되었다. 이 중 평균 .626은 자료에서 관찰된 값인 $R^2 = .576$에 가깝다.

이 예시 자료의 경험적 표집분포에서 비모수 붓스트랩 95% 신뢰구간은 [.425, .813]이다. 붓스트랩 기법을 이용한 재표집 결과는 동일한 자료에 대해 앞서 계산한 비중심적 95% 신뢰구간인 [.173, .722]와는 상당히 차이가 있다. 이처럼 작은 크기의 표본으로부터 도출된 붓스트랩 결과는 부정확할 가능성이 크다. 작은 크기의 표본에서 나타난 특이한 속성들의 효과가 붓스트랩 기법을 적용함으로써 확대되는 결과로 이어질 수 있기 때문이다. 같은 자료를 사용하더라도 붓스트랩 기법으로 생성한 경험적 표집분포는 매번 달라질 수 있다는 점도 인지할 필요가 있다. 재표집 과정에서 무선 추출을 시작하는 데 사용되는 숫자인 시드(seed)를 매번 다르게 부여하면 전혀 다른 표집분포가 생성될 수 있다. 결과적으로, 비모수 붓스트랩을 한 번 적용한 결과는 그 자료에 대해 고유한 결과라고 볼 수 없다.

비모수 붓스트랩 기법을 적용하려면 원자료 파일이 필요하다. 반면, 모수 붓스트랩 기

---

4) http://provalisresearch.com

법에서는 모수에 대하여 연구자가 설정한 확률 밀도 함수로부터 컴퓨터가 임의로 표본을 추출하기 때문에 원자료 파일이 필요 없다. 반복적으로 추출한 붓스트랩 표본의 통계량은 특정 모수를 중심으로 표집오차가 반영된 무선적 분포를 가지게 된다. 모수 붓스트랩 기법은 특정 추정량의 속성에 대한 컴퓨터 시뮬레이션 연구에서 사용되는 몬테 카를로 (Monte Carlo) 기법의 일종이다. 모수 붓스트랩 기법에서는 분포에 대한 가정을 점진적으로 추가하거나 통합된 자료로부터 연속적으로 완화하여 분석하기도 한다.

Amos, EQS, LISREL, Mplus, Stata, R 패키지 lavaan을 비롯한 여러 SEM 컴퓨터 프로그램에서 붓스트랩 기법이 제공된다. 이러한 프로그램 중에서는 모형과 자료 간 적합도 통계나 간접효과에 대한 표준오차 또는 신뢰구간을 계산하기 위하여 붓스트랩 기법을 옵션으로 제공하기도 한다(Hancock & Liu, 2012). SEM에서 모수 붓스트랩 방법은 검정력 분석, 표본크기 결정, 가설 검정과 같은 시뮬레이션 연구를 수행하기 위해 사용된다(Bandalos & Gagné, 2012).

🥧 요약

통계적 유의도는 의사결정의 절대적 기준 아니며, 통계자료 분석을 결과가 유의한지 유의하지 않은지를 확인하기 위한 방법으로만 생각하는 것 역시 바람직하지 않다. 통계적 유의도가 나타나지 않았다고 하여 연구가 전혀 의미가 없는 것이 아니듯, 통계적 유의도 자체가 연구 결과의 중요도를 나타내는 지표가 아니기 때문이다. 많은 연구자가 통계적 유의도가 정확히 무엇을 의미하는지 이해하지 못하고 있다. 연구자들은 관측된 효과크기가 실질적인 의미를 갖기에 충분히 크고 정확한지에 대해 보다 깊이 생각할 필요가 있다. 유의도 검정에 대한 비판적인 관점은 SEM을 비롯한 다변량 분석에서 수많은 통계적 유의도 결과로부터 분별력 있는 판단을 하는 데 도움이 될 것이다. 또한 이 장에서는 비중심 구간 추정과 붓스트랩 기법의 논리를 설명하였다. 이 두 방법은 SEM의 일부 적합도 통계량을 비롯하여, 복잡한 분포를 가진 통계량에 대한 신뢰구간을 추정하는 데 유용하게 적용될 수 있을 것이다. 다음 장에서는 SEM 분석을 위한 자료 준비 과정을 설명하기로 하겠다.

심화학습

Kline(2013a, 4장)은 통계적 유의도와 관련된 오개념에 대한 추가적인 내용들을 다루고 있으며, Lambdin(2012) 및 Ziliak과 McCloskey(2008)는 통계적 검정에 대한 비판적인 관점을 소개하고 있다.

Kline, R. B. (2013a). *Beyond significance testing: Statistics reform in the behavioral sciences*. Washington, DC: American Psychological Association.

Lambdin, C. (2012). Significance tests as sorcery: Science is empirical—significance tests are not. *Theory and Psychology, 22*, 67−90.

Ziliak, S., & McCloskey, D. N. (2008). *The cult of statistical significance: How the standard error costs us jobs, justice, and lives*. Ann Arbor: University of Michigan Press.

연습문제

통계적 유의도에 대해 정의한 다음의 서술 내용 중에서 어떤 부분이 옳고 어떤 부분이 잘못 기술되었는지 설명하시오. 다음 진술문들의 출처가 학술 자료는 아니지만, 학술 연구에서도 유사한 오류를 쉽게 찾을 수 있다.

1. 결과에 대한 통계적 유의도란 '모집단의 대표성'이라는 관점에서 그것이 어느 정도 '참'인지에 대한 추정치다. 기술적으로 설명하면, p 값은 결과에 대한 낮은 신뢰도를 나타낸다. p 값이 클수록 변수 간에 관찰된 관계가 모집단의 변수 간 관계를 신뢰롭게 반영한다고 믿기 어렵게 된다. 즉, p 값은 관측된 결과를 '모집단 특성을 대표하는' 결과로 받아들이는 데 포함되는 오차 확률을 나타낸다.[5]

2. 통계적 유의도는 심리학에서 매우 중요하고 흔한 용어이지만, 많은 사람이 어려워하는 개념이다. 통계적 유의도는 통계 검정에서 우연히 발생하는 결과의 확률이다. 대부분의 경우, 심리학자는 우연에 의해 결과가 나타날 확률을 5% 이하로 찾는다. 이는 결과가 우연히 발생하지 않을 확률이 95%임을 의미한다.[6]

3. 통계적 유의도의 계산에는 어느 정도 오류가 있을 수 있다. 연구자는 표집오차의 확률을

---

5) http://dictionary.babylon.com/statistical%20significance

6) www.alleydog.com/glossary/definition.php?term=Statistical%20Significance

사전에 정의해야 한다. 표본크기는 통계적으로 중요한 요소로서 큰 표본에서는 우연에 의한 결과가 덜 나타나는 경향이 있다. 유의도 검정에는 무선 추출한 대표 표본만을 사용해야 한다.[7]

4. 비중심 구간 추정을 위한 컴퓨터 프로그램을 사용하여 $R^2_{Y\cdot X, W} = .576$, $F(2, 47) = 31.925$, $N = 50$에 대한 95% 비중심 신뢰구간을 계산하시오.

---

7) www.investopedia.com/terms/s/statistical-significance.asp

데이터 준비 및 측정학적 특성 검토

4

다른 통계분석과 마찬가지로, SEM에서 데이터를 준비하는 과정은 세 가지 측면에서 매우 중요하다. 첫째, 컴퓨터 파일에 데이터를 입력할 때 실수하기가 쉽다. 둘째, SEM에서 가장 널리 사용되는 추정 방법은 데이터에 대한 특정한 분포를 가정한다. 이러한 가정이 위반될 경우 결과 해석의 왜곡으로 이어질 수 있으므로 가정 충족 여부를 신중하게 검토해야 한다. 셋째, 데이터에 문제가 있을 경우 SEM 컴퓨터 프로그램이 논리적인 해를 산출하지 못할 수 있다. 데이터를 신중하게 준비하고 검토하지 않는다면 연구자는 모형에 오류가 있다고 잘못된 결론을 내릴 수 있다. 점수의 신뢰도와 타당도 평가 등과 같은 기본적인 측정학적 사항들을 검토하여 데이터의 양호도를 확보한 상태에서 분석을 수행해야 한다. 이 장에서 데이터 검토와 측정학적 양호도 검증을 모두 다룰 수는 없지만, 책 전반에 걸쳐 보다 심화된 연구 결과가 인용되어 있어 도움이 될 것이다. 링컨의 격언은 이 장의 취지를 잘 설명해 준다. "나무를 자르는 데 8시간이 주어진다면, 그중 6시간은 도끼를 연마하는 데 쓸 것이다."

입력 데이터 형태

연구자가 수집한 데이터를 직접 분석하는 경우, 대부분 SEM 컴퓨터 프로그램을 이용하여 분석에 필요한 원자료 파일을 입력하게 된다. 그러나 다중회귀분석에서와 마찬가지로 대부분의 SEM 분석에서 원자료 자체가 필수적인 것은 아니다. 예를 들어, SEM 컴퓨터 프로그램에서 기본 옵션인 최대우도법을 사용하여 연속형 결과변수를 분석할 때, 원자료 파일 대신 요약통계 행렬(matrix of summary statistics)을 입력해도 된다. 이러한 점으로 인해, 이 책에서 설명하는 대부분의 분석 과정은 이 책의 웹 사이트에 탑재된 데이터 요약행렬을 사용하여 독자들이 반복적으로 수행해 볼 수 있다. 다른 연구자의 데이터를 사용한 연습 과정에서 시행착오를 통해 배울 수 있으므로, 연구자 본인의 데이터를 사용한 연구를 진행하기에 앞서 연습해 보면 SEM을 배우는 데 큰 도움이 될 것이다. SEM 분석결과를 제시한 학술 논문에는 상관이나 표준편차와 같이 충분한 정보를 포함하는 경우가 많은데, 이러한 정보로 분석 데이터의 요약행렬을 만든 후 SEM 컴퓨터 프로그램에 입력하여 후속 분석에 이용할 수 있다. 따라서 논문 독자들은 원자료 없이도 원래 논문에서 적용하였던 분석을 반복해서 수행하거나 논문에서 미처 고려하지 않았던 대안 모형을 추정할 수도 있다.

현재 사용되고 있는 모든 SEM 컴퓨터 프로그램은 원자료 파일과 요약행렬을 모두 입력 데이터로 읽어 들일 수 있다. 원자료 파일을 입력하게 되면, 프로그램이 자체적으로 행렬을 생성한 후 이를 바탕으로 분석을 수행한다. 입력 파일로 원자료 파일과 요약행렬을 선택할 때 고려해야 할 사항은 다음과 같다.

1. 다음 세 가지 특수한 유형의 분석에는 원자료 파일이 필요하다. 첫째, 연속형 결과변수가 정규분포 가정을 심각하게 벗어나는 분포에 대해 정규분포 가정을 전제로 한 추정방법을 적용하되, 비정규성에 대한 조정을 통해 검정 통계량과 표준오차를 산출하는 경우다. 두 번째 상황은 결측값이 존재하는 상황이다. 최대우도추정법은 결측이 있는 불완전한 원자료 파일을 적절하게 처리하지 못하지만, 대부분의 SEM 컴퓨터 프로그램에서는 결측값이 있는 데이터를 처리할 수 있는 특수한 형태의 최대우도법을 이용하여 분석할 수 있다. 원자료가 필요한 세 번째 경우는 결과변수가 비연속형 변수, 즉 순서형 변수나 명목 변수인 경우다. 이 경우에도 SEM 분석이 가능하나 원자료 파일이 필요하다. 이상에서 언급한 상황 이외의 분석에서는 원자료를 사용하든 요약행렬을 사용하든 상관이 없다.

2. 요약행렬을 입력 데이터로 사용하면 원자료 파일을 사용하는 것보다 경제적이다. 1,000명의 데이터에서 10개의 연속변수가 측정되었다고 가정하자. 이 데이터에 대한 원자료 파일은 1,000줄 또는 그 이상이 되겠지만, 동일한 데이터에 대한 요약행렬의 길이는 10줄 정도에 불과할 것이다.

3. 연구자는 이론이나 메타분석결과에 근거하여 데이터 행렬을 '만들어 낼' 수도 있으며, 이러한 경우 원자료 없이 요약행렬만 존재하게 된다. 이처럼 만들어진 데이터 요약행렬을 이용하여 SEM 분석을 실시할 수도 있고, SEM 분석에서 발생할 수 있는 기술적인 문제를 미리 진단하는 방법으로서 이러한 절차를 사용할 수도 있다. 이에 대해 추후 다른 장에서 보다 상세히 논의할 것이다.

　만약 평균에 대한 분석을 수행하지 않는다고 하면, 원자료는 두 가지 기본적인 형태, 즉 상관행렬에 표준편차를 함께 제시하거나 공분산행렬을 제시하여 요약할 수 있다. 예를 들어, 〈표 2-1〉에 제시된 세 개의 연속형 변수에 대한 원자료를 〈표 4-1〉의 상단에 제시한 것과 같이 요약행렬로 나타낼 수 있는데, 표에서 왼쪽 부분은 상관행렬과 표준편차를, 오른쪽 부분은 공분산행렬을 각각 나타낸 것이다. 정확성을 기하기 위해 요약행렬의 값들은 가급적 소수점 4자리까지 입력하는 것이 좋다. 이 정도 수준의 정확성이 확보되어야 분석 시 반올림으로 인한 오차를 최소화할 수 있다. 〈표 4-1〉에 제시된 요약행렬들은 상관 또는 공분산행렬의 구성요소 중 고유한 값들만을 표시하기 위하여 행렬의 대각선 아래에 있는 값(lower diagonal form)만을 나타낸 것이다. 대부분의 SEM 컴퓨터 프로그램에서는 대각선 위와 아래의 값들을 중복하여 입력하지 않고 대각선 아래의 값들만 입력하도록 되어 있다. 상관과 표준편차가 입력되면, 컴퓨터 프로그램 자체적으로 공분산행렬을 '생성'한다. 연습문제 1에서 〈표 4-1〉의 왼쪽 상단에 있는 상관계수와 표준편차를 이용하여 오른쪽 상단에 있는 공분산행렬을 생성해 보도록 하자.

　표준편차없이 상관행렬로만 분석하거나 모든 표준편차를 1.0(표준화)으로 설정하는 경우에는 문제가 발생할 수 있다. 즉, 원점수를 정규편차(z 점수)로 변환한 후 표준화된 점수 데이터 파일을 사용하여 분석하는 것은 문제가 될 수 있다. 왜냐하면 최대우도 추정법을

〈표 4-1〉 〈표 2-1〉의 데이터에 대한 요약행렬

X	W	Y	X	W	Y
		평균을 포함하지 않은 요약행렬			
	r, SD			cov	
1.0000			9.0421		
.2721	1.0000		2.3053	7.9368	
.6858	.4991	1.0000	22.4158	15.2842	118.1553
3.0070	2.8172	10.8699			
		평균을 포함한 요약행렬			
	r, SD, M			cov, M	
1.0000			9.0421		
.2721	1.0000		2.3053	7.9368	
.6858	.4991	1.0000	22.4158	15.2842	118.1553
3.0070	2.8172	10.8699	16.9000	49.4000	102.9500
16.9000	49.4000	102.9500			

포함하여 SEM에서 자주 사용되는 대부분의 추정 방법에서 변수들이 표준화되지 않은 것으로 가정되기 때문이다. 따라서 표준편차 없이 상관행렬만으로 분석하게 되면 결과의 정확도가 떨어지게 된다. 표준화된 변수를 분석하기 위한 별도의 적절한 방법이 사용되지 않을 경우, 표준화된 추정치에 대해 부정확한 표준오차가 산출되는 등의 잠정적인 문제가 발생할 수 있다. 일부 SEM 컴퓨터 프로그램에서는 사용자가 최대우도 추정법으로 상관행렬에 대한 분석을 시도할 경우 오류 메시지를 생성하거나 실행이 종료되기도 한다. 따라서 일반적으로 공분산행렬을 사용하거나, 표준편차와 상관행렬을 함께 사용하여 분석하는 것이 안전하다. 이 책에서 사용한 예시들의 대부분은 공분산행렬을 입력 데이터로 사용하였다. 상관행렬을 분석할 때에는 11장에서 설명할 특수한 추정 방법을 적용해야 한다. 표준편차 없이 상관행렬을 분석하는 데 따르는 여러 위험 요소가 있기 때문에 연구자는 분석에 사용된 데이터 행렬의 형태 및 추정 방법을 정확하게 명시해야 한다.

SEM에서 평균에 관한 분석을 수행할 때에는 원자료의 요약행렬로서 공분산과 관찰된 변수들의 평균이 모두 필요하다. 〈표 4-1〉의 하단에는 〈표 2-1〉의 데이터에 대한 요약행렬로서 상관계수, 표준편차 및 평균(왼쪽)과 공분산 및 평균(오른쪽)을 포함하는 행렬이 제시되어 있다. 표에 제시된 두 행렬은 동일한 정보를 제공하고 있다. 연구자가 설정한 구조방정식모형이 평균을 포함하지 않는다고 해도 모든 관찰변수의 평균을 논문에 보고하는 것이 좋다. 연구자 본인은 평균분석에 관심이 없더라도 다른 연구자들은 관심이 있을 수 있기 때문이다. 다른 연구자들이 해당 연구의 결과를 반복적으로 분석해 볼 수 있도록 연구 결과에 항상 충분한 기술 통계치를 보고하는 것이 좋다.

양정치

SEM 컴퓨터 프로그램에 입력된 데이터 행렬 또는 컴퓨터가 원자료에서 계산한 데이터 행렬은 **양정치**(positive definite) 행렬이어야 한다. 행렬이 **비양정치**(nonpositive definite) 행렬인 경우는 분석이 불가능한 결과를 초래하게 된다. 양정치 행렬의 특성은 다음과 같다.

1. 행렬이 **정칙**(nonsingular)행렬이면 역행렬을 갖는다. 역행렬을 갖지 않은 행렬은 **비정칙**(singular)행렬에 해당된다.
2. 행렬의 모든 고유값은 양의 값(>0)을 가지며, 이는 행렬식이 양수임을 의미한다.
3. 이론적인 범위를 벗어나는 상관이나 공분산은 산출되지 않는다.

SEM을 포함한 대부분의 다변량 분석에서는 컴퓨터를 이용하여 선형 대수 연산의 일부로 데이터 행렬의 역함수를 유도하는 절차가 실행된다. 역행렬을 갖지 않는 행렬의 경우 이러한 연산이 불가능하다. **고유값**(eigenvalue)은 **고유벡터**(eigenvector)의 분산으로서, 두 통계량은 모두 데이터 행렬에 대한 주성분 분석이나 **고유분해**(eigendecomposition) 과정에서 산출된다. 고유분해란 총 v개의 관찰변수를 바탕으로 서로 직교하는 선형 결합인 v개의 고유벡터를 생성하는 과정이다. 데이터 행렬에 대한 최대 고유벡터의 개수는 v이며, 고유벡터들은 원래 변수의 총분산을 설명한다.

고유값이 0이면, 행렬이 비정칙행렬이 되고, 적어도 두 개의 변수 간에 완벽한 공선성(예: $r_{XY}=1.0$)이 존재하거나, 세 개 이상의 변수를 포함하는 보다 복잡한 모형에서 $R^2_{Y \cdot X, W}=1.0$과 같이 완벽한 공선성을 가질 수 있다. 완벽한 공선성이란 행렬 계산에 있어 일부 분모가 0이 되어 더 이상의 계산이 불가능해지면서 추정에 실패하는 것을 의미한다. $r_{XY}=.95$처럼 완벽에 가까운 공선성도 0에 가까운 고유값을 갖게 되며 이와 같은 문제를 일으킬 수 있다.

상관 또는 공분산행렬에 이론적으로 가능한 범위를 벗어난 값이 포함되어 있는 경우 고유값이 음수의 값을 가지기도 한다. 행렬을 구성하는 모든 요소가 결측이 없는 동일한 데이터에서 계산된 경우라면 이와 같이 범위를 벗어난 값이 산출되는 것이 수학적으로 불가능할 것이다. 가령, 두 변수 X와 Y 간 Pearson 상관이 가질 수 있는 범위는 이 두 변수 간의 상관과 이 변수와 제3의 변수 W 사이의 상관에 의해 제한된다. r_{XY} 값은 다음 식에 의해 정의된 범위 내 값이어야 한다.

$$(r_{XW} \times r_{WY}) \pm \sqrt{(1 - r^2_{XW})(1 - r^2_{WY})} \qquad (4.1)$$

예를 들어, $r_{XW}=.60$이고 $r_{WY}=.40$일 때, r_{XY} 값은 $.24 \pm .73$, 즉 $-.49 \sim .97$ 사이 값으로 제한된다. 이 범위를 벗어나는 값들이 존재하면 문제가 발생할 수 있다. 식 4.1은 동일 표본에서 측정된 세 변수 간 상관에 대한 **삼각 부등식**(triangle inequality)을 설정하는 데에도 적용할 수 있다.[1]

양정치 행렬에서 X와 Y 간 공분산 cov_{XY}의 절댓값은 다음에 정의된 범위 내에 있어야 한다.

---

[1] 삼각형에서 한 변의 길이는 다른 두 변의 길이의 합보다 작아야 하고, 두 변의 길이의 차이보다 커야 한다.

$$\max|cov_{XY}| \leq \sqrt{s_X^2 \times s_Y^2} \tag{4.2}$$

이 식에서 s_X^2와 s_Y^2는 각각 X와 Y의 표본분산이다. 즉, 두 변수 간 공분산의 최대 절댓값은 분산의 곱의 제곱근보다 작거나 같아야 한다. 그렇지 않으면 cov_{XY}의 값이 범위를 벗어나게 된다. 다음 예시를 살펴보자.

$$cov_{XY} = 13.00, \quad s_X^2 = 12.00, \quad s_Y^2 = 10.00$$

이 식에서 X와 Y의 공분산은 범위를 벗어나 있다. 다음 식에서 보는 바와 같이 식 4.2의 관계가 성립되지 않기 때문이다.

$$13.00 > \sqrt{12.00 \times 10.00} = 10.95$$

이 예시에서 r_{XY}는 1.19로 이 값 또한 범위에서 벗어나 있다. 연습문제 2를 통해 이러한 결과를 확인해 보도록 하겠다.

　　데이터 행렬의 **행렬식**(determinant)은 고유값들을 직렬로 곱한 값에 해당한다. 모든 고유값이 양수라고 가정하면 행렬식은 일종의 행렬 분산으로서, 관찰된 변수들의 위치를 표시한 다변량 공간의 크기로 볼 수 있다.[2] 고유값 중 하나가 0이면 행렬식은 0이 되며, 이 행렬은 역함수를 갖지 않는 비정칙 행렬이 된다. 고유값이 0에 가까울수록 행렬식도 0에 근접하게 되어 역행렬을 산출하지 못하는 결과가 초래될 수 있다. 음수 값을 갖는 고유값의 개수가 홀수이면 행렬식도 음수가 된다. 음의 행렬식을 갖는 데이터 행렬은 역함수를 가질 수 있지만, 여전히 범위를 벗어난 상관 또는 공분산 값을 가지는 비양정치 행렬이다. [Topic Box 4-1]에서 비양정치의 원인과 이에 대한 몇 가지 해결책들을 보다 자세히 살펴보기로 하겠다.

---

2) http://en.wikipedia.org/wiki/Determinant

[Topic Box 4-1]
비양정치 행렬의 원인과 해결책

비양정치 행렬이 나타나는 원인과 관련하여 Wothke(1993)와 Rigdon(1997)에 제시된 내용을 중심으로 살펴보기로 하겠다. 여기서 제시한 원인들은 대부분 데이터 검토 과정에서 감지할 수 있는 사항들이다.

1. 관찰변수 사이에 나타나는 매우 심각한 수준의 다중공선성
2. 변수 간 상관을 극단적으로 높게 만드는 이상값의 존재
3. 결측 데이터의 쌍별 제거
4. 데이터 및 명령문 입력 오류(학술지 논문의 표에 제시된 데이터 행렬을 입력하거나 분석을 위한 명령문 입력 시 발생할 수 있는 실수 포함. 예를 들어, 논문에 표기된 15.00이라는 행렬 공분산 값을 150.00으로 잘못 입력할 경우 비양정치 행렬이 나타날 수 있음)
5. 작은 크기의 표본이나 모집단에 대한 대표성이 결여된 표본에서 나타나는 표집 오차
6. 비연속형 관찰변수에 대해 산출된 다연상관 또는 다분상관

SEM 컴퓨터 프로그램을 이용한 분석에서 데이터 행렬을 입력하기 전에 양정치 행렬인지 아닌지를 진단하기 위한 몇 가지 방법을 살펴보면 다음과 같다. 전체 행렬(대각선 위와 아래의 중복 항목 포함)을 Microsoft Windows 메모장과 같은 텍스트(ASCII) 파일로 복사한다. 복사한 데이터 행렬을 인터넷 브라우저에서 찾은 무료 온라인 행렬 계산 웹 페이지의 창에 붙여 넣는다. 그다음 단계로 행렬 계산 웹 페이지에서 행렬식과 고유값 및 고유벡터를 계산하는 옵션을 선택한 후 계산을 실행한다. 산출 결과를 살펴보면서 행렬식이 음수인지, 그리고 0 또는 0에 가까운 고유값이 있는지 확인한다. www.bluebit.gr/matrix calculator와 같은 웹사이트에서 이러한 행렬 계산을 손쉽게 할 수 있다.

연속형 변수 X, W, Y의 공분산이 각각 다음과 같다고 가정해 보자.

$$\begin{bmatrix} 1.00 & & \\ .30 & 2.00 & \\ .65 & 1.15 & .90 \end{bmatrix} \tag{I}$$

앞에서 언급한 온라인 행렬 계산기를 사용하여 산출된 행렬(I)의 고유값은 다음과 같다.

$$(2.918, .982, 0)$$

세 번째 고유값이 0이므로 세 번째 고유벡터의 가중치를 확인할 필요가 있다. X, W, Y 각각에 대한 가중치는 다음과 같이 산출되었다.

$$(-.408, -.408, .816)$$

다른 온라인 행렬 계산기를 사용하면 고유벡터 가중치가 -1, -1, 2로 나올 수 있는데, 이 값들은 위에 제시된 가중치와 비례한다. 이 가중치들은 모두 0이 아니므로 세 변수 모두 공선성에 기여하고 있다고 볼 수 있으며 변수 간 상관을 구하면 다음과 같이 산출된다.

$$R_{Y \cdot X, W} = R_{W \cdot X, Y} = R_{X \cdot Y, W} = 1.0$$

이러한 패턴을 확인하기 위해 다음에 제시된 SPSS 명령문을 이용하여 예시 자료의 공분산행렬을 상관행렬로 자동 변환하였다.

```
comment convert covariance matrix to correlation matrix.
matrix data variables=rowtype_ x w y/format=full.
begin data
cov 1.00 .30 .65
cov .30 2.00 1.15
cov .65 1.15 .90
end data.
mconvert.
```

X, W, Y에 대한 상관행렬(II)을 대각선 아래 행렬 형식으로 나타내면 다음과 같다.

$$\begin{bmatrix} 1.0 & & \\ .2121 & 1.0 & \\ .6852 & .8572 & 1.0 \end{bmatrix} \quad \text{(II)}$$

이 상관행렬에서도 $R_{Y \cdot X, W} = R_{W \cdot X, Y} = R_{X \cdot Y, W} = 1.0$임을 확인할 수 있다.

LISREL 프로그램은 음의 고유값이 없어질 때까지 행렬의 대각선에 있는 값에 1.0보다 큰 상수를 곱하는 **리지 보정**(ridge adjustment)을 통해 행렬이 양정치가 되도록 하는 옵션을 제공한다. 즉, 행렬의 대각선 하단에 놓인 공분산에 비해 분산이 충분히 커질 때까지 분산을 증가시킨다. 리지 보정을 적용하면 대수 연산을 문제 없이 수행할 수 있도록 데이터 행렬을 '수정'하지만(Wothke, 1993), 모수추정, 표준오차, 적합도 통계치는 편향된다. 따라서 이 방법보다는 데이터 검토 과정을 통해 비양정치 문제를 해결하는 것이 더 나은 방법이다.

이 밖에도 SEM에서 비양정치 행렬이 나타나는 상황은 다양한데, 일반적으로 모형에 대한 모수추정치 행렬 또는 모형에서 예측한 공분산행렬과 관련이 있다. 이 행렬 중 하나라도 비양정치인 경우 문제가 된다. 이러한 경우들에 대해서는 추후 다시 살펴보기로 하겠다.

SEM 분석을 수행하기에 앞서, 이상에서 논의된 사항들과 관련하여 원자료 파일을 점검해야 한다. SEM 분석의 어려움 중 하나는 비양정치 데이터 행렬의 원인을 파악하는 것에 있지만 연속형 결과변수에 대한 분포 가정 또한 중요한 문제다.

극단적 다중공선성

극단적 공선성(extreme collinearity)은 서로 다른 변수가 사실상 동일한 속성을 측정하는 경우에 발생할 수 있다. 가령, X가 정확도를, Y가 속도를 측정한다고 가정해 보자. 이때 $r_{XY} = .95$라면 X와 Y는 서로 다른 이름을 갖는 변수임에도 불구하고 중복된다고 할 수 있다. 즉, 속도와 정확도가 다른 이름으로 명명되었으나 사실상 같은 의미를 가진다고 할 수 있다. 이러한 경우 두 변수 모두 모형에 포함시키는 것은 무의미하다. 연구자가 실수로 합성점수와 이를 구성하는 하위요인에 대한 점수를 함께 모형에 포함시켜 분석할 때 극단적 공선성이 발생하게 된다. 예를 들어, 10개의 문항이 포함된 설문지에서 모든 문항의 점수를 합산한 총점을 생각해 보자. 총점과 개별 문항 점수 간 단순 상관은 높지 않다 하더라도, 총점과 10개의 문항 사이의 다중상관은 1.00이 될 것이고, 이는 극히 심각한 수준의 다중공선성으로 간주된다.

3개 이상의 연속변수 사이의 공선성을 확인하는 방법은 다음과 같으며, 대부분의 통계분석 프로그램에서 회귀분석의 기본 가정들을 진단하는 절차에서 사용할 수 있다.

1. 각 변수와 나머지 모든 변수 사이의 R^2 값을 계산한다. 특정 변수에 대하여 R^2 이 .90보다 크면 다중공선성이 존재한다고 본다.
2. 다중공선성과 관련된 통계량으로서 **공차**(tolerance)는 $1 - R^2$으로, 고유한 표준화 분산의 비율을 나타낸다. 공차 값이 .10보다 작은 경우는 극단적인 다중공선성이 존재한다고 볼 수 있다.
3. 또 다른 공선성 통계량으로서 **분산팽창요인**(variance inflation factor: VIF)은 $1/(1-R^2)$ 으로 계산하며, 공차의 역수다. VIF가 10.0보다 크면 공선성을 가진다고 해석할 수 있다.

극단적 공선성을 처리하는 방법으로는 변수를 제거하거나 중복된 변수들을 하나의 합성변수로 만드는 방법이 있다. 예를 들어, X와 Y의 상관이 높은 경우 변수 하나를 제거하거나 두 변수 간 평균 또는 합산점수를 구하여 X와 Y를 대신하는 새로운 단일 변수로 취급할 수도 있다. 극단적 공선성은 잠재변수 간 상관이 매우 높아 서로 다른 변수로 구별되지 않을 경우에도 발생할 수도 있다. 확인적 요인분석(CFA) 방법을 다룰 때 이러한 유형의 극단적인 공선성을 살펴보도록 하겠다.

🥧 이상값

이상값이란 다른 점수들과의 차이가 매우 큰 사례를 가리킨다. 어떤 사례가 하나의 변수에 대해서만 극단적인 점수를 가질 때, 이를 **단변량 이상값**(univariate outlier)이라고 한다. 어느 정도가 '극단적'인 것인지 정의할 수 있는 단일한 기준은 없지만, 일반적인 경험치에 따르면 평균에서 3 표준편차 이상 벗어나는 점수들이 이상값으로 간주된다. z점수의 빈도 분포를 살펴보면 이상값을 쉽게 찾을 수 있다. z의 절댓값이 3.0보다 큰 경우($|z| > 3.0$), 이상값일 가능성이 높다고 본다. 그러나 이 방법은 범위를 매우 크게 벗어나는 극단적인 이상값이 존재할 때 쉽게 왜곡될 수 있어 안정적인 방법이라고 볼 수 없다. 예를 들어, 5개 사례에 대한 점수가 다음과 같다고 가정해 보자.

$$19, \quad 25, \quad 28, \quad 32, \quad 10,000$$

다섯 번째 점수 10,000은 명백하게 이상값에 해당되지만, 이 점수로 인해 나머지 사례들의 점수에 대한 평균과 표준편차가 왜곡되면서 $|z| > 3.0$ 규칙으로는 이상값을 확인할 수 없는 결과로 이어진다. 이를 **위장**(masking)이라고 한다.

$$M = 2{,}020.80, \quad SD = 4{,}460.51, \quad z = \frac{10{,}000 - 2{,}020.80}{4{,}460.51} = 1.79$$

이상값을 찾기 위한 좀 더 안정적인 결정 규칙을 제시하면 다음과 같다.

$$\frac{|X - Mdn|}{1.483(\text{MAD})} > 2.24 \tag{4.3}$$

이 식에서 Mdn은 표본 중앙값을 나타내며, 중앙값은 평균에 비해 이상값에 대한 영향을 덜 받는다. 이 식에서 MAD는 각 점수와 중앙값 간의 편차에 대한 절댓값을 구한 다음 각 점수의 중앙값을 구한 것으로 **중위절대편차**(median absolute deviation: MAD)라고 한다. MAD는 모집단의 표준편차인 σ를 추정하지 않지만 MAD에 척도화 상수 1.483을 곱한 값은 정규분포 상에서 σ에 대한 비편향 추정치가 된다. 식 4.3은 한 점수와 안정적인 표준편차 단위로 표현된 중앙값 사이의 거리다. 식 4.3에서 상수 2.24는 자유도가 1인 중심 χ^2 분포에서 대략 97.5퍼센타일의 제곱근에 해당된다. 따라서 식 4.3을 이용하여 구한 값이 2.24를 초과하면 이상값일 가능성이 있는 것으로 간주된다. 다음으로 다섯 개 점수에 대한 예를 살펴보도록 하자. 이 점수들에 대한 $Mdn=28.00$이므로, 각 점수와 중앙값 간 차이의 절댓값을 구하면 다음과 같다.

$$9.00, \ 3.00, \ 0, \ 4.00, \ 9,972.00$$

앞서 나열된 절대 편차들의 중앙값은 MAD=4.00이므로, $X=10,000$에 대해 식 4.3의 규칙을 적용하면 다음과 같은 결과가 나온다.

$$\frac{9,972.00}{1.483(4.00)}=1,681.05>2.24$$

따라서 10,000이라는 점수는 이 자료에서 이상값으로 간주된다. 이상값을 찾는 안정적인 방법들에 대해 Wilcox(2012)는 보다 상세히 소개하고 있다.

다변량 이상값(multivariate outlier)은 2개 이상의 변수가 다른 점수들과는 다른 패턴을 나타내는 경우를 가리킨다. 예를 들어, 어떤 사람의 점수가 모든 변수에 대하여 평균보다 2~3표준편차 이상 높은 경우를 생각해 보자. 각각의 점수는 극단 값으로 보이지 않더라도 이러한 점수 패턴이 표본 내의 다른 사례와는 달리 흔하지 않은 패턴이라고 한다면, 이 역시 다변량 이상값으로 볼 수 있다. 다변량 이상값을 찾는 몇 가지 방법들을 제시하면 다음과 같다.

1. Amos 및 EQS와 같은 SEM 컴퓨터 프로그램 중에는 다변량 비정규성을 나타내는 데 가장 심각하게 기여하는 사례들을 선별해 주는 옵션을 제공하는 것들이 있는데, 이러한 방법을 통해 선별되는 사례들이 다변량 이상값일 가능성이 있다.

2. 각 사례에 대해 **마할라노비스 거리**(Mahalanobis distance: D)의 제곱에 해당하는 D_{M}^2을

계산하는 방법이 있다. D_M^2 은 하나의 개별 사례에 대한 점수들이 나타내는 벡터와 모든 변수에 대한 **표본평균**(centroid) 사이의 거리를 분산 단위로 나타낸 값이다.

정규분포를 따르는 대표본에서, D_M^2 은 변수의 개수를 자유도(v)로 하는 Pearson 카이제곱(χ^2) 분포를 따른다. 카이제곱 분포($\chi^2(v)$)에서 D_M^2 값이 비교적 크고 유의확률(p)이 작은 값으로 나타낼 때, 그 사례는 다른 나머지 사례들과 동일한 모집단에서 추출된 것이라는 영가설이 기각되는 결과로 이어질 가능성이 크다. 단, 이러한 검증에 있어 일반적으로 $p < .001$과 같이 보수적인 통계적 유의도 검증 기준을 사용하는 것이 좋다. 다중회귀분석에 사용되는 컴퓨터 프로그램 중에도 D_M^2 값을 자동으로 계산하여 원자료 파일에 저장할 수 있도록 하는 기능이 포함된 것들이 있다.

이상값이 나타난 원인이 통계 프로그램 데이터 편집기 상에서의 데이터 입력 오류 또는 결측 데이터 코드 지정 시 나타난 오류와 무관하다고 가정해 보자. 다시 말해 이상값이 유효한 점수라면, 이를 어떻게 취급해야 할까? 한 가지 가능성은 그 사례가 연구자가 의도한 모집단에 속하지 않는 사례일 가능성이다. 가령, 학부생을 대상으로 하는 수업에서 설문조사가 실시되고 있는데 어느 한 대학원생이 이 수업을 청강하고 있는 상황을 생각해 보자. 청강생은 다른 모집단에 속해 있으므로 그의 설문 응답이 같은 수업을 듣는 학생들과 비교할 때 매우 극단적일 수 있다. 이상값을 보이는 사례가 동일한 모집단에 속하지 않는다고 판단되면, 그 사례를 삭제하는 것이 가장 바람직하다. 이러한 상황이 아니라면 이상값의 영향을 줄이는 방법을 고려해 보는 것도 가능하다. 한 가지 방법은 극단적인 점수를 평균의 3표준편차 이내이면서 그 점수 다음으로 극단적인 점수와 동일한 값으로 변환하는 것이다. 다른 방법으로는 이상값을 포함하는 변수에 수리적 변환을 적용하는 것도 있다. 이 장의 후반부에서 이와 같은 변환에 대해 살펴보도록 하자.

정규성

SEM의 기본 추정방법인 최대우도 추정은 연속형 결과변수에 대한 **다변량 정규성**(multinormality)을 가정한다. 다변량 정규성은 다음과 같은 의미를 가진다.

1. 모든 개별 단변량 분포는 정규분포를 따른다.

2. 두 변수에 대한 모든 결합분포는 이변량 정규성을 충족한다. 즉, 각 변수는 고정된 다른 변수에 대하여 정규분포를 따른다.

3. 모든 이변량 산점도는 선형성과 등분산성 가정을 충족한다.

그러나 모든 결합분포를 살펴보는 것이 현실적으로 어려운 경우가 많기 때문에, 다변량 정규성에 대한 모든 측면을 평가하는 것은 쉽지 않다. Mardia(1985)가 제시한 방법과 같이 다변량 정규성 가정 충족여부를 확인하기 위한 방법들이 있으나 이러한 방법을 사용하는 데에는 대체로 제한이 따른다. 큰 표본의 경우에는 다변량 정규성으로부터 약간만 벗어나도 그 차이가 통계적으로 유의해지면서 정규성에 위배되는 결과로 나타난다. 반면, 작은 표본의 경우에는 낮은 검정력으로 인해 실질적인 차이가 간과될 수 있다. 다행히 많은 경우 단변량 분포를 확인하면 다변량 비정규성을 감지할 수 있다.

단변량 분포의 비정규성을 확인할 수 있는 방법으로 왜도와 첨도를 살펴볼 수 있는데, 이러한 속성은 동일 변수 내에서 개별적으로 또는 함께 발생할 수 있다. 왜도는 단봉 분포의 모양이 평균을 중심으로 비대칭적임을 의미한다. **정적왜도**(positive skewness)는 대부분의 점수가 평균 이하임을 의미하며 **부적왜도**(negative skewness)는 그 반대를 의미한다. [그림 4-1] (a)에서는 정규 곡선과 비교하여 정적편포와 부적편포의 예를 보여 준다. 단봉이면서 대칭인 분포일 때, **정적첨도**(positive kurtosis)는 정규분포에 비해 봉우리가 뾰족하고 분포의 꼬리 부분이 두꺼운 것을 나타내며 **부적첨도**(negative kurtosis)는 그 반대를 나타낸다. 정적첨도를 갖는 분포는 **급첨**(leptokurtosis)이라고 하며, 부적첨도를 갖는 분포는 **평첨**(platykurtic)이라고 한다. [그림 4-1] (b)는 정적첨도와 부적첨도를 비교하여 나타낸 것이다. 정적왜도나 부적왜도를 가지는 분포는 일반적으로 급첨분포인 경우가 많기 때문에, 왜도를 해결하면 첨도 문제도 같이 해결되는 경우가 많다. Blest(2003)는 왜도를 조정하여 첨도를 측정하는 방법을 설명하였다.

심한 왜도는 빈도 분포나 히스토그램을 살펴봄으로써 쉽게 확인할 수 있다. 이 밖에도, **줄기 잎 도표**(stem-and-leaf plot)와 **상자도표**(box plots) 또는 **상자수염도표**(box-and-whisker plots)를 이용하면 왜도를 확인할 수 있다. 예를 들어, [그림 4-2]의 왼쪽에는 $N = 64$인 점수에 대한 줄기 잎 도표가 제시되어 있다. 가장 낮은 점수와 가장 높은 점수는 각각 10과 27이며, 27에 대한 z는 5.0보다 크므로 이상값에 해당된다. 줄기 잎 도표에서 수직선 왼쪽에 세로로 놓인 숫자(줄기)는 각 점수의 십의 자리 수를 나타내고, 수직선 오른쪽에 놓인 숫자(잎)는 일의 자리 수를 나타낸다. 이러한 줄기 잎 도표를 가지는 분포는 정적왜도를 나타낸다.

 [그림 4-2]의 오른쪽 도표는 동일한 점수에 대한 상자도표다. 상자도표의 사각형 아래쪽과 위쪽 경계선은 각각 25퍼센타일(제1사분위수)과 75퍼센타일(제3사분위수)에 해당한다. 상자도표의 사각형 내에 위치한 선은 중앙값(50퍼센타일 또는 제2사분위수)을 나타낸다. '수염'이란 제1사분위수와 제3사분위수를 각각 이상값이 아닌 최저 및 최고 점수로 연결한 수직선이다. 수염의 길이는 이상값이 아닌 점수들이 중앙값에서 어느 정도 떨어져 있는지 보여 준다. 중앙값이 사각형의 중심에 있지 않거나 수염의 길이가 다른 경우 정적 또는 부적 왜도가 존재함을 알 수 있다. [그림 4-2]의 상자그림에서 27이라는 점수는 이상값이므로 상자 위쪽 수염 윗부분에 열린 원으로 표시된다. 그림의 상자도표를 보면 중앙값보다 높은 점수들이 더 넓은 범위에 퍼져 있기 때문에 정적왜도를 나타낸다고 해석할 수 있다.

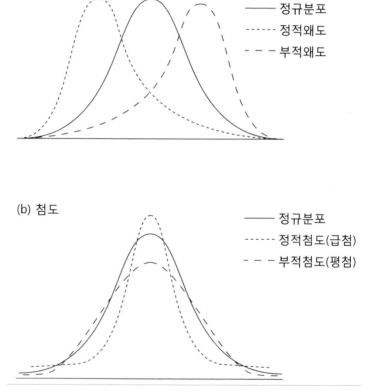

[그림 4-1] 정규분포 곡선과 비교하여 제시한 (a) 정적/부적 왜도와 (b) 정적/부적 첨도

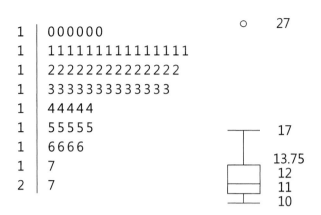

[그림 4-2] 동일한 분포에 대한 줄기 잎 도표(왼쪽)와 상자도표(오른쪽)

빈도 분포나 줄기 잎 도표, 상자도표 등을 이용하여 첨도를 육안으로 확인하기란 쉽지 않다. 특히 대칭적인 분포를 나타내는 경우에는 더욱 그러하다. 왜도 또는 첨도로 인한 정규성 이탈은 데이터와 이론적 정규분포 간의 관계를 나타내는 **정규확률 그래프**(normal probability plots)를 통해 확인할 수 있는데, 데이터가 정규성을 충족하는 경우에는 점수들이 그래프상에서 직선에 가깝게 분포하게 된다. 점수들이 직선으로부터 떨어진 경우는 비정규적인 분포에 해당되지만, 정규확률 그래프만 가지고는 첨도와 왜도로 인해 비정규성의 정도를 판별하기가 어렵다. 이 장의 후반부에 정규확률 그래프의 예가 제시되어 있으니 참고하기 바란다.

다행히도 왜도 및 첨도를 보다 정확하게 측정할 수 있는 방법들이 있다. 이 중 가장 널리 알려진 방법으로는 **왜도지표**(skew index: $\hat{\gamma}_1$)와 **첨도지표**(kurtosis index: $\hat{\gamma}_2$)가 있으며, 이 두 지표를 통해 정규 곡선과의 비교가 가능하다.

$$\hat{\gamma}_1 = \frac{S^3}{(S^2)^{3/2}} , \ \hat{\gamma}_2 = \frac{S^4}{(S^2)^2} - 3.0 \tag{4.4}$$

여기서 S^2, S^3, S^4은 각각 2차, 3차, 4차 **평균에 대한 모멘트**(moments about the mean)라고 한다.

$$S^2 = \frac{\sum (X-M)^2}{N} , \ S^3 = \frac{\sum (X-M)^3}{N} , \ S^4 = \frac{\sum (X-M)^4}{N} \tag{4.5}$$

$\hat{\gamma}_1$의 부호는 왜도의 방향, 즉 정적 또는 부적 왜도를 나타내고, 왜도가 0이면 대칭적인 분포를 의미한다. 정규분포에서 첨도지표($\hat{\gamma}_2$)의 값은 0이고, 첨도지표가 양수면 정적, 음수면 부적 첨도를 나타낸다.

표본크기가 클 때, $\hat{\gamma}_1$나 $\hat{\gamma}_2$를 표준오차로 나눈 값은 모집단에서 왜도와 첨도가 0이라는 영가설 기각 여부를 결정하는 z 검정 통계량으로 해석될 수 있다. 그러나 이러한 검정은 표본이 큰 경우에는 그다지 유용하지 않은데, 표본이 클수록 표준오차가 작아져서 정규성에서 약간만 벗어나도 통계적으로 유의한 결과가 도출될 수 있기 때문이다. 반대로, 작은 표본에서는 낮은 검정력으로 인해 실제 존재하는 왜도나 첨도가 감지되지 않을 수 있다. 이러한 이유로 $\hat{\gamma}_1$ 또는 $\hat{\gamma}_2$에 대한 통계적 유의도 검정은 일반적으로 데이터 검토 과정에서 그다지 도움이 되지 않는다. 대안으로, γ_1와 γ_2의 절댓값을 해석하는 방법이 있으나, 이를 위한 명확한 기준 또한 마련되어 있지 않다. 시뮬레이션 연구 결과를 토대로 몇 가지 해석 기준을 제안한 연구들도 있다(예: Nevitt & Hancock, 2000). 이 중 일부 연구에서는 왜도지표의 절댓값이 3.0 이상이면 '매우 큰' 편포를 나타내는 분포로 해석하고 있다. 첨도지표인 $\hat{\gamma}_2$에 대해서는 연구에 따라 다소 다르게 해석되지만, 대체로 절댓값이 8.0에서 20.0 정도일 때 첨도가 '매우 큰' 분포로 기술되고 있다. 첨도지표에 대한 해석 기준을 보수적으로 설정하면, 절댓값이 10.0을 초과하는 경우 어느 정도 문제가 있다고 간주되고, 20.0을 넘으면 더욱 심각한 문제가 있는 것으로 해석된다. [그림 4-2]의 자료에서 $\hat{\gamma}_1 = 3.10$이고 $\hat{\gamma}_2 = 15.73$이므로, 앞서 언급된 해석 기준에 의하면 심각하게 정규성을 벗어난 분포로 볼 수 있다. 한편, $|\hat{\gamma}_1| \leq 3.0$이고 $|\hat{\gamma}_2| \leq 10.0$인 경우라도 정규분포라고 결론 내릴 수 없는데, 그 이유는 엄밀한 정규분포에서는 $\hat{\gamma}_1 = \hat{\gamma}_2 = 0$이기 때문이다. 단, 이 경우에는 정규성을 벗어난 정도가 심각하지 않다는 정도로 분포의 형태를 설명할 수 있을 것이다.

🥧 변환

정규화 변환(normalizing transformation)이란 수학적 연산을 통해 원래의 점수를 새로운 점수로 변환함으로써 정규분포에 가까워지도록 만드는 것이다. 이러한 변환을 적용하게 되면 분포의 한 부분이 다른 부분에 비해 더 많은 영향을 받게 됨으로써 전체적인 분포의 모양이 변하게 되지만 점수의 순위가 바뀌지는 않는다. 이러한 변환을 **단조 변환**(monotonic transformation)이라 한다. SEM 분석에서는 다음과 같은 상황에서 정규화 변환을 고려해 볼 필요가 있다.

1. 최대우도 추정과 같이 **정규분포 가정**을 필요로 하는 방법을 이용한 분석을 계획하고 있으나, 연속형 결과변수가 정규분포에서 크게 벗어난 경우
2. 동일한 구인을 측정하는 다수의 관찰변수 또는 측정지표가 있고 이 중 일부 변수들의 관계가 비선형인 경우로서, 정규화 변환을 적용하면 비선형적 관계가 선형적으로 변화되기도 함

그러나 정규화 변환을 적용하기에 앞서 관심 변수들에 대해 살펴보면서 정규성에 대한 가정이 합리적인지를 먼저 생각해 볼 필요가 있다. 알코올이나 마약 남용과 같은 특정한 변수들은 본래 비정규성을 가지기도 한다(Bentler, 1987). 이렇듯 원래 비정규성을 가지는 변수를 정규분포로 변환하게 되면, 그 변수가 지닌 고유한 속성이 변하여 연구의 성격이 변질되게 된다. 이 경우, 강건 최대우도(robust maximum likelihood) 추정과 같이 연속형 결과변수에 대한 정규성 가정을 필요로 하지 않는 다른 추정법을 사용하는 것이 바람직하다. 또한 초 단위로 측정되는 운동 수행 능력이나 수술 후 생존 기간과 같은 결과변수의 측정 단위가 어떠한 의미를 갖는지도 고려할 필요가 있다. 정규화 변환 과정에서 변수가 가진 원래 측정 단위를 잃게 되므로 이러한 손실을 감수하고라도 변환이 반드시 필요한지를 생각해 보아야 하는 것이다.

결과변수가 임의적인 측정 단위를 가진 경우에는 정규화 변환이 유용할 수 있다. 한 예로 진위형 문항에 대한 총점을 들 수 있다. 문항에 대한 응답이 두 개의 숫자로 코딩되므로 총점은 임의적이다. 백분위나 정규편차와 같은 점수도 하나의 표준화된 단위를 다른 단위로 대체할 수 있기 때문에 임의적인 점수에 해당한다. [Topic Box 4-2]는 다양한 상황에서 적용할 수 있는 정규화 변환 방법들을 소개하고 있으며, 이에 대한 보다 자세한 내용은 Osborne(2002)을 참조하기 바란다. 연습문제 3에서는 [그림 4-2]의 데이터에 적용 가능한 정규화 변환 방법을 찾아보도록 하겠다.

정규화 변환을 적용하면 동일한 구인을 측정하는 여러 변수 간 관계를 선형적으로 만들기도 한다. 예를 들어, Budtz-Jørgensen, Keiding, Grandjean, Weihe(2002)는 Farose 섬 주민들을 대상으로 산모가 오염된 고래 고기를 섭취함에 따른 메틸수은 노출이 태아의 신경행동 상태에 미치는 영향을 연구하였다. 이 연구에서는 탯줄혈액과 모발의 수은 농도를 각각 생물학적 측정치로 사용하였고, 월별 고래 고기 섭취량에 대한 자기보고를 세 번째

측정치로 포함하였다. 혈액과 모발 농도 수치가 상당히 높아서 설문지의 다른 변수와 비선형 관계를 나타내기 때문에, Budtz-Jørgensen 등(2002)은 분석에 앞서 혈액 및 모발 농도를 로그 변환하였다.

[Topic Box 4-2]
정규화 변환

여기서는 정규화 변환을 위한 세 가지 방법과 사용 지침을 정리하였다.

1. **정적편포의 정규화 변환**. 다음의 변환 방법들을 적용하기 전, 먼저 각 점수에 상수를 더하여 가장 낮은 값이 1.0이 되도록 한다. 기본 변환은 제곱근 변환($X^{1/2}$)으로서, 제곱근 변환을 적용하면 분포의 상단에 있는 점수 간 차이가 하단의 점수 간 차이보다 더 많이 압축된다. 로그 변환도 이러한 유형의 변환에 해당된다. 로그는 $10^2 = 100$과 같이 원래 숫자를 얻기 위해 밑을 몇 번 거듭제곱(지수)해야 할지 나타내는 것으로, 숫자 100에 밑이 10인 로그를 취하면 2.0이 된다. 극단적으로 높은 점수를 갖는 분포는 $\log_{10} X$와 같이 밑을 더 크게 하여 변환해야 할 수도 있지만, 덜 극단적인 경우에는 $\log_e X = \ln X$에 대한 자연상수 밑 e(약 2.7183)와 같이 더 낮은 밑으로도 충분할 수 있다. 역함수 $1/X$은 훨씬 더 심각한 정적왜도에 대해 적용할 수 있는 변환 방법이다. 역함수 변환을 하면 점수의 순서가 반대가 되기 때문에 -1.0을 곱하여 원래 점수의 방향을 반대로 바꾸고, 그 점수에 상수를 더하여 역함수를 취하기 전 최대 점수가 1.0이 되도록 만들어야 한다.
2. **부적편포의 정규화 변환**. 앞서 언급한 정적편포 변환 방법들은 부적편포의 경우에도 그대로 적용된다. 먼저, 각 점수의 역을 취한 후 최솟값이 1.0이 되도록 상수를 더한다. 그다음 변환을 적용하고 점수의 역을 취하여 원래 점수 순서로 복원시킨다.
3. **기타 비정규성 유형의 정규화 변환**. $X^{1/3}$과 같이 홀수차 제곱근 함수 및 사인 함수는 분포의 양 끝에서 평균 쪽으로 이상값을 가져 오는 경향이 있다. X^3과 같은 홀수차 제곱 변환은 부적첨도를 정규화하는 데 도움이 될 수 있으며, 점수가 비율일 경우 아크사인 제곱근 변환 함수로 정규화할 수 있다.

이 밖에도 여러 종류의 정규화 변환 방법이 있는데, 문제는 특정 점수 분포에 대해 적합한 변환 방법을 찾기가 쉽지 않다는 것이다. Box-Cox 변환(Box & Cox, 1964)을 사용하면 이러한 시행 착오를 줄일 수 있는데, 점수가 양수인 경우 적용 가능한 기본적인 변환식은 다음과 같다.

$$X^{(\lambda)} = \begin{cases} \dfrac{X^{\lambda} - 1}{\lambda} & (\lambda \neq 0) \\[2ex] \log X & (\lambda = 0) \end{cases}$$

여기서 지수 λ는 점수를 정규화하는 상수이며, 컴퓨터 알고리즘을 통해 원점수와 변환 점수 간 상관 관계를 최대화하는 λ의 값을 찾을 수 있다(Friendly, 2006). Box–Cox 변환에는 여러 가지 버전의 변형된 식이 있으며(Osborne, 2010), 이 중 일부는 회귀분석에서 등분산성을 검토하는 데에도 적용할 수 있다.

그러나 정규분포에서 너무 심하게 벗어나 있는 분포의 경우에는 어떠한 변환 방법도 적용하기 어렵다. 계수형 변수가 그 예다. **계수형 변수**(count variable)란 일정 기간 동안 발생한 사건의 횟수로서 과거 5년에 걸쳐 발생한 자동차 사고 횟수를 그 예로 들 수 있다. 계수형 변수의 분포는 대체로 정적인 편포로 나타나는 경향이 있으며, 많은 사례가 0의 점수를 갖는다. 계수형 변수는 일반적으로 **포아송 분포**(Poisson distribution)와 같은 비정규분포를 따르며 평균과 분산은 거의 동일하다. Mplus와 같은 일부 SEM 컴퓨터 프로그램에서는 계수형 변수를 분석하기 위한 특정한 방법이 제공된다. 이 방법은 포아송 회귀 기법과 관련이 있으며, 빈도 자료에 대한 로그 선형 모형을 분석한다(Agresti, 2007).

Little(2013)이 제안한 **최대대비비율 점수화**(percentage or proportion of maximum scoring: POMS) 변환은 동일한 측정 영역 내에서 각기 다른 리커트 척도를 이용하여 응답 내용이 기록된 설문 문항들을 재척도화하기 위한 변환 기법으로, 모든 문항들을 동일한 척도에 놓기 위한 변환 방법이다. 첫 번째 측정 시점에는 5점 리커트 척도 문항을 사용한 검사가 시행되고, 두 번째 측정 시점에는 동일한 항목에 대해 7점 리커트 척도 문항의 검사가 시행되었다고 가정하자. 이 경우 시간 경과에 따른 응답 결과를 비교하려면 변환이 필요하다. 이 때 적용가능한 방법 중 하나는 좁은 범위의 척도(1–5)를 큰 범위의 척도(1–7)로 변환하는 것이다.

$$R7 = \left(\frac{O5 - 1}{4} \right) \times 6 + 1 \tag{4.6}$$

이 식에서 $R7$은 1–7의 응답 양식으로 재척도화된 문항 점수를, $O5$는 1–5의 척도를 지닌 변환 전 문항 점수를 의미한다. 식 4.6에서, 괄호 안의 항은 원래 척도인 1–5의 척도를 0–4의 척도로 변환한 후, 이를 4로 나누어 0–1 척도로 변환하는 과정을 나타낸다. 여기에

6을 곱하면 0–6 척도가 되고, 마지막으로 1을 더하면 1–7의 척도를 지닌 최종 리커트 척도가 생성되는 것이다.

선형성과 등분산성

연속형 결과변수 간의 선형성과 등분산성은 다변량 정규성의 속성 중 하나다. 변수 간의 이변량 산점도를 살펴보면 비선형성을 쉽게 평가할 수 있다. 어떤 변수가 비정규성을 나타내거나, 특정 값에서 다른 값보다 더 많은 측정오차가 발생하는 경우, 또는 이상값이 존재하는 경우 등분산성 가정이 위배될 수 있다. 예를 들어, [그림 4-3] (a)에 제시된 산점도를 살펴보도록 하자. 그림에서 Y 점수가 40인 사례는 평균보다 3 표준편차 이상 큰 이상값이라고 볼 수 있다. 이 데이터를 이용하여 상관계수를 구하면, 이상값의 영향으로

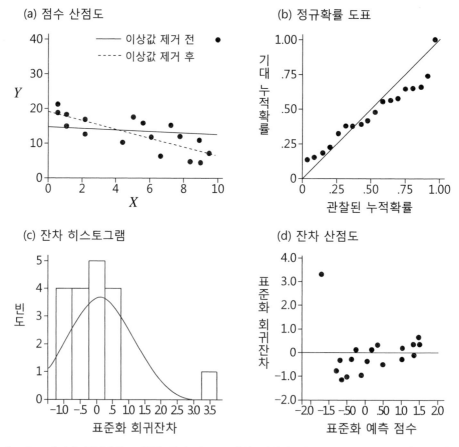

[그림 4-3] (a) 이상값을 포함한 산점도($N=18$)와 이상값 제거 후의 선형 회귀선($N=17$). (b) 표준화 회귀잔차의 정규확률 도표. (c) 표준화 회귀잔차의 히스토그램. (d) 잔차 산점도

상관계수가 $r_{XY} = -.074$로 산출되어 회귀선은 거의 수평에 가깝게 된다. 이상값을 제거하게 되면($N=17$), $r_{XY} = -.772$가 되고 새로운 회귀선은 남아 있는 데이터에 더 적합한 결과로 나타난다.

[그림 4-3] (a)의 데이터에 대한 표준화 회귀잔차($N=18$)는 [그림 4-3]의 (b)~(d)에 다양한 형태로 제시하였다. [그림 4-3] (b)는 기대 누적확률 대 관찰 누적확률 도표로서, 대각선 상에서 벗어난 점들이 다수 있음을 볼 수 있다. 잔차의 히스토그램은 [그림 4-3] (c)에 제시되어 있으며, 히스토그램 위에 중첩하여 표시한 정규분포 그래프와 비교해 보면 잔차가 정규분포와 거리가 있음을 알 수 있다. [그림 4-3] (d)에서는 잔차와 표준화 예측 점수의 산점도를 보여 준다. 이때 잔차는 산점도의 전체 범위에 걸쳐 0을 중심으로 균등하게 분포되어 있지 않기 때문에 등분산성이 위배된다고 볼 수 있다.

🥧 상대적 분산

공분산행렬에서 가장 작은 분산과 가장 큰 분산의 비율이 100배 이상으로 매우 큰 경우, 공분산행렬은 불균형하게 척도화되어 있다고 한다. 불균형 척도를 가지는 공분산행렬을 이용하여 SEM 분석을 수행할 경우 문제가 될 수 있다. SEM에서 사용되는 대부분의 추정방법은 반복추정을 통해 해를 산출한다. 반복추정이란 컴퓨터로부터 초기 추정치가 산출된 후 여러 차례 반복적 계산이 이어지면서 추정치가 수정되는 것을 의미한다. 반복추정은 데이터에 대한 모형의 전반적인 적합도를 향상시킬 수 있도록 각 단계를 거치면서 더 나은 추정치를 산출하는 데 목표가 있다. 특정 단계에서 그다음 단계로 갈 때 추정치 변화의 향상 정도가 **수렴 기준**(convergence criterion) 이하가 되면 추정치가 안정적으로 산출된 것으로 간주되어 반복추정 과정이 멈추게 된다. 그러나 추정치가 안정적인 값으로 수렴되지 않을 경우 반복추정은 실패할 수 있다. 반복추정이 실패하는 원인 중 하나는 관찰변수의 분산에서 찾을 수 있는데, 각기 다른 척도를 가진 관찰변수들을 분석할 때 반복추정이 실패하는 경우가 있다. 불균형 척도를 가진 공분산행렬에 대한 반복추정 시 컴퓨터가 여러 단계에 걸쳐 추정치들을 조정하는 과정에서, 작은 분산을 가진 변수에 대해서는 추정치 변화의 크기가 매우 커지는 반면, 큰 분산을 가진 변수의 경우에는 추정치 변화의 크기가 미미할 수 있다. 결과적으로 전체적인 추정치들은 데이터에 대한 모형의 적합도를 향상시키기보다는 악화시킬 가능성이 있다.

이러한 문제를 방지하기 위해 분산이 매우 작거나 매우 큰 변수들에 상수를 곱하여 재척도화하는 방법을 고려해 볼 수 있다. 이때 상수의 제곱값에 대한 배수만큼 분산의 크기를 변경할 수 있다. 예를 들어, $s_X^2 = 12.0$이고 $s_Y^2 = .12$인 경우 두 변수의 분산은 100배의 차이를 보이게 되는데, 이때 상수 .10을 곱하여 X를 재척도화하면 두 변수 $X \times .10$과 Y의 분산은 .12로 같게 된다.

$$s_{X \times .10}^2 = 10^2 \times 12.0 = .12$$

상수 10.0을 적용하여 Y 분산이 X 분산 12.0과 동일한 분산을 갖도록 Y를 재척도화할 수도 있다.

$$s_{Y \times 10.0}^2 = 10^2 \times .12 = 12.0$$

이러한 방식으로 변수를 재척도화하면 평균 및 분산은 변하지만 다른 변수와의 상관은 바뀌지 않는다. 변수에 상수를 곱하는 것은 점수 간 상대적인 차이에 영향을 미치지 않는 선형 변환에 해당한다. 실제 데이터를 통한 예시는 다음과 같다.

  Roth, Wiebe, Fillingham, Shay(1989)는 대학생 표본으로부터 운동, 강인성(자아탄력성과 정신력), 체력, 스트레스, 질병 수준을 측정하였다. 〈표 4-2〉는 이 변수들에 대한 데이터의 요약행렬이다. 표에 나타난 바와 같이 행렬의 최대 및 최소 분산이 27,000배 이상 차이가 나므로 공분산행렬이 불균형 척도임을 알 수 있다. 일부 SEM 컴퓨터 프로그램은 불균형 척도를 가진 공분산행렬을 분석하지 못한다. 이러한 문제를 방지하기 위해 원래의 변수에 상수를 곱하여 변수들의 분산이 보다 균등해지도록 하였다. 재척도화 후에는 분산이 가장 큰 변수와 가장 작은 변수의 비율이 약 13배에 불과하게 되어 더 이상 불균형 척도가 아니라고 볼 수 있다.

🥧 결측 데이터

  결측 데이터를 분석하는 것은 간단한 문제가 아니다. 결측 데이터 분석은 한 권의 책에 걸쳐 소개되기도 하고(Enders, 2010; McKnight, McKnight, Sidani, & Figueredo, 2007), SEM에 관한 여러 논문이나 저서를 통해 다루어져 온 주제이기도 하다(Allison, 2003; Graham & Coffman, 2012; Peters & Enders, 2002). 결측 데이터의 처리 방법에 관한 내용은 이 책에서 종합적으로 설명하기에는 매우 복잡한 주제이므로, 이렇듯 많은 문헌이 이 주제를 다루고 있다는 점은 다행한 일이라고 할 수 있다. 이 책에서는 결측 데이터에 대한 기본적인 분석 방법에 대한 이해를 돕고 SEM 분석과의 관련성을 설명하고자 한다.

결측이 없는 완전한 형태의 데이터를 분석하는 것이 연구자들이 원하는 가장 이상적인 상황이겠지만, 그것이 불가능하다면 결측을 사전에 예방하기 위한 전략이 필요할 것이다. 예를 들어, 설문 문항을 명료하게 제작함으로써 결측 반응을 최소화하는 것이 한 가지 방법일 것이다. 또한 피험자가 설문 결과를 제출하거나 검사 장소를 떠나기 전 결측 응답이 없는지 검토해야 한다. 그러나 결측을 줄이기 위한 많은 노력에도 불구하고 실제 데이터에서 많은 결측값이 발생한다. 결측값은 하드웨어의 오작동이나 결시, 문항에 대한 무응답 등 다양한 원인으로 발생할 수 있다. 전체 데이터 중 5% 미만에 해당되는 결측 데이터는 크게 문제가 되지 않는다. 어떤 결측 처리 방법을 적용하더라도 분석결과에 큰 영향을 주지 않기 때문이다. 그러나 데이터 손실 비율이 큰 경우 이를 처리하는 것이 어려우며, 특히 **데이터 손실 메커니즘**(data missing mechanism)이 완전하게 임의적이지 않은 경우나 예측 가능한 경우에는 더욱 그러하다. 이러한 경우는 어떤 결측 처리 방법을 선택하는지가 분석결과에 상당한 영향을 줄 수 있다. 그러므로 연구자는 데이터 분석 시 결측 데이터가 어떻게 처리되었는지 반드시 설명해야 한다.

〈표 4-2〉 불균형 척도 데이터 행렬 예시

변수	1	2	3	4	5
1. 운동	—				
2. 강인성	−.03	—			
3. 체력	.39	.07	—		
4. 스트레스	−.05	−.23	−.13	—	
5. 질병	−.08	−.16	−.29	.34	—
평균	40.90	0.0	67.10	4.80	716.70
재척도화 전 분산	4,422.25	14.44	338.56	44.89	390,375.04
상수	1.00	10.00	1.00	5.00	.10
재척도화 후 분산	4,422.25	1,440.00	338.56	1,122.25	3,903.75
재척도화 후 SD	66.50	38.00	18.40	33.50	62.48

주. Roth 등(1989)에 수록된 데이터임(N=373). 강인성은 역코딩 변수로서 점수가 낮을수록 높은 강인성을 나타내며, 음의 상관으로 인한 혼동을 피하기 위해 역코딩된 값으로 요약표에 제시되었음.

데이터 손실 메커니즘

데이터 손실 메커니즘에는 크게 세 가지 유형이 존재한다. 같은 데이터라 하더라도 변수의 성격에 따라 데이터 손실 메커니즘은 다를 수 있으므로, 세 유형의 데이터 손실 메커니즘이 같은 데이터 내에서 발생하는 경우도 있다. 그러나 특정 결측값이 어떤 데이터 손실 메커니즘에 의해 발생한 것인지 명확히 알기는 어렵다. 실제 데이터에서 가장 이상적인 경우이자 동시에 가장 비현실적인 경우는 데이터가 **완전무선결측**(missing completely at random: MCAR)일 때다. 변수 Y에 대해 완전무선결측이라는 의미는 결측 사례가 단지 우연히 나타난 경우로서 Y 점수의 결측 여부는 Y 변수의 특성과는 전혀 관련이 없으며, Y에 대한 결측 여부가 동일 데이터 내 다른 변수들과도 전혀 상관이 없음을 의미한다. 이 경우 결측이 아닌 관찰점수는 완전한 데이터에서 연구자가 분석하고자 한 점수들의 임의 표본으로 볼 수 있다(Enders, 2010). 유효 표본크기가 작아짐에 따라 검정력이 낮아질 수 있겠지만, 결측이 없는 완전한 데이터를 기반으로 한 결과에 비해 크게 왜곡되지 않을 것이다. MCAR의 예로는 정신건강 관련 설문 문항에 대해 피험자의 실제 정신건강 상태나 다른 주제에 대한 응답 내용과는 상관없이 산발적으로 나타난 컴퓨터 문제로 인해 응답 데이터를 잃게 되는 경우를 들 수 있다.

데이터 손실 메커니즘의 두 번째 유형은 Y에 대한 결측 속성이 Y 변수의 특성과는 관련이 없지만 데이터 내 다른 변수와 관련되어 있는 경우다. 즉, 결측 데이터가 특정 표본에서 예측 가능한 형태로 발생한다(Little, 2013). 사실 데이터 손실 메커니즘이 무작위로 발생하는 것이 아니라 다른 변수에 의존하기 때문에, **임의결측**(Missing at Randon: MAR)이라 하는 표현이 부자연스럽기는 하다. MAR의 예로, 남성이 여성보다 정신건강에 관한 설문에 응답할 확률이 낮지만, 남성 내에서는 응답 확률이 실제 정신건강상태와 무관한 경우를 들 수 있다.

MAR로 인한 정보 손실은 결측 점수를 예측 점수로 대체(impuation)하는 과정을 통해 잠정적으로 복구시킬 수 있다. 예측 점수란 동일 데이터 내 다른 변수로부터 Y에 대한 결측을 예측한 점수로, 예측력이 충분히 강한 경우 대체된 데이터를 이용한 분석결과는 실제 분석결과에 대한 왜곡 가능성이 비교적 낮다. 이러한 의미에서, MAR 패턴은 **무시할 수 있는**(ignorable) 결측이라고 간주한다. MAR과 MCAR은 같은 변수에 동시에 영향을 미칠 수도 있다.

MAR 패턴을 예측하는 데 있어서 **보조변수**(auxiliary variable)들을 사용하는 경우가 많다. 보조변수란 연구에서 실질적인 관심 대상이 아니지만 이를 통해 데이터 내 다른 변수의 결측을 예측하는 데 사용되는 변수를 말한다. 예를 들어, 아동에 대한 종단 연구에서 성별, 사회경제적지위 및 부모 관여 등의 변수를 보조변수로 사용할 수 있으며, 다른 변수들의 점수를 대체할 때 이러한 보조변수들을 포함시키면 편향을 줄일 수 있다(Little, 2013). 하지만 보조변수를 선택할 때 주의해야 할 점이 있는데, 작은 크기의 표본에 지나치게 많은 보조변수를 포함하게 되면 정확성이 떨어져 결측값을 정교하게 대체하기 어려울 수 있기 때문이다. 이것은 Y의 결측에 대한 분산 중 10% 미만이 보조변수에 의해 설명되는 경우에 특히 그러하다($R^2 < .10$; Hardt, Herke, & Leonhart, 2012).

데이터가 **비임의결측**(Missing not at Random: MNAR)인 경우는 Y의 결측 여부가 Y 변수 자체의 속성에 의존하는 경우로, 이때 데이터 손실 메커니즘은 **무시할 수 없는**(non-ignorable) 결측이라고 한다. MNAR의 예로, 약학 연구에서 특정 치료 방법이 부작용을 유발하여 환자가 연구 참여를 중단하는 경우에 데이터 손실이 발생한다. 그러나 부작용은 측정되지 않기 때문에 데이터가 결측된 원인을 파악하기는 어렵다. 데이터 손실 패턴이 MNAR인 경우 결측이 없는 완전한 데이터를 기반으로 한 결과를 심하게 왜곡할 수 있다. 예를 들어, 치료를 견디지 못하는 환자의 데이터를 잃게 되면, 실제 치료 효과보다 더 나은 효과를 갖는 것처럼 결과가 도출될 수 있다. 측정되지는 않았지만 데이터 손실의 원인이 되는 변수와 관련성이 높은 변수가 측정 데이터에 포함되어 있는 경우에는 편향이 줄어들 수도 있겠지만, 이 역시 확인하기 어렵다. 결측 메커니즘이 MNAR인 경우에는 어떤 방법으로 결측 데이터를 처리하는가에 따라 결과에 차이가 날 수 있다.

결측 데이터 진단

실제 분석 상황에서 데이터 손실 메커니즘이 임의적인지 체계적인지 판단하기란 쉽지 않은 일이다. 각 변수가 한 번만 측정되는 경우에는 특히 그러하다. 데이터 손실 형태가 MCAR이라는 가설이 합리적인지를 판단할 수 있는 방법은 있지만, 이 가설이 기각될 때 결측 패턴이 MAR인지 MNAR인지에 대해 직접적으로 판단할 수 있는 명확한 검사는 없다. Little과 Rubin(2002)은 MCAR 가정에 대한 다변량 통계 검정 방법을 설명하였는데, 이 방법은 Y가 결측인 사례들과 결측이 없는 완전한 사례들을 다른 모든 변수에 대해 동시에 비교하는 것이다. 이 비교 결과 두 집단 간에 차이가 존재하면 MCAR 가설이 기각된다. MCAR 가설의 타당성은 Y에 결측이 있는 사례와 모든 변수에 결측이 없는 완전한 데이터에 대해 단변량 t 검정을 적용해서도 확인할 수 있다. 그러나 이와 같은 유의도 검정은 표본크기가 작은 경우에는 검정력이 낮고 큰 표본에서는 사소한 차이가 통계적으로 유의한 결과로 나타날 수 있다는 문제점을 갖는다.

어떤 변수의 점수가 결측인지 아닌지를 가리키는 더미코딩 변수를 생성한 후 성별이나 치료 조건과 같이 다른 범주형 변수와의 교차표를 살펴봄으로써 결측 데이터를 진단하는 방법도 있다. 일부 통계분석 컴퓨터 프로그램에는 결측 데이터 패턴을 분석하기 위한 명령문이 포함되어 있다. 그 예로, SPSS 프로그램에서도 결측값 분석 프로시저를 제공하는데, 이 절차를 통해 앞서 언급한 모든 결측 데이터 진단 검정을 수행할 수 있다. LISREL의 PRELIS 프로그램도 결측 데이터 패턴을 분석할 수 있는 뛰어난 기능을 갖추고 있다.

MCAR에 대한 가정이 기각되면, 데이터 손실 메커니즘이 MAR인지 MNAR인지 확인하는 것이 사실상 불가능하다. 왜냐하면 Y의 데이터 손실을 설명하는 Y와 관련된 변수가 누락되었을 수 있기 때문이다. 이러한 변수는 측정되지 않았기 때문에, 비무선적이고 체계적인 데이터 손실이 실제로 어느 정도인지 알 수 없다. 데이터 내 다른 측정변수가 Y 변수의 결측을 예측하는 데 도움을 줄 수 있겠지만, Y에 대한 부분적인 정보만이 대체 과정을 통해 복원될 수 있을 것이다. 따라서 연구를 계획할 때 잠재적인 보조변수들을 확인하는 것이 현명하다.

데이터 손실이 체계적으로 발생한 경우, 이로 인한 편향을 제거하는 마법같은 통계적 수정 방법은 없다. 최선의 방법은 데이터 손실 패턴의 속성을 이해하고 그에 따라 결과에 대한 해석을 조정하는 것이다. 결측 데이터 처리 방법에 따라 결과상의 차이가 예상됨에도 불구하고 어떤 방법이 최선인지 알 수 없다면, 두 결측 처리 방법을 적용한 결과를 모두 보고하는 것이 바람직하다. 이러한 접근을 통해 결측 데이터 처리 방법에 따른 분석결과를 명확하게 파악할 수 있다. 이와 같은 전략은 일종의 **민감도 분석**(sensitivity analysis)으로서 상이한 가정하에 데이터에 대한 재분석이 수행된다. 이때 이전 분석에서 적용했던 방법과는 다른 결측 처리 방법이 적용되며 그에 따른 결과를 이전 분석결과와 비교한다.

고전적 기법

불완전한 데이터를 다루는 고전적인 방법들은 오랜 기간 동안 사용되어 왔으며, 지금까지도 많은 통계분석 프로그램에서 제공하고는 있으나 점차 효용성이 낮아지고 있다. 이에 대한 한 가지 이유를 설명하면, 고전적 방법에서는 결측 메커니즘을 일반적으로 MCAR이라고 가정하는데 이것이 비현실적인 경우가 많기 때문이다. 결측 메커니즘이 MAR일 때 고전적인 결측 처리 방법들을 적용하면 편향된 추정치를 산출하는 경향이 있으며, 데이터 손실 메커니즘이 MNAR일 때 더욱 그러하다. 또한 고전적 방법들은 데이터의 전체 구조를 거의 활용하지 않는다. 이 장에서는 고전적인 기법들을 간략히 검토한 후, 이어 보다 최근에 개발된 발전된 기법들에 대해 살펴보고자 한다.

고전적인 기법으로는 두 가지 대표적인 유형이 있으며, **가용사례 이용법**(available case methods)과 **단순대체법**(single-imputation methods)이 이에 포함된다. 가용사례이용법이란 불완전한 사례를 제거한 후 사용 가능한 데이터만을 분석하는 기법이며, 단순대체법은 결측 점수를 다른 점수로 교체하는 기법을 의미한다. 가용사례이용법에는 어느 한 변수에 대해서라도 결측값이 포함되면 해당 사례를 분석에서 제외시키는 **사례별 제거**(listwise deletion)가 있다. 사례별 제거에 의한 유효 표본크기는 모든 변수에 대해 유효값이 있는 사례만을 포함한 것이 된다. 결측값이 여러 사례에 걸쳐 산발적으로 분포되어 있을 경우에 사례별 제거를 적용하면 표본크기가 원래 표본크기 보다 훨씬 작아진다. 회귀분석에서 데이터 손실 메커니즘이 결과변수가 아닌 예측변수에 의해 좌우될 경우 사례별 제거 방법은 합리적인 추정 결과를 생성한다(Little & Rubin, 2002).

사례별 제거는 모든 분석이 동일한 사례에 대해 수행된다는 이점이 있다. 이와 달리 **쌍별 제거**(pairwise deletion)는 특정 분석과 관련된 변수에 대해 결측이 포함된 사례들만 해당 분석에서 제외시킨다. 예를 들어, $N=300$인 데이터가 있다고 생각해 보자. 이 중 변수 X와 Y에 대해 유효값을 가진 사례가 250명인 경우 X와 Y의 공분산인 cov_{XY}를 산출하는 데 사용되는 유효 표본크기는 250이 된다. 그러나 X와 W에 대하여 유효값을 가지는 사례가 250보다 더 많거나 적다면 cov_{XW}의 유효 표본크기는 250이 되지 않을 것이다. 쌍별 제거는 허용 범위를 벗어나는 상관계수나 공분산이 산출될 수 있다는 특징이 있다. 〈표 4-3〉은 세 변수에 대해 결측값이 포함된 데이터다. 이 데이터에 쌍별제거를 적용하게 되면 공분산행렬은 비양정치 행렬이 된다. 연습문제 4에서 이러한 사실을 확인해 보도록 하자.

가장 기본적인 단순대체법은 **평균대체**(mean substitution)이며, 결측 점수를 전체 표본 평균으로 대체하는 방법이다. 이를 응용한 다른 방법으로는 **집단평균대체**(group-mean substitution)가 있으며, 특정 집단(예: 여성)에 대한 결측점수를 집단의 평균으로 대체하는 방법이다. 이 방법은 집단구분 변수가 예측변수이거나 SEM 모형이 여러 집단에 대해 분석될 때 선호되는 방법이다. 두 방법 모두 단순하지만 표본 분산을 감소시키므로 데이터 분포를 왜곡시킬 수 있다. $N=75$인 표본에서 15명에 대한 사례의 일부 변수에 결측값이 있다고 가정하자. 결측값을 60개의 유효 사례에 대한 평균으로 교체하고 난 후 전체 표본($N=75$)에 대한 평균은 결측값 교체 전인 $N=60$ 점수에 대한 평균과 비교할 때 달라지지 않는다. 그러나 결측값 교체 전 데이터에 대한 분산은 결측값 교체 후 분산에 비해 클 것이다. 평균대체는 평균을 중심으로 분포의 형태를 뾰족하게 만드는 경향이 있기 때문에 데이터의 기본 분포를 더욱 왜곡시킨다(Vriens & Melton, 2002).

　　회귀대체(regression substitution)는 앞서 기술한 방법보다는 정교한 기법으로, 각 결측점수는 다중회귀식에 의한 예측점수로 교체된다. 이때 다중회귀식은 다른 변수에 결측이 없는 데이터를 바탕으로 도출된 것이다. 회귀대체는 평균대체보다 많은 정보를 활용하여 예측점수를 산출하며, 결측값을 갖는 변수는 데이터 내 다른 변수들에 의해 합리적으로 예측될 수 있다고 가정한다. 이러한 가정을 전제로 하지 않으면 결측점수를 예측점수로 교체하는 것은 의미가 없다. 회귀대체의 변형된 형태로 **확률적 회귀대체**(stochastic regression imputation)가 있다. 이것은 정규분포나 사용자가 지정한 특정 분포로부터 임의로 표집된 오차항을 예측점수에 더함으로써 불확실성을 부과하는 기법이다. 이러한 기능은 SPSS의 결측값 분석 프로시저에 구현되어 있다.

　　앞서 설명한 방법들에 비해 보다 정교한 단순대체 기법으로 **패턴매칭**(pattern matching)이 있다. 이것은 컴퓨터로 하여금 결측값을 가진 사례의 변수별 응답 패턴과 전반적으로 유사한 패턴의 사례를 찾아 결측 변수값을 그 사례의 변수값으로 대체하도록 하는 기법이다. LISREL의 PRELIS 프로그램에서 패턴매칭 기법을 사용할 수 있다. 다른 방법으로는 **무선 핫덱 대체법**(random hot−deck imputation)이라는 기법이 있다. 이 방법에서는 먼저 결측치를 포함하는 불완전 사례와 결측값이 없는 완전한 사례를 구분한 후, 두 집단 내에서 배경변수에 대해 유사한 프로파일을 가진 사례들이 함께 그룹화되도록 분류한다. 그런 다음, 결측값이 없는 사례들 사이에 결측값을 포함한 불완전한 사례를 무선적으로 끼워 넣고, 결측이 발생한 변수에 대하여 완전한 기록이 있는 사례 중 결측 사례와 가장 가까운 곳에 위치한 점수로 결측값을 대체한다. Myers(2011)는 SPSS에서 무선 핫덱 대체법을 수행하는 명령문에 대해 기술하였다. 이상에서 설명한 모든 단순 대체법은 오차분산을 과소추

〈표 4-3〉 결측이 포함된 데이터 예시

사례	X	W	Y
A	42	13	8
B	34	12	10
C	22	−	12
D	−	8	14
E	24	7	16
F	16	10	−
G	30	10	−

정하는 경향이 있는데, 특히 결측 비율이 상대적으로 높을 때 이러한 경향이 두드러지게 나타난다(Vriens & Melton, 2002).

새로운 기법

최근 개발된 방법들은 일반적으로 데이터 손실 패턴이 완전임의결측(MCAR)이 아닌 임의결측(MAR)임을 가정한다. 결측 형태가 무선적이 아닌 경우(MNAR)에는 정교한 기법을 적용하더라도 편향된 추정치가 산출되지만, 고전적 방법에 비해 편향의 정도가 심하지는 않은 편이다(Peters & Enders, 2002).

결측 데이터 분석을 위한 현대적인 방법에는 모형기반 방법과 데이터기반 방법의 두 가지 유형이 있다. **모형기반 방법**(model-based method)은 연구자의 모형을 시작점으로 하여 관련 변수들에 대해 분석 절차를 진행한다. 먼저, 원자료 파일의 사례들을 결측 패턴이 동일한 사례들끼리 묶어 데이터를 여러 개의 하위 집합으로 구성한다. 다음으로 각 하위 집단에서 평균과 분산을 비롯한 관련 통계 정보를 추출하는데, 각 하위 집단별로 결측 패턴이 동일하므로 모든 사례는 데이터 분석시 그대로 포함된다. 그런 다음, 각 하위 집합으로부터 얻은 가용 정보들을 모두 결합하여 모형의 모수를 추정한다. 따라서 모수추정치와 표준오차는 결측값의 삭제나 대체 없이, 가용 데이터로부터 직접적으로 산출된다. LISREL 및 Mplus를 비롯한 SEM 프로그램들은 **완전정보최대우도법**(full information maximum likelihood: FIML)이라는 특수한 형태의 최대우도법을 제공하는데, 이것은 앞서 설명한 모형기반 방법과 유사한 방식으로 결측값이 포함된 불완전한 데이터를 분석한다. 일부 FIML 분석 프로시저에서는 불완전한 데이터 분석 시 보조변수 설정을 허용하기도 한다(Graham & Coffman, 2012 참조).

다중대체는 **데이터기반 방법**(data-based method)으로서, 연구자의 모형을 구성하는 관찰 변수뿐만 아니라 기본적으로 전체 원자료에 적용된다. 명칭에서 알 수 있듯이 **다중대체**(multiple imputation)는 일반적으로 데이터 손실 메커니즘을 모형화한 예측 분포로부터 여러 개의 추정값을 예측하여 결측값을 대체하는 방법이다. 알기 쉽게 설명하자면, 먼저 완전한 데이터와 결측값을 포함하는 불완전한 데이터에 대해 하나의 모형이 정의된다. 그다음 컴퓨터가 전체 표본에서 일정한 통계적 기준을 만족시키는 평균과 분산을 추정한다. 결측 점수에 대한 대체 절차가 반복되면서 여러 세트의 대체된 데이터에 대해 분석이 이루어지게 된다. 적정 수준의 정확도를 확보하기 위해 표본크기가 큰 데이터에서는 비교적 많은 수의 대체 데이터(예: 100개의 데이터)를 생성할 필요가 있다(Little, 2013). 모형에서 최종 추정치는 이렇게 생성된 모든 대체 데이터 세트로부터 산출된 결과를 통합하여 구한다.

다중대체 방법 중에서 2단계의 **기대−최대화**(expectation−maximization: EM) 알고리즘을 사용하는 것들도 있다. 먼저, E(기대) 단계에서는 특정 사례에 대해 결측값을 갖는 변수를 나머지 변수들로 회귀시킨 회귀방정식에 의해 결측값들이 예측된 점수로 대체된다. M(최대화) 단계에서는 대체된 데이터 전체를 기반으로 최대우도 추정이 실시된다. 이 두 단계는 M 단계에서 안정된 추정치가 나올 때까지 반복된다. EQS와 LISREL 프로그램을 사용하면 EM 알고리즘에 기반한 다중대체 분석이 가능하다. 또한 **MCMC**(Markov Chain Monte Carlo) 기법을 기반으로 하는 다중대체 방법들도 있다. MCMC 접근법은 이론적 확률 분포로부터 임의 표본 추출을 위한 방법으로, 결측 데이터에 대한 예측 분포에서 결측 변수의 값을 추출하여 결측값을 대체하는 방법이다. Mplus은 MCMC 방법을 기반으로 한 다중대체법을 적용한다.

SEM 분석 시 경우에 따라서는 FIML 방법보다 다중대체 방법을 사용하는 것이 더 좋은 경우가 있다(Graham & Coffman, 2012). 모든 SEM 프로그램이 불완전한 데이터 파일에 대한 FIML 추정을 제공하는 것은 아니기 때문에, 일반적인 통계분석 프로그램에서 여러 가지 대체 방법을 적용한 뒤 SEM 분석을 실시해야 하는 경우도 있다. 예를 들어, SAS/STAT의 MI 프로시저를 사용하면 데이터를 대체할 수 있으며, SEM 프로그램으로 분석한 후에 다시 MIANALYZE 프로시저를 사용하여 대체된 데이터의 결과를 결합할 수도 있다. 또한 다중대체 방법이 FIML 방법보다 보조변수의 사용이 더 용이하다. 그러나 SEM 프로그램에서 FIML 방법이 사용 가능하다면, 이를 이용하여 결측값이 있는 불완전한 데이터를 분석하는 것이 더 편리할 것이다.

🎯 측정도구의 선택 및 보고

다른 통계분석에서와 마찬가지로 SEM 분석에서도 심리측정학적 특성이 양호한 측정도구를 선택하고 이러한 특성을 요약하여 보고하는 것은 중요하다. 측정 결과 또는 점수가 분석의 대상이 되기 때문에, 점수에 대한 심리측정학적 정보가 양호하지 않으면 그에 따른 분석결과도 무의미할 수 있다.

〈표 4−4〉는 측정도구 선택에 앞서 고려해야 할 기술적, 실용적, 기능적인 정보들에 대한 체크리스트다. 하나의 연구에서 체크리스트에 포함된 모든 사항을 고려해야 하는 것은 아니며, 어떤 연구에서는 표에 포함되지 않은 별도의 측정학적 요건을 필요로 할 수도 있

다. 그러한 경우 특정 연구 상황에 필요한 요건들을 반영할 수 있도록 체크리스트를 수정해야 할 것이다. 『심리측정연감(Mental Measurements Yearbook)』(Carlson, Geisinger, & Jonson, 2014)에는 상용화된 검사도구에 대한 방대한 정보가 정리되어 있다. 이 책은 많은 대학의 도서관에서 전자 데이터베이스로도 제공되고 있다. Maddox(2008)는 심리학, 교육학, 경양학 분야에 걸쳐서 개발된 다양한 측정도구들에 대한 정보를 제시하였다. Goldman과 Mitchell(2007)에서는 심리학, 사회학 또는 교육 학술지의 논문에 기술된 다양한 비상업적 측정도구에 대한 목록을 제공하고 있다. 이러한 측정도구는 저작권에 의해 보호되지 않지만 연구 윤리상 특정 검사도구를 사용하거나 인용하기 전에 저자의 승인을 요청하는 것이 바람직하다. 또한 온라인 검사 데이터베이스인 Measurement Instrument Database for the Social Sciences를 무료로 이용할 수도 있다.[3]

측정 관련 교과목을 수강한 독자들은 다양한 측정도구를 비판적으로 평가할 수 있는 안목이 있으므로 검사 선택 시 유리한 점이 있을 것이다. 또한 표본 데이터의 점수들이 어느 정도 신뢰롭고 타당한지 평가하는 방법을 알고 있을 것이다. 측정학적 배경 지식이 없는 독자들이라면 이러한 격차를 줄이기 위해 노력할 것을 권한다. 측정에 대해 배우기 위해 반드시 정규 수업을 들어야 하는 것은 아니다. SEM에 대한 학습과 마찬가지로 세미나 또는 워크숍 참여나 독학 등 정규 수업 형태가 아닌 그 외 다양한 방법을 통해 측정 이론을 배울 수도 있다. 심리학 및 교육학 분야에서 고전검사이론을 중점적으로 다루는 학부 수준의 책으로는 Thorndike와 Thorndike-Christ(2010)가 있으며 현대 측정 이론을 다루고 있는 대학원 수준의 책으로는 Raykov(2011)가 대표적이다.

그러나 실제 연구에서 점수의 심리측정학적 특성에 관한 보고 행태는 매우 열악한 수준으로 보인다. 예를 들어, Vacha-Haase와 Thompson(2011)은 행동과학 연구 분야에서 신뢰도에 관해 수행한 총 47건의 메타분석 연구에 보고된 총 1만 3천여 건의 연구 중 55%가 신뢰도를 언급조차 하지 않고 있음을 확인하였다. 전체 연구의 약 16%에서 신뢰도를 언급하였으나 이것은 단지 기존 검사 지침서나 그 외 다른 출처에서 보고된 값을 차용한 것에 불과했다. 이처럼 다른 모집단에 대한 표본에서 산출된 신뢰도계수를 인용하려면 그것이 왜 본인의 연구에서도 적절한지에 대해 명확히 설명해야 한다. 하지만 본인이 사용한 연구 표본의 특성을 신뢰도계수의 출처인 다른 연구 자료에서의 특성과 비교해서 설명하는 경우는 매우 드물다. 예를 들어, 젊은 성인을 대상으로 개발된 컴퓨터 기반 과제의 반응 시간은 노인들을 대상으로 한 표본에 적용하면 정확하지 않을 수도 있다. 따라서 자신이 사

---

3) www.midss.org

〈표 4-4〉 측정 도구에 대한 평가를 위한 체크리스트

일반 고려사항

☐ 측정도구의 목적   ☐ 비용(매뉴얼, 검사형, 소프트웨어 등)
☐ 측정하고자 하는 속성   ☐ 측정도구의 제한점
☐ 측정도구 개발에 사용된 표본 특성(예: 정   ☐ 저자 및 소속 정보
　 규분포)   ☐ 출판일 및 출판사
☐ 검사 언어

시행 관련 고려사항

☐ 검사 길이 및 검사 시간   ☐ 채점 방법, 요구 사항, 옵션
☐ 측정 방법[예: 자기보고식, 인터뷰, 비개입   ☐ 검사 시행에 필요한 데이터 또는 검사 시
　 (unobtrusive) 측정]   　 설(예: 컴퓨터, 소용한 시냄실)
☐ 응답 양식(예: 객관식, 자유 응답)   ☐ 검사 관리자 및 채점자를 위한 교육 사항
☐ 동형검사의 가용성   　 (예: 사용자 자격 테스트)
☐ 개인 또는 단체 시행   ☐ 신체적 장애가 있는 응시자를 위한 편의
☐ 지필 시행 또는 컴퓨터 시행   　 제공

검사 문서화 관련 고려사항

☐ 사용 가능한 검사 매뉴얼   ☐ 점수 타당도 및 표본 특성에 대한 증거
☐ 정확한 점수를 도출하고 해석하는 방법에   ☐ 검사 공정성에 대한 증거(예: 성별, 인종
　 대한 설명서   　 또는 연령에 대한 편견이 없는가?)
☐ 점수 신뢰도 및 표본의 특성에 대한 증거   ☐ 측정에 대한 독립적 검토 결과

용한 표본으로부터 직접 점수 신뢰도를 추정하여 보고하는 것이 바람직하다. 또한 원전에 보고된 신뢰도계수를 인용하면서 그러한 출처에 기술된 표본과 연구자 표본 간의 유사성도 함께 설명해 주는 것이 좋다.

　　Thompson과 Vacha−Haase(2000)는 신뢰도를 특정 표본에서의 점수에 대한 특성이 아닌 검사에 대한 특성으로 보는 시각이 많으며, 이러한 그릇된 믿음으로 인해 많은 연구에서 신뢰도가 제대로 보고되지 않고 있다고 지적하였다. 다시 말해, 기존 연구에서 도출된 신뢰도를 검사 자체의 고유한 속성이라고 믿을 경우, 연구자 본인의 표본에서 신뢰도를 추정하는 데 별다른 노력을 하지 않을 수 있다. 신뢰도 측정 관련 연구를 수행하는 소수의 학자에 의해서만 추정될 수 있는 일종의 '블랙박스'와 같은 것이라는 생각을 가지는 연구자들도 있다. 그러나 신뢰도와 타당도는 특정 표본에서 산출된 점수의 속성이기 때문에 점수 사용의 목적과 의도를 고려해야 한다.

　측정은 포괄적인 개념이므로 모든 측정학적 특성에 관해 간결하게 설명하는 것은 불가능하다. 그러나 다음 제시된 사항들을 숙지한다면 양호한 측정도구를 선택할 수 있을 뿐 아니라, 그러한 측정도구로부터 수집된 점수들에 대한 필수적인 정보들을 보고하는 데에도 도움이 될 것이다. 또한 SEM의 요인분석 기법인 CFA에 대한 특정 분석방법들을 이해하는 데에도 다음에 기술된 내용들이 도움이 될 것이다.

점수 신뢰도

　점수 신뢰도(score reliability)는 특정 표본의 점수들이 얼마나 정확한지에 대한 정도를 나타낸다. 이것은 총 관찰점수 분산 중 임의오차로 인한 분산의 비율을 1에서 뺀 값으로 추정된다. 이를 신뢰도계수라고 하며, 변수 X에 대한 신뢰도계수는 일반적으로 r_{XX}라는 기호로 표기된다. r_{XX}는 분산의 비율이기 때문에 이론적으로 0-1.0의 범위를 갖는다. 예를 들어, $r_{XX} = .80$이면 $1-.80 = .20$으로, 관찰점수 분산의 20%가 임의오차로 인한 것이라고 할 수 있다. 그렇다고 나머지 표준화된 분산, 즉 80%가 모두 체계적 분산인 것은 아니다. 점수가 다양한 종류의 오차에 의해 영향 받을 수 있는 반면, 특정 유형의 신뢰도계수는 단일한 임의오차를 추정할 수 있기 때문이다. r_{XX}가 0에 가까워질수록, 관측된 점수들은 단지 임의로 부여한 숫자에 불과하게 되어 그 어떤 것도 특별히 측정하지 않음을 의미한다. 그러나 실제로 신뢰도계수를 구하면 0보다 작은 값을 가지는 경우가 발생한다. 신뢰도계수가 음수이면 보통 신뢰도 값이 0인 것처럼 해석하지만, 이러한 결과가 산출되었다는 것은 검사점수에 어떠한 심각한 문제가 있음을 의미한다.

　연구 논문에서 가장 흔히 보고되는 신뢰도계수의 유형은 **알파계수**(coefficient alpha)로 **Cronbach** α 계수라고도 하며, **내적 일관성 신뢰도**(internal consistency reliability)를 측정하는 지표다. 내적 일관성 신뢰도란 하나의 검사도구를 구성하는 측정 문항들에 대한 응답이 일관된 정도를 뜻한다. 내적 일관성 신뢰도가 낮다는 것은 문항들이 측정하는 내용이 서로 너무 다르기 때문에 이러한 문항들로부터 계산된 총점을 이용하여 분석하는 것이 합리적이지 않을 가능성이 있음을 의미한다. 이를 식으로 표현하면 다음과 같다.

$$\alpha_C = \frac{n_i \, \overline{r}_{ij}}{1 + (n_i - 1)\overline{r}_{ij}} \tag{4.7}$$

여기서 n_i는 사례수가 아닌 총 문항수이며, $\bar{r}_{ij}$는 모든 문항 간의 Pearson 상관계수의 평균에 해당한다. 예를 들어, $n_i = 20$이고 문항간 평균 상관이 .30인 경우,

$$\alpha_C = \frac{20(.30)}{1+(20-1)(.30)} = .90$$

이 된다. 내적 일관성 신뢰도는 문항수가 많거나 평균 문항 간 상관이 클수록 높아진다. 관찰변수를 분석할 때는 내적 일관성이 확보된 척도로부터 도출된 점수를 분석하는 것이 가장 좋다. 이러한 원칙은 SEM을 포함한 잠재변수에 대힌 분석에서도 적용 되며, 이에 대한 예외적인 경우에 대한 자세한 내용은 Little, Lindenberger 및 Nesselroade(1999)를 참조하기 바란다. 연습문제 5에서 문항 간 내적 일관성 신뢰도계수(α_C)를 계산한 후 그 값을 해석해 보도록 하자.

내적 일관성을 추정하기 위한 오래된 방법 중 하나로 **반분 신뢰도**(split-half reliability)가 있는데, 이것은 단일 검사를 홀수와 짝수 문항과 같이 두 부분으로 나눈 뒤, 두 부분의 점수 간 상관을 추정한다. 이렇게 구한 상관은 길이가 절반인 검사에 대한 값이므로, 전체 검사 길이에 대해 보정된 결과가 바로 반분 신뢰도계수다. 앞서 설명한 Cronbach α_C 값은 모든 가능한 조합의 문항군 간에 산출된 반분 신뢰도계수의 평균에 해당한다(예: 홀수 문항 대 짝수 문항, 전반부 문항 대 후반부 문항 등). 이러한 의미에서 α_C는 어떤 반분 계수보다도 내적 일관성에 대해 일반화된 추정치라고 할 수 있다.

내적 일관성 신뢰도계수(α_C)는 문항수가 증가함에 따라 커진다는 제한점이 있다. 예를 들어, 평균 상관계수가 .01인 문항이 1,000개 있다고 가정하자. 이때 문항 간 평균 상관은 실질적으로 거의 0이므로 문항들이 공통 요인을 측정한다고 볼 수 있으나, 매우 많은 문항수로 인해 α_C는 .91이 나오게 된다. 따라서 α_C의 값이 높다고 하여 반드시 내적 일관성이 높다고 볼 수는 없다. 검사 길이가 길면, 다차원 척도에서도 높은 α_C 값을 가질 수 있기 때문이다(Streiner, 2003). 이와는 반대로, 문항수가 적은 검사에서 매우 높은 값의 α_C가 나오는 경우는 문항이 중복되었을 가능성이 높다. 가령, $n_i = 2$인 문항에 대해 $\alpha_C = .95$이고 평균 상관이 .90일 경우 두 문항이 사실상 구별되지 않음을 나타낸다. 즉, 극단적인 공선성을 지닌다고 볼 수 있다. SEM에서 측정의 신뢰도를 추정하는 방법에 대한 보다 자세한 내용은 13장에서 다루도록 하겠다.

내적 일관성 신뢰도 외에, 측정 시점, 검사 유형, 채점자 간 신뢰도를 산출해야 하는 경우도 있다. **검사-재검사 신뢰도**(test-retest reliability)는 동일 피험자 집단을 대상으로 두

번의 검사 시행을 필요로 한다. 두 측정 시점에 대한 점수 간에 높은 상관이 나타난다면 측정 시점에 따른 임의오차는 매우 작다고 해석할 수 있다. **동형검사 신뢰도**(alternate-forms reliability) 또는 **평행검사 신뢰도**(parallel-forms reliability)는 같은 검사에서 검사형이 달라짐에 따라 얼마나 안정적인 점수를 얻을 수 있을지를 평가하는 지표다. 이 방법은 동일한 구인을 측정하는 문항 간 차이가 두 검사형 사이의 순위 변동으로 나타나는지 여부를 추정한다. 만일 두 검사형 사이의 순위 변동이 나타난다면 두 검사형 간 점수가 일관적이지 않으며, 따라서 공통 구인을 측정한다고 담보할 수 없게 된다. **채점자간 신뢰도**(interrater reliability)는 주관적으로 채점한 검사도구에 대한 신뢰도다. 독립적으로 채점한 채점자들의 채점 결과가 일관되지 않으면 채점자 요인이 관찰점수의 분산에 부적절한 영향을 미칠 수 있다.

관찰변수 분석에서 신뢰도가 '좋다'고 평가하기 위해서 어느 정도 높은 신뢰도계수가 필요한지에 대한 절대적인 기준은 없지만, 대략적인 가이드라인을 제시하자면 일반적으로 신뢰도계수가 .90 정도면 '훌륭하다', .80 정도이면 '매우 좋다', .70 정도이면 '적합하다'고 평가한다. 잠재변수를 이용한 분석에서는 표본크기가 충분히 클 경우 신뢰도가 다소 낮더라도 용인될 수 있다(Little et al., 1999).

신뢰도가 낮으면 관찰변수 분석에 부정적인 영향을 미친다. 신뢰도가 좋지 않으면 통계적 검정력이 낮아지며, 일반적으로 효과크기 또한 실제 모집단에 대한 값보다 낮아지게 된다. 두 변수 X나 Y의 점수에서 신뢰도가 낮으면 관찰상관 값이 낮아지는 감쇠 현상이 나타난다. 이러한 현상은 고전검사이론을 바탕으로 하여 다음과 같이 정리될 수 있다.

$$\max \left| \hat{r}_{XY} \right| = \sqrt{r_{XX} \times r_{XX}} \qquad (4.8)$$

여기서 $\max \left| \hat{r}_{XY} \right|$는 이론적으로 상관이 가질 수 있는 최대 절댓값으로, 두 변수의 점수가 완벽한 신뢰도를 가질 때만 X와 Y 간 상관의 절댓값이 최대 1.0이 될 수 있다. 따라서 $r_{XX} = .10$이고 $r_{YY} = .90$이라고 가정할 때, r_{XY}의 이론상 최대 절댓값은 .30보다 클 수 없다.

$$\max \left| \hat{r}_{XY} \right| = \sqrt{.10 \times .90} = .30$$

식 4.8을 변형하면 이와 같은 **감쇠에 대한 교정**(correction for attenuation) 공식을 다음과 같이 산출할 수 있다.

$$\hat{r}_{XY} = \frac{r_{XY}}{\sqrt{r_{XX} \times r_{XX}}} \tag{4.9}$$

여기서 $\hat{r}_{XY}$ 는 두 변수가 완벽한 신뢰도를 가졌다고 가정한 상태에서 추정된 타당도계수다. 일반적으로, $\hat{r}_{XY}$ 는 관측된 상관인 r_{XY} 보다 절댓값이 크다. 예를 들어, r_{XY} = .30, r_{XX} = .90, r_{YY} = .40이라면, $\hat{r}_{XY}$ = .50이 된다. 즉, 측정오차를 통제할 때 X와 Y 간 '참' 상관은 .50으로 예측된다. 감쇠효과를 교정한 상관은 추정치에 불과하기 때문에 절댓값이 1.0을 넘는 경우도 발생할 수 있다. 이에 비해 측정오차를 통제할 수 있는 더 나은 방법은 잠재변인으로 설정된 각 구인별로 여러 개의 측정지표를 사용한 SEM 모형을 설정하여 분석하는 것이다. 실제 SEM은 관찰변수 분석 기법에 비해 요인 간 또는 측정변수와 요인 간 상관을 추정하는 데 있어 보다 정확한 방법이라고 볼 수 있다(Little et al., 1999).

점수 타당도

점수 타당도(score validity)는 검사점수에 기초한 추론이 얼마나 바람직한가를 나타낸다. 또한 점수 타당도는 연구자들에게 검사 사용이 의도한 목적을 달성했는지에 대한 정보를 제공한다. Kane(2013)은 타당도 개념을 검사의 목적 부합성과 점수 **해석의 적절성을 기반으로 한 논거**(interpretation-use argument)로서 정의하였다. 이러한 관점에서 볼 때 타당도는 검사 자체의 고유 속성이라기보다 점수의 해석과 사용에 관한 개념이라고 할 수 있다. 하나의 관찰된 수행 표본(검사 자료)으로부터 다른 맥락에 대한 수행을 예측함으로써 검사 점수에 대한 일반화의 범위가 증가하게 되면 보다 많은 타당도 증거가 필요해진다. Messick(1995)은 타당도 개념에서 적절성, 유용성, 가치에 대한 함의, 검사 사용 및 해석에 따른 사회적 결과 측면을 강조하였다. 검사 사용에 따른 사회적 결과에 대한 예로는 소수 집단 아동의 인지 능력에 대한 공정하고 정확한 평가를 들 수 있다.

구인타당도(construct validity)는 연구자가 측정하고자 하는 가설적인 구인(구성개념)을 검사점수가 제대로 측정하고 있는지 여부를 나타낸다. 구인은 직접적으로 관찰할 수 없기 때문에 변수를 통해 간접적으로 측정해야 한다. 구인타당도를 검증하기 위한 결정적인 검증방법은 존재하지 않으며, 단일 연구로 입증할 수 있는 성질의 것도 아니다. 측정에 기반한 연구에서는 일반적으로 구인 타당도의 특정 측면에 주목하여 증거를 수집한다. 예를 들어, **준거관련 타당도**(criterion-related validity)는 검사도구에서 얻은 측정치(X)가 그 검사도구를 평가하는 준거로서 설정된 외부기준(Y)과 어느 정도 관련성을 가지는지를 나타낸다. 구체적으로, 검사도구가 준거에 대한 타당성을 입증하기에 충분할 정도의 상관이 나타나는지 살펴보아야 한다. 대학원 입학시험이 해당 프로그램의 이수 여부를 예측하는지가 준거 관련 타당도의 예라 할 수 있다.

수렴타당도와 변별타당도는 외부 준거를 기준으로 타당도를 검증하는 것이 아니라 검사 내의 측정치들을 기준으로 평가하는 것을 말한다. 동일한 구인을 측정한다고 가정된 변수들 간에 중간 수준 이상의 상관이 나타나면 **수렴타당도**(convergent validity)가 있다고 한다. 그러나 같은 구인을 측정하는 것으로 간주되는 변수가 동일한 측정 방법에 기반한 것이라면, 변수 간 상관은 **공통방법 분산**(common method variance)에 의해 과대추정될 수 있다. 따라서 이상적으로는 동일한 구인에 대해 서로 다른 측정 방법을 사용해도 상관이 높게 나오는 경우 수렴타당도가 존재한다고 보다 명확히 해석할 수 있다(Campbell & Fiske, 1959). 반대로, 서로 다른 구인을 측정한다고 가정된 변수들 간에 상관이 너무 높지 않은 경우 **변별타당도**(discriminant validity)가 있다고 하며, 동일한 측정 방법을 기반으로 하지 않을 경우 타당도에 관해 더 명확히 해석할 수 있다. $r_{XY} = .90$이고 두 변수가 각각 다른 측정 방법을 기반으로 하는 경우에는 X와 Y가 별개의 구인을 측정한다고 보기 어려울 것이다. 수렴타당도와 변별타당도에 대한 검정은 확인적요인분석에서 빈번하게 이루어지고 있다.

내용타당도(content validity)는 검사 문항들이 측정하고자 하는 영역을 대표하는지에 관한 지표다. 내용타당도는 특정 학년에서 구체적인 인지능력을 평가하는 검사와 같은 학업 성취도 측정에 있어 특히 중요하다. 심리적 증상에 대한 평정척도와 같은 평가 상황에서도 내용타당도가 중요시될 수 있다. 예를 들어, 우울증 척도는 우울증의 임상적 증상을 반영하는 영역을 대표할 수 있어야 한다. 문항의 내용이 대표성을 가지는지 여부를 측정하는 내용타당도는 통계적 분석이 아니라 전문가 의견에 기초하여 입증된다.

다른 통계방법과 마찬가지로 SEM 분석에서도 타당도가 입증된 양호한 검사 점수를 필요로 한다. 신뢰도는 일반적으로 타당도를 위한 필요조건이지만 충분조건은 아니며, 타당도를 갖추기 위한 조건으로서 신뢰도가 포함된다고 할 수 있다[예외적인 경우에 대해 Little 등(1999)을 참조하기 바람]. 신뢰도와 타당도가 확보되지 않을 경우, 결과 해석의 정확성에 대해 논란이 있을 수 있다. 따라서 SEM 분석 시 연구자들은 측정도구의 양호도에 대해 관심을 가져야 한다.

🍽 문항반응이론 및 문항특성곡선

문항반응이론(item response theory: IRT)은 **잠재특성이론**(latent trait theory)이라고도 불리며, 다음의 두 가지 이유에서 유용하다. 첫째, IRT를 이용하면 고전검사이론에 비해 문항의 심리측정학적 특성에 대해 보다 정교하게 추정할 수 있다. IRT 방법은 검사의 난이도 차이를 보정하기 위해 점수를 동등화하는 데 적용할 수 있으며, 서로 다른 모집단 간에 문항이 다르게 기능하는 정도를 평가하거나 능력 수준이 각기 다른 피험자를 위한 개별 시험, 즉 **맞춤형 검사**(tailored testing)를 구성하는 데에도 사용할 수 있다. 둘째, CFA의 대안으로서 순서형 데이터를 분석하는 데 사용할 수 있다. 과거에는 IRT 모형을 분석하는 연구자들이 특정 소프트웨어를 사용하였지만, 최근에는 LISREL이나 Mplus와 같은 일부 SEM 프로그램에서도 기본적인 IRT 모형을 분석할 수 있다. CFA에서 순서형 데이터를 분석하는 방법은 이 책의 후반부에서 자세히 다루게 될 텐데, 이러한 분석을 위한 논리의 일부는 IRT와 관련이 있다.

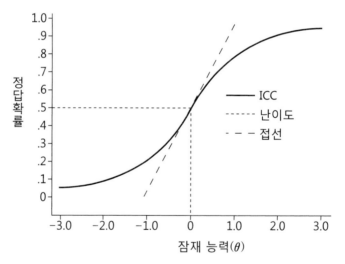

[그림 4-4] 이분형 문항의 정답확률에 대한 2모수 IRT의 문항특성곡선(ICC)

IRT는 개별 문항에 대한 응답을 연속 잠재변수 θ와 관련시키는 수리적 모형으로 구성된다. 문항이 이분형으로 채점되고(0=오답, 1=정답) θ는 추정하고자 하는 능력으로서 정규편차(z) 척도를 갖는다고 가정하자. [그림 4-4]는 **문항특성곡선**(item characteristic curve: ICC), 즉 θ에 따른 정답 확률을 나타내는 시그모이드(sigmoid) 함수다. 이 ICC는 **2모수 IRT 모형**(two-parameter IRT model)을 나타내며, 이때 모수는 문항 난이도와 변별도를 의미한다. 난이도는 정답 확률이 50%에 해당하는 능력 수준을 가리키며, 변별도는 그 지점에서 ICC에 대한 접선의 기울기다. [그림 4-4]에서 난이도는 $\theta = 0$(즉, 평균)으로서 이 지점에서 피험자의 50%가 문항의 답을 맞힐 것으로 예측된다. 변별도는 난이도 지점에서 접선의 기울기에 해당하며, 기울기가 가파를수록 변별력이 높고 θ와의 관계가 강해진다. **3모수 IRT 모형**(three-parameter IRT models)에는 추측 모수가 포함되어 있으며, 추측 모수는 능력이 낮은 수험자가 정답을 추측할 확률을 나타낸다. **Rasch 모형**(Rasch model)은 문항 난이도 모수만 갖는다. 모든 문항이 동일한 변별도를 가진다는 것은 특정 구인에 대해 피험자의 능력 수준에 관계없이 모든 피험자가 동일한 방식으로 측정될 수 있음을 가정하는 것이다. 따라서 Rasch 모형에 대한 평가는 다른 복잡한 IRT모형을 적용하는 것에 비해 확인적인 성격을 가지는 검증으로 간주된다.

　[그림 4-4]에 제시된 ICC의 모양은 [그림 2-4]의 로지스틱 회귀분석과 프로빗 회귀분석에서의 시그모이드 함수와 유사하여 익숙하게 느껴질 것이다. 이러한 기법들의 공통점은 범주형 관찰변수에 대한 응답을 바탕으로 그 기저에 있는 연속형 잠재변수를 분석하는 방법이라는 점에 있다. IRT의 모수추정치는 로지스틱 단위 또는 프로빗 단위로 나타낼 수 있으며, 이후 장에서는 CFA의 추정치가 IRT 추정치로 수리적으로 변환될 수 있음을 확인할 수 있다. IRT에 대한 보다 자세한 내용은 Baylor 등(2011)을 참조하기 바란다.

🥧 요약

　SEM에서 연속형 결과변수의 분석을 위해 가장 보편적으로 사용되고 있는 방법들은 다변량 정규성에 대한 가정의 충족 여부를 필요로 한다. 결측 데이터를 처리하기 위한 적합한 방법을 선택하는 것 역시 매우 중요하다. 이러한 방법들은 일반적으로 데이터 손실 메커니즘이 임의적이거나 적어도 예측 가능한 것으로 가정한다. 결측이 포함된 불완전한 데이터 처리를 위해 비교적 최근에 개발된 방법으로는 다중대체 또는 특수한 형태의 최대우도 추정 방법들이 있으며, 이러한 방법들은 일반적으로 결측 사례 삭제 또는 단일 대체와 같은 고전적인 방법에 비해 더 나은 선택으로 볼 수 있다. SEM 프로그램은 원자료 파일이나 요약행렬로 분석이 가능하다. 대부분의 SEM의 추정 방법들은 비표준화 변수를 가정하므로 요약행렬을 입력 자료로 사용하고 평균분석을 수행하지 않는 경우에는 공분산행렬이 표준편차가 없는 상관행렬에 비해 선호된다. 연구 보고서 작성 시 연구자는 검사 점수에 대한 심리측정학적 정보를 제공해야 한다. 신뢰도나 타당도가 낮은 점수를 분석하면 연구 결과에 부정적인 영향을 미칠 수 있다. 다음 장에서는 SEM 컴퓨터 프로그램에 대해 살펴보기로 하겠다.

심화학습

Enders(2010)는 결측값이 포함된 데이터를 분석하기 위한 최신 방법들을 매우 명료하게 설명하고 있으며, Graham과 Coffman(2012)은 SEM 분석에서 선택할 수 있는 구체적인 사항들에 대해 소개한다. Malone과 Lubansky(2012)는 여러 예시와 함께 SEM에서의 데이터 검토 과정을 설명하고 있다.

Enders, C. K. (2010). *Applied missing data analysis*. New York: Guilford Press.

Graham, J. W., & Coffman, D. L. (2012). Structural equation modeling with missing data. In R. H. Hoyle (Ed.), *Handbook of structural equation modeling* (pp. 277-295). New York: Guilford Press.

Malone, P. S., & Lubansky, J. B. (2012). Preparing data for structural equation modeling: Doing your homework. In R. H. Hoyle (Ed.), *Handbook of structural equation modeling* (pp. 263-276). New York: Guilford Press.

연습문제

1. 〈표 4-1〉의 왼쪽 상단에 제시된 상관계수와 표준편차로부터 표의 오른쪽 상단에 제시된 공분산행렬을 산출하시오.

2. $cov_{XY} = 13.00$, $s_X^2 = 12.00$, $s_Y^2 = 10.00$인 경우, 이 자료에 대한 상관이 이론적 범위를 벗어나는 값임을 보이시오.

3. [그림 4-2]의 자료에 대해 정규화 변환을 적용해 보시오.

4. 쌍별 삭제를 이용하여 〈표 4-3〉에 제시된 불완전 데이터에 대한 공분산행렬을 산출하고, 상관행렬에 범위를 벗어난 요소가 있음을 보이시오.

5. 다음은 8명(A-H)의 피험자를 대상으로 5개의 이분형 문항에 대해 채점한 결과다. 식 4.7을 이용하여 이 자료에 대한 내적 일관성 신뢰도 α_C를 계산하시오. 계산 결과는 신뢰

도 산출이 가능한 통계분석 프로그램을 사용하여 검증하시오.

```
A: 1, 1, 0, 1, 1  B: 0, 0, 0, 0, 0
C: 1, 1, 1, 1, 0  D: 1, 1, 1, 0, 1
E: 1, 0, 1, 1, 1  F: 0, 1, 1, 1, 1
G: 1, 1, 1, 1, 1  H: 1, 1, 0, 1, 1
```

SEM 컴퓨터 프로그램

5

이 장에서는 SEM 컴퓨터 프로그램을 두 가지 유형으로 나누어 (1) 대규모 소프트웨어 환경을 필요로 하지 않는 독립 실행형 프로그램과 (2) 대규모 프로그램의 일부분으로 개발된 SEM 관련 분석 프로시저, 패키지, 명령문 등을 소개한다. 이러한 프로그램 중에는 상용 제품도 있지만 무료로 사용할 수 있는 프로그램들도 있다. 이 장에서는 SEM 분석에서 컴퓨터와 상호작용하기 위한 방법들과 장단점을 정리하였다. 인과 그래프를 분석하기 위한 컴퓨터 프로그램에 대해서도 설명한다. 최근에 개발된 컴퓨터 프로그램들은 비교적 사용하기 편하기 때문에 연구자들은 SEM 자체가 쉽거나 개념적으로 최소한만 이해해도 된다는 잘못된 인식을 갖게 될 수 있다. 이러한 상황에 대해 캐나다의 커뮤니케이션 이론가인 Herbert Marshall McLuhan은 다음과 같이 말하였다. "도구를 만드는 것은 인간이지만, 도구가 만들어진 후에는 도구가 인간을 만든다." 컴퓨터 사용을 통해 더 비판적인 관점에서 SEM을 다룰 수 있기를 기대한다.

무비판적 수용 vs. 사용의 용이성

SEM 분석을 수행하는 데 있어 컴퓨터 프로그램은 매우 중요한 도구이다. 40여 년 전만 해도 LISREL이 가장 보편적으로 사용되는 SEM 프로그램이었다. 당시에는 LISREL 분석을 위해 상당히 복잡한 코드를 작성해야 했으며, 명령문 사용자 인터페이스가 안정적인 메인 프레임 컴퓨터에서만 작동되었기 때문에 사용하기가 어려웠다. 이러한 상황은 상대적으로 저렴하면서도 성능이 좋은 개인용 컴퓨터 사용이 증가함에 따라 바뀌게 되었다. 그래픽 사용자 인터페이스(graphical user interface)를 기반으로 한 통계 소프트웨어는 문자 기반의 이전 소프트웨어에 비해 사용하기가 쉽다. 현대의 SEM 및 일반 통계분석 컴퓨터 프로그램에서 사용자 편의성은 기존 프로그램들과 비교할 때 거의 혁신적인 수준이다.

　대부분의 SEM 컴퓨터 프로그램은 여전히 사용자가 해당 프로그램의 코드를 직접 작성해야 한다. 일부 프로그램은 그래픽 편집기를 사용하여 상자, 원, 화살표와 같은 기하학적 기호를 화면에 표현하여 모형을 설정하는 방법을 제공하기도 한다. 이러한 방식으로 연구자가 작성한 경로도는 코드로 변환되어 분석결과가 도출된다. 이런 프로그램을 이용하면 사용자가 복잡한 다변량 분석을 실행하기 위해 명령문을 작성하는 방법을 배울 필요가 없기 때문에, 전문적인 프로그래밍 기술에 대한 역할과 필요성이 이전보다 줄어들었다. SEM에 대한 기본적인 개념들을 이해하고 있는 연구자들에게는 이러한 프로그램들의 개발로 인해 지루한 작업을 줄이고 결과를 신속하게 도출할 수 있게 되었다는 이점이 있다.

　그러나 버튼 누르기 식의 모형설정에는 단점이 있다. 노력을 거의 들이지 않고 프로그래밍을 하게 됨으로써, SEM에 대한 올바른 이해 없이 부주의하게 사용하게 될 가능성이 크다. 따라서 SEM의 개념적, 통계적인 내용들에 대해 기본적인 이해력을 갖추는 것이 어느 때보다도 중요하다. 사용이 용이하다는 이유로 컴퓨터 프로그램이 중심이 되어서는 안 되며, 프로그램은 단지 연구자가 알고 있는 지식에 대한 도구로서 사용되어야 한다. Steiger(2001)는 통계 프로그램 사용의 용이성을 강조하는 것이 자칫 초보자에게 SEM이 쉽다는 잘못된 인상을 줄 수 있다고 지적하였다. 물론 그래픽 편집기를 사용하는 일부 SEM 컴퓨터 프로그램들은 "SEM 분석이 쉬워졌다!"라는 문구의 광고를 사용하고 있다. 이 메시지는 연구자가 모형을 화면에 그림으로 설정하고 나면 나머지 과정은 컴퓨터가 알아서 수행한다는 것을 의미한다.

　SEM 분석을 실제로 수행하다 보면 여러 형태의 오류가 나타날 수 있다. 초보자들은 오류 메시지나 해석이 불가능한 결과로 인한 프로그램 실행 종료 등으로 인해 분석이 실패한다는 것을 금방 알게 된다(Steiger, 2001). 실제 연구문제는 기술적으로 복잡한 것일 수 있는데, 사용자 친화적인 소프트웨어가 있다고 해서 이러한 사실이 바뀌지는 않기 때문에 위와 같은 오류가 발생하게 된다. 이 책에서 특정 컴퓨터 프로그램을 사용하는 방법을 설명하기보다 개념적인 내용에 대한 설명을 강조하는 것이 바로 이러한 이유에서다. 분석과정에서 발생한 문제점을 해결하기 위해서는 분석과정에서 무엇이 잘못되었고 왜 그러한 문제가 발생하게 되었는지 이해할 수 있어야 한다.

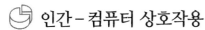 인간–컴퓨터 상호작용

SEM 컴퓨터 프로그램을 이용하여 모형을 설정하는 데에는 기본적으로 세 가지 방법이 있다.

1. 일괄처리 방식(batch mode)을 사용하여 연구자가 직접 모형설정과 데이터 분석 및 출력 옵션 등에 관해 명령문을 작성한 다음, 입력한 명령문을 실행시킨다.
2. '마법사'나 템플릿을 통해 사용자가 텍스트 입력창, 체크박스 또는 라디오 버튼과 같은 그래픽 대화상자의 요소에 마우스를 클릭함으로써 자동으로 모형과 분석 옵션을 설정한다. 마법사를 통해 모든 정보를 입력하고 나면 컴퓨터가 자동으로 프로그램 명령문을 작성하여 분석을 실행한다.
3. 그래픽 편집기로 사용자가 화면 위에 모형을 그려서 분석하는 방법이다. 경로도가 완성되면 그래픽 사용자 인터페이스에서 분석이 실행된다.

일괄처리 방식은 SEM 프로그램의 프로그래밍 언어를 이미 알고 있는 사용자를 위한 것이다. 명령문 파일은 대개 일반 텍스트(ASCII) 파일로 저장되며 이후에 기본적인 텍스트 편집기로도 열 수 있다. '마법사'나 그래픽 편집기를 사용할 때는 프로그램 명령문에 대한 지식이 없어도 크게 상관 없다. 그래픽 편집기 중에는 명령문을 자동으로 작성하여 텍스트 파일로 저장하는 기능을 갖춘 것도 있지만, 명령문 파일을 생성하지 않고 모형과 데이터를 분석하는 것도 있다. 초보자들은 그래픽 편집기를 선호하는 편이지만, 그래픽 편집기가 반드시 좋은 것만은 아니다([Topic Box 5-1] 참조). 다음에 제시된 [Topic Box 5-1]에서는 연구자들이 SEM을 처음 배울 때는 그래픽 편집기를 사용하다가 점차 경험이 쌓이면서 일괄처리 방식을 이용하여 작업하는 쪽으로 전환하게 되는 이유를 설명하였다.

[Topic Box 5-1]
그래픽이 항상 좋은 것은 아니다

SEM 그래픽 편집기의 단점은 다음과 같이 요약할 수 있다.

1. 종단 설계와 같이 수많은 반복측정 변수를 가진 복잡한 모형을 화면에 그리는 작업은 상당히 복잡하고 지루한 과정이다. 복잡한 모형일수록 시각적으로 나타나는

복잡성으로 인해 화면을 통해 분석 과정을 추적하기가 어려울 수 있다.

2. 두 개 이상의 표본 데이터로부터 모형을 설정하는 것이 번거로울 수 있다. 각 집단 별로 설정된 모형과 데이터에 관한 정보를 얻기 위하여 여러 개의 화면이나 창을 오가며 작업해야 하기 때문이다.

3. SEM의 모형 경로도에서 사용하는 일반적인 그래픽 기호는 다층분석에 적합한 형 태가 아닌 경우가 많다. 실제로 SEM 모형 경로도의 기호를 사용하여 동일한 다층 분석을 나타내는 방법은 여러가지다. 그러나 Stata와 같은 프로그램에서는 그래 픽 편집기에서도 다층 SEM 모형을 설정할 수 있다.

4. 프로그램 명령문을 사용하면 그래픽 편집기보다 분석 과정에 대한 주석(comment) 을 작성하기가 용이하다. 사용자 주석 작성 기능을 지원하지 않는 그래픽 편집기 도 있다. 분석 절차나 모형의 특징에 관한 설명을 주석으로 기록해 놓지 않으면 어 떤 분석을 수행했었는지 확인하기가 쉽지 않다. 주석 입력을 지원하지 않는 그래 픽 편집기를 사용하면 분석 과정에 대한 기록이 어려워진다(Little, 2013).

5. 그래픽 편집기로 연구 논문에 보고할 수 있을 만한 수준의 경로도를 그리는 것이 쉬워 보이지만 실제로는 그렇지 않다. 그래픽 편집기는 대체로 고정된 기호들을 사용하기 때문에 연구자가 원하는 형태의 특수한 기호들을 경로도에 포함시키기 어려울 때가 있다. 또한 경로도의 모양을 조정하는 데 제한된 옵션만 사용할 수 있 다(예: 선의 너비 변경). 그래픽 편집기로 생성된 그래프는 컴퓨터 모니터에는 적 합하지만 인쇄된 문서에는 비교적 낮은 해상도로 표현될 수도 있다. 사실상 어떤 그래픽 컴퓨터 프로그램을 사용한다고 해도 논문에 보고할 만한 수준의 경로도를 만드는 데에는 많은 시간이 소요된다. 따라서 몇 가지 경로도 샘플을 작성해 놓으 면 오차항과 같은 그래픽 요소들을 추후 작성할 경로도에서 재사용할 수 있다.

사실 이 책에 제시한 모든 경로도는 MS 워드 프로그램의 도형 그리기 기능을 이용하여 그 린 것이다. 때로는 간단한 도구로 많은 것을 할 수 있다. 논문에 보고하기에 적합한 모형 경로 도를 만드는 데 있어 반드시 전문적인 수준의 그래픽 편집 프로그램이 필요한 것은 아니다.

연구자들이 다양한 SEM 컴퓨터 프로그램에 익숙해짐에 따라, 더 이상 그래픽 편집기를 사 용하여 모형을 설정하지 않는 경우가 많다. 예를 들어, 복잡한 모형을 설정하는 데 있어서 템 플릿을 제공하는 마법사를 이용하거나 SEM 컴퓨터 프로그램의 명령문을 배우고 일괄처리 방식으로 작업하는 것이 훨씬 편하기 때문이다. 앞서 언급하였듯이, 명령문 파일에 주석을 삽 입하는 기능을 사용할 수 있다는 장점이 있고, 그래픽 편집기를 사용하는 것보다 더 빠르게 작업할 수 있다는 점도 장점이다. 분석 모형이 아무리 복잡하더라도 명령문은 텍스트 편집기 의 한 화면 안에 모두 들어갈 수 있다. 분석에 필요한 문자 하나하나가 정확해야 하고 작성된 명령문이 줄에 잘 맞춰져야 하기 때문에 상당히 지루한 작업이긴 하지만 그래픽 편집기에서 복잡한 경로도를 그리더라도 지루하기는 마찬가지다. 그래픽 편집기 사용 시 분석에 필요한 요소들이 모두 경로도에 표시되지 않으면 분석에 실패할 수 있다. 따라서 SEM 분석을 위해 일괄처리 방식으로 작업하는 것에 대해 두려워하지 않았으면 한다. 여러분도 곧 일괄처리 방식을 사용하여 SEM 분석을 수행할 수 있을 것이다.

SEM 프로그래밍을 위한 요령

다음은 SEM 컴퓨터 프로그램을 사용하는 데 도움이 되는 사항들이다. 이와 더불어 Little (2013, pp. 27-29)이 제안한 내용도 참조하기 바란다.

1. 이 책에서 사용한 분석 사례들에 대한 각종 SEM 프로그램(Amos, EQS, LISREL, Mplus, Stata 및 R의 lavaan 패키지)의 명령문, 입력 데이터 및 출력 파일들은 이 책의 웹사이트에서 내려받을 수 있다. 별도의 프로그램 설치 과정 없이도 컴퓨터에서 이러한 파일들을 열 수 있다. 제공된 예시 자료를 통해 SEM 분석에 대해 쉽게 배울 수 있을 것으로 생각한다.

2. 명령문 파일에 주석을 포함하여 분석 과정에 대한 설명을 추가하는 것이 좋다. 주석은 일반적으로 '*, ! , /와 같은 특수 기호의 코드로 지정된다. 컴퓨터는 명령문 파일이 실행될 때 주석으로 지정된 코드를 무시한다. 주석을 사용하면 모형설정의 정확한 형태, 데이터 및 출력 결과 등 분석에 대한 전체 내역을 기록할 수 있다. 이러한 정보는 분석을 직접 수행하지 않았으나 다른 사람이 분석한 내역을 이해해야 하는 공동 연구자에게도 도움을 줄 수 있다. 주석은 오랜 시간이 지난 후에도 연구자가 특정 분석과 관련하여 진행한 작업 내용을 기억하는 데에도 도움이 된다. 분석 과정에 대한 정보를 기록해 두지 않으면 쉽게 잊어 버릴 수 있기 때문이다.

3. 모형을 점진적으로 단순화하여 수행하는 분석에서 연구자는 명령문의 일부를 주석 처리하거나 비활성화하여 해당 부분을 제외하고 분석을 진행할 수 있다. 이러한 방식으로 하면 원래 모형에 대한 코드가 남아 있어서 분석 작업에 용이하다.

4. 초보자들은 간혹 지나치게 복잡한 모형을 분석하려고 시도하는데, 사실 복잡한 모형의 분석은 실패할 확률이 더 크다. 명령문이 더 길어지기 때문에 실수의 소지가 더 많다. 또한 모형이 복잡해질수록 식별 여부를 파악하기가 더 어렵다. 복잡한 모형이 실제 식별되지 않는다는 사실을 연구자가 모르는 경우, 분석에 실패하는 원인이 명령문 오류 때문인 것으로 착각할 수도 있다.

5. 식별문제가 없을 것으로 예측되는 간단한 모형에서부터 분석을 시작하는 것이 좋다. 우선 초기 모형을 성공적으로 실행하여 분석결과를 산출해 보도록 하자. 그다음 연구 가설을 반영하는 모수를 하나씩 추가함으로써 목표한 모형이 최종적으로 설정될 때까지 모형을 확장한다. 어느 특정 모수를 추가한 후 분석이 실패하면 모형식별 문제 때문일 수 있다.

6. 간혹 반복 추정이 실패하는 경우가 있는데, 설정된 **초깃값**(start value)이 적합하지 않거나, 데이터 행렬의 척도가 불균형한 경우, 또는 극단적인 공선성 때문일 수도 있다. SEM 프로그램들은 대부분 자동으로 초깃값을 부여하여 분석을 수행하지만 컴퓨터에서 생성된 초깃값이 항상 수렴되는 해로 이어지는 것은 아니다. 일반적으로 컴퓨터가 설정한 초깃값은 대체로 양호하지만 때로는 수렴되는 해를 산출하기 위해 더 나은 초깃값을 제공해야 할 수도 있다. 다양한 모형에 대한 초깃값 설정에 관한 고려사항들은 이 책의 후반부에서 다루도록 하겠다.

7. CFA 모형의 분석은 각 요인의 측정변수들이 척도를 가질 때 더 잘 수렴할 수 있다. Little(2013)의 POMS 변환 방법은 측정변수가 리커트 척도 문항인 경우에 유용한 방법이다. 연속형 측정변수들의 척도가 너무 다르면 각 점수에 적절한 상수로 곱함으로써 보다 변수들의 분산을 유사하게 만들 수 있다.

⊕ SEM 컴퓨터 프로그램

〈표 5-1〉은 이 절에서 소개할 SEM 컴퓨터 프로그램과 프로시저들의 특징을 정리한 것이다. 이 표에서는 프로그램의 무료 제공 여부, 독립 실행형 소프트웨어 패키지 여부, 프로그램과의 상호작용 모드 등에 따라 프로그램들이 분류되어 있다. 무료로 사용할 수 있는 컴퓨터 프로그램에는 독립형 그래픽 프로그램(Ωnyx)과 R의 SEM 관련 패키지 등이 있으며, 표에 제시된 다른 프로그램들은 모두 상용 제품이다.

〈표 5-1〉에 제시된 컴퓨터 프로그램들은 이 책의 II장과 III장에 기술된 모든 구조방정식 모형을 분석할 수 있다. 대부분의 프로그램은 평균분석이나 다집단 분석도 수행할 수 있으며, 일부 프로그램은 **표집 가중치**(sampling weight)를 다루는 기능도 포함되어 있다. 표집 가중치는 표본의 모집단 대표성을 확보하기 위해 적용하는 가중치다. 표집 가중치는 불완전한 표집으로 인해 발생할 수 있는 잠재적인 편파를 수정하는 데 사용된다. 이 절에서는 각 SEM 프로그램의 주요 특징에 대해 살펴보고자 한다. 컴퓨터 프로그램들에 대한 최신 정

〈표 5-1〉 SEM 분석 컴퓨터 프로그램의 특징

프로그램	무료	환경	상호작용 모드		
			일괄처리 (명령문)	마법사 (템플릿)	그래픽 편집기
독립실행형					
Amos			√	√	√
EQS			√	√	√
LISREL			√	√	√
Mplus			√	√	√
Ωnyx	√				√
다른 분석 환경에서 구동되는 패키지, 프로시저, 명령문					
sem, lavaan, lava, systemfit	√	R	√		
OpenMx	√	R	√		
CALIS		SAS/STAT	√		
Builder, sem, gsem		Stata	√	√	√
SEPATH		STATISTICA	√	√	
RAMONA		SYSTAT	√		

보는 이 책에 제시된 해당 프로그램의 웹사이트나 이 책의 웹사이트를 참고하기 바란다.

Amos

IBM SPSS Amos(Analysis of Moment Structures) 프로그램(Amos Development Corporation, 1983-2013)은 Windows 플랫폼에서 사용할 수 있는 프로그램이다.[1] Amos를 사용하기 위해 SPSS 프로그램을 실행할 필요는 없다. Amos는 Amos Graphics와 Program Editor라는 두 가지 핵심 부분으로 구성되며, Program Editor는 Amos 명령문으로 작업하기 위한 별도의 프로그램 편집기다. Amos Graphics를 사용하기 위해 Amos 명령문을 알 필요는 없다. Amos Graphics에서는 화면 위에 도형을 그려서 모형을 설정하며, 경로도를 명령문으로 변환하지 않으므로 분석 내용이 일반 텍스트로 보관되지 않는다. 미리 정의된 기능을 이용하면 잠재성장모형과 같은 분석 모형을 자동으로 그릴 수도 있다. 설정 탐색(specification Search) 기능을 사용하면, 모형의 특정 경로를 선택적으로 지정한 다음 지정

---

1) www.ibm.com/software/products/spss-amos

된 경로의 여러 가지 조합을 모두 고려하여 컴퓨터가 각 모형별로 데이터에 대한 적합도를 검증한다. 검증된 여러 모형의 적합도 통계치들은 요약표에 나타나고 해당 경로도는 표에서 마우스를 클릭하여 볼 수 있다.

Amos Program Editor는 일괄처리 방식으로 분석을 수행한다. 이 방식에서는 모든 변수에 대한 명칭을 정하는 데 있어 이미 지정된 키워드를 사용하지 않고 사용자가 직접 지정할 수 있다. Program Editor는 Microsoft Visual Studio VB.NET 또는 C #('C-sharp')의 언어 번역기이자 디버거(debugger)이기도 하며, Amos 명령문은 이와 같은 객체 지향 프로그래밍 명령문을 기반으로 한다. 프로그래밍 경험이 있는 사용자는 VB.NET 또는 C # 스크립트를 작성함으로써 Amos Graphics의 기능을 수정할 수 있다. Amos에 포함된 다른 유틸리티로는 파일 관리자, 임의 표집(예: 붓스트랩) 시뮬레이션에서 시드(seed) 값을 기록하는 시드 관리자, 데이터 파일 뷰어 및 출력 파일 뷰어 등이 있다.

모든 모수추정치에 대하여 표준오차와 신뢰구간의 붓스트랩 추정치를 생성할 수 있다는 점도 Amos가 가지고 있는 특별한 기능 중 하나다. 또한 결측값을 포함한 데이터에 적용할 수 있는 특수한 형태의 최대우도법을 제공하며, 절단된 데이터나 순서형 데이터를 분석하기 위한 옵션도 제공된다. Amos는 사후분포 그래프의 생성을 포함하여 베이지안 추정을 위한 매우 다양한 기능을 포함하고 있다. 그러나 이러한 기능들을 제대로 사용하기 위해서는 베이지안 통계에 대한 기본적인 이해가 필요하다. Amos를 이용하여 범주형 잠재변수가 포함된 혼합모형의 분석도 가능한데, 일부 사례가 이미 잠재집단으로 분류된 훈련 데이터를 가지고 분석할 수도 있고, 모든 사례가 분류되지 않은 데이터를 분석할 수도 있다. Amos 사용에 대한 보다 자세한 내용은 Blunch(2013) 및 Byrne(2010)을 참조하기 바란다.

EQS

EQS(Equations; Bentler, 2006) 프로그램은 Windows 기반 프로그램으로,[2] 데이터 입력 및 검토 단계에서부터 탐색적 통계분석, 그리고 SEM 분석에 이르기까지 모든 분석 단계에 사용할 수 있다. EQS 데이터 편집기는 조건부 케이스 선택이나 변수 변환, 그리고 회귀분석과 ANOVA 및 탐색적 요인분석 등을 포함한 일반 통계 프로그램에서 제공되는 많은 기능을 갖추고 있다. 또한 결측 패턴 분석 및 EM 알고리즘을 이용한 다중대체 기능도 제공한다. EQS를 사용하는 데에는 다음의 세가지 방법이 있다. 일괄처리 방식, 마법사를 통해 모

---

2) www.mvsoft.com

형과 데이터에 대한 정보를 수집하여 EQS 프로그램 명령어를 자동으로 작성하는 템플릿 방법, 그래픽 편집기를 통한 방법 등이다. 일괄처리 방식을 제외한 나머지 두 방법을 사용하는 데에는 EQS 명령어에 대한 지식이 필요하지 않다. EQS 그래픽 편집기는 Diagrammer라고 하며 사용자가 변수 및 직접효과 등에 대한 몇 개의 템플릿을 완성하면, 자동적으로 화면에 전체 경로, 요인, 또는 잠재성장곡선모형 등을 그린다. 또한 Diagrammer은 EQS 명령문을 일반 텍스트 파일로 저장할 수 있는 형태로 바탕화면에 자동으로 작성한다.

EQS 명령문은 **Bentler-Weeks 기호체계**(Bentler-Weeks representational system)를 따르고 있다. 이 기호체계에서 공분산구조의 모수는 종속변수에 대한 효과를 나타내는 회귀계수와 독립변수의 분산 및 공분산이다. EQS에서 모든 모형은 일관된 방식으로 설정된다. 명령문으로 모형을 설정할 때, 연구자는 다음 두가지 명령어 중 하나를 사용해야 한다. 하나는 사용자가 명시적으로 오차항을 설정하는 방정식 기반 EQS 명령문이고, 다른 하나는 오차항이 컴퓨터에서 자동으로 지정되는 문단 기반 명령문(paragraph-based syntax)이다. EQS의 특별한 강점이라고 한다면 정규성 가정을 충족하지 않는 데이터의 분석을 위한 추정 방법들을 제공한다는 점이다. 여기에는 데이터에 나타난 왜도나 첨도의 정도를 추정하고 그에 따라 추정치를 조정하는 것도 포함된다. 다른 기능으로는 모형 기반 붓스트랩 방법뿐 아니라 표준편차 없이 원자료에서 상관행렬을 정확하게 분석할 수 있는 기능과 다층모형 분석을 위한 특수한 명령문 및 추정 방법 등이 있다. Byrne(2006)은 EQS 분석에 대한 다양한 예시를 제시하였다. Mair, Wu, Bentler(2010)는 R의 REQS 패키지에 대해 설명하였는데, REQS는 EQS 명령문과 데이터 파일을 읽은 다음 EQS에서 계산한 결과를 R로 가져오도록 하는 프로그램이다.[3]

LISREL

초기에 개발된 SEM 컴퓨터 프로그램인 Windows용 LISREL(Linear Structural Relations)은 데이터 입력과 관리에서부터 탐색적 데이터 분석, 그리고 다양한 구조방정식모형의 평가에 이르는 모든 단계의 분석을 할 수 있는 통합 프로그램이다.[4] LISREL에는 분석을 위한 원자료 파일을 준비하는 PRELIS가 포함되어 있다. 또한 결측 데이터 패턴 진단, 패턴 매칭, 붓스트랩 및 시뮬레이션 기능도 포함되어 있다. 버전 9.1(Scientific Software International, 2013)

3) http://cran.r-project.org/web/packages/REQS
4) www.ssicentral.com

에서는 PRELIS와 LISREL이 더 확실하게 통합되었다. 예를 들어, 버전 9.1에서는 더 이상 PRELIS에서 Pearson 상관을 추정한 후에 LISREL에서 읽어 들일 필요가 없이 LISREL에서 곧바로 계산할 수 있다. 또한 LISREL에서 직접 다중 대체법을 실행할 수도 있게 되었다.

Interactive LISREL은 사용자가 템플릿을 이용하여 모형과 데이터에 대한 정보를 입력하도록 한 다음 별도의 창에 자동으로 명령문을 작성한다. 또한 Interactive LISREL의 경로도 작성 기능을 사용하면 사용자가 화면에 경로도를 그려서 모형을 설정하는 것도 가능하다. 경로도 기능이 실행되면, LISREL은 자동으로 해당 명령문을 작성한 다음 분석이 실행된다. LISREL 명령문에 익숙한 사용자들은 명령어를 LISREL 명령문 편집기에 직접 입력해도 된다. 명령문 파일에서 'Path Diagram'이라는 명령어를 명령문 파일 하단에 입력하면 LISREL은 자동으로 모형 경로도를 그린다. 이 기능을 통해 분석 모형이 연구자의 의도대로 설정되었는지를 확인할 수 있다.

본래 LISREL에 사용되는 명령문은 행렬 대수에 기초하고 있으나, 전체적인 기호체계를 외우지 않는 이상 사용이 쉽지 않다. LISREL은 비교적 적은 수의 행만으로도 복잡한 모형의 설정이 가능하다는 점에서 효율적이라는 장점을 가진다. SIMPLIS('simple LISREL')라는 다른 유형의 LISREL 프로그램 언어도 있는데, 이는 행렬대수에 기초하지 않기 때문에, LISREL의 행렬 기반 명령문에 익숙하지 않아도 사용할 수 있는 프로그램이다. SIMPLIS 프로그래밍은 관찰변수와 잠재변수의 이름을 붙이거나 방정식 형태의 진술문을 통하여 경로를 설정하는 것과 같이 간단한 절차에 지나지 않는다. 일부 SEM 분석에서는 잠재변수의 비선형 또는 상호작용 효과를 평가하기 위해 모수추정에 비선형 제약을 가하는 경우도 있는데, SIMPLIS에서는 이러한 기능을 수행할 수 없다.

LISREL 프로그램은 다양한 연결함수(예: 로짓 함수, 프로빗 함수, 로그선형 함수 등)를 설정하는 옵션을 비롯하여 순서형 데이터 분석을 위한 매우 광범위한 기능들을 갖추고 있다. 순서형 데이터 분석을 위해 적용할 수 있는 최대우도 추정의 특수한 형태인 완전정보(full information) 추정법도 제공된다. 결과변수가 연속형인 모형에서는 최대 5 수준의 다층모형 분석이 가능하며, 이분형, 순서형, 명목형, 계수형 변수를 포함하는 모형의 경우 최대 3 수준의 다층분석이 지원된다. LISREL의 학생용 버전은 무료 이용이 가능하다.[5] 무료 학생용 버전을 이용하여 이 책에 설명된 많은 모형과 자료를 분석할 수 있으므로 좋은 학습 도구가 될 것이다. LISREL 프로그램 사용에 대한 자세한 내용은 Diamantopoulos와 Siguaw (2000), Vieira(2011)를 참고하기 바란다.

Mplus

　Mplus 프로그램(Muthén & Muthén, 1998–2014)은 Windows와 Macintosh, Linux 플랫폼에서 구동 가능하며, Mplus Base 프로그램과 특수한 형태의 잠재변수 모형을 분석하기 위한 3개의 부가모듈(add-on module)로 구성되어 있다.[6] Mplus Base 프로그램은 연속변수, 이분변수, 명목변수, 순서형 변수, 중도절단변수, 계수형 변수 등 변수의 특성에 관계없이 분석이 가능하다. 또한 Mplus 프로그램은 이산형이나 연속형 생존 모형을 분석할 수 있으며, 탐색적 요인분석, 다중대체, 몬테카를로 시뮬레이션 연구를 수행할 수 있는 기능도 갖추고 있다. 이 밖에도 Mplus 프로그램은 잠재변수의 상호작용 효과 추정, 붓스트랩 표준오차와 신뢰구간 산출, 베이지안 추정도 가능하다. 복잡한 표집설계에서 가중치 설정, 잠재성장모형 및 다집단 CFA 모형 분석 기능도 지원하고 있다. SEM의 고급 분석을 수행하기 위한 추가적인 기능들은 이후 다른 장에서 설명할 것이다.

　Mpuls 사용자는 다음 세 가지 방식 중 하나를 선택하여 Mplus base 프로그램을 사용할 수 있다. 우선 일괄처리 방식으로, Mplus 프로그래밍 언어를 이용하여 모형과 데이터를 설정하는 방법이 있고, 일괄처리 분석을 위한 입력파일을 작성하기 위해 언어 생성기(마법사)를 사용할 수도 있다. 또한 Mplus 그래픽 편집기인 Diagrammer를 통해 프로그램이 수행되기도 한다. Mplus 언어 생성기를 이용하면 데이터 위치나 변수명과 같은 세부적인 사항들에 대한 템플릿을 작성하게 되며, 사용자가 작성한 내용은 자동으로 Mplus 언어로 변환되어 편집기 창에 출력된다. 그러나 모형설정에 관한 명령문은 사용자가 직접 편집기 창에 입력해야 한다. Diagrammer를 이용하여 화면상에 모형을 그리면 해당 Mplus 명령어는 자동으로 명령문 편집기 창에 기록된다. Diagrammer를 이용하여 전체 모형을 그린 후 명령문을 실행시킬 수도 있고, 사용자가 명령문으로 모형을 설정하여 실행시키고 나면 Mplus가 자동으로 모수추정치를 포함한 모형 경로도를 생성하도록 할 수도 있다.

　Mplus 명령문에는 측정변수를 관련 요인과 연결하거나 예측변수를 결과변수와 연결시키는 작업을 수행하기 위한 키워드 또는 평균구조를 분석하기 위한 키워드들이 포함되어 있다. 잠재성장모형과 잠재변수의 상호작용 효과 또는 비선형효과를 설정하기 위한 명령문을 압축하여 제공하기도 한다. Mplus Base 프로그램에 다층분석 기능이 추가된 다층 부가모듈은 회귀분석, 경로분석, 요인분석, SEM 및 생존분석 모형에 대한 다층모형 버전의 분석을 수행한다. 혼합 부가모듈 기능은 회귀혼합모형, 경로분석 혼합모형, 생존혼합모형,

6) www.statmodel.com

여러 범주의 잠재변수가 있는 잠재집단분석 및 유한혼합모형(finite mixture modeling) 등과 같이 범주형 잠재변수(집단)를 포함하는 모형을 분석할 수 있다. 세 번째 모듈은 다층부가모듈과 혼합부가모듈의 모든 기능을 포함하는 통합 부가모듈이다. Mplus Automation 패키지(Hallquist & Wiley, 2015)를 이용하면 Mplus의 데이터와 결과를 R로 내보낼 수 있다.[7] Mplus 사용에 대한 보다 자세한 내용은 Byrne(2012b), Geiser(2013) 및 Wang & Wang(2012)을 참고하기 바란다.

Ωnyx

Ωnyx('onix') 프로그램(von Oertzen, Brandmaier, & Tsang, 2015)은 Windows, Macintosh 또는 Linux 플랫폼 컴퓨터의 Java Runtime Environment(버전 1.6 이상)에서 실행된다. SEM 모형을 설정하고 분석하기 위한 그래픽 소프트웨어 환경으로 인터넷을 통해 무료로 내려받을 수 있다.[8] Ωnyx에 내장된 명령문으로 모형을 설정하는 옵션은 없다. 대신 연구자가 모형을 화면에 그려서 경로도를 완성하면 Ωnyx 프로그램이 Mplus 명령문에서 모형을 설정하는 스크립트 또는 SEM R 패키지(lavaan, OpenMx 또는 sem)의 내장된 명령문을 자동으로 생성할 수 있다. 이 스크립트는 텍스트 파일 형태로 저장할 수 있다. Ωnyx 프로그램을 이용하면 OpenMx용으로 작성된 명령문을 읽어서 화면에 자동으로 모형을 그리는 것이 가능하다.

Ωnyx 프로그램은 연구자의 모형에 대한 표식을 LISREL이나 McArdle과 McDonald(1984)의 **망상작용모형**(reticular action model: RAM)에서 사용하는 행렬 표기법으로 자동으로 생성할 수도 있다. 구조방정식모형은 RAM 행렬 표기법에 기초하여, 세 가지 유형의 행렬로 표기된다. 세 가지 행렬은 공분산을 나타내는 S(symmetric) 행렬, 한 변수에서 다른 변수로 가는 직접효과를 나타내는 A(asymmetric) 행렬, 관찰변수를 표시하기 위한 F(filter) 행렬이다. RAM 기호체계에는 모형 경로도를 그리는 데 사용되는 그래픽 기호들도 포함되어 있으며, 이에 대해서는 다음 장에서 소개할 것이다.

최대우도법을 이용하여 Ωnyx에서 모형을 분석하는 옵션도 있다. Ωnyx 프로그램은 탭으로 구분된 파일(.dat), 쉼표로 구분된 파일(.csv) 또는 SPSS(.sav) 형식으로 저장된 원자료 파일을 읽거나 공분산 요약행렬을 입력 데이터 파일로 사용할 수도 있다. 데이터 파일 창

---

7) http://cran.r-project.org/web/packages/MplusAutomation

8) http://onyx.brandmaier.de

에서 변수명을 드래그하여 모형상의 적절한 위치에 놓으면 데이터가 Ωnyx의 경로도와 연결되며 모수추정이 자동으로 시작된다. 모수추정 결과, 수렴하는 해가 도출되면 출력 창에 분석결과가 표시된다. 모형 경로도의 변경 사항은 결과 창에 바로 반영된다.

R(sem, lavaan, lava, systemfit, OpenMx)

통계분석, 데이터 마이닝 및 그래픽을 위한 R 프로그래밍 언어와 환경은 무료 소프트웨어 공유 작업인 GNU 프로젝트의 한 부분이다.[9] R 프로그램은 Unix, Windows, Macintosh 플랫폼에서 실행되며 무료로 내려받을 수 있다.[10] 기본적인 R 프로그램은 일반 통계분석을 위한 상용 프로그램과 거의 동일한 기능을 가지고 있지만, 현재 무료로 이용 가능한 수천 개에 달하는 패키지를 통해 R 통계분석 기능이 더욱 확장되고 있다.[11] SEM'n'R 그룹은 R 프로그램과 SEM 교육을 지원하고 있다.[12]

다음에 설명하는 SEM 패키지는 일괄처리 방식으로만 작동한다(〈표 5-1〉 참조). 즉, 연구자는 데이터를 지정하는 R 명령문을 작성한 다음 모형과 분석을 설정하는 특정 SEM 패키지의 내장된 명령문을 작성한다. 일반적으로 R 환경 및 R에 대한 SEM 패키지 모두 객체 지향 프로그래밍을 지원한다. 즉, 데이터와 모형, 분석결과는 모두 클래스로 정의되며, 클래스의 내용을 조작하기 위한 속성과 방법(함수)이 부여된다. 프로그래밍 경험이 없는 연구자들에게는 R 작업이 부담스러울 수도 있지만, 대부분 큰 어려움 없이 적응할 수 있을 것이다.

초기에 개발된 SEM 분석용 R 패키지 중 하나는 Fox(2006)의 sem 패키지로, 2012년 업데이트되었다(Fox, 2012).[13] sem 패키지를 이용하면 평균구조를 포함하여 이 책에서 다룬 대부분의 모형을 분석할 수 있으며, McArdle-McDonald RAM 표기법을 사용하여 모형이 설정된다. sem 패키지에는 안정적인 표준오차 계산과 붓스트랩 기능이 포함되어 있으며, 결측이 있는 원자료 파일에 대한 최대우도 추정법도 제공된다. Rosseel(2012)의 lavaan (latent variable analysis) 패키지는 순서형 또는 연속형 결과변수에 대한 모형을 분석할 수 있다.[14] lavaan을 지원하는 웹 사이트에는 분석 예제와 관련 인터넷 리소스에 대한 링크

---

9) www.gnu.org/gnu/thegnuproject.html

10) www.r-project.org

11) http://cran.r-project.org

12) www.sem-n-r.com

13) http://cran.r-project.org/web/packages/sem

14) http://cran.r-project.org/web/packages/lavaan

를 제공하고 있다.[15] 모형은 회귀모형과 측정모형을 정의하기 위한 텍스트 및 방정식 기반 언어로 설정된다. lavaan 패키지는 순서형 데이터, 정규분포에서 심각하게 벗어난 분포를 갖는 연속형 결과변수, 그리고 결측이 포함된 불완전한 데이터 등을 분석할 수 있으며, 붓스트랩 방법을 위한 옵션도 제공한다. Beaujean(2014)은 lavaan을 이용한 잠재변수 분석의 다양한 예시를 제시하였다.

Holsta와 Budtz-Jørgensena(2012)의 lava(linear latent variables) 패키지는 연속형 결과변수와 절단변수 또는 이분형 결과변수에 대한 SEM 모형을 분석한다.[16] lava 명령문은 데이터에 대한 정의와 모형설정을 구분하여 작성하도록 설계되었다. 따라서 데이터 정의에 대한 변경없이도 모형의 일부분을 추가하거나 제거함으로써 쉽게 모형을 재설정할 수 있다. 또한 특수한 형태의 최대우도추정을 통해 결측이 포함된 불완전한 원자료 파일을 분석하고 가설 검정에서 비선형 제약을 부여하거나 다집단분석 및 몬테카를로 시뮬레이션을 수행하는 기능도 포함되어 있다. systemfit 패키지(Henningsen & Hamann, 2007)는 관찰변수에 대한 연립 선형방정식을 추정한다.[17] 한 번에 하나의 방정식을 분석하며 오차 분산이 서로 독립적이라고 가정하는 다중회귀분석과는 달리, systemfit에서는 여러 준거변수에 대한 방정식이 중복된 오차분산을 허용하면서 동시에 분석된다. 이러한 유형의 분석을 겉으로 보기에는 상관이 없는 회귀(seemingly uncorrelated regression)라고 부르지만, 중복된 오차항으로 인해 회귀식이 연관되기 때문에 실제로는 잘못된 이름이다. systemfit에서는 회귀계수의 동일성 여부를 검증할 수 있는 옵션도 제공된다.

OpenMx 패키지(Boker et al., 2011)는 Mx(Neale, Boker, Xie, & Maes, 2004)로 알려진 기존 프로그램을 다시 작성한 것으로, SEM 모형을 분석할 수 있는 행렬 프로세서이자 수치 최적화(numerical optimizer) 프로그램이다. MxGraph는 Mx와 함께 화면상에 그림으로 모형을 설정하는 비주얼 편집기가 포함된 프로그램이다. 그러나 MxGraph는 64비트 컴퓨터에는 설치되지 않을 수 있다. OpenMx 패키지는 객체 지향 프로그래밍을 사용하여 R에서 Mx의 기능을 구현한다.[18] 이 패키지는 대규모 자료를 분석할 때 멀티 코어 컴퓨터 또는 네트워크 컴퓨터의 대규모 세팅에서 사용할 수 있다. OpenMx 패키지는 요인혼합모형, 잠재집단모형, 다변량 순서형 모형 및 유전역학모형을 포함하여 구조방정식모형의 광범위한 범위에 걸쳐 다양한 분석이 가능하다. 모형설정은 방정식 기반 표기법이나 행렬 대수

---

15) http://lavaan.org

16) http://cran.r-project.org/web/packages/lava

17) http://cran.r-project.org/web/packages/systemfit

18) http://openmx.psyc.virginia.edu

표기법에 의한 명령문 또는 동일한 분석에서 이 둘을 결합하여 이루어지기도 한다. 또한 MxModel 객체라고 하는 특수한 기능이 있는데, 이 기능을 통해 하나의 프로그래밍 구성에서 전체 모형, 데이터, 사후추정 가설검정 및 분석결과를 모두 나타낼 수 있다. 이러한 객체는 동일한 데이터에 적용되는 여러 대안모형을 비교하는 분석에서 매우 유용하게 사용된다. 다양한 모형들을 붓스트랩 방법이나 몬테카를로 시뮬레이션을 통해 동시에 분석할 수도 있다.

다른 R 패키지 중에서 sem, lavaan, OpenMx 등에서 SEM 분석을 수행하는 데 필요한 통계적 도구를 제공하는 것들도 있다. 예를 들어, semTools[19](Pornprasertmanit et al., 2014)라는 R 패키지를 이용하면 CFA에서 측정동일성에 대해 검증할 수 있으며, SEM에서 특정 유형의 유의도 검정에 대한 검정력 추정도 가능하다. simsem 패키지[20](Pornprasertmanit, Miller, Schoemann, Quick, & Jorgensen, 2014)는 SEM 맥락에서 시뮬레이션 자료를 생성하기 위한 프로그램이다. semPlot 패키지[21](Epskamp, 2014)는 모형 경로도 작성을 위한 프로그램으로서, sem과 같은 다른 프로그램의 결과를 기반으로 lavaan 프로그램을 위한 모형 명령문을 작성할 수도 있다. 이 외에도 SEM과 관련된 다양한 R 패키지가 있으며, 앞으로도 많은 패키지들이 개발될 것이다. R은 현재 매우 활발하게 개발되고 있는 컴퓨터 프로그램 영역으로서 SEM에서 R 기반 분석의 역할이 더욱 커질 것으로 예상된다.

SAS/STAT(CALIS)

CALIS(Covariance Analysis and Linear Structural Equations)는 Windows 및 Unix 플랫폼에서 가동되는 SAS/STAT(SAS Institute, 2014)의 SEM 분석 프로시저[22] 중 하나로, 간략한 역사를 소개하면 다음과 같다. 이 프로시저는 1989년 SAS 통계 소프트웨어 버전 6에 추가되었다. 이후 몇 차례 업데이트를 거치는 동안, CALIS는 관찰변수 모형이나 잠재변수 모형을 분석하는 명령문 기반 프로시저로 개발되었는데, 이때에는 다집단 분석이나 평균구조 분석에 대한 기능이 없었다. 2008년에 이르러 SAS/STAT 버전 9.2에 TCALIS 모듈이 새롭게 추가되면서 방금 언급한 기능을 갖춘 실험적 프로시저로 등장했다. 또한 TCALIS 프로시저를 통해 EQS의 방정식 기반 명령어, LISREL 방식의 행렬 기반 명령어 또는 RAM 방

---

19) http://semtools.r-forge.r-project.org

20) http://simsem.org

21) http://sachaepskamp.com/semPlot

22) www.sas.com/en_us/software/analytics/stat.html

식의 행렬 기호체계를 비롯한 다양한 기호체계를 이용하여 모형을 설정하는 것이 가능해졌다. TCALIS의 새로운 기능은 SAS/STAT 버전 9.22에서 CALIS로 통합되었다.

　CALIS의 가장 최근 버전에서는 사용자가 여전히 자신이 선택한 명령문 모형을 이용하여 모형을 설정하지만, 기존과는 달리 분석 모형을 화면 위에 그림으로 나타내는 기능을 갖추고 있다. 그래픽으로 표현되는 경로도의 세부사항은 명령문을 이용하여 설정할 수 있다. CALIS에서 작성된 모형 경로도는 SAS/STAT의 ODS(output delivery system) 그래픽 편집기에서 추가로 편집이 가능하다. CALIS의 다른 주목할 만한 특징으로 정규분포에서 심하게 벗어난 연속형 결과변수에 대한 데이터나 특수한 형태의 최대우도 추정을 통해 결측이 있는 데이터를 분석할 수 있다는 점을 들 수 있다. 컴퓨터가 초깃값을 생성하는 데 사용할 방법들도 선택 가능하다. CALIS의 분석결과는 새로운 분석 작업을 할 수 있도록 자동으로 저장되며, CALIS나 그 외 다른 프로시저에서도 사용할 수 있다. CALIS를 이용한 SEM 분석에 대한 내용은 O'Rourke and Hatcher(2013)를 참고하기 바란다.

Stata(Builder, sem, gsem)

　Stata(StataCorp, 1985–2015)[23])는 Windows와 Macintosh, Unix 플랫폼에서 데이터 관리, 통계분석, 그래픽, 프로그래밍 및 시뮬레이션 등을 지원하는 종합적인 통계분석 프로그램이다. Stata는 SEM 분석을 위한 다양한 기능도 갖추고 있다. Stata 프로그램에서는 sem과 gsem(generalized SEM)이라는 주요 명령어를 통해 SEM 모형을 설정할 수 있다. sem이라는 명령어는 연속형 잠재변수나 관찰변수에 대한 모형을 분석하고, gsem이라는 명령어는 연속변수, 이분변수, 순서형 변수, 다항변수, 계수형 변수 또는 중도절단변수인 관찰변수에 대한 모형을 분석한다. sem 명령어만으로 여러 표본에 걸쳐 모형을 분석할 수 있다. gsem 명령어를 통해 추정 가능한 통계 모형에는 로지스틱 회귀, 프로빗 회귀 및 포아송 회귀 등이 있다. 또한 SEM 분석틀 안에서 다층모형 및 문항반응이론을 기반으로 한 모형 분석 기능도 제공된다. 두 명령어 모두 가설검정, 잔차 진단, 출력 제어, 강건 표준오차 계산 및 붓스트랩 방법을 위한 특수 명령문을 사용한다.

　Builder는 Stata 명령문에 대한 지식을 필요로 하지 않으며, 사용자가 화면 위에 그림을 그림으로써 모형을 설정할 수 있다. Stata는 Builder 경로도에 명령문을 자동으로 생성하는데, 이 명령문에는 주석을 포함할 수 있으며 텍스트 파일로 저장할 수 있다. Builder의

---

23) www.stata.com

특수 그리기 도구는 측정모형과 회귀모형을 자동으로 생성한다. 기본 분포(예: 연속변수에 대한 가우스 분포, 계수형 변수에 대한 포아송 분포) 및 관련 연결함수(예: 로짓, 프로빗)를 나타내는 일반 SEM 분석에서 특수 기호가 관찰변수에 사용된다. 또한 Builder에서는 기본적인 다층분석을 설정하는 데 사용되는 특수 기호가 있다. Stata의 SEM 분석에 대한 보다 자세한 설명은 Acock(2013)을 참고하기 바란다.

STATISTICA(SEPATH)

J. Steiger의 SEPATH(Structural Equation Modeling and Path Analysis)는 Windows 플랫폼에서 데이터 시각화, 시뮬레이션, 통계분석 등을 위한 통합 프로그램인 STATISTICA Advanced(StatSoft, 2013)의 SEM 프로시저다.[24] SEPATH에서는 McArdle-McDonald RAM의 기호체계에 기초한 모형 경로도와 유사한 텍스트 기반의 PATH1 프로그램 언어를 이용하여 구조방정식모형이 설정된다. PATH1 언어와 이미 친숙한 사용자는 대화상자에 있는 창에 직접 명령어를 입력하면 된다. 다른 두 가지 방법은 PATH1 언어에 대한 지식을 필요로 하지 않는다. 하나는 경로 작성 도구로, 이는 그래픽 대화상자에서 사용자가 변수를 지정하고 마우스 커서를 클릭하여 직접효과 또는 공분산을 지정한다. 다른 방법은 측정모형을 설정하기 위한 그래픽 템플릿을 이용하는 것이다. 이 두 방법 모두 명령문이 자동으로 별도의 창에 작성된다.

SEPATH가 지닌 특징으로는 원자료가 없어도 요약행렬로부터 표준편차 없이 상관행렬을 정확하게 분석할 수 있으며, 몬테카를로 기법을 통해 임의 표본을 생성하는 기능이 포함된다는 점에 있다. SEPATH 프로시저는 모수추정을 정교하게 통제하기 위한 여러 옵션들을 제공하고 있으나, 이러한 기능을 효과적으로 사용하기 위해서는 비선형 최적화 절차에 대해 기술적으로 잘 알고 있어야 한다. 또한 STATISTICA Advanced(J. Steiger)의 검정력 분석 절차를 통해 SEM에서 다양한 유의도 검정에 대한 검정력을 추정할 수 있다. 또한 연구자는 이 절차를 이용하여 목표 수준의 검정력(예: .90)을 확보하는 데 필요한 최소 표본크기를 추정할 수 있다. SEM의 검정력 분석에 대한 자세한 내용은 12장에서 설명하기로 하겠다.

---

24) www.statsoft.com

SYSTAT(RAMONA)

M. Browne의 RAMONA(Reticular Action Model or Near Approximation)는 Microsoft Windows 컴퓨터에서 구동되는 통계분석 프로그램인 SYSTAT(Systat Software, 2009)의 SEM 프로시저다.[25] 사용자는 일반적인 SYSTAT 환경에서 모형이나 데이터에 관한 정보를 기술한 명령문을 텍스트(배치) 파일로 작성하거나, 프롬프트를 통하여 이 명령문을 입력함으로써 분석을 실시한다. 또 다른 방법으로 변수명을 지정하고 분석할 데이터 행렬의 유형을 선택할 때 그래픽 대화상자를 통한 마법사를 사용할 수도 있다. 그러나 RAMONA에서 모형설정과 관련된 명령문은 여전히 사용자가 텍스트 창에 직접 입력해야 한다.

다행히 RAMONA에 대한 명령문은 간단한 편이고, 직접효과와 관련된 행렬과 독립변수 간 공분산행렬에 관해서만 작성하면 된다. RAMONA의 특징에는 상관행렬만으로 모형을 적합시키는 기능이 있다. 또한 'Restart' 명령어를 실행하면 이전 분석에서 산출된 모수 추정치를 새로운 분석의 초깃값으로 사용할 수 있다. 이 기능은 복잡한 구조방정식모형이 실제로 식별되는지 여부를 판단하는 데 유용하다. RAMONA 프로시저에서는 다집단 모형에 대한 분석이 불가능하고 평균구조의 모형을 분석하는 직접적인 방법도 제공하지 않는다는 단점이 있다.

🪐 기타 SEM 컴퓨터 프로그램

MATLAB 프로그램(MathWorks, 2013)은 데이터 분석, 시각화 및 시뮬레이션을 위한 상용 컴퓨팅 환경이자 프로그램 언어다.[26] 이 프로그램에는 선형 대수학, 비선형 모형 분석, 최적화 및 수치 적분 등을 위한 많은 기능이 포함되어 있다. 또한 다변량 통계 기법을 포함하여 보다 특수한 형태의 분석을 지원하는 선택적 부가 기능이 있다. 공학 및 자연과학 분야에서 널리 사용되고 있는 MATLAB은 행동과학 분야 연구자들에게까지도 그 사용 범위가 점차 확장되고 있다. MATLAB을 이용한 SEM 분석도 지속적으로 수행되고 있다. 예를 들어, Choi, Song, Chun, Lee, Song(2013)은 기능성 자기공명 영상(fMRI) 연구에서 MATLAB 코드를 이용한 SEM 분석을 실시하였다. Goldstein, Bonnet, Rocher(2007)는 여러 대학의 교육 성과에 대한 비교 자료에 대해 다층 SEM 분석을 위한 MATLAB 절차를 기술하였다.

---

25) www.systat.com

26) www.mathworks.com

SCM을 위한 컴퓨터 프로그램

Pearl의 구조인과모형(structural causal model: SCM)을 위한 컴퓨터 프로그램도 있지만, 이러한 프로그램들을 이용하여 데이터를 분석하지는 않는다. 대신 단일한 방향의 인과관계를 가정하는 정향 비순환 그래프(directed acyclic graph)에 해당하는 인과모형을 분석한다. Textor, Hardt, Knüppel(2011)에 의해 소개된 DAGitty[27]라는 프로그램은 무료로 이용 가능한 인터넷 브라우즈 기반 그래픽 환경으로, 정향 비순환 그래프의 도식화와 편집 및 분석이 가능하다.

화면에 그래프가 그려지면, DAGitty는 텍스트 창에 그래프가 함축하고 있는 검증 가능한 가설들을 자동으로 나열한다. 연구자가 마우스 커서를 사용하여 노출변수와 결과변수를 지정하면 인과관계를 추정할 때 편향을 최소화하는 공변인 목록이 생성된다. 이 프로그램에서는 경로도를 설명하는 명령문을 자동으로 생성하고 명령문 파일을 저장할 수 있다. 그래프가 화면에 자동으로 그려지기 전에 사용자가 직접 DAGitty의 기본 명령문으로 모형을 설정할 수도 있다.

Belief and Decision Network Tool(Porter 외, 1999-2009)은 정향 비순환 그래프를 배우는 데 사용할 수 있는 무료 Java 애플릿이다.[28] 화면상에 그래프를 그린 후 프로그램을 퀴즈 모드로 선택하여 실행할 수 있는데, 이 모드에서는 그래프의 다른 변수들이 통제될 때 변수 쌍이 조건부 독립인지에 대해 예/아니요로 답할 수 있는 퀴즈 문항을 제시한다. 사용자가 문항에 대한 자신의 답을 입력하면 정답이 표시된다. 'Ask the Applet' 모드에서는 사용자가 두 개의 관심 변수와 공변인을 클릭하면 프로그램이 자동으로 관심 변수가 독립적인지 여부를 표시한다. 이러한 기능들은 그래프 이론의 개념을 배우는 데 유용한 학습 도구를 제공한다.

DAG(directed acyclic graph) 프로그램은 Knüppel과 Stang(2010)이 개발한 Windows 플랫폼 컴퓨터용 무료 프로그램이다.[29] 사용자는 명령문을 입력하여 그래프를 설정하며, 이 명령문을 통해 사용자 인터페이스를 구성하는 템플릿에서 변수에 대한 정의와 변수 간 인과관계에 대한 내용을 기술한다. DAG 프로그램에서는 모형설정 내역이 공변인을 포함한 노출변수, 결과변수 및 잠재 혼입변수 등에 관해 텍스트 형태로 표시되지만, 경로도

27) www.dagitty.net
28) http://aispace.org/bayes
29) http://epi.dife.de/dag

를 생성하지는 않는다. 인과관계를 추정할 때 편향을 최소화하는 공변인들도 자동으로 나열된다.

R(Breitling, 2010)의 dagR 패키지에서는 정향 비순환 그래프를 도식화하고 조작, 분석하는 기능이 제공되며, 해당 경로도와 일치하는 데이터를 생성하는 기능도 포함되어 있다.[30] 이 패키지는 원래 역학 연구용이지만 다른 분야의 연구자들도 사용할 수 있다. 또한 dagR 패키지를 사용하면 노출변수가 결과변수에 미치는 예측된 인과관계를 분석할 때 공변인의 다른 조합에 대한 분석 효과를 평가할 수 있으며 허위 연관성도 찾을 수 있다. 모형 설정은 명령문을 통해 이루어지지만 그래프는 R 환경에서 그릴 수 있다. dagR에서 설정된 모형은 다른 연구자가 R에서 분석할 수 있도록 R 프로그램 형태로도 저상이 가능하다.

🗂 요약

대부분의 최신 SEM 컴퓨터 프로그램은 일반적인 통계분석을 위한 다른 컴퓨터 프로그램만큼 사용하기가 쉬운 편이다. 이처럼 SEM 프로그램을 어렵지 않게 이용할 수 있게 되면서, 연구자들은 분석의 기술적 측면보다는 분석에 대한 논리와 근거에 더욱 집중할 수 있는 환경이 마련되었다. 특히 구조방정식모형을 화면 위에 그려서 설정하는 기능은 초보자가 즉각적이고 효과적으로 분석을 수행할 수 있도록 돕는다. 그러나 SEM에 대한 경험이 쌓일수록, 명령문으로 모형을 설정하고 일괄처리 방식으로 작업하는 것이 실제로 더 빠르고 효율적이며 결과적으로 더 쉽다는 사실을 깨닫게 될 것이다. 복잡한 모형을 분석할 때는 여러 가지 문제가 발생할 수 있으며, 이는 사용자 친화적인 인터페이스에서도 예외가 아니다. 분석에 문제가 발생할 경우, 우선 문제의 본질을 개념적으로 이해하는 것이 중요하지만, 그다음에는 문제를 바로 잡기 위한 기본적인 컴퓨터 기술이 필요하다. 또한 컴퓨터 프로그램 사용이 용이하다고 하여 불필요한 분석을 수행하거나 실제로 이해하지 못하는 분석방법을 선택해서는 안 된다. 이 책의 1부에서 다룬 SEM의 개념과 분석 도구에 대한 내용을 바탕으로 2부에서는 SEM의 설정과 식별에 대해 설명하도록 하겠다.

---

30) http://cran.r-project.org/web/packages/dagR

🔙 심화학습

Byrne(2012a)과 Narayanan(2012)은 총 8가지 SEM 컴퓨터 프로그램을 설명하고, 소프트웨어 선택 시 고려해야 할 일반적인 사항을 설명하였다.

Byrne, B. M. (2012a). Choosing structural equation modeling computer software: Snapshots of LISREL, EQS, Amos, and Mplus. In R. H. Hoyle (Ed.), *Handbook of structural equation modeling* (pp. 307–324). New York: Guilford Press.

Narayanan, A. (2012). A review of eight software packages for structural equation modeling. *American Statistician, 66*, 129–138.

Part 2

모형의 설정과 식별

경로모형의 설정

이 장에서는 관찰변수들 사이의 구조모형, 즉 경로모형의 설정에 대해 다룬다. 먼저, SEM 분석의 기본적인 단계와 모형 경로도에 사용되는 그래픽 기호에 대해 간략히 설명할 것이다. 이어서 관측 정보의 개수와 모형에 포함된 추정 모수의 개수를 세는 간단한 규칙을 소개한다. 이두 값은 모형의 식별 여부를 점검하기 위해 필요하다(7장 참조). 이 장에서는 연구에서 수행되는 인과추론의 문제도 다룬다. 이 논의의 핵심은 어떤 연구 설계가 사용되든 인과추론의 타당성은 그 배경에 있는 여러 가정의 타당성에 의해 좌우되며, 인과적 방향의 설정과 같은 일부 가정들은 데이터에 의해 입증될 수 없다는 것이다. 따라서 SEM 분석 결과를 보고할 때 가정을 명확히 표현하고 그 근거를 밝히는 것이 필수적이다.

SEM의 분석 단계

대부분의 SEM 분석은 기본적으로 여섯 단계로 수행되며, 이상적으로는 여기에 두 단계가 추가될 수 있다. 이러한 기본적인 단계들을 살펴봄으로써, SEM 분석에서 모형설정 단계가 다음 단계들과 어떻게 관련되는지와 모형설정이 왜 가장 중요한 단계인지를 이해할 수 있다.

기본 단계

SEM 분석의 기본이 되는 여섯 단계([그림 6-1]의 순서도)는 실제로는 반복적인 절차다. 그 이유는 분석 과정에서 발생하는 문제들을 해결하기 위해 이전 단계로 되돌아가야 하는 경우가 있기 때문이다. 또한 그림에서 보듯이 모형 재설정이 필요하지만 데이터와 부합하면서 타당하게 설명될 수 있는 모형이 없다면 결과적으로 어떤 모형도 선택되지 않을 수 있다. 모형설정 이후의 각 단계에서 SEM 기법에 따라 고려해야 할 구체적인 문제들에 관해서는 이 장 이후에서 상세히 다룰 것이다. 기본적인 여섯 단계는 다음과 같다.

1. 모형을 설정한다.
2. 모형식별 여부를 평가한다(식별되지 않을 경우 1단계로 돌아간다).
3. 구인을 조작적으로 정의한 후 측정도구를 선택하고 데이터를 수집, 가공, 검토한다.
4. 모형을 추정한다.
   a. 모형 적합도를 평가한다. 적합도가 나쁘면 모형을 다시 설정하되, 재설정된 모형이 타당하게 설명될 수 있는 경우에만 재설정한다(5단계로 이동한다). 재설정이 타당하지 않으면 어떤 모형도 선택하지 않는다(6단계로 이동한다).

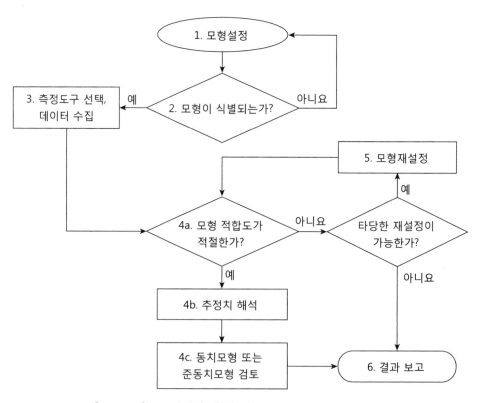

[그림 6-1] 구조방정식모형의 기본적인 단계에 대한 순서도

주. 재설정이 타당하기 위해서는 이론이나 선행 연구의 경험적 결과에 근거해야 한다. 5단계는 재설정된 모형이 식별된다는 것을 전제로 한다.

　　b. 적합도 평가를 통과한 모형에 한하여 모수추정치를 해석한다.

　　c. 동치모형 또는 준동치모형을 검토한다(6단계로 이동한다).

5. 식별 가능한 모형으로 재설정한다(4단계로 되돌아간다).

6. 결과를 보고한다.

모형설정

연구자들은 그림을 이용한 개념적인 모형으로 자신의 연구 가설을 표현하는 경우가 많은데, 이러한 그래픽 모형은 연구자의 관심사인 이론적 변수들과 이들 사이의 관계를 시각적으로 나타낸다. SEM에서 결과변수(종속변수)는 **내생변수**라고 한다. '내생(endogenous)' 이라는 단어는 '내부로부터 비롯됨'을 뜻하며, 모든 내생변수는 일반적으로 경로도의 왼쪽 편에 놓이는 원인변수를 하나 이상 가진다. 원인변수 중 일부는 독립변수인데, SEM에서는 **외생변수**라고 한다. '외생(exogenous)'이라는 단어는 '비롯되는 것이 없음' 또는 '외부로 부터 비롯됨'을 뜻하며 외생변수의 원인은 그것이 무엇이든 간에 모형 안에 제시되지 않는다. 다시 말해 적어도 모형의 범위 안에서는 무엇이 외생변수를 유발하는지 알 수 없다.

모형의 설정은 SEM 분석에서 가장 중요한 단계다. 그 이유는 이후 단계에서 얻게 되는 분석결과들이 설정된 모형, 즉 연구자의 가설이 기본적으로 옳다는 것을 전제로 하기 때문이다. 또한 모형이 이후에 수정될 가능성이 있기 때문에, 연구자는 초기에 자신이 설정한 모형 중 어떤 부분이 수정 가능한지에 관해 미리 목록을 작성해 둘 필요가 있다. 물론 그 수정은 이론이나 실증적 증거에 의해 타당하게 설명될 수 있어야 한다. 즉, 가설의 우선순위를 정하고, 그중 가장 중요한 것들을 초기 모형으로 설정하라. 모형을 재설정(단계 5)해야 하는 경우는 흔하고, 재설정도 설정과 동일한 원칙을 따라야 한다.

모형식별

그림으로 표현된 개념적 모형은 지식을 조직하고 가설을 표현하는 데 유용하고 간편한 방법이다. 그러나 이와 같은 개념적 도식도 결국에는 실제 분석에 사용되는 통계모형의 형태로 변환되어야 한다. 통계모형은 여러 개의 방정식으로 표현될 수 있으며, 이 방정식들에 의해 모형의 모수가 정의된다. 이 모수들은 나중에 컴퓨터가 표본 데이터를 통해 분석하게 되는 변수들 간의 가정된 관계를 나타낸다.

통계모형은 일반적으로 어떤 규칙이나 제약을 반드시 준수해야 한다. 그중 하나가 **모형식별**(identification)을 위한 제약이다. 하나의 통계모형은 모든 모형 모수에 대해 단일 추정 치를 얻는 것이 이론적으로 가능할 때 식별된다고 한다. 그렇지 않다면 그 모형은 식별되지 않는다. '이론적으로'라는 단어는 식별이 모형의 속성이지 데이터의 속성이 아니라는 것을 강조한다. 예를 들어, 어떤 모형이 식별되지 않는다면 이 속성은 표본크기가 100이든 1,000이든 상관없이 유지된다. 그러므로 식별되지 않는 모형은 다시 설정해야 한다(1단계로 돌아가야 한다). 식별되지 않는 모형을 분석하는 것은 헛수고이기 때문이다.

어떤 연구자가 특정한 이론에 부합하는 올바른 모형을 설정했는데 그 모형이 식별되지 않는다고 가정해 보자. 이런 경우 SEM 분석에서는 모형을 식별 가능하도록 재설정하는 것 이외에 다른 방법이 없다. 그러나 원래의 모형을 재설정하는 것은 해당 이론의 관점에서 볼 때 일부러 설정오류를 만드는 것과 크게 다르지 않다. 인과 모수 중 일부만 식별되는 모형을 분석할 때는 Pearl의 구조인과모형(structural causal model: SCM)이 더 적절하다는 것을 8장에서 확인할 것이다. SCM은 모형 내의 특정한 인과효과가 식별되는지 여부를 그림을 이용하여 결정하는 비교적 간편한 방법을 제공한다. SEM에서는 특정한 인과효과가 식별되는지를 결정하기가 더 어려운 편이다. 즉, SCM은 식별과 관련하여 SEM보다 더 유연한 절차다.

측정도구의 선택과 데이터 수집

이 단계에서는 양호한 측정도구의 선택, 데이터 수집 및 검토 등이 이루어진다. 이에 대한 논의는 4장에서 다룬 바 있다.

모형추정

모형추정 단계에서는 분석을 위해 SEM 컴퓨터 프로그램을 사용하게 되는데, 이 단계에서는 여러 가지 작업이 수행된다. 먼저 모형 적합도를 평가한다. 즉, 모형이 전체적으로 데이터를 얼마나 적절하게 설명하는지를 결정한다. 초기에 설정한 모형이 데이터와 부합하지 않는 경우가 흔히 발생하는데 이때에는 추정 단계의 나머지 작업을 수행하기 전에 다음 질문에 답해야 한다. "관련 이론이나 선행 연구들의 분석결과에 근거하여 초기 모형에 대한 재설정을 타당하게 설명할 수 있는가?"

초기 모형이나 타당한 재설정 모형의 적합도가 만족할 만한 수준이라면 모수추정치를 해석한다. 그런 다음 동치모형이나 준동치모형을 검토한다. 앞서 언급하였듯이 동치모형은 연구자가 선호하는 모형과 동일한 정도로 데이터를 설명하지만, 변수들 사이의 인과적 관계에 대해서는 선호 모형과 상충하는 경로를 가지는 모형을 의미한다. 하나의 모형에 대해 수많은 동치모형이 존재할 수 있으며, 경우에 따라서는 무한히 많은 동치모형이 존재할 수도 있다. 따라서 연구자는 모형 적합도가 동일함에도 불구하고 동치모형이 아닌 자신의 모형이 채택되어야 하는 이유를 설명해야 한다. 또한 동일한 데이터에 대해 연구자의 선호 모형과 정확하게 같은 정도는 아니지만, 거의 유사한 정도로 부합하는 준동치모형도 있을 수 있다. 준동치모형도 동치모형만큼 타당도를 위협할 수 있다.

모형재설정

초기 모형의 적합도가 좋지 않을 경우에는 보통 모형재설정 단계를 거치게 된다. 초기 모형을 설정할 때 이론적으로 타당한 수정 후보 목록을 작성할 필요가 있다고 앞서 언급하였는데, 이 목록을 참고할 시점이 바로 이 단계다. 모형 재설정에 관해서는 이 책의 후반부에서 보다 자세히 다루겠지만 재설정의 내용이 단순히 통계적인 방식에 의존하기보다는 논리적이고 이성적인 방식에 의해 결정되도록 하는 것이 가장 중요하다. 또한 재설정된 모형은 반드시 식별되어야 한다. 추정 가능한 모형을 찾지 못하면 다음 단계로 진행할 수 없다.

결과 보고

마지막 단계는 분석결과를 보고서에 정확하고 빠짐없이 기술하는 단계이다. 앞서 언급한 바와 같이 SEM이 사용된 논문들의 상당수가 이 부분에서 심각한 문제를 안고 있다. SEM 분석결과의 보고에 관한 여러 지침이 출판되었음에도 불구하고 이 문제는 매우 빈번하고 광범위하게 발생하고 있다(Boomsma, Hoyle, & Panter, 2012). SEM의 바람직한 사용을 위한 권고 사항들은 이 책의 마지막 장에 간략히 서술되어 있다.

선택적 단계

앞서 기술된 기본 단계에 다음의 두 가지 단계가 선택적으로 추가될 수 있다.

7. 다른 표본을 이용하여 결과를 반복 검증한다.
8. 결과를 실제에 적용한다.

이미 언급한 바와 같이 SEM을 사용한 대부분의 경험 연구들은 단일 연구로 구성되어 있으며 다른 표본에 대하여 반복 검증되지 않는다. 또한 SEM의 분석결과를 실제에 적용한 사례도 거의 없다. 이러한 문제의 일부는 기본 단계(1-6)를 올바르게 수행하지 않는 데 기인한 것으로 보인다.

🥧 모형 경로도 기호

이 책에서는 모형 경로도를 McArdle−McDonald의 망상작용모형(reticular action model: RAM)의 기호를 사용하여 표현하였다. RAM 기호체계는 모든 종류의 모형 모수를 그래픽 기호로 명확하게 제시하여 SEM을 보다 쉽게 배울 수 있게 해 준다. 또한 경로도로 표현된 모형을 컴퓨터 프로그램의 명령문으로 변환할 때 발생할 수 있는 오류의 가능성을 줄여 준다. RAM 기호체계의 일부는 SEM에서 보편적으로 사용되며 다음과 같은 경로도 기호로 구성된다.

1. 관찰변수는 정사각형이나 직사각형으로 표시한다.
2. 잠재변수(오차항 포함)는 원이나 타원으로 표시한다.
3. 내생변수로 향하는 가설적인 인과효과(직접효과)는 화살촉이 하나인 선(→)으로 표시한다.
4. 외생변수들 사이의 공분산(비표준화 해) 또는 상관(표준화 해)은 양쪽에 화살촉이 있는 곡선으로 표시한다(⌣).

마지막 4번에 설명한 기호는 두 외생변수 사이의 **분석되지 않는 연관성**(unanalyzed association)을 나타낸다. 컴퓨터 프로그램을 통해 이 연관성의 추정치를 계산하기는 하지만 두 변수가 왜 공변하는지를 설명하는 예측 관계가 모형에 포함되지 않는다는 점에서 이 연관성은 '분석되지 않는다.'고 표현한다. 예컨대 연관성만 설정한 변수 간에는 한 변수가 다른 변수의 원인이 된다거나 두 변수가 제3의 원인을 공유한다는 등의 설명을 할 수 없다. RAM 기호체계에서 한 변수에서 나와서 다시 그 변수로 돌아가는 양방향 곡선 화살표 기호(∩)는 외생변수의 분산을 의미하는데, 이러한 표기법이 보편적으로 사용되는 것은 아니다. 외생변수의 원인은 모형 경로도상에 설정되지 않기 때문에, 외생변수는 다른 변수에 의해 제약을 받지 않고 변산성(분산)과 공변성(공분산)을 갖는다. 기호 ⌣와 ∩는 이러한 가정을 반영한 것이다. 경로모형에서 기호 ⌣는 일반적으로 외생 관찰변수의 모든 쌍을 서로 연결하고 기호 ∩는 관찰변수 또는 잠재변수인 모든 외생변수를 자기 자신과 연결한다.

이러한 특성은 모형 경로도 내의 내생변수에는 해당되지 않는다. 외생변수와 달리 내생변수의 경우에는 가설적인 원인이 모형에 명시적으로 표현된다. 따라서 내생변수의 변산성과 이들 사이의 공변성은 외생변수에 의해 제약을 받는다. 다시 말해 모형 경로도에서 내생변수들은 분석되지 않는 연관성의 기호 ⌣ 에 의해 직접적으로 연결되지 않고, 모든 내생변수는 자신으로부터 나와 자신으로 돌아가는 분산의 기호 ⌢ 를 갖지 않는다. 대신 연구자는 내생변수의 변산성과 내생변수가 모형 내의 다른 변수(내생변수나 외생변수)와 갖는 공변성이 무엇에서 비롯되는지에 대한 자신의 설명을 모형에 통합적으로 제시한다. 분석 과정에서 연구자가 모형을 통해 설명하고자 하는 바는 표본 공분산 데이터와 비교된다. 만일 표본에서 관찰된 공분산과 모형에 의해 예측된 공분산이 유사하면 그 모형은 데이터와 부합한다고 표현하며, 그렇지 않은 경우 그 설명은 기각된다.

　　RAM 기호체계에서 모형 모수는 세 가지 기호(→, ⌣, ⌢)로만 표시된다. 모수를 언어적으로 정의한 다음의 규칙은 이 세 가지 기호를 그대로 반영한 것이며, Bentler-Weeks의 SEM 기호체계를 따르고 있다.

평균 분석을 수행하지 않는 구조방정식모형의 모수는 다음과 같다.　　　　　(규칙 6.1)
　　1. 다른 변수로부터 내생변수를 예측하는 직접효과
　　2. 외생변수의 분산과 공분산

이 단순한 규칙은 이 책의 2부와 3부에 설명된 모든 핵심적인 구조방정식모형에 적용되며, 공분산구조만을 가지는 모형에 적용된다. RAM 기호체계의 이점 중 하나는 모형 경로도에서 세 가지 기호(→, ⌣, ⌢)의 개수를 세는 것만으로 쉽게 모형 모수의 개수를 파악할 수 있다는 점이다. 즉, 그림을 보는 것만으로 모수의 개수를 알 수 있다. 부록 6.A에는 경로모형에 대한 LISREL 행렬 표기법이 간략히 정리되어 있다.

🥧 인과추론

　　연구를 통해 인과관계를 추론하기 위해서는 연구설계와 가정, 그리고 통계분석의 타당성이 확보되어야 한다. 이 중 통계분석의 타당성은 그 자체로 인과적 관계를 확립하기 위한 충분조건이 되지 못하기 때문에 상대적으로 덜 중요하다. 연구가 인과추론을 강력하게 뒷받침할 수 있도록 설계된다면 많은 가정이 요구되지 않을 수도 있다. 그러나 Pearl(2000)에 따르면 "인과관계에 대한 가정은 모든 인과적 결론의 타당화에 요구되는 전제조건이다"(p. 136). Wright(1923)도 이미 오래 전에 "경로계수의 이론에서는 인과관계에 대한 사전 지식이 전제된 것으로 가정한다"(p. 240)고 언급한 바 있다. 인과적 가정 중 일부는 데이터를 통해 검토될 수 있지만 일부는 경험적으로 검증될 수 없다. 따라서 검증될 수 없는 가정이 받아들일 만한 것인지에 대한 판단은 통계의 문제가 아니라 논증의 문제다. 그러므로 연구자는 검증될 수 없는 가정들을 분명하게 밝히고 독자에게 이 가정들이 합리적이라는 것을 설득해야 한다.

연구 대상이 되는 사례들을 서로 다른 조건에 무선적으로 할당하는 실험설계는 행동과학에서 인과추론을 위해 요구되는 표준적인 절차다. 실험설계 연구는 내적 타당도[1](연구결과에 의해 파악될 수 있는 인과성의 실재성)를 높일 수 있는 설계적 요소를 가지고 있다. 다음은 이러한 설계적 요소(E)들과 각 요소에 대해 공변관계(covariation)로부터 인과관계(causation)를 추론해 내기 위해 논리적으로 요구되는 사항들을 요약한 것이다(Mulaik, 2009b, 3장).

E-1. 무선할당은 **시간적 선행성**(temporal precedence)을 충족한다. 시간적 선행성이란 원인으로 추정되는 것이 결과로 추정되는 것보다 반드시 먼저 발생해야 한다는 것을 의미한다.[2] 이 경우 실험적 조작(manipulation, 독립변수)은 결과(종속변수)가 측정되기 전에 발생한다.

E-2. 통제집단은 실험집단(처치집단)에 대한 반사실조건(counterfactual)의 역할을 한다. 같은 사례를 처치집단과 통제집단에 동시에 할당할 수는 없기 때문에, 통제집단의 설정만으로 인과관계를 완벽하게 추론할 수 있다고 볼 수는 없다. 그러나 반복실험(replications)을 통해 무선할당을 하게 되면 실험집단과 통제집단의 평균 차이가 실제 인과효과에 거의 근접할 것이라고 가정할 수 있다.

E-3. 반복을 통한 무선화 과정은 독립변수가 결과변수의 원인이 될 수 있는 여타의 모든 잠재적인 요소와 상관을 가지지 않도록 한다. 이 특성은 독립변수와 종속변수 사이에 관찰된 공변관계를 설명할 수 있는 다른 가능성(혼입변수)을 배제시키며, 이를 **고립**(isolation)이라 한다.

다음은 실험설계에서 인과추론을 위해 요구되는 필수적인 가정들(A)을 요약한 것이다.

---

1) 외적 타당도는 표본, 처치, 환경, 측정도구 등이 상이해도 인과추론이 유지되는지에 대한 것이다.

2) Rosenberg(1998)는 Immanuel Kant가 동시적 인과의 가능성을 주장한 것에 대해 논의한 바 있다. 양자역학에서의 얽힘(entanglement)의 개념 역시 양자 수준에서 매우 멀리 떨어져 있는 것들 사이에 동시적 인과를 허용하는 것처럼 보인다.

A-1. **개체 처치 수준 안정성 가정**(stable unit treatment value assumption; Rubin, 2005)은 두 가지로 구성된다. (a) 한 사례(개체)의 처치 수준은 다른 사례의 잠재적 결과에 영향을 미치지 않는다. (b) 모든 사례에 대한 처치는 동일하다. 즉, 처치에는 드러나지 않은 차이가 존재하지 않는다. 이 가정은 일반적으로 요구되는 측정값의 독립성 조건보다 더 강한 가정이다.

A-2. 처치효과는 **인과적으로 동일하다**(causally homogeneous). 이것은 인과효과가 모든 사례에 대해 동일한 함수 관계를 갖는다는 것, 즉 상호작용이 나타나지 않음을 의미한다. 또한 처치가 올바르게 시행되었고 처치를 시행한 사례들은 모두 처치에 동일한 정도로 반응한다는 것을 가정한다.

A-3. 확률분포의 형태와 모수들이 모두 올바르게 설정되어 있다(예: [그림 1-1]).

A-4. 처치효과를 매개하는 변수가 측정되지 않은 경우에는 독립변수와 종속변수 사이의 매개경로가 다른 변수에 의해 방해받지 않았다고 가정한다. 처치효과를 매개하는 것으로 추정되는 변수가 측정된 경우에는 매개효과에 대한 가설들이 모두 옳다고 가정된다(Mulaik, 2009b, pp. 95-100).

A-5. 매개효과 가설은 **모듈성**(modularity)의 가정을 필요로 한다. 이는 인과적 과정이 잠재적으로 고립이 가능한 수많은 요소로 구성되어 있어 모듈처럼 따로 분리하여 분석될 수 있음을 의미한다. 즉, 인과적 과정은 유기적이거나 전체적인 성격을 가지지 않고(Knight & Winship, 2013), 따라서 여러 부분으로 분리될 수 있다.

A-6. 처치를 받은 사례의 결과변수는 적절한 시차를 가지고 측정된다. 이것은 처치효과가 발생하였지만 아직 소멸되지 않은 시점에 결과가 측정되었다는 것을 의미한다(Little, 2013, p. 47). 이와 관련된 것으로 **평형성**(equilibrium) 가정이 있는데 이는 인과효과가 독립변수의 조작 이후 안정화되었다는 것을 의미한다.

A-7. 처치효과와 혼재되어 내적 타당도를 명백하게 위협하는 요소(예: 성숙, 개인사, 평균으로 회귀 등에서 발생하는 차별적 효과)가 없다(Shadish, Cook, & Campbell, 2001).

A-8. 모든 가설적 구인들의 조작적 정의와 측정은 적절하며, 측정값은 신뢰할 수 있고, 적절한 통계적 기법이 사용된다(구인타당도와 결론타당도).

인과추론을 위한 절대적 기준으로 여겨지는 실험설계에서조차도 이처럼 많은 가정이 요구되고 있음을 확인할 수 있다. 사례들이 처치집단과 통제집단에 무선적으로 할당되지 않거나, 통제집단 없이 처치집단만 존재하는 유사 실험설계에서는 인과추론을 위한 가정이 더 크게 영향을 미친다. 이와 같은 연구에서는 무선할당이나 반사실조건이 없어 실험설계에 비해 결과에 대한 대안적인 설명을 기각하기가 더 어렵기 때문이다. 이러한 설계에서 내적 타당도를 가장 크게 위협하는 것 중 하나가 선택편향인데 이것은 처치가 가해지기 이전에 처치집단과 통제집단 사이에 체계적인 차이가 존재할 때 발생한다. 집단 사이의 사전 차이가 교정되지 않을 경우 처치효과의 추정값이 심각하게 왜곡될 수 있다.

비실험설계(수동적 관찰설계)에서는 인과추론을 지지할 수 있는 설계상의 요소가 거의 없다. 이는 한 번의 검사 시점에 여러 질문지에 대한 답변이 이루어질 때처럼 모든 변수가 동시에 측정된 경우에 특히 그러하다. 동시 측정은 시간적 선행성에 대해 말해 주지 않기 때문에 연구 설계를 통해 원인과 결과로 추정된 두 변수 중 어느 것이 먼저 발생하였는지를 규명할 수 없다. 따라서 이와 같은 설계에서 인과추론의 유일한 근거는 인과관계에 대한 가정뿐이다. 모든 변수가 동시에 측정되었을 때는 'Y가 X를 유발하거나 X와 Y가 서로를 상호 유발하는 것이 아니라, X가 Y를 유발한다.'는 설정에 대해 설득력이 있으면서 실질적인 근거를 제공해야 이 가정을 뒷받침할 수 있다. 이를 위해서는 연구자가 X와 Y의 연관성에 대한 대안적인 설명들을 제거하고, Y의 원인으로 추정되는 다른 변수들을 측정하는 것이 중요하다. 이 두 가지 모두 연구 중인 현상에 대한 깊은 지식을 요구한다. 만일 연구자가 방향성의 설정에 대해 설득력 있는 설명을 제공할 수 없다면 동시 측정이 사용된 연구에서 인과추론은 보장될 수 없다. 이것이 많은 연구자가 비실험설계에서 인과관계를 추론하는 것에 회의적인 이유다. 예를 하나 보자.

Lynam, Moffitt과 Stouthamer-Loeber(1993)는 남자 아이들의 언어 기능이 떨어지면 비행(delinquency)이 일어난다는 가설을 세웠다. 이 연구에서 두 변수는 동시에 측정되었기 때문에 이 가설은 여러 가지 의문을 불러 일으킨다. 인과관계의 방향은 왜 그러한가? 비행과 연관된 행동들, 예를 들어 무단결석이나 약물사용으로 인한 신경학적 변형이 언어적 기능을 손상시킬 수 있다는 설명도 일리가 있지 않은가? 비행을 유발하는 다른 요인들은 없는가? Lynam 등(1993)의 연구에서 연구에 참여한 아이들은 12세였기 때문에 이전에 겪은 비행 경험이 아이들의 언어적 기능에 영향을 미칠 정도로 충분히 오래되었을 가능성은 배제할 수 있었다. 또한 이 연구자들은 낮은 언어적 기능이 반사회적 행동에 선행한다는 것을 시사하는 전향적(prospective) 연구들의 결과를 인용하였다. 게다가 Lynam 등(1993)은 사회 계층과 같이 비행의 원인으로 추정되는 다른 변수들을 측정하여 이를 통제한 후 분석을 수행하였다. 이들의 주장이 비판을 받기도 했지만(Block, 1995) 이 연구는 인과 방향의 설정을 타당하게 설명하기 위해 어떤 식으로 근거를 제시해야 하는지에 대한 좋은 예를 보여 준다. 안타깝게도 비실험연구 중 이와 같이 구체적인 설명을 제시하는 연구는 매우 드물다.

설계에 시간적 선행성이 결여되어 있고 연구자가 인과적 방향성에 대해 확신할 수 없을 때, SEM에서는 다음의 세 가지 방법 중 하나를 선택할 수 있다.

1. 모형을 설정하되 주요 변수들의 방향성을 설정하지 않는다.
2. 방향성이 다르게 설정된 대안 모형들을 설정하고 검증한다.
3. 두 가지 가능성을 모두 포괄하기 위한 방편으로 모형에 상호(reciprocal) 인과효과를 포함시킨다.

첫 번째 방법은 변수들 사이에 인과관계 대신 분석되지 않는 연관성을 설정하는 것과 동일하다. 두 번째 방법의 문제점은 $Y_1 \longrightarrow Y_2$인 모형과 $Y_2 \longrightarrow Y_1$인 모형에서처럼 서로 다른 모형이 데이터에 대한 적합도가 동일하거나 거의 같은 수준을 나타낼 수 있다는 것이다. 이러한 경우 어떤 모형이 더 나은지 선택할 수 있는 통계적 근거가 마련되어 있지 않다. 세 번째 방법에서는 $Y_1 \rightleftarrows Y_2$와 같은 인과적 순환에 대해 생각해 볼 필요가 있는데, 이러한 효과를 설정하는 것은 그렇게 간단한 문제가 아니므로 이 장의 뒷부분에서 보다 상세히 설명할 것이다. 방향성의 불확실성을 피하기 위한 장치로서 인과적 순환을 설정하는 것에는 다른 잠재적인 문제가 따른다.

종단 설계에서는 서로 다른 시점에 변수를 측정하므로 시간적 선행성 조건이 충족된다. 실제로 X가 Y보다 먼저 측정된다면 X가 Y를 유발한다는 가설이 힘을 얻을 수 있다. 그러나 이것이 시간적 선행성을 보장해 주는 것은 아니다. 왜냐하면 Y가 X를 유발하고 결과(X)가 원인(Y)보다 먼저 측정된다 하더라도 X와 Y의 공분산은 여전히 상대적으로 큰 값을 가질 수 있기 때문이다(Bollen, 1989, pp. 61-65). 종단 연구에서 두 변수가 측정되기 전에 X가 Y에 의해 영향을 받았다면 이러한 일이 발생할 수 있다. 실제로 X가 Y를 유발한 경우라도 둘 사이의 측정 간격이 너무 짧아 효과가 미처 발현되지 못하였거나 너무 길어 소멸한 후라면 이들 사이의 연관성의 크기는 작을 것이다. 종단 설계는 응답자 손실로 인해 결측 사례가 발생할 가능성이 크다는 문제점도 안고 있다. 대부분의 SEM 연구들이 종단 측정보다는 동시 측정을 사용하는 이유가 아마도 여기에 있을 것이다.

일부 연구자들은 실험적 설계가 아니라면 인과추론이 불가능하다는 입장을 취한다. 즉, 조작이 없이는 인과관계도 존재하지 않는다는 주장이다(Holland, 1986). 그러나 이처럼 강경한 입장은 여러 가지 문제를 안고 있다(Bollen & Pearl, 2013). 이들의 주장대로라면 조작되지 않은 인구통계학적 변인들에 대한 인과추론은 분석에서 배제되어야 한다. 그러나 우리는 연령이나 성별과 같은 변수들이 여러 영역에서 효과를 갖는다는 것과 이 중 일부는 인과적 효과로 간주하는 것이 타당하다는 것을 알고 있다. 조작은 인과추론의 필수 조건이 아니다. 예를 들어, 달의 인력은 조류를 유발하지만 우리가 조류의 존재를 알 수 있는 것은 순전히 관찰에 의해서다. 인간을 대상으로 하는 연구에서 많은 연구문제가 실험적으로 조작되기 어렵지만 이런 경우에도 인과관계에 대한 질문은 여전히 중요하다. '대학을 졸업하는 것이 소득에 어떠한 영향을 미치는가?'와 '결혼이 빈곤율을 낮추는가?' 등의 연구문제가 그 예에 해당된다.

비실험설계에서도 인과관계에 대한 추론이 정확하게 이루어질 수 있지만 실험설계보다 훨씬 많은 장애요소들이 있다. 예를 들어, 수십 년 전에는 인간에게 담배가 폐암을 유발하는가라는 연구문제에 대해 결론이 나지 않았다. 오늘날 흡연이 폐암을 유발한다는 합의에 도달할 수 있었던 것은 변수들이 조작될 수 있는 경험적 연구들(예: 니코틴이 건강에 미치는 효과에 대한 동물 연구)에서 확보된 증거가 다양한 표본과 다양한 조건에서 누적되었을 뿐만 아니라 개입(예: 공공장소에서의 흡연 금지)의 효과에 대한 예측이 들어맞았기 때문이다.

🕸️ 모형설정의 주요 개념

이 절에서는 모형설정에 대한 핵심적인 사항들을 설명한다.

변수의 선정

모형설정에서 가장 기본적인 쟁점은 어떤 변수들이 결과변수에 영향을 미치는가와 관련된다. 연구자의 관심 분야가 비교적 최신 연구 분야인 경우에는 선행 연구가 많지 않을 수 있기 때문에, 모형에 어떤 변수들을 포함시킬지를 결정하는 데 있어서 문헌 연구보다는 연구자 자신의 전문성에 더 의존하기도 한다. 해당 분야의 전문가에게 어떤 설정이 가능한지에 대해 자문을 구하는 것도 도움이 된다. 반대로 연구가 많이 수행된 분야에서는 정보가 지나치게 많은 경우도 있다. 즉, 선행 연구에 언급된 원인변수가 너무 많아서 그 모든 변수를 포함하는 것이 사실상 불가능할 수 있다. 이러한 경우에도 가장 중요한 변수들에 대한 결정은 연구자 자신이 내려야 한다.

원인변수들이 모두 측정될 것이라고 기대하는 것은 현실적이지 않다. 이러한 점에서 대부분의 구조방정식모형은 설정오류를 갖는다고 할 수 있다. 편향 가능성을 줄이는 가장 좋은 방법은 이를 예방하는 것이다. 즉, 기존의 이론과 연구들을 면밀하게 검토하여 모형에서 누락된 변수가 있다면 이를 포함시키도록 한다. 이미 수집된 데이터(archival data)를 사용하는 경우에는 데이터가 수집된 시점에 원인변수들이 측정되지 않아 모형에서 누락되었을 가능성이 있기 때문에 이로 인한 설정오류의 가능성을 반드시 언급해야 한다.

가설적 구인의 측정 방법

측정도구의 선정은 연구를 수행할 때마다 마주치는 문제다. 측정변수의 신뢰도는 **단일지표 측정**(single-indicator measurement)이 사용되는 경로분석에서 특히 중요하다. 경로분석에서는 가설적 구인이 오직 하나의 관찰변수로 측정되기 때문에 각 측정변수가 심리측정학적으로 양호한 속성을 갖는 것이 매우 중요하다. 그렇지 않을 경우 Cole과 Preacher (2014)가 지적한 여러 문제가 발생할 수 있다. 예를 들어, 인과효과가 과대추정되거나 과소추정될 수 있고, 통계적 검정력이 낮아져 잘못된 모형이 기각되지 않을 수도 있다. 경로모형이 복잡해질수록 이러한 문제들은 더욱 심각해진다. 감쇠된 상관을 교정하여 신뢰도의 문제를 다룰 수도 있지만(식 4.9), 이는 경로모형에서 일반적으로 사용되는 방식은 아니다.

대안적인 접근의 하나로 단일한 구인을 측정하기 위해 둘 이상의 관찰변수를 사용하는 **다지표 측정**(multiple-indicator measurement)을 사용할 수 있다. 이때 각 지표는 동일한 구인에 대한 다른 측면을 반영하게 된다. 만일 여러 지표가 단일한 측정 방법에 의해 산출된 것이 아니라면 공통 방법 분산에 대한 우려도 낮아진다. 또한 여러 지표를 사용함으로써 단일지표 측정에 비해 요인 측정의 신뢰도가 높아지는 경향이 있다. 다지표 측정은 경로분석에서는 직접적으로 사용되지 않지만 CFA 모형과 같은 SEM의 잠재변수 모형에서는 주요한 특징으로 간주된다.

모형 복잡성

구조방정식모형의 복잡성은 추정할 수 있는 모수의 총 개수를 초과할 수 없고, 이 개수는 관측 정보의 개수를 초과할 수 없다. 이때 **관측 정보의 개수**(number of observations)란 표본크기(N)가 아니라 표본 공분산행렬의 대각선과 그 하단에 있는 입력값의 개수를 의미한다.[3] 다음에 제시된 간단한 규칙을 사용하여 이를 계산할 수 있다.

---

3) 일부 SEM 프로그램에서는 관측 정보의 개수(number of observations)와 표본크기 N을 혼동하여 사용하므로 이에 주의할 필요가 있다.

모형의 관찰변수가 v개이고 평균이 분석에 사용되지 않는다면,   (규칙 6.2)
관측 정보의 개수는 $v(v + 1)/2$ 이다.

만일 모형에 포함된 관찰변수의 개수가 $v = 4$라면 관측 정보의 개수는 4(5)/2, 즉 10이다. 관측 정보의 개수 10은 분산의 개수 4와 공분산행렬의 대각선 아래에 있는 중복되지 않는 공분산의 개수 6을 더한 값이다. 따라서 $v = 4$일 때 컴퓨터로 추정할 수 있는 모수의 최대 개수는 10이 된다. 단순한 모형의 경우 모수의 개수가 10보다 적어 모수추정이 가능하지만 10보다 더 많은 모수는 추정할 수 없다. 관측 정보의 개수는 표본크기와는 관계가 없다. 즉, 표본크기가 100이든 1,000이든 상관없이 네 개의 변수가 측정되었다면 관측 정보의 개수는 모두 10이다. 사례수를 늘려도 관측 정보의 개수가 증가하지는 않으며, 변수를 추가하는 것만이 관측 정보의 수를 증가시킬 수 있다.

관측 정보의 개수와 모수의 개수 간의 차이를 **모형 자유도**(model degrees of freedom)라 하고 다음과 같이 계산한다.

$$df_M = p - q \tag{6.1}$$

여기에서 p는 관측 정보의 개수(규칙 6.2)이고 q는 추정 모수의 개수(규칙 6.1)다. 관측 정보의 개수가 적어도 추정 모수의 개수만큼 있어야 한다는 조건은 반드시 충족되어야 하며, 부등식 $df_M \geq 0$이 이러한 조건을 표현한다.

추정 모수가 관측 정보보다 많은 모형($df_M < 0$)은 식별이 되지 않기 때문에 분석할 수 없다. 음의 자유도를 가지는 모형을 추정하려고 할 경우, SEM 컴퓨터 프로그램은 오류 메시지를 주고 분석을 종료할 것이다. 자유도가 0($df_M = 0$)인 모형 대부분은 데이터와 완전히 부합하므로 모형에 대한 가설을 검정하지 않는다.[4] 양의 자유도를 가지는 모형은 일반적으로 데이터와 완전히 부합하지 않는다. 이는 자유도가 0보다 크다는 것($df_M > 0$)이 모형과 데이터 사이의 불일치 가능성을 허용하기 때문이다. Raykov와 Marcoulides(2000)는 자유도의 개수를 모형이 잠재적으로 기각될 수 있는 차원(dimension)의 개수로 설명한다. 따라서 자유도가 크면서 기각되지 않은 모형은 높은 기각 가능성을 견뎌 낸 것이다. 이 개념

---

4) Pearl(2012)은 자유도가 0인 모형의 경우에도 특정 효과의 추정값이 중요한 의미를 가질 수 있다고 설명한다. 예를 들어, Y에 대한 X_1의 직접효과의 크기가 X_2의 직접효과의 크기의 세 배라는 것을 아는 것이 중요한 경우가 있다.

은 **간명성 원리**(parsimony principle)의 바탕이 된다. 즉, 이론적으로 양립 가능하면서 유사한 적합도를 가지는 두 모형이 있다면 더 단순한 모형이 선호된다.

모수의 유형

　모형의 모수는 자유롭게 추정되거나, 특정한 값으로 고정되거나, 특정 조건으로 제약되도록 설정할 수 있다. **자유모수**(free parameter)는 데이터를 바탕으로 컴퓨터에 의해 추정되는 반면, **고정모수**(fixed parameter)는 특정 상숫값을 갖도록 설정된다. 컴퓨터는 데이터와 무관하게 이 상수를 고정모수의 추정치로 간주한다. 예를 들어, X가 Y에 직접효과를 갖지 않는다는 가설은 $X \longrightarrow Y$ 경로의 계수를 0으로 고정하는 것과 같다. SEM에서는 이전에 0으로 고정하였던 모수를 자유모수로 추정하거나, 반대로 자유모수를 0으로 고정하여 가설을 검정하는 경우가 자주 있다. 효과를 추가하여 고정모수를 자유모수로 바꾸면 더 복잡한 모형이 되고, 효과를 제거하여 자유모수를 고정모수로 바꾸면 더 단순한 모형이 된다. 이러한 분석의 결과를 바탕으로 모형을 보다 복잡하게 만들거나 단순하게 만드는 재설정이 필요한지를 판단할 수 있다.

　제약모수(constrained parameter)는 연구자가 부여한 특정한 제약 아래에서 추정되지만, 일반적으로 상수로 고정되지 않고 다른 제약모수와의 상대적인 관계로 설정된다. **동일성 제약**(equality constraint)은 두 개 이상의 모수가 동일한 추정치를 갖도록 설정하는 것이다. 두 개의 직접효과 $X_1 \longrightarrow Y$와 $X_2 \longrightarrow Y$에 동일성 제약을 부여한 상황을 가정해 보자. 이 제약은 추정해야 할 계수를 둘이 아닌 하나로 줄이기 때문에 모형을 단순하게 만든다. 다집단 SEM 분석에서 사용되는 **집단 간 동일성 제약**(cross-group equality constraint)은 컴퓨터가 같은 모수에 대해 모든 집단에 걸쳐 동일한 추정치를 얻도록 설정한다. 이러한 설정을 통해 표본이 추출된 모든 모집단에서 그 모수가 동일하다는 영가설을 검정할 수 있다.

　비례 제약(proportionality constraint)은 강제적으로 어떤 모수추정치가 다른 모수의 추정치와 비례하도록 설정하는 것이다. 예를 들어, 상호 인과관계에서 한쪽 방향의 직접효과 계수를 반대 방향 계수의 3배가 되도록 설정할 수 있다. **부등 제약**(inequality constraint)은 모수추정치가 특정 상수보다 작거나 큰 값을 갖도록 설정하는 것이다. 예를 들어, 표준화되지 않은 경로계수의 값이 5.0 이상이어야 한다고 설정할 수 있다. 비례 제약이나 부등 제약을 포함시키려면 일반적으로 효과의 상대적 크기에 대한 연구자의 사전 지식이 필요하나, 이러한 정보를 미리 알고 있는 경우는 드물다. **비선형 제약**(nonlinear constraint)은 두 모수추정치 사이에 비선형적인 관계를 부여하는 것이다. 예를 들면, 어떤 추정치가 다른 추정치의 제곱과 같다고 설정할 수 있다. 잠재변수의 곡선 효과나 상호작용 효과를 추정하는 방법 중에는 비선형 제약을 이용하는 것이 있는데 이에 대해서는 17장에서 소개할 것이다.

경로분석 모형

경로분석은 SEM의 가장 오래된 형태이지만 지금도 유용한 모형이다. MacCallum과 Austin(2000)이 검토한 SEM 연구의 약 25%가 경로모형과 관련되었다는 점에서도 알 수 있듯이, 경로분석은 여진히 널리 사용된다. 또한 모형에 포함된 구인들이 각각 하나의 관찰변수로만 측정되는 경우에는 단일지표 기법인 경로분석이 사용된다. 무엇보다 경로분석의 원리를 터득하면 매우 다양한 종류의 구조방정식모형에 대해 이해하고 평가할 수 있다. 그러므로 잠재변수 모형에 관심이 많은 독자도 이 절을 주의 깊게 읽기 바란다.

기본 구성요소

[그림 6-2] (a)는 외생변수로 설정된 두 개의 연속형 관찰변수 X_1과 X_2에 대한 경로도를 RAM 기호체계로 나타낸 것이다. 각 변수는 독립적으로 분산을 가지며 둘 사이의 공분산도 가정된다. X_1과 X_2의 원인은 모형 밖에 존재하는데 이러한 속성을 **외생성**(exogeneity)이라 한다. 외생변수는 내생변수의 원인이 된다고 가정된다. 연습문제 1을 통해 범주의 수가 2 이상($k \geq 2$)인 명목형 외생변수를 모형에서 어떻게 나타낼 수 있는지를 생각해 보자. 다중회귀모형에서 더미코드, 효과코드, 대비코드를 어떻게 구성하는지를 떠올려 보면 도움이 된다.

[그림 6-2] (b)는 연속형 내생변수 Y를 나타낸다. 내생변수는 하나 이상의 측정변수(외생변수 또는 내생변수)에 의해 유발된다고 가정된다. 모든 내생변수는 이 그림에서 D로 표시되어 있는 **설명오차**(disturbance)를 수반한다. 설명오차는 설명되지 않은 잔차의 분산을 나타내고 인과관계가 확률적이라는 가정을 반영한다. 또한 측정되지 않은 외생변수라는 의미에서 잠재변수로 간주된다. 이것은 설명오차가 모형에서 누락되어 있는 내생변수에 대한 모든 원인과 측정오차를 나타내기 때문이다. 따라서 RAM 기호체계에서 설명오차는 원과 외생변수의 분산 기호로 표시된다. 오차분산은 컴퓨터에 의해 추정되기 때문에 자유모수로 분류된다(규칙 6.1).

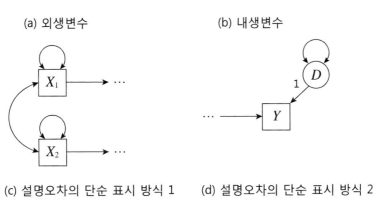

[그림 6-2] 경로모형의 외생변수(a)와 내생변수(b)에 대한 McArdle-McDonald의 RAM 기호체계.
비-RAM 기호체계로 설명오차를 누락된 원인의 직접효과로 표시한 방식(c)과
설명되지 않은 오차분산으로 표시한 방식(d)

[그림 6-2] (b)의 경로 $D \longrightarrow Y$는 측정되지 않은 모든 원인의 직접효과를 나타낸다. 이 경로 옆에 있는 숫자 (1)은 **척도화 상수**(scaling constant)로서 설명오차에 척도를 부여한다. 척도화 상수가 필요한 이유는 설명오차가 잠재변수이고 컴퓨터가 잠재변수의 모수를 추정하기 위해서는 반드시 척도를 부여해야 하기 때문이다. 척도화 상수는 **비표준화잔차 경로계수**(unstandardized residual path coefficient)라고도 한다. 척도화 상수를 부여하면 컴퓨터는 설명오차분산이 내생변수의 전체 분산의 일부가 되도록 추정한다($S_D^2 \le S_Y^2$).

[그림 6-2]의 아래 부분에는 설명오차를 간략하게 나타내는 두 가지 다른 방식(비-RAM 방식)이 제시되어 있다. 이러한 단순 표시 방식은 설명오차가 잠재변수임을 나타내는 기호와 척도화 상수를 생략하고 있다. [그림 6-2] (c)는 분산을 나타내는 기호를 생략하고 Y에 대한 누락된 원인의 직접효과만을 표시하고 있다. [그림 6-2] (d)는 내생변수 Y의 기호에 오차분산의 기호만 붙여서 표시하고 있는데, 이것이 내생변수인 Y가 외생변수와 같이 자유로운 분산을 갖는다는 것을 의미하지는 않는다. 설명오차에 대한 이러한 단순 표시 방식들은 사용에 문제가 없는 데다가 경로도를 더 단순하게 표현한다. 다만 설명오차의 분산이 자유모수라는 점을 잊지 않도록 주의해야 한다.

경로모형의 설명오차를 다중회귀에서의 잔차와 같다고 간주해선 안 된다. 이러한 관점은 인과모형으로서의 경로모형을 통계모형으로서의 회귀분석과 혼동하게 한다. 회귀에서의 잔차는 최소제곱 추정 절차에 따른 인위적 결과물로서 예측변수와 상관을 갖지 않는

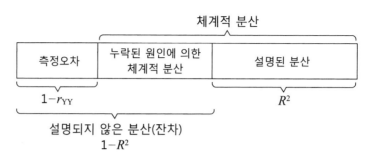

[그림 6-3] 경로모형에서 연속형 내생변수의 표준화된 분산의 분할

주. r_{YY}: 관찰값의 신뢰도계수. R^2: 내생변수의 분산 중 모든 측정변수가 직접효과를 통해 설명하는 분산의 비율.

나머지 부분이라고 해석된다. 그러나 설명오차는 분석에서 나온 인위적 결과물이 아니라 오히려 사회적 요인이나 유전적 요인과 같이 측정되지는 않지만 해당 내생변수에 영향을 주는 물리적 실체에 의해 결정된다고 볼 수 있다(Pearl, 2012).

[그림 6-3]은 연속형 내생변수의 표준화 분산을 개념적으로 세분한 것이다. 설명분산의 비율은 R^2이며, 이는 변수 Y와 그것의 원인으로 설정된 모든 관찰변수의 다중상관제곱을 의미한다. 설명되지 않은 분산의 비율은 $1-R^2$으로 표현되고, 이는 측정오차와 누락된 원인변수들로 인한 체계적인 분산으로 나뉠 수 있다. 측정오차는 $1-r_{YY}$로 추정되며 여기에서 r_{YY}는 관찰값의 신뢰도계수를 의미한다. 연습문제 2를 통해 그림에 나타난 내생변수 관찰값의 신뢰도가 낮아지면 어떤 결과가 초래되는지를 생각해 보도록 하자.

기본 모형과 가정

다음으로는 경로모형을 구성하는 기본 모형을 살펴볼 것이다. 이 기본 모형을 이용하여 보다 복잡한 모든 형태의 경로모형을 구성할 수 있다. [그림 6-4] (a)의 경로모형은 X가 Y의 원인이고 Y의 측정되지 않은 모든 원인이 X와 상관을 가지지 않는다(D와 X가 독립적이다)고 가정한다. X가 Y의 원인이라는 가설은 **인과에 대한 약한 가정**(weak causal assumption)으로 이 가정은 $X \longrightarrow Y$ 경로의 직접효과에 대해 이론적으로 0을 제외한 모든 값을 가질 수 있도록 허용한다. 이에 반해, 직접효과가 정확히 0이라는 가설은 **인과에 대한 강한 가정**(strong causal assumption)이며 모형 경로도에서는 두 변수 사이의 직접효과를 의미하는 화살표를 생략하여 표현한다.

[그림 6-4] (a)에서는 X와 D가 독립적이라는 가정이 필수적인데 그 이유는 그림에서

(a) 단일 원인

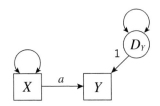

(b) 동치모형

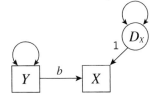

(c) 잠재적 공통 원인

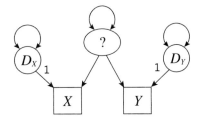

(d) 분석되지 않는 잠재적 연관성

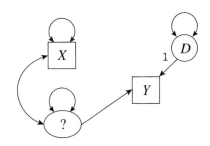

[그림 6-4] 단일 직접효과 모형(a)과 이에 대한 동치모형(b). 생략된 공통 원인으로 X와 Y의 연관성을 예측하는 비인과모형(c)과 Y의 누락된 원인과 X 사이의 연관성으로 X와 Y의 연관성을 예측하는 비인과모형(d)

a로 표시된 $X \longrightarrow Y$의 **경로계수**(path coefficient)가 모형에 포함되지 않은 모든 원인이 고정되었다고 가정하는 유사–고립 상태에서 계산되기 때문이다. 경로계수 a는 비표준화 값이나 표준화 값으로 산출될 수 있다. SEM의 경로모형에서 X와 Y가 모두 연속형인 경우 직접효과는 선형적인 관계로 가정된다. 그림에서 보는 바와 같이 외생변수는 오차항을 가지지 않기 때문에 X의 값은 완전한 신뢰도($r_{XX} = 1.00$)를 갖는다고 가정된다. 이에 반해 Y의 측정오차는 설명오차에 포함될 수 있기 때문에 Y의 신뢰도는 완전하다고 가정되지 않는다.

모형에서 외생변수로 가정된 X가 실제로는 D와 공변하는 것을 **내생성**(endogeneity)이라 한다. 이것의 의미는 X의 외생성이 충족되지 않고 X가 사실상 외생변수가 아니라는 것이다. 내생성은 방향성에 대한 설정오류에 의해 발생할 수 있는데, 예를 들어 X가 Y의 원인이 아니라 Y가 X의 원인이라면 X는 외생성을 갖지 못한다. 이러한 상황($Y \longrightarrow X$)이 [그림 6-4] (b)에 예시되어 있다. 이 모형은 $X \longrightarrow Y$로 설정된 [그림 6-4] (a)와 동치모형이다. 두 모형은 방향성에 대해 상호 모순적인 가정을 하고 있지만 데이터에 대해서는 완전히 동일한 적합도를 갖는다. 연습문제 3에서 X와 Y가 선형적 관계를 갖는 연속형 변수로서 단순회귀에 의해 계수가 추정된다고 할 때, [그림 6-4] (a)의 경로계수 a와 [그림 6-4] (b)의 경로계수 b를 비교하여 이를 증명해 보도록 하자. 내생성은 X와 Y가 서로에 대해 상호 원인이 될 때, 즉 $X \rightleftharpoons Y$일 때에도 발생할 수 있다. Antonakis, Bendahan, Jacquart 와 Lalive(2010)에서 그 예를 볼 수 있다. 범죄를 줄이기 위해 더 많은 경찰관을 채용한다고 가정해 보자. 만일 범죄의 증가가 경찰관을 더 많이 채용하는 결정을 유도한다면 두 변수 가 서로 영향을 주고 받게 되기 때문에 경찰관의 추가 채용은 외생성을 충족하지 못한다.

변수 X와 Y는 인과적 관계와 전혀 상관없는 이유로 공변할 수도 있다. [그림 6-4] (c) 에서 X와 Y의 연관성은 측정되지 않은 공통 원인으로 인해 유발된 허위적인(spurious) 것이다. 따라서 두 변수는 내생변수이다. [그림 6-4] (d)에서 변수 X와 Y는 Y의 측정되지 않은 원인과 X 사이의 관련성으로 인해 공변할 것으로 기대되지만, X 자체는 Y에 인과적 영향을 주지 않는다. [그림 6-4]에 있는 네 모형을 모두 살펴볼 때 결국 경로분석과 SEM의 주요 문제는 어떤 모형이 관찰된 공분산을 가장 잘 설명하는지를 결정하는 데 있다는 것을 알 수 있다. 그러나 이 결정은 모형 설정의 문제이지 분석의 문제가 아니다. 왜냐하면 [그림 6-4] (a)와 [그림 6-4] (b)에서처럼 서로 다른 여러 개의 구조방정식이 동일한 데이터에 대해 같은 정도의 적합도를 가질 수 있기 때문이다. 이러한 의미에서 SEM에서 방향성의 설정은 '검증'되는 것이 아니라 '가정'되는 것이며, 어떤 모형이 데이터에 대해 갖는 전반적인 적합도는 그와 같은 가정하에 평가된다. 방향성에 대한 특정한 설정이 옳은지 그른지를 직접적으로 검증하는 방법은 존재하지 않는다. 이 사실은 인과모형에서 검증할 수 없는 가정들이 얼마나 중요한지를 보여 준다.

[그림 6-5] (a)는 하나의 결과변수 Y에 영향을 미치는 두 원인변수(X_1, X_2)가 서로 상관을 가지는 모형을 보여 준다. 회귀분석에서와 같이 직접효과의 경로계수(a, b)는 각각 X_1과 X_2의 공변성을 통제한 채로 추정된다. 이 모형은 두 변수 X_1과 X_2 모두 측정오차가 없고, Y의 측정되지 않은 원인들은 X_1, X_2와 모두 독립적이라고 가정한다. 또한 X_1과 X_2 사이에는 조절효과가 없다. 이것은 Y에 대한 X_1의 인과효과가 X_2의 값에 의존하지 않는다는 것을 의미하고 그 반대도 마찬가지다. 달리 말하면, 그림에 표시된 계수 a와 b 각각은 상대 원인변수의 수준에 따라 달라지지 않고 일정한 값을 갖는다. **조절효과**(moderation)는 **동일하지 않은 인과효과**(causally heterogeneous) 또는 조건부 효과를 나타내는 용어다. 예컨대, Y에 대한 X_1의 인과효과가 X_2 값이 상대적으로 낮은 상황에서는 정적이지만 X_2의 값이 높은 상황에서는 부적인 경우가 여기에 해당한다. 조절효과는 언제나 대칭적이기 때문에 Y에 대한 X_2의 인과효과가 X_1의 수준에 따라 달라진다고 표현할 수도 있다. 이 예에서 조절효과는 두 변수의 상호작용을 탐지하기 위해 X_1과 X_2의 측정이 모두

(a) 상관을 가지는 복수의 원인변수　　(b) 직접효과와 간접효과

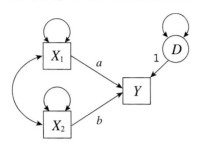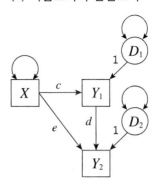

[그림 6-5] 복수의 원인변수가 상관을 가지는 모형(a)과 직접효과와 간접효과가 포함된 모형(b)

주. 연속형 변수의 간접효과는 두 계수의 곱인 cd로 추정.

요구되는 결합효과의 하나이다.[5] 경로분석에서 조절효과를 추정하는 것은 가능하지만 조건부 인과모형은 [그림 6-5] (a)가 아닌 매우 구체적인 방식으로 설정되어야 한다. 이 주제는 17장에서 다시 다룰 것이다.

[그림 6-5] (b)에는 두 측정변수인 외생변수 X와 내생변수 Y_1으로부터 Y_2로 향하는 두 개의 직접효과가 있다. 외생변수 X는 동시에 내생변수 Y_1의 원인으로 설정되어 있다. 이와 같은 설정은 Y_1에 Y_2의 원인이자 X의 결과라는 두 가지 역할을 부여한다. 즉, 다음과 같이 표현되는 이 경로는 X가 둘 사이에 있는 Y_1을 거쳐 Y_2에 미치는 **간접효과**를 나타낸다.

$$X \longrightarrow Y_1 \longrightarrow Y_2$$

다시 말해 X는 Y_1에서의 변화를 유발하고 이것이 Y_2에서의 변화를 일으킨다. [그림 6-5] (b)의 모형은 $r_{XX} = 1.00$이고, Y_2의 원인인 X와 Y_1 사이에 상호작용이 없고, Y_1의 누락된 원인(D_1)과 Y_2의 누락된 원인(D_2) 사이에 상관이 없다는 것을 가정한다.

변수들이 연속형이고 상호작용이 없는 선형모형이라고 가정할 때, [그림 6-5] (b)의 경로계수 $c-e$는 각각 다음에 제시된 직접효과에 대한 추정치에 해당한다.

---

5) 일부 연구자들은 상호작용이라는 용어를 인과성과 무관하게 나타나는 결합효과를 설명할 때 사용하고, 조절효과라는 용어를 조건부 인과효과(인과적 상호작용)에 한정하여 사용하기도 하지만, 모두가 그렇게 사용하는 것은 아니다.

$$X \longrightarrow Y_1 \quad Y_1 \longrightarrow Y_2 \quad X \longrightarrow Y_2$$

계수 d와 e는 각각 X와 Y_1이 Y_2에 대해 갖는 효과를 통제한 값이다. 경로 $X \longrightarrow Y_1$과 $Y_1 \longrightarrow Y_2$의 계수의 곱인 cd 항은 X가 Y_2에 미치는 직접효과를 통제했을 때 X가 Y_2에 미치는 간접효과의 추정치이다. 연속형 변수 간 간접효과의 **곱 추정량**(product estimators)에 대한 개념은 이후의 장에서 더 자세히 다루겠지만 여기에서는 경로분석이나 SEM에서 간접효과의 추정이 매우 빈번하게 이루어지고 있다는 점만 밝혀 둔다. Y_2에 대한 X의 **총효과**(total effect)는 $e + cd$로 정의되는데 이것은 [그림 6-5] (b)에서 X의 직접효과와 간접효과의 합이다.

간접효과와 매개효과

간접효과는 매개효과의 필수적 요소이지만 이 두 용어가 동의어는 아니다. 매개효과는 한 변수가 다른 변수의 변화를 유발하고 그것이 결과변수의 변화로 이어진다는 인과적 가설을 상정하기 때문이다(Little, 2013). 이 정의에서 두 변수 사이를 중개하는 변수를 **매개변수**(mediator)라고 하며, 매개변수는 인과적으로 선행하는 변수가 제3의 변수에 미치는 영향의 일부를 전달한다. 따라서 매개효과는 어떤 효과가 원인변수로부터 전달자인 매개변수를 거쳐 최종 결과변수로 전달되는 인과적 경로로 볼 수 있다.

매개효과에 대한 이와 같은 정의에서 변화를 강조하는 것은 변화의 증거가 없다면 간접효과가 나타난다 하더라도 매개효과가 나타난다고 볼 수 없기 때문이다. 다시 말해, 매개효과는 언제나 간접효과를 동반하지만 모든 간접효과가 자동적으로 매개효과를 나타내지는 않는다. 이는 특히 시간적 선행성이 누락된 비실험설계에서 그러하다. 이러한 설계를 횡단설계라고도 한다. [그림 6-5] (b)로 돌아가 보자. 만일 변수 X, Y_1, Y_2가 모두 동시에 측정되었다면 X에서 Y_2로 가는 간접경로의 요소들 사이에서 변화를 추정하는 것은 불가능하다. Maxwell과 Cole(2007)은 시간적 선행성이 포함된 설계를 강조하면서, 횡단자료를 이용하여 매개효과를 정확하게 분석할 수 있는 조건은 매우 드물고 거의 언제나 편향된 모수추정치를 얻는다고 설명하였다. [그림 6-5] (b)에 상응하는 최소의 설계는 X가 실험변수로서 두 조건(예: 약물과 위약 처방)을 가지고, 매개변수(예: 실제 투약량)인 Y_1이 두 번째 시점에 측정되고, 결과변수(예: 건강상태)인 Y_2가 세 번째 시점에서 측정되는 설계이다. 매개효과를 추정하기 위한 종단설계에 대해서는 이 장의 후반부에서, 실험적 매개효과 설계는 8장에서 다룰 것이다. 일반적으로 매개효과라는 용어는 시간적 선행성의 요소를 가지는 설계에 한해 사용되어야 하며 그렇지 않은 경우에는 간접효과라는 용어를 사용하는 것이 바람직하다.

재귀모형과 비재귀모형

경로모형에는 두 가지 유형이 있다. **재귀모형**(recursive models)은 이 중 더 단순한 모형으로, 설명오차 간에는 서로 상관이 없고 모든 인과효과는 오로지 한 방향만을 가지고 있다는 두 가지 기본적인 특징을 가진다. [그림 6-4]와 [그림 6-5]에 있는 모형은 모두 재귀모형이다. **비재귀모형**(nonrecursive models)은 인과적인 피드백 순환을 포함하거나 설명오차 간에 상관을 가질 수 있다. [그림 6-6] (a)의 모형은 비재귀모형이다. 이 모형에서 Y_1과 Y_2는 서로에게 원인이면서 동시에 결과도 되는 직접 피드백 순환을 형성하고 있다 ($Y_1 \rightleftarrows Y_2$). 이 두 변수는 동시에 한 번만 측정된다. 다시 말해 피드백은 종단설계가 아닌 횡단설계를 통해 수집된 데이터를 사용하여 추정한다.

간접 피드백 순환(indirect feedback loops)은 최소 세 개의 변수가 최종적으로 선행 변수로 다시 향하는 직접효과들로 연결된다. 세 변수 Y_1, Y_2, Y_3로 구성된 간접 피드백 순환은 연구자가 설정한 순서에 따라 변수를 연결하는 경로로 구성된 '삼각형'의 경로도로 나타낼 수 있다. 세 변수에 대한 간접 피드백 순환의 예가 다음에 제시되어 있다(설명오차 생략).

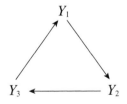

이 그림에 제시된 피드백 순환의 각 변수는 간접경로 $Y_1 \longrightarrow Y_2 \longrightarrow Y_3$에서 Y_2와 같이 간접효과에 관여하며 따라서 피드백도 간접적이다.

[그림 6-6] (a)의 모형은 **설명오차 간의 공분산**(비표준화 변수의 경우) 또는 **상관**(표준화 변수의 경우)을 포함한다. 여기서부터는 **설명오차상관**(disturbance correlation)이라는 용어를 변수의 표준화 여부와 관계없이 사용할 것이다. 설명오차상관(예: $D_1 \smile D_2$)은 이에

대응하는 내생변수(Y_1, Y_2)들이 적어도 하나의 측정되지 않은 원인을 공유한다는 것을 가정한다. 측정된 외생변수 간에 분석되지 않는 연관성(예: $X_1 \smile X_2$)을 설정하는 것은 일반적이지만 모형 내에서 설명오차 간에 상관을 설정하는 것은 일반적이지 않다. 그 이유에 대해서는 곧 설명하도록 하겠다.

경로모형의 또 다른 형태로, 변수들 사이의 인과효과는 한 방향만을 가지지만 설명오차상관이 포함된 모형이 있는데, 이러한 모형의 두 가지 예가 [그림 6-6] (b)와 [그림 6-6] (c)에 제시되어 있다. 이러한 모형을 분류하는 방식은 일관적이지 않다. 어떤 연구자들은 이러한 모형을 비재귀모형의 범주로 구분하는 반면, **부분재귀모형**(partially recursive model)이라는 용어를 사용하여 별도로 구분하는 연구자들도 있다. 그러나 이러한 모형을 어떻게 명명하는가보다 더 중요한 것은 그림에서 구분한 두 가지 특징이다. **비활모양**(bow-free pattern)모형, 즉 설명오차상관이 활모양을 띠지 않는 부분재귀모형을 분석할 때는 재귀모형인 것처럼 간주하여 분석할 수 있다. 비활모양 모형이란 상호 간에 직접효과가 없는 내생변수들에 한해서만 설명오차상관이 부여된 경우를 말한다([그림 6-6] (b)). 이에 반해 설명오차가 활모양(bow pattern)을 나타내는 부분재귀모형은 비재귀모형으로 간주하여 분석해야 한다. 활모양 모형은 직접효과를 가지는 내생변수들의 설명오차 간에 상관이 있는 것을 의미한다([그림 6-6] (c); Brito & Pearl, 2003). 앞으로 이 책에서 비재귀모형이라고 하면 설명오차상관이 활모양을 띠는 부분재귀모형을 포함하는 의미로, 재귀모형은 설명오차상관이 활모양을 띠지 않는 부분재귀모형을 포함하는 의미로 사용할 것이다.

논의를 이어 가기 전에 [그림 6-6] (a)의 비재귀모형에 대해 관측 정보의 개수, 모수의 개수, 그리고 자유도를 세는 규칙을 적용해 보도록 하자. 이 모형에는 관찰변수가 네 개($v=4$)이므로 관측 정보의 개수는 4(5)/2= 10이다. 측정된 외생변수(X_1, X_2)가 두 개, 측정

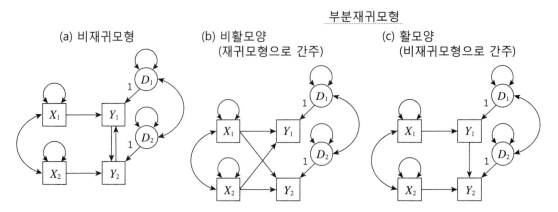

[그림 6-6] 비재귀 경로모형과 부분재귀 경로모형의 예

되지 않은 외생변수(D_1, D_2)가 두 개이므로 모두 네 개의 외생변수가 있다. 이 외생변수들의 분산 네 개와 공분산 두 개($X_1 \smile X_2$, $D_1 \smile D_2$)는 자유모수다. 다른 측정변수에서 내생변수로 향하는 직접효과(자유모수)는 다음과 같이 모두 네 개다.

$$X_1 \longrightarrow Y_1 \quad X_2 \longrightarrow Y_2 \quad Y_1 \longrightarrow Y_2 \quad Y_2 \longrightarrow Y_1$$

이 모형의 관측 정보의 개수와 자유모수의 개수는 모두 10으로 같기 때문에 자유도는 0이다($df_M = 0$). 연습문제 4를 통해 [그림 6-6] (b)와 [그림 6-6] (c)의 자유모수의 개수를 세어 보고, 연습문제 5를 통해 [그림 6-6] (c)에 있는 Y_1과 Y_2 사이의 관계에 관한 가설을 서술해 보도록 하자.

재귀모형과 비재귀모형의 구분이 가지는 시사점

재귀모형은 모든 인과효과가 단일한 방향을 가지며 내생변수 간에 직접효과가 있을 때는 설명오차가 독립적이어야 한다고 가정한다. 이러한 가정은 모형 분석을 위한 통계적인 요구조건을 간소화한다. 예를 들어, 재귀모형의 직접효과에 대한 경로계수와 설명오차분산은 다중회귀분석을 이용하여 추정할 수 있다. 재귀모형에서는 분석상의 기술적인 문제들이 상대적으로 덜 발생한다. 또한 모형식별에 필요한 조건을 충족하면 재귀모형은 식별된다(7장 참조). 이러한 가정은 분석상의 부담을 덜어 주기는 하지만 동시에 큰 제약이 되기도 한다. 예를 들어, 재귀모형에서는 인과적 순환이나 활모양의 설명오차상관을 표현할 수 없다.

비재귀모형은 이러한 효과를 표현할 수 있지만 특수한 가정을 요구한다는 단점을 가진다. 횡단자료에서 인과적 순환에 대한 추정은 평형성(equilibrium)을 가정하는데, 평형성이란 상호 인과관계의 바탕이 되는 체계 내에서의 변화는 이미 그 효과가 횡단자료에 반영되어 있고, 그 체계는 안정적인 상태에 도달했음을 의미한다. Kaplan, Harik과 Hotchkiss(2001)가 지적한 바와 같이, 일반적으로 평형성 가정을 직접 평가할 수 있는 통계적 방법은 없으며 이 가정은 내용적으로 논증되어야 한다. 그러나 횡단자료로 추정된 피드백 효과를 다루는 연구에서 이 가정이 언급되는 경우는 거의 없다. 이는 매우 불행한 일로, Kaplan 등(2001)은 컴퓨터 모의실험 연구를 통해 평형성 가정이 위배되었을 때 추정값이 심각하게 편향될 수 있음을 보였다. 또 다른 가정은 **정상성**(stationarity)으로 이것은 기본적인 인과 구조가 시간에 따라 변하지 않는다는 것을 의미한다.

동시에 측정된 변수들 간에 상호 인과를 추정하는 것에 대해서는 논란이 있다(Wong & Law, 1999). 이러한 설계가 시간적 선행성을 결여하고 있기 때문이다. [그림 6-6] (a)의 $Y_1 \rightleftarrows Y_2$와 같이 직접 피드백 순환을 구성하는 양방향 경로는 즉각적인 순환 과정을 나타내는데, 실제로 그러한 인과적 기제는 존재하지 않을 수 있다(Hunter & Gerbing, 1982). 이러한 의미에서 시간적 선행성이 결여된 설계에서는 측정 시점에 항상 오류가 있다고 볼 수 있다.

그러나 상호 인과를 추정할 때 시간적 선행성의 결여가 항상 문제가 되는 것은 아니다. Finkel(1995)은 어떤 인과효과의 시간 간격은 너무 짧아서 시점을 달리하여 측정하는 것이 불가능할 수 있다는 점을 지적하였다. 부부의 감정이 서로에게 미치는 상호효과를 예로 들 수 있다. 이 예에서 인과적 시간 간격은 0이 아니지만 사실상 동시에 발생했다고 할 만큼 매우 짧을 수가 있다. 그렇다면 비재귀모형에서 가정하는 피드백 순환의 즉각적 주기는 받아들일 수 있다. 이 경우 매우 짧은 시간 간격의 상호효과는 횡단설계를 통해 추정하는 것이 더 적절할 수 있으며 심지어 패널 데이터를 사용하는 것보다도 나을 수 있다(Wong & Law, 1999). 왜냐하면 인과적 효과의 시간 간격을 언제나 정확히 알 수는 없기 때문이다. 이런 경우에는 사전에 정해진 측정 시점에 따라 수집된 종단자료가 횡단자료에 비해 무조건 더 낫다고 할 수는 없다.

피드백 순환을 구성하는 변수들의 설명오차는 흔히 공변한다고 가정된다. 이러한 설정을 수긍할 수 있는 이유는 변수들이 서로에 대해 상호 영향을 미치면 측정되지 않은 원인을 공유할 수 있기 때문이다. 인과적 순환에서 한 변수([그림 6-6] (a)의 Y_1)를 예측하는 데 있어 발생하는 오차 중 일부는 그 순환을 구성하는 다른 변수(Y_2)에 의해 유발될 수 있고 그 반대도 마찬가지다. 설명오차상관을 설정하는 것은 반복측정을 사용하는 연구에서도 볼 수 있다. 그 이유는 이러한 연구에서 사용되는 변수가 가지는 서로 다른 시점의 오차분산이 중첩될 수 있기 때문인데, 이 경우 오차 사이에 **자기상관**(autocorrelated errors)이 있다고 한다. 검사-재검사의 시간 간격이 상대적으로 짧은 경우(예: 연속된 학습 시행)라면 오차분산이 공유(중첩)된 정도가 더 클 것이다. SEM이 **오차공분산구조**(error covariance structures)에 대한 가설을 검정할 수 있다는 것은 상대적인 강점이다.

모형에 설명오차상관이 하나씩 추가될 때마다, 자유도가 1씩 늘게 되는 비용이 발생한다. 그 결과 모형은 더 복잡해지지만 적합도는 증가한다. 설명오차상관을 설정해야 하는 실질적인 이유가 있다면 이를 생략하기보다는 포함하여 모형을 분석하는 것이 더 나을 것이다. 실제로 측정되지 않은 공통의 원인이 있는데도 설명오차상관이 0이라고 제약하면, 이 연관성이 모형의 외생변수 방향으로 분산되고 결과적으로 직접효과에 대한 추정치에 편향이 발생할 수 있다. 일반적으로 설명오차상관은 서로 상관이 있다고 여길 만한 타당한 이유가 있는 경우에 한해 설정해야 한다. 타당한 이유없이 모수를 추가하면 모형을 지나치게 복잡하게 만들 수 있다는 점을 명심해야 한다.

비재귀모형을 골치 아프게 하는 또 다른 문제는 식별이다. 모든 경우에 적용할 수는 없지만 일부 유형의 비재귀 경로모형에 대해서는 식별 여부를 결정할 수 있는 몇 가지 간단한 방법이 있다. 이 방법에 대해서는 다음 장에서 설명하겠지만 여기에서 한 가지 강조할 것이 있다. 비재귀모형의 식별문제를 해결하는 한 가지 방법은 외생변수를 추가하는 것이다. 그러나 이 방법은 보통 데이터가 수집되기 전에만 적용할 수 있다. 따라서 비재귀 경로모형의 식별 여부는 연구가 수행되기 전, 모형을 설정하고 난 직후에 평가하는 것이 매우 중요하다.

종단자료의 경로모형

반복측정 데이터에 대한 경로모형의 종류는 다양한데 대표적인 몇 가지를 이 절에서 소개한다. 더 자세한 사항은 Little(2013)과 Newsom(2015)을 참고하라. [그림 6-7]에 제시된 것은 각각 두 시점에 측정된 내생변수 Y_1과 Y_2에 대한 **패널모형**(panel model)이다. 이 모형에 포함된 두 외생변수 X_1과 X_2는 첫 번째 시점에만 측정되었다. 이 그림상의 계수 a와 b는 각각 다음의 **자기회귀경로**(autoregressive path)에 대응된다.

$$Y_{11} \longrightarrow Y_{12} \quad Y_{21} \longrightarrow Y_{22}$$

각 경로의 계수는 해당 변수의 자신에 대한 직접효과, 즉 시간의 경과에 따른 안정성을 추정한다. [그림 6-7]의 계수 c와 d는 각각 두 변수 사이의 **교차지연경로**(cross-lagged path)에 대응된다.

$$Y_{11} \longrightarrow Y_{22} \quad Y_{21} \longrightarrow Y_{12}$$

이 경로의 계수는 Y_1과 Y_2가 시간의 경과에 따라 서로에게 미치는 직접효과를 추정한다. 자기회귀 효과와 교차지연 효과는 서로를 통제한 채로 추정된다. 예를 들어, 계수 c는 시점 1의 Y_1이 시점 2의 Y_2에 미치는 효과를 시점 1의 Y_2의 자기회귀 효과를 통제한 채로 추정한다. 연습문제 6을 통해 [그림 6-7]의 패널모형에 대해 관측 정보의 개수와 자유모수의 개수를 세어 보도록 하자.

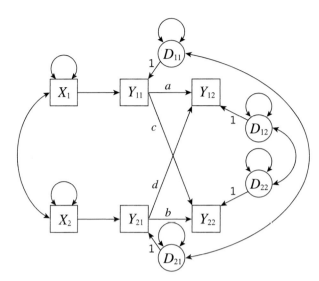

[그림 6-7] Y_1과 Y_2에 대한 교차지연 패널모형

주. 아래 첨자의 두 번째 자리는 측정 시점을 나타냄.

　　패널모형에서 교차지연 효과와 자기회귀 효과는 시간의 경과에 따른 영향에 관한 것이다. 패널모형에서 같은 시점 내의 연관성(상관)은 보통 공변하는 변수 사이(예: [그림 6-7]의 $X_1 \smile X_2$)에서든, 같은 시점에 측정된 내생변수의 설명오차 사이(예: 시점 1의 $D_{11} \smile D_{21}$)에서든 분석되지 않는 것으로 설정된다. 이 그림의 설명오차상관은 비활모양이기 때문에 이 모형은 재귀모형으로 간주된다. 패널모형의 복잡성은 모형에 변수가 추가될수록 급격하게 증가할 우려가 있다. 만일 설명오차상관이 활모양이라면, 즉 해당 내생변수들 사이에 직접효과가 있다면 패널모형도 비재귀모형이 된다(Frees, 2004 참조).

　　[그림 6-8] (a)의 모형은 매개효과를 추정하기 위한 **절반종단설계**(half longitudinal design)를 나타낸다(Cole & Maxwell, 2003). 이 모형에서 X_1은 원인변수, M_1은 매개변수, 그리고 Y_1은 결과변수이며, 매개변수와 결과변수는 시점 1과 시점 2에서 모두 측정되지만 원인변수는 오로지 시점 1에서만 측정된다(그림 참조). 시점 2의 매개변수와 결과변수 간 설명오차는 공변하는 것으로 가정되지만 지면을 아끼기 위해 그림에서는 설명오차상관을 생략하였다. 이 모형에서 계수 a는 시점 1에서의 매개변수의 수준을 통제한 상태에서 시점 1의 원인변수가 시점 2의 매개변수에 미치는 직접효과를 추정한다. 마찬가지로 계수 b는 시점 1에서 측정된 결과변수의 수준을 통제한 상태에서 시점 1의 매개변수가 시점 2의 결과변수에 미치는 직접효과를 추정한다. 만일 모든 변수가 연속형이고 상호작용이 없다고 가정한다면, X가 M을 거쳐 Y에 미치는 간접효과는 두 직접효과 계수의 곱인 ab로 추정한다. 이 추정량은 매개변수와 결과변수의 자기회귀 효과를 통제한 것이다.

완전종단설계(full longitudinal design; Cole & Maxwell, 2003)에서는 원인변수, 매개변수, 결과변수 모두가 적어도 서로 다른 세 시점에 측정된다. [그림 6-8] (b)는 이 설계를 단순 표시 방식으로 나타낸 것이다. 이 모형은 두 번째와 세 번째 측정 시점에서 동일 시점의 설명오차들 간에 서로 상관이 있다고 가정하는데 그림에서는 생략하였다. 변수들이 연속형이고 상호작용이 없다고 가정할 때 [그림 6-8] (b)의 매개효과는 계수 c와 d의 곱인 cd로 추정된다. 계수 c는 시점 1의 원인변수가 시점 2의 매개변수에 미치는 직접효과를 이전 시점의 매개변수의 수준을 통제한 채로 추정하며, 계수 d는 시점 2의 매개변수가 시점 3의 결과변수에 미치는 직접효과를 이전 시점의 결과변수의 수준을 통제한 채로 추정한다. Little(2013)이 지적한 대로 계수 c와 d는 이 모형에서 원인에서의 변화가 간접적으로 결과에 영향을 미칠 수 있는 유일한 연쇄 경로에 해당한다.

$$X_{11} \longrightarrow M_{12} \longrightarrow Y_{13}$$

[그림 6-8] (b)에 있는 완전종단설계 모형은 두 개의 절반종단설계를 반복한 것으로 볼수 있다. 다시 말해 다음 경로의 두 계수의 곱 cd'는 매개효과의 실제 추정량인 cd를 대체할 수 있다.

$$X_{11} \longrightarrow M_{12} \qquad M_{11} \longrightarrow Y_{12}$$

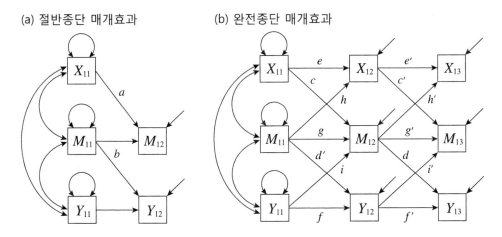

[그림 6-8] 매개효과에 대한 절반종단모형(a)과 완전종단모형(b)

주. 단순 표시 방식에 따라 설명오차를 표시하였음. 각 측정 시점 내에서 짝을 이루는 모든 설명오차상관은 지면상 생략하였음. 아래 첨자의 두 번째 자리는 측정 시점을 나타냄.

마찬가지로 다음 경로의 두 계수의 곱 $c'd$ 역시 cd를 대체할 수 있다.

$$X_{12} \longrightarrow M_{13} \qquad M_{12} \longrightarrow Y_{13}$$

정상성을 가정한다면 이 두 대체 추정량의 값은 cd의 값과 유사해야 한다. 마찬가지로 이 가정은 다음과 같은 동일성이 표집오차 내에서 만족된다고 예측한다.

$$c = c' \qquad d = d' \qquad e = e' \qquad f = f'$$
$$g = g' \qquad h = h' \qquad i = i'$$

Selig와 Preacher(2009)는 매개효과를 추정하기 위한 다른 방식의 종단설계를 소개하고 있다.

🥧 요약

이 장에서는 경로모형, 즉 관찰변수의 구조모형에 대한 설정과 관련된 내용을 살펴보았다. 경로모형은 측정변수들 사이의 관련성에 대한 가설(비인과적인 허위 연관성, 직접 인과효과 및 간접 인과효과)을 반영한다. 경로모형의 특징은 가설적 구인을 하나의 관찰변수로 측정하는 단일지표 측정이 사용된다는 것이다. 따라서 각각의 단일지표들이 심리측정학적으로 양호한 속성을 갖는 것이 매우 중요하다. 매개효과의 분석에는 실험설계나 종단설계와 같이 시간적 선행성을 갖춘 설계로부터 얻어진 데이터가 사용되어야 한다는 것이 학계의 공통된 견해로 자리 잡고 있다. 이와 같은 설계에서는 원인변수가 매개변수보다 먼저 측정되고, 매개변수가 결과변수보다 먼저 측정된다는 것이 보장된다. 매개효과는 항상 간접효과를 포함하지만 모든 변수가 동시에 측정되는 횡단설계에서 추정된 간접효과가 자동적으로 매개효과를 의미하는 것은 아니다. 또한 관찰정보의 개수와 모형의 자유모수의 개수를 세는 규칙에 대해서도 설명하였는데 이 규칙은 평균구조를 포함하지 않는 모든 종류의 구조방정식모형에 적용될 수 있다. 이 규칙은 경로모형이 식별되는지 여부를 확인하는 데 사용된다. 다음 장에서 이 주제를 다룰 것이다.

심화학습

Antonakis 등(2010)은 설계와 분석의 관점에서 인과추론의 문제를 다루고 있다. Hoyle(2012)은 경로모형과 구조방정식모형의 설정에 대해 설명하였으며, Kline(2012)은 다양한 종류의 구조방정식모형에서 사용되는 가정들을 개관하고 있다.

Antonakis, J., Bendahan, S., Jacquart, P., & Lalive, R. (2010). On making causal claims: A review and recommendations. *The Leadership Quarterly, 21*, 1086–1120.

Hoyle, R. H. (2012). Model specification in structural equation modeling. In R. H. Hoyle (Ed.), *Handbook of structural equation modeling* (pp. 126–144). New York: Guilford Press.

Kline, R. B. (2012). Assumptions in structural equation modeling. In R. H. Hoyle (Ed.), *Handbook of structural equation modeling* (pp. 111–125). New York: Guilford Press.

연습문제

1. 경로모형에서 집단수가 세 개인 명목변수의 집단 소속 정보를 예측변수로 사용하기 위한 방법을 설명하시오.

2. [그림 6-3]에서 내생변수의 측정오차가 증가할 때 어떤 결과가 나타나는지 설명하시오.

3. X와 Y가 둘 다 연속형이며 선형적 관계에 있고 단순회귀(OLS)에 의해 계수가 추정된다고 할 때, [그림 6-4] (a)의 경로계수 a와 [그림 6-4] (b)의 경로계수 b를 비교하여 두 모형이 동치모형임을 보이시오.

4. 규칙 6.1을 사용하여 그림 6.6(b)와 6.6(c)의 경로모형에 대해 자유모수의 개수를 계산하시오.

5. [그림 6-6] (c)의 경로도에는 변수 Y_1과 Y_2의 관계에 대하여 어떤 가설들이 반영되어 있는지 밝히시오.

6. [그림 6-7]의 패널모형에서 관측 정보의 개수와 자유모수의 개수를 계산하시오.

경로모형에 대한 LISREL 표기법

여기서는 평균 분석을 수행하지 않는 경로모형에 대한 LISREL 표기법을 소개한다. 측정변수 중 외생변수는 X로, 내생변수는 Y로 표시한다. 이 표기법에서는 그리스 문자가 사용되는데 소문자로는 β(베타), γ(감마), ζ(제타), ϕ(파이), ψ(싸이), 대문자로는 B(베타), $\varGamma$(감마), $\varPhi$(파이), $\varPsi$(싸이)를 사용한다. 다음에 제시된 비재귀 경로모형에는 변수, 모수, 설명오차가 기호로 표기되어 있다.

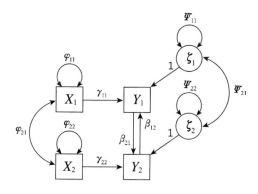

다음은 각 내생변수에 대한 구조방정식이다.

$$Y_1 = \gamma_{11} X_1 + \beta_{12} Y_2 + \zeta_1$$
$$Y_2 = \gamma_{22} X_2 + \beta_{21} Y_1 + \zeta_2$$

(6.2)

이 두 방정식은 다음과 같이 행렬의 형태로 나타낼 수 있다.

$$\begin{bmatrix} Y_1 \\ Y_2 \end{bmatrix} = \begin{bmatrix} \gamma_{11} & 0 \\ 0 & \gamma_{22} \end{bmatrix} \begin{bmatrix} X_1 \\ X_2 \end{bmatrix} + \begin{bmatrix} 0 & \beta_{12} \\ \beta_{21} & 0 \end{bmatrix} \begin{bmatrix} Y_1 \\ Y_2 \end{bmatrix} + \begin{bmatrix} \zeta_1 \\ \zeta_2 \end{bmatrix}$$
$$= \varGamma X + BY + \zeta$$

여기서 $\varGamma$는 측정변수인 외생변수가 내생변수에 미치는 직접효과에 대한 모수행렬이고,

X는 측정변수인 외생변수의 행렬이다. B는 내생변수들이 서로에게 미치는 직접효과에 대한 모수행렬이고, Y는 내생변수의 행렬이다. ζ는 설명오차의 행렬이다. 이에 더해 두 개의 모수행렬이 추가로 존재한다.

$$\Phi = \begin{bmatrix} \phi_{11} & \\ \phi_{21} & \phi_{22} \end{bmatrix}, \ \Psi = \begin{bmatrix} \psi_{11} & \\ \psi_{21} & \psi_{22} \end{bmatrix} \tag{6.4}$$

여기서 Φ는 측정변수인 외생변수의 공분산행렬이고 Ψ는 설명오차의 공분산행렬이다. 따라서 측정변수들로 구성된 경로모형은 다음과 같이 네 개의 LISREL 모수행렬로 표기된다.

$$\Gamma, \ B, \ \Phi, \ \Psi$$

경로모형의 식별

이 장에서는 SEM 분석 절차의 두 번째 단계에 해당하는 모형식별에 대해 다룬다. 모형식별이란 컴퓨터가 모형의 모수추정치에 대한 유일한 해를 구하는 것이 이론적으로 가능한지를 판단하는 과정을 의미한다. 이 장에서는 평균이 분석되지 않고 하나의 표본데이터가 사용될 때 경로모형의 식별 상태를 평가하는 방법을 설명한다. 어림법을 통해 상대적으로 간편하게 적용할 수 있는 몇 가지 식별 규칙을 제시하고, 이후의 장에서 계속 다루게 될 연구 사례도 소개할 것이다. 이 장에서 다루는 주제가 다소 추상적일 수 있지만 다양한 예시 자료와 연습문제를 통해 실제적인 적용 기회가 주어질 것이다. 중국 속담에 '배움은 당신이 어디를 가든 따라다닐 보물이다.'라는 말이 있다. 이 장에 소개된 개념들을 이해하고 나면 여러분은 자신의 연구에 SEM을 적용하는 데 있어 한층 더 깊이 있는 단계에 이르게 될 것이다.

식별의 기본 요건

어떤 종류의 구조방정식모형이든 이를 식별하기 위해 요구되는 기본적인 필요요건이 있다(충분요건은 아니다). 식별을 위한 필요요건은 다음과 같다.

1. 모형의 자유도는 0 이상이어야 한다($df_M \geq 0$).
2. 모든 잠재변수(설명오차 포함)에는 척도가 부여되어야 한다.

최소 자유도

첫 번째 요건($df_M \geq 0$)은 **셈 규칙**(counting rule)이라 부른다. 관측 정보의 개수(규칙 6.2)가 최소한 모형에 포함된 자유모수의 개수(규칙 6.1)와 같거나 이를 초과할 때 셈 규칙을 충족한다. 셈 규칙을 위반한 모형은 **식별에 미달**(underidentified)되거나 **결정에 미달**(underdetermined)된다. 식별에 미달된 모형은 식별이 되지 않는다. 다음의 식을 통하여 관측 정보가 부족하면 왜 식별되지 않는지 생각해 보자.

$$a + b = 6 \tag{7.1}$$

이 방정식을 모형으로 간주하면, '6'은 관측 정보이고 a와 b는 자유모수(미지수)다. 식 7.1은 관측 정보의 개수보다 자유모수의 개수가 더 많기 때문에 미지수에 대해 유일한 해(추정치)를 찾을 수 없다. 실제로 이 방정식의 해는 무수히 많으며 그중 일부는 다음과 같다.

$$(a = 4,\ b = 2)\quad (a = 8,\ b = -2)\quad (a = 2.5,\ b = 3.5)$$

컴퓨터를 이용하여 식별에 미달된 구조방정식 모형의 유일한 추정치를 찾고자 할 때도 유사한 일이 일어난다. 이러한 경우 단일 해로서 추정치를 구하는 것이 불가능해진다.

다음 예는 관측 정보와 모수의 개수가 동일하더라도 항상 식별이 보장되지는 않는다는 것을 보여 준다. 다음 연립방정식을 살펴보자.

$$\begin{aligned} a + b &= 6 \\ 3a + 3b &= 18 \end{aligned} \tag{7.2}$$

이 모형은 두 개의 관측 정보(6, 18)와 두 개의 자유모수(a, b)를 가지고 있지만 단일 해를 가지지 않는다. 실제로 식 7.2를 충족시키는 해는 ($a = 4$, $b = 2$)를 포함해 무수히 많다. 이 것은 두 번째 식이 첫 번째 식에 선형적으로 종속되기 때문에 발생한다. 두 번째 식은 첫 번째 식에 3을 곱한 것으로서 첫 번째 식을 충족시키는 해의 범위를 줄이지 못한다.

이제 두 번째 식이 첫 번째 식에 선형적으로 종속되지 않으면서 두 개의 관측 정보와 두 개의 자유모수가 포함된 다음 연립방정식을 살펴보자.

$$a + b = 6$$
$$2a + b = 10 \tag{7.3}$$

두 개의 관측 정보와 두 개의 모수로 구성된 이 모형은 유일한 해($a=4$, $b=2$)를 갖는다. 식 7.3과 같은 경우, 모형은 **포화식별**(just-identified) 또는 **포화결정**(just-determined)된다. 이 식에 모수추정치를 대입하면 6과 10이라는 관측 정보가 정확하게 산출된다. 자유도가 0이면서 식별되는 구조방정식모형은 대부분 데이터(표본공분산)를 정확히 구현해 내지만 이러한 모형은 모형에 대한 가설을 검증하지 않는다는 점을 언급한 바 있다.

어떤 통계모형은 관측 정보의 개수가 모수의 개수보다 많다. 세 개의 관측 정보와 두 개의 모수를 가지는 다음의 연립방정식을 살펴보자.

$$a + b = 6$$
$$2a + b = 10 \tag{7.4}$$
$$3a + b = 12$$

이 경우 세 식을 충족시키는 단일 해는 존재하지 않는다. 예를 들어, ($a=4$, $b=2$)라는 해는 앞의 두 식만 충족시키고, ($a=2$, $b=6$)이라는 해는 뒤에 있는 두 식만 충족시킨다. 이처럼 자유모수의 개수보다 관측 정보의 개수가 많은 모형은 **초과식별**(overidentified)되거나 **초과결정**(overdetermined)된다. 그러나 이러한 경우에도 유일한 해를 구하는 방법이 있다. 통계적 기준을 부여하면 초과식별 모형에서 유일한 추정치를 산출할 수 있다. 예를 들어, 식 7.4의 경우 최소제곱법의 기준을 부여하면 회귀모형을 이용하여 해를 구할 수 있다. 이 식에 적용되는 최소제곱법의 기준을 다음과 같이 설명할 수 있다.

식이 산출하는 예측값(좌변)과 관찰값의 차이를 제곱하여 모두 더한 값을 가장 작게 만드는 a와 b의 값을 구하라.

이 기준을 적용하여 회귀분석으로 a와 b를 추정하면 차이 제곱의 합이 최소(.67)이면서 유일한 값을 가지는 해($a=3.00$, $b=3.33$)를 구할 수 있다. 이 해는 관측 정보(6, 10, 12)와 완전히 동일한 값을 산출하지 않는다. 이 해를 식 7.4에 대입하여 얻은 예측값은 (6.33, 9.33, 12.33)이다. 초과식별 모형이 데이터를 정확하게 산출하지 못할 수 있다는 사실은 모형 검증에서 중요한 역할을 한다. 이 점에 대해서는 이 장의 후반부에서 설명하도록 하겠다.

포화식별과 초과식별이라는 용어는 모형이 이 절의 첫 부분에서 언급한 필요요건과 뒷부분에 설명할 특정한 모형(비재귀모형)에 대한 충분요건을 모두 충족하는 경우에만 적용될 수 있으며, 다음과 같이 정의된다.

1. **포화식별 상태인 구조방정식모형**은 식별 가능하며, 자유모수와 동일한 개수의 관측 정보를 가진다($df_M = 0$).
2. **초과식별 상태인 구조방정식모형**은 식별 가능하며, 자유모수보다 더 많은 개수의 관측 정보를 가진다($df_M > 0$).

구조방정식모형은 다음의 두 가지 경우에 식별에 미달될 수 있다. 첫 번째는 관측 정보가 자유모수보다 개수가 더 적어서($df_M < 0$) 셈 규칙에 어긋나는 경우에 발생한다. 두 번째는 모형 모수의 일부는 식별되지만 다른 부분은 추정에 필요한 정보가 충분하지 않아서 식별에 미달될 때 발생한다. 두 번째 경우에는 셈 규칙을 충족함($df_M \geq 0$)에도 불구하고 전체 모형은 식별되지 않는 것으로 간주된다. 두 경우를 모두 포함하는 일반적 정의는 다음과 같다(Kenny, 2011b).

3. 식별에 미달되는 구조방정식모형은 모형의 모든 자유모수에 대해 유일한 해가 추정될 수 없는 모형이다.

초과식별되는 경로모형에서 모형의 자유도는 모형에서 '생략된' 경로(⟶ 또는 ⌣)의 개수와 같다. 재귀모형에서 0으로 고정된 모든 경로를 자유모수로 추가하여 재설정된 모형은 포화식별된다($df_M = 0$). 삭제된 경로는 인과에 대한 강한 가정을 반영하기 때문에 인과에 대한 약한 가정을 반영하면서 자유롭게 추정되도록 설정된 경로보다 더 흥미로운 가설에 해당한다. 어떤 경로를 0이라고 설정하면 모형이 틀렸다고 기각할 가능성이 높아지기 때문이다(Kenny & Milan, 2012). 이후에 살펴보겠지만 경로의 일부를 0으로 고정하여 비재귀경로의 식별을 가능하게 할 수도 있다.

모형 자유도가 0보다 큰 모형은 **초과식별 제약**(overidentifying restrictions)을 갖는다. 초과식별 제약이란 적어도 하나의 자유모수가 여러 개의 추정치를 가지는 것을 의미한다. 관찰변수들의 공분산을 이용하여 자유모수에 대한 방정식을 풀어서 이러한 제약들을 확인할 수 있다(Kenny & Milan, 2012, p. 148). 지역 적합도(11장 참조)에 대한 검증을 이용해 각 모수에 대해 초과식별 제약을 확인할 수는 있지만, 모형이 복잡해질수록 초과식별 제약을 찾는 시간이 오래 걸리기 때문에 실용적이지 않다. 그래프 이론(8장 참조)을 이용하면 초과식별 제약을 보다 쉽게 찾을 수 있는데, 이 이론에서는 특정한 인과효과에 대해 여러 개의 추정치가 가능한지(초과식별 제약이 있는지)의 여부를 판단하기 위해 방정식을 풀어볼 필요가 없어서 간편하다.

설명오차에 대한 척도 부여

RAM 기호법에서 구조모형의 설명오차(D)는 잠재 외생변수인데, 컴퓨터가 오차분산을 추정하기 위해서는 각 D 항에 척도가 필요하다. 일반적으로 설명오차의 분산에는 **단위부하량식별**(unit loading identification: ULI) 제약을 사용하여 척도를 부여한다. 이것은 비표준화 잔차의 경로계수를 상수 1로 고정한다는 것을 의미한다. 경로도에서 ULI 제약은 설명오차에서 내생변수로 가는 경로의 옆에 숫자 1을 표기하여 나타낸다. 예를 들어, [그림 6-2] (b)에서 사용된 다음의 설정은 Y의 설명되지 않은 분산이 가지는 척도를 D에 부여한다.

$$D \longrightarrow Y = 1.0$$

이렇게 하면 Y의 설명된 분산과 설명되지 않은 분산의 합이 관측된 총 분산과 같아진다([그림 6-3] 참조). 척도화 상수로 0보다 큰 임의의 값(예: 17.3)을 설정하여도 설명오차분산에 척도가 부여되지만 이러한 경우 방금 언급한 등식은 유지되지 않는다. 자동적으로 오차항에 척도를 부여하는 SEM 분석용 컴퓨터 프로그램들은 기본적으로 ULI 제약을 사용한다.

🗃 단일 모수추정치

두 번째로 중요한 식별의 속성은 모형 내의 모든 모수가 각각 모집단 공분산행렬을 이루는 분산 및 공분산의 유일한 조합(함수)으로 표현될 수 있고, 동시에 통계적 기준이 최소가 되어야 한다는 조건을 충족해야 한다는 것이다. 일반적으로 모집단 행렬은 표본 행렬을 이용하여 추정되기 때문에 식별의 이러한 측면은 데이터, 모형, 통계적 기준을 바탕으로 모수추정치에 대한 단일한 해가 존재함을 의미한다.

모든 자유모수가 데이터의 단일 함수로 표현될 수 있는지 결정하는 것은 경험적 데이터에 의존할 사항이 아니다. 오히려 이는 이론적 접근으로서 데이터 행렬 요소의 기호로 표기된 모수에 대한 방정식의 해를 구하는 과정을 통해 평가할 수 있다. 이 과정은 기본적으로 수학적 증명이기 때문에 실제 수리적 값을 필요로 하지 않고 오로지 기호로 표기된 수식만을 이용한다(Kenny & Milan, 2012, pp. 147-148). 이것은 모형의 식별 상태가 데이터 수집 전에 평가될 수 있고 반드시 그러해야 한다는 것을 의미한다. Kenny와 Milan(2012)이 언급하였듯이, 어떤 연구자도 데이터 수집이 완료된 시점에 이르러서야 비로소 자신의 모형이 식별되지 않는다는 것을 알게 되고 싶지 않을 것이다.

식 2.2와 2.3을 통해 제시된 절편과 계수로 구성된 회귀식이 사실상 최소제곱 기준을 충족하도록 설정된 등식임을 증명하는 것을 본 적이 있을 것이다. 단순회귀분석에 대해 이와 같은 증명을 유도하는 것도 수학적 배경 지식이 없는 이들에게는 꽤 부담스러운 일일 것이다. 하물며 SEM에서 분석되는 모형들은 단순회귀모형보다 훨씬 더 복잡한 경우가 흔하다. 더욱이 최대우도 추정법에서 최소가 되어야 하는 통계적 기준은 OLS 추정법에서 최소가 되어야 하는 기준보다 더 복잡하다.

안타깝게도 SEM을 위한 컴퓨터 프로그램들은 어떤 모형이 식별되는지를 결정하는 데 거의 도움이 되지 못한다. 대부분의 프로그램이 셈 규칙 적용과 같이 초보적인 수준에서 점검 작업을 수행하지만, 이는 단지 식별을 위한 필요요건일 뿐 충분요건은 아니기에 식별 상태를 정확히 알기는 어렵다. SEM 분석 프로그램이 도움이 되지 않는다는 점이 당황스럽긴 하겠지만, 그 이유에 대해 간단히 설명하자면 이러하다. 컴퓨터는 수리적 처리에 뛰어나지만 식별 상태를 결정하는 데 필요한 것은 상징적 처리다. Prolog(programming logic)와 같이 상징적 처리를 위한 컴퓨터 언어가 인공지능 분야에서 초보적인 단계로 응용되고 있으나, 현재 사용되고 있는 SEM 컴퓨터 프로그램들은 다양한 모형의 식별 상태를 밝히는 데 필요한 종류의 상징적 처리를 실질적으로 수행하지 못하고 있다.

다행히 식별문제를 다루기 위해서 모두가 수학자가 될 필요는 없으며, 일반인들은 **식별 어림법**(identification heuristics)을 적용하여 판단할 수 있다. 식별 어림법은 이 책에서 다루는 대부분의 구조방정식모형에 적용이 가능하다. Kenny와 Milan(2012)은 모든 유형의 모형에 공통으로 적용될 수 있는 어림법 체계는 존재하지 않을 것이라고 하였다. 즉, 식별문제는 **증명이 불가능할 수 있다**(undecidable). 그러나 대부분의 모형에 사용할 수 있는 어림법의 '도구상자'를 구성할 수 있으며, 우선 경로모형에 적용할 수 있는 방법을 설명하는 것으로 시작해 보겠다. 그래프 이론(8장 참조)은 식별 상태를 평가하는 추가적인 방법을 제공한다. 또한 그래프 이론을 분석하기 위한 컴퓨터 프로그램을 활용하면 경로도를 분석하여 어떤 인과효과가 식별되는지를 결정할 수 있다. 지금부터의 논의는 식별을 위한 두 가지 기본 요건이 충족된다는 것을 가정하고 진행한다.

🖥 재귀모형의 식별

재귀 경로모형은 그 특징상 기본 요건만 갖추면 모두 식별된다(Bollen, 1989, pp. 95-98). 이 속성은 심지어 다음과 같이 더 일반적으로 표현할 수도 있다. 재귀 구조모형은 그것이 경로모형이든 잠재변수를 포함하는 구조회귀(structural regression: SR) 모형의 구조 영역이든, 항상 식별된다. 단, SR 모형의 구조 영역이 재귀모형의 형태를 가지더라도 측정 영역이 식별되는지의 여부는 별개의 문제라는 점에 유의해야 한다. 이와 같은 사실에 기초하여 식별을 위한 충분요건을 다음과 같이 설명할 수 있다.

재귀 구조모형은 항상 식별된다.   (규칙 7.1)

🖥 비재귀모형의 식별

비재귀 구조모형의 식별 규칙은 더 복잡하다. 비재귀모형은 기본 요건을 충족하더라도 식별되지 않을 수 있기 때문이다. 비재귀모형의 각 모수가 관측 정보의 유일한 함수로 표현될 수 있는지를 결정하는 대수적 방법(Berry, 1984, pp. 27-35)이 존재하긴 하지만, 이 방법은 실질적으로 매우 단순한 모형에 대해서만 적용될 수 있다. 여기에서 소개하는 어림법의 일부는 필요요건이기 때문에 충족되더라도 식별이 보장되지 않지만, 일부는 충족되는 경우 식별이 보장되는 충분요건에 해당한다. 지금부터 설명하는 어림법들은 비재귀 경로모형을 위한 것이지만, 구조 영역이 비재귀모형의 형태를 가지는 SR 모형에도 동일한 원리가 적용된다.

비재귀모형이 충족해야 하는 식별 조건의 속성과 개수는 설명오차상관의 모양에 따라 다르다. 다음에 설명하는 식별 어림법은 피드백 순환을 포함하고 모든 설명오차 사이에 상관이 존재하는 모형에 적용되는 규칙이다. 이때 설명오차상관은 모형 전체 또는 재귀적으로 연결된 내생변수들 간의 구획 내에서 설정된다.

피드백 순환을 포함하고 설명오차 간 상관이 설정된 모형

[그림 7-1] (a)에 제시된 모형은 동일성 제약을 가하지 않은 직접 피드백 경로를 포함하면서 모든 설명오차 사이에 상관(총 1개)이 있는 모형 중 식별이 되면서 가장 단순한 모형이다. [그림 7-1] (b)에 제시된 모형은 동일성 제약을 가하지 않은 간접 피드백 경로를 포함하면서 모든 설명오차 사이에 상관(총 3개)이 설정된 모형 중 식별이 되면서 가장 단순한 모형이다. [그림 7-1] (a)는 $df_M = 0$이므로 포화식별되고, [그림 7-1] (b)는 $df_M = 3$이므로 초과식별된다. 연습문제 1을 통해 이러한 사실을 확인해 보도록 하자.

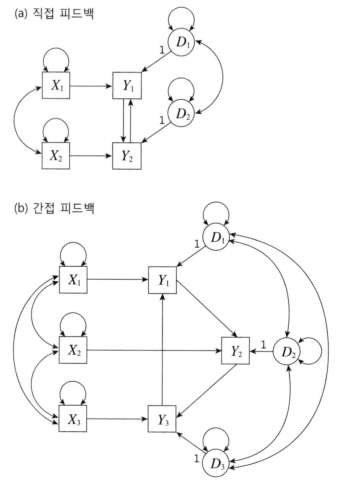

[그림 7-1] 피드백 순환을 포함하고 모든 설명오차 사이에 상관이 설정된 비재귀모형의 예

도구변수

[그림 7-1] (a)의 직접 피드백 순환은 $Y_1 \rightleftarrows Y_2$와 활모양의 설명오차상관 $D_1 \smile D_2$로 구성되어 있다. 이와 같은 설정은 (1) 원인변수 Y_1이 자신의 결과변수인 Y_2의 설명오차 (D_2)와 공변하고, (2) 원인변수 Y_2가 자신의 결과변수인 Y_1의 설명오차(D_1)와 공변하고 있음을 반영한다. 결과적으로 회귀분석에서의 유사-고립 요건에 위배되는 상황이 된다.

그럼에도 불구하고 [그림 7-1] (a)는 식별된다. 그 이유는 비재귀 관계를 구성하는 각각의 내생변수가 이 관계가 식별되도록 하는 자기만의 **도구**(instrument) 또는 **도구변수** (instrumental variable)를 가지고 있기 때문이다. 예를 들어, $Y_1 \rightarrow Y_2$에 대한 도구는 변수 X_1이고, $Y_2 \rightarrow Y_1$에 대한 도구는 변수 X_2이다. 도구변수는 비재귀 관계를 구성하는 결과변수의 설명오차와 관련되지 않아야 하고 동시에 비재귀 관계를 구성하는 원인변수에는 직접효과 또는 간접효과를 가져야 한다. 도구변수가 원인변수에 간접효과를 갖는 경우에는 그 간접경로의 중간에 있는 어떤 변수도 비재귀 관계에 속한 결과변수에 직접효과를 주지 않아야 한다. 모형에서 비재귀 관계에 속한 원인변수와 공변하도록 설정된 변수도 방금 언급된 속성들을 가지고 있다면 도구변수가 될 수 있다. 마지막으로 비재귀 관계에 속한 원인변수와 결과변수는 그 관계의 도구변수에 직접효과나 간접효과를 갖지 않아야 하고, 모형 내에 도구변수와 결과변수 모두에 영향을 주는 변수도 없어야 한다(Mulaik, 2009b). 다음 장에서 살펴보겠지만 그래프 이론은 도구변수에 대해 보다 단순하게 정의하고 있다.

[그림 7-1] (b)에는 간접 피드백 순환을 구성하는 내생변수인 $Y_1 - Y_3$ 각각에 대해 도구변수가 두 개씩 있으며, 구체적으로는 다음과 같다.

1. 변수 X_1과 변수 X_3은 경로 $Y_1 \rightarrow Y_2$에 대한 도구변수다.
2. 변수 X_1과 변수 X_2는 경로 $Y_2 \rightarrow Y_3$에 대한 도구변수다.
3. 변수 X_2와 변수 X_3은 경로 $Y_3 \rightarrow Y_1$에 대한 도구변수다.

도구변수는 통계적 분석에 의해서가 아닌 모형의 설정, 즉 이론에 의해 정의된다. 다시 말해 도구변수가 내생 결과변수에 미치는 직접효과의 계수는 모형에서 0으로 고정된다. 그러나 [그림 7-1] (a)에서 X_1과 X_2로 Y_2를 예측하는 회귀분석을 실시하여 어느 예측변수가 통계적으로 유의하지 않은지 확인한 후 그 외생변수를 도구변수로 사용하는 것은 옳지 않다(Kenny, 2011a).

모형이 큰 경우에는 외생변수인 도구변수와 내생변수인 도구변수를 모두 포함할 수 있다. [그림 7-2]의 모형은 두 개의 직접 피드백 순환을 포함하고 **구획재귀적**(block recursive)으로 지칭되는 설명오차 사이의 상관을 가지고 있다. 이 모형에 포함된 내생변수들은 Y_1과 Y_2를 포함하는 구획과 Y_3와 Y_4를 포함하는 구획으로 나뉜다. 각 구획 내에서 직접효과는 비재귀적이지만 두 구획 사이의 효과는 단일한 방향을 가져 재귀적이다. 각 구획은 구획 내의 모든 설명오차 사이에 상관(1개)이 있지만 두 구획 간에는 이 설명오차들이 서로 독립적이다. 첫 번째 구획에서 변수 X_1과 변수 X_2는 각각 Y_1과 Y_2의 도구변수이며 두 번째 구획에서 Y_1과 Y_2는 각각 Y_3와 Y_4의 도구변수이다. 피드백 순환을 포함하는 비재귀모형의 크기가 작은 경우에는 도구변수를 찾기가 어렵지 않지만 모형이 큰 경우에는 매우 어려울 수 있다. 다행히도 이와 같은 경우에 적용할 수 있는 식별 어림법이 있다.

차수조건

차수조건(order condition)은 모든 설명오차 사이에 상관이 설정된 비재귀모형이나 구획재귀적인 비재귀모형에서, 피드백 순환에 관여하는 내생변수들 각각에 적용되는 계산 규칙이다. 만약 차수조건이 충족되지 않으면, 그 내생변수에 대한 방정식은 식별에 미달된다. 차수조건은 필요조건이지만 충분조건이 아니다. 따라서 이 조건이 충족되지 않으면 모형이 식별되지 않지만, 이 조건을 통과하더라도 모형식별이 보장되지는 않는다.

구조방정식에서 차수조건은 설명오차를 제외하고 각 내생변수에 직접효과를 미치는 변수들의 개수와 그렇지 않은 변수들의 개수를 세어 평가한다. 여기서 후자를 제외된 변수라고 하며, 차수조건은 다음과 같다.

각 내생변수에 대하여 제외된 변수의 개수는 총 내생변수의 개수에서   (규칙 7.2)
1을 뺀 값보다 크거나 같아야 차수조건을 충족한다.

모든 설명오차 사이에 상관이 설정된 비재귀모형에서 총 내생변수의 수는 전체 모형에 포함된 내생변수의 총 개수와 동일하다. 예를 들어, [그림 7-1] (b)의 모형에서 총 내생변수의 개수는 3이다. 이는 각 내생변수의 방정식으로부터 제외되는 변수가 적어도 3-1 = 2개가 되어야 함을 의미한다. 이 예에서는 이러한 조건이 충족되고 있는데, 가령 Y_1의 방정식에서 세 개의 변수 X_2, X_3, Y_2가 제외되며 그 개수가 조건을 충족하기 위한 최솟값(2)보다

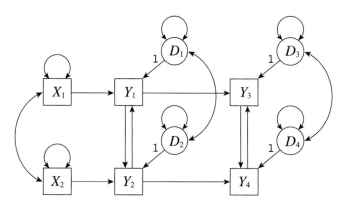

[그림 7-2] 각 구획 내에서 직접 피드백과 모든 설명오차 사이에 상관이 설정된 두 개의 구획이
재귀적으로 연결된 구획재귀모형(모형 전체는 비재귀모형)

크다는 것을 확인할 수 있다. 나머지 내생변수 Y_2와 Y_3에 대해서도 차수조건이 충족
되기 때문에 이 모형은 차수조건을 만족시키고 있다고 할 수 있다.

　그러나 구획재귀모형에 대하여 차수조건을 평가할 때는 총 내생변수의 개수를 각 구획
별로 따로 세도록 한다. 예를 들어, [그림 7-2]의 모형에는 두 개의 구획이 있고 각 구획이
두 개의 내생변수를 포함하므로, 차수조건을 충족하기 위해서는 두 구획에서 모두 각 내생
변수의 방정식으로부터 제외되는 변수가 적어도 2-1 = 1개가 되어야 한다. 이 예에서도
이 조건이 충족되고 있음을 확인할 수 있다. 첫 번째 구획에서는 Y_1과 Y_2에 대한 각 방정
식으로부터 제외된 변수가 각각 한 개씩이며(예: Y_1에 대하여 제외된 변수는 X_2), 두 번째 구
획에서는 각 방정식으로부터 세 개씩의 변수가 제외되었다(예: Y_3에 대하여 제외된 변수는
X_1, X_2, Y_2). 따라서 이 구획재귀모형에서 차수조건이 충족됨을 알 수 있다.

계수조건

　식별을 위한 **계수조건**(rank condition)은 필요충분조건으로서 다음의 규칙이 성립한다.

　계수조건을 충족시키는 비재귀모형은 식별된다.　　　　　　　　　　　　　(규칙 7.3)

계수조건은 일반적으로 행렬 연산의 용어로 설명될 수 있다(Bollen, 1989, pp. 101-103).
이와 관련된 계수조건에 대한 한 가지 정의는 피드백 순환에 속한 각 내생변수의 방정식
에는 포함되지 않지만 모형 내의 다른 내생변수의 방정식에는 포함되는 변수들의 계수

(coefficient) 행렬이 적어도 0이 아닌 행렬식(determinant)을 가져야 한다는 것이다.

행렬 대수에 익숙한 독자라면 방금 언급한 계수조건의 개념을 이해하기가 쉬울 것이다. Berry(1984)는 행렬 연산에 대한 깊은 지식 없이도 계수조건의 충족 여부를 확인할 수 있는 방법을 제안하였는데 이 중 비교적 간단한 방식이 부록 7.A에 설명되어 있다. 이 방법을 적용하면 [그림 7-1] (b)와 [그림 7-2]의 비재귀모형이 식별되는 것을 증명할 수 있다 (부록 참조). 연습문제 2를 통해 [그림 7-1] (a)의 모형에 대한 차수조건과 계수조건을 평가해 보도록 하자.

🥧 다른 종류의 비재귀모형에 대한 그래픽 규칙

차수조건과 계수조건은 피드백 순환과 이것이 포함된 모형 내의 모든 설명오차 또는 서로 재귀적으로 연결된 구획 내의 모든 설명오차 사이에 상관이 설정된 상황을 가정한다. 만일 설명오차상관의 형태가 다르다면 차수조건이나 계수조건을 적용하여 식별 여부를 판단할 수 없다. 또한 비재귀 구조모형 중에는 피드백 순환을 포함하지 않는 모형도 있다. 이러한 모형들은 활모양의 설명오차상관을 가지는데, 이때 연결된 두 내생변수 사이에 하나의 직접효과를 포함하게 된다(예: [그림 6-6] (c)).

Rigdon(1995)은 비재귀모형의 내생변수들이 재귀적으로 연결된 여러 구획으로 나뉠 수 있을 때 이러한 모형의 식별 상태를 그림으로 판단할 수 있는 필요충분 규칙을 소개하였다. 각 구획은 한 개 또는 두 개의 내생변수를 포함한다. 내생변수가 두 개인 구획은 두 변수가 비재귀적 관계(직접 피드백 또는 활모양의 설명오차상관)로 구성되고, 내생변수가 하나인 구획에서는 내생변수가 다른 변수들과 명확하게 재귀적 관계에 있게 된다. 내생변수들을 구획으로 분류할 때에는 외생변수는 고려되지 않는다.

Rigdon의 그래픽 방법에서 한 변수로 구성된 구획은 재귀적이기 때문에 식별된다. 두 변수로 구성된 비재귀 구획은 Rigdon(1995, p. 370)이 설명한 여덟 개의 유형 중 하나로 구분되는데, 이 중 일부는 식별되고 일부는 식별되지 않는다. [그림 7-3]에 제시된 구획들은 두 변수 Y_1과 Y_2로 구성된 Rigdon의 비재귀 구획 유형의 핵심을 요약한 것으로, 이러한 구획이 식별되기 위해 충분한 최소 요건의 설정을 나타낸 것이다. 최소 요건 이상의 모든 설정은 비재귀 구획의 식별 여부와 관련이 없으므로 크게 중요한 사항이 아니다. 최소 요건은 특정 도구변수에 관한 것으로서 그림에서 이름이 표시되지 않은 변수로 표현되었으며, 이 도구변수는 외생변수일 수도 있고 내생변수일 수도 있다. Y_1과 Y_2 모두에 직접효

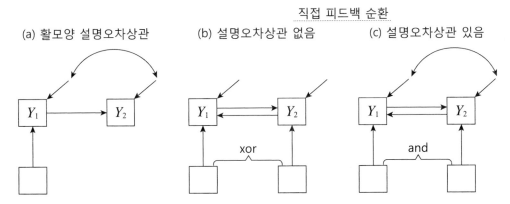

[그림 7-3] 비재귀적으로 연결된 두 내생변수 Y_1과 Y_2로 구성된 구획의 식별에 최소충분요건이 되는 설정
[Rigdon(1995)의 그래픽 분류 체계에 근거]

주. 이름이 없는 변수는 도구변수를 나타냄. xor은 exclusive or(Y1 또는 Y2 중 어느 하나만)를 의미함.

과를 가지는 변수와 모형 내의 나머지 변수들은 도구변수가 될 수 없기 때문에 크게 신경
쓸 필요가 없다.

[그림 7-3] (a)는 활모양의 설명오차상관을 나타낸다. 이러한 비재귀적 관계는 원인변
수에 해당하는 Y_1이 도구변수를 가지면 식별되며, 결과변수 Y_2의 경우엔 도구변수를 갖
지 않아도 된다. 외생변수로 가정된 변수가 결과변수에 미치는 직접효과를 추정할 때, 두
변수가 설명오차상관을 공유하면 일종의 내생성을 가지게 된다. [그림 7-3] (a)의 설정은
이와 같은 경우에 직접효과를 식별할 수 있는 방법을 제공한다. 이렇게 도구변수를 가지
도록 재설정되면 외생변수로 가정된 변수가 도구변수에 의해 예측되기 때문에 내생변수
가 된다.

[그림 7-3] (b)는 직접 피드백 순환을 포함한 구획이다. 이 구획은 도구변수가 하나만
존재하면서 설명오차상관이 0으로 고정되면 식별된다. 그러나 설명오차상관이 자유모수
인 경우에는 피드백 순환에 속하는 두 변수에 대해 각각 도구변수가 필요하다. [그림 7-3]
(c)는 이러한 요건을 보여 주고 있다. [그림 7-3]에 제시된 형태들은 식별에 필요한 최소충
분요건이라는 점을 상기할 필요가 있다. 따라서 도구변수가 아니면서 Y_1 또는 Y_2에 직접
효과를 가지는 변수는 구획의 식별 상태와 아무런 관련이 없다.

[그림 7-3]의 형태를 [그림 7-4]의 두 비재귀모형의 식별 상태를 결정하는 데 적용해 보
자. Duncan(1975, pp. 84-86)은 [그림 7-4] (a)의 모형이 식별되지 않는 것을 대수적으로
증명하였다. 이 사실을 그래픽 방법으로 확인하기 위해서는 먼저 내생변수들을 두 개의
구획으로 나누어야 한다. 첫 번째 구획은 비재귀적이고 변수 Y_1과 Y_2, 두 변수의 설명오

(a) 식별되지 않음

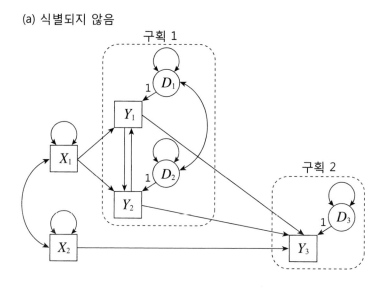

(b) 식별됨

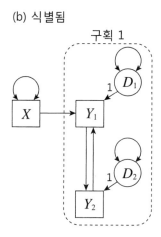

[그림 7-4] 식별되지 않는 비재귀모형과 식별되는 비재귀모형에 대한
Rigdon(1995)의 그래픽 방법의 적용 예

차상관을 포함하고 있다. 두 번째 구획은 하나의 내생변수 Y_3만을 포함하므로 재귀적이고 따라서 식별된다. 그러나 첫 번째 구획에서는 Y_1과 Y_2, 어느 변수도 도구변수를 가지지 않기 때문에 식별되지 않는다. 변수 X_1은 Y_1과 Y_2 모두의 원인이 되어 비재귀 구획의 식별에 어떤 기여도 하지 않는다. 따라서 [그림 7-4] (a)의 모형을 구성하는 두 구획 중 하나가 식별되지 않기 때문에 전체 모형은 식별되지 않는다.

[그림 7-4] (b)의 모형은 [그림 7-3] (b)와 일치하는 형태의 구획을 포함하기 때문에 식별된다고 볼 수 있다. 구체적으로 설명하면, 피드백 순환에 설명오차상관이 없는 이 모형은 Y_1 또는 Y_2 변수 중 어느 하나에 대해서만 도구변수를 포함해야 한다. 연습문제 3을

통해 [그림 7-4] (b)의 모형이 차수조건과 계수조건을 충족하지 못한다는 것을 확인해 보자. 이 모형은 피드백 순환을 갖지만 설명오차상관을 포함하지 않기 때문에 차수조건과 계수조건으로 식별을 판단할 수 없다. 연습문제 4에서는 [그림 7-4] (b)의 모형에서 설명오차상관이 0이라는 가정을 검증하기 위해 모형을 어떻게 재설정할 수 있는지 생각해 볼 것이다.

🫗 식별되지 않는 비재귀모형에 대한 재설정

[그림 7-4] (a)와 같이 설정된 모형이 어떤 이론의 가설을 충실히 반영하고 있다고 하자. 그러나 안타깝게도 이 모형은 식별되지 않는다. 이 경우 연구자는 어떠한 선택을 할 수 있을까? 기본적으로 세 가지 방법이 가능하다. 한 가지 방법은 경로를 제거하여 모형을 단순하게 만드는 것으로서, 이렇게 하면 제거된 경로 하나당 모형의 자유도(df_M)가 1씩 증가한다. 예를 들어, [그림 7-4] (a)에서 다음의 경로들을 제거하면 재설정 모형은 피드백 순환과 Y_1에 대한 도구변수 X_1을 가지면서 설명오차상관을 포함하지 않으므로 식별될 것이다.

$$X_1 \longrightarrow Y_2 \quad D_1 \smile D_2$$

마찬가지로 원래 모형에서 다음의 경로들을 제거할 경우 재설정 모형은 재귀모형이 되고 결과적으로 식별될 것이다.

$$Y_2 \longrightarrow Y_1 \quad D_1 \smile D_2$$

이런 식으로 모형이 재설정될 경우 [그림 7-4] (a)의 원래 모형에 반영된 가설들은 근본적으로 바뀌게 된다.

자유모수의 개수를 효과적으로 줄이는 두 번째 방법은 직접 피드백 순환에 동일성 제약을 부여하는 것이다. 예를 들어, $Y_1 \rightleftharpoons Y_2$에서 양방향의 직접효과가 동일하다고 설정하면 경로계수는 둘이 아닌 하나의 값만 필요로 하게 된다. 그러나 이와 같이 동일성 제약을 부여하면 상호 간의 영향이 다를 가능성을 탐지할 수 없다는 단점이 있다. 이에 반해 비례 제약은 상호 간의 영향이 다를 수 있도록 허용하지만 이와 같이 설정하려면 미리 확보된 근거가 필요하다. 경로 $Y_1 \longrightarrow Y_2$의 계수 값이 경로 $Y_2 \longrightarrow Y_1$의 계수 값의 세 배가 되어야 한다고 가정해 보자. 이 경우 후자의 값이 전자의 값의 배수이기 때문에 경로계수는 둘이 아니라 하나의 값만 필요하다. 그러나 비례 제약을 부여하려면 일반적으로 상대적 효과크기에 대한 지식이 요구된다.

식별되지 않는 비재귀모형을 재설정하는 세 번째 방법은 비재귀적 관계에서 원인이 되는 변수마다 도구변수를 하나씩 가지도록 이를 추가하는 것이다. 외생변수는 모든 설명오차와 상관이 없다고 가정되기 때문에 도구변수로 삼기에 적당하다. [그림 7-4] (a)의 모형에 외생변수 X_3와 X_4를 추가하여 다음과 같은 새 경로를 가지도록 하고 새 모형에 속한 외생변수들($X_1 - X_4$) 사이에 모두 분석되지 않는 연관성을 가지도록 설정한다고 생각해 보자.

$$X_3 \longrightarrow Y_1 \qquad X_4 \longrightarrow Y_2$$

이와 같이 재설정된 모형은 식별되면서도 원래 모형과 동일한 피드백 순환과 설명오차상관을 포함한다. 연습문제 5에서는 이러한 재설정 모형이 식별되는 것을 확인해 볼 것이다. 한 가지 잊지 말아야 할 점은 식별을 위한 재설정은 어떠한 경우에도 이론적으로 타당하게 설명될 수 있어야 한다는 점이다. 이와 관련한 자세한 내용은 Paxton, Hipp과 Marquart-Pyatt(2011)를 참고하기 바란다.

🥧 식별에 대한 유용한 관점

모형이 식별되도록 재설정하는 작업은 언뜻 속임수처럼 보일 수도 있다. 경로를 추가 또는 삭제하거나 오차상관을 변경함에 따라 운이 좋으면 식별되기도 하고 식별되지 않기도 하니 말이다. SEM 분석에서 식별되는 모형이 필요한 것은 분명하지만, 모형의 재설정은 신중하게 이루어져야 한다. 다시 말해 식별을 목적으로 원래 설정한 모형을 바꾸는 것은 연구자의 가설에 부합해야 하며 데이터에 의한 식별 결과에만 근거하여서는 안 된다. 예를 들어, 모형이 추정되지 않는 이유가 0에 가까운 경로 때문인 것을 알게 된 후 모형이 식별되도록 하기 위해 그 경로를 제거하는 식의 재설정은 타당하지 않다(Kenny, Kashy, & Bolger, 1998). 분석이 우선이라는 생각에 사로잡혀 마구잡이식으로 모형을 설정하는 우를 범하지 말아야 한다.

경험적 식별미달

모형이 식별되어 각 모수에 대한 단일 추정치를 구하는 것이 이론적으로는 가능하다 할지라도, 다른 문제들로 인해 분석상에서 식별문제가 발생할 수도 있다. 데이터와 관련된 문제들이 이와 같은 분석상의 어려움을 발생시킬 수 있다. 예를 들어, 극단적인 공선성으로 인하여 식별문제가 발생할 수 있는데, Kenny(1979)는 이를 **경험적 식별미달**(empirical underidentification)이라 지칭하였다. 두 측정변수 간 상관이 매우 높은 경우(예: $r_{XY}=.95$) 이 두 변수는 사실상 같은 변수로 간주된다. 이렇게 되면 관측 정보의 실질적인 개수는 $v(v+1)/2$(셈 규칙)보다 작게 된다. 관측 정보의 개수가 실질적으로 줄어들면 df_M의 실질적인 값도 줄어들며 심지어 0보다 작아질 수도 있다. 다행히도 이런 종류의 경험적 식별미달은 데이터 검토의 과정을 통해 확인할 수 있다.

다른 유형의 경험적 식별미달은 감지하기가 더 어려울 수도 있다. 예를 들어, 비재귀모형에서 식별에 핵심적인 직접효과의 추정치가 매우 작거나 매우 큰 경우가 그러하다. [그림 7-2]의 경로 $X_2 \longrightarrow Y_2$의 계수가 0에 가깝다고 가정해 보자. 이 경로가 사실상 없는 것과 같다는 것은 Y_2가 도구변수를 가지지 않는 것과 같은 효과를 가지는데 이는 계수조건에 위배되는 것이다. 경험적 식별미달의 다른 원인으로는 (1) 정규분포에 기반한 추정법을 사용할 때 정규성이나 선형성의 가정이 위배되는 경우와 (2) 설정오류가 존재하는 경우 등을 들 수 있다(Rindskopf, 1984).

식별문제를 다루는 방법

모형식별에서 발생하는 문제들을 피하는 최선의 방법에 대해 앞에서 다루었으나 여기에서 다시 설명하고자 한다. 모형의 식별 여부는 식별문제를 사전에 예방할 수 있도록 데이터 수집 전, 모형을 설정한 직후에 평가하는 것이 바람직하다. 만일 연구자가 이론상 모형이 식별된다는 사실을 알고 있으나 실제 분석에서 식별이 되지 않는 경우, 그 원인은 컴퓨터 명령문에서의 실수이거나 경험적 식별미달일 가능성이 높다. 또한 반복적 추청 절차에서 모수추정치가 수렴되지 않았다는 프로그램 오류 메시지가 나온다면 이 문제는 초깃값을 잘못 설정한 데서 기인했을 수도 있다. 더 나은 초깃값을 설정하는 방법은 이 책의 뒷부분에서 다루기로 하겠다.

SEM 분석에 있어 가장 어려운 문제는 아마도 명확한 식별 어림법이 존재하지 않는 복잡한 모형을 분석할 때 발생할 것이다. 이 경우 모형이 실제로 식별이 되는지 여부는 알 수 없다. 만약 이러한 모형을 분석하는 데 실패한다면 모형이 실제로 식별되지 않도록 잘못 설정되었기 때문인지, 경험적 식별미달과 같은 데이터의 문제인지, 명령문 오류와 같은 연구자의 실수인지 그 원인이 명확하지 않다. 실수의 가능성을 배제하여도 모호성이 근본적으로 해결되지는 않는다. 이제부터 이러한 상황에 대처하는 몇 가지 유용한 방법을 소개하고자 한다.

1. 구조방정식모형의 분석결과, 모수추정치에 대한 수렴된 값이 산출되고 분석상의 기술적인 문제가 나타나지 않는다면 모형식별의 충분조건은 아니지만 필요조건은 충족한 것으로 볼 수 있다. 물론 이와 같은 경험적 확인 방식은 실제 데이터가 있을 때 적용할 수 있다. 그러나 실제값에 근접한 값으로 예상되는 수치로 공분산행렬 데이터를 인위적으로 만든 후, 이 데이터를 분석하여 그 결과를 문제를 진단하는 데 활용할 수 있다. 이것은 아직 데이터가 수집되지 않았다는 것을 전제로 했을 때 가능한 방법이다. 이 경우 인위적으로 만든 데이터가 실재할 수 있는 범위를 벗어나거나 경험적 식별미달을 발생시킬 수 있는 상관 또는 공분산행렬의 값을 가질 수 있다는 점에 주의해야 한다. 인위적 데이터 행렬을 구성하는 수치에 대해 자신이 없다면 다소 차이가 나더라도 어느 정도 그럴듯한 값으로 구성할 수도 있다. 인위적 데이터를 컴퓨터 프로그램으로 분석하여 적절한 해를 얻을 수 없다면 이 모형은 식별이 되지 않을 가능성이 높다. 적절한 해를 얻었다면 식별이 될 수도 있으나 이것이 반드시 보장되는 것은 아니다.

2. 초보자가 범하는 흔한 실수는 식별여부가 명확하지 않은 복잡한 모형을 설정한 후 분석을 시도하는 것이다. 이런 경우에는 분석에 실패할 가능성이 높은데, 이때 실패의 원인이 식별 때문인지 추정의 문제인지를 파악하기가 어렵다. 그러므로 최종적으로 분석하고자 하는 모형의 일부이면서 어림법을 적용하여 식별 가능한 것으로 판명된 단순한 모형으로 분석을 시작하는 것이 좋다. 이 분석에서도 실패한다면 실패의 원인이 식별문제가 아님을 알 수 있다. 이 분석이 성공하면 단순한 모형에 모수를 하나씩 추가해 나가면서 분석해 보도록 한다. 만약 특정한 모수 효과를 추가한 후 분석이 실패하면 모수를 추가하는 순서를 바꾸어 시도해 본다. 순서를 바꾸어도 같은 지점에서 분석에 실패한다면 그 지점에 추가된 모수가 식별미달의 원인일 가능성이 크다. 식별되는 기본 모형에 어떤 방식으로 효과를 추가해도 목표한 모형에 도달하지 못한다면 자신의 주요 가설을 훼손하지 않으면서도 식별이 될 수 있는 최종 모형을 재설정하는 방법을 생각해 보아야 한다.

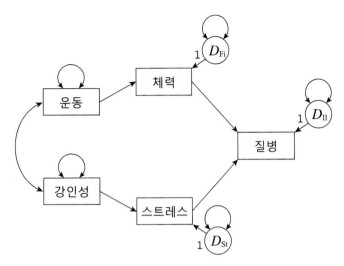

[그림 7-5] 질병에 대한 재귀 경로모형

경로분석의 연구 사례

여기에서 살펴볼 연구 사례는 앞서 소개된 바 있다(〈표 4-2〉 참조). Roth 등(1989)은 운동, 강인성, 체력, 스트레스, 질병을 측정하였다. 모든 변수가 동시에 측정되었기 때문에 여기서는 매개효과가 아닌 간접효과로 해석한다. [그림 7-5]의 재귀모형은 운동과 강인성이 질병에 미치는 영향이 온전하게 간접적이며, 이 간접효과는 각각 운동의 경우는 체력, 강인성의 경우는 스트레스라는 하나의 중개변수에 의해 전달된다는 가설을 반영한다. 여기에서 여러분은 $df_M = 5$라는 것을 입증할 수 있어야 한다. 이 모형에 대한 자세한 분석은 11장과 12장에서 설명하도록 하겠다.

요약

재귀모형의 식별여부를 판단하는 것은 그다지 어렵지 않다. 모형 자유도가 0 이상이고 모든 설명오차에 척도가 부여되었는지를 확인하는 것으로 충분하다. 그러나 비재귀모형의 식별 상태는 명확하지 않을 때가 많다. 모형 전체 또는 재귀적으로 연결된 구획 내의 모든 설명오차 사이에 상관이 설정된 모형에 대해서는 차수조건과 계수조건이라는 어림법을 사용할 수 있다. 또한 하나의 내생변수나 비재귀적으로 연결되어 있는 두 개의 내생변수로 구성된 여러 개의 구획으로 나누는 그래픽 방법을 이용하여 도구변수를 통해 효과를 식별할 수 있다. 처음부터 식별 상태가 불분명한 복잡한 모형에 대한 분석은 가급적 피하는 것이 좋다. 대신 식별이 될 것으로 예측되는 단순한 모형을 먼저 분석한 후 모수를 추가해 보도록 한다. 다음 장에서는 인과추론에 사용되는 그래프 이론을 소개하고자 한다. 이 이론은 경로모형의 식별에 대한 유용한 통찰력을 제공해 줄 것이다.

심화학습

Kenny와 Milan(2012)은 구조모형과 측정모형의 식별에 대한 내용을 소개하고 있다. Paxton 등(2011)은 비재귀 경로모형의 분석방법에 대해 설명하며, Rigdon(1995)은 식별에 대한 그래픽 방법에 대해 간략히 소개한다.

Kenny, D. A., & Milan, S. (2012). Identification: A nontechnical discussion of a technical issue. In R. H. Hoyle (Ed.), *Handbook of structural equation modeling* (pp. 145−163). New York: Guilford Press.

Paxton, P., Hipp, J. R., & Marquart-Pyatt, S. T. (2011). *Nonrecursive models: Endogeneity, reciprocal relationships, and feedback loops.* Thousand Oaks, CA: Sage.

Rigdon, E. E. (1995). A necessary and sufficient identification rule for structural models estimated in practice. *Multivariate Behavioral Research, 30,* 359−383.

연습문제

1. [그림 7-1]의 두 비재귀모형 각각에 대해 df_M의 값을 구하시오.

2. [그림 7-1] (a)의 모형에 대해 계수조건을 평가하시오.

3. [그림 7-4] (b)의 모형이 식별됨에도 차수조건과 계수조건을 충족하지 못함을 증명하시오.

4. [그림 7-4] (b)의 모형을 설명오차상관이 0이라는 가정을 검증할 수 있도록 재설정하시오.

5. [그림 7-4] (a)의 모형에 $X_3 \longrightarrow Y_1$과 $X_4 \longrightarrow Y_2$를 추가하고 수정된 모형에 속한 외생변수들 사이에 모두 분석되지 않는 연관성이 있도록 재설정한 모형이 식별됨을 보이시오.

계수조건의 평가

이 과정은 **체계 행렬**(system matrix)을 작성하면서 시작한다. 체계 행렬의 행은 구조모형을 구성하는 내생변수들로, 열은 설명오차를 제외한 모든 변수로 구성된다. 각 행에 대응하는 열에는 '0' 또는 '1'이 표시된다. '1'로 표시된 열은 그 열에 해당하는 변수가 행에 해당하는 내생변수에 직접효과를 미치고 있음을 의미한다. 또한 각 행의 내생변수에 해당하는 열에도 역시 '1'이 표기된다. 나머지 원소들은 모두 '0'으로 표시되며, 이는 제외된 변수들을 나타낸다. 모든 설명오차 사이에 상관이 설정되어 있는 [그림 7-1] (b)의 모형에 대한 체계 행렬은 (I)과 같이 나타낼 수 있다.

$$
\begin{array}{c}
 \quad X_1 \; X_2 \; X_3 \; Y_1 \; Y_2 \; Y_3 \\
\begin{array}{c} Y_1 \\ Y_2 \\ Y_3 \end{array}
\begin{bmatrix}
1 & 0 & 0 & 1 & 0 & 1 \\
0 & 1 & 0 & 1 & 1 & 0 \\
0 & 0 & 1 & 0 & 1 & 1
\end{bmatrix}
\end{array}
\qquad (\mathrm{I})
$$

이 행렬의 Y_1 행을 보면 '1'이 세 개 표시되어 있음을 볼 수 있는데, 이 중 하나는 Y_1 자신에 해당하는 열에, 다른 두 개는 모형에 나타난 대로 Y_1에 직접효과를 미치는 변수 X_1과 Y_3에 해당하는 열에 표시되어 있다. X_2, X_3, Y_2는 Y_1에 대한 방정식에서는 제외된 변수이므로 이 변수들에 해당하는 열의 값은 모두 '0'으로 표시되었다. Y_2와 Y_3에 해당하는 행의 값들도 비슷한 방식으로 이해할 수 있다.

계수조건은 각 내생변수의 방정식에 대하여 체계 행렬을 이용하여 평가한다. 모든 설명오차 사이에 상관이 설정된 모형은 다음과 같은 단계를 통해 평가한다.

1. 체계 행렬의 첫 번째 행부터 시작한다. 그 행의 모든 값을 지운다. 또한 이 행에서 '1'로 표시되었던 변수들에 해당하는 열에 속한 값들도 모두 지운다. 남아 있는 값들을 가지고 축소행렬을 만든다. 축소행렬에서 행과 열의 이름은 필요 없다.
2. 행의 원소가 모두 '0'인 것들을 삭제하여 축소행렬을 더 단순하게 만든다. 또한 다른 행과 완전히 동일한 원소들을 가지는 행이 있거나 다른 행들의 원소들끼리 더해서 만들 수 있는 행, 즉 다른 행들의 선형결합으로 이루어진 행 역시 삭제한다. 남아 있는 행의 수를 계

수라고 부른다. 예를 들어, 다음과 같은 축소행렬(Ⅱ)을 생각해 보자.

$$\begin{bmatrix} 1 & 0 \\ 0 & 1 \\ 1 & 1 \end{bmatrix} \tag{Ⅱ}$$

세 번째 행은 첫 번째 행과 두 번째 행에서 같은 위치에 있는 원소들끼리 각각 더해서 만들 수 있기 때문에 삭제되어야 한다. 따라서 행렬(Ⅱ)에 대한 계수는 3이 아니라 2가 된다. 축소행렬의 계수가 (총 내생변수의 개수−1)보다 크거나 같은 경우 이 내생변수에 대해 계수조건이 충족된다.

3. 모든 내생변수에 대하여 1단계와 2단계를 반복한다. 모든 내생변수에 대하여 계수조건이 충족되면 모형은 식별된다.

그림 7.1 (b)의 모형에 대한 체계 행렬에 1단계와 2단계의 과정을 적용하면 (Ⅲ)과 같이 정리할 수 있다. 우선 내생변수 Y_1부터 시작해 보자.

$$
\begin{array}{c}
 \quad X_1\ X_2\ X_3\ Y_1\ Y_2\ Y_3 \\
\begin{array}{c} \blacktriangleright Y_1 \\ Y_2 \\ Y_3 \end{array}
\begin{bmatrix}
\cancel{+} & \cancel{0} & \cancel{0} & \cancel{+} & \cancel{0} & \cancel{+} \\
\cancel{0} & 1 & 0 & \cancel{+} & 1 & \cancel{0} \\
\cancel{0} & 0 & 1 & \cancel{0} & 1 & \cancel{+}
\end{bmatrix}
\longrightarrow
\begin{bmatrix} 1 & 0 & 1 \\ 0 & 1 & 1 \end{bmatrix}
\longrightarrow \ \text{계수}=2
\end{array} \tag{Ⅲ}
$$

1단계에서는 체계 행렬(Ⅲ)의 첫 행에 있는 모든 값을 삭제한다. 이 행에서 '1'로 표시된 변수에 해당하는 세 개의 열, 즉 X_1, Y_1, Y_3에 해당하는 열도 모두 삭제한다. 이렇게 하면 두 개의 행을 가지는 축소행렬을 얻게 될 것이다. 두 행에서 모든 원소가 0이거나 다른 행들의 원소를 더해서 만들어지는 행이 없으므로 축소행렬을 더 이상 단순하게 만들 수 없다. 따라서 Y_1에 대한 계수는 2가 된다. 이 값은 계수조건에서 요구하는 최솟값, 즉 전체 모형에 포함된 총 내생변수의 수에서 1을 뺀 값과 동일하다. 따라서 Y_1에 대한 계수조건은 충족되었다.

[그림 7-1] (b)의 모형에 포함된 나머지 내생변수들에 대한 과정을 정리하면 다음과 같다.

Y_2에 대한 평가(IV):

$$
\begin{array}{c}
\begin{array}{cccccc} X_1 & X_2 & X_3 & Y_1 & Y_2 & Y_3 \end{array} \\
\blacktriangleright\ \begin{array}{c} Y_1 \\ Y_2 \\ Y_3 \end{array}
\begin{bmatrix}
1 & \cancel{0} & 0 & \cancel{+} & \cancel{0} & 1 \\
\cancel{0} & \cancel{+} & \cancel{0} & \cancel{+} & \cancel{+} & \cancel{0} \\
0 & \cancel{0} & 1 & \cancel{0} & \cancel{+} & 1
\end{bmatrix}
\end{array}
\longrightarrow
\begin{bmatrix} 1 & 0 & 1 \\ 0 & 1 & 1 \end{bmatrix}
\longrightarrow \text{계수}=2 \qquad\qquad \text{(IV)}
$$

Y_3에 대한 평가(V):

$$
\begin{array}{c}
\begin{array}{cccccc} X_1 & X_2 & X_3 & Y_1 & Y_2 & Y_3 \end{array} \\
\begin{array}{c} Y_1 \\ Y_2 \\ \blacktriangleright\ Y_3 \end{array}
\begin{bmatrix}
1 & 0 & \cancel{0} & 1 & \cancel{0} & \cancel{+} \\
0 & 1 & \cancel{0} & 1 & \cancel{+} & \cancel{0} \\
\cancel{0} & \cancel{0} & \cancel{0} & \cancel{+} & \cancel{0} & \cancel{+} & \cancel{+}
\end{bmatrix}
\end{array}
\longrightarrow
\begin{bmatrix} 1 & 0 & 1 \\ 0 & 1 & 1 \end{bmatrix}
\longrightarrow \text{계수}=2 \qquad\qquad \text{(V)}
$$

Y_2와 Y_3에 대한 방정식의 계수들도 조건에서 요구하는 최솟값인 2로 산출된다. 세 내생변수에 대해서 계수조건이 모두 충족되므로 이 모형은 식별이 가능하다고 결론지을 수 있다.

[그림 7-2]와 같은 구획재귀모형에서 계수조건은 내생변수들로 구성된 각 구획에 대해서 개별적으로 평가된다. 첫째, 각 구획에 대하여 체계 행렬을 작성한다. 먼저, Y_1과 Y_2를 포함하는 구획에 대한 체계 행렬은 이 변수들과 이 변수들에 선행하는 변수 X_1과 X_2에 대해서만 작성한다. 변수 Y_3과 Y_4는 첫 번째 구획을 평가하기 위한 행렬에는 포함되지 않는다. 두 번째 구획에 대한 체계 행렬의 행에는 Y_3과 Y_4만 표시하고 열에는 구조모형 전체에 포함된 변수들을 모두 표시한다. 다음으로 각 구획의 체계 행렬에 대하여 계수조건을 평가한다. 이 과정을 다음에 요약하였다.

구획 1에 대한 평가(VI):

$$
\begin{array}{c}
\begin{array}{cccc} X_1 & X_2 & Y_1 & Y_2 \end{array} \\
\blacktriangleright\ \begin{array}{c} Y_1 \\ Y_2 \end{array}
\begin{bmatrix}
\cancel{+} & \cancel{0} & \cancel{+} & \cancel{+} \\
\cancel{0} & 1 & \cancel{+} & \cancel{+}
\end{bmatrix}
\end{array}
\longrightarrow [1] \longrightarrow \text{계수}=1
$$

$$
\begin{array}{c}
\begin{array}{cccc} X_1 & X_2 & Y_1 & Y_2 \end{array} \\
\blacktriangleright\ \begin{array}{c} Y_1 \\ Y_2 \end{array}
\begin{bmatrix}
1 & \cancel{0} & \cancel{+} & \cancel{+} \\
\cancel{0} & \cancel{+} & \cancel{+} & \cancel{+}
\end{bmatrix}
\end{array}
\longrightarrow [1] \longrightarrow \text{계수}=1
$$

(VI)

구획 2에 대한 평가(VⅡ):

$$
\begin{array}{c}
 \quad X_1\ X_2\ Y_1\ Y_2\ Y_3\ Y_4 \\
\blacktriangleright\ \begin{array}{c} Y_3 \\ Y_4 \end{array}
\left[\begin{array}{cccccc}
\cancel{0} & \cancel{0} & \cancel{1} & \cancel{0} & \cancel{1} & \cancel{1} \\
0 & 0 & \cancel{0} & 1 & \cancel{1} & \cancel{1}
\end{array} \right]
\longrightarrow [0 \quad 0 \quad 1] \longrightarrow 계수=1
\end{array}
$$

(VⅡ)

$$
\begin{array}{c}
 \quad X_1\ X_2\ Y_1\ Y_2\ Y_3\ Y_4 \\
\begin{array}{c} Y_3 \\ \blacktriangleright\ Y_4 \end{array}
\left[\begin{array}{cccccc}
0 & 0 & 1 & \cancel{0} & \cancel{1} & \cancel{1} \\
\cancel{0} & \cancel{0} & \cancel{0} & \cancel{1} & \cancel{1} & \cancel{1}
\end{array} \right]
\longrightarrow [0 \quad 0 \quad 1] \longrightarrow 계수=1
\end{array}
$$

각 체계 행렬에서 내생변수의 방정식에 대한 계수는 각 구획에 속한 내생변수의 수−1(즉, 2−1)과 동일히기 때문에 계수조건은 충족된다. 따라서 [그림 7−2]의 모형은 식별된다.

그래프 이론과 구조인과모형

이 장에서는 그래프 이론과 구조인과모형(structural causal model: SCM)에서 사용되는 기본적인 개념들을 소개한다.[1] 이 개념들의 상당 부분은 이미 앞에서 다룬 내용에 기초하고 있으며 여러분이 익히 알고 있는 방법들을 확장시키는 데 도움이 될 것이다. 먼저 인과 그래프의 용어에 대해 소개하고 이어서 d분리의 개념에 대해 설명할 것이다. d분리는 인과적 가설이 모형 검증에서 갖는 함의와 특정 인과효과에 대한 식별여부를 파악하는 데 필요한 핵심적인 개념이다. 또한 이 개념은 인과 그래프에서 도구변수의 위치를 결정하는 데 도움을 준다. 그다음 소개되는 인과매개분석은 직접효과와 간접효과에 대한 반사실적(counterfactual) 정의에 기반한 방법으로서 이를 통해 원인변수와 매개변수의 상호작용을 분석할 수 있다. 이 장의 연습문제에서는 그래프 이론에 대해 학습한 내용을 적용해 볼 것이다.

그래프 이론의 개요

인과모형을 위한 그래프 이론은 **베이지안 네트워크**(Bayesian networks)에 대한 Judea Pearl의 1980년대 연구에서 시작되었다. 베이지안 네트워크는 여러 변수 사이의 의존성을 나타내는 확률적 그래프 모형으로 볼 수 있다. 이 모형은 컴퓨터에서 그래프 형식의 구조로 인식되며, 이후 컴퓨터는 이 구조를 가상적으로 탐색하여 사건의 조건부 확률을 계산한다. 그래프 이론은 다항분포를 가지는 이산변수(discrete variables)에 처음으로 적용되었지만 다변량 분포를 갖는 연속형 변수 등 다른 종류의 변수들 사이의 의존적 관계도 다룰 수 있다.

---

[1] 이 장의 초고에 대해 의견을 준 Judea Pearl과 Bryant Chen에게 감사를 표한다.

베이지안 네트워크와 인과 그래프 방법론의 근간을 이루는 개념들은 1980년대와 1990년대에 이어 오늘날에 이르기까지 인과추론에 관한 다양한 연구 주제의 영역으로 확장되고 있다(Pearl, 2000, 2009b). 구조인과모형(SCM)으로 알려진 이 논리적 체계는 역학(epidemiology) 분야에서는 널리 알려져 있지만(Rothman, Greenland, & Lash, 2008) 심리학이나 교육학 분야에서는 다소 생소한 개념이다. SCM은 인과추론의 근본적인 난제들을 적절하게 다룰 수 있기 때문에 심리학과 교육학 분야에도 확산될 필요가 있다(Pearl, 2009a).

1. 구조인과모형에서 인과적 가설은 그래프의 형식으로 표현될 뿐만 아니라 정리, 보조정리, 증명 등에 필요한 수학적 언어의 형식으로도 표현된다.
2. 구조인과모형은 답을 얻고자 하는 인과적 연구문제가 전제로 하는 가정들을 기술하는 데 필요한 정확한 언어를 제공한다.
3. 구조인과모형은 모형을 통해 경험적으로 검증될 수 있는 연구문제와 검증이 불가능한 연구문제를 명확하게 구분해 준다. 또한 '검증이 불가능한(unanswerable)' 연구문제를 다루기 위해 어떤 측정변수가 새로 추가되어야 하는지를 결정할 수 있는 방법을 제시한다.
4. 구조인과모형은 잠재적결과모형(potential outcomes model: POM)이나 SEM과 같이 인과추론을 위한 유용한 이론과 기법을 두루 포괄한다.

인과적 가설은 인과적 순환을 포함하지 않는 **정향 비순환 그래프**(directed acyclic graph: DAG)나 인과적 순환을 포함하는 **정향 순환 그래프**(directed cyclic graph: DCG)로 표현된다. DAG는 설명오차상관의 존재 여부나 모양에 상관없이 한쪽 방향의 효과를 가지는 재귀 경로모형을 비모수적으로 일반화한 것인 반면, DCG는 피드백 순환을 포함하는 비재귀 경로모형을 비모수적으로 일반화한 것이다. SCM의 그래프 모형은 비모수적이기 때문에 개별 변수들의 분포에 대한 가정이 지켜지지 않아도 된다. 또한 원인과 결과가 어떤 형태의 함수 관계를 따르느냐에 제약이 없다는 점에서 직접효과도 비모수적이다. 예를 들어, 변수 X와 변수 Y가 모두 연속형이라고 할 때 정향 그래프에서 $X \longrightarrow Y$라고 설정하면 X가 Y에 대해 갖는 선형 및 모든 형태의 비선형 인과효과를 포함하게 된다. 이에 반해 모수적 경로모형에서 $X \longrightarrow Y$라는 설정은 연속형 변수들 사이의 선형적 관련성만을 나타낸다.

그래프 용어

정향 그래프에서 사용되는 기본적인 용어를 살펴보자. 변수는 **마디**(node) 또는 **꼭짓점**(vertice)으로도 불린다. 정향 그래프에서 변수들은 **호**(arc)에 의해 연결되며, 호는 **연결선**(edge)이나 **링크**(link)라고도 한다. 그래프 내에서 호로 연결된 변수들은 함수적으로 또는 통계적으로 의존성을 가진다. 한 쌍의 꼭짓점이 연결선으로 연결되어 있는 경우에 이들은 **인접한다**(adjacent)고 하며, 그렇지 않은 경우에 **인접하지 않는다**(nonadjacent)고 한다. 직접 인과효과에 대한 약한 가정은 방향을 가지는 연결선, 즉 원인에서 결과로 향하는 **화살표**(arrow, ➝)로 표현된다. 두 변수 사이에 화살표가 없으면 이들 사이에 직접적인 인과효과가 없다는 강한 가정을 의미한다. 양방향 연결선(➚_➘)에 의해 연결된 한 쌍의 변수들은 측정되지 않은 잠재적인 원인을 공유하는 것으로 가정된다. SEM에서 이에 해당하는 기호는 ⌣이며, 측정되지 않은 잠재적인 원인을 공유할 가능성 뿐 아니라 모형에 표현되지 않은 두 외생변수 사이의 인과효과나 잠재적인 공통 원인에 직접효과가 더해진 것과 같은 더욱 복잡한 구조의 가능성도 허용한다(Hayduk et al., 2003).

어떤 변수의 직접적인 원인을 그 변수의 **부모**(parent)라고 하고, 모든 직접 원인과 간접 원인들을 그 변수의 **조상**(ancestors)이라고 한다. 또한 어떤 변수에 의해 직접 영향을 받는 변수를 그 변수의 **자식**(child)이라 하고, 직접 또는 간접 영향을 받는 모든 변수를 그 변수의 **자손**(descendants)이라고 한다. 정향 그래프에서 모든 부모 변수는 조상에 포함되며, 또한 모든 자식 변수는 자손에 포함된다. 경로모형과 마찬가지로 부모가 없는 변수는 외생변수이며, 적어도 하나의 부모가 있는 변수는 내생변수가 된다. 설명오차가 독립적이라고 가정되는 경우에는 이를 정향 그래프에 나타내지 않지만, 두 내생변수가 오차분산을 공유하는 경우, 즉 하나 이상의 누락된 혼입변수가 있다고 가정되면 이들을 양방향 연결선으로 직접 연결한다.

경로(path)는 연결선의 방향에 상관없이 인접한 연결선이 연속되어 있는 것을 지칭한다. 경로상에 있는 모든 변수는 한 번씩만 거친다. **정향경로**(directed path)에서는 모든 연결선이 원인에서 결과로 향하는 화살표로 표현된다. 이러한 경로는 경로의 시작에서 끝으로 인과 정보를 전달한다. 정향경로를 제외한 경로는 모두 **비정향경로**(undirected paths)이며 경로의 양 끝에 있는 변수 사이에 인과가 아닌 통계적 연관성을 전달한다. 정향 그래프를 설정하는 목적은 경로모형을 설정하는 목적과 동일하다. 그래프는 모든 변수 쌍에 대해 이들이 인과적이거나 비인과적으로 어떻게 연결되어 있는지에 대한 가설을 표현한다.

🧩 단위 정향 그래프와 조건부 독립

정향 그래프는 사슬(chain), 포크(fork), 역포크(inverted fork)의 세 가지의 단위 구조로 구성된다. 이 구조들은 각각 인과(causation), 혼입(confounding), 충돌(collider)을 나타낸다 (Elwert, 2013). **단축 사슬**(contracted chain)은 $X \longrightarrow Y$은 같이 최소 단위의 인과 구조를 말하며 단축 사슬로 연결된 두 변수는 부모와 자식 사이의 인과적 연결을 중간에서 방해하거나 막을 수 있는 변수가 없기 때문에 무조건부의 의존성을 가진다.

이보다 **긴 사슬**(연쇄)은 다음의 정향경로와 같이 최소 세 개의 변수를 포함한다[그림 8-1 (a)].

$$X \longrightarrow W \longrightarrow Y$$

이 DAG는 X가 W를 거쳐 Y에 영향을 미치는 간접 인과효과를 나타내며, X가 Y에 미치는 직접효과는 0으로 가정된다. 전체 사슬은 X에서 화살표가 시작하여 경로의 끝으로 향하는데, 이러한 경로를 **앞문경로**(front-door path)라고 한다. 이 그림에 포함된 두 개의 단축 사슬($X \longrightarrow W$와 $W \longrightarrow Y$) 역시 앞문경로에 해당한다.

[그림 8-1] (a)는 인접 변수(예: X와 W)들 사이에서만 직접 인과관계가 존재하는 단순 **마르코프 연쇄**(Markov chain)를 보여 준다. 비인접 쌍인 X와 Y는 W를 거치는 정향경로로 인해 서로 관련되지만 이 관련성은 둘 사이에 있는 W가 비활성화되면 깨진다. 비활성화의 한 가지 방법은 X와 Y의 연관성을 W에 대해 조건부로, 즉 W를 통제한 상태에서 추정하는 것이다. 만일 X와 W 두 변수로 Y를 예측하는 회귀분석을 실시한다면 X와 Y는 통계적으로 서로 독립으로 나타날 것이다. W가 X와 Y 사이에 놓인 유일한 변수이므로, W를 비활성화하면 이 두 변수 사이의 인과적 관계가 가로막히게 된다.[2] W가 고정된 상태에서 X와 Y 사이의 통계적 독립성은 다음과 같이 나타낼 수 있다.

$$X \perp Y \mid W$$

이와 같은 **조건부 독립성**(conditional independence)을 다르게 표현하면, W를 통제함으로

---

[2] 어떤 변수에 대해 조건부가 되게 하는 다른 방법으로는 층화표집, 하위집단 분석, 주요 변수에서 특정 값을 가지는 모집단만 표집하는 것(예: 맞벌이 여성에 대한 설문조사) 등이 있다. 결측값으로 인하여 우연히 조건화가 발생할 수도 있다(Elwert, 2013).

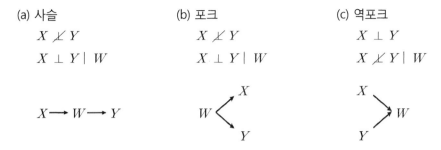

[그림 8-1] 세 변수로 구성된 정향 비순환 그래프의 단위 구조와 각 구조가 함축하는 변수들 사이의
독립성과 의존성. (a) 사슬, (b) 포크, (c) 충돌변수를 포함하는 역포크

써 W에 의해 열려 있던 X와 Y 사이의 정향경로가 막힌다고 할 수 있다.

이와 같은 조건부 독립성은 DAG의 모든 변수는 자기 부모를 통제할 때 자기의 자손이
아닌 다른 모든 변수와 독립적인 관계를 갖는다는 **마르코프 가정**(Markov assumption)에 근
거한다. [그림 8-1] (a)의 경우 변수 X와 Y는 Y의 부모인 W를 고정할 때 서로 관련되지
않는다. 그래프 모형은 비모수적 인과모형이기 때문에 이 변수들이 정규분포를 따르지 않
고 인과효과가 비선형적인 경우에도 동일한 독립성이 성립한다고 간주된다(Hayduk et al.,
2003). 그러나 W를 조건화하지 않으면 X와 Y는 서로 독립이 아니며, 이를 기호로 표기
하면 다음과 같다.

$$X \not\perp Y$$

이것은 W를 고려하지 않을 경우, 모집단에서 X와 Y 사이의 **주변연관성**(marginal association)
이 0이 아니라는 것을 의미한다.

하나의 변수가 다른 두 변수의 공통적인 조상이 되는 가장 단순한 비정향경로는 다음과
같다([그림 8-1] (b)).

$$X \longleftarrow W \longrightarrow Y$$

이 경로는 W가 X와 Y 모두의 직접 원인으로 설정된 **포크**(fork)를 포함한다. 이 포크는
X를 향하는 화살표($\longrightarrow X$)에서 시작하며 **뒷문경로**(back-door path)라고 한다. 뒷문경로
는 양 끝에 있는 변수들 사이의 허위 연관성(spurious association)을 전달할 수 있지만 결코
인과를 전달하지 않는다. 이 그림의 그래프에는 X와 Y의 공통 원인 W를 고정할 때 두

변수가 서로 독립적이라는 의미가 함축되어 있다. 따라서 W를 통제하면 X와 Y 사이의 뒷문경로를 차단하여 이들이 상호 연관되지 않도록 만든다. 또한 W를 고려하지 않은 상태에서 X와 Y 사이에 어떠한 연관성이 관찰되더라도 이는 허위 연관성이라는 의미를 내포한다. 이러한 점을 요약하면 다음과 같다.

$$X \perp Y \mid W \quad X \not\perp Y$$

[그림 8-1] (a)와 [그림 8-1] (b)는 조건부 독립에 대해 동일하게 예측하기 때문에 서로 동치모형이다. 연습문제 1에서 이 세 변수에 대하여 두 그래프와 동치모형인 제3의 DAG를 찾아보도록 하자.

[그림 8-1] (c)는 다음과 같은 **역포크**(inverted fork)를 포함하는 가장 단순한 비정향경로의 그래프를 보여 준다.

$$X \longrightarrow W \longleftarrow Y$$

여기에서 변수 W는 **충돌변수**(collider) 또는 공통 결과변수라고 하며, 두 화살표가 자신을 향하는 비정향경로에 놓이게 된다. 동일한 그래프상에서 하나의 변수가 어느 한 경로에 대한 충돌변수이면서 또 다른 경로의 충돌변수가 될 수는 없다. 그러나 일반적으로 부모가 둘 이상인 변수는 충돌변수로 간주된다. 충돌변수라는 용어는 인과적 영향력이 가산됨(pileup)을 시사한다. 충돌변수를 포함하는 경로는 차단되고, 닫혀 있고, 비활성 상태라고 볼 수 있다. 그 이유는 충돌변수가 자신이 포함된 경로의 양 끝에 있는 변수들 사이의 어떤 종류의 연관성도 차단하기 때문이다. 충돌변수가 없는 경로는 차단되지 않고, 열려 있고, 활성 상태이며 따라서 그 경로를 통해 잠재적인 통계적 연관성을 전달한다. 예를 들어, [그림 8-1] (a)와 [그림 8-1] (b)에 있는 X와 Y 사이의 경로는 충돌변수가 없기 때문에 열려 있다고 표현하며, [그림 8-1] (c)에 있는 X와 Y 간 경로는 충돌변수인 W에 의해 차단된다. 즉, X와 Y 사이의 경로는 닫혀 있다고 할 수 있다.

인과 그래프에서 충돌변수의 존재는 중요한 의미를 갖지만 회귀분석에서는 종종 이 부분이 간과되곤 한다. [그림 8-1] (c)의 예를 살펴보면, X와 Y는 서로 독립적으로 W에 영향을 주는 원인변수로 설정되어 있다. 이 그래프는 다음의 관계를 예측한다.

$$X \perp Y$$

이것은 X와 Y가 다른 변수들에 대한 통제 없이도 상호 독립적임을 의미한다. 즉, 조건화 세트가 공집합($\varnothing$)이다. 그러나 공통 결과변수인 충돌변수를 통제할 때, 그래프는 다음 관계를 예측한다.

$$X \not\perp Y \mid W$$

즉, 서로 관련이 없는 두 원인변수의 공통 결과변수를 통제하게 되면 두 원인변수 간 허위 연관성이 발생한다. 심지어 두 원인변수가 서로 상관을 보이는 경우에도 공통 결과변수에 대한 통제는 원인변수 간 연관성에 허위적 요소를 추가한다. 이러한 결과는 공통 결과변수를 통제할 때 충돌변수에 의해 닫혀 있던 경로가 해제됨으로써 발생한다.

　이해를 돕기 위해 한 가지 예를 살펴보기로 하겠다. 어느 사립학교의 학생들이 음악적 재능 또는 뛰어난 운동 능력에 의해 선발된 상황을 생각해 보자. 여기에서 이 두 재능은 서로 관련이 없다고 가정한다. 만일 어떤 학생이 음악적 재능이 없다는 것을 안다면 그 학생이 운동을 잘한다고 말할 수 있으며, 반대의 경우도 마찬가지다. 다시 말해 결과에 대한 어느 한 가지 원인의 가능성을 부정하면 나머지 원인의 작용이 확정된다. 마찬가지로 하나의 원인을 확정하는 것은 나머지 원인이 작용할 필요성을 제거한다. 인공지능 분야에서는 이를 **설명제거 효과**(explaining away effect)로, 통계학에서는 이를 **Berkson의 역설**(Berkson's paradox)로 부른다(Pearl, 2009b). 이 예에서 해당 학교에 다니는 학생들의 음악적 재능과 운동 능력은 부적인 관계에 있는 것으로 나타날 것이다. 여기에서 표본의 구성(학생 선발)은 음악성과 운동능력에 의해 독립적으로 영향을 받는 충돌변수이며, 이 충돌변수에 대한 조건화가 두 독립적인 원인변수 사이에 부적인 상관을 유발한다고 볼 수 있다.

　통계적 통제를 통해서도 충돌변수를 조건화할 수 있다. [그림 8-1] (c)에 있는 모든 변수가 연속형 변수이고 모든 인과효과가 선형적이라고 가정해 보자. 이 변수들 사이의 상관이 다음과 같다고 할 때, W를 통제한 X와 Y의 편상관은 $\rho_{XY \cdot W} = -.137$이다(식 2.15).

$$\rho_{XW} = .30, \quad \rho_{YW} = .40, \quad \rho_{XY} = 0$$

이와 관련한 그래프를 이용한 예시는 Hayduk 등(2003, pp. 309-311)을 참고하기 바란다.

　충돌변수를 조건화하는 것이 그 원인들 사이에 허위 연관성을 부여한다는 것을 이해하기가 쉽지는 않겠지만 이는 실재하는 현상이다. 충돌변수의 자손을 조건화하는 것 역시 허위 연관성을 유도하며, 이해하기 더 어렵겠지만 이 또한 중요한 사실이다. 예를 들어, [그림 8-1] (c)에 충돌변수의 자식으로 변수 A를 추가하면($W \longrightarrow A$), 수정된 그래프는 다음의 관계를 추가로 예측한다.

$$X \not\perp Y \mid A$$

수정된 그래프에서 변수 A는 X와 Y 사이의 경로상에 위치하지 않지만 충돌변수 W의 자손인 A에 대한 조건화 역시 이들 사이의 경로를 열어 준다. 이 개념은 인과모형을 정향그래프로 공식화한 Pearl의 기여 덕에 역학 연구자들에게는 일반적으로 잘 알려져 있지만, 다른 분야의 연구자들에게는 익숙하지 않을 것이다.

SCM의 인과 그래프는 비모수적이기 때문에 같은 결과변수에 대한 두 가지 원인변수가 상호작용할 수 있는 가능성을 허용한다. [그림 8-1] (c)의 그래프의 경우 상호작용(조절효과)은 W에 대한 X의 효과가 Y의 수준에 따라 달라진다는 것을 의미한다. 조절효과는 대칭적이기 때문에 W에 대한 Y의 효과 역시 X의 수준에 따라 달라질 것이다. 이에 반해 전통적인 경로모형과 같은 모수적 인과모형에서는 조절효과에 대한 가설이 분명하게 표현되어야 한다. 원인변수와 매개변수가 상호작용한다는 가정 역시 인과매개분석의 한 부분인데 이 주제는 이 장의 뒷부분에서 다룰 것이다.

회귀분석에 대한 시사점

앞 절에서 살펴본 개념들은 인과모형에 대한 회귀분석 시 공변인을 선택하는 문제에 시사점을 제공한다. [그림 8-1] (b)과 같은 공통원인의 혼입효과는 통제하는 것이 바람직하며, 이를 통제하지 않으면 혼입에 의한 편향이 발생할 수 있다. 대부분의 연구자는 이에 대해 잘 알고 있다. 그와 반대로 간접 원인으로 결과를 예측하는 회귀분석에서 매개변수를 실수로 통제하게 되면 **과통제 편향**(overcontrol bias)을 유발할 수 있다(Elwert, 2013). 과통제 편향은 인과 경로의 일부 또는 전체를 없애는 것을 의미한다(예: [그림 8-1] (a)). 이러한 이유로 다중회귀에서는 예측변수들 사이에 인과효과가 없다고 가정하며, 따라서 결과변수에 대한 식 하나만이 존재한다.

인과모형이 참일 때 충돌변수 또는 충돌변수의 자손을 통제하는 것은 **충돌변수 편향**(collider bias; Rothman et al., 2008) 또는 **내생선택 편향**(endogenous selection bias; Elwert, 2013)을 유발할 수 있다. 이 경우 허위 연관성이 발생하여 인과의 증거로 잘못 해석될 수 있다(예: [그림 8-1] (c)). 실제로는 둘 이상의 부모를 가지는 결과변수들을 연구자가 배경변수 (원인변수)로 착각하여 통제하는 경우 이러한 문제는 더욱 심각해진다.

d분리

Pearl(2009b)의 **d분리 기준**(d-separation criterion)은 데이터 내에서 조건부 독립을 확인하기 위한 기준으로, 여기서 알파벳 d는 '정향(directional)'을 의미한다. d분리 기준은 그래프 내에 있는 특정 변수 쌍이 다른 변수들을 조건화함으로써 독립적 관계로 바뀌는지를 알려 준다. 이러한 통제변수들은 해당 변수 쌍 사이에 간접 인과효과나 공통 원인에 의해 전달되는 정보의 흐름을 차단한다(Hayduk et al., 2003). 또한 이 기준은 충돌변수나 그 자손 변수를 통제함으로써 유발될 수 있는 허위 연관성에 대해 주의할 것을 상기시킨다. 이 기준은 마르코프 가정에 의존하는데 이 가정에 의하면 그래프에서 생략된 각각의 공통 원인은 양방향의 연결선 기호로 표현된다. 또 다른 가정인 **충실성**(faithfulness)은 한 변수가 다른 변수에 대해 가지는 직접효과와 간접효과가 서로를 완전히 상쇄하지 못하여 효과의 합이 0이 되지 않는다는 것이다. 즉, 그래프가 함축하고 있는 조건부 독립은 오로지 d분리 기준에 의해서만 생성된다(Elwert, 2013).

다음은 한 쌍의 변수에 대한 d분리 기준의 정의다(Glymour, 2006, p. 394). 이 기준은 여러 세트의 변수에도 동일하게 적용된다.

정향 비순환 그래프(DAG)에서 한 쌍의 변수는 다음의 조건 중 하나를   (규칙 8.1)
만족시키는 공변인 세트 *Z*에 의해 d분리된다.
  1. 경로상의 비충돌변수 중 하나가 *Z*에 속한다.
  2. 경로상에 충돌변수가 있는 경우 이 충돌변수와 그 자손이 모두 *Z*에 속하지 않는다.
한 쌍의 변수 *X*와 *Y*는 *X*에서 *Y*로 향하는 모든 경로를 *Z*가 반드시 차단하는 경우에만 *Z*에 의해 d분리된다.

한 쌍의 변수 사이의 경로 중 d분리되지 않는 경로가 존재할 때, 두 변수는 **d연결**(d-connected)된다고 한다. 이것은 경로가 차단되지 않거나 열린 상태를 의미한다. 충실성 가정을 만족하는 DAG가 d연결되는 경우 통계적인 의존성을 가진다고 한다. 부모-자식 관계의 두 변수는 본질적으로 d연결된다고 볼 수 있다. 그래프의 모든 변수 쌍이 선으로 연결된 경우에는 d분리된 변수 세트가 존재하지 않는다. 이와 같은 그래프는 조건부 독

립이 부재함을 의미하기 때문에 데이터에 의해 반박될 수 있는 어떠한 통계적인 함의도 갖지 않는다. 경로모형에서 자유도가 0일 때가 이와 유사한 경우이다. 실제로 경로모형의 자유도가 $0(df_M=0)$이 되는 필요조건 중 하나가 d분리의 부재다.

두 가지 예를 살펴보기로 하겠다. 각 예는 무료로 내려받을 수 있는 Belief and Decision Network Tool(Porter et al., 1999–2009)을 이용해 검증할 수 있다. [그림 8–2] (a)의 세 가지 비인접 쌍인 (X, Y), (X, B), (A, Y)는 d분리될 수 있다. 다음에 표현된 정향경로의 양 끝에 있는 두 변수는 이들 사이에 끼어 있는 변수인 A나 B가 포함된 조합을 조건화함으로써 서로 독립적이 된다.

$$X \longrightarrow A \longrightarrow B \longrightarrow Y$$

이와 같은 조건화를 통해 두 변수(X, Y) 사이의 정향경로가 닫히게 된다. 따라서 이 그래프는 다음 관계를 함축하게 된다.

$$X \perp Y \mid A \quad X \perp Y \mid B \quad X \perp Y \mid (A, B)$$

또 다른 변수 쌍(X, B)는 이들 사이에 끼어 있는 유일한 변수인 A가 고정될 때 서로 독립적이다. 변수 Y는 B의 자손변수에 해당되므로 X와 B 사이의 연관성에 아무런 기여도 하지 않는다. 따라서 이 그래프는 다음의 관계 역시 함축한다.

$$X \perp B \mid A \quad X \perp B \mid (A, Y)$$

마지막으로 비인접 쌍인 (A, Y)는 B가 고정될 때 서로 독립적이다. 이 쌍은 B와 X가 모두 고정될 때에도 서로 독립적인데 이는 Y의 부모변수인 B를 통제하는 것이 다른 조상변수(X)의 영향으로부터 Y를 보호한다는 마르코프 가정에서 비롯된다. 따라서 이 그래프는 다음의 관계도 함축하게 된다.

$$A \perp Y \mid B \quad A \perp Y \mid (B, X)$$

이상의 내용을 종합하면 [그림 8–2] (a)는 지금까지 열거한 7개의 조건부 독립을 포함하고 있다.

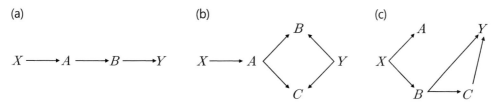

[그림 8-2] 확장된 정향 비순환 그래프

이제 [그림 8-2] (b)의 그래프를 살펴보자. 이 그래프에서 d분리될 수 있는 비인접 변수 쌍은 다음과 같다.

$$(X,\ Y),\ (X,\ B),\ (X,\ C),\ (B,\ C),\ (A,\ Y)$$

⟨표 8-1⟩에는 d분리 기준으로 이 그래프에서 찾을 수 있는 조건부 독립이 모두 열거되어 있다. $(X,\ Y)$ 쌍은 공변인에 의한 조건화 없이도 주변 독립성을 갖는다. 이것은 다음과 같이 X와 Y를 연결하는 모든 경로가 충돌변수인 B나 C에 의해 차단되기 때문이다.

$$X \longrightarrow A \longrightarrow B \longleftarrow Y$$
$$X \longrightarrow A \longrightarrow C \longleftarrow Y$$

$(X,\ Y)$ 쌍은 A가 유일한 공변인인 경우 독립성이 유지된다. 왜냐하면 A를 통제하더라도 충돌변수에 의해 이미 차단되어 있는 X와 Y 사이의 어떠한 경로도 열지 못하기 때문이다. A를 통제하지 않은 상태에서 B와 C 중 적어도 하나를 조건화하면 X와 Y 사이의 경로가 열려 허위 연관성이 발생할 것이다. 그러나 B나 C가 포함된 조건화 세트에 A가 함께 포함되면 경로는 다시 닫힌다. X와 Y 쌍에 대한 다섯 가지 조건부 독립의 목록이 ⟨표 8-1⟩에 제시되어 있다.

[그림 8-2] (b)의 $(X,\ B)$와 $(X,\ C)$ 쌍은 이들에 대한 조건부 독립의 논리가 유사하므로, 여기서는 $(X,\ B)$ 변수 쌍에 대해서만 살펴보기로 하겠다. X와 B는 다음의 두 경로에 의해 연결된다.

$$X \longrightarrow A \longrightarrow B$$
$$X \longrightarrow A \longrightarrow C \longleftarrow Y \longrightarrow B$$

첫 번째 정향경로는 막혀 있지 않지만 두 번째 비정향경로는 충돌변수 C에 의해 막혀 있

〈표 8-1〉 [그림 8-2] (b)에서 d분리 기준으로 찾을 수 있는 조건부 독립

비인접 쌍	조건부 독립	
X, Y	$X \perp Y$	$X \perp Y \mid A$
	$X \perp Y \mid (A, B)$	$X \perp Y \mid (A, C)$
	$X \perp Y \mid (A, B, C)$	
X, B	$X \perp B \mid A$	$X \perp B \mid (A, C)$
	$X \perp B \mid (A, Y)$	$X \perp B \mid (A, C, Y)$
X, C	$X \perp C \mid A$	$X \perp C \mid (A, B)$
	$X \perp C \mid (A, Y)$	$X \perp C \mid (A, B, Y)$
B, C	$B \perp C \mid (A, Y)$	$B \perp C \mid (A, X, Y)$
A, Y	$A \perp Y$	$A \perp Y \mid X$

다. A만 조건화하면 X와 B 사이의 정향경로는 막히고 비정향경로는 열리지 않는다. 따라서 변수 X와 Y는 A가 고정될 때 서로 독립이 된다. 동일한 이유로 A와 Y를 함께 조건화하는 것도 (X, B) 쌍을 d분리한다. 조건화 세트에 충돌변수 C를 포함시키면 X와 B 사이의 비정향경로가 열리지만 A를 통제함으로써 이 경로는 다시 닫힌다. 변수 Y를 C 및 A와 함께 통제하는 것도 X와 B 쌍을 d분리한다. (X, B) 쌍과 (X, C) 쌍에 대한 네 가지 조건부 독립의 목록이 각각 〈표 8-1〉에 제시되어 있다.

[그림 8-2] (b)에서 (B, C) 쌍에 대한 두 공통 원인은 A와 Y이고, 그 경로는 다음과 같다.

$$B \leftarrow A \rightarrow C$$
$$B \leftarrow Y \rightarrow C$$

따라서 A와 Y를 동시에 조건화하면 (B, C) 쌍은 서로 독립이 된다. A, Y와 함께 X를 통제해도 두 변수는 독립이 된다. B의 부모인 A를 통제하면 B의 다른 조상인 X로부터 B가 고립되기 때문이다. 마지막으로 (A, Y) 쌍을 연결하는 다음의 두 경로는 모두 막혀 있음을 볼 수 있다.

$$A \rightarrow B \leftarrow Y$$
$$A \rightarrow C \leftarrow Y$$

따라서 (A, Y) 쌍은 주변독립성을 가진다. 이 쌍은 A의 부모인 X가 고정될 때도 서로 독

립적이다. (B, C) 쌍과 (A, Y) 쌍에 대해 언급한 총 네 가지의 조건부 독립도 〈표 8-1〉에 열거되어 있다. 요약하면 [그림 8-2] (b)는 총 17개의 조건부 독립을 함축하고 있다. 연습문제 2에서는 [그림 8-2] (c)에 함축된 조건부 독립을 찾아볼 것이다.

인과 순환이 포함된 정향 순환 그래프에서 조건부 독립을 찾는 데에는 약간의 응용이 필요하다. 한 가지 이유는 조건부 독립을 찾는 그래프용 컴퓨터 프로그램이 일반적으로 정향 비순환 그래프만 분석한다는 점에 있다. 부록 8.A에서는 DCG를 **재구성 그래프**(collapsed graph)라는 특수한 형태의 DAG로 변환하는 절차에 대해 설명한다. 재구성 그래프란 기존 DCG 모형의 주요 조건부 독립을 모두 포함하는 그래프다.

🥧 기본세트

정향 비순환 그래프에서 **기본세트**(basis set)란 d분리 기준에 의해 특정되는 그래프 내의 모든 조건부 독립을 함축하는, 최소 개수의 조건부 독립으로 구성되는 세트를 말한다. 기본세트의 크기는 d분리될 수 있는 비인접 변수 쌍의 개수를 의미한다. 기본세트의 크기를 초과하는 조건부 독립은 이미 기본세트에 의해 함축되기 때문에 이를 모두 검증할 필요는 없다. 예를 들어, [그림 8-2] (a)에는 d분리될 수 있는 세 개의 비인접 쌍이 있기 때문에 기본세트의 크기가 3이다. 이 그래프는 앞 절에 열거한 7개의 조건부 독립을 함축하고 있지만 이들 모두가 서로 논리적으로 독립적인 것은 아니다. 이 그래프에 대해서는 3개의 기본세트가 나머지 모두를 설명한다. [그림 8-2] (b)는 〈표 8-1〉에 열거된 17개의 조건부 독립을 포함하지만 기본세트의 크기는 5이다. 이 숫자는 그래프 내에 d분리될 수 있는 비인접 변수 쌍의 개수를 의미한다. 따라서 단지 5개의 조건부 독립으로 구성된 기본세트는 표에 열거된 17개 조건부 독립을 모두 포함할 수 있다.

기본세트를 구성하는 방법이 한 가지만 있는 것은 아니기 때문에 DAG에 대한 기본세트는 유일하지 않을 수 있다. 그러나 기본세트가 어떻게 구성되더라도 그래프가 함축하는 조건부 독립을 모두 예측할 수 있어야 한다. Pearl과 Meshkat(1999) 및 Shipley(2000)는 기본세트를 간단하게 구성하는 방법을 다음과 같이 정의하였다.

그래프 내에서 d분리될 수 있는 비인접 변수의 쌍을 열거한다.　　　　　　　　(규칙 8.2)
이어 각 쌍을 구성하는 두 변수의 부모변수들을 조건화한다. 이렇게 구성된 조건부 독립 세트가 한 개의 기본세트를 구성한다.

〈표 8-2〉 [그림 8-2] (b)의 기본세트의 예

비인접 쌍	두 변수의 부모	조건부 독립
X, Y	없음	$X \perp Y$
X, B	A, Y	$X \perp B \mid (A, Y)$
X, C	A, Y	$X \perp B \mid (A, Y)$
B, C	A, Y	$B \perp C \mid (A, Y)$
A, Y	X	$A \perp Y \mid X$

규칙 8.2를 [그림 8-2] (a)에 적용해 보자. 세 쌍의 비인접 변수가 d분리될 수 있기 때문에 기본세트의 크기는 3이다. 내생변수인 A, B, Y의 부모는 각각 X, A, B이다. 따라서 이 그래프의 기본세트는 다음과 같다.

$$X \perp B \mid A$$
$$A \perp Y \mid (X, B)$$
$$X \perp Y \mid B$$

앞에 열거된 기본세트는 [그림 8-2] (a)가 함축하는 7개의 조건부 독립을 모두 설명한다. 연구자는 이 그래프의 조건부 독립에 대해 이 기본세트만 검증하면 된다.

이번에는 [그림 8-2] (b)에 대한 기본세트를 찾아보도록 하겠다. 모두 다섯 쌍의 비인접 변수들이 d분리될 수 있기 때문에 기본세트의 크기는 5이다. 각 쌍의 비인접 변수들이 〈표 8-2〉에 열거되어 있다. 이 표에는 조건화 세트인 비인접 변수의 부모와 이에 상응하는 d분리에 대한 진술도 포함되어 있다. 그래프가 함축하는 17개의 조건부 독립(〈표 8-2〉)은 기본세트를 구성하는 5개의 조건부 독립(〈표 8-2〉)에 의해 모두 유도될 수 있다. 연습문제 3에서는 [그림 8-2] (c)의 기본세트를 찾아볼 것이다.

🍩 인과 정향 그래프

인과 정향 그래프(causal directed graph)는 비인접 쌍이나 인접 쌍을 이루는 두 변수의 공통 원인을 모두 포함해야 한다. 이 공통 원인은 측정된 것일 수도 있고 측정되지 않은 것일 수도 있다. 측정되지 않은 원인은 그래프에 포함되지 않은 가설적 변수에 해당하기 때문에 잠재적 원인으로 간주된다. 인과 그래프에 모든 내생변수의 원인이 포함될 필요는 없으나, 공통원인은 반드시 포함되어야 한다. 그렇지 않은 경우 그래프는 엄밀한 의미에서 인과 그래프로 볼 수 없다. 이에 반해 연결선(→) 누락에 따른 설정오류는 그 자체로 인과 그래프를 비인과적으로 만들지 않는다. 연결선의 부재는 하나의 가설(예: 직접 인과효과가 0이다)을 반영하며 그것을 생략하는 것은 설정오류에 해당되지만, 설정오류가 그래프를 비인과적으로 만드는 것은 아니다.

연구에서 가정된 잠재적인 공통 원인은 정향 그래프상에서 한 쌍의 측정변수 사이를 양방향의 연결선으로 연결하여 표현한다. [그림 8-3] (a)의 인과 DAG를 살펴보면, 변수 Y_1과 Y_2를 연결하는 양방향의 연결선은 설명오차상관에 해당하며 두 외생변수 X_1과 X_2를 연결하는 양방향의 연결선은 이 두 변수가 공변한다는 것을 가정한다. 세 번째 양방향 연결선은 그림에서 직접효과로 설정되어 있는 변수 X_1과 Y_1을 연결하고 있다. 이러한 설정은 Y_1에 대한 X_1의 인과효과를 초과하는 두 변수 사이의 통계적인 연관성은 허위적(spurious)이며 측정되지 않은 공통 원인으로 인해 발생한다는 것을 의미한다.

[그림 8-3] (a)에서 누락된 혼입변수들은 [그림 8-3] (b)에서 측정되지 않은 변수 U_1-U_3로 명시적으로(explicitly) 표현되어 있다. 두 번째 그래프에도 일반적인 d분리 기준을 적용할 수 있으나, 다만 변수 U_1-U_3는 측정되지 않은 잠재변수이기 때문에 공변인으로 포함될 수 없다는 점이 다르다. 이 그림에는 다음과 같이 총 6쌍의 비인접 측정변수가 포함되어 있다.

$$(X_1,\ Y_3),\ (X_1,\ Y_2),\ (X_2,\ Y_3),\ (X_1,\ X_2),\ (Y_1,\ Y_2),\ (X_2,\ Y_1)$$

이 여섯 쌍 중 마지막 세 쌍은 공통 원인의 일부가 잠재적이기 때문에 d분리될 수 없다. 예를 들어, (X_1, X_2) 쌍은 다음과 같이 U_1을 공통 원인으로 공유하지만 U_1이 측정되지 않았

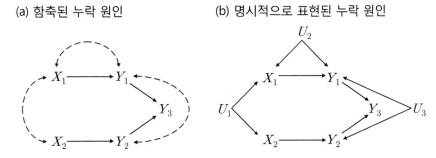

[그림 8-3] (a) 측정되지 않은 공통 원인을 함축하는 양방향 연결선이 있는 인과 그래프.
(b) 누락된 공통원인을 U_1-U_3로 명시적으로 표현한 동일 그래프

기 때문에 d분리될 수 없다.

$$X_1 \longleftarrow U_1 \longrightarrow X_2$$

마찬가지로 (Y_1, Y_2) 쌍에 대한 다음의 경로에서도 U_3가 잠재적이기 때문에 조건화에 의해 차단될 수 없다.

$$Y_1 \longleftarrow U_3 \longrightarrow Y_2$$

연습문제 4에서 [그림 8-3] (b)의 (X_2, Y_1) 쌍이 d분리될 수 없다는 것을 증명해 보도록 하자. 나머지 세 쌍의 비인접 측정변수들은 d분리될 수 있으며, 이에 해당하는 조건부 독립 세트를 열거하면 다음과 같다.

$$X_1 \perp Y_3 \mid (Y_1, Y_2) \quad X_1 \perp Y_3 \mid (Y_1, Y_2, X_2)$$
$$X_1 \perp Y_2 \mid X_2$$
$$X_2 \perp Y_3 \mid (Y_1, Y_2) \quad X_2 \perp Y_3 \mid (Y_1, Y_2, X_1)$$

이 그래프의 기본세트는 다음과 같다.

$$X_1 \perp Y_3 \mid (Y_1, Y_2)$$
$$X_1 \perp Y_2 \mid X_2$$
$$X_2 \perp Y_3 \mid (Y_1, Y_2)$$

🕐 검증 가능한 함축적 관계

인과 정향 그래프에서 d분리에 관한 가설들은 표본 데이터를 통해 검증된다. 선형모형에서 모든 변수가 연속형인 경우, 조건부 독립은 편상관의 값이 0임을 의미한다. 오차항이 독립적인 모형에서는 편상관이 0이 되는 전체 세트가 이 모형에서 검증할 수 있는 모든 함축적 관계를 나타낸다. 예를 들어, 앞 절에서 다룬 [그림 8-3] (b)의 기본세트는 연속형 변수들에 대해 다음에 열거하는 편상관의 소멸을 함축한다.

$$\rho_{X_1 Y_3 \cdot Y_1 Y_2} = \rho_{X_1 Y_2 \cdot X_2} = \rho_{X_2 Y_3 \cdot Y_1 Y_2} = 0$$

만일 이 예측들 중 어느 것이라도 데이터와 불일치하면 그에 해당하는 조건부 독립은 지지되지 않는다. 이 결과는 그래프의 특정한 부분에 설정오류가 있는지를 진단하는 데 도움이 된다. 표본에서 예측과는 달리 $r_{X_1 Y_2 \cdot X_2} = .40$이라는 값이 관찰되었다고 해 보자. 이 결과는 [그림 8–3] (b)에서 설정오류의 가능성을 시사한다. 예를 들어, U_1 이외에도 X_1과 Y_2에 공통적으로 영향을 주는 직접 또는 간접 원인이 누락되었을 수 있다. 이 예에서 지역 적합도 검증의 이점은 편상관 $r_{X_1 Y_2 \cdot X_2}$가 Y_1이나 Y_3의 측정오차에 의해 왜곡되지 않는다는 것이다. Shipley(2000)는 조건부 독립에 기초한 경로분석의 지역 적합도 검증 방법에 대해 소개하고 있다. 11장에서는 이 방법 중 일부를 적용하여 실제 데이터로 경로모형을 분석할 것이다.

그래프 식별 기준

SEM과 SCM에서 식별은 기본적으로 동일한 의미를 가진다. 즉, 모형의 인과적 특성이 데이터에 의해 특정되는지의 여부를 의미한다. 그러나 두 모형의 강조점에는 다소 차이가 있다. SEM에서는 식별 여부가 모형의 모수와 결합되어 있으며, 식별 여부는 방정식을 다루거나 어림법을 적용하는 등 매우 번거로운 과정을 거쳐야 평가할 수 있다. SCM에서는 공변인의 **충분세트**(sufficient set)를 찾아 특정한 인과효과를 식별하는 그래프 식별 기준을 적용할 수 있다. 충분세트를 통제하면 허위 요소(뒷문경로)가 제거되고 인과관계만 남게 된다. 충분세트가 없는 경우에는 비재귀적 관계의 변수들에 대해 도구변수를 설정하는 것과 같은 다른 방법을 통해 인과효과가 식별되도록 할 수 있다.

SCM의 그래프 식별 기준은 d분리의 개념에 기초하고 있다. 이 개념은 연구자가 공변인을 잘못 선택하여 공통 원인으로 인한 혼입을 제거하지 못하거나 충돌변수를 조건화함으로써 새로운 편향을 초래하는 실수를 피할 수 있도록 돕는다. 이 개념의 핵심은 공변인의 충분세트가 X와 Y 사이의 모든 비인과(뒷문)경로를 막는 반면, 어떤 인과 (정향) 경로도 막지 않는다는 데 있다. 이어지는 설명에서는 인과 DAG를 가정한다. 그래프 식별 기준에 대한 다음 설명은 DCG에 기반한 재구성 그래프에는 적용되지 않는다.

뒷문 기준

공변인 세트 Z(∅을 포함)는 다음의 **뒷문 기준**(back-door criterion)을 충족하는 경우 Y에 대한 X의 총인과효과를 식별하는 데 충분하다(Pearl, 2009b, pp. 79-80).

공변인 세트 Z는 다음의 조건에서 X의 Y에 대한 총인과효과에 대한   (규칙 8.3)
뒷문 기준을 충족한다.
  1. X의 자손은 Z에 포함되지 않는다.
  2. Z가 X와 Y 사이의 모든 뒷문경로를 차단한다.
만일 Z가 뒷문 기준을 충족하면 Z는 X의 Y에 대한 총효과를 식별하기에 충분하다.

[그림 8-4] (a)의 X와 Y 사이에는 다음과 같이 모두 세 개의 뒷문경로가 있다.

$$X \longleftarrow C \longrightarrow Y$$
$$X \longleftarrow A \longrightarrow D \longrightarrow Y$$
$$X \longleftarrow A \longrightarrow D \longrightarrow E \longrightarrow Y$$

세 개의 뒷문경로를 모두 차단하는 두 개의 충분세트 (A, C)와 (C, D)는 Y에 대한 X의 총인과효과를 식별한다. 이 세트들은 각각 **최소충분세트**(minimally sufficient set)로, 자신의 진부분집합에는 충분세트가 없는 충분세트를 말한다. 진부분집합이란 자신을 제외한 부분집합이다. 이는 X와 Y 사이의 모든 뒷문경로를 막기 위해서 적어도 각 최소충분세트의 두 공변인이 필요하다는 것을 의미한다. 더 큰 세트인 (A, C, D) 역시 충분세트지만, 최소충분세트는 아니다. 이 세트의 진부분집합에 최소충분세트인 (A, C)와 (C, D)가 포함되기 때문이다. 이 예는 동일한 인과효과를 식별할 수 있는 복수의 충분세트가 존재할 수 있다는 것을 보여 준다. 이는 그래프가 참인 경우 서로 다른 충분세트에 의해 얻은 추정값이 모두 동일해야 한다는 점에서 일종의 초과식별 제약으로 볼 수 있다. 연습문제 5를 통해 (A)와 (X, C)가 각각 [그림 8-4] (a)의 D의 Y에 대한 총인과효과를 식별하는 최소충분세트임을 증명해 보도록 하자.

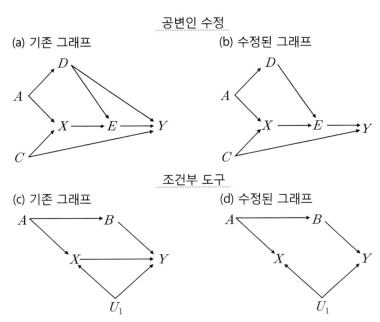

[그림 8-4] (a) 정향 비순환 그래프의 예. (b) D에서 Y로 가는 직접효과를 제거하여
(a)를 수정한 그래프. (c) 누락된 혼입변수 U_1을 포함하는 정향 비순환 그래프의 예.
(d) X에서 Y로 가는 직접효과를 제거하여 (c)를 수정한 그래프

외생변수는 조상이 없기 때문에 외생인 원인변수는 뒷문경로를 가지지 않는다. 이 경우 충분세트는 ∅으로 공변인이 없음을 의미한다. 예를 들어, [그림 8-4] (a)의 변수 A는 외생변수이고 Y에 대해 변수 D, X, E를 거치는 여러 개의 간접효과를 갖는다. A와 Y 사이에는 뒷문경로가 없기 때문에 충분세트는 ∅이다. 따라서 공변인 없이 Y를 A에 회귀시키면 총효과를 추정할 수 있다. 총효과를 식별하는 데는 뒷문 기준으로 충분하기 때문에 그림에 나타난 A에서 Y로 향하는 모든 개별 경로의 모수를 식별할 필요는 없다.

그래프가 작을 때는 뒷문경로를 차단하는 충분세트를 특정하는 것이 그다지 어렵지 않지만 그래프가 큰 경우에는 어려운 문제가 될 수 있다. 바로 이와 같은 경우에 정향 비순환 그래프 분석을 위한 무료 컴퓨터 프로그램을 사용할 수 있다. 예를 들어, DIGitty(Textor et al., 2011)와 DAG 프로그램(Knüppel & Stang, 2010)은 사용자가 선택한 한 쌍의 변수 사이의 총효과를 식별하는 최소충분세트의 목록을 자동으로 생성한다. 이 두 프로그램에서는 인과 DAG를 분석할 때 누락된 혼입변수를 설정하는 것도 가능하다. 이 기능을 이용해 연구자들은 공변인을 통제하여 특정한 총인과효과를 식별하는 것이 측정되지 않은 혼입변수로 인해 불가능하게 되는지의 여부를 명확하게 평가할 수 있다.

앞서 언급한 프로그램 중 한 프로그램을 이용하여 [그림 8-3] (b)에 제시된 혼입변수

$U_1 - U_3$를 포함하는 인과 DAG를 설정하는 것을 연습해 보도록 하자. 이러한 연습을 통해 여러분은 이 그래프의 총효과 중 일부가 공변인 통제에 의해 식별될 수 없음을 확인할 수 있을 것이다. 여기에는 누락된 혼입변수로 인한 다음의 총효과들이 포함된다.

$$X_1 \text{에서 } Y_1, \quad X_1 \text{에서 } Y_3, \quad X_2 \text{에서 } Y_3$$

인과효과의 일부가 식별되지 않는다는 것을 확인하면 연구자는 해당 인과효과를 식별하기 위해 누락된 원인과 유사한 측정변수를 찾거나 모형에 도구변수를 추가해야 한다.

[그림 8-3] (b)의 나머지 총인과효과는 공변인을 통제함으로써 식별된다. 예를 들어, X_2의 Y_2에 대한 총효과이자 직접효과는 식별되는데, 그 이유는 이 두 변수 사이에 차단되지 않은 뒷문경로가 없기 때문이다. 따라서 공변인이 필요 없으므로 충분세트는 ∅이고, Y_2를 X_2에 회귀시키면 이들의 인과관계를 추정할 수 있다. 이 그림에서 Y_3에 대한 Y_1의 총효과와 Y_3에 대한 Y_2의 총효과가 각각 충분세트 (Y_2)와 (Y_1)에 의해 식별된다는 것을 확인할 수 있다. 이 예는 SCM에서는 그래프의 일부 인과효과가 식별되지 않을 때에도 식별 가능한 인과효과를 추정하는 것이 가능하다는 것을 보여 준다(Pearl, 2009b, pp. 144-145).

단일문 기준

연속형 변수들로 구성된 선형 재귀모형에서 **단일문 기준**(single-door criterion)은 특정한 직접효과의 계수가 공변인 통제에 의해 식별되는지와 어떤 변수를 조건화 세트에 포함해야 하는지에 대한 정보를 알기 위한 기준이다(Pearl, 2009b, pp. 150-152).

한 쌍의 변수 X와 Y에 대하여 변수 세트 Z는 다음의 조건에서   (규칙 8.4)
단일문 기준을 충족한다.
    1. Y의 자손은 Z에 포함되지 않는다.
    2. Z는 기존 그래프에서 연결선 $X \longrightarrow Y$가 삭제된 그래프에서 X와 Y를 d분리한다.
Z가 단일문 기준을 충족하면 X의 Y에 대한 직접효과의 계수는 식별된다.

[그림 8-4] (a)를 다시 살펴보면, 앞서 Y에 대한 D의 총효과가 공변인 통제에 의해 식별되는 것을 확인하였다. 이 총효과는 하나의 직접효과와 변수 E를 경유하는 하나의 간접효과로 구성된다. 그렇다면 Y에 대한 D의 직접효과도 식별될까? 선형모형과 연속형 변

수를 가정하면 단일문 기준을 적용할 수 있다. 먼저 원래 그래프에서 경로 $D \longrightarrow Y$를 삭제한다. [그림 8-4] (b)는 이와 같이 수정된 그래프다. Y에는 자손이 없다. 이 수정된 그래프에서 D와 Y를 d분리하는 최소충분세트는 (C, E)와 (A, X, E)이다. 따라서 수정된 그래프에서는 다음의 두 경우가 모두 성립된다.

$$D \perp Y \mid (C, E) \quad D \perp Y \mid (A, X, E)$$

이것은 기존 그래프([그림 8-4] (a))에서 경로 $D \longrightarrow Y$의 계수가 식별됨을 의미한다. 연습문제 6에서 [그림 8-4] (a)의 경로 $C \longrightarrow Y$의 계수를 식별하는 공변인의 최소충분세트를 찾아보도록 하자.

🥧 도구변수

선형모형의 직접효과는 적절한 도구변수가 있을 때에도 식별된다. 예를 들어, 결과변수 Y에 대해 비재귀적 관계의 원인이 되는 변수 X의 도구변수는 X와는 상관이 있어야 하지만 Y의 오차항과는 상관이 없어야 한다(예: [그림 7-3]). 결과변수나 누락된 혼입변수들이 많은 큰 모형에서는 적절한 도구변수를 결정하는 일이 어려울 수 있다. 그래프 이론은 d분리의 개념에 기초하여 도구변수에 대한 명료한 정의를 제공한다(Pearl, 2012, pp. 82~83).

다음의 조건에서 변수 Z는 $X \longrightarrow Y$ 경로의 적절한 도구변수이다.　　　(규칙 8.5)

　　1. 원래 그래프에서 연결선 $X \longrightarrow Y$를 삭제한 수정된 그래프에서 Z는 Y에 대해 d분리된다.
　　2. 이 수정된 그래프에서 Z는 X에 대해 d분리되지 않는다.

[그림 8-4] (c)에 제시된 인과 DAG가 연속형 변수들의 선형모형이라고 가정해 보자. Y에 대한 X의 직접효과는 식별되지 않는데, 그 이유는 $X \longrightarrow Y$의 경로를 삭제한 수정된 그래프에서 다음의 두 경로가 차단되지 않기 때문이다.

$$X \longleftarrow A \longrightarrow B \longrightarrow Y$$
$$X \longleftarrow U_1 \longrightarrow Y$$

두 번째 경로는 잠재변수 U_1을 조건화할 수 없기 때문에 차단될 수 없다. 따라서 Y에 대한 X의 직접효과는 공변인 통제에 의해 식별되지 않는다. 그렇다면 [그림 8-4] (c)의 변수 A는 X에 대한 적절한 도구변수일까? 그렇지 않다. 이는 경로 $X \longrightarrow Y$를 삭제한 수정된 그래프([그림 8-4] (d))에서 변수 A가 다음의 경로를 통해 Y와 d연결되기 때문이다.

$$A \longrightarrow B \longrightarrow Y$$

이로 인해 규칙 8.5의 첫 번째 조건이 위반된다. 도구변수가 없기 때문에 측정변수들이 추가되지 않는 한 [그림 8-4] (c)에서 Y에 대한 X의 직접효과가 식별되지 않는 것처럼 보인다.

　　그러나 실제로는 규칙 8.5를 충족하는 **조건부 도구변수**(conditional instrument)를 생성함으로써 [그림 8-4] (c)에서 X를 위한 적절한 도구변수를 찾을 수 있다. 여기에서 B를 통제하면 변수 A는 적절한 도구변수가 된다. 이는 조건부 도구변수 $A \mid B$가 수정된 그래프인 [그림 8-4] (d)에서 Y에 대해서는 d분리되지만 X에 대해서는 d분리되지 않기 때문이다.

$$(A \mid B) \perp Y \qquad (A \mid B) \not\perp X$$

규칙 8.5가 충족되기 때문에 변수 $A \mid B$는 Y에 대한 X의 직접효과를 식별하는 적절한 도구변수이다(모형에서 A를 대체하여 사용). Brito와 Pearl(2002)에 조건부 도구변수에 대한 많은 예시가 수록되어 있으니 참고하기 바란다.

🥧 인과적 매개효과

　　SCM에서의 매개효과 추정은 **인과매개분석**(causal mediation analysis)으로 불리며 Pearl (2014)의 매개효과 공식에 기초하고 있다. 이 수식은 (1) 원인변수와 매개변수의 상호작용을 허용하고 (2) 선형모형과 비선형모형에 대해, 그리고 연속형과 이분형의 매개변수 및 결과변수에 대해 일관된 방식으로 매개효과를 정의한다. 이러한 정의는 매개효과에 대한 반사실적 접근에 기초한다. 다음의 설계에서 X는 두 수준(처치조건과 통제조건)으로 구성된 실험변수, M은 매개변수로 간주되는 변수, 그리고 Y는 결과변수로 가정한다.

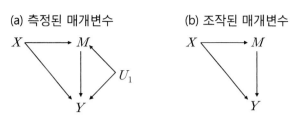

[그림 8-5] X가 무선화된 비모수적 매개효과의 기본 모형. (a) 매개변수(M)가 측정변수인 모형.
　　　　(b) 매개변수가 조작된 모형. U_1은 M과 Y의 누락된 혼입변수

[그림 8-5] (a)는 **측정된 매개효과 모형**(measurement-of-mediation model; Bullock, Green, & Ha, 2010)의 기본 구조를 나타낸 것이다. 여기에서 매개변수는 조작 없이 측정되는 개인차 변수(예: 의사의 지시에 대한 환자의 순응도)다. X는 조작되는 변수이기 때문에 무선 반복을 통해 M이나 Y에 영향을 미치는 혼입변수로부터 고립된다(6장 참조). [그림 8-5] (a)의 (X, M) 쌍이나 (X, Y) 쌍에 혼입변수가 없는 이유는 이 때문이다. 그러나 M과 Y는 조작되지 않기 때문에 이들이 적어도 하나의 혼입변수를 공유하고 있다고 보는 것, 즉 설명오차 간에 상관을 가진다고 간주하는 것은 자연스러우며, 그림에서는 이것이 U_1으로 표현되어 있다. 결과적으로 경로 M ⟶ Y의 계수는 식별되지 않는다.

측정된 매개효과 모형에서 경로 M ⟶ Y의 계수를 식별하는 한 가지 방법은 매개변수에 대한 도구변수를 설정하는 것이다. 예를 들어, M에 직접 영향을 주지만 Y에는 영향을 주지 않고 Y의 설명오차와도 상관을 갖지 않는 변수를 설정할 수 있다(Antonakis et al., 2010). 외생변수는 정의상 모형 내의 모든 설명오차와 관련되지 않기 때문에 이상적인 도구변수가 될 수 있다. 이러한 예로는 M에는 직접적인 영향을 주지만 Y에는 직접적인 영향을 주지 않는 조건에 사례들을 무선적으로 할당하는 조작된 도구변수를 들 수 있다. 치료를 잘 따르는 데 따른 보상의 수준을 달리하여 환자들을 무선할당하는 상황을 가정해 보자. 이와 같은 무선화된 조작은 M을 변화시키기 위한 것이며 Y에 간접적으로 영향을 줄 수도 있지만, 무선 반복을 통해 직접효과를 제거한다. 측정변수도 도구변수가 될 수 있지만 비실험적인 도구변수를 찾는 것은 어려운 일이다. 매개변수가 하나인 설계에서는 X와 Y 사이의 매개효과가 M에 의해 모두 전달된다는 것이 가정되어야 한다. 이 가정은 항상 설득력을 가지기는 어려운 강한 가정이다. 매개분석에서 도구변수를 사용하는 방법에 대한 추가적인 논의는 MacKinnon과 Pirlott(2015)을 참고하기 바란다.

조작된 매개효과 모형(manipulation-of-mediation model; Bullock et al., 2010)에서는 매개변수 또한 조작되므로 앞서 설명한 모형에 비해 더 강한 모형으로 간주된다. 조작 가능한 매개변수의 예로는 자기효능감, 목표 난이도, 수행 기준, 각성 수준 등이 있다. 그러나

경우에 따라 어떤 종류의 심리적 상태나 상황 요인을 조작하는 것이 어렵거나 비윤리적일 수 있다(Stone-Romero & Rosopa, 2011). 실험적 매개효과 설계에서는 조작이 문제의 매개변수에만 영향을 미치고 다른 매개변수에는 영향을 미치지 않는다는 것이 가정되어야 한다. 이 요건은 다수의 매개변수가 있는 경우에는 매우 까다로울 수 있다. 또한 연구결과가 매개변수의 조작에 반응한 일부의 참가자에게만 적용되고 전체 표본에는 적용되지 않을 수도 있다. 매개변수를 조작하는 것의 난점은 상당하지만 이를 성공적으로 수행하면 무선 반복 연구를 통해 X 또는 M과 Y의 혼입변수를 고립시킨다. 결과적으로 이는 도구변수 없이 경로 $M \longrightarrow Y$의 계수를 식별하게 한다.

[그림 8-5] (a)와 [그림 8-5] (b)의 비모수적 모형에서는 X와 M이 Y에 미치는 영향이 상호작용할 수 있는 가능성이 허용된다. 이에 반해 [그림 8-5] (b)에 대응하는 모수적 모형인 [그림 6-5] (b)에서 원인변수와 매개변수는 상호작용하지 않는다고 가정된다. 매개변수와 결과변수가 연속형이고 상호작용을 가정하지 않는 선형모형에서는 Y에 대한 X의 직접효과 추정량(예: [그림 6-5] (b)의 계수 e)이 하나다. 그러나 X와 M 사이의 상호작용이 허용되면 X의 직접효과가 M의 수준에 따라 달라지기 때문에 하나 이상의 직접효과가 존재한다. 만일 매개변수가 연속형이라면 X의 직접효과의 개수는 이론적으로 무한개이다. 직접효과의 개수가 복수이면 간접효과와 총효과의 의미도 달라지게 된다.

Pearl의 SCM에서는 관례적으로 X와 M이 상호작용한다고 가정하기 때문에 인과매개분석을 통해 이 상호작용의 크기를 추정한다. **통제된 직접효과**(controlled direct effect: CDE)와 **자연적 직접효과**(natural direct effect: NDE)의 구분은 이러한 가정에 기초하고 있다.[3] 이 두 유형의 직접효과는 또한 각기 다른 반사실적 명제에 대한 진술과 연관된다. 아래에 설명하는 이 효과들에 대한 정의는 원인변수 X가 이분변수(0=통제조건, 1=처치조건)라는 것을 전제한 것이다(Petersen, Sinisi, & van der Laan, 2006).

CDE는 매개변수 M이 모든 사례에 대해 같은 값으로 동일하게 통제되어 있다고 가정했을 때 X가 한 수준에서 다른 수준으로 달라지면 Y가 어느 정도 변하게 되는지를 추정한다. 그러나 X와 M이 상호작용하면 X의 직접효과의 크기는 M의 수준에 따라 달라지게 된다. M이 연속형 변수라면 X는 Y에 대해 무한개의 직접효과를 가진다. 실제 분석에서 CDE는 M의 가중평균값에서 직접효과의 수준으로 추정된다. 이에 반해 NDE는 매개변수가 같은 수준으로 통제되지 않고 서로 다른 값을 가지는 것을 허용한다. 구체적으로 NDE

---

3) X와 M의 상호작용이 없고 매개변수와 결과변수가 연속형인 선형모형에서는 원인변수 X에 대해 CDE= NDE이다.

는 매개변수 M의 값들이 통제조건($X=0$)에서 얻을 수 있는 수준으로 유지되면서 X는 통제조건에서 처치조건으로 바뀌는 것이 허용될 때 Y가 평균적으로 어느 정도 변하는지를 추정한다. 이것은 X는 달라지도록 허용되지만 M은 사례들이 처치를 받지 않았을 때 자연스럽게 관찰되었을 값들로 고정된다는 뜻이다. NDE에서는 CDE의 경우와는 달리 M의 수준이 모든 사례에 대해 동일한 값으로 고정되지 않는다. 상호작용이 없다면 선형모형의 연속형 변수들에 대해 통제된 직접효과와 자연적 직접효과의 추정값은 일치한다.

자연적 간접효과(natural indirect effect: NIE)는 NDE와 병행한다. NIE는 만일 매개변수가 통제집단($X=0$)에서 관찰될 만한 값에서 처치집단($X=1$)에서 얻을 수 있는 수준으로 달라진다면 처치집단에서 Y가 얼마나 변할 것인지를 추정한다. 이 효과에서 X의 Y에 대한 영향은 오직 X의 M에 대한 영향에 기인하는 것이다(Muthén, 2011). 따라서 다음 식으로 표현되는 총효과는 X가 Y에 대해 직접적으로, 그리고 M을 통하여 간접적으로 미치는 모든 인과적 효과를 추정한다.

$$TE = NDE + NIE \tag{8.1}$$

식 8.1에 표현된 효과의 분해는 상호작용에 상관없이 선형모형과 비선형모형 모두에 적용된다. 이에 반해 X의 CDE는 식 8.1에서와 같이 효과 추정치 간에 단순한 가산적 관계가 성립하지 않는다. 따라서 통제된 효과의 경우 X와 M이 상호작용한다면 총효과에 대해 식 8.1과 같은 정의가 성립하지 않는다.

앞서 언급된 다양한 효과에 대한 반사실적 정의를 처음 접하는 경우 매우 추상적으로 보일 수 있다. 그러나 Petersen 등(2006)이 제시한 다음 예는 이러한 개념들을 이해하는 데 도움이 될 것이다. HIV에 감염된 환자들에 대한 항레트로바이러스 처치조건을 $X=1$, 통제조건을 $X=0$으로 가정해 보자. 여기에서 매개변수 M은 HIV의 혈액 수준(바이러스의 양)이고 결과변수 Y는 면역체계의 일부인 '도우미' 백혈구(CD4 T세포)의 혈액 수준이다. 치료의 CDE는 바이러스의 양이 모든 환자에게 특정 수준으로 통제되어 있다고 가정할 때 CD4 T세포의 평균 개수 차이다. 이에 반해 NDE는 바이러스의 양이 통제조건에서 관찰되었을 수준으로 가정할 때 CD4 T세포의 수에 미치는 처치의 효과다. NIE는 만일 처치가 없었다면 관찰되었을 바이러스의 양이 처치를 받았을 때 수준으로 달라졌다면 처치조건에서의 CD4 T세포 수가 얼마나 변화했을까를 의미한다. 항레트로바이러스 치료가 CD4 T세포의 개수에 대해 가지는 직접효과와 바이러스 양을 통한 간접효과를 모두 포함한 총효과는 치료의 NDE와 NIE의 합이다. 부록 8.B에서는 반사실조건과 기댓값의 용어로 이러한 다양한 효과들이 어떻게 정의되는지에 대해 설명하고 있다.

　이상에서 살펴본 직접효과와 간접효과에 대한 추정은 일반적으로 X, M, Y의 모든 변수 쌍 사이에 혼입변수가 없다는 가정을 필요로 한다. 이 가정은 두 변수 X와 M이 모두 조작된 경우([그림 8-5] (b))에는 성립할 수 있지만 M이 조작되지 않고 측정된 경우([그림 8-5] (a))에는 성립하지 않을 것이다. 자연적 효과의 경우에는 M과 Y 사이의 혼입변수가 X에 의해 유발되지 않는다는 것도 가정된다. 이러한 요건들은 매우 엄격한 가정으로 간주된다. 매개효과의 추정은 통상적으로 매우 강한 가정에 의존하지만, 매개분석에서 가정되는 사항들을 하나하나 꼼꼼히 인식하는 것이 무엇보다 중요하다(Bullock et al., 2010). 전통적인 경로분석에서의 매개효과 추정은 이와 같은 일반적인 가정과 함께 X와 M이 상호작용하지 않는다는 가정을 추가로 요구한다.

요약

　그래프 이론과 SCM은 인과모형에 대한 새로운 관점을 제공한다. 첫째, 측정변수 쌍 사이의 조건부 독립에 관한 검증가능한 예측(연구문제)을 생성할 수 있다. 각각의 구체적인 예측에 대한 평가는 데이터를 이용한 지역 적합도 검증으로 이루어진다. 둘째, 인과모형을 포함하는 연구문제와 관련하여 회귀분석에서 공변인을 설정하는 원리를 제공한다. 즉, 연구자가 변수 X와 Y 사이의 인과효과를 추정할 때 인과 그래프를 분석함으로써 어떤 변수를 공변인으로 포함할지 말지에 대해 결정할 수 있다. 구체적으로 설명하면 X와 Y 사이의 비인과적 연관성이나 뒷문경로를 막는 변수는 공변인으로 선정되어야 하지만, 일반적으로 X와 Y를 연결하는 경로 사이의 매개변수나 충돌변수는 공변인으로 선택되어서는 안 된다. 이러한 요건을 충족시키는 측정변수의 세트가 존재하지 않는다면, 즉 공변인의 충분세트가 없다면 인과효과를 식별하기 위해 연구자는 도구변수와 같은 다른 방법을 활용하여야 한다. 인과매개분석에서 원인변수와 매개변수는 상호작용하는 것으로 가정되며 직접효과와 간접효과에 대한 반사실적 정의는 연속형 또는 이산형 매개변수와 결과변수가 포함된 선형모형이나 비선형모형에 모두 적용된다. 다음 장에서는 SEM에서 CFA 측정모형의 설정과 식별에 대해 살펴보기로 하겠다.

심화학습

Elwert(2013)와 Glymour(2006)는 그래프 이론을 이해하기 쉽게 소개하고 있다. Pearl(2012)은 SEM의 인과적 근거를 보다 상세히 설명하고 있다.

Elwert, F. (2013). Graphical causal models. In S. L. Morgan (Ed.), *Handbook of causal analysis for social research* (pp. 245–273). New York: Springer.

Glymour, M. M. (2006). Using causal diagrams to understand common problems in social epidemiology. In M. Oakes & J. Kaufman (Eds.), *Methods in social epidemiology* (pp. 387–422). San Francisco: Jossey-Bass.

Pearl, J. (2012). The causal foundations of structural equation modeling. In R. H. Hoyle (Ed.), *Handbook of structural equation modeling* (pp. 68–91). New York: Guilford Press.

연습문제

1. [그림 8-1] (a) 및 [그림 8-1] (b)와 동일한 조건부 독립을 함축하는 DAG를 하나 설정하시오.

2. [그림 8-2] (c)의 그래프가 함축하는 조건부 독립을 모두 열거하시오.

3. [그림 8-2] (c)의 기본세트를 찾으시오.

4. [그림 8-3] (b)의 변수 쌍 X_2와 Y_1은 d분리될 수 없음을 보이시오.

5. [그림 8-3] (b)에서 D가 Y에 미치는 총효과에 대하여 (A)와 (X, C)가 최소충분세트임을 증명하시오.

6. [그림 8-4] (a)를 선형모형이라고 가정할 때 C의 Y에 대한 직접효과의 계수를 식별하는 최소충분세트를 찾으시오. (힌트: 세 개의 세트가 있음)

정향 순환 그래프에서 조건부 독립을 찾는 방법

Spirtes(1995)는 조건부 독립을 얻기 위해 인과 순환이 있는 DCG를 인과 순환이 없는 특수한 DAG로 변환하는 규칙을 소개하고 있다. 이 변환은 다음의 방법에 따라 재구성 그래프를 구성함으로써 이루어진다.

1. 각 인과 순환에 포함된 변수 사이의 화살표를 모두 제거한다.
2. 첫 단계의 변수에 임의의 번호를 부여한 후 낮은 번호의 변수에서 그다음 번호의 변수를 향하는 화살표를 각각 추가한다.
3. 인과 순환에 포함된 변수의 부모 각각으로부터 인과 순환 내 모든 변수를 향하는 화살표를 추가한다.
4. 이렇게 얻은 DAG에 d분리 기준을 일반적인 방식으로 적용한다.

번호를 임의로 부여하기 때문에 재구성 그래프는 여러 개가 존재할 수 있지만 동일한 DCG로부터 생성된 모든 재구성 그래프는 동일한 d분리 관계를 함축한다(Spirtes, 1995). 다음의 예시는 한 개의 인과 순환을 포함한 DCG(가장 왼쪽)에서 시작하여 첫 세 단계를 적용하는 과정을 보여 준다.

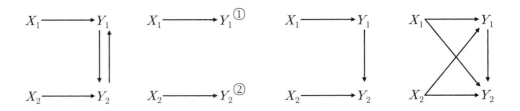

선형모형에서 이 재구성 그래프(가장 오른쪽)가 함축하고 있는 독립성은 $X_1 \perp X_2$다(단계 4).

직접효과와 간접효과의 반사실적 정의

X는 이분 실험변수(0=통제조건, 1=처치조건), M은 매개변수, Y는 결과변수이며 X와 M은 상호작용하는 것으로 가정하자. 이때 Y에 대한 X의 통제된 직접효과는 다음과 같다.

$$\text{CDE} = \text{E}\,[\,Y(X{=}1,\ M{=}m)\,] - \text{E}\,[\,Y(X{=}0,\ M{=}m)\,] \qquad (8.2)$$

이 효과는 모든 사례가 매개변수에서 특정한 값을 가진다고 가정할 때($M = m$) 처치조건의 사례들과 통제조건의 사례들 간의 Y의 기댓값(평균)의 차이를 나타낸다. 자연적 직접효과는 다음과 같다.

$$\text{NDE} = \text{E}\,[\,Y(X{=}1,\ M{=}m_0)\,] - \text{E}\,[\,Y(X{=}0,\ M{=}m_0)\,] \qquad (8.3)$$

이 효과는 개별 사례의 매개변수 값들이 통제집단의 값과 같다고 가정할 때($M = m_0$) 처치집단과 통제집단의 결과변수의 기댓값 차이다. 자연적 간접효과는 다음과 같다.

$$\text{NIE} = \text{E}\,[\,Y(X{=}1,\ M{=}m_1)\,] - \text{E}\,[\,Y(X{=}1,\ M{=}m_0)\,] \qquad (8.4)$$

이 효과는 만일 처치조건의 사례들의 매개변수가 통제조건에서 관찰될 수 있었던 값에서 처치조건에서 관찰될 수 있는 값으로 변화되었다면 얻게 될 결과변수의 기댓값이다. 총효과는 TE=NDE+NIE와 같고 이를 대수적으로 표현하면 다음과 같다.

$$\begin{aligned}\text{TE} &= \text{E}\,[\,Y(X{=}1,\ M{=}m_1)\,] - \text{E}\,[\,Y(X{=}0,\ M{=}m_0)\,] \\ &= \text{E}\,[\,Y(X{=}1)\,] - \text{E}\,[\,Y(X{=}0)\,] \end{aligned} \qquad (8.5)$$

이 효과는 처치의 직접효과와 간접효과 모두를 통한 결과변수의 기댓값의 차이다.

확인적 요인분석 모형의 설정과 식별

이 장에서는 CFA 측정모형의 설정과 식별 상태의 평가에 관해 주로 다루고 잠재변수의 종류도 소개한다. 확인적 요인분석(CFA) 방법은 탐색적 요인분석(EFA) 방법과 대비된다. EFA가 제약이 없는 측정모형을 분석하는 데 적용되는 방법인 반면, CFA는 제약이 있는 측정모형을 다룬다는 점에 두 방법의 핵심적인 차이가 있다. 이 장에서는 측정변수를 선정하는 문제와 CFA에서 측정의 차원성 및 방향성에 관한 가설을 어떻게 표현하는지에 대해서도 논의한다. 또한 CFA 모형의 식별 여부를 결정하는 방법에 대해서도 살펴본다. 마지막으로 이 책의 후반부에서 더 자세히 다루게 될 연구 사례들을 소개한다.

CFA의 잠재변수

CFA에서 잠재변수는 개별 사례들이 차이를 가질 수 있는 단일한 차원 또는 연속체로 개념화된다. 또한 잠재변수는 관찰변수 사이의 연관성을 설명하는 변수로서, 측정변수의 오차분산이 서로 독립적이고 잠재변수와도 독립적이라는 가정하에, 잠재변수가 일정한 값으로 고정되면 측정변수들이 서로 독립적이라고 보는 **지역 독립성**(local independence) 가정과도 관련된다(Bollen, 2002). 즉, 잠재변수 모형이 올바로 설정되었다면 측정변수들은 서로 조건부 독립 관계에 있다고 할 수 있다.

지역 독립성은 d분리 개념에 상응하는 가정이기도 하다. [그림 9-1]을 예로 들어 보자. 이 그래프에서 잠재변수 A는 관찰변수 $X_1 - X_4$의 공통원인을 나타낸다. CFA에서 잠재변수는 요인으로 추정되기 때문에 요인 A는 $X_1 - X_4$를 d분리하는 조건부 세트에 포함될

[그림 9-1] (a) 오차가 서로 독립적인 정향 비순환 그래프로 표현된 측정모형.
(b) 측정변수 한 쌍의 오차상관이 포함된 정향 비순환 그래프로 표현된 측정모형

수 있다. 오차가 서로 독립이라고 가정한 상태에서 [그림 9-1] (a)가 함축하는 모든 조건부 독립을 열거하면 다음과 같다.

$$X_1 \perp X_2 \mid A \quad X_1 \perp X_3 \mid A \quad X_1 \perp X_4 \mid A$$
$$X_2 \perp X_3 \mid A \quad X_2 \perp X_4 \mid A \quad X_3 \perp X_4 \mid A$$

선형성이 가정된 연속형 변수의 경우 [그림 9-1] (a)는 다음의 편상관이 0이 된다는 것을 함축한다.

$$\rho_{X_1 X_2 \cdot A} = \rho_{X_1 X_3 \cdot A} = \rho_{X_1 X_4 \cdot A} = \rho_{X_2 X_3 \cdot A} = \rho_{X_2 X_4 \cdot A} = \rho_{X_3 X_4 \cdot A} = 0$$

연습문제 1을 통해 측정변수의 오차상관 한 쌍이 포함된 [그림 9-1] (b)가, 오차가 모두 독립적인 [그림 9-1] (a)보다 더 적은 개수의 조건부독립을 함축한다는 것을 증명해 보자.

잠재변수를 다른 측면에서 정의하면 **관찰변수의 비결정 함수**(nondeterministic function of observed variables)다. 선형모형의 잠재변수 방정식을 어떻게 변형하더라도 잠재변수를 측정변수만의 함수로 나타낼 수는 없다(Bollen, 2002). 이것이 **요인 미결정성**(factor indeterminancy)의 배경을 이룬다. 요인 미결정성은 요인의 개수를 m개 라고 할 때, v개의 측정변수를 $v + m$개의 변수로 변환하는 방법이 무수히 많다는 것을 뜻한다. 따라서 요인 분석의 결과가 특정한 모형이 데이터와 부합함을 시사하더라도 같은 데이터에 대해 동일한 정도로 부합하는 또 다른 모형은 이론적으로 무한히 존재한다. 또한 측정변수는 오차를 가질 수밖에 없다($r_{XX} < 1.0$). 측정변수가 무수히 많고 표본크기가 무한하다면 요인 미결정성의 문제가 사소할 수 있지만, 이는 현실적으로 불가능하다. 따라서 잠재변수는 본질적으로 불확실성을 안고 추정된다.

요인분석

요인분석의 기본적인 논리와 수리적 기초는 1900년대 초에 지능의 속성에 대한 이론을 검증하기 위해 개발되었다(예: Spearman, 1904). 이로 인해 요인분석은 측정변수들 간의 표본공분산만으로 잠재변수를 탐색하고 기술하는 가장 오래된 통계적 기법 중 하나가 되었다(Mulaik, 1987). 요인분석은 오늘날에도 여전히 널리 사용되며, 특히 측정과 관련된 연구를 수행하는 많은 연구자에게는 기본적인 기법이다. 요인분석과 회귀분석은 SEM의 논리를 절반씩 구성하기 때문에 SEM을 학습하는 데 있어서 요인분석의 기본을 이해하는 것은 매우 중요하다.

기본적으로 모든 종류의 요인분석 방법은 표준화된 측정변수의 분산을 [그림 9–2]와 같은 방식으로 분할한다. 측정변수 사이에 공유되는 **공통분산**(common variance)은 이들 사이의 관측공분산이 존재하는 근거가 된다. 일반적으로 요인분석에서는 공통분산이 요인에 기인한다는 것과, 실질적으로 의미 있는 요인의 개수가 측정변수의 개수보다 적다는 것을 가정한다. 측정변수보다 더 많은 요인을 추정하는 것은 불가능할 뿐만 아니라, 설명하는 개체(요인)의 개수가 설명해야 할 개체(측정변수)만큼 많은 모형은 간명성의 측면에서도 의미가 없는 모형이다(Mulaik, 2009a).

전체 분산에서 공유된 분산의 비율을 **공통성**(communality)이라고 하며 통계량 h^2으로 추정된다. 예를 들어, $h^2 = .70$이라면 측정변수 전체 분산의 70%가 다른 측정변수들과 공유되고 요인에 의해 설명될 수 있다는 의미다. 나머지 30%는 **고유분산**(unique variance)인데 이는 특수분산과 무선적인 측정오차로 구성된다. **특수분산**(specific variance)은 모형에 포함된 요인에 의해 설명되지 않는 체계적인 분산을 말한다. 이것은 개별 측정변수의 독특한 속성에 기인할 수 있다. 특수분산의 다른 출처로는 방법 분산(method variance)이 있으며, 특정한 측정 방식의 사용이나 정보 제공자의 속성으로 인한 체계적 분산이 이에 해당한다.

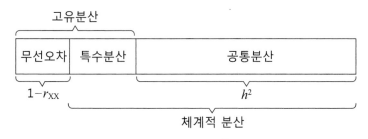

[그림 9-2] 요인분석에서 표준화된 측정변수 분산의 분할

주. h^2: 공통분산의 비율(공통성). r_{XX}: 측정변수 점수의 신뢰도계수.

요인분석의 종류

요인분석은 크게 탐색적 요인분석(Exploratory Factor Analysis: EFA)과 확인적 요인분석 (Confirmatory Factor Analysis: CFA)의 두 범주로 구분된다. 두 방법 간의 차이는 다음과 같다.

1. EFA에서는 요인의 개수를 사전에 설정하지 않아도 된다. EFA 컴퓨터 프로그램은 이론적으로 1요인 모형부터 측정변수와 동일한 개수의 요인모형까지 가능한 모든 결과를 산출할 수 있다. EFA에서는 요인의 개수를 연구자가 지정하여 분석하는 것도 가능하다. 그러나 CFA에서는 연구자가 반드시 요인의 개수를 명확히 지정해야 한다.

2. EFA에서는 측정변수와 요인 사이의 명확한 대응관계를 설정할 수 없다. 이는 각 측정변수가 모든 요인의 영향을 받고 이론적으로 모든 요인을 측정하도록 허용된다는 것을 의미한다. 즉, EFA는 **제약이 없는 측정모형**(unrestricted measurement models)을 분석한다. 이에 반해 CFA에서는 각 측정변수가 연구자가 정한 요인에 의해서만 영향을 받을 수 있도록 설정되며, 따라서 CFA는 **제약이 있는 측정모형**(restricted measurement models)을 분석한다.

3. 요인이 여러 개인 EFA 모형은 모형의 자유모수가 관측 정보보다 많기 때문에 실제로는 식별되지 않는다. 따라서 특정한 다요인 EFA 모형에 대한 통계적 추정 결과는 하나만 존재하지 않는다. 이 특징 때문에 EFA에서는 회전 단계를 거친다. 반면에 CFA 모형은 반드시 식별이 되어야 분석될 수 있으며 따라서 유일한 모수추정치가 산출된다. 즉, CFA에서는 회전 단계가 없다.

4. 일반적으로 EFA에서는 각 측정변수의 특수분산이 다른 측정변수의 특수분산과 공유되지 않는다. 그러나 CFA는 모형에 따라 특정한 측정변수의 쌍 사이에 공유되는 특수분산(예: 오차상관)의 추정을 허용한다.

🥧 EFA 모형의 특징

[그림 9-3] (a)는 여섯 개의 연속형 측정변수와 두 개의 요인으로 구성된 측정모형이 EFA에서 어떻게 분석되는지를 나타낸 것이다. 이 그림에서는 선형성이 가정되어 있으며, 이에 더해 표본공분산행렬의 주대각에 1.0 대신 공통성의 추정값을 대체한 요인추출법

(예: 주축요인법)이 가정되었다. 이와 같은 모형은 공통분산을 분석하며, 이를 통해 관찰변수와 잠재변수를 명확히 구별한다.[1] 이러한 설정은 각 측정변수가 고유분산을 반영하는 오차항을 가진다는 의미도 담고 있다([그림 9-2] 참조).

[그림 9-3] (a)는 각 측정변수가 두 요인 모두에 의해 설명된다는 점에서 제약이 없는 모형이라 할 수 있다. 요인에서 측정변수로 향하는 경로는 측정변수에 미치는 요인의 직접효과를 나타낸다. 이 직접효과의 통계적 추정값을 **형태계수**(pattern coefficients)라고 한다. 많은 연구자가 형태계수를 요인부하량 또는 단순히 부하량이라고 부르기도 하지만, 이 용

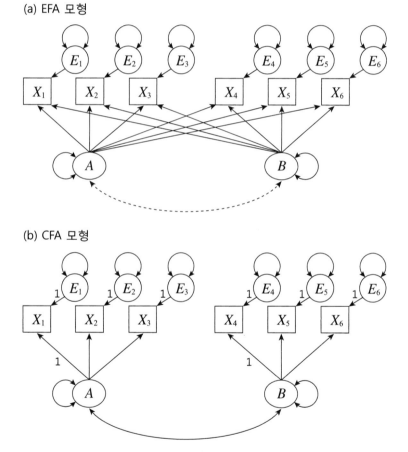

(a) EFA 모형

(b) CFA 모형

[그림 9-3] 여섯 개의 측정변수와 두 개의 요인을 가지는 탐색적 요인분석(EFA) 모형과
확인적 요인분석(CFA) 모형

---

1) 주성분분석은 공통분산이 아닌 측정변수의 전체 분산을 분석한다. 따라서 주성분분석은 모든 측정변수에 대해 $r_{XX} = 1.0$을 가정하며 요인은 측정변수의 선형 조합으로 추정된다. 이런 이유로 일부 연구자들은 주성분분석을 요인분석의 일종으로 간주하지 않는다.

어에는 모호한 점이 있어 이 책에서는 사용하지 않을 것이다. 중요한 것은 EFA에서는 모든 요인에서 각 측정변수에 대해 연결 가능한 모든 형태계수가 추정된다는 점이다. 이 그림에서 화살촉이 양쪽에 있는 곡선은 요인상관이 추정될 수도 있다는 것을 나타낸다. 그러나 EFA에서 요인상관의 추정이 반드시 요구되는 것은 아니기 때문에 이 그림에서는 실선이 아닌 점선으로 표현하였다. 대부분의 EFA 컴퓨터 프로그램의 기본 설정은 요인 간 상관을 설정하지 않는다. 그 대신 요인 간 상관이 가정되는 경우에는 요인 간 상관을 허용하는 종류의 회전 방법을 선택하는 것이 보통이다.

EFA에서 회전의 목적은 채택된 요인의 해석 가능성을 높이기 위한 것이다. 회전이란 초기해에 통계적 기준에 따라 조정된 가중치를 부여하여 요인축을 이동하는 것인데, 이때 통계적 기준은 회전 방식에 따라 다르다. 회전의 목적은 **단순구조**(simple structure)로 변환하는 것이다. 단순구조에서 각 요인은 측정변수의 세트들이 덜 중첩되도록 하면서 가능한 한 많은 분산을 설명한다. 이것은 요인과 측정변수 사이의 상관 절댓값이 0이나 1에 가까워지도록 요인축을 이동시키는 것을 의미하며, 이를 통해 요인과 측정변수의 관련성은 더 뚜렷하게 구별된다. 요인이 둘 이상인 모형은 무한히 많은 형태로 회전이 가능하며 이들은 모두 동일한 정도로 데이터를 설명한다. 즉, 회전을 통해 얻은 해들은 모두 동치관계에 있으며 이를 **회전 미결정성**(rotational indeterminacy)이라 한다. 실제 분석 시에는 연구자가 특정한 회전 방식을 지정하거나 컴퓨터에 기본 설정된 방법이 사용된다. 주어진 회전 방법에 따라 모형이 식별되지만 각 방법이 산출하는 추정값은 해당 방법에 대해서만 고유한 값을 가진다.

직각회전(orthogonal rotation)에 의해 회전된 요인들은 초기해에서 추출된 요인들과 마찬가지로 서로 상관이 없다. 직각회전 중에는 베리맥스(Varimax) 회전이 가장 널리 사용되며 대부분의 EFA 컴퓨터 프로그램에 기본 절차로 설정되어 있다. 이밖에도 쿼티맥스(quartimax), 이쿼맥스(equamax) 등의 다른 직각회전 방법이 있다. 이 방법들은 모두 요인 간 상관이 없다고 가정하는데 이 가정이 타당하지 않은 경우도 있다. 예를 들어, 언어적 추론과 공간적 추론 같은 인지적 능력들이 서로 독립적이라는 가정은 수긍하기 어렵다. 마찬가지로 임상 집단에서 나타나는 높은 공병률을 감안할 때 불안과 우울이 독립적이라고 가정하는 것 역시 그다지 타당해 보이지 않는다. 이에 반해 **사각회전**(oblique rotation) 방법은 요인 간 상관을 허용한다. 사각회전 방법 중 가장 널리 사용되는 것은 프로맥스(promax) 회전이지만 오블리민(oblimin)과 같은 방법들도 있다. 그러나 사각회전을 설정하는 것이 요인들의 공변을 강제하는 것은 아니다. 사각회전 방법은 주어진 모형과 데이터에 근거하여 요인 사이의 상관을 추정하도록 하기 때문에 요인 간 상관의 추정값이 0에 가까운 값을 가질 수도 있다.

이외에도 다양한 회전 방법이 존재한다. 어떤 방법이 가장 좋은지를 결정하기는 쉽지 않으며 어느 정도의 시행착오가 필요하다. 동일한 데이터에 대해 두 가지 회전 방법이 매우 다른 결과를 산출하기도 한다. 어떤 방법이 다른 방법보다 더 낫다고 판단할 명확한 기준은 없을지도 모른다. 그러나 측정변수의 심리측정적 특성이 양호하고, 모집단의 측정모형이 단순구조를 가지면서 안정적이라면, 회전 방법이 다르더라도 추정값은 유사하게 산출될 것이다. 물론 항상 그런 것은 아니다(Mulaik, 2009a 참조).

일부 EFA 프로그램에서는 분석에 원자료가 사용되는 경우 요인상의 상대적 위치를 나타내는 요인점수의 추정값을 계산하여 저장할 수가 있다. 요인점수를 계산하는 방법도 여러가지가 있는데 그중 다중회귀 방법은 요인과 측정변수 사이의 상관 추정값을 이용한다. 요인점수에도 미결정성(factor score indeterminacy)이 존재하는데, 이는 같은 형태계수를 가지는 요인점수의 세트가 실제로는 무한히 많이 존재한다는 것을 의미한다. 게다가 특정 세트에서 요인점수가 상대적으로 높은 사람이 같은 요인에 대한 다른 세트의 추정값에서는 상대적으로 낮은 값을 가질수도 있다. 이와 같은 미결정성을 고려한다면 연구자는 요인점수 추정값에서의 차이에 대해 지나친 의미 부여를 삼가야 할 것이다(DiStefano, Zhu, & Mîndrilă, 2009).

🥧 CFA 모형의 특징

[그림 9-3] (b)는 여섯 개의 측정변수와 두 개의 요인으로 구성된 제약 측정모형이 CFA에서 어떻게 분석되는지를 나타낸다. 이 모형은 $X_1 - X_3$는 요인 A를, $X_4 - X_6$는 요인 B를 측정하며 두 요인 간에 상관이 존재한다고 가정한다. 이 그림은 다음과 같은 특징을 가지는 **표준 CFA 모형**(standard CFA model)에 해당한다.

1. 각 측정변수는 연속변수이며 두 개의 원인을 갖는다. 하나는 해당 측정변수가 측정할 것으로 기대하는 요인이고, 나머지 하나는 그 측정변수에만 고유하게 영향을 미치는 모든 종류의 원인으로, 오차항으로 표현된다.
2. 오차항은 상호 독립적이며 요인과도 독립적이다.
3. 모든 연관성은 선형적이며 요인들은 서로 공변한다. 따라서 [그림 9-3] (b)의 분석되지 않는 연관성의 기호는 점선이 아닌 실선으로 표현된다.

둘 이상의 요인을 가지는 표준 CFA 모형에서는 형태계수 중 일부를 0으로 설정한다. 예를 들어, [그림 9-3] (b)에는 요인 B에서 측정변수 X_1으로 향하는 직접경로가 없다. 이는 해당 형태계수가 0임을 의미하고 따라서 컴퓨터는 이를 추정하지 않을 것이다. 그러나 직접 인과효과가 0이라는 설정이 B와 X_1의 상관이 0이라는 것을 의미하지는 않는다. 요인 B와 X_1 사이에는 다음과 같은 비정향 뒷문경로가 있기 때문이다.

$$X_1 \longleftarrow A \smile B$$

이 경로를 통해 인과성은 전달될 수 없지만 통계적 연관성은 전달될 수 있다. 즉, B와 X_1 간의 형태계수가 0이더라도 **구조계수**(structure coefficient)는 0이 아닐 수 있다. 구조계수는 요인과 측정변수 사이의 Pearson 상관의 추정값이며, 인과적이든 비인과적이든 모든 형태의 연관성을 반영한다. 하지만 이 모형에서 B와 X_1의 형태계수가 0으로 설정되어 있으므로, 구조계수 추정값이 0이 아닌 값으로 나오더라도 이는 허위 연관성에 해당한다. 형태계수와 구조계수를 올바로 구별하지 못하면 EFA와 CFA의 결과를 잘못 해석할 수 있다(Graham, Guthrie, & Thompson, 2003).

[그림 9-3] (b)에서 각 요인에서 측정변수 중 하나로 향하는 경로 옆에 표기된 숫자 (1)은 척도화 상수 또는 단위부하량식별(ULI) 제약을 나타낸다. 이때, 상수를 부여한 측정변수를 **참조변수**(reference variable) 또는 **표지변수**(marker variable)라고 하며, 이 상수를 부여함으로써 요인의 척도 단위가 참조변수의 설명분산(공통분산)과 동일하게 된다.

$$A \longrightarrow X_1 = 1.0 \qquad B \longrightarrow X_4 = 1.0$$

같은 요인을 측정하는 측정변수들이 유사한 정도의 신뢰도를 가진다면 어떤 측정변수를 참조변수로 선정하더라도 모형 적합도에 영향을 주지 않는다. 요인에 척도를 자동으로 부여하는 대부분의 SEM 컴퓨터 프로그램은 참조변수법을 사용한다. 일반적으로, 연구자가 한 요인에 대해 측정변수로 설정한 변수들 중 첫 번째 변수가 참조변수로 지정되고 이 변수의 비표준화 형태계수는 자동으로 1.0으로 고정된다. 요인척도를 설정하는 다른 방법들은 이 장의 뒷부분에서 설명할 것이다. [그림 9-3] (b)에서 다음과 같이 오차항에 대해 척도화 상수를 부여한 것도 오차항의 척도 단위를 해당 측정변수의 설명되지 않은 분산과 같아지게 만드는 ULI 제약이다.

$$E_1 \longrightarrow X_1 = 1.0$$

[그림 9-3] (a)에는 표시되지 않았지만 EFA에서도 실제로는 척도를 부여하는 상수가 존재하며 EFA 컴퓨터 프로그램이 자동으로 척도화 상수를 부여한다.

제약이 있는 측정모형은 모형설정을 통해 식별되기 때문에 CFA에서는 회전 단계가 없다. CFA 모형의 요인은 다른 변수의 예측변수나 결과변수로 모형에 포함하여 분석할 수도 있다. 따라서 CFA에서는 요인점수 추정값을 계산할 필요가 별로 없다(Brown, 2006). 이러한 분석은 CFA 모형이 아니라 SR 모형에 대한 것이지만 SEM이 잠재변수에 관한 가설을 검증하는 데 있어 유연한 방법이라는 것은 분명하다.

CFA 설정의 기타 쟁점

이 절에서는 CFA 모형설정에 관한 기타 쟁점들을 다룬다. CFA 모형이 LISREL 표기법에서 어떻게 표현되는지는 부록 9.A에서 확인할 수 있다.

측정변수의 선정

요인분석 결과의 타당성은 분석에 사용되는 점수의 양호도에 좌우되기 때문에 측정변수의 선정은 매우 중요하다. Fabrigar와 Wegener(2012)는 측정변수 선정을 위해 다음과 같은 절차를 제안하였다. 먼저 관심 대상인 가설적 구성개념을 정의한다. 요인(예: 불안)의 하위차원을 구체화하는 것이 목적이라면 하위요인들의 속성과 개수(예: 상태불안, 특질불안, 사회불안)에 대한 적절한 이론적, 경험적 연구를 참고한다. 이어서 다양한 영역을 적절히 반영하는 측정변수들의 후보를 찾는다. 이상적으로는 같은 요인을 측정하는 변수들을 모두 동일한 방법으로 측정해서는 안 된다. 같은 방법으로 인한 공통 분산이 요인에 의한 분산으로 오인될 수 있기 때문이다. 불안 연구의 표준적인 절차에서 피부 전기반응과 같은 생리적 변수를 자기보고와 함께 측정하는 것도 이러한 이유에서다.

요인이 둘 이상인 CFA 모형에서 요인당 요구되는 측정변수의 최소 개수는 둘이다. 그러나 측정변수가 두 개인 요인들이 포함된 CFA(또는 SR) 모형은 반복 추정 실패 등의 기술적 문제에 더 취약하다. 측정변수가 둘인 요인에 대해서는 오차상관이 추정되지 못할 수 있는데 이로 인해 설정오류가 발생할 수도 있다. 현실적으로는 각 요인에 대해 세 개에서 다섯 개의 측정변수를 포함시키는 것이 바람직하다. 측정변수의 개수에 대해서는 Kenny (1979)의 경험칙을 따르는 것이 좋다. "둘이 괜찮을 수도 있지만, 셋은 더 낫고, 넷이 가장 좋으며, 다섯 이상은 덤이다."(p. 143)

차원성

표준 CFA 모형의 설정에서 각 측정변수가 하나의 요인에만 의존하는 **단순지표**(simple indicator)이면서 오차항이 서로 독립적이면 이를 **일차원 측정**(unidimensional measurement)이라 한다. **다차원 측정**(multidimensional measurement)이 설정되는 비표준 CFA 모형은 둘 이상의 요인에 의해 영향을 받는 **복합지표**(complex indicator)나 오차상관을 하나 이상 가진다. 예를 들어, 경로 $B \longrightarrow X_1$을 [그림 9-3] (b)에 추가하면 X_1은 복합지표가 된다. 복합 지표의 설정에는 장단점이 있다. 실제로 둘 이상의 영역을 측정하는 변수가 있을 수 있다. 공학 적성검사에 텍스트 기반의 문항과 데이터 그래픽 해석이 섞여 있다고 생각해 보자. 이 검사가 하나의 총점을 산출하면 이 점수는 언어적 추론과 시공간 능력을 모두 반영할 것이다. 그에 반해 수렴타당도에 대한 더 정확한 검증은 일차원 모형이 제공한다. 두 개의 요인에 의해 동일한 영향을 받는 측정변수의 개수가 많다면 두 요인의 구별은 모호해지고 변별타당도의 평가 역시 어려워질 수 있다.

요인으로 모두 설명되지 않는 변산성의 공통원인에 대한 가설을 검정하는 수단으로 오차상관을 설정할 수 있다. 반복 측정된 변수 사이에 설정된 오차상관은 오차의 자기상관을 반영한다. 오차상관의 설정은 두 측정변수가 공통된 방법분산을 공유한다는 가설을 반영할 수도 있다. 잠재변수 모형에서는 이론적으로 설명할 수 있는 오차상관을 생략해도 적합도가 훼손되지 않는 경우가 있지만, 이렇게 되면 잠재변수들의 의미를 바꾸어 부정확한 결과를 가져다줄 수 있다(Cole, Ciesla, & Steiger, 2007).

다차원측정구조를 설정하게 되면 일차원 표준 CFA 모형에 비해 더 복잡해지며 df_M은 작아지고 적합도는 높아진다. 이것은 식별에 대해서도 함의를 가지는데 이에 관해서는 이 장의 뒷부분에서 다룰 것이다. 따라서 데이터 수집 전에 모형을 설정하는 시점에서 비표준 CFA 모형이 식별되는지 여부를 평가하는 것이 중요하다. 식별되지 않는 CFA 모형을 재설정하는 한 가지 방법은 측정변수를 추가함으로써 모수추정에 사용할 수 있는 관측정보의 수를 늘리는 것이다.

방향성

표준 CFA 모형의 각 측정변수는 [그림 9-3] (b)에 포함된 다음의 예에서 볼 수 있듯이 서로 관련되지 않는 두 개의 원인을 가진다.

$$A \longrightarrow X_1 \longleftarrow E_1$$

이 설정은 관찰점수가 체계적인 진점수와 오차에 의해 결정된다는 고전적 신뢰도 이론과 부합한다. 이는 또한 잠재변수가 관찰변수의 원인이 된다고 가정하는 **반영측정**(reflective measurement)을 나타낸다. 반영측정모형에서 관찰변수는 **결과지표**(effect indicators) 또는 **반영지표**(reflective indicators)로 불린다. CFA에서 분석되는 측정모형은 반영모형이며 모든 측정변수는 결과지표다.

반영측정은 동일한 구성개념의 결과지표들이 내적 일관성을 가져야 한다는 **영역표집 모형**(domain sampling model; Nunnally & Bernstein, 1994)에 기초한다. 따라서 측정변수들 사이의 상관은 정적이어야 하고 그 크기는 보통 이상이어야 한다. 또한 같은 요인을 측정하는 변수들 사이의 상관은 서로 다른 요인을 측정하는 변수들 사이의 교차요인 상관보다 높아야 한다. 이러한 상관의 형태는 각각 수렴타당도와 변별타당도를 나타낸다. 영역표집 모형에서는 같은 정도의 정확성을 가지는 동일 구성개념의 측정변수들이 교환 가능하다고 가정하는데, 이것은 측정변수들이 대체되어도 구성개념의 측정에 크게 영향을 주지 않는다는 것을 의미한다.

측정변수가 같은 요인 내의 다른 측정변수들과 반대 방향의 의미를 가질 수도 있다. 삶에 대한 만족을 측정하는 세 변수 중 둘은 높은 점수가 더 큰 만족을 의미하는 반면, 나머지 하나는 불행의 정도를 나타내서 두 측정변수와 부적 상관을 가지는 경우를 가정해 보자. 부적 상관은 요인 측정의 신뢰도를 낮춘다(식 4.7 참조). 이 경우에 연구자는 반대 의미를 가지는 측정변수의 점수를 적절히 반영하기 위해 **역코딩**(reverse coding) 또는 **역채점**(reverse scoring)을 사용할 수 있다. 즉, 그 점수에 −1.0을 곱한 후 최소 점수가 1.0 이상이 되도록 상수를 더한다. 이렇게 하면 원래의 측정변수에서 높은 점수가 낮은 점수로 반영된다. 역채점 후에는 측정변수 사이의 상관이 모두 정적으로 나타날 것이다.

반영측정에서는 공통성을 가지지 않는 측정변수들로 하나의 요인을 설정하는 것이 무의미하다. 성별, 인종, 교육수준을 '사회적 배경' 요인의 측정변수로 설정한다고 가정해 보자. 여기에는 두 가지 문제가 있다. 첫째, 성별과 인종은 서로 상관이 없기 때문에 이 변수들이 공통적인 영역을 측정한다고 주장할 수 없다. 둘째, 측정변수 중 어느 것도 '사회적 배경'에 대응하는 잠재변수에 의해 어떤 식으로든 인과적 영향을 받지 않는다.

잠재변수가 측정변수에 영향을 준다는 설정이 항상 적절한 것은 아니다. 예를 들어, **원 인지표**(causal indicators)는 개념적 통일성을 가지지만 요인의 결과가 아닌 원인으로 설정된다(Bollen & Bauldry, 2011). 하나의 연속체로 간주할 수 있는 사회경제적지위(SES)라는 구성개념을 측정하기 위해 소득, 교육, 직업이 사용된 경우를 가정해 보자. CFA 모형에서는 이 변수들이 결과지표로 설정될 것이다. 그러나 SES는 보통 이 측정변수들의 원인이라기보다는 결과로 간주된다. 예를 들어, 복권 당첨으로 소득이 급격히 증가하는 것처럼 이 측정변수들 중 어느 하나가 변화하면 SES가 변화한다. 즉, 이 측정변수들은 SES의 결과가 아니라 원인으로 보는 것이 더 자연스럽다. 이처럼 측정변수가 잠재변수의 원인으로 설정되고, 잠재변수가 설명오차를 가지도록 설정하는 것을 **형성측정**(formative measurement) 이라고 한다. CFA에서는 형성측정의 가설을 설정할 수 없지만 요인을 내생(결과)변수로 설정할 수 있는 SR 모형에서는 이것이 가능하다. SEM에서 형성측정모형을 어떻게 분석하는지는 이 책의 후반부에서 다룰 것이다.

'탐색적'과 '확인적'을 대립적으로 구분하지 말라

'탐색적'과 '확인적'이라는 표현(EFA vs. CFA)을 너무 엄격하게 해석하는 것은 바람직하지 않다. EFA가 요인과 측정변수 간의 관계에 대해서나 심지어 요인의 개수에 대해서도 사전 가설을 필요로 하지 않는 것은 사실이다. 그러나 EFA에서도 확인적 접근을 사용할 수 있다. 예를 들어, 이론에 근거하여 특정한 요인의 개수를 추출하도록 컴퓨터에 요청할 수 있다. CFA의 기법도 엄밀한 의미에서 확인적이지 않을 때가 많다. 제약이 많은 초기 측정모형이 데이터와 잘 부합하지 않는 것은 흔한 일이다. 이런 경우 연구자는 보통 초기 모형의 근거가 되는 가설을 변경하여 모형을 수정하고 재설정한 모형을 동일한 데이터로 다시 검증한다. 물론 이와 같은 절차는 이론에 의해 유도되어야 한다([그림 6-1] 참조). 그러나 CFA를 엄밀한 의미에서 확인적으로 적용한 연구 사례보다는 그렇지 않은 사례가 더 많다.

EFA 실시 후에 CFA 실시하기

일반적으로 CFA는 동일 데이터에서 얻은 EFA의 결과를 확인해 주는 결과를 산출하지 않는다는 점을 유념해야 한다. 따라서 EFA를 통해 채택된 모형에 대한 후속분석으로 CFA

를 수행하는 것은 필수적이지도 않고, 바람직하지도 않다. EFA 결과에 근거하여 CFA 모형을 설정한 후 이를 같은 데이터로 분석하더라도 CFA 모형이 기각될 수 있다(van Prooijen & van der Kloot, 2001). 그 이유는 주 요인과 높은 일차 형태계수를 가지는 EFA의 측정변수가 다른 요인과도 상대적으로 높은 이차 형태계수를 가지는 경우가 있기 때문이다. 이차 형태계수가 높은 비율의 분산을 설명한다면 CFA에서 이를 0으로 제약하는 것은 지나치게 보수적일 수 있다. 결과적으로 더 제약이 많은 CFA 모형은 이 데이터와 낮은 적합도를 보일 것이다.

EFA의 결과를 반복검증하는 가장 좋은 방법은 데이터를 추가로 수집하여 동일한 절차를 반복검증 표본에 적용하는 것이다. EFA의 결과가 독립적인 표본의 동일한 변수들에 대해 반복검증이 되는지를 평가하는 절차들이 있다(Osborne & Fitzpatrick, 2012). 운이 좋아 EFA 모형이 같은 데이터에 대한 CFA 분석에서 기각되지 않았다 하더라도 이것이 반복검증의 증거로 정당화될 수는 없다. 그 이유는 독립적인 표본에 적용한 것이 아니고, EFA와 CFA의 두 절차에 동일한 우연적 변산성이 기여할 수 있기 때문이다. 두 분석에 동일한 추정방법(예: 최대우도법)이 사용되는 경우라면 이 가능성은 더 높아진다. 연구가 덜 진전된 분야에서는 제약이 많은 CFA를 수행하는 것이 다소 성급할 수 있는 반면, EFA를 수행하는 것에는 아무런 문제가 없다. 달리 말해 CFA가 본질적으로 EFA보다 우수한 것은 아니다. 작업에 맞는 적합한 도구를 사용하는 것이 중요하며, 요인분석 연구에서 CFA가 언제나 적합한 기법인 것은 아니다.

CFA 모형의 식별

CFA의 측정모형이 식별되기 위해서는 다른 유형의 구조방정식모형에서와 마찬가지로 두 가지 일반 요건이 갖추어져야 한다. 오차를 포함한 모든 잠재변수에 척도가 부여되어야 하고 모형의 자유도는 0 이상이어야 한다($df_M \geq 0$). 모든 측정변수가 연속형일 때 CFA에서 자유모수의 개수와 관측정보의 개수를 세는 방법은 경로분석에서와 동일하다(규칙 6.1과 6.2). ULI 제약을 부여하여 오차항의 척도를 설정하는 방식도 두 기법에서 동일하다.

요인척도의 설정

요인의 척도를 설정하는 방법은 세 가지가 있다. 일반적으로 표준 CFA 모형에서 어떤 척도 설정 방법을 사용하느냐는 모형 적합도에 영향을 주지 않는다. 그러나 복합지표를 여러 개 포함하는 비표준 모형에서는 예외가 있다(Millsap, 2001 참조). [그림 9-4]는 LISREL 표기법(부록 9.A 참조)으로 표현된 형태계수(λ)와 요인의 분산 및 공분산(ϕ)의 모수를 보여 준다. 여기에서는 이 그림을 이용하여 각 방법에 대해 설명하겠다.

첫 번째 방법은 앞서 설명했던 참조변수법이다. X_1과 X_4가 각각 [그림 9-4]의 요인 A와 요인 B의 참조변수라 할 때 각 참조변수의 비표준화 형태계수에 다음과 같은 ULI제약을 부여한다.

$$\lambda_{11} = \lambda_{42} = 1.0 \tag{9.1}$$

나머지 형태계수(4개)와 요인분산 및 공분산(3개)은 제약 없이 추정된다(자유모수는 모두 7개). 이 요인들은 표준화되지 않았기 때문에 이들 사이의 통계적 연관성을 나타내는 항인 ϕ_{12}는 요인 공분산을 의미한다.

요인척도를 설정하는 두 번째 방법은 각 요인의 분산에 **단위분산식별**(unit variance identification: UVI) 제약을 부여하여 요인을 표준화한다.

$$\phi_{11} = \phi_{22} = 1.0 \tag{9.2}$$

이 제약은 [그림 9-4]의 두 요인을 표준화한다. 이 모형에서는 여섯 개의 형태계수와 ϕ_{12} 항이 모두 자유롭게 추정된다(모두 7개의 자유모수). 이 요인들은 표준화되었기 때문에 요인 사이에 분석되지 않은 통계적 연관성을 나타내는 항인 ϕ_{12}는 Pearson 상관으로 추정된다. ULI 제약(식 9.1)이나 UVI 제약(식 9.2)에 의해 요인의 척도가 설정되면 각 요인에 대해 자유모수의 개수가 하나씩 줄어든다는 것에 주목하라.

두 방법 중 어느 것을 사용할지는 보통 요인의 추정을 비표준화 형태로 하는 것과 표준화 형태로 하는 것의 상대적 장점을 고려하여 결정한다. CFA 모형을 반복측정이 없는 단일 표본에 적용할 때는 두 가지 방법 모두 적절하다. 잠재변수를 표준화하기 위해 분산을 1.0으로 고정하면 단순성의 이점이 있으며 참조변수를 선정할 필요가 없다. 그러나 이 방법의 단점은 일반적으로 외생요인에만 적용할 수 있다는 것이다. 기본적으로 모든 SEM 컴

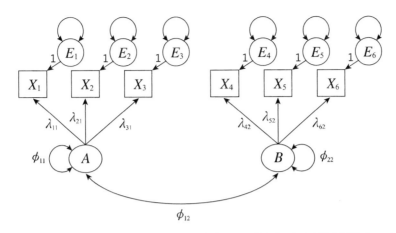

[그림 9-4] 표준 CFA 모형에서 형태계수(λ)와 요인분산 및 요인공분산(ϕ) 모수

퓨터 프로그램은 어떤 자유모수에도 제약을 부여할 수 있지만 내생요인의 분산은 자유모수가 아니다. LISREL, SEPATH, RAMONA와 같은 일부 프로그램만이 내생요인의 예측분산을 1.0으로 제약할 수 있다. 모든 요인이 외생변수인 CFA 모형에서는 UVI 제약이 문제가 되지 않지만 일부 요인이 내생변수인 SR 모형에서는 문제가 될 수 있다.

요인을 표준화하는 것이 적절하지 않은 경우도 있다. 예를 들면, (1) 변산성의 크기가 상이한 여러 개의 독립 표본들을 비교하는 구조방정식모형의 분석과 (2) 시간에 따라 분산이 달라지는 변수의 종단 측정이 그러하다. 두 경우 모두 요인이 표준화되면 중요한 정보가 손실될 수 있다. 다집단 CFA에서 요인의 척도를 적절히 설정하는 방법은 뒷장에서 다룬다.

Little, Slegers과 Card(2006)는 같은 요인을 측정하는 변수들의 원점수 척도가 동일한 단위를 가지고, 대부분의 측정변수가 하나의 요인을 측정하도록 설정(단순지표)된 모형에 적용할 수 있는 세 번째 요인척도 설정 방법을 제안하였다. **효과코딩법**(effects coding method)으로 불리는 이 방법은 ULI 제약(식 9.1)에서처럼 참조변수를 선정할 필요가 없고, UVI 제약(식 9.2)에서처럼 요인을 표준화하지도 않는다. 그 대신 이 방법은 최신 SEM 컴퓨터 프로그램들이 둘 이상의 모수추정치의 세트(여기에서는 같은 요인에 대한 측정변수들의 비표준화 형태계수)에 대해 선형 제약을 부여할 수 있다는 점을 활용한다.

효과코딩법은 같은 요인에 속한 모든 측정변수의 비표준화 형태계수의 평균이 1.0과 같다는 제약을 부여하도록 컴퓨터에 명령함으로써 작동한다. 척도가 이렇게 설정됨으로써 요인의 분산은 원척도의 단위로 표현된 각 측정변수의 설명분산의 가중 평균으로 추정된다. 이 가중치는 각 측정변수가 요인 측정에 기여하는 정도를 반영한다. 이를 통해 모든 측정변수는 공통요인의 척도에 기여한다. [그림 9-4]의 요인 A의 경우 측정변수 $X_1 - X_3$의 형태계수의 평균은 1.0으로 고정된다.

$$\frac{\lambda_{11} + \lambda_{21} + \lambda_{31}}{3} = 1.0 \tag{9.3}$$

이 제약은 다음에 나열된 세 등식 중 어느 것과도 수리적으로 동일하다.

$$\begin{aligned} \lambda_{11} &= 3 - \lambda_{21} - \lambda_{31} \\ \lambda_{21} &= 3 - \lambda_{11} - \lambda_{31} \\ \lambda_{31} &= 3 - \lambda_{11} - \lambda_{21} \end{aligned} \tag{9.4}$$

연구자는 식 9.4의 세 등식 중 하나를 선택하여 SEM 컴퓨터 프로그램의 명령문에 이 선형 제약을 설정할 수 있다. 연습문제 2에서는 이 방법을 사용하여 [그림 9-4]의 요인 B의 척도를 설정하는 제약을 유도할 것이다. 이 문제에서는 $X_4 - X_6$의 점수들이 모두 동일한 척도 단위를 가진다고 가정된다.

🥧 표준 CFA 모형의 식별 규칙

CFA 모형의 식별을 위한 충분요건은 다음과 같다. 표준 CFA 모형에 대해서는 다음의 규칙 9.1에 기술된 대로 요인당 측정변수의 최소 개수에 관한 명백한 규칙이 존재한다.[2]

표준 CFA 모형은 다음 중 하나를 충족하는 경우 식별된다.   (규칙 9.1)
   1. 단일 요인이 세 개 이상의 측정변수를 가지는 경우
   2. 둘 이상의 요인이 각각 두 개 이상의 측정변수를 가지는 경우

규칙 9.1의 1번은 단일요인 모형에 대한 **3지표 규칙**(three-indicator rule)이고, 2번은 다요인

---

[2] 리커트 척도 문항과 같은 순서형 측정변수로 구성된 CFA의 측정모형은 특별한 식별 요건을 가지며 이에 대해서는 이 책의 후반부에서 다룬다.

모형에 대한 **2지표 규칙**(two-indicator rule)이다. 요인 당 측정변수를 둘만 가지는 CFA 모형과 SR 모형은 분석 시 기술적 문제에 취약하다는 점을 지적한 바 있는데, 특히 표본크기가 작을 때 문제가 될 수 있다. 이런 문제를 방지하기 위해서는 요인당 최소한 세 개에서 다섯 개의 측정변수가 포함되는 것이 좋지만 다요인 CFA 모형의 최소 필요요건은 요인당 두 개의 측정변수다.

[그림 9-5]의 표준 CFA 모형에 이 필요요건을 적용해 보자. [그림 9-5] (a)의 모형은 측정변수가 둘인 단일요인 모형이다. 이 모형은 측정변수가 두 개뿐이어서 최소 개수(3)에 하나가 모자라기 때문에 식별에 미달된다(규칙 9.1). 연습문제 3에서는 이 모형에 대해 $df_M = -1$이라는 것을 증명할 것이다. 다음과 같이 이 모형에 하나의 동일성 제약을 부여하면 재설정된 1요인-2지표 모형의 df_M이 0이 되어 이 모형을 분석할 수 있다.

$$A \longrightarrow X_1 = A \longrightarrow X_2 = 1.0$$

Kenny(1979)는 두 측정변수가 음의 상관을 가지는 경우 형태계수에 동일성 제약을 부여하여 포화식별 상태로 만들더라도 모형 상관이 관찰된 상관을 정확히 재산출하지 않는다는 점을 언급한 바 있다. 이는 데이터와 완전히 일치하지 않는 포화식별 모형의 한 예다.

[그림 9-5] (b)의 단일요인 모형은 세 개의 측정변수를 가지고 있기 때문에 식별된다. 더 정확하게는 포화식별된다. 연습문제 4에서는 이 모형에서 $df_M = 0$이라는 것을 증명할 것이다. 표준 CFA 모형의 요인이 하나인 경우에는 초과식별($df_M > 0$)을 위해 최소한 네 개의 측정변수가 필요하다는 것을 유념하라. [그림 9-5] (c)의 두 요인은 각각 두 개의 측정변수를 가지기 때문에 이 모형 역시 식별된다(규칙 9.1). 연습문제 5에서는 이 모형에 대해 $df_M = 1$(초과식별)이라는 것을 증명할 것이다.

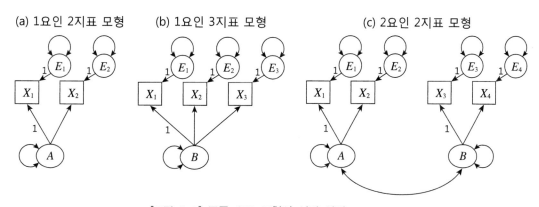

[그림 9-5] 표준 CFA 모형의 식별 상태

🥧 비표준 CFA 모형의 식별 규칙

　복합지표나 오차상관을 포함하는 비표준 CFA 모형에 대해서는 더 복잡한 별도의 식별 어림법이 존재한다. 이 방법이 매우 복잡함에도 다루는 이유는 표준 CFA 모형에 비해 비표준 CFA 모형에서 측정모형에 대한 훨씬 폭넓은 가설을 다룰 수 있기 때문이다.

　O'Brien(1994)은 각 측정변수를 하나의 요인이 설명하지만 일부 오차상관을 자유모수로 설정한 비표준 측정모형에 대한 식별 규칙을 제시하였다. 이 규칙은 먼저 오차상관이 없는 독립적인 오차항 쌍의 형태를 파악하여 형태계수의 식별을 확인한 후, 오차분산, 다요인 모형의 요인공분산, 측정오차상관의 식별을 순서대로 확인한다. O'Brien의 규칙은 상대적으로 단순한 측정모형에는 잘 작동하지만 복잡한 모형에 적용하기가 쉽지 않다. 이와 달리 Kenny, Kashy와 Bolger(1998)가 제안한 〈표 9-1〉의 규칙 9.2는 적용하기가 쉽다. 이 규칙은 오차상관을 포함하는 모형의 식별에 요구되는 사항을 개별 요인(규칙 9.2a), 요인 쌍(규칙 9.2b), 개별 측정변수(규칙 9.2c)가 충족해야 하는 것으로 구분한다.

　〈표 9-1〉의 규칙 9.2a는 각 요인 당 필요한 측정변수의 최소 개수에 관한 규칙인데, 오차상관의 형태나 형태계수에 부여된 제약에 따라 측정변수는 최소 둘 또는 셋이 요구된다. 규칙 9.2b는 모든 요인 쌍의 설정에 관한 것이며, 각 요인에서 오차항의 상관이 없는 측정변수가 최소 하나씩 있어야 한다. 규칙 9.2c는 모형 내의 각 측정변수가 오차상관을

〈표 9-1〉 오차상관을 포함하는 비표준 확인적 요인분석 모형에 대한 식별 규칙 9.2

오차상관을 포함하는 비표준 CFA 모형이 식별되기 위해서는 다음에 나열된　　　　　(규칙 9.2)
세 조건을 모두 충족해야 한다.
　　• 각 요인에 대해 다음 중 하나가 충족되어야 한다.　　　　　　　　　　　　　　(규칙 9.2a)
　　　　1. 세 개 이상의 측정변수 사이에 오차상관이 없다.
　　　　2. 둘 사이에 오차상관이 없는 측정변수 쌍이 하나 이상 있고 이 쌍이 다음의 조건 중
　　　　　 하나를 충족한다.
　　　　　　a. 두 측정변수의 오차항이 동시에 다른 요인의 같은 측정변수의 오차항과 상관을
　　　　　　　 가지지 않는다.
　　　　　　b. 두 측정변수의 형태계수에 동일성 제약이 있다.
　　• 각 요인 쌍에는 각기 다른 요인을 측정하면서 서로 간에 오차상관을 갖지　　　　(규칙 9.2b)
　　　 않는 측정변수의 쌍이 하나 이상 존재해야 한다.
　　• 각 측정변수는 오차상관을 갖지 않는 측정변수를 하나 이상 가져야 한다.　　　　(규칙 9.2c)
　　　 이 측정변수는 같은 요인 내의 변수가 아니어도 된다.

주. 이 요건들은 Kenny, Kashy와 Bolger(1998, pp. 253-254)에서 조건 B-D로 서술되어 있다.

공유하지 않는 측정변수를 하나 이상 필요로 한다는 것이다. 규칙 9.2는 모든 요인공분산이 자유모수이고 각 요인은 둘 이상의 측정변수를 가진다고 가정한다. Kenny 등(1998)은 이에 포함되지 않는 경우에 대한 추가 규칙을 서술하였는데 이 책에서는 다루지 않는다.

　　Kenny 등(1998)은 둘 이상의 요인에 의해 영향을 받는 복합지표에 대한 식별 어림법에 대해서도 서술하고 있다. 첫 번째 요건인 〈표 9-2〉의 규칙 9.3은 복합지표의 다중 형태계수의 식별을 위한 충분요건에 관한 것이다. 이 규칙은 기본적으로 복합지표에 영향을 주는 각 요인이 충분한 개수의 측정변수를 가질 것을 요구한다. 즉, 각 요인은 〈표 9-1〉의 규칙 9.2a를 충족해야 한다. 이에 더해 규칙 9.3은 이러한 요인 쌍을 구성하는 각 요인이, 쌍을 이루는 요인의 어느 측정변수와 오차상관을 공유하지 않는 측정변수를 하나 이상 가질 것을 요구한다(〈표 9-2〉 참조). 만일 복합지표가 다른 측정변수와 오차상관을 공유한다면 〈표 9-2〉의 규칙 9.4에 언급된 추가 요건이 충족되어야 한다. 이 규칙은 복합지표에 영향을 주는 각 요인의 측정변수 중 복합지표와 오차상관을 공유하지 않는 단순지표가 적어도 하나 있을 것을 요구한다. 규칙 9.3과 9.4의 요건은 대개 일부 측정변수를 하나의 요인에 의해서만 영향을 받도록 설정함으로써 해결한다. 이렇게 하면 모형이 충분한 개수의 단순지표를 가지게 된다.

〈표 9-2〉 비표준 확인적 요인분석 모형의 복합지표의 형태계수를 위한 식별 규칙 9.3과 복합지표의 오차상관을 위한 식별 규칙 9.4

형태계수
- 비표준 CFA 모형의 각 복합지표에 대해 다중 형태계수가 식별되기　　　(규칙 9.3)
  위해서는 다음의 두 조건이 모두 충족되어야 한다.
    1. 복합지표에 영향을 주는 각 요인은 측정변수의 최소 개수에 관한 규칙 9.2a를 충족해야 한다.
    2. 이러한 요인 쌍 각각에 대해 각 요인은 짝 요인의 측정변수 중 하나 이상과 오차상관이 없는 측정변수를 포함해야 한다는 규칙 9.2b를 충족해야 한다.

오차상관
- 복합지표를 포함한 오차상관이 식별되기 위해서는 다음의 두 조건이 모두　　　(규칙 9.4)
  충족되어야 한다.
    1. 규칙 9.3이 충족된다.
    2. 복합지표에 영향을 주는 각 요인에 대해 복합지표와 오차상관이 없으면서 형태계수가 하나인 단순지표가 하나 이상이어야 한다.

주. 이 요건들은 Kenny, Kashy와 Bolger(1998, p. 254)에서 조건 E로 서술되어 있다.

지금까지 설명한 식별 어림법을 [그림 9-6]에 있는 비표준 CFA 모형에 적용해 보자. 여기에서는 측정변수를 X로, 요인을 A, B, C로 나타낸 그림에 단순 표시 방식을 적용하였다. 그러나 이 책의 다른 부분에서는 보통 각 외생변수의 분산 모수가 기호 ⌒로 표현되어 있다. 이 그림에서는 생략되어 있지만 척도화 상수도 가정되어 있다. [그림 9-6] (a)의 1요인-4지표 모형은 다음과 같은 두 개의 오차상관을 포함한다.

$$E_2 \smile E_4 \qquad E_3 \smile E_4$$

이 모형은 자유도가 0($df_M = 0$)이고, 요인(A)에 포함된 세 개의 측정변수($X_1 - X_3$) 사이에 오차상관이 없고(규칙 9.2a), 〈표 9-1〉의 규칙 9.2의 모든 요건이 충족되기 때문에 포화식별된다.

[그림 9-6] (b)의 1요인-4지표 모형도 다음과 같은 두 개의 오차상관을 가지지만 그 형태는 다르다.

$$E_1 \smile E_2 \qquad E_3 \smile E_4$$

이 모형은 X_2와 X_3 쌍을 포함하여 오차상관이 없는 측정변수의 쌍을 가지지만 요인 A가 오차항이 서로 독립적인 세 개의 측정변수를 포함하지 않기 때문에 규칙 9.2a를 충족하지 못한다. 또한 모형에 다른 요인이 없어 요인 A가 상호 독립적이면서 다른 요인의 어떤 오차항과 동시에 상관을 갖지 않는 측정변수 쌍을 포함하지 않기 때문에 규칙 9.2a의 대안 요건을 적용할 수 없다. 따라서 [그림 9-6] (b)는 식별되지 않는다. 그러나 X_2와 X_3의 형태계수에 동일성 제약이 부여되면 이 모형은 식별된다. 즉, 다음의 설정은 규칙 9.2를 충족시키기 때문에 [그림 9-6] (b)의 모형이 식별되도록 하기에 충분하다.

$$A \longrightarrow X_2 = A \longrightarrow X_3$$

오차상관($E_2 \smile E_4$)이 하나인 [그림 9-6] (c)의 2요인-4지표 모형은 $df_M = 0$이고 규칙 9.2의 세 요건(〈표 9-1〉)을 모두 충족하기 때문에 포화식별된다. 그러나 다른 오차상관($E_3 \smile E_4$)을 가지는 [그림 9-6] (d)의 2요인-4지표 모형은 규칙 9.2a를 위배하기 때문에 식별되지 않는다. 즉, 이 모형의 요인 B에는 오차상관이 없는 측정변수의 쌍이 없다. 일반

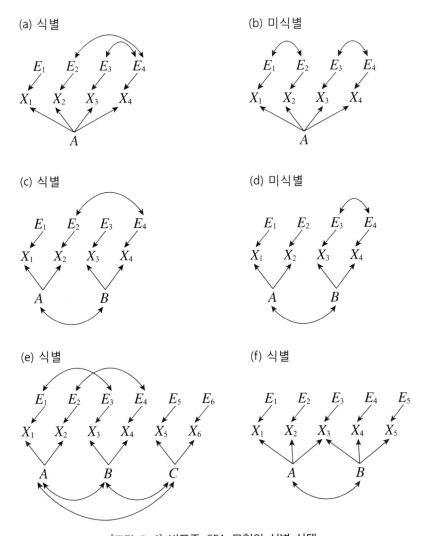

[그림 9-6] 비표준 CFA 모형의 식별 상태

적으로 추가적인 제약이 없고 각 요인이 두 개의 측정변수만 포함한다면, 요인내 오차상관
(예: [그림 9-6] (d))보다는 요인 간 오차상관(예: [그림 9-6] (c))이 더 쉽게 식별된다.

    [그림 9-6] (e)의 3요인-6지표 모형에는 다음과 같이 두 개의 요인 간 오차상관이 포함
된다.

$$E_1 \smile E_3 \qquad E_2 \smile E_4$$

이 모형은 자유도가 양수($df_M = 4$)이고 규칙 9.2가 충족되기 때문에 초과식별된다. 또한

이 모형은 [그림 9-6] (c)의 2요인 모형과 비교할 때 제 3의 요인의 측정변수가 추가됨으로써 오차상관을 추가로 식별한다. [그림 9-6] (f)의 모형은 두 요인에 의해 영향을 받는 다음과 같은 복합지표를 포함한다.

$$A \longrightarrow X_3 \qquad B \longrightarrow X_3$$

이 모형은 규칙 9.3의 요건(〈표 9-2〉 참조)을 충족하고 자유도가 양수($df_M = 3$)이기 때문에 초과식별된다. 연습문제 6에서는 이 모형에 오차상관을 하나 추가하여 재설정한 모형이 식별되는지를 규칙 9.4를 이용하여 판단할 것이다.

CFA에서 경험적 식별미달

CFA 모형과 SR 모형은 이론적으로 식별이 가능하더라도 모형 분석 시 경험적으로 식별이 되지 않을 수 있다. [그림 9-5] (b)의 1요인-3지표 모형에서 $B \longrightarrow X_2$의 형태계수가 0에 가깝게 추정된다고 가정해 보자. 이렇게 되면 요인의 측정변수가 사실상 두 개가 되어 [그림 9-5] (a)의 모형과 같이 미식별 상태가 될 수 있다. [그림 9-5] (c)의 2요인 모형도 요인 A와 요인 B 사이의 공분산(또는 상관)의 추정치가 0에 가깝다면 경험적으로 식별에 미달할 수 있다. 이 모형에서 경로 $A \smile B$가 사실상 제거되면 두 개의 독립된 1요인-2지표 모형으로 변환되어 각 요인은 식별에 미달한다. X_3이 두 요인에 의해 동시에 영향을 받는 [그림 9-6] (f)의 비표준 모형은 요인상관 추정치의 절댓값이 1.0에 가까우면 경험적으로 식별에 미달할 수 있다. 요인 사이의 이와 같은 극단적 공선성은 복합지표인 X_3의 형태계수의 추정을 복잡하게 만들 수 있다.

CFA의 연구 사례

카우프만 아동지능검사 1판(KABC-I; Kaufman & Kaufman, 1983)은 2.5세에서 12.5세 사이의 아동들을 대상으로 하는 개인 인지능력검사다. 이 검사의 저자들은 [그림 9-7]에 제시된 KABC-I의 여덟 개 소검사가 두 개의 요인을 측정한다고 주장하였다. 순차처리를 측정하는 세 과제는 청각 자극(수회상, 단어배열)이나 시각 자극(손동작)을 순서대로 정확하게

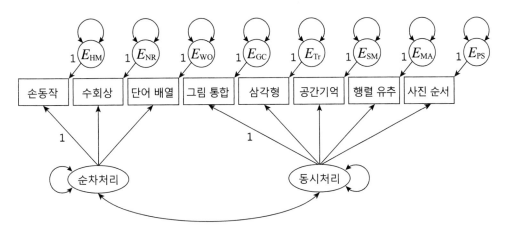

[그림 9-7] 카우프만 아동지능검사 1판의 CFA 모형

회상할 것을 요구한다. 나머지 과제(그림 통합, 삼각형, 공간기억, 행렬 유추, 사진 순서)는 전체적인 추론 능력이나 동시처리를 측정하도록 개발되었다. 이 사례의 데이터는 이 검사의 표준화 표본 중 10세 아동의 데이터($N=200$)다.

1980년대와 1990년대에 수행된 KABC-I에 대한 다수의 연구는 CFA 분석을 통해 [그림 9-7]의 2요인 모형을 지지하는 결과를 보였다(Cameron et al., 1997). 그러나 다른 연구에서는 일부 소검사(손동작)가 두 요인을 모두 측정하고, 일부 오차항이 공변한다는 것을 시사하는 결과를 얻었다(Keith, 1985). 연습문제 7에서는 [그림 9-7]의 모형이 $df_M = 19$로 초과식별된다는 것을 증명할 것이다. 여기에 서술한 CFA 모형의 자세한 분석은 13장에서 다룬다.

요약

CFA 기법은 제약이 있는 측정모형을 분석하며 연구자는 요인의 개수, 요인과 측정변수의 관계, 오차상관의 형태 등을 사전에 설정해야 한다. 이 모형은 요인이 측정변수의 결과가 아니라 원인이 되는 반영측정을 가정한다. 표준 CFA 모형은 연속형의 각 측정변수가 오차상관이 없는 하나의 요인에 의해서만 영향을 받는다는 특징을 가진다. 이와 같은 조합은 일차원 측정 구조를 설정하며, 둘 이상의 요인을 포함하는 표준 모형을 평가하면 수렴타당도와 변별타당도를 검증할 수 있다. 비표준 CFA 모형에서는 일부 측정변수가 둘 이상의 요인에 의해 동시에 영향을 받거나 오차상관을 공유한다. 비표준 모형이 식별되는지를 결정하는 것은 더 까다롭지만 일부 유형의 비표준 모형에 대해서는 어림법을 사용할 수

있다. 경험적 식별미달은 일부 요인의 측정변수가 두 개인 CFA 모형에서, 특히 표본크기
가 크지 않을 때 더 쉽게 발생한다. 다음 장에서는 요인의 일부가 내생변수(결과변수)인 구
조회귀모형을 다룬다.

↵ 심화학습

Bollen과 Hoyle(2012)은 SEM에서 잠재변수를 어떻게 설정하는지에 대해 서술하고 있다. 수리
적인 내용이 적은 EFA에 대한 입문서로는 Fabrigar와 Wegener(2012)가 있다. Kline(2013b)은
EFA와 CFA의 유사점과 차이점에 대해 자세히 설명하고 있다.

Bollen, K. A., & Hoyle, R. H. (2012). Latent variable models in structural equation
    modeling. In R. H. Hoyle (Ed.), *Handbook of structural equation modeling* (pp. 56–
    67). New York: Guilford Press.

Fabrigar, L. R., & Wegener, D. T. (2012). *Exploratory factor analysis*. New York: Oxford
    University Press.

Kline, R. B. (2013b). Exploratory and confirmatory factor analysis. In Y. Petscher & C.
    Schatsschneider (Eds.), *Applied quantitative analysis in the social sciences* (pp. 171–
    207). New York: Routledge.

📊 연습문제

1. [그림 9-1] (b)가 [그림 9-1] (a)보다 더 적은 조건부독립을 함축하고 있음을 보이시오.

2. 효과코딩법을 이용하여 [그림 9-4]의 요인 B의 척도를 설정하시오.

3. [그림 9-5] (a)에 대해 $df_M = -1$임을 확인하시오.

4. [그림 9-5] (b)에 대해 $df_M = 0$임을 보이시오.

5. [그림 9-5] (c)에 대해 $df_M = 1$임을 증명하시오.

6. [그림 9-6] (f)에 $E_3 \smile E_5$이 추가된다면 이렇게 재설정된 모형은 식별되는가?

7. [그림 9-7]의 모형이 식별되는지를 판단하고 $df_M = 19$임을 보이시오.

CFA 모형에 대한 LISREL 표기법

다음은 공분산구조로만 구성된 CFA 모형에 대한 **LISREL 전체−X 표기법**(all−X notation)에 대한 설명이다. 여기에서 기호 X는 외생요인의 측정변수를 나타낸다. 이 표기법은 그리스 소문자 δ(델타), θ(쎄타), λ(람다), ξ(크사이), ϕ(파이)와 대문자 Θ(쎄타), Λ(람다), Φ(파이)를 포함한다. 다음에 제시된 CFA 모형의 각 위치에는 변수, 모수, 오차항에 대한 기호가 표기되어 있다.

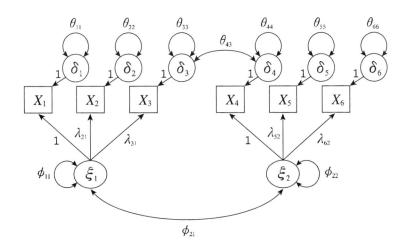

다음은 각 측정변수에 대한 방정식이다.

$$
\begin{aligned}
X_1 &= \xi_1 + \delta_1 & \qquad X_4 &= \xi_2 + \delta_4 \\
X_2 &= \lambda_{21}\xi_1 + \delta_2 & \qquad X_5 &= \lambda_{52}\xi_2 + \delta_5 \\
X_3 &= \lambda_{31}\xi_1 + \delta_3 & \qquad X_6 &= \lambda_{62}\xi_2 + \delta_6
\end{aligned}
\tag{9.7}
$$

이 방정식을 행렬의 형태로 표현하면 다음과 같다.

$$
\begin{bmatrix} X_1 \\ X_2 \\ X_3 \\ X_4 \\ X_5 \\ X_6 \end{bmatrix} = \begin{bmatrix} 1 & 0 \\ \lambda_{21} & 0 \\ \lambda_{31} & 0 \\ 0 & 1 \\ 0 & \lambda_{52} \\ 0 & \lambda_{62} \end{bmatrix} \begin{bmatrix} \xi_1 \\ \xi_2 \end{bmatrix} + \begin{bmatrix} \delta_1 \\ \delta_2 \\ \delta_3 \\ \delta_4 \\ \delta_5 \\ \delta_6 \end{bmatrix} = \Lambda_X \xi + \delta \tag{9.8}
$$

여기서 Λ_X(람다−X)는 형태계수, ξ는 외생요인, δ는 측정변수의 오차항에 대한 모수행렬이다. 나머지 모수행렬은 다음과 같다.

$$
\Phi = \begin{bmatrix} \phi_{11} \\ \phi_{21} & \phi_{22} \end{bmatrix} \quad \Theta_\delta = \begin{bmatrix} \theta_{11} \\ 0 & \theta_{22} \\ 0 & 0 & \theta_{33} \\ 0 & 0 & \theta_{43} & \theta_{44} \\ 0 & 0 & 0 & 0 & \theta_{55} \\ 0 & 0 & 0 & 0 & 0 & \theta_{66} \end{bmatrix} \tag{9.9}
$$

여기서 Φ는 요인의 공분산행렬 Θ_δ(쎄타 델타)는 오차의 공분산행렬이다. 따라서 CFA 모형에 대한 LISREL 전체−X 표기법의 모수행렬은 다음의 세 행렬이다.

$$
\Lambda_A, \quad \Phi, \quad \Theta_\delta
$$

구조회귀모형의 설정과 식별

구조회귀(Structural Regression: SR)모형은 SEM의 가장 일반적인 형태로 완전 LISREL 모형으로도 불린다. 이 용어는 LISREL이 SR 모형을 분석하는 최초의 컴퓨터 프로그램 중 하나라는 점 때문에 붙여진 이름이지만 최근의 SEM 컴퓨터 프로그램들은 모두 SR 모형을 분석할 수 있다. 이 모형의 구조모형 부분은 관찰변수나 잠재변수의 직접효과와 간접효과에 관한 가설을 나타내고 측정모형 부분은 잠재변수와 측정변수의 관계를 나타낸다. 하나의 모형에서 구조적 관계와 측정모형에 관한 가설을 동시에 검증할 수 있기 때문에 SR 모형은 유연성이 높다. 이 장에서는 연속형 측정변수를 가지는 SR 모형의 설정과 이러한 모형의 식별에 필요한 요건에 대해 소개한다. 이 책의 뒷장에서 더 구체적으로 다룰 연구 사례들도 소개한다.

잠재변수의 인과추론

CFA 모형에서는 모든 요인을 외생변수로 설정하고 요인 간 상관을 가정하지만, 구조회귀모형은 요인 사이의 인과적 효과를 반영한다. 그러나 측정하고자 하는 변수가 하나의 측정변수로 측정되는 경로모형과 비교할 때, 잠재변수의 인과추론은 더 어려운 과제다. 그 이유 중 하나는 요인 미결정성 때문이다. CFA 모형에서와 마찬가지로 SR 모형에서 잠재변수는 측정변수에 의해 간접적으로만 측정되는 이론적 변수다. 이론적 변수는 이에 대한 대용물(proxy)에 해당하는 측정변수와 동일하지 않기 때문에, 잠재변수들 사이의 인과관계에 대한 추정값은 아무리 좋아도 근삿값일 수밖에 없다. 즉, 요인 미결정성은 예측의 유용성을 제한하고 요인과 다른 변수 사이의 상관 추정값을 부정확하게 한다(Rigdon, 2014). 이 상관은 유일한 값을 가지지 않으며 추정값이 일정한 범위를 벗어날 수 없으므로

(Steiger & Schönemann, 1978), SR 모형의 분석결과는 지나치게 해석되지 않도록 주의가 필요하다.

🥧 구조회귀모형의 유형

[그림 10-1] (a)는 전통적인 경로모형이다. 외생변수 X_1은 오차 없이 측정된다고 가정되는데, 이 가정은 현실에서는 대개 위배된다. 이 가정은 이 모형의 내생변수에는 요구되지 않지만 Y_1과 Y_3의 측정오자는 삭사의 설녕오차에 반영된다. [그림 10-1] (b)는 구조 요소와 측정 요소를 모두 포함하는 SR 모형이다. 이 모형의 측정모형은 경로모형의 세 관측변수 X_1, Y_1, Y_3를 포함하고 있다. 그러나 경로모형과는 달리 SR 모형에 포함된 이 측정변수들은 각각 잠재변수를 측정하는 두 개의 측정변수 중 하나로 설정되어 있다.[1] 결과적으로 [그림 10-1] (b)의 모든 측정변수는 오차항을 가지게 된다.

[그림 10-1] (b)의 구조모형 부분은 [그림 10-1] (a)에 제시된 경로모형의 직접효과 및 간접효과와 기본적으로 동일한 형태를 취하지만 다음과 같이 잠재변수들 사이의 관계를 나타낸다.

$$A \longrightarrow B \longrightarrow C$$

이 모형의 구조모형은 재귀적이지만, 비재귀적인 구조모형을 포함하는 SR 모형을 설정하는 것도 가능하다. [그림 10-1] (b)의 내생요인은 각각 설명오차(D_B, D_C)를 가지고 있다. 경로모형에서와는 달리 이 내생변수(요인)의 설명오차는 모형에서 누락된 원인만을 반영하고 해당 요인의 측정변수에 포함된 측정오차는 반영하지 않는다. 같은 이유로 [그림 10-1] (b)에 있는 다음의 경로계수 추정값에서는 측정오차가 교정된다.

$$A \longrightarrow B \quad B \longrightarrow C$$

그러나 [그림 10-1] (a)에 있는 다음 경로의 추정값에서는 측정오차가 교정되지 않는다.

---

1) [그림 10-1]~[그림 10-4]에서는 지면을 줄이기 위해 요인당 측정변수를 두 개씩만 사용하였지만 측정변수의 수가 이처럼 적으면 분석 시 기술적 문제가 발생할 수 있다는 것을 잊지 말자.

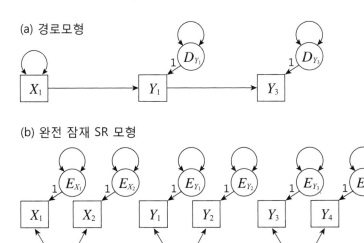

[그림 10-1] 경로모형(a)과 이에 대응하는 완전 잠재 구조회귀모형(b)의 예시

$$X_1 \longrightarrow Y_1 \qquad Y_1 \longrightarrow Y_3$$

연습문제 1에서는 [그림 10-1] (b)의 SR 모형에 대한 자유도(df_M)를 계산해 볼 것이다. SR 모형의 관측정보와 모수의 개수를 세는 방법은 경로모형 및 CFA 모형에서와 같다(규칙 6.1과 6.2 참조). 부록 10.A에는 SR 모형에 대한 LISREL 표기법이 설명되어 있다.

　[그림 10-1] (b)는 구조모형의 모든 변수가 다지표를 갖는 잠재변수이기 때문에 **완전 잠재 구조회귀모형**(fully latent SR model)이라고 부를 수 있다. SR 모형에서 단일지표측정을 사용하는 것도 가능하다. 이것은 관심 영역에 따라서는 그것을 측정하는 지표가 하나만 존재하는 경우도 있다는 현실을 반영한다. 경우에 따라서는 연구자가 다지표 자료를 수집했지만 나중에 이 측정변수 중 일부의 심리측정적 특성이 좋지 않다는 것을 발견하고 이를 분석에서 제외하기도 한다. 이러한 모형은 구조모형의 변수 중 하나 이상이 단일지표이기 때문에 **부분 잠재 구조회귀모형**(partially latent SR models)이라 부를 수 있다. [그림 10-2]에 두 개의 예시가 제시되어 있다. [그림 10-2] (a)에서는 X_1이 단일지표다. X_1은 외생변수로 설정되어 있기 때문에 측정오차를 가지지 않는다고 가정된다. [그림 10-2] (b)의 변수 Y_1도 단일지표이지만 이 변수는 내생변수로 설정되어 있다. 따라서 Y_1의 점수는 신뢰도가 완전하다고 가정되지 않지만, Y_1의 측정오차는 Y_1의 누락된 원인과 혼입된다.

단일지표

SR 모형의 구조모형에서 단일지표를 표현하는 대안적인 방법이 있다. 이를 위해서는 단일지표의 분산 중 측정오차로 인한 비율이 어느 정도인지에 대한 사전 추정값(.10, .20 등)이 필요하다. 이 추정값은 연구자의 경험이나 이전의 경험 연구를 근거로 얻을 수 있다. 오차로 인한 분산의 비율은 1에서 신뢰도계수를 뺀 값($1-r_{XX}$)으로 추정할 수 있다는 점을 떠올려 보자. 특정한 신뢰도계수는 오차의 한 측면만을 반영할 수 있기 때문에 $1-r_{XX}$라는 값은 측정오차의 크기를 과소추정할 수 있다.

(a) 외생요인인 단일지표

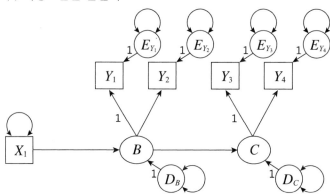

(b) 내생요인인 단일지표

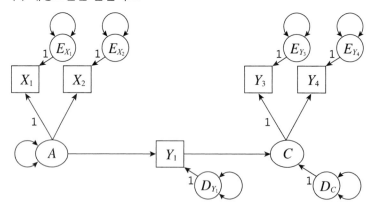

[그림 10-2] 단일지표를 포함한 부분 잠재 구조회귀모형의 예시.
외생요인인 단일지표(a)와 내생요인인 단일지표(b)

X_1이 외생요인 A의 유일한 측정변수라고 해 보자. X의 신뢰도계수가 $.80(r_{XX}=.80)$ 이라면, X_1의 전체 분산 중 $1-.80=.20$, 즉 20%가 무선 오차로 인한 것이라고 할 수 있다. 이 경우 SR 모형을 [그림 10-3] (a)의 모형처럼 설정할 수 있다. 이 그림에서 X_1은 요인 A의 단일지표로 설정되어 있고 오차항을 가진다는 점을 유념하라. 이 설정에서 표준화되지 않은 오차분산은 관찰된 분산의 $.20$배, 즉 $.20S_{X_1}^2$으로 고정된 모수다. 예를 들어, X_1의 관측분산이 30.00이면 이 값의 20%, 즉 $.20(30.00)=6.00$이 오차분산으로 설정된다. 요인 A의 척도를 설정하기 위해서 [그림 10-3] (a)의 X_1의 비표준화 형태계수는 1.0으로 고정된다. X_1의 오차항을 설정함으로써 요인 A의 직접효과와 요인 B의 설명오차분산은 모두 단일지표의 측정오차를 통제한 채로 추정된다.

(a) X_1에 대한 $r_{XX}=.80$

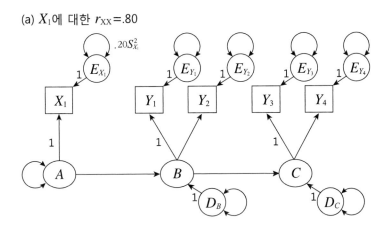

(b) Y_1에 대한 $r_{YY}=.70$

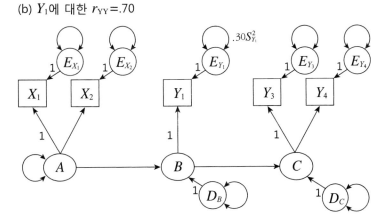

[그림 10-3] 측정오차를 교정하도록 단일지표를 설정한 구조회귀모형.
X_1과 Y_1의 오차분산의 비율은 각각 .20과 .30으로 가정

이제 Y_1이 내생요인 B의 단일지표로 설정된 [그림 10-3] (b)를 보자. $r_{YY} = .70$이라 할 때 Y_1의 총분산 중 측정오차로 인한 분산의 비율은 .30으로 추정된다. 이것은 Y_1에 대한 오차항의 분산이 Y_1에 대한 관찰된 분산의 .30배로 고정된다는 것을 의미한다. Y_1은 오차항을 가지기 때문에 요인 A와 요인 B의 직접효과와 요인 C의 설명오차분산은 모두 단일지표의 측정오차를 통제한 채 추정된다. 단일지표를 이런 방식으로 설정할 때는 다음의 네 가지 점을 유의해야 한다.

1. 이 설정은 모형의 복잡도에 영향을 주지 않는다. 즉, df_M는 변하지 않는다. 연습문제 2에서는 이 사실을 검증할 것이다. 모형 적합도 역시 달라지지 않는다.

2. 왜 그냥 단일지표의 오차분산을 자유모수로 설정하여 컴퓨터가 추정하도록 하면 되지 않을까? 이는 자연스러운 질문이지만 그렇게 설정하면 식별에서 문제가 발생한다(Bollen, 1989, pp. 172–175). 사전 추정값에 기초하여 오차분산을 상수로 고정하는 것이 더 안전한 방법이다.

3. 연구자가 단일지표의 오차분산 추정값에 대해 확신하지 못한다면 어떻게 해야 할까? 이런 경우에는 일정한 범위에서 여러 개의 추정값을 사용하여 모형을 분석해 본다. 이렇게 함으로써 측정오차의 크기를 다르게 가정하는 것이 분석결과에 어떤 영향을 미치는지 평가할 수 있다.

4. 모든 단일지표의 측정오차를 통제하도록 경로모형을 재설정할 수도 있다. 이것은 마치 측정오차로 인한 상관의 축소를 교정한 데이터(식 4.9)에 경로모형을 적용하는 것과 유사하다. 연습문제 3에서는 이 방법을 [그림 10-1] (a)에 적용해 볼 것이다.

Hayduk과 Littvay(2012)는 인구통계학 변수들이 측정오차를 포함하는 경우도 있기 때문에 이런 변수에 대해서도 단일지표 설정을 사용할 것을 제안하였다. 인구통계학 변수들이 완벽하게 측정되었다고 가정하는 것보다는 영이 아닌 작은 값, 예를 들어 총분산의 5% (.05)를 오차분산으로 설정하는 것이 더 안전하다는 것이다. 이들은 다지표 측정이 단일지표 측정보다 항상 더 좋은 것은 아니라는 점도 지적하였다. 측정학적으로 양호한 특성을 가지면서 측정대상인 요인과 이론적으로 밀접하게 관련이 되는 단일지표와 여러 변수로 구성되지만 이론과 관련성이 낮은 다지표 세트 중에서 골라야 한다면 단일지표가 더 나을 것이다. 여러 측정변수 중에서 이론과 관련성이 가장 높은 최상의 측정변수가 있을 수도 있다. 그런 경우에는 여기에 소개된 방법을 이용하여 그 측정변수의 오차분산을 특정 상수로 고정하는 것이 모든 측정변수의 오차분산을 자유롭게 추정하는 것보다 요인을 더 정확하게 측정할 수 있다. 자유롭게 추정된 오차분산과 공분산은 여러 유형의 잠재적인 설정오류를 반영하는 허위 요인을 생성할 수 있기 때문이다.

🥧 구조회귀모형의 식별

경로모형과 CFA 모형의 식별에 대해 이해하고 있다면 SR 모형에 대해 새로 알아야 할 것은 많지 않다. 그 이유는 SR 모형의 식별 여부가 측정모형 부분과 구조모형 부분에 대해 나뉘어 평가되기 때문이다. 핵심은 측정모형이 타당하다(식별된다)는 것이 먼저 충족되어야 SR 모형의 구조모형 부분을 평가하는 것이 의미를 가진다는 것이다.

CFA 모형의 두 필요요건($df_M \geq 0$이고 모든 잠재변수에 척도가 부여된다)이 충족되더라도 SR 모형의 식별이 보장되지는 않는다. 추가로 필요한 요건은 완전 잠재 SR 모형의 분석이 사실상 요인분산과 공분산의 추정값에 대해 수행되는 경로분석이라는 관점에서 비롯된다. 따라서 요인 사이의 직접효과가 추정되기 위해서는 컴퓨터가 요인분산과 공분산의 유일한 추정값을 도출하는 것이 가능해야 한다. Bollen(1989)은 이 요건을 **2단계 식별 규칙**(two-step identification rule)이라고 서술하였는데 각 평가 단계가 규칙 10.1에 정리되어 있다.

완전 잠재 SR 모형은 아래 조건이 모두 충족되면 식별된다. (규칙 10.1)
1. 측정모형 부분이 CFA 모형으로 재설정되었을 때 식별된다(CFA 모형을 규칙 9.1- 9.4로 평가한다).
2. 구조모형이 식별된다(구조모형을 규칙 7.1-7.3으로 평가하거나 [그림 7-3]의 그래프 규칙을 적용한다).

2단계 규칙은 충분조건이다. 규칙 10.1의 두 조건을 모두 충족하는 완전 잠재 SR 모형은 식별된다. [그림 10-4] (a)에 2단계 규칙을 적용해 보자. 이 모형은 오차항을 포함한 모든 잠재변수에 척도가 부여되었고, 관측정보가 자유모수보다 많기 때문에 필요요건을 충족한다. 그러나 이것만으로 [그림 10-4] (a)가 식별되는지는 아직 알 수 없다. 이를 결정하기 위해 2단계 규칙을 적용한다. [그림 10-4] (a)의 완전 잠재 SR 모형을 CFA 측정모형으로 재설정한 것이 [그림 10-4] (b)에 제시되어 있다. 이 표준 CFA 모형은 요인당 둘 이상의 측정변수를 가지기 때문에 식별된다. 이로써 2단계 규칙의 첫 부분이 충족된다. [그림 10-4]

(a)의 SR 모형의 구조모형은 [그림 10-4] (c)에 제시되어 있다. 경로모형으로 본다면 이 구조모형은 재귀적이기 때문에 역시 식별된다. 따라서 [그림 10-4] (a)의 SR 모형은 2단계 규칙(규칙 10.1)의 두 조건을 모두 충족하고, 결과적으로 식별(초과식별)된다.

   2단계 규칙은 단일지표를 포함하는 부분 잠재 SR 모형에는 적용되지 않는다. 이러한 모형은 다요인 CFA 모형에 대해 요인당 두 개 이상의 측정변수를 요구하는 규칙 10.1의 첫 번째 조건을 충족하지 못한다. 예를 들어, [그림 10-3]의 두 모형을 CFA 모형으로 재설정하면 한 요인(A 또는 B)은 측정변수를 하나만 포함하기 때문에 필요한 최소 개수(2)보다

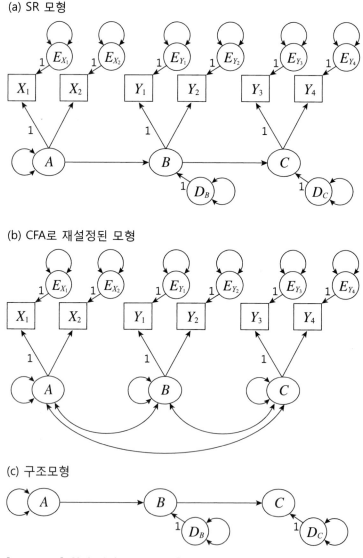

(a) SR 모형

(b) CFA로 재설정된 모형

(c) 구조모형

[그림 10-4] 완전 잠재 구조회귀모형의 식별을 위한 2단계 규칙의 평가

측정변수 하나가 부족하다. 그러나 [그림 10-3] (a)의 X_1과 [그림 10-3] (b)의 Y_1의 요인에는 척도가 부여되어 있고 각각의 오차분산이 상수로 고정되어 있기 때문에 이 측정모형들은 식별된다. 또한 [그림 10-3] (a)와 [그림 10-3] (b)의 구조모형은 각각 재귀적이기 때문에 둘 다 식별된다. 따라서 [그림 10-3] (a)와 [그림 10-3] (b)의 측정모형과 구조모형은 모두 식별되며, 결과적으로 두 SR 모형도 모두 식별된다.

🥧 탐색적 SEM

탐색적 구조방정식모형(exploratory structural equation modeling: ESEM)에서는 특수한 종류의 SR 모형이 분석된다. ESEM에서 측정모형의 일부분은 측정변수가 모든 요인에 의해 영향을 받는다는 점에서 EFA에서처럼 제약이 없다. 그러나 측정모형의 나머지 부분은 측정변수가 연구자에 의해 지정된 일부 요인에 의해서만 영향을 받는다는 점에서 CFA에서처럼 제약이 있다. 이런 종류의 분석은 연구자가 일부 요인에 대해 SEM에서 일반적으로 허용되는 것보다 약한 가설을 가지고 있을 때 적합하다. [그림 10-5]의 ESEM 모형의 예를 보자. 모든 측정변수가 두 요인 A와 B의 영향을 동시에 받는다는 점에서 $X_1 - X_6$에 대한 측정모형은 제약이 없다. Mplus 프로그램에서는 이 부분의 측정모형의 요인 해를 회전하기 위해 사용자가 특정한 방법을 요청할 수 있다. 요인 A와 요인 B는 분산을 1.0으로

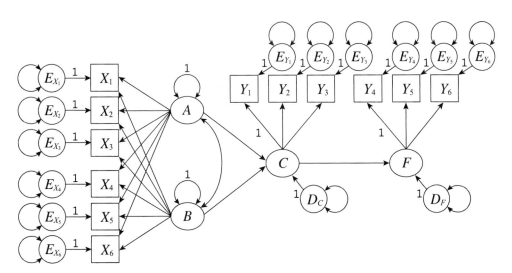

[그림 10-5] 제약이 없는 측정모형 부분(요인 A와 요인 B)과
제약이 있는 측정모형 부분(요인 C와 요인 F)을 포함하는 탐색적 구조방정식모형

고정하여 척도를 부여하며 따라서 표준화된다. 반면에 $Y_1 - Y_6$에 대한 측정모형은 각 측정변수가 하나의 요인에 의해서만 설명된다는 점에서 제약이 있다. [그림 10-5]에는 구조모형도 포함되며 이 부분에서 요인 A, B, C, F 사이의 직접효과와 간접효과가 설정된다. Marsh, Morin, Parker과 Kaur(2014)는 ESEM이 임상심리학 연구에 적용된 사례를 보여준다.

구조회귀모형의 연구 사례

여기에서는 SR 모형에 가설이 반영된 두 개의 연구 사례를 소개한다. 두 모형에 대한 자세한 분석은 14장에서 다룬다.

직업 만족도 요인에 관한 완전 잠재 SR 모형

대학 교직원 263명의 표본을 대상으로 Houghton과 Jinkerson(2007)은 (기회에 초점을 두는) 건설적 사고, (장애에 초점을 두는) 역기능적 사고, 주관적 안녕감, 직무만족의 네 가지 이론적인 개념을 측정하는 검사를 실시하였다. 이들은 관련 이론과 경험 연구의 결과들을 검토하여 이를 바탕으로 [그림 10-6]에 제시된 4요인-12지표 완전 잠재 SR 모형을 설정하였다. 이 모형의 구조모형은 (1) 역기능적 사고와 주관적 안녕감이 각각 직무만족에 직접효과를 가진다, (2) 건설적 사고는 역기능적 사고에 직접효과를 가진다, (3) 건설적 사고는 역기능적 사고를 매개하여 주관적 안녕감에 간접효과를 가진다, (4) 건설적 사고는 나머지 두 요인을 통해 직무만족에 간접효과를 가진다는 네 가지 가설을 반영한다. 이 설계에는 시간적 선행성이 빠져 있기 때문에 간접효과는 매개효과로 서술되지 않는다.

[그림 10-6]에 제시된 SR 모형의 측정모형에는 요인당 세 개의 측정변수가 있다. (1) 건설적 사고의 측정변수는 신념평가, 긍정적 자기대화, 긍정적 시각적 심상을 포함한다. (2) 역기능적 사고의 측정변수는 자신의 수행에 대한 부정적 평가를 염려하는 정도를 측정하는 두 척도와 인정욕구에 관한 척도로 구성되어 있다. (3) 주관적 안녕감의 측정변수는 전반적인 행복감에 대한 평정 점수와 긍정적 기분을 평정하는 두 척도를 포함한다. (4) 직무만족의 측정변수는 직무경험을 긍정적으로 인식하는 정도를 나타내는 세 개의 척도를 포함한다. 연습문제 4에서는 이 모형에 대해 $df_M = 50$이라는 것을 확인할 것이다.

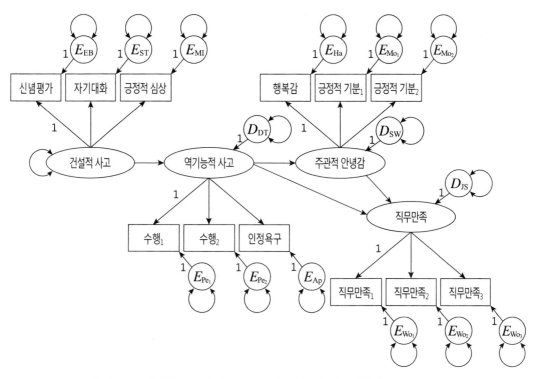

[그림 10-6] 사고전략과 직무만족에 대한 완전 잠재 SR 모형

Houghton과 Jinkerson의 논문(2007)은 이 구조모형을 구성하는 네 요인의 모든 직접효
과에 대해 이론적 근거를 서술하고 있고, 검사점수의 내적 일관성 신뢰도를 보고하는 등
모든 측정변수에 대해 자세하게 기술하고 있다. 또한 분석에 사용된 공분산행렬의 상관
값과 표준편차를 보고하고 있고, 대안모형을 검증하였다는 점에서 모범적인 사례다. 그러
나 비표준화 모수추정치를 보고하지 않았고, 최종 모형에 대한 동치모형을 고려하지 않은
제한점은 있다.

이직의도에 관한 비재귀모형에서 사용된 단일지표

Chang, Chi, Miao(2007)는 대만 내 30개 병원에서 표집한 177명의 간호사 표본에 대해
간호직에 대한 직업몰입과 재직 중인 병원에 대한 조직몰입을 측정하였다. 각 몰입에 대
한 측정은 정서적 몰입(정서적 애착의 정도), 유지적 몰입(퇴직에 대한 지각된 비용), 규범적
몰입(주재 의무감)의 세 척도로 구성되었다. 이 세 측면은 몰입의 3요소에 대한 이론적, 경
험적 모형에 포함된다.

〈표 10-1〉 조직몰입, 직업몰입, 이직의도의 측정치에 대한 표본 표준편차와 검사점수 신뢰도계수

통계량	조직몰입			직업몰입			이직의도	
	1	2	3	4	5	6	7	8
SD	1.04	.98	.97	1.07	.78	1.09	1.40	1.50
r_{XX}	.82	.70	.74	.86	.71	.84	.86	.88

주. 출처: Chang et al. (2007). $N=177$. 검사점수 신뢰도는 내적 일관성(크론바흐 알파) 계수. 1, 4=정서적 몰입. 2, 5=유지적 몰입. 3, 6=규범적 몰입. 7=조직 이직의도. 8=직업 이직의도.

Chang 등(2007)이 선행연구를 검토한 결과 몰입이 직업 이직의도와 조직(직장) 이직의 도를 예측한다는 것을 시사한다. 즉, 조직몰입이 낮은 근로자는 같은 분야의 다른 직장을 찾을 가능성이 높고, 직업몰입이 낮은 근로자는 아예 직업을 바꿀 가능성이 높다. 저자들은 또한 조직 이직의도와 직업 이직의도가 상호 영향을 주고받을 것으로 예측했다. 즉, 자신의 직업을 바꾸려는 계획은 특정 직장을 떠나는 것을 촉진할 수 있고 그 반대도 성립한다. 이에 따라 Chang 등(2007)은 같은 간호사 표본에 대해 직업 이직의도와 조직 이직의도도 함께 측정하였다. 〈표 10-1〉에는 이 표본에서 얻은 전체 측정변수들의 표준편차와 내적 일관성 신뢰도(크론바흐 알파) 계수가 보고되어 있다.

Chang 등(2007)은 조직 이직의도와 직업 이직의도의 상호 인과적 영향과 더불어, (1) 조직몰입의 세 요소(정서적 몰입, 유지적 몰입, 규범적 몰입)가 조직 이직의도에 직접적인 영향을 미치고, (2) 직업몰입의 세 요소가 직업 이직의도에 직접적인 영향을 미친다는 가설을 설정하였다. 이 가설을 나타내는 비재귀 경로모형은 조직 이직의도와 직업 이직의도 사이의 직접 피드백 순환, 세 개의 조직몰입 측정변수에서 조직 이직의도로 향하는 직접효과, 세 개의 직업몰입 측정변수에서 직업 이직의도로 향하는 직접효과로 구성된다. 그러나 전통적인 경로분석에서는 각 단일지표의 측정오차를 명시적으로 설정할 수 없다. 다행히 신뢰도계수(〈표 10-1〉)를 사용하면 [그림 10-7]의 SR 모형을 설정하여 측정오차를 통제하는 것이 가능하다.

[그림 10-7]의 각 측정변수는 잠재요인에 대한 단일지표로 표현되어 있다. 각 단일지표의 비표준화 형태계수는 해당 요인에 척도를 부여하기 위해 1.0으로 고정된다. 각 측정변수의 오차분산은 해당 측정변수의 표본 분산(s^2)과 1에서 검사점수 신뢰도를 뺀 값($1-r_{XX}$)의 곱으로 고정된다. 예를 들어, 정서적 조직몰입 변수의 신뢰도계수는 .82이고 표본 표준편차는 1.04(〈표 10-1〉)이다. 다음 값은 전체 분산 중 측정오차로 인한 분산의 추정값이다.

$$(1-.82)\ 1.04^2 = .18\ (1.0816) = .1947$$

따라서 정서적 조직몰입 변수의 (비표준화) 오차분산은 .1947로 고정된다([그림 10-7]). 이 그림에 있는 나머지 일곱 개의 단순지표에 대한 오차분산도 같은 방식으로 계산된다. 연습문제 5에서는 〈표 10-1〉의 자료를 이용하여 [그림 10-7]의 유지적 조직몰입 변수의 오차분산 고정값을 계산할 것이다.

단일지표를 [그림 10-7]의 모형과 같이 설정하면 구조모형에 포함된 직접효과와 설명 오차의 분산 및 공분산은 측정오차를 통제한 상태로 추정된다. 이 모형에는 여섯 개의 외생요인 사이의 가능한 모든 공분산도 가정되어 있지만 그림에서는 생략되어 있다. 연습문제 6에서는 이 모형에 대해 $df_M = 4$라는 것을 증명할 것이다. Chang 등(2007)은 [그림 10-7]의 여덟 개 변수를 포함하는 비재귀 경로모형을 분석했지만 측정오차를 통제하지는 않았고 비표준화 추정값도 보고하지 않았다.

요약

CFA 모형의 분석에서는 요인 사이의 인과적 관계에 대한 가설을 검정하지 않지만, 구조회귀모형은 요인 간의 관계에 대한 가설을 설정하여 분석한다. SR 모형의 구조모형에 포함된 모든 요인이 다지표로 측정되는 모형은 완전 잠재 SR 모형이다. 반면, 요인 중 일부가 단일지표를 가지는 모형은 부분 잠재 SR 모형이다. 검사점수의 정확성에 근거하여, 연구자가 부분 잠재 SR 모형에 포함된 단일지표의 오차분산이 특정한 상숫값을 갖도록 고정할 수도 있다. 이렇게 하면 컴퓨터가 구조모형의 모수를 추정할 때 단일지표의 측정오차를 통제하도록 할 수 있다. SR 모형이 식별되기 위해서는 측정모형과 구조모형이 모두 식별되어야 한다. 이 요건은 SR 모형의 분석이 기본적으로 요인의 공분산 추정값에 대해 수행되는 경로분석이라는 관점을 반영한다. 이제 이 책의 3부, SEM의 분석 단계로 들어갈 준비가 끝났다.

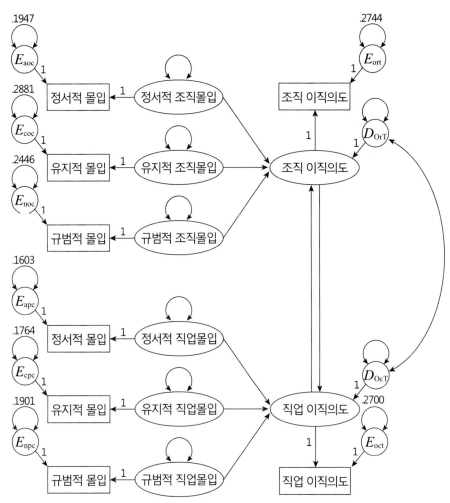

[그림 10-7] 단일지표의 측정오차를 통제하는 설정을 사용한
조직몰입, 직업몰입, 이직의도에 대한 비재귀모형

주. 외생요인 사이의 공분산은 생략함. 단일지표의 비표준화 오차분산은 표시된 수치로 고정함.

심화학습

Cole과 Preacher(2014)는 단일지표의 측정오차를 통제하는 것이 가져올 수 있는 부정적 영향
에 대해 서술하고 있다. Hayduk과 Littvay(2012)는 좋은 단일지표를 이용한 측정에 비교하여
다지표 측정이 가질 수 있는 단점을 설명한다. Marsh 등(2014)은 ESEM의 임상연구 적용에 대
해 서술하고 있다.

Cole, D. A., & Preacher, K. J. (2014). Manifest variable path analysis: Potentially serious and misleading consequences due to uncorrected measurement error. *Psychological Methods, 19*, 300–315.

Hayduk, L. A., & Littvay, L. (2012). Should researchers use single indicators, best indicators, or multiple indicators in structural equation models? *BMC Medical Research Methodology, 12*(159). Retrieved from *www.biomedcentral.com/1471–2288/12/159*

Marsh, H. W., Morin, A. J. S., Parker, P. D., & Kaur, G. (2014). Exploratory structural equation modeling: Integration of the best features of exploratory and confirmatory factor analysis. *Annual Review of Clinical Psychology, 10*, 85–110.

연습문제

1. [그림 10-1] (b)의 df_M을 계산하시오.

2. [그림 10-2] (a)와 [그림 10-3] (a)의 df_M이 동일하다는 것을 보이시오.

3. 모든 단일지표의 측정오차를 통제하도록 [그림 10-1] (a)를 재설정하시오. 변수 X_1, Y_1, Y_3의 신뢰도계수는 각각 .80, .75, .90이라고 가정하시오.

4. [그림 10-6]의 df_M을 계산하시오.

5. 〈표 10-1〉의 자료를 사용하여 [그림 10-7]의 유지적 조직몰입 변수에 대한 오차분산을 계산하시오.

6. [그림 10-7]의 df_M을 계산하시오.

SR 모형에 대한 LISREL 표기법

　다음은 평균 분석이 포함되지 않은 완전 잠재 SR 모형에 대한 LISREL 표기법에 대한 설명이다. X와 Y는 각각 외생요인과 내생요인에 대한 측정변수를 나타낸다. 이 표기법은 그리스 소문자 β(베타), γ(감마), δ(델타), ε(엡실론), ζ(제타), η(에타), θ(쎄타), λ(람다), ξ(크사이), ϕ(파이), ψ(싸이), 대문자 B(베타), Γ(감마), Θ(쎄타), Λ(람다), Φ(파이), Ψ(싸이)를 포함한다. 다음에 제시된 SR 모형의 각 위치에는 변수, 모수, 오차항에 대한 기호가 표기되어 있다.

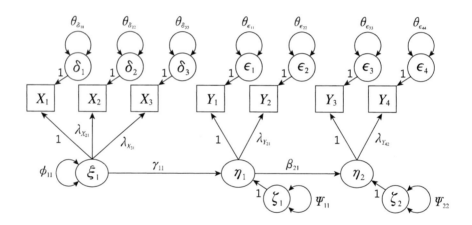

각 측정변수에 대한 방정식은 다음과 같다.

$$
\begin{aligned}
X_1 &= \xi_1 + \delta_1 & Y_1 &= \eta_1 + \varepsilon_1 \\
X_2 &= \lambda_{X_{21}}\xi_1 + \delta_2 & Y_2 &= \lambda_{Y_{21}}\eta_1 + \varepsilon_2 \\
X_3 &= \lambda_{X_{31}}\xi_1 + \delta_3 & Y_3 &= \eta_2 + \varepsilon_3 \\
& & Y_4 &= \lambda_{Y_{42}}\eta_2 + \varepsilon_4
\end{aligned}
\tag{10.1}
$$

이 방정식을 행렬의 형태로 표현하면 다음과 같다.

$$\begin{bmatrix} X_1 \\ X_2 \\ X_3 \end{bmatrix} = \begin{bmatrix} 1 \\ \lambda_{X_{21}} \\ \lambda_{X_{31}} \end{bmatrix} \begin{bmatrix} \xi_1 \end{bmatrix} + \begin{bmatrix} \delta_1 \\ \delta_2 \\ \delta_3 \end{bmatrix} = \Lambda_X \xi + \delta \tag{10.2}$$

$$\begin{bmatrix} Y_1 \\ Y_2 \\ Y_3 \\ Y_4 \end{bmatrix} = \begin{bmatrix} 1 & 0 \\ \lambda_{Y_{21}} & 0 \\ 0 & 1 \\ 0 & \lambda_{Y_{42}} \end{bmatrix} \begin{bmatrix} \eta_1 \\ \eta_2 \end{bmatrix} + \begin{bmatrix} \varepsilon_1 \\ \varepsilon_2 \\ \varepsilon_3 \\ \varepsilon_4 \end{bmatrix} = \Lambda_Y \eta + \varepsilon \tag{10.3}$$

여기에서 Λ_X(람다 X)는 측정변수 X에 대한 형태계수, Λ_Y(람다 Y)는 측정변수 Y에 대한 형태계수의 모수행렬이다. 나머지 모수행렬은 다음과 같다.

$$\Phi = \begin{bmatrix} \phi_{11} \end{bmatrix} \quad \Theta_\delta = \begin{bmatrix} \theta_{\delta_{11}} & & \\ 0 & \theta_{\delta_{22}} & \\ 0 & 0 & \theta_{\delta_{33}} \end{bmatrix} \quad \Theta_\epsilon = \begin{bmatrix} \theta_{\varepsilon_{11}} & & & \\ 0 & \theta_{\varepsilon_{22}} & & \\ 0 & 0 & \theta_{\varepsilon_{33}} & \\ 0 & 0 & 0 & \theta_{\varepsilon_{44}} \end{bmatrix} \tag{10.4}$$

여기에서 Φ, Θ_δ(쎄타 델타), Θ_ϵ(쎄타 엡실론)은 각각 외생요인, 측정변수 X의 오차항, 측정변수 Y의 오차항에 대한 공분산행렬이다. 예시된 SR 모형의 구조모형에 대한 방정식은 다음과 같다.

$$\begin{aligned} \eta_1 &= \gamma_{11}\xi_1 + \zeta_1 \\ \eta_2 &= \beta_{21}\eta_1 + \zeta_2 \end{aligned} \tag{10.5}$$

이 방정식을 행렬의 형태로 표현하면 다음과 같다.

$$\begin{bmatrix} \eta_1 \\ \eta_2 \end{bmatrix} = \begin{bmatrix} \gamma_{11} \\ 0 \end{bmatrix} \begin{bmatrix} \xi_1 \end{bmatrix} + \begin{bmatrix} 0 & 0 \\ \beta_{21} & 0 \end{bmatrix} \begin{bmatrix} \eta_1 \\ \eta_2 \end{bmatrix} + \begin{bmatrix} \zeta_1 \\ \zeta_2 \end{bmatrix} = \Gamma\xi + B\eta + \zeta \tag{10.6}$$

여기에서 Γ와 B는 각각 외생요인에서 내생요인으로 향하는 직접효과, 내생요인에서 내생요인으로 향하는 직접효과에 대한 모수행렬이다. 마지막 모수행렬은 다음과 같다.

$$\Psi = \begin{bmatrix} \Psi_{11} & \\ 0 & \Psi_{22} \end{bmatrix} \tag{10.7}$$

Ψ는 내생요인의 설명오차에 대한 공분산행렬이다. 따라서 SR 모형에 대한 완전 LISREL 표기법은 다음에 나열된 여덟 개의 모수행렬로 구성된다.

$$B,\, \Gamma,\, \Theta_{\delta},\, \Theta_{\xi},\, \Lambda_X,\, \Lambda_Y,\, \Phi,\, \Psi$$

경로모형과 CFA 모형에 대한 LISREL 표기법은 SR 모형에 대한 표기법의 하위집합이다(부록 6.A, 9.A).

일부 연구자들은 SR 모형에 대해 보다 단순한 **LISREL 전체-Y 표기법**(all-Y notation)을 사용한다. 이 표기법은 외생변수와 내생변수를 구분하지 않는다. 예를 들어, 모든 요인과 모든 측정변수는 각각 기호 η와 Y로 표현된다. 외생요인의 분산 및 공분산과 내생요인 설명오차의 분산과 공분산은 모두 행렬 Ψ에 표기된다. 행렬 Ψ의 각 요소는 원 모형의 외생변수 또는 내생변수와 관련하여 지정된다. 또한 외생요인에서 내생요인으로, 또는 내생요인에서 다른 내생요인으로 향하는 직접효과는 모두 행렬 B에 표기되고, 모든 측정변수의 오차항의 분산과 공분산은 행렬 Θ_{ϵ}에 표기된다. 따라서 LISREL 전체-Y 표기법의 모수행렬은 다음의 네 개 행렬이다.

$$B,\, \Theta_{\epsilon},\, \Lambda_Y,\, \Psi$$

Part 3

분석

모수추정과 지역 적합도 검정

이 장은 크게 세 부분으로 구성되어 있다. 첫 번째 부분에서는 SEM에서 인과효과를 추정하는 두 가지 기본적인 접근법, 즉 한 번에 하나의 식만 분석하는 방법과 전체 모형을 동시에 분석하는 방법에 관해 설명한다. 대부분의 SEM 분석 프로그램에서 기본으로 적용하는 동시추정 방법인 최대우도 추정법의 특징에 관해서도 개괄적으로 설명하고자 한다. 두 번째 부분에서는 지역 적합도 검정에 관해 다룬다. SEM에서는 전체 적합도 검정이 더 큰 비중을 차지하지만, 지역 적합도 검정을 통해 모형-데이터 간 일치도를 세부적으로 평가하는 것도 매우 중요하다. 지역 적합도 검정에 관해서는 내생변수가 연속변수인 재귀 경로모형 분석 사례를 가지고 설명하고자 한다. 마지막 부분에서는 종속변수가 연속변수가 아닌 상황에서 적용할 수 있는 추정 방법에 관해 논의한다. 이 장에서 소개되는 내용은 다음 장에서 다루게 될 전체 적합도 검정을 이해하는 데 기초가 될 것이다.

추정법의 유형

SEM에서 사용되는 추정법에는 크게 두 가지가 있다. 첫 번째 방법은 **단일방정식 추정법**(single-equation method)이라고 하는데, 이는 한 번에 하나의 내생변수에 대한 방정식만 분석하는 방법으로, **부분정보법**(partial-information method) 또는 **제한정보법**(limited-information method)이라고도 한다. 단일방정식 추정법에서는 다변량 정규성 가정이나 모형식별 조건을 고려할 필요가 없다. 또한 동시추정법에 비하여 설정오류의 영향을 덜 받는다. 그러나 전체 모형 적합도에 대한 유의성 검정이나 모형-데이터 간 일치도를 나타내는 통계량을 산출할 수 없다는 단점이 있다. 이러한 이유로 인해, 단일방정식 모형을 적용해야 하는 상황에서는 지역 적합도 검정(local fit testing)이 강조된다.

두 번째 방법인 **동시추정법**(simultaneous method)은 **완전정보법**(full-information method)이라고도 하며, 모든 자유모수를 동시에 추정한다. 이 방법을 적용하려면 우선 모형이 식별 가능한 상태여야 한다. 이상적인 조건하에서, 동시추정법은 단일방정식 추정법에 비해 더 효율적인 추정법이라고 할 수 있다. **효율 추정량**(efficient estimator)이란 정확하게 설정된 모형을 무선 표본에 적용한다고 가정할 때 동일 모수에 대한 추정치들 간 분산이 상대적으로 작은 추정량을 의미한다. 동시추정법이 이러한 특성을 가지는 이유는 수집된 데이터 내에서 더 많은 정보를 이용하기 때문이다. 그러나 실제로 연구자들이 정확하게 설정된 모형을 무선 표본으로 분석하는 경우는 드물기 때문에, 이러한 장점은 다분히 이론적이다. 동시추정법으로 분석하는 경우 전체 적합도 검정을 주로 수행하지만, 지역 적합도 검정도 함께 고려하는 것이 좋다.

경로분석의 인과효과

경로모형을 구성하는 모든 내생변수가 연속변수이고 상호작용 효과가 존재하지 않는다고 가정하자. 이때 직접효과란 X와 Y 사이에 아무런 매개변수도 존재하지 않도록 다른 변수(공변인)들을 모두 통제한 상태에서, X가 변화함에 따라 Y가 얼마나 변화하는지를 정량화한 것이다(Pearl, 2009b). 이는 Y의 원인으로 설정된 다른 변수들을 통제한 상태에서 X와 Y 간의 함수적 관계를 나타내는 접선의 기울기라고도 볼 수 있다. X와 Y의 관계가 [그림 2-1]과 같이 선형 관계라면 X의 모든 값에 대하여 기울기가 동일하므로, 직접효과 추정치는 직선의 기울기가 된다. 반면, 곡선적인 관계에서는 X의 값에 따라 접선의 기울기가 변하기 때문에 직접효과를 특정 상숫값으로 추정할 수 없다. 이러한 관점에서 보면, 곡선적 관계는 상호작용 효과의 특수한 형태로서 X의 값에 따라 두 변수 간 관련성의 크기와 방향이 변하는 관계라고 할 수 있다(예: [그림 1-1]). 이 경우 직접효과는 하나의 숫자로 추정할 수 없다.

선형효과에 대한 경로계수는 회귀계수와 동일하게 해석된다. 비표준화 경로계수는 Y를 예측하는 다른 변수들의 효과를 모두 통제한 상태에서 X의 원점수가 1점 증가함에 따라 Y의 원점수가 몇 점 증가하는지를 나타낸다. 반면, 표준화 경로계수는 Y를 예측하는 다른 변수들의 효과를 모두 통제한 상태에서 X가 1표준편차 단위만큼 증가할 때 Y가 몇 표준편차 단위만큼 증가하는지를 나타내는 베타 계수다.

상호작용 효과가 없는 모형에서 Y에 대한 X의 간접효과는 간접경로를 구성하는 직접효과들을 곱한 값이다(예: [그림 6-5] (d)의 cd). 이 값은 회귀계수로도 해석되며, Y에 대한 X의 직접효과를 통제한 상태에서 X가 한 단위 변화할 때 Y가 간접경로를 통해 어느 정도 변화하는지를 추정한다. 간접효과가 여러 개인 경우, 총 간접효과는 개별 간접효과의 합으로 계산한다. 총 간접효과 역시 회귀계수로도 해석되며, X의 직접효과를 통제한 상태에서 모든 간접경로를 통해 Y를 예측하는 X의 효과를 의미한다.

Y에 대한 X의 총 인과효과는 X와 Y의 모든 뒷문경로(비인과효과)를 차단하는 변수들을 통제한 상태에서 X와 Y 사이의 직접경로와 간접경로만으로 추정된다. 총효과 역시 회귀계수로 해석되며, 모든 비인과적 관계를 통제한 상태에서 X가 한 단위 변화할 때 Y가 모든 직접효과와 간접효과를 통하여 변화하는 정도를 의미한다. 즉, 직접효과와 총 간접효과의 합을 총효과라고 한다.

◑ 단일방정식 추정법

여기서는 내생변수가 연속변수인 경로모형에 단일방정식 추정법을 적용하는 상황을 가정하여 설명하고자 한다.

다중회귀

재귀 경로모형은 다중회귀, 즉 OLS 추정을 적용하여 분석할 수 있다. Y에 대한 X의 총효과는 회귀모형의 예측변수로 X와 뒷문기준을 만족시키는 공변인들을 포함시켜 추정한다(규칙 8.3). 총효과에 대한 공변인들은 X와 Y 사이의 모든 비인과 경로를 차단한다. Y에 대한 X의 직접효과는 예측변수로 X와 단일문 기준(규칙 8.4)을 만족시키는 공변인들을 포함시켜 추정한다. 직접효과에 대한 공변인들은 $X \longrightarrow Y$ 경로를 삭제한 수정모형에서 X와 Y를 d분리한다. 모형에 따라서 동일한 총효과 또는 직접효과를 식별하는 공변인들이 여러 개 존재할 수 있으며, 모형이 정확하다면 이러한 추정량들은 유사한 값을 가져야 한다. 분석과 관련된 자세한 사항은 다음에 정리하였다.

1. 외생 측정변수들 간의 분산과 공분산은 관찰된 표본 값과 동일하다. 연속 외생변수들 간의 Pearson 상관은 변수 간의 관련성에 대한 표준화 추정치이고, 공분산은 비

표준화 추정치다.

2. 설명오차분산은 회귀분석에서 산출된 R^2을 바탕으로 계산한다.[1] s_Y^2이 내생변수
   의 관찰된 분산이라고 할 때, 설명오차분산은 $(1-R^2)s_Y^2$이다. 이때 $(1-R^2)$
   은 설명되지 않은 분산의 비율로서 설명오차분산을 표준화한 값에 해당한다.
3. 비활모양 모형에서 내생변수 간 오차공분산은 공통의 원인을 통제한 상태에서 계산
   한 내생변수 간의 편공분산을 의미하고, 오차상관은 이를 표준화한 편상관을 의미한
   다(Kenny, 1979, pp. 52-61).

2단계 최소제곱

모형 내에 변수 간 인과관계의 순환구조(loop)가 있거나 활모양의 설명오차상관이 존재
하는 비재귀모형을 추정하는 데에는 일반적인 OLS 추정법이 적합하지 않다. 비재귀모형
에서는 회귀분석의 잔차가 예측변수들과 독립적이지 않기 때문이다. OLS를 적용하려면
내생변수에 대한 원인들이 설명오차와 관련이 없어야 한다는 조건이 필요한데, 비재귀모
형은 이러한 조건을 위반하므로 대안적인 추정법을 적용해야 한다.

2단계 최소제곱법(two-stage least squares: 2SLS)은 비재귀모형을 분석하는 데 도구변수
를 활용하는 **도구변수 회귀**(instrumental variables regression)의 일종이다([그림 7-3] 참조).[2]
명칭에서도 알 수 있듯이, 2SLS는 OLS 추정을 2단계에 걸쳐 실시하는 방법이다. 1단계의
목적은 문제가 되는 원인변수를 새로 생성한 예측변수로 교체하는 것이다. 여기서 '문제
가 되는' 원인변수란 결과변수의 오차와 상관을 가지는 변수를 말한다. 1단계에서는 문제
가 되는 원인변수를 종속변수로, 도구변수를 독립변수로 설정하여 회귀분석을 실시한다.
1단계 회귀분석의 결과로 예측된 변수는 결과변수의 설명오차와 상관을 가지지 않을 것이
므로 문제가 되는 원인변수를 대체할 수 있게 된다. 문제가 되는 원인변수들을 모두 비슷
한 방식으로 교체한 다음, 2단계 분석에서는 원래 변수 대신 1단계에서 생성된 예측변수
를 사용하여 일반적인 다중회귀분석을 진행한다.

예를 들어, [그림 6-6] (a)를 다시 살펴보자. 이 모형에는 Y_1의 직접적인 원인이 되는 두
변수 X_1과 Y_2가 설정되어 있다. OLS 추정의 관점에서 볼 때, Y_2는 Y_1의 설명오차와 상
관을 가지기 때문에 문제가 되는 원인변수라고 볼 수 있으며, 이 관계는 다음과 같은 경로

---

1) 사례수가 크지 않은 경우에는 R^2 대신 수정된 $\hat{R}^2$ (식 2.14)을 사용한다.
2) 2SLS를 재귀모형에 적용하면 일반적인 다중회귀분석 결과와 동일한 결과가 나온다.

로 표현할 수 있다.

$$Y_2 \longleftarrow D_2 \smile D_1$$

여기서 X_2는 Y_1에 대한 방정식에는 포함되지 않지만 문제가 되는 원인변수인 Y_2에 대해서는 직접효과를 가지기 때문에 도구변수의 역할을 한다(규칙 8.5). 따라서 X_2와 Y_2 간의 회귀분석을 통해 예측된 변수 $\hat{Y}_2$로 Y_2를 대체한 다음, X_1과 $\hat{Y}_2$를 독립변수로 하여 2단계 회귀분석을 실시한다. 이러한 과정을 통해 구한 계수들은 Y_1에 대한 X_1과 Y_2의 직접효과다.

2SLS 추정법은 역학이나 경제학에서 많이 활용된다. 일반적인 통계 프로그램들은 대부분 2SLS 추정법을 제공한다. LISREL 프로그램은 잠재변수 모형에 대한 초깃값을 계산하기 위한 특수한 형태의 2SLS를 제공한다. **3단계 최소제곱법**(3SLS)은 2SLS에 한 단계를 추가하여 오차상관을 통제하는 방법으로, 모수추정 시 모형 전체의 특징을 반영한다는 점에서 동시추정 방법과 유사하다. 도구변수 분석의 다양한 사례는 Bollen(2012)을 참고하기 바란다.

🜸 동시추정법

완전정보법은 모든 자유모수를 동시에 추정하기 때문에, 모형이 정확하게 설정되었다는 가정이 만족되어야 한다. 설정오류가 존재하는 모형에 동시추정법을 적용하면 오차가 모형 전체로 퍼지는 **설정오류의 전파**(propagation of specification error) 문제가 발생한다. 즉, 한 모수의 설정오류가 다른 모수의 추정 결과에 영향을 줄 수 있다. 예를 들어, 두 내생변수의 공통 원인이 실제 존재함에도 불구하고 이러한 점이 모형에 반영되지 않은 상태에서 설명오차들을 독립적으로 설정했다고 가정하자. 이와 같은 설정오류는 두 내생변수에 대한 직접효과나 설명오차분산을 추정하는 데 전파될 수 있다. 오염의 방향이나 정도를 예측하기는 어렵지만, 설정오류가 심각할수록 모형의 다른 부분으로 전파되는 추정오차는 더 심각해질 것임은 분명하다.

설정오류가 존재하는 경우에는 단일방정식 추정법이 동시추정법보다 더 낫다. 설정오류가 모형 전체에 퍼지는 것이 아니라, 설정오류가 발생한 부분에 고립되기 때문이다. Bollen, Kirby, Curran, Paxton, Chen(2007)은 모의실험 연구를 통해 3요인 측정모형이 정확하게 설정된 경우에 ML 추정(동시추정법)과 2SLS 추정법 모두 추정의 편향이 미미함을 발견하였다. 그러나 모형이 오설정된 경우에는 ML 추정이 2SLS에 비해 훨씬 부정확하였으며, 이는 표본크기가 클 때도 마찬가지였다. 이러한 결과를 바탕으로, Bollen 등(2007)은 설정오류가 의심되는 상황에서 ML에 대한 대안으로 2SLS를 고려할 것을 제안하였다.

최대우도 추정

최대우도(maximum likelihood: ML) 추정법은 SEM의 모든 영역에 적용된다. 경로모형에서 도구변수를 사용하여 비재귀적 인과관계를 추정하는 데에도 사용될 수 있으며, 잠재변수를 포함하는 모형을 분석하는 데에도 사용할 수 있다. 최대우도라는 용어는 모수추정의 원리에서 비롯된 것으로, 데이터(관찰된 공분산)가 모집단으로부터 추출되었을 가능성을 최대화하는 추정치를 의미한다. ML 추정은 내생변수들의 결합 분포가 모집단에서 다변량 정규성을 따른다는 정규성 이론을 바탕으로 한다. 정규성 가정이 만족되기 위해서는 변수가 연속성을 가져야 하므로, 내생변수가 연속변수가 아니거나 분포가 정규성 가정을 심하게 위배할 경우에는 대안적인 추정법이 필요하다.

ML 추정 과정에서 최소화하고자 하는 통계적 준거를 **합치함수**(fit function)라고 하는데, 이는 실제로 관찰된 공분산행렬과 연구자가 설정한 모형에 의해 예측된 공분산행렬 간의 차이를 의미한다. 최종 모수추정치는 두 행렬의 각 요소 간 차이의 제곱을 최소화하는 값이다. 모수들은 합치함수를 최소화시키는 비선형 최적화 알고리즘을 이용하여 반복추정된다. ML 추정의 수리적 절차는 매우 복잡하기 때문에 이에 관한 상세한 내용은 이 책에서 다루지 않을 것이다. ML에 대한 일반적인 소개는 Enders(2010, 3장)를 참고하고, 자세한 수리적 절차는 Mulaik(2009b, 7장)을 참고하기 바란다. ML추정과 OLS 추정이 동일한 결과를 산출하기도 한다. 재귀 경로모형에 대한 경로계수 추정치는 두 추정법 간에 기본적으로 동일하며, 설명오차분산 추정치의 경우 소표본에서는 다소 차이가 있지만 대표본에서는 거의 유사하다.

분산 추정

ML 추정에서 모집단 분산 σ^2에 대한 추정치 S^2은 편차제곱합(SS)을 표본크기 N으로 나누어서 계산한다. 반면, OLS 추정에서는 σ^2을 $s^2 = SS/df$로 추정하며, $df = N-1$이다. 표본크기가 작을 때 S^2은 σ^2을 추정하는 데 있어서 부적 편향을 가지며, 표본크기가 커짐에 따라 S^2과 s^2은 점차 유사한 값을 가지게 된다. SPSS와 같은 일반적인 통계분석 프로그램에서 s^2로 계산된 분산은 S^2으로 계산된 값과 차이가 있으므로, 연구자가 사용하는 프로그램에서 분산을 어떻게 구했는지 확인해야 한다. Stata에서는 s^2과 S^2 중 연구자가 선택할 수 있다.

반복추정과 초깃값

ML 추정법은 일반적으로 반복추정 과정을 거친다. 반복추정이란 컴퓨터가 초기해를 얻은 후 계산 사이클을 반복함으로써 초기 추정치를 보다 정확하게 개선시키는 과정을 의미한다. 여기서 '개선(improvement)'이라고 표현한 이유는 모형의 전체 적합도가 반복과정을 거칠수록 점점 나아지기 때문이다. 포화식별 상태의 모형은 반복과정을 거쳐 결국 완벽한 적합도를 가지게 된다. 초과식별 모형의 경우 모형의 적합도는 대체로 불완전하지만 반복의 단계를 거치면서 개선되는 모형 적합도의 증가분이 미리 설정한 최소기준 아래로 떨어질 때까지 반복추정 과정은 계속된다. 최소기준에 도달하면 수렴된 해가 산출된다.

Ωnyx 프로그램(von Oertzen et al., 2015)은 **다중에이전트 추정 알고리즘**(multi-agent estimation algorithm; Pinter, 1996)을 적용하여 모수를 추정한다. 예를 들어, 첫 번째 수렴해가 산출되어 스크린에 제시된 후에도 프로그램은 계속해서 추정치를 정교화해 나간다. 더 좋은 추정치가 발견되면 연구자에게 보고한다. 동일한 통계적 기준을 거의 비슷한 정도로 만족시키는 해가 여러 개 있는 경우에는 연구자에게 다중 최적점(multiple optima)이 존재한다고 알린다. 반면, 대부분의 SEM 프로그램에서는 적합도가 유사한 해가 여러 개 있더라도 가장 적합도가 좋은 해 하나만 제시한다. 그러나 거의 동일한 수준의 적합도를 가지는 두 해가 존재하고, 두 해가 매우 다른 모수추정치를 가진다면 어떤 해가 적합한 것인지 확신하기 어렵다.

반복추정 과정에 사용한 초깃값의 정확성이 상당히 높다면 수렴 상태에 빨리 도달할 것이다. 하지만 초깃값이 터무니없이 부정확하면(예: 실제 직접효과는 음수인데 경로계수의 초깃값이 양수로 설정된 경우) 안정된 해를 얻기 어렵다. 반복추정이 성공적으로 수행되지 않으면 경고 메시지가 제시된다. 이러한 경우에는 프로그램에서 산출된 최종 추정치를 신뢰하지 않는 것이 좋다. 프로그램에 따라서는 자동으로 초깃값을 부여하는 경우도 있으나, 컴퓨터가 부여한 초깃값이 항상 수렴된 해를 산출하는 것은 아니다. 컴퓨터가 '추측'한 초깃값이 일반적으로는 양호한 편이지만, 연구자가 더 적절한 초깃값을 지정해야 하는 경우도 있다. 부록 11.A에 제시된 바와 같이 경로모형의 초깃값 계산을 위한 지침을 참고하는 것도 도움이 될 것이다. 수렴에 도달하도록 하기 위해서 프로그램에서 디폴트로 지정된 반복 횟수를 증가시키는 것도 수렴 가능성을 높일 수 있는 하나의 방법이다.

수용 불가 해와 헤이우드 케이스

ML 추정법이나 다른 반복 추정법을 통하여 산출된 해가 **수용 불가능한**(inadmissible) 상태인 경우가 종종 있다. **헤이우드 케이스**(Heywood case)와 같이 모수추정치가 불합리한 값을 나타내는 경우가 대표적인 예다. 헤이우드 케이스는 분산이 음수로 추정되거나(예: 설명오차분산이 −12.58), 요인과 측정변수 간에 추정된 상관의 절댓값이 1.0보다 큰 경우를 말한다(예: 요인 간 상관이 1.08). 표준오차가 너무 커서 추정치에 대한 해석이 의미 없는 상황 역시 수용 불가 해의 한 예다. 헤이우드 케이스가 나타나는 상황은 다음과 같이 정리할 수 있다(Chen, Bollen, Paxton, Curran, & Kirby, 2001).

1. 모형설정이 잘못된 경우
2. 모형이 식별되지 않는 경우
3. 해를 왜곡시키는 극단값이 존재하는 경우
4. 측정모형에서 한 요인당 2개의 측정변수만 있으면서 표본크기가 작은 경우
5. 초깃값이 잘못 부여된 경우
6. 전집상관이 너무 낮거나 높아서 경험적 식별미달 상태가 되는 경우

이러한 상황을 왜 헤이우드 케이스라고 부르는지 이해하는 데 있어서 다음의 비유가 도움이 될 것이다. ML 추정법을 비롯한 동시추정 방법들은 마치 종교적 광신자와 같다. 설정된 모형을 맹신하기 때문에, 모형을 데이터에 억지로 합치시킬 수만 있다면 산출된 결과의 타당성과는 관계없이 어떤 값이든 산출한다(예: 추정된 상관>1.0). 이에 따라, 어떤 프로그램은 헤이우드 케이스가 해로 산출되는 것 자체를 허용하지 않는다. 예를 들어, EQS는 오차분산의 추정치가 음수로 나오지 않게 하기 위해 분산 추정치의 하한값을 0으로 설정하는 제약을 가하여 추정을 실시한다. 그러나 불합리한 값이 산출되는 것을 방지하기 위해서 이처럼 제약을 가하여 도출된 해는 신뢰하기 어렵다. 이보다는 문제의 원인을 찾아내기 위해 노력하는 것이 바람직하다(Chen et al., 2001).

따라서 연구자는 수용 불가능한 해가 도출될 가능성이 있는지 꼼꼼히 확인해야 한다. 헤이우드 케이스가 발생할 경우 경고 메시지를 제시하는 프로그램도 있지만, 수용 불가능

한 해임에도 불구하고 경고 메시지가 제시되지 않는 경우도 있다. 산출된 해의 질관리는 전적으로 연구자의 책임이다.

척도독립성과 척도불변성

ML 추정법은 일반적으로 척도독립성과 척도불변성을 가진다. **척도독립성**(scale free)이란 어떤 변수의 척도를 선형변환할 경우 변환된 변수에 대하여 추정된 모수가 산술적인 연산을 통해 원래 척도로 되돌아가는 속성을 의미한다. **척도불변성**(scale invariant)은 특정 표본에서 얻은 ML 합치함수의 값이 관찰변수의 척도에 관계없이 동일함을 의미한다 (Kaplan, 2009). 그러나 공분산행렬 대신 상관행렬로 분석하면 이러한 속성을 잃게 된다. ML 추정을 비롯한 동시추정법에서는 비표준화 변수를 가정하므로, 공분산행렬이나 원자료를 입력 데이터로 사용하기 때문이다.

ML 추정의 기타 조건

ML 추정에서는 대표본, 독립성, 오차의 정규성 등을 가정하며, 원자료에 결측값이 없다고 가정한다. 또한 외생변수와 설명오차분산이 독립적임을 가정한다. 한편, 경로모형 분석의 경우에는 외생변수들이 오차 없이 측정된다고 가정하는데, 측정오차를 통제하기 위해 단일 측정변수법을 적용하면 이 가정은 완화될 수 있다([그림 10-3] (a)).

ML 추정의 변형

대부분의 SEM 분석 프로그램에서는 다양한 형태로 변형된 ML 추정법을 제공하고 있으므로 연구자는 데이터의 특성에 적합한 ML 추정법을 선택하면 된다. 강건 최대우도 (robust maximum likelihood: MLR) 추정은 연속형 내생변수의 비정규성 정도가 심할 때 적용할 수 있는 방법이다. 정규성이 위배되는 경우 정규성을 가지도록 데이터를 변환하는 방법도 있지만, MLR 추정은 이에 대한 대안으로서 **수정정규이론**(corrected normal theory method)에 기초한 방법이다. 즉, 정규이론에 기초한 ML 방법으로 원자료를 분석하되, 강건한 표준오차와 수정된 검정 통계치를 사용하여 분석하는 것이다(Savalei, 2014). **강건 표준오차**(robust standard error)는 정규성의 위배에 영향을 덜 받는 표준오차 추정치이며, **수정 검정 통계량**(corrected model test statistic)은 유의성 검정시 비정규성을 조정한 데이터 행렬에 모형을 적합시켜 추정한다. MLR 추정을 실시하려면 원자료 파일을 이용해야 한다.

다음은 정규성이 심하게 위배된 내생변수를 일반적인 ML 방법으로 분석함으로써 발생한 결과의 예다(Olsson, Foss, Troye, & Howell, 2000).

1. 표본크기가 큰 경우, 모수추정치는 비교적 정확하게 산출되었으나 표준오차는 25~50% 정도 작게 추정되었다. 결과적으로 모집단의 모수가 0이라는 가설을 실제보다 더 많이 기각함으로써 1종오류의 확률이 과대추정되는 결과가 발생하였다.

2. 모형의 검정 통계치가 과대 추정되어 모형이 모집단 데이터에 완벽하게 맞는다는 영가설을 실제보다 많이 기각하였다. 이러한 오류는 정규성 가정하에서 5% 정도이나 정규성이 위배되는 상황에서는 50%까지 높게 나타났다.

정규성이 위배되는 상황에서 비모수 붓스트랩 방법을 적용하는 것도 하나의 대안이 될 수 있다. 비모수 붓스트랩 방법은 모집단의 분포와 표본의 분포가 동일하다는 가정하에, 경험적 표집분포로부터 자유모수와 표준오차를 추정하는 방법이다(예: [그림 3-3]). **Bollen-Stine 붓스트랩**(Bollen & Stine, 1993) 방법은 모형 검정 통계치에 대해 수정된 p값을 생성한다. 즉, 모집단에서 모형-데이터 간 적합도가 완벽하다고 가정한 데이터로부터 붓스트랩 표본을 생성한 후, 생성된 표본에 대한 모형 검정 통계치가 원자료에 대한 모형 검정 통계치보다 크게 나타난 비율을 산출한다. 이 비율을 수정된 p값이라고 한다. Nevitt 과 Hancock(2001)은 모의실험을 통해 표본크기가 크고 정규분포를 따르지 않는 데이터는 일반적인 ML 추정으로 분석하는 것보다 붓스트랩 방법을 적용하는 것이 더 정확함을 발견하였다. 반면, 표본크기가 작은 경우(예: $N < 200$) 붓스트랩 방법의 표준오차는 비교적 크게 나타났고, 붓스트랩 표본은 비양정치 행렬을 가지는 것으로 나타났다. 즉, 소표본에서는 붓스트랩의 정확성이 떨어진다고 볼 수 있다.

Mplus에서는 연속형, 순서형, 명목형 데이터, 절단 데이터 등 다양한 형태의 데이터에 적용할 수 있는 MLR 추정법을 제공하고 있다. 예를 들어, 이분형 내생변수에 대한 분석은 로지스틱 회귀로 분석할 수 있다. 일반적으로 이분형이나 순서형 데이터의 이면에는 정규분포를 따르는 연속형 잠재변수가 존재한다고 가정한다(예: [그림 4-4]). 연속형이 아닌 내생변수에 대한 추정법은 이 장의 후반부에서 설명할 것이다.

분석 사례

　여기서는 7장에서 소개한 바 있는 질병 경로모형 사례를 이용하여 모수추정과 지역 적합도 검정에 관해 다루고자 한다. 다음 장에서는 전체 적합도를 검정하는 방법을 다룰 것이며, 전체 적합도 검정의 중요도에 비해 상대적으로 주목받지 못했던 모수추정치의 의미에 대해서도 함께 설명하고자 한다(Kaplan, 2009).

　Roth 등(1989)은 373명의 대학생을 대상으로 운동, 강인성, 체력, 스트레스, 질병을 측정하였다. 분석에 사용된 데이터는 〈표 4-2〉에 제시하였다. [그림 7-5]의 재귀 경로모형은 운동이 체력을 통해 질병에 영향을 주고, 강인성이 스트레스를 통해 질병에 영향을 준다고 설정하고 있다. 분석은 Amos, EQS, LISREL, R의 lavaan 패키지, Mplus, SPSS, Stata를 이용하여 수행하였으며, 관련된 모든 파일은 이 책의 웹사이트에서 내려받을 수 있다.

조건부 독립성

　[그림 7-5]를 다시 살펴보면, 인접하지 않은 5쌍의 측정변수들은 d분리될 수 있으므로 기본세트의 크기는 5가 됨을 알 수 있다. 〈표 11-1〉의 첫 번째와 두 번째 열은 규칙 8.2를 만족시키는 기본세트의 조건부 독립성을 나타낸다. 예를 들어, 운동과 스트레스 간의 관계는 스트레스의 부모변수인 강인성을 통제하면 상호 독립적이다. 세 번째 열에는 편상관 값을 제시하였다. 모형이 정확하게 설정되었다면, 편상관은 거의 0에 가까워야 한다. 각 계수는 **상관잔차**(correlation residual), 즉 예측된 값(0)과 관찰된 값 간의 차이를 의미한다. 일반적으로 상관잔차의 절댓값이 .10 이상일 때 모형-데이터 간 불일치의 가능성이 있다고 본다. 상관잔차가 .10을 넘는 값이 몇 개 이상일 때 모형-데이터 간 불일치가 심하다고 할 수 있는지에 관해서는 정확한 기준을 제시하기 어렵지만, 이러한 값이 많을수록 변수 쌍 수준의 모형 설명력은 떨어진다.

　〈표 11-1〉을 보면, 체력과 스트레스 간 상관잔차가 -.103으로 절댓값이 .10을 넘는다. 모형에서는 운동과 강인성으로 조건화할 경우 체력과 스트레스가 독립적이라고 설정하고 있으나, 관찰된 상관잔차는 0이라고 보기 어렵다. [그림 7-5]에는 체력과 스트레스 간에 하나의 뒷문경로가 설정되어 있다.

체력 ◀— 운동 ⌣ 강인성 —▶ 스트레스

〈표 11-1〉 질병 재귀경로모형에 대한 조건부 독립성의 기본세트와 편상관

독립성	조건화	편상관
운동 ⊥ 스트레스	강인성	−.058
운동 ⊥ 질병	체력, 스트레스	.039
강인성 ⊥ 체력	운동	.089
강인성 ⊥ 질병	체력, 스트레스	−.081
체력 ⊥ 스트레스	운동, 강인성	−.103

모형에서는 체력과 스트레스의 직접경로를 설정하지 않았지만, 사실상 체력이 스트레스를 예측하거나 스트레스가 체력을 예측하는 관계에 있다면 모형설정이 잘못되었다고 볼수 있다. 다음 장에서는 모형 재설정에 관해 더 자세히 다룰 것이다.

다중회귀를 통한 단일방정식 추정

[그림 7-5]에서 운동과 강인성 간 공분산에 대한 비표준화 계수는 표본공분산과 동일하며, 이는 〈표 4-2〉의 데이터를 바탕으로 다음과 같이 계산할 수 있다. 이때 표준화 추정치는 관찰된 상관인 −.03이다.

$$-.03 \, (66.50) \, (38.00) = -75.81$$

직접효과의 추정치도 〈표 11-2〉에 보고되어 있다. [그림 7-5]에서 운동과 체력 간의 직접효과가 제거된 수정모형에서 두 변수는 d분리되므로, 공변인이 없는 ∅세트는 이 직접효과를 식별하기에 최소충분 상태이다(규칙 8.4). 따라서 운동에서 체력으로 가는 단순회귀는 두 변수 간의 인과효과를 추정하게 된다. 비표준화 계수는 .108로, 운동이 1점 증가함에 따라 체력이 .108 증가한다고 해석된다. 표준오차는 .013이므로, $z = .108/.013 = 8.31$이 되어 유의수준 .01의 양측 검정 임계값인 2.58보다 크다. 표준화 계수는 .390으로, 운동이 1SD 증가함에 따라 체력은 .39SD 증가함을 알 수 있다. 연습문제 1은 〈표 11-2〉에 제시된 값을 바탕으로 강인성에서 스트레스로 가는 직접효과에 대해 해석해 보는 문제다.

다음은 규칙 8.4를 만족시키는 최소충분세트로, 각 변수는 체력에서 질병으로 가는 직접효과를 식별한다.

(운동), (강인성), (스트레스)

세 공변인 중 하나를 이용하면 체력으로 질병을 예측하는 회귀분석에서 세 개의 서로 다른 추정량을 얻을 수 있다. 체력에 대해 분석한 결과는 〈표 11-2〉에 제시되어 있다. 세 공변인에 대한 분석결과는 유사하다. 예를 들어, 체력에 대한 비표준화 추정치는 $-1.036 \sim -.849$로, 표준화 계수는 $-.305 \sim -.250$으로 나타났다. 스트레스를 통제한 상태에서 질병의 두 부모변수로 분석한 결과를 보면, 체력이 1점 증가함에 따라 질병이 .849점 감소하고 체력이 1SD 증가함에 따라 질병이 .250SD 감소함을 알 수 있다(굵은 글씨로 표기된 부분). 연습문제 2는 〈표 11-2〉의 결과를 바탕으로 스트레스에서 질병으로 가는 직접효과를 해석하는 문제다.

〈표 11-3〉의 두 번째 열은 내생변수인 체력, 스트레스, 질병에 대한 관찰분산(s^2)이며, 세 번째 열은 각 내생변수의 부모변수들을 예측변수로 하는 분석에서 산출한 R^2이다. 네 번째 열은 설명오차분산의 표준화 추정치인 $1-R^2$이며, 마지막 열은 $(1-R^2)\,s^2$으로 추정한 비표준화 설명오차분산이다. 예를 들어, 부모 변수가 운동일 때 체력에 대한 R^2은 .152이므로, 표준화된 설명오차분산은 설명되지 않은 분산의 비율인 $1-.152=.848$이다. 체력에 대한 s^2은 338.56이므로, 비표준화 설명오차분산은 $.848(338.56)=287.099$다. 연습문제 3은 〈표 11-3〉의 결과를 참고하여 질병 변수에 대한 결과를 해석하는 문제다.

각 모수들에 대한 비표준화 추정치는 [그림 11-1] (a)에, 표준화 추정치는 [그림 11-1] (b)에 제시하였다. 체력과 스트레스에서 질병으로 가는 직접효과는 부모변수인 스트레스

〈표 11-2〉 질병 재귀모형의 직접효과에 대한 OLS 추정치

직접효과	최소충분세트				
	Ø	운동	강인성	스트레스	체력
운동 ➞ 체력	.108 (.013) .390	–	–	–	–
강인성 ➞ 스트레스	.203 (.045) −.230	–	–	–	–
체력 ➞ 질병	–	−1.036 (.183) −.305	−.951 (.168) −.280	−.849 (.162) −.250	–
스트레스 ➞ 질병	–	.628 (.091) .337	.597 (.093) .320	–	.574 (.089) .307

주. 추정치는 비표준화 추정치 (표준오차) 표준화 추정치의 형식으로 보고하였으며, Ø는 공변인이 없는 세트를 의미함. 굵게 표시한 부분은 각 내생변수의 부모변수를 통제한 값임.

⟨표 11-3⟩ 질병 재귀경로모형의 설명오차분산에 대한 OLS 추정치

종속변수	s^2	R^2	표준화 추정치	비표준화 추정치
체력	338.56	.152	.848	287.099
스트레스	1,122.25	.053	.947	1,062.771
질병	3,903.75	.177	.823	3,212.786

주. 체력의 원인변수는 운동, 스트레스의 원인변수는 강인성, 질병의 원인변수는 체력과 스트레스임.

와 체력을 각각 통제한 값이다. 측정변수들의 척도가 각기 다르기 때문에 체력과 스트레스에서 질병으로 가는 비표준화 경로계수의 크기를 직접 비교할 수 없지만 표준화 계수는 비교 가능하다. 체력과 스트레스에 대한 표준화 계수는 각각 −.250과 .307이다. 따라서 스트레스에서 질병으로 가는 직접효과의 절댓값은 체력에서 질병으로 가는 효과에 비해 약 23% 정도 크다고 할 수 있다(.307/.250=1.23).

운동과 강인성이 질병에 미치는 직접효과는 0으로 고정하였으며, 운동은 체력을 통한 간접효과를, 강인성은 스트레스를 통한 간접효과를 가지는 것으로 설정하였다([그림 11-1] 참조). 직접효과가 없기 때문에 간접효과 자체가 총효과다. 이 예에서 간접효과는 간접효과를 구성하는 변수들 간의 직접효과를 곱하거나 공변인 조정을 통해 구할 수 있다. 두 방법 모두 상호작용은 없다고 가정한다.

운동이 체력을 통해 질병으로 가는 간접효과에 대한 비표준화 추정치는 운동에서 체력으로 가는 직접효과와 체력에서 질병으로 가는 직접효과에 대한 비표준화 추정치를 곱하여 산출한다. 즉, .108 (−.849)=−.092가 되므로, 운동이 1점 증가함에 따라 체력을 매개로 하여 질병이 .092점 감소할 것으로 예상할 수 있다. 동일한 경로에 대한 표준화 추정치는 .390 (−.250)=−.098로, 간접효과를 구성하는 직접효과의 표준화 해를 곱한 것이다([그림 11-1] (b) 참조).[3] 이 결과를 해석하면, 운동이 1SD 증가하면 체력이 좋아지게 되어 결과적으로 질병이 .098SD 감소한다고 할 수 있다. 연습문제 4는 강인성이 스트레스를 거쳐 질병으로 가는 경로에 대한 간접효과 추정치를 계산하는 문제다.

간접효과 추정치는 복잡한 분포를 가지기 때문에 표준오차를 추정하여 유의성 검정을 하기 어렵다. **Sobel 검정**(Sobel, 1982)은 세 변수 간의 비표준화 간접효과에 대한 유의성을 대략적으로 검정하는 방법이다. $X \longrightarrow W$로 가는 경로에 대한 비표준화 계수를 a, 이에 대한 표준오차를 SE_a라고 하자. 그리고 $W \longrightarrow Y$의 경로에 대한 비표준화 계수와 표준오차를 각각 b와 SE_b라고 하자. 두 계수의 곱 ab는 X가 W를 거쳐 Y로 가는 비표준화 간접

---

3) 두 결과 모두 스트레스를 통제한 상태에서 추정한 체력의 직접효과를 바탕으로 구한 값이다.

효과이며, 이에 대한 표준오차는 다음과 같이 계산한다.

$$SE_{ab} = \sqrt{b^2 SE_a^2 + a^2 SE_b^2}$$

(11.1)

표본크기가 큰 경우, ab/SE_{ab}는 간접효과에 대한 z 검정 통계치로 해석될 수 있다. K. Preacher 의 웹사이트에서는 Sobel 검정을 자동으로 수행하는 기능을 제공하고 있으며, 표준오차를 추정하는 방법에 있어서 약간씩 변화를 준 Goodman 검정 결과도 같이 제공한다.[4]

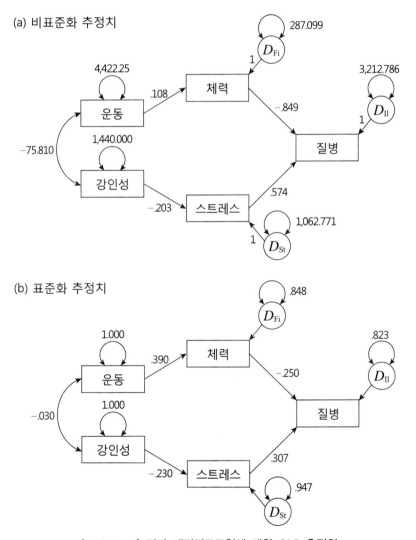

(a) 비표준화 추정치

(b) 표준화 추정치

[그림 11-1] 질병 재귀경로모형에 대한 OLS 추정치

---

4) http://quantpsy.org/sobel/sobel.htm

그러나 Sobel 검정의 p값이 정확하다고 보기는 어렵다. z 검정은 정규성을 가정하는데, 직접효과의 곱은 정규분포를 이룬다고 보기 어렵기 때문이다. 또한 표준오차를 근사적으로 추정하기 위한 다양한 방법이 존재하기 때문에, 같은 간접효과 추정치라 해도 어떤 표준오차를 사용하는가에 따라 유의성 여부가 달라질 수 있다. 표본크기가 작은 경우에도 Sobel 검정의 정확성은 떨어진다. 간접효과의 유의성 검정에 사용할 수 있는 대안적인 방법으로서 정규성을 가정하지 않는 비모수 붓스트랩 방법이 있다(Preacher & Hayes, 2008). 이 방법은 변수가 4개 이상인 모형의 간접효과를 추정하는 데 적용 가능하지만, 표본크기가 작은 경우 정확성이 떨어진다. 따라서 간접효과의 유의성에만 의존하기보다는 간접효과의 크기가 해당 연구 분야에서 실질적인 의미를 가지는지에 관해 살펴볼 필요가 있다.

이번에는 공변인 조정을 통해 간접효과이기도 한 총효과를 추정하는 방법을 알아보자. 운동에서 질병으로 가는 총효과를 식별하는 최소충분 공변인 세트는 (강인성)과 (스트레스)로, 뒷문기준(규칙 8.3)을 만족시킨다. 〈표 11-4〉는 강인성과 스트레스가 각각 공변인으로 설정된 상황에서 운동에 대한 경로계수를 추정한 결과다. 곱 추정치로 구한 간접효과도 표에 같이 제시되어 있다.

동일한 간접효과에 대해 세 가지 방법으로 추정한 결과는 유사하게 나타났다. 예를 들어, 운동에서 질병으로 가는 간접경로에 대한 비표준화 계수는 −.092 ~ −.059, 표준화 계수는 −.099 ~ −.063의 범위에서 산출되었다. 비표준화 곱 추정치는 $z = −.092/.021$ ($p < .01$)로 유의수준 .05에서 유의미하였으나, 동일한 효과에 대한 공변인 조정 추정치는 둘 다 유의미하지 않은 것으로 나타났다. 연습문제 5는 강인성에서 스트레스를 거쳐 질병으로 가는 간접효과에 대해 표에 제시된 결과를 해석하는 문제다.

원인변수가 직접효과와 간접효과를 모두 가지는 것으로 설정한 모형에서 두 효과의 부호가 다른 경우 억제효과의 증거가 되기도 한다. 이를 **비일관 매개효과**(inconsistent mediation;

〈표 11-4〉 운동과 강인성이 질병에 미치는 간접효과 및 총효과에 대한 OLS 추정치

| 간접효과 | 곱 추정치 | 최소충분세트(공변인 조정) | | | |
		강인성	스트레스	운동	체력
운동 ➡ 체력 ➡ 질병	−.092 (.021) −.099	−.080 (.048) −.085	−.059 (.046) −.063	−	−
강인성 ➡ 스트레스 ➡ 질병	−.117 (.032) −.071	−	−	−.267 (.084) −.163	−.231 (.081) −.140

주. 곱 추정치는 '비표준화 추정치 (표준오차) 표준화 추정치'의 형식으로 보고되었으며, 곱 추정치에 대한 표준오차는 Sobel 검정의 표준오차임.

MacKinnon, Krull, & Lockwood, 2000)라고 한다. 예를 들어, 직접효과가 .30, 간접효과가 −.30이면, 원인변수와 결과변수 사이에 다른 변수들이 없다는 가정하에 총효과는 0이 된다. 이때 총효과가 0이라는 것은 효과가 없다는 것이 아니라 직접효과와 간접효과가 서로 상쇄되었음을 의미한다. 반대로, 직접효과와 간접효과가 동일한 부호를 가질 때, 이를 **일관 매개효과**(consistent mediation)라고 한다. 경로모형의 억제효과에 대해서는 Maasen과 Bakker(2001)에 자세히 설명되어 있으며, Preacher와 Kelley(2011)는 직접효과와 간접효과의 효과크기를 측정하는 방법을 소개하였으니 참고하기 바란다.

최대우도 추정

SEM 분석 프로그램을 사용하여 경로모형을 추정하면 몇 가지 편리한 점이 있다. 전체 적합도 지수가 자동으로 산출되고, 효과분해 결과나 잔차 그래프도 출력할 수 있다. 단점은 동일한 효과에 대해 다양한 추정 결과를 제시하지 않는다는 점이다. 예를 들어, 모든 SEM 프로그램은 내생변수의 원인변수들을 모두 통제한 상태에서 직접효과를 추정한다. 만일 동일한 직접효과가 단일문 기준(규칙 8.4)을 만족시키는 다른 공변인들에 의해 식별되더라도, 컴퓨터는 이러한 정보를 연구자에게 제공하지 않는다. 총효과에서도 마찬가지다. SEM 프로그램에서 총효과는 직접효과와 간접효과의 합으로 추정된 값으로, 뒷문 기준(규칙 8.3)에 기초한 공변인 조정을 통해 산출된 값은 제공되지 않는다. 그래프 이론에 기초한 규칙을 연구자가 알고 있으면 이러한 점을 고려해서 분석을 수행할 수 있다.

그렇다면 연구자는 SEM 분석 프로그램을 이용해서 경로모형을 추정해야 하는가? 반드시 그렇지만은 않다. 비재귀모형에 대한 2SLS 추정법과 같은 단일방정식 추정량을 그래프 이론에 따른 식별 준거 및 지역 적합도 검정과 같이 분석하는 것도 가능하다. 이러한 접근은 사회과학보다는 경제학이나 역학에서 더 자주 이용된다.

필자는 LISREL(Scientific Software International, 2013)의 ML 방법을 이용하여 [그림 7-5]의 경로모형을 분석하였다. 분석 데이터는 〈표 4-2〉의 공분산행렬을 사용하였다. LISREL에서는 분산을 추정할 때 분모가 $N-1$인 s^2을 사용하므로, ML로 추정한 분산 추정치와 OLS 추정 결과를 직접 비교할 수 있다. LISREL 분석결과는 수용 가능 해로 수렴하였다. 〈표 11-5〉에는 외생 측정변수인 운동과 강인성의 분산과 공분산을 제외한 다른 모수들에 대해 ML 추정치를 보고하였다. 이 모수들은 〈표 4-2〉에 제시된 표본 값과 동일하다. 비표준화 직접효과에 대한 ML 추정 결과(〈표 11-5〉)는 내생변수의 부모변수들을 통제한 상태에서 추정한 OLS 추정 결과와 기본적으로 동일하다(〈표 11-2〉). 단, 표준화 직접효과

추정치와 설명오차분산에 있어서는 ML과 OLS 추정 간에 다소 차이가 있다(〈표 11-2〉와 〈표 11-3〉).

〈표 11-5〉의 표준화 해는 모든 변수의 분산을 1로 고정하여 분석한 LISREL 분석결과다. Mplus 프로그램에서는 경로모형에 대해 두 종류의 표준화 해를 산출한다.

1. STDYX: 모든 변수를 표준화하여 구한 해로, LISREL에서 제공하는 표준화 해와 동일한 결과를 산출한다.
2. STDY: 외생 측정변수를 제외한 변수들만 표준화한 해다.[5]

연구자는 두 방법 중 변수의 특성 및 맥락에 적합한 표준화 방법을 선택하면 된다(Byrne, 2012b). 성별과 같은 범주형 변수에서는 1SD 단위의 변화라는 것이 의미가 없기 때문에 STDY는 범주형 변수를 분석할 때 더 적합하며, 예측변수가 연속변수인 경우에는 STDYX를 사용하면 된다. 연구자는 자신이 사용하는 SEM 프로그램에서 어떠한 방식으로 표준화 해를 산출하는지 확인하고, 어떤 표준화 해를 선택했는지 밝혀야 한다.

〈표 11-6〉은 LISREL을 사용하여 계산한 직접효과와 총 간접효과, 총효과 등의 효과분해 결과와 비표준화 해에 대한 표준오차를 보고한 것이다(〈표 11-6〉의 직접효과는 〈표 11-5〉에 제시된 직접효과와 동일함). 예를 들어, 강인성은 스트레스를 통하여 질병에 간접효과를 가지는 것으로 설정되었는데([그림 7-5]), 강인성과 질병 사이에 다른 간접효과 경로가 없기 때문에 이 값은 총 간접효과와 동일하며, 직접효과가 없으므로 총효과와도 동일한 값을 가진다. 각 간접효과에 대한 표준오차는 Sobel 검정을 수행하기 위해 식 11.1로 계산한 값과 동일하다(〈표 11-4〉). 〈표 11-7〉은 질병을 설명하는 변수들의 효과를 분해한 결과다. 체력과 스트레스는 질병에 직접효과를 가지지만 다른 변수들을 통한 간접효과가 없으므로 직접효과가 곧 총효과가 된다.

모든 SEM 프로그램이 총간접효과와 총효과에 대한 표준오차를 산출하는 것은 아니다. Amos와 Mplus에서는 총간접효과와 총효과에 대한 표준오차를 추정하는 데에 붓스트랩 방법을 사용할 수 있다. 총효과가 통계적으로 유의미한 경우, 직접효과나 총간접효과가 유의미하거나 두 효과 모두 유의미한 경우가 대부분이지만 항상 그런 것은 아니다.

---

5) Mplus에서 제공하는 세 번째 표준화 해는 STD로, 요인만 표준화한 해다. 경로모형에는 요인이 없으므로 이 해는 비표준화 해와 동일하다.

〈표 11-5〉 질병 재귀경로모형에 대한 ML 추정치

모수	비표준화	SE	표준화
	직접효과		
운동 ⟶ 체력	.108	.013	.390
강인성 ⟶ 스트레스	−.203	.044	−.230
운동 ⟶ 질병	−.849	.160	−.253
스트레스 ⟶ 질병	.574	.088	.311
	설명오차분산		
운동	287.065	21.049	.848
스트레스	1,062.883	77.935	.947
질병	3,212.568	235.558	.840

주. 설명오차분산에 대한 표준화 추정치는 설명되지 않은 분산이며, 모든 결과는 LISREL로 분석한 결과임.

〈표 11-6〉 질병 재귀경로모형에서 내생변수에 대한 외생변수의 효과분해

내생변수	원인변수					
	운동			강인성		
	비표준화	SE	표준화	비표준화	SE	표준화
체력						
직접효과	.108	.013	.390	0	−	0
총간접효과	0	−	0	0	−	0
총효과	.108	.013	.390	0	−	0
스트레스						
직접효과	0	−	0	−.203	.044	−.230
총간접효과	0	−	0	0	−	0
총효과	0	−	0	−.203	.044	−.230
질병						
직접효과	0	−	0	0	−	0
총간접효과	−.092	.021	−.099	−.116	.031	−.071
총효과	−.092	.021	−.099	−.116	.031	−.071

주. 분석은 LISREL로 수행하였음.

한 변수에서 다른 변수로 가는 총효과를 표준화한 값은 두 변수 간의 관찰된 상관 중 인과관계에 의한 부분이 어느 정도인지를 의미한다. 표준화된 총효과와 다른 비인과관계의 합은 **예측상관**(predicted correltation)에 해당한다. 예측상관의 비표준화된 형태는 **예측공분산**(predicted covariance or fitted covariance)이며, 예측상관과 의미상으로는 동일하다.

모든 SEM 프로그램은 예측상관과 예측공분산을 계산하기 위해 행렬대수를 이용한다. 초기에 개발된 방법인 추적규칙(tracing rules; Wright, 1934)을 이용하면 재귀 구조모형에서 예측상관과 공분산을 손으로 계산할 수 있다. 최근에는 추적규칙의 활용도가 낮지만, 이 규칙의 기본 원리에 대해 알아 두면 SEM에서 모수추정 방식에 대해 이해하는 데 도움이 된다. 추적규칙의 기본 개념은 다음과 같다. 예측된 상관과 공분산은 두 변수 사이에 존재하는 타당한 경로(tracing)들로부터 얻어진 인과효과와 비인과적 관계의 합이다. 여기서 '타당한' 경로라 함은 다음과 같이 정의된다(Kenny, 1979).

타당한 경로란 (1) 어떤 변수로 향하는 화살표와 변수에서   (규칙 11.1)
나오는 화살표가 동시에 존재하지 않으며, (2) 한 경로에
같은 변수가 두 번 들어가지 않는 것을 의미한다.

한편, Chen과 Pearl(2015)은 다음과 같은 충돌 화살표를 포함하지 않는 경로를 타당한 경로라고 정의하였다.

충돌변수가 공변인으로 통제되지 않는 한, 충돌변수로 차단된 경로는 경로의 양 끝에 있는 변수 간에 통계적 관련성을 전달하지 않는다는 점을 기억하자.

추적규칙은 다음과 같은 두 가지 원리를 바탕으로 한다. (1) 경로모형의 일부분이 포화식별 상태에 있다면, 연결할 수 있는 모든 경로가 연결된 변수들 간 상관은 관찰된 상관과 동일하다. 만일 전체 모형이 포화식별 상태라면, 예측상관의 모든 값들이 관찰된 상관과 동일한 값을 가질 것이다. (2) 그러나 초과식별 상태의 모형에서는 연결 가능한 경로 중

〈표 11-7〉 질병 재귀경로모형의 내생변수에 대한 내생변수의 효과 분해

내생변수	원인변수					
	체력			스트레스		
	비표준화	*SE*	표준화	비표준화	*SE*	표준화
질병						
직접효과	−.849	.159	−.253	.574	.087	.311
총간접효과	0	−	0	0	−	0
총효과	−.849	.159	−.253	.574	.087	.311

주. 분석은 LISREL로 수행하였음.

일부가 연결되지 않기 때문에 예측상관이 관찰된 상관과 다른 값을 가질 것이다.

다음으로, [그림 7-5]의 강인성과 질병 간 예측상관을 계산하기 위하여 추적규칙을 적용한 예를 살펴보자. 두 변수 사이에는 두 개의 타당한 경로가 있다. 이 중 하나는 강인성 ⟶ 스트레스 ⟶ 질병의 관계로, ⟨표 11-5⟩에 제시된 ML 추정치를 가지고 계산한 간접효과는 −.230 (.311)=−.0715다. 다른 경로는 강인성 ⌣ 운동 ⟶ 체력 ⟶ 질병의 비인과 경로로, 표준화 계수[6]로 구한 간접효과는 −.030 (.390) (−.253)=.0030이다.

강인성과 질병 간의 예측상관은 방금 구한 두 값의 합인 −.0715+.0030=−.0685다. ⟨표 4-2⟩에 제시된 두 변수 간 상관은 −.16이므로, 상관잔차는 −.16 − (−.0685)= −.0915가 된다. 따라서 이 모형은 강인성과 질병 간의 관계를 약 .092만큼 과소추정하고 있다고 볼 수 있다. 두 변수 간에 직접효과가 설정되지 않았기 때문에 이 정도의 잔차가 나타나는 것은 어느 정도 예측 가능한 것이다.

모형에서 타당한 경로를 빠짐 없이 찾아내는 것은 쉽지 않기 때문에 추적규칙을 적용할 때 실수하기 쉬우며, 비재귀모형에는 적용할 수 없다는 단점을 가진다. 예측공분산을 추정하는 데에는 외생변수의 분산을 포함하는 좀 더 복잡한 추적규칙이 필요하다. 다행히 대부분의 SEM 프로그램은 재귀모형과 비재귀모형에 대한 예측상관과 예측공분산을 자동으로 계산해 준다.

상관잔차(correlation residuals)는 **공분산잔차**(covariance residuals)를 표준화한 것이다. 공분산잔차는 적합잔차(fitted residuals)라고도 하며 측정된 공분산과 예측된 공분산 간의 차이를 말한다. 공분산은 두 변수의 원래 척도 값으로 계산되기 때문에, 변수들이 동일한 척도를 가지지 않는 한 서로 다른 변수들에 대한 공분산잔차를 비교하는 것은 어렵다. 예를 들어, 어떤 변수들 간의 공분산잔차가 −17.50이고 다른 변수들 간의 공분산잔차가 −5.25라고 할 때, 모든 변수가 동일한 척도로 측정되지 않는 한 전자가 후자보다 크다고 해석할 수 없다. 반면, 상관잔차는 표준화된 값이므로 원래 척도와 관계 없이 비교 가능하다.

모든 SEM 프로그램은 공분산잔차를 표준오차로 나눈 **표준화잔차**(standardized residuals)를 산출한다.[7] 표본크기가 클 때 이 값은 z 검정 통계치로 해석되며, 검정 결과가 통계적으로 유의미할 경우 모집단에서 공분산잔차가 0이라는 가정이 위배된다. 이 검정은 표본크기에 민감하기 때문에 공분산잔차가 0에 가깝더라도 대표본에서는 유의미한 결과를 나

---

6) 강인성과 운동 간의 비인과적 관계에 대한 표준화 추정치는 관찰된 상관인 −.030이다(⟨표 4-2⟩).

7) EQS에서 '표준화잔차'로 표시된 결과는 상관잔차를 의미한다.

타내는 경우가 있으며, 반대로 소표본에서는 공분산잔차의 크기가 크더라도 유의미하지 않은 것으로 나타나는 경우가 있다. 상관잔차의 해석은 표본크기와 큰 관계가 없지만, 일 반적으로 상관잔차에 대한 유의미성은 검정하지 않는다. 모형이 모집단 공분산행렬에 완 전히 적합하다는 영가설하에서 표준화잔차는 정규분포를 따라야 하지만 상관잔차에 대해 서는 정규성 가정이 요구되지 않는다.

lavaan이나 Mplus, Stata와 같은 프로그램은 **정규화잔차**(normalized residuals)도 제공한 다. 표준화잔차와 달리, 정규화잔차는 공분산잔차를 표본공분산과 예측공분산 간 차이의 표준오차로 나누지 않고, 표본공분산의 표준오차로 나눈 것이다. 동일한 공분산잔차에 대 하여 정규화잔차의 절댓값은 일반적으로 표준화잔차의 절댓값보다 작다. 따라서 정규화 잔차에 대한 유의성 검정은 표준화잔차에 대한 유의성 검정보다 더 보수적일 수밖에 없으 므로, 정규화잔차에 대한 p 값은 표준화잔차에 대한 p 값에 비해 더 크다. 경우에 따라서 는 복잡한 잠재변수 모형에 대한 표준화잔차의 분모를 계산할 수 없는 상황도 있다. 이러 한 경우 대안적으로 정규화잔차를 사용할 수 있으나, 유의성 검정 결과가 더 보수적이라는 점은 알아 둘 필요가 있다.

상관잔차의 값은 〈표 11-8〉의 상단에 보고하였다. 체력과 스트레스에 대한 상관잔차 는 −.133으로 .10을 넘는다. 따라서 모형이 두 변수 간의 관찰된 상관을 잘 설명하지 못한 다고 할 수 있다. 연습문제 6에서 상관잔차를 재생하는 연습을 해 보기 바란다. 체력과

〈표 11-8〉 질병 재귀경로모형의 상관잔차와 표준화잔차

변수	1	2	3	4	5
			상관잔차		
1. 운동	0				
2. 강인성	0	0			
3. 체력	0	.082	0		
4. 스트레스	−.057	0	−.133	0	
5. 질병	.015	−.092	−.041	.033	.020
			표준화잔차		
1. 운동	0				
2. 강인성	0	0			
3. 체력	0	1.714	0		
4. 스트레스	−1.130	0	−2.573	0	
5. 질병	.335	−1.951	−2.539	2.519	2.333

주. 상관잔차는 EQS, 표준화잔차는 LISREL로 계산하였음.

강인성에 대한 상관잔차는 .082, 체력과 질병에 대한 상관잔차는 −.092로, 두 값 모두 .10에 가깝다. 〈표 11-8〉의 하단에는 표준화잔차가 보고되어 있다. 체력과 스트레스 간 공분산잔차에 대한 z 검정 결과는 $z = 2.573(p < .05)$으로 통계적으로 유의미하게 나타났다. 이 밖에 통계적으로 유의미하게 나타난 z 검정 결과(굵은 글씨)들은 질병의 관찰된 분산이나 체력 및 스트레스와의 공분산을 모형이 정확히 설명하지 못한다는 점을 나타내지만, 상관잔차의 크기가 아주 큰 편은 아니었다.

[그림 11-2]는 〈표 11-8〉의 표준화잔차에 대한 Q도표를 LISREL로 그린 것이다. 모형이 정확하게 설정되었다면 표준화잔차들이 모두 대각선을 따라 분포해야 하지만, 이 그림에서는 이러한 경향을 발견하기 어렵다. 분석결과를 종합할 때, 조건부 독립성을 기반으로 한 지역 적합도 검정(〈표 11-1〉)과 잔차에 관한 정보들(〈표 11-8〉 [그림 11-2])을 보면, 경로모형이 일부 변수들의 관계, 특히 체력과 스트레스의 관계를 정확히 설명하지 않음을 알 수 있다. 다음 장에서는 이 모형에 대한 전체 적합도 지수에서도 일부 문제가 있음을 볼 수 있을 것이다. 현 시점에서는 전체 적합도 지수와 상관 없이, 지역 적합도 검정의 관점에서도 연구자가 설정한 모형을 수용하기 어렵다고 결론 내리고자 한다. 전체 적합도 지수가 좋더라도 지역 적합도 검정에서는 좋지 않게 나올 수 있다. '악마는 디테일에 있다.'는 점이 적합도에도 적용되는 것 같다.

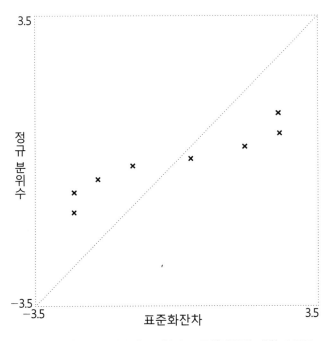

[그림 11-2] 질병 재귀경로모형의 표준화잔차에 대한 Q도표

🥧 상관행렬을 이용한 분석

ML 추정법은 기본적으로 변수가 표준화되지 않았다고 가정하여 분석한다. 따라서 표준화된 변수로 ML 추정을 하게 되면, 표준오차와 검정 통계치 등이 부정확하게 산출될 수 있다. 모형 적합도가 변수의 표준화 여부에 관계 없이 동일할 때 모형은 척도불변성을 가진다고 한다. 모형이 척도불변성을 가지는지 여부는 요인의 척도화 방법과 특정 모수추정치들에 동일성 제약이 가해졌는지 여부 등을 포함하여 여러 가지 요소의 복잡한 조합에 따라 결정된다(Cudeck, 1989). 상관행렬을 이용하여 ML 추정을 실시할 때 예측상관행렬의 대각선 값들 중 일부가 1이 아닌 경우 척도불변성의 위배를 의심할 수 있다.

제약추정법(constrained estimation) 또는 **제약최적화**(constrained optimization)는 공분산행렬 대신 상관행렬을 이용하여 모형을 분석할 때 사용할 수 있는 방법이다(Browne, 1982). 이 방법은 척도불변성을 확인하기 위해 특정 모수추정치에 비선형 제약을 부과한다. 이와 같은 제약을 수동으로 프로그램화하는 것은 어렵기 때문에(Steiger, 2002, p. 221), SEPATH나 RAMONA 같은 SEM 프로그램 중에서는 자동으로 제약추정법을 실행하는 기능을 옵션으로 제공하고 있다. EQS와 Mplus도 상관행렬을 정확히 분석할 수 있지만, 이를 위해서는 원자료 파일이 필요하다. 제약추정법은 다음과 같은 세 가지 상황에서 주로 사용된다.

1. 문헌에 제시된 상관행렬을 이용하여 2차 분석을 수행하고자 하는 상황에서 표준편차 정보도 없고 원자료 파일도 없을 때
2. 표준화 추정치에 동일성 제약을 가해야 할 이론적 근거가 있는 경우로, 동일한 결과변수에 대한 여러 원인변수의 표준화 직접효과들이 동일하다고 가정할 만한 이론적 근거가 있는 경우가 이러한 예에 해당한다. 공분산행렬로 분석할 때, 동일성 제약은 비표준화 해에만 부과할 수 있다.
3. 연구자가 표준화 해에 대한 유의성 검정 결과를 보고하고자 하는 경우에는 이에 적합한 표준오차를 산출해야 하며, 이를 위해 제약추정법이 사용된다. Mplus와 Stata는 ML 추정으로 산출한 표준화 해에 대한 표준오차를 자동으로 보고하기 때문에, 제약추정법을 적용할 필요가 없다.

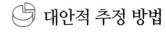 **대안적 추정 방법**

표준 ML 추정법은 다양한 SEM 분석 상황에서 문제 없이 활용될 수 있지만, 간혹 다른 추정법을 사용해야 하는 경우도 있다. 연속형 내생변수의 비정규성 정도가 심각한 경우나 내생변수가 순서형이나 명목형 변수인 경우에는 표준 ML 추정법이 적합하지 않다. 교육학이나 역학과 같은 학문 분야에서는 범주형 변수가 종속변수로 사용되는 경우가 많다. 다음에 소개할 방법들은 완전정보에 기초한 동시추정이자 반복추정법으로, 많은 SEM 프로그램에서 제공하고 있다.

연속형 내생변수 분석을 위한 기타 추정법

여기서는 여러 가지 SEM 컴퓨터 프로그램에서 다변량 정규분포를 따르는 데이터를 분석하기 위해 제공하는 몇 가지 추정 절차에 관하여 간략히 설명할 것이다. 먼저, 반복추정 방법으로 **일반화 최소제곱법**(generalized least squares: GLS)과 **비가중 최소제곱법**(unweighted least squares: ULS) 등 두 가지를 들 수 있다. ULS 추정법은 사실상 표본공분산과 예측공분산 간 차이의 제곱합을 최소화하는 OLS 추정법의 일종이다. ULS 추정법은 비편향 추정치를 생성하지만 ML 추정법만큼 효율적인 추정치는 아니다(Kaplan, 2009). ULS의 단점은 모든 측정변수가 동일한 척도를 가져야 함을 조건으로 한다는 점이다. 즉, 이 방법은 척도독립성과 척도불변성의 속성을 가지지 않는다. 반면, ML 추정과 달리 공분산행렬이 양정치행렬이어야 한다는 조건을 만족시킬 필요가 없다는 장점이 있다. ULS 추정은 초깃값의 설정에도 민감하게 영향 받지 않는다. 따라서 ULS 추정은 ML 추정에서 사용된 모형과 데이터를 다시 분석할 때, 초깃값을 사용자가 설정하는 데에도 사용될 수 있다.

GLS 추정법은 **완전가중 최소제곱법**(fully weighted least squares: WLS) 중 하나로, 비정규성이 심한 데이터를 분석하고자 할 때 사용할 수 있는 방법이다. ULS와 달리, GLS 추정량은 척도독립성과 척도불변성을 가지며, 다변량 정규성 가정하에서 두 방법은 점근적 관계에 있다. GLS가 ML 추정법보다 나은 점은 계산 시간이 비교적 짧고 컴퓨터 메모리를 덜 필요로 한다는 것이다. 그러나 이러한 잠재적인 이점은 요즈음처럼 빠른 프로세서나 대용량 메모리가 갖추어진 환경에서는 그다지 큰 의미가 없다. 일반적으로 ML이 다른 두 추정법에 비해 선호된다.

정규분포를 따르지 않는 연속형 데이터 분석을 위한 타원분포추정량과 임의 분포추정량

정규분포를 따르지 않는 연속형 변수를 분석하기 위한 방법인 MLR의 대안으로서 다변량 정규성을 가정하지 않는 추정 방법을 사용하는 것도 가능하다. 예를 들어, **타원분포이론**(elliptical distribution theory)에 기초한 추정량들은 대칭분포 조건만 필요로 하며, 원자료에서 첨도를 추정한다(Shapiro & Browne, 1987). 모든 내생변수의 첨도가 양수이든 음수이든 관계없이 동일한 수준이라면 분포가 왜도를 가지도록 허용하나, 그 밖의 경우에는 왜도가 0이라고 가정한다. EQS는 다양한 타원분포 추정량을 제공한다.

임의분포함수(arbitrary distribution function: ADF) 추정량은 연속변수에 대해 어떤 분포적 가정도 하지 않으며 원자료에서 왜도와 첨도를 추정한다(Browne, 1984). 합치함수에 상대적으로 큰 **가중행렬**(weight matrix)이 포함되기 때문에 이 추정량을 계산하는 것은 복잡하다. 가중행렬은 정방행렬로, 행의 수와 열의 수는 가용 정보의 수, 즉 $v(v+1)/2$와 동일하다. 여기서 v는 관찰변수의 수이며 평균구조는 고려하지 않은 수이다. 관찰변수의 수가 많은 모형은 가중행렬이 너무 커서 컴퓨터가 역행렬을 구하기 어렵다. 예를 들어, $v = 15$이면 가중행렬의 차원은 $120 \times 120 = 14{,}400$개의 요소를 가진다. ADF 추정 결과가 정확하려면 매우 큰 표본이 필요하다. 가령, 비교적 간단한 모형은 200~500명 정도의 표본만 있으면 되겠지만 더 복잡한 모형의 경우는 수천 명이 필요할지도 모른다. 대부분의 연구자에게 있어서 이러한 조건은 실용적이지 않다. 모의실험 연구에 따르면 ADF 추정법은 잘못 설정된 모형에 대해 과도하게 좋은 적합도를 산출한다(Olsson et al., 2000).

범주형 내생변수 분석방법

내생변수가 항상 연속형인 것은 아니다. 가장 대표적인 범주형 변수의 예는 이분형 변수로 데이터 파일에 0 또는 1로 코딩된다. 3개 이상의 수준으로 구성되어 순서의 의미를 가지는 범주형 변수도 있는데, 다음과 같은 리커트 척도가 대표적이다.

나는 행복한 삶을 살고 있다(1=그렇지 않다, 2=보통이다, 3=그렇다)

이 척도는 동의의 정도를 세 개의 수준으로 구분하고 있는데, 세 개의 수준으로는 등간성을 가지는 연속 척도의 성격을 가진다고 보기 어렵다. 이산형 변수가 정규분포에 근접하기 위해서 최소한 몇 개의 수준이 필요한지를 판단할 수 있는 기준은 존재하지 않지만 대체로 15점 이상은 필요하다고 본다. 그러나 10점 이상의 리커트 척도에서는 인접한 값 간의 차이를 실질적으로 구별하기 어렵기 때문에 대부분의 경우 5점에서 10점 정도의 수준으로 리커트 척도를 구성한다. 연속변수에 근접하도록 하기 위해서 일부러 10점 이상의 리커트 척도가 되도록 만드는 것은 별로 실용적이지 않다.

'그렇지 않다' '보통이다' '그렇다'의 세 수준으로 구성된 리커트 척도의 각 수준에 '1' '2' '3'과 같은 숫자를 부여하는 것은 임의적이며, 객관적·이론적 근거가 없다. 예를 들어, 동일한 수준에 대해 $(-1, 0, 1)$을 부여하거나, 동일한 간격으로 증가하거나 감소하는 다른 세 개의 숫자를 부여하더라도 전혀 상관 없다. 따라서 리커트 척도로 구성된 문항에 대하여 평균, 분산, 공분산을 구하는 것도 역시 임의적이며, 리커트 척도에 대한 공분산행렬도 사실상 실질적인 의미를 가지지 않는다. 또한 공분산을 계산하는 데에 연속변수에 대한 추정치인 Pearson 상관계수가 이용된다는 점도 문제다.

DiStefano(2002)는 모의실험 연구를 바탕으로, 분석 데이터가 순서형이거나 범주형이면서 범주의 수가 5개 이하로 비교적 적을 때는 ML 모수추정치가 정확하지 않다고 하였다. 모의실험 연구에서는 보통 모집단에서 측정변수들이 연속적인 속성을 가지고 있다고 가정하여 데이터를 생성하며, 생성된 데이터를 범주화하여 비연속적 데이터로 변환시킨다. 일반적으로, 범주형 데이터를 ML로 추정하면 모수추정치와 표준오차가 낮게 산출될 수 있으며, 분포의 비정규성이 증가함에 따라 편향의 정도가 더 커진다. Bernstein과 Teng(1989)은 모집단에 하나의 요인만 있고 측정변수의 범주 수가 적을 때 단일요인 CFA 모형이 너무 자주 기각되는 경향이 있다고 하였다. 즉, 변수를 범주화함으로써 마치 여러 개의 요인이 존재하는 것처럼 잘못된 결과가 도출될 수 있다는 것이다. 그러나 범주의 수가 6~7개 정도로 증가하고 대칭분포이면서 표본크기가 크면 범주형 변수에 대한 ML 추정 결과도 어느 정도 정확하게 산출된다(Rhemtulla, Brosseau-Liard, & Savalei, 2012). 이와 같은 결과들을 종합해 보면, 비대칭의 정도가 심하거나 범주의 수가 적은 비연속형 변수를 분석하는 데 있어서 ML 추정법을 적용하는 것은 바람직하지 않다고 할 수 있다.

다음은 범주형 변수를 분석하는 데 사용할 수 있는 세 가지 추정 방법을 정리한 것으로 자세한 내용은 이 책의 후반부에서 설명할 것이다.

1. **완전 WLS 추정법**은 어떠한 분포적 가정도 하지 않기 때문에 연속형 및 비연속형 변수를 분석하는 데 사용할 수 있다(앞서 설명한 타원분포 추정량과 임의분포 추정량도 WLS 추정법의 일종이다). 완전 WLS 추정량 역시 ADF 추정량과 마찬가지로 계산 방법

이 복잡하고 매우 큰 표본을 필요로 하며, 가중행렬의 역행렬을 산출하는 데 실패하는 등 분석에서 기술적인 문제가 발생할 수 있다(Finney & DiStefano, 2006).

2. Muthén, du Toit, Spisic(1997)는 완전 WLS 추정법보다 훨씬 간단한 행렬을 이용하여 계산을 수행하는 **강건 WLS 추정법**을 소개하였다. 구체적으로, 강건 WLS 추정법은 완전 WLS 추정법에서 적용되는 가중행렬의 대각선 값들만 이용한다. 또한 교정된 표준오차와 모형 검정 통계치를 생성한다. 강건 WLS 추정법은 **대각 가중최소제곱법**(diagonally weighted least squares) 또는 **수정된 가중최소제곱법**(modified weighted least squares)이라고도 불린다. 표본크기가 200 정도로 매우 작거나 범주형 측정변수의 분포가 심하게 비대칭인 상황에서 모의실험 연구를 수행한 결과 강건 WLS 추정법은 정확한 결과를 산출한 것으로 나타났다(Muthén et al., 1997; Finney & DiStefano, 2013).

3. 완전정보 ML 추정법 중에서도 범주형 변수를 분석할 수 있는 것이 있는데, 이는 로지스틱 회귀나 프로빗 회귀 분석과 관련된다. 이 방법은 관찰된 범주형 데이터 이면에 존재한다고 가정되는 잠재반응변수의 결합 다변량 분포로 반응 확률을 추정하기 위해 **수치적분**(numerical integration)을 사용한다. 수치적분은 계산이 복잡하며, 잠재변수의 수가 증가함에 따라 계산은 더 복잡해진다. 컴퓨터에서 이 과정을 수행하기 위해서는 Markov Chain Monte Carlo(MCMC)와 같이 확률밀도함수로부터 임의추출하는 방법이나 **적응구적법**(adaptive quadrature)과 같이 더 간단한 함수를 가진 분포에서 면적을 계산하는 방법을 적용할 수 있다. 이 방법을 적용하는 데 있어서 발생할 수 있는 기술적인 문제를 피하려면 표본크기가 커야 한다. 강건 WLS와 같은 다른 추정법과 비교할 때 전체 적합도가 감소한다는 점도 단점이다.

◔ 적합한 추정법의 선택

　　Segal의 법칙에 따르면, '시계를 하나 가지고 있는 사람은 항상 몇 시인지 안다. 그러나 시계를 두 개 가지고 있는 사람은 몇 시인지 결코 알 수 없다.' 이처럼 여러 가지 추정법을 사용하는 것이 가능하다는 점이 때로는 SEM을 처음 접하는 사람들에게는 당혹감을 줄 수 있다. 올바른 추정법을 선택하기 위해서는 다음과 같은 점을 고려하는 것이 좋다.

　　분석에서 요구되는 가정을 충족하면서도 연구자가 이해할 수 있는 단순한 방법을 사용하며 표본크기를 고려한다. 완전 WLS 추정법과 같은 추정방법들은 정확한 분석결과를 얻는 데 훨씬 큰 표본크기를 필요로 하므로, 표본크기가 별로 크지 않다면 강건 WLS와 같은 다른 방법을 적용하는 것이 좋다. 동일한 모형과 데이터에 적용하더라도 어떤 추정 방법을 적용하는가에 따라 분석결과는 달라질 수 있다. 특히 표준오차가 많은 영향을 받기 때문에 유의성 검정 결과에 특히 많은 영향을 준다. 따라서 SEM 분석에서는 임계값을 기준으로 p값을 이분법적으로 해석하는 것이 적합하지 않다. 만일 분석에 적합한 추정량이 두 개 이상인 경우에는 연구자의 가설과 동일한 결과를 산출하는 추정량만 보고할 것이 아니라 다양한 추정 결과를 보고하는 것이 좋다.

요약

단일방정식 추정법은 한 번에 한 개의 내생변수만 분석하기 때문에 모든 자유모수를 동시에 추정하는 동시추정법에 비해 비효율적이다. 반면, 동시추정법은 설정오류가 존재할 때 부정적인 영향을 받기 쉽다. 내생변수들이 모두 연속변수일 경우 재귀 경로모형을 분석하는 데에는 다중회귀분석을 사용할 수 있다. 그러나 비재귀 경로모형을 분석하는 데에는 2단계 최소제곱법과 같이 도구변수를 이용하는 회귀분석을 적용할 수 있다. 대부분의 SEM 컴퓨터 프로그램에서 기본으로 적용하는 ML 추정법은 연속 내생변수에 대한 반복추정법이자, 정규성 이론에 근거한 완전정보 동시추정법이다. 초깃값이 잘못 설정될 경우 반복 추정에 실패하기도 하는데, 이러한 경우 컴퓨터가 수렴해를 찾을 수 있도록 더 적합한 초깃값을 부여해야 한다. 지역 적합도 검정은 모형에 의해 예측된 조건부 독립성을 평가하고, 동일한 모수에 대해 여러 개의 추정치를 산출하며 잔차를 분석하는 과정으로 이루어진다. 지역 적합도 검정에서 문제가 있는 경우 다음 장에서 소개할 전체 적합도에도 문제가 있을 수 있다.

심화학습

Bollen(2012)은 사회과학 연구의 맥락에서 도구변수 추정 방법을 소개하였고, Finney와 DiStefano(2013)는 비정규성이나 범주형 변수에 대한 추정량을 설명하였다. Lei와 Wu(2012)는 SEM의 추정 원리와 가장 보편적으로 사용되는 분석방법에 관해 설명하였다.

Bollen, K. A. (2012). Instrumental variables in sociology and the social sciences. *Annual Review of Sociology, 38*, 37−72.

Finney, S. J., & DiStefano, C. (2013). Nonnormal and categorical data in structural equation modeling. In G. R. Hancock & R. O. Mueller (Eds.), *Structural equation modeling: A second course* (2nd ed., pp. 439−492). Charlotte, NC: IAP.

Lei, P.−W., & Wu, Q. (2012). Estimation in structural equation modeling. In R. H. Hoyle (Ed.), *Handbook of structural equation modeling* (pp. 164−179). New York: Guilford Press.

연습문제

1. 〈표 11-2〉를 참고하여 강인성이 스트레스에 미치는 직접효과 분석결과를 해석하시오.

2. 〈표 11-2〉를 참고하여 스트레스가 질병에 미치는 직접효과 분석결과를 해석하시오.

3. 〈표 11-3〉의 결과를 바탕으로 질병을 종속변수로 한 분석결과를 해석하시오.

4. [그림 11-1]의 계수를 바탕으로 강인성이 스트레스를 통해 질병에 미치는 비표준화 및 표준화 간접효과를 해석하시오.

5. 〈표 11-4〉의 분석결과를 바탕으로 강인성이 스트레스를 통해 질병에 미치는 간접효과를 해석하시오.

6. [그림 7-5]의 모형과 〈표 11-5〉의 표준화 계수를 바탕으로 스트레스와 체력 간의 상관잔차(−.133)를 계산하시오.

구조모형의 초깃값 설정

초깃값을 설정하기 위해서는 먼저 표준화된 직접효과의 크기와 방향을 예측해야 한다. 예를 들어, 다른 변인들을 통제한 상태에서 X가 $1SD$ 증가함에 따라 Y가 $.3SD$ 증가할 것이라고 예상했다고 가정하자. 이 경우, $X \longrightarrow Y$ 경로의 표준화계수를 .30 정도로 생각할 수 있으므로, 해당 경로의 비표준화 계수에 대한 초깃값을 $.30 (SD_Y / SD_X)$으로 설정할 수 있다. 설명오차분산에 대한 초깃값도 비슷한 방식으로 설정할 수 있으나, 이번에는 설명된 분산의 비율, 즉 R^2을 바탕으로 표준화된 효과크기를 생각해 보자. 어떤 연구자가 Y를 예측하는 직접적인 원인들이 전체 분산의 15%를 설명하는 것으로 예측했다고 하자 ($R^2 = .15$). 그러면 설명되지 않은 분산의 비율은 $1 - .15 = .85$가 된다. 따라서 오차분산 비율에 대한 초깃값은 $.85(S_Y^2)$로 구할 수 있다.

설명오차 간 공분산에 대한 초깃값은 두 내생변수에 대한 설명오차분산의 제곱근과 설명오차 간 Pearson 상관의 곱으로 설정할 수 있다. 상관이 양수이면 원인변수 중 누락된 공통원인이 두 내생변수에 동일한 방향으로 기능한다고 볼 수 있으며, 상관이 음수이면 누락된 원인변수가 변화함에 따라 한 변수는 증가하고 다른 변수는 감소하는 것으로 해석할 수 있다. Y_1과 Y_2는 구조모형의 내생변수이고, D_1과 D_2는 각 변수의 설명오차라고 가정하자. 또한 이 모형에서 $D_1 \smile D_2$의 관계가 있다고 가정하자. D_1과 D_2의 비표준화 분산에 대한 초깃값이 각각 9.0과 16.0이며, 두 설명오차 간 상관에 대한 기댓값이 .40이면, 설명오차공분산에 대한 비표준화 초깃값은 $.40 (9.0 \times 16.0)^{1/2} = 6.30$이 된다.

모형 적합도 평가

이 장에서는 SEM에서 가장 보편적으로 사용되는 전체 적합도 통계량인 모형 적합도 검정 통계량과 근사적합도 통계량에 관해 살펴보고자 한다. 전체 적합도 통계량은 모형-데이터 간의 평균적인 일치도 또는 전반적인 일치도를 측정하는 것이기 때문에, 적합도 통계에만 의존해서 모형의 채택이나 기각 여부를 판단해서는 안 된다. 이 장에서는 또한 동일한 데이터에 여러 경쟁모형을 적용하는 상황에서 모형을 선택하기 위한 가설 검정에 관한 주제도 다룬다. 여러 경쟁모형 중 하나를 선택하는 데에는 통계적인 측면보다 논리적, 이론적 타당성에 더 무게를 두어야 한다. 마지막으로, SEM에서 검정력 분석에 관한 주제와 동치모형 및 준동치모형에 관해서도 설명하고자 한다.

모형 적합도 연구의 현 주소와 연구자의 자세

지난 40여 년간 SEM 문헌에서는 모형의 적합도를 평가하는 가장 바람직한 방법이 무엇인지에 관해 끊임없는 논의가 있었다. 모형 적합도는 여전히 활발한 연구가 진행되고 있는 분야이며, 특히 모의실험 연구가 많이 이루어지는 주제다. SEM에서 타당하게 설정된 모형과 잘못 설정된 모형을 확실하게 구별할 수 있는 하나의 통계적 개념틀은 현재도 존재하지 않고 앞으로도 없을 가능성이 크기 때문에, 모형 적합도에 관한 논의와 연구는 앞으로도 계속될 것으로 예상된다.

모형 적합도 평가 방법과 관련해서 논란이 끊이지 않는 것은 소위 고전 학파(classicial school)와 모형화 학파(modeling school) 간의 의견 차이에 의한 부분도 일부 있다(Little, 2013). 고전 학파는 하나의 가설에 대한 통계적 검정에 주로 관심을 가지며, 모형 적합도를 판단하는 데 있어서 통계 검정 결과에 기초한 결정 규칙을 엄격히 따를 것을 강조한다. 반면, 모형화 학파는 결정 규칙이 모호하거나 명확한 기준을 제시하기 어려운 상황에서 전반적인 모형 적합도를 평가하는 데에 주된 관심이 있다. 실제 연구에서는 연구자의 다양한 관심과 연구문제에 맞추어 모형이 설정된다. 이와 같은 상황에서 모형화 학파의 접근은 연구자들에게 어느 정도의 융통성을 허용하며, 결과적으로 모형의 타당도를 검증하는 데 있어서 상당히 모호한 접근 방식을 취한다.

올바른 또는 정확한 통계적 모형이란 것이 사실상 존재하는가 하는 철학적 질문 역시 모형 적합도 평가를 어렵게 만드는 요소 중 하나다. 기본적으로 모든 통계 모형은 어느 정도 틀릴 수 있기 때문이다. 모형이란 연구자가 관심을 가지는 현상에 대한 생각을 구조화한 '불완전한 근사'(imperfect approximation)라는 것이다. 근사의 수준이 너무 조악하면 모형은 기각될 것이고, 반대로 현상을 정확하게 반영하기 위해서 너무 복잡하게 모형을 설정하면 모형으로서의 과학적 가치를 잃어버리게 된다. Box(1976)는 이에 관해 다음과 같이 설명하고 있다.

> 모든 모형은 어느 정도 부정확하기 때문에, 연구자들이 과도하게 모형을 정교화함으로써 '정확한' 모형을 설정하는 것은 불가능하다. 오히려, 연구자들은 현상을 경제적으로 설명할 수 있는 방식을 고민해야 한다. 단순하면서도 많은 것을 설명하는 모형을 고안하는 것은 훌륭한 연구자가 갖추어야 할 능력이며, 과도하게 정교하거나 너무 많은 모수를 설정하는 것은 지양해야 한다(p. 792).

적합도 통계량이 모형의 적합성에 대해 단순 명료한 해답을 주지 않는다는 현실적인 문제도 존재한다. 적합도 통계량을 적합—부적합에 대한 판정 근거로 사용할 수 있도록 적합도 통계량의 해석에 대한 다양한 가이드라인이 제시되어 왔지만, 이는 단지 경험 법칙에 불과하다. 가이드라인 중에는 다양한 SEM 모형에 모두 적용되지 않는 것들도 있다. 연구자들이 적합도를 평가할 때 입증되지 않은 가이드라인에 과도하게 의존하는 측면이 있는 것도 사실이다.

11장과 12장에서는 SEM 연구에서 흔히 발견되는 문제점들을 다루는 데 있어서 매우 엄격한 접근 방식을 취하고 있다. 필자의 의견에 동의하지 않는 전문가들도 있을 것이다. 그러나 SEM 연구자들이 모형설정의 근거와 적합도에 관해 좀 더 상세한 정보를 제공해야 한다는 점에 있어서는 이견이 없을 것으로 생각한다(MacCallum & Austin, 2000; Shah & Goldstein, 2006). 연구자는 자신이 설정한 모형의 타당성을 평가하는 데 있어서 가장 엄격한 비평가로서, 철저하고 냉정한 시각을 가져야 한다. 그렇다고 필자가 제시한 방법이 마치 SEM 분석의 유일한 진리인 것처럼 무조건 따라야 할 필요는 없다. 엄격한 가설 검정 방법을 따르되, 자신의 연구 분야에서 타당성을 인정받을 수 있을 만큼 합리적으로 판단하는 것이 바람직하다. 그러나 사실 이러한 점은 SEM 분석을 어렵게 만드는 요소이지 결코 쉽게 만드는 요소가 아니다(Millsap, 2007). 모형설정에서부터 결과 보고까지, 각 단계별로 정해진 규칙에 근거하여 스스로 타당성을 판단하는 과정은 결코 쉽지 않은 작업이다.

모형 적합도에 대한 바람직한 관점

현재 SEM 문헌에서 소개되고 있는 모형 적합도 통계량은 매우 다양하며, 계속해서 새로운 통계량들이 개발되고 있다. 실제로 많은 SEM 컴퓨터 프로그램이 예전에 비해 더 많은 적합도 통계량을 제공하고 있다. 활용할 수 있는 적합도 통계량이 다양하기 때문에 연구자마다 보고하는 적합도 통계량이 다를 수 있으며, 논문 심사자가 잘 알고 있거나 선호하는 통계량을 연구자에게 요구하는 경우도 있다. 이러한 상황에서 연구자들은 어떤 통계량을 사용해야 하고 어떤 값을 보고해야 하는지를 결정하는 데 어려움을 겪게 마련이다. 연구자의 입장에서는 적합도가 좋게 나오기를 원할 것이기 때문에, 여러 적합도지수 중에서 양호하게 산출된 적합도만 마음대로 선택하여 보고하는 '체리 피킹'의 가능성을 배제할 수 없다. 또 다른 문제는 일명 적합도 평가에 있어서의 터널 시야(tunnel vision) 문제로, 연구자가 전체 모형 적합도에만 너무 집착함에 따라 모수추정치의 타당성과 같은 다른 중요한 정보를 간과하게 되는 현상도 발생할 수 있다. 이를 해결하기 위해서는 전체 적합도 통계량에만 주목할 것이 아니라, 지역 적합도에 관한 정보를 포함하여 분석결과를 꼼꼼하게 검토하는 것이 중요하다.

여러 가지 적합도 통계량에 관해 하나씩 설명하기 전에, 먼저 SEM 적합도 통계량이 공통적으로 가지는 제한점에 관해 언급하고자 한다.

1. 적합도 통계량은 모형 전체의 평균적인 적합도를 의미한다. 즉, 모형의 여러 부분에서 나타날 수 있는 불일치의 정도를 하나로 통합하여 나타낸 것이기 때문에(Steiger, 2007), 적합도가 좋다 해도 모형의 특정 부분은 여전히 적합하지 않을 수 있다. 따라서 전체 적합도 통계량에 의해 직접적으로 알 수 없는 구체적인 진단 정보를 같이 보고하는 것이 좋다. 전체 적합도 통계량에 근거할 때 데이터에 잘 부합하는 것으로 보

이는 모형이 실제로 가질 수 있는 문제에 대해서는 Tomarken과 Waller(2003)에 자세히 논의되어 있다.

2. 하나의 적합도 통계량은 모형 적합도의 특정한 측면만을 반영하기 때문에 특정 적합도 통계량이 좋게 나왔다고 해서 그 자체로 적합도가 양호하다고 결론 내려서는 안 된다. 모든 모형에 통용되는 하나의 '마법과 같은 통계량'은 없다.

3. 전체 적합도 통계량과 모형설정의 오류 사이에는 직접적인 관계가 없기 때문에(Millsap, 2007), 전체 적합도 통계량만으로는 모형의 어떤 부분이 데이터와 어느 정도로 불일치하는지에 관해 알기 어렵다. 예를 들어, 적합도 통계량으로는 구조모형에서 인과의 방향을 정확하게 설정했는지, 측정모형에서 요인의 수가 적절하게 설정되었는지 알 수 없다. 이 점에 관해서는 상관잔차나 표준화잔차와 같은 지역 적합도 정보를 통해 더 직접적으로 알 수 있다.

4. 전체 적합도 통계량이 높다고 해서 반드시 모형의 설명력인 R^2이 높다고 할 수는 없다. 사실 전체 적합도와 R^2은 기본적으로 독립적이다. 모형의 적합도가 완벽하더라도 설명오차가 크면 R^2은 낮게 나올 수 있다. 이때 적합도가 완벽하다는 것은 예측 타당도가 낮은 점을 모형이 정확하게 반영하고 있음을 의미한다.

5. 적합도 통계량으로는 연구 결과가 이론적으로 의미 있는지에 관해 알 수 없다. 예를 들어, 어떤 경로계수의 부호가 예상치 않게 반대 방향으로 나왔다면, 적합도 통계량의 값이 좋더라도 이처럼 이례적인 결과가 산출된 이유를 설명할 수 있어야 한다.

6. 전체 적합도 통계량으로는 개인수준 적합도(person-level fit), 즉 개별 사례에 대해 모형이 가지는 예측의 정확성에 대해 알 수 없다. Rensvold와 Cheung(1999)은 개별 사례의 변화가 전체 적합도에 미치는 영향에 관해 연구하는 방법을 소개하였다.

다음으로 전체 적합도 통계량의 두 가지 유형과 각 유형을 해석하는 데 있어서 참고할 만한 가이드라인을 소개하고자 한다. 두 적합도 유형은 모형의 적합도를 평가하는 데 있어서 서로 다른 접근 방식을 취한다.

🥧 모형 검정 통계량

모형 검정 통계량은 SEM의 적합도를 평가하는 데 사용할 수 있는 가장 기본적인 통계량으로, 모집단의 공분산행렬과 모수추정치를 통해 예측된 공분산행렬 간에 차이가 없다는

완전적합 가설(exact-fit hypothesis)을 검정하기 위한 카이제곱 통계량을 나타낸다. 이 가설이 기각된다는 것은 (1) 데이터가 모형에 반하는 공분산 정보를 포함하고 있다는 의미이며, (2) 표집오차로 기대할 수 있는 수준을 넘어선 모형-데이터 간 불일치를 연구자가 설명해야 함을 의미한다.

방금 설명한 카이제곱 검정은 '모형이 정확하다'는 연구자의 믿음을 영가설로 설정한 **수용-지지 검정**(accept-support test)에 해당한다. 따라서 영가설을 기각하는 데 실패하거나 통계적 유의성이 없어야 ($p \geq .05$) 모형을 채택할 수 있다. 이러한 논리는 영가설을 기각해야 연구자의 이론이 지지되는 **기각-지지 검정**(reject-support test)과는 상반된다 ($p < .05$). 두 검정 중에서는 수용-지지 검정의 논리적 기반이 더 약하다. 완전적합 가설이 틀렸음을 입증하지 못했다고 해서 그 가설이 맞았다고 볼 수는 없기 때문이다(Steiger, 2007). 수용-지지 검정에서 검정력이 낮은 것은 잘못된 모형을 탐지할 수 있는 가능성이 낮음을 의미한다. 이는 사례수가 매우 작은 표본, 즉 검정력이 낮은 표본으로 모형을 분석할 경우 오히려 모형이 채택될 가능성이 더 커짐을 의미한다. 반면, 기각-지지 검정에서는 사례수가 작아짐에 따라 검정력이 낮아지므로, 연구자의 가설이 지지될 가능성이 작아진다는 단점으로 기능하게 된다.

기각-지지 검정에서는 영가설을 잘못 기각할 가능성을 방지하기 위해서 α값을 .001 정도로 작게 설정한다. 기각-지지 검정에서 1종 오류는 연구자의 이론이 잘못되었음을 의미하기 때문이다. 반면, 수용-지지 검정에서는 2종 오류에 더 주의해야 한다. 이 경우는 영가설을 기각하지 않는 것이 오류다(Steiger & Fouladi, 1997). 따라서 수용-지지 검정에서 α값을 작게 설정하는 것은 사실상 잘못된 결과를 보고할 가능성을 높일 수 있다. 따라서 Hayduk(1996)이 제안한 것과 같이, SEM에서 모형 검정 통계량을 평가할 때는 α를 .05보다 높게 설정하는 것이 합리적이라고 할 수 있다.

완전적합 가설이 기각되거나 채택되었다고 해서 그 자체로 모형을 기각하거나 채택할 수 있는 것은 아니다. 모형과 데이터 간에 상당한 차이가 있더라도 사례수가 작은 경우 차이를 발견하기 어렵고, 사소한 차이라도 사례수가 크면 큰 차이로 나타날 수 있기 때문이다. 통계 검정 결과가 유의미하여 완전적합 가설이 기각되면, 이는 모형의 타당성에 반하는 증거가 있다는 점을 잠정적으로 제시한 것일 뿐이며, 이 점은 가설이 채택되는 경우에도 마찬가지다. 이러한 점에서 볼 때, 모형 검정 통계량은 화재 경보기 같은 역할을 한다고 볼 수 있다. 경보가 울리는 경우 화재가 발생했을 수도, 아닐 수도 있다. 그러나 경보가 울렸다는 사실 자체를 심각하게 받아들이는 것이 현명할 것이다. 마찬가지로, 모형과 데이터 간에 불일치의 정도가 심할 경우 적합도 평가를 좀 더 세밀하게 수행할 필요가 있다.

근사 적합도지수

근사 **적합도지수**(approximate fit index)는 통계적 유의성 검정에 기반한 지수가 아니기 때문에, 영가설에 대한 기각 여부를 판단하지 않는다. 이보다는 모형과 데이터 간 일치도에 대한 연속적인 측정치라고 보는 것이 적합하다. 어떤 적합도지수들은 적합도가 낮을수록 높은 값을 가지는 '부적합성(badness-of-fit)' 지수이며, 반대로 적합도가 높을수록 높은 값을 가지는 '적합성(goodness-of-fit)' 지수도 있다. 어떤 지수들은 0에서 1의 값을 가지며, 1에 가까울수록 좋은 적합도를 의미하도록 표준화된 형태로 제시되기도 한다. 적합도지수는 크게 다음과 같은 네 가지 범주로 구분할 수 있다. 각 범주는 상호 배타적으로 정의된 것이 아니기 때문에 어떤 지수들은 두 개 이상의 범주로 분류될 수도 있다.

1. **절대 적합도지수**(absolute fit index)는 선험적으로 정의된 모형이 데이터를 얼마나 잘 설명하는지를 측정한다. 절대 적합도지수는 다른 참조 준거 없이 모형 자체의 적합성을 평가한다. 잘못 설정된 모형도 자유도가 0에 가까워지도록 자유모수를 계속 추가하다 보면 설명력이 높아질 수 있기 때문에, 데이터를 잘 설명한다고 해서 모형이 적합하다고 할 수는 없다. 자유도가 0인 포화식별 모형은 관찰된 공분산을 완벽하게 설명하는 모형이다.

2. **증분**(상대, 비교) **적합도지수**[incremental(relative, comparative) fit index]는 기저모형에 비해 연구자의 모형이 상대적으로 얼마나 더 나은 적합도를 가지는지를 나타내는 지수다. 기저모형(baseline model)은 독립모형(independence model) 또는 영모형(null model)이라고도 하며, 일반적으로 외생변수들 간의 공분산이 0이라고 가정한다. Mplus에서는 외생변수들 간의 표본 공분산을 사용하여 영모형을 설정하며, EQS나 LISREL 같은 프로그램에서는 외생 측정변수들 간의 공분산을 0으로 고정하기도 하므로, 연구자는 자신이 사용하고자 하는 SEM 컴퓨터 프로그램에서 영모형을 어떻게 정의하고 있는지 확인해야 한다. 그런데 공분산을 0으로 가정하는 것은 너무 비현실적이다. 이 때문에 Miles와 Shevlin(2007)은 증분 적합도지수가 사실상 '내 모형이 최악의 모형에 비해 얼마나 좋은가'를 나타내는 지수라고 하였다(p. 870). 다시 말해서, 영모형이란 현실적으로 타당하다고 보기 어려운 '허수아비' 모형에 불과하다.

3. **간명성 조정 지수**(parsimony-adjusted index)는 모형의 복잡성에 대해 교정 또는 '불이익'을 가하고, 모형의 간명성에 대해서는 '보상'을 가하는 지수다. Mulaik(2009b, pp. 342-345)은 관측 정보의 수에 비하여 추정해야 할 자유모수의 수가 적은 상태를

모형의 간명성으로 정의하였다. 간명성은 모형의 자유도(df_M)와 관련이 있지만 자유도와 동일한 의미를 가지지는 않는다. df_M은 관측 정보의 수와 모수 간의 관계에 정확히 비례하지 않기 때문이다. 예를 들어, 측정변수의 수가 많으면 df_M의 값이 대체로 크지만, 모형이 매우 복잡하고 자유모수의 수가 많다면 자유도가 작을 수도 있다. Mulaik(2009b)은 연구모형의 자유도 대 영모형의 자유도의 비를 **간명성비**(parsimony ratio: PR)로 정의하였다. 가장 간명한 모형의 간명성비는 1일 것이며, 이는 영모형과 자유도가 동일한 모형일 것이다. 이러한 모형은 PR이 1보다 작은 모형에 비해 데이터에 대한 모형의 타당성을 확증하기 어려울 가능성이 높다.

4. **예측 적합도지수**(predictive fit index)는 연구자가 설정한 모형과 동일한 모집단에서 동일 사례수를 가지는 표본을 무선적으로 반복 추출한 가상적인 표본에서 모형 적합도를 추정하며, 이러한 점에서 표본 기반이라기보다는 모집단 기반 지수라고 보는 것이 더 적합할 것이다. 모형 자유도나 사례수에 대해서 교정을 가하여 정의하는 예측 적합도지수도 있다. 예측 적합도지수가 적용되는 구체적인 맥락에 대해서는 이 장의 후반부에 간략히 언급하였는데, 대부분의 SEM 응용 연구는 이에 해당되지 않는다.

　근사 적합도지수 중에는 모형 검정 통계량을 공식에 포함한 것도 있다. 이는 효과크기를 측정하는 통계량이 검정 통계량의 함수로 표현되는 것과 유사하다고 볼 수 있다(Kline, 2013a). 모형 검정 통계량과 근사 적합도지수는 둘 다 동일한 분포를 가정한다. 만일 이 가정이 만족되지 않으면, 근사 적합도지수와 모형 검정 통계량 및 이에 근거한 p값은 정확하지 않을 것이다.

　연속적인 속성을 가지는 근사 적합도지수에 관해서 당연히 제기될 수 있는 의문은 근사 적합도지수가 어느 정도 범위에 있어야 적합하다고 볼 수 있는가 하는 것이다. 이는 간단히 답할 수 있는 문제가 아니다. 근사 적합도지수의 값과 설정오류의 심각성 간의 직접적인 대응 관계를 말하기 어렵기 때문이다. 근사 적합도지수의 해석에 관한 가이드라인을 제공하기 위해 1980~1990년대에 다양한 데이터와 모형하에서 모의실험 연구가 수행되었다. Gerbing과 Anderson(1993)은 초기에 수행된 연구들을 개괄적으로 소개하였고, Hu와 Bentler(1998), Marsh, Balla, Hau(1996)도 적합도지수의 해석에 관한 다양한 연구를 소개하였다. Hu와 Bentler(1999)는 이전에 수행된 연구 및 자신들의 모의실험 연구에 기초하여 근사 적합도지수를 바탕으로 모형의 적합성을 인정할 수 있는 기준점을 제안하였으며, 이는 현재까지 SEM 문헌에서 가장 널리 사용되고 있다. 이 가이드라인이 정확한지의 여부는 매우 중요한 문제다.

　Hu와 Bentler(1999)는 자신들이 제안한 가이드라인이 확대 적용되기를 전혀 의도하지 않았을 것이다. 첫 번째 이유는 제한된 조건하에서 수행된 몬테카를로 연구 결과를 실제 연구에서 다루는 다양한 모형과 데이터에 일반화하여 적용할 수 없기 때문이다. 두 번째 이유는 모의실험 연구에서는 대체로 심각한 수준의 설정오류를 잘 다루지 않는다는 점에 있다. 모의실험 연구에서는 측정모형에 상대적으로 경미한 수준의 설정오류를 부과하는 경우가 많다(예: 요인분산을 잘못 설정함). 요인의 수가 잘못 설정되는 경우처럼 심각한 오류는 연구에서 잘 다루어지지 않는다. 세 번째 이유는 근사 적합도지수의 기준점이 연속변수에 대한 최대우도(ML) 추정의 상황에서 제안된 것이기 때문에, 범주형 변수를 분석하는 상황이나 ML 이외의 추정법을 사용하는 상황에는 일반화하기 어렵다.

　비교적 최근에 수행된 모의실험 연구는 근사 적합도지수 해석 기준의 일반화가능성에 대해 회의적인 입장인 경우가 많다. Marsh, Hau, Wen(2004)은 모형에 따라 기준점의 정확성이 다르며, 특히 적합도지수의 값이 기존 연구에서 제안된 기준점과 가까울 때 더 많은 영향을 받는다고 하였다. Yuan(2005)은 분포의 가정이 위배된 상황에서 근사 적합도지수의 속성에 관하여 두 가지 사실을 발견하였다. 첫째, 근사 적합도지수의 기댓값은 기준점과 거의 관계가 없으며, 둘째, 분포의 모양은 사례수, 모형의 크기, 설정오류의 정도 등에 따라 복합적으로 영향받는다. Beauducel과 Wittman(2005)은 성격 연구 분야에서 일반적으로 사용되는 측정모형을 바탕으로, 기준점의 정확성은 형태계수의 상대적인 크기 및 측정모형의 차원성에 영향을 받으며, 동일한 모형이라 하더라도 여러가지 적합도지수들이 반드시 일치하지는 않음을 발견하였다.

　이와 같은 연구 결과들에 근거하여, Barrett(2007)은 근사 적합도지수를 사용하지 않는 것이 좋다고 제안하였다. Hayduk 등(2007)은 적합도지수의 해석 기준에 대해 신뢰할 수 없기 때문에 모형 검정 통계량과 자유도 및 p값만 보고해야 한다고 주장한다. 근사 적합도지수에 대한 기준점에 의존하게 되면, 기준점에 기반하여 '적합'과 '부적합'을 가를 수 있는 것처럼 잘못 해석될 수 있다(Markland, 2007). 그러나 근사 적합도지수의 값은 신뢰구간이 없는 점 추정치로 보고되며, 표집오차를 고려하지 않기 때문에, 동일 모형이라 해도 적합도지수의 값들이 표본에 따라 다를 수 있다. 근사 적합도지수가 제한적이나마 어느 정도 역할을 할 수 있다고 주장하는 학자들도 있으나(Mulaik, 2009b), 임의적인 기준점에만 의존하여 적합성을 판단하는 것은 더 이상 표준적인 적용 방식이 아니라는 점에는 대부분의 학자들이 동의하는 바이다.

🧆 모형 적합도 평가에 대한 바람직한 접근

모형 적합도 평가 결과를 보고하는 데 있어서 최근까지 학계에서 일반적으로 이루어지고 있는 것보다 더 구체적인 정보를 보고할 필요가 있다. 적합도 평가에 대한 바람직한 접근법은 다음과 같은 단계로 제시할 수 있다.

1. 동시추정법을 사용하는 경우, 카이제곱 통계치와 자유도, p값 등을 보고한다. 모형이 완전적합 검정에서 부적합하다고 판정되는 경우, 그 모형을 잠정적으로 기각한 다음 지역 적합도 검정을 실시하여 부적합의 원인과 정도를 진단한다. 이 과정을 수행하는 이유는 부적합의 원인이 되는 모형-데이터 간 불일치의 정도가 통계적으로는 유의미하더라도 사실상 경미한 수준인지 검토하기 위해서다. 이러한 현상은 대규모 표본에서 주로 나타난다. 하지만 모형이 완전적합 검정을 통과하더라도 지역 적합도 검정은 수행하는 것이 좋다. 통계적으로는 유의미하지 않더라도 여전히 모형의 타당성을 의심할 수 있을 정도의 모형-데이터 간 불일치가 존재하는지 탐색하기 위해서다. 이러한 현상은 소규모 표본을 대상으로 한 연구에서 주로 발견된다.

2. 상관잔차와 같은 잔차행렬을 보고하거나, 적어도 전체 모형에 대해 잔차가 어떠한 양상으로 나타내는지, 즉 어떤 부분에서 잔차의 크기가 크며, 잔차의 부호는 어떻게 나타나는지 등에 관한 내용을 포함해야 한다. 잔차의 양상은 모형설정의 오류에 관해 진단적 정보를 제공하므로, 잔차에 관한 정보를 보고하지 않는 연구 결과는 완전하다고 볼 수 없다.

3. 근사 적합도지수를 보고하는 경우에는 최소한 다음 페이지에 기술한 지수들은 보고해야 한다. 그러나 신뢰할 만한 근거가 없는 기준점에 의존해서만 모형의 적합성을 정당화해서는 안 된다. 특히 완전적합 검정에서 부적합한 모형이 잔차 행렬에서도 무시할 수 없는 정도의 설정오류를 가지는 경우에는 더욱 주의해야 한다.

4. 본래 제안한 모형을 재설정해야 하는 상황에서는 그에 대한 정당성을 설명해야 한다. 잔차를 비롯한 진단적 정보가 모형 재설정 과정에서 어떤 역할을 했는지도 설명해야 한다. 다시 말해서, 모형 분석결과와 관련 이론을 바탕으로 모형을 어떻게 수정했는지 설명해야 한다. 완전적합 검정에서 부적합 판정을 받은 모형을 재설정한 경우에는 모형과 데이터 간의 불일치 수준이 타당도를 저해하지 않을 만큼 경미하다는 점을 보여 주어야 한다.

5. 만일 최종적으로 어떤 모형도 채택할 수 없는 경우에는 분석에 사용된 이론에 대해

연구 결과가 어떤 시사점을 주는지에 관해 학자의 기량을 발휘하여 설명해야 한다. 연구모형의 채택 여부에 관계 없이, 연구 수행 과정에서 연구자가 철저한 검증 과정을 최대한 수용하여 끝까지 연구를 수행했다는 점이 중요하다. 시인 Ralph Waldo Emerson의 표현을 빌리자면, "어떤 일을 잘 해낸 것에 대한 보상은 그 일을 해냈다는 것이다."

다음에 제시한 모형 검정 통계량과 세 가지 근사 적합도지수는 연구자가 반드시 보고해야 할 최소한의 적합도 통계량을 정리한 것이다.

1. 모형 검정 통계량과 자유도 및 p값
2. Steiger–Lind의 RMSEA(Root Mean Square Error of Approximation; Steiger, 1990)와 90% 신뢰구간
3. Bentler의 CFI(Comparative Fit Index; Bentler, 1990)
4. SRMR(Standardized Root Mean Square Residual)

이 밖에도 SEM의 모형 적합도를 평가할 수 있는 다른 지수들이 많지만, 여기서 각 지수에 대해 상세하게 설명하기는 어렵다. 초기에 제안된 일부 지수들은 문제점을 가지고 있기 때문에 여기서 소개하는 것은 의미가 없다. 관심 있는 독자들은 Kaplan(2009, 6장)이나 Mulaik(2009b, 15장)을 참고하기 바란다. 연구자가 전체 적합도에 대한 검정과 더불어 지역 적합도 검정 결과를 중요시하고 이를 적절히 보고하기만 한다면, 앞에서 제시한 지수만 보고해도 무방하다.

모형 카이제곱

모형 카이제곱은 SEM 분석 프로그램에 따라 다음의 두 가지 방법 중 하나로 계산된다.

$$(N-1)F_{\mathrm{ML}} \text{ 또는 } N(F_{\mathrm{ML}}) \tag{12.1}$$

여기서 F_{ML}은 ML 추정에서 최소화하고자 하는 합치함수를 의미한다. 표본크기가 매우 큰 경우, 식 12.1에 제시된 두 식은 거의 유사한 값을 가지며, 다변량 정규성을 가정한 상

태에서 df_M을 모형 자유도로 하는 중심 카이제곱 분포를 따른다. 이러한 이유로, 앞의 두 공식은 **최소 합치함수 카이제곱**(minimum fit function chi-square) 또는 **우도비 카이제곱** (likelihood ratio chi-square)이라고 불린다. ML 추정법에서는 이를 연구자의 모형에 대한 카이제곱, 즉 χ_M^2으로 지칭한다. 포화식별 모형에 대한 χ_M^2 값은 일반적으로 0이지만, 엄밀히 말해서 자유도가 0인 모형에 대해서는 카이제곱 값이 정의되지 않는다. χ_M^2 값이 0인 경우, 모형은 데이터에 완벽하게 합치된다. 즉, 관찰된 공분산은 예측된 공분산의 값과 정확히 일치한다. 초과식별 모형의 경우 적합도가 나빠질수록 χ_M^2 값은 증가하므로 카이제곱 통계량은 적합도가 얼마나 좋지 않은지를 나타내는 부적합성(badness-of-fit) 통계라고 할 수 있다.

χ_M^2은 표본크기가 크고 다변량 정규성을 가정할 수 있을 때, 초과식별 모형에 대한 완전적합 가설을 검정하는 데 사용된다. 정확하게 설정된 모형을 임의 표본으로 분석하는 경우, χ_M^2의 기댓값은 사례수와 관계 없이 모형의 자유도인 df_M과 동일하다. 이는 완벽한 적합도를 가지는 모집단으로부터 임의로 표집한 표본의 절반 정도가 $\chi_M^2 \leq df_M$에 해당함을 의미한다. 또한 20개의 임의 표본 중에서 19개의 표본에 대한 p값은 사례수와 관계 없이 .05 이상일 것이다. 따라서 .05 수준에서 완전적합 가설에 대한 검정을 수행하는 경우, 20개 중 1개꼴로 완전적합 가설이 기각될 것이다.

χ_M^2은 초과식별 모형과 포화식별 모형 간의 적합도 차이를 검정하는 데에도 사용된다. $\chi_M^2 > 0$이고 $df_M = 5$인 초과식별 모형이 있다고 가정하자. 이 모형에 5개의 경로를 더 추가하면 포화식별 모형이 되며, 잘못 설정된 모형이라 해도 모형으로부터 예측된 공분산행렬이 표본 공분산행렬과 완벽하게 일치하게 되어 χ_M^2과 df_M의 값은 모두 0이 된다.

완전적합 가설이 채택되면, 모형과 데이터는 표집오차의 범위 내에서 일치한다고 해석할 수 있지만, 모형이 실제로 정확한지는 알 수 없다. 모형의 설정오류가 무시할 수 없을 정도로 클 수도 있고, 연구자의 모형이 관찰된 데이터에 동일하게 또는 매우 근접하게 들어맞는 여러 가지 동치모형이나 준동치모형 중 하나일 가능성도 있다(Hayduk et al., 2007). 이러한 이유로, Markland(2007)는 카이제곱 검정 결과 적합하게 나온 모형이라 해도 모형의 타당성에 대해 한 번 더 검토하도록 연구자에게 경고하는 것이 필요하다고 하였다 (p. 853). 크기가 큰 공분산잔차 하나를 감지하지 못했거나, 크기는 작지만 체계적으로 존재하는 잔차들을 찾아내지 못했을 가능성도 있기 때문이다. 자유모수를 추가하여 모형을 복잡하게 함으로써 χ_M^2 값이 줄어들었을 가능성도 있다. 모수를 추가하는 데 대한 정당성이 확보되지 않으면, 모수 추가로 인해 복잡성이 증가한 모형은 모형으로서의 과학적 가치를 상실할 수 있다. χ_M^2은 다음과 같은 점에 의해서도 영향받는다.

1. 다변량 비정규성. 비정규성의 패턴과 심각성의 정도에 따라 χ_M^2의 값은 실제 적합도에 비해 크거나 작게 추정될 수 있다(Hayduk et al., 2007). 따라서 정규성 이론에 기초하여 분석할 경우에는 데이터의 비정규성이 어느 정도 심각한지 검토해야 한다. 비정규성을 통제하여 교정된 카이제곱을 보고하는 것도 방법이다.

2. 상관계수의 크기. 일반적으로 관찰된 변수들 간의 상관계수가 크면 잘못 설정된 모형의 χ_M^2 값도 더 크게 산출되는 경향이 있다. 상관계수가 크면 관찰된 상관과 예측된 상관의 차이가 더 커질 수 있기 때문이다.

3. 측정오차분산. 낮은 신뢰도로 인해 측정오차분산의 비율이 큰 변수들을 분석하게 되면 통계적 검정력이 낮아지는 결과를 초래할 수 있다. 수용-지지 검정에서 검정력이 낮으면 연구자의 모형이 채택될 가능성이 높아지기 때문에, 신뢰도가 낮은 측정도구를 사용하는 것이 오히려 모형의 적합도를 높이는 역설적인 상황을 가져올 수 있다. 검정력이 낮은 데도 불구하고 카이제곱 검정에서 영가설이 기각된다면, 적합도 문제가 매우 심각하다는 것을 의미한다. 이러한 상황에서는 지역 적합도 검정에 각별히 주의를 기울여야 한다.

4. 사례수. 모형으로부터 예측된 공분산행렬과 표본 공분산행렬의 차이가 어느 정도 있는 모형에서는 사례수가 커질수록 χ_M^2의 값이 커지는 경향이 있다. SEM 연구에서 전형적인 사례수인 $N = 200 \sim 300$ 정도로 분석하는 경우, 카이제곱 검정에서 영가설이 기각되면 모형을 기각해야 할 만큼 심각한 문제가 존재한다고 해석할 수 있다. 하지만 사례수가 매우 큰 경우에는 모형-데이터 간 불일치의 정도가 훨씬 작더라도 완전적합 가설이 기각될 수 있다. 이 경우 잔차를 분석하지 않고는 모형과 데이터가 실제로 불일치하는 것인지, 대규모 사례수로 인한 것인지 구별할 수 없다.

Cheung과 Rensvold(2002), 그리고 Meade, Johnson, Braddy(2008)가 수행한 모의실험 결과에 따르면, 요인 구조가 여러 집단에서 동일한지 여부를 검정하는 측정모형 동일성 검정 상황에서 χ_M^2이 사례수에 매우 민감하다는 점을 제시하였다. 그러나 근사 적합도지수 중에서 사례수에 덜 민감한 것들도 있다. Mooijaart와 Satorra(2009)는 상호작용 효과(조절효과)가 존재하는 상황을 χ_M^2이 민감하게 반영하지 못한다고 하였다. 상호작용 효과에 대한 설정오류가 심각한 상황에서조차 χ_M^2 분포는 영향을 덜 받기 때문이다. 따라서 상호작용 항을 설정하지 않은 모형이 카이제곱 검정을 통과하더라도, 그 모형이 실제로 상호작용이 없는 모형이라고 결론 내리는 데에는 주의가 필요하다. χ_M^2에 기반한 근사 적합도지수 역시 상호작용 설정오류를 그다지 민감하게 반영하지 않는다.

사례수가 증가할수록 모형-데이터 간 불일치에 대한 χ_M^2의 검정력이 증가한다는 점 때문에, 연구자들이 카이제곱 검정에서 도출된 유의미성을 무시하고 근사 적합도지수의 기준점만 참고하여 결론을 도출하는 것이 일반적인 관행이었다. 학술지에 게재된 많은 모형에서 통계적으로 유의미한 χ_M^2 값이 산출되었으나, 이러한 점에 크게 주의를 기울이지 않은 채 개별 모수추정치에 대한 통계적 유의미성 분석결과를 보고하는 경우가 많다(Markland, 2007). 이는 모형의 적합도에 대한 통계적 유의성은 무시한 채 개별 모수의 통계적 유의성에 대한 z검정 결과는 받아들이는 모순적인 상황으로, 연구자의 모형이 타당하지 않음에도 이를 채택하는 확증 오류를 범하게 되기 쉽다. 또한 증거를 무시함으로써 잘못된 결론을 학술지에 보고하도록 조장할 수 있다(Hayduk, 2014b).

여기서 잠시 **규준 카이제곱**(normed chi-square)에 관해 간략히 소개하고자 한다. 결론적으로 말해서, 규준 카이제곱은 가급적 사용하지 않는 것이 좋다. 표본크기에 대한 χ_M^2의 민감도를 낮추기 위해 초기 연구자들이 카이제곱을 기댓값, 즉 자유도로 나눈 (χ_M^2/df_M) 규준 카이제곱을 사용하기도 했다. 그러나 여기에는 세 가지 문제가 존재한다. 첫째, 카이제곱 통계량은 잘못 설정된 모형에서만 사례수의 영향을 받는다. 둘째, df_M은 사례수와 전혀 관계가 없다. 셋째, 규준 카이제곱 값이 어느 정도 되어야 모형을 수용할 수 있는지에 대한 타당하고 명확한 기준이 없다. 규준 카이제곱은 이처럼 통계적·논리적 기반이 약하기 때문에, 적합도 평가 도구로 활용하는 것이 바람직하지 않다.

다른 추정법에 적용되는 카이제곱

χ_M^2 통계량은 ML 추정에서 주로 사용되지만, 다른 추정법을 사용하는 상황에서도 동일한 공식으로 표현된다. 예를 들어, χ_{ADF}^2는 Browne(1984)의 **점근적 분포무관**(asymptotically distribution free: ADF) 추정에 사용되는 카이제곱으로, F_{ADF}(ADF 추정법에서 최소화되는 합치함수)에 $N-1$ 또는 N을 곱한 형태로 표현되며, 자유도는 df_M이다.

강건 최대우도(robust maximum likelihood: MLR) 추정에서 검정 통계량은 **Satorra-Bentler 척도 카이제곱**(Satorra-Bentler scaled chi-square)인 χ_{SB}^2로, 척도화되지 않은 모형 카이제곱

을 **척도수정요인**(scaling correction factor)인 c로 나누어서 계산한다. 공식은 다음과 같다.

$$\chi^2_{SB} = \frac{\chi^2_M}{c} \tag{12.2}$$

여기서 c는 원자료의 평균 첨도를 나타낸다. 임의 표본에 대한 χ^2_{SB}의 분포는 중심 카이제곱 분포에 근접하는 정도이며, 정확한 평균에 점근적으로 근접한다(즉, 기댓값은 df_M이다).

Satorra–Bentler 수정 카이제곱(Satorra–Bentler adjusted chi–square)은 중심 카이제곱 분포에 더 근접하여 점근적으로 정확한 평균과 분산을 가지도록 하기 위해 적도교정요인을 적용한다. 이 통계량의 p값을 계산하는 데에는 주로 15.75와 같이 소수 형태로 추정된 자유도가 이용된다. 두 카이제곱 중에서는 Satorra–Bentler 척도 카이제곱이 수정 카이제곱에 비해 더 널리 사용된다. LISREL(Scientific Software International, 2013) 버전 9에서는 다섯 가지의 모형 카이제곱 통계량을 제공하는데, 이에 관해서는 부록 12.A에 자세히 소개하였다.

RMSEA

절대 적합도지수인 RMSEA는 그리스 문자 $\hat{\varepsilon}$(epsilon)으로 표기하며, 0에 가까울수록 좋은 적합도를 의미하는 부적합성 통계다. 이 지수는 자유도가 큰 모형이나 사례수가 크면서 $\hat{\varepsilon}$의 값이 낮은 모형에 대해 '보상'을 가하며, SEM 분석 프로그램에서 다음과 같이 90% 신뢰구간으로 보고된다.

$$[\,\hat{\varepsilon}_L, \ \hat{\varepsilon}_U\,] \tag{12.3}$$

여기서 $\hat{\varepsilon}_L$은 RMSEA의 하한, $\hat{\varepsilon}_U$는 상한 추정치다. $\hat{\varepsilon} = 0$이면, 신뢰구간은 $\hat{\varepsilon}_U > \hat{\varepsilon}$인 일방향 구간으로 산출될 것이다. 이러한 점 때문에 RMSEA에 대한 신뢰구간은 일반적인 양방향 가설 검정에서 주로 사용하는 95% 구간 대신 90%를 사용한다. $\hat{\varepsilon} > 0$이면, $\hat{\varepsilon}_L \geq 0$이고, 이때 $\hat{\varepsilon}$ 값은 일반적으로 식 12.3에 제시된 신뢰구간의 정중앙에 놓이지 않는다.

모형 카이제곱은 모형이 완전적합(exact fit) 상태로부터 벗어난 정도를 측정하지만, $\hat{\varepsilon}$은 근사적합(close fit) 상태로부터 벗어난 정도를 측정한다. 따라서 $\hat{\varepsilon}=0$은 모형과 데이터 간 불일치가 근사적합의 한계점을 초과하지 않았음을 의미하는 것이지, 적합도가 완벽하다는 의미가 아니다. 식 12.4에서 볼 수 있듯이, 근사적합의 한계점은 완전적합을 가정하는 중심 카이제곱 분포하에서 모형 카이제곱과 자유도 간의 차이와 0 중에서 더 큰 값으로 정의된다.

$$\hat{\Delta}_M = \max(0,\ \chi^2_M - df_M) \tag{12.4}$$

만일 $\chi^2_M \leq df_M$이면, $\hat{\Delta}_M = 0$이 되고, 이는 모형이 근사적합의 한계를 벗어나지 않았음을 의미한다. 그러나 $\hat{\Delta}_M > 0$이면 χ^2_M과 df_M의 차이만큼 근사적합의 한계가 초과됨을 의미한다. $\hat{\Delta}_M$은 식 12.5의 비중심 카이제곱 분포에서 비중심 모수 Δ_M에 대한 추정치다.

$$\chi^2_M\ (df_M,\ \Delta_M) \tag{12.5}$$

비중심 카이제곱 분포는 모형이 모집단의 공분산행렬에 완벽하게 들어 맞지 않는 경우, 즉 $\Delta_M > 0$인 상황에서 $\hat{\varepsilon}$의 분포를 나타낸다. 반면, 적합도가 완벽한 경우, 즉 $\Delta_M = 0$일 때, $\hat{\varepsilon}$은 자유도가 df_M인 중심 카이제곱 분포를 따른다.

$\hat{\Delta}_M > 0$이면 $\hat{\varepsilon} > 0$이 되고, 이때 RMSEA의 공식은 12.6과 같다.

$$\hat{\varepsilon} = \sqrt{\dfrac{\hat{\Delta}_M}{df_M(N-1)}} \tag{12.6}$$

이 식에서 볼 수 있듯이, 자유도가 크고 사례수가 커질수록 $\hat{\varepsilon}$의 값은 작아지지만, N이 매우 큰 경우 df_M으로 나눈 효과는 줄어들게 됨을 알 수 있다. 이에 관한 더 자세한 사항은 Mulaik(2009b, pp. 339-341)을 참고하기 바란다. RMSEA 해석의 기준을 가장 먼저 제안한 것은 Browne과 Cudeck(1993)으로, $\hat{\varepsilon} \leq .05$이면 '좋은 적합도'를 의미한다고 하였다. 그러나 Chen, Curran, Bollen, Paxton(2008)의 모의실험 결과, $\hat{\varepsilon}$이 단독으로 사용되든 90% 신뢰구간과 함께 사용되든 관계 없이 그동안 보편적으로 적용해 온 기준점인 .05 또는 다른 기준점의 타당성을 지지할 수 있는 근거가 미약한 것으로 나타났다. Browne과 Cudeck(1993)은 $\hat{\varepsilon} \geq .10$인 경우 심각한 문제가 있는 것으로 제안한 바 있으나, 이 역시 근거가 미약하다. [Topic Box 12-1]에는 RMSEA를 기반으로 한 유의성 검정에 관해 정리하였다. 이 중 일부는 12장 후반부에서 다룰 SEM의 검정력 분석과 관련되어 있다.

[Topic Box 12-1]
RMSEA에 기반한 유의성 검정

다음과 같은 완전적합 가설에 대한 카이제곱 검정에서 90% 신뢰구간의 하한 추정치가 0이면($\hat{\varepsilon}_L = 0$), 영가설은 .05 수준에서 기각되지 않는다.

$$H_0 : \varepsilon_0 = 0$$

완전적합 가설에 대한 수용-지지 검정의 p값은 동일한 모형과 데이터에 대한 $\chi^2_M(df_M)$의 p값에 해당한다. SEM 컴퓨터 프로그램 중에는 **근사적합 가설**(close-fit hypothesis) 검정에 대한 p값, 즉 다음과 같은 단측검정 영가설의 p값을 제공하는 것도 있다.

$$H_0 : \varepsilon_0 \leq .05$$

유의수준 .05에서 근사적합 가설의 $p_{\varepsilon_0 \leq .05}$ 값이 .05보다 크게 산출되어 영가설을 기각하지 못하면 연구자의 모형을 채택하게 된다. 어떤 경우는 모형이 완전적합 검정에서는 기각되었지만 그보다 덜 엄격한 근사적합 검정은 통과하는 경우도 있다. Hayduk, Pazderka-Robinson, Cummings, Levers, Beres(2005)는 이러한 모형을 **근사기각 모형**(close-yet-failing model)이라고 지칭하였다. 근사적합 검정을 통과했다고 해서 완전적합 검정에서 영가설이 기각된 점을 무시할 수 있는 것은 아니다. Hayduk(2014a, p. 920)이 언급한 바와 같이, "근사적합, 즉 공분산행렬에서 근소한 부적합이 나타났다고 해서 모형이 인과적으로 타당하게 설정되었다고 확신할 수는 없다."

근사부적합 가설(not-close-fit hypothesis)은 근사적합 가설의 반대 의미로, 다음 식으로 나타낼 수 있다.

$$H_0 : \varepsilon_0 \geq .05$$

90% 신뢰구간의 상한이 .05보다 작으면($\hat{\varepsilon}_U < .05$), 근사부적합 가설이 기각되어 연구자의 모형은 지지된다. 근사부적합 가설 검정은 기각-지지 검정이므로, 검정력이 낮으면 연구자의 모형을 지지하지 못하는 방향으로 기능한다. 검정력이 높다는 것은 합리적인 수준에서 타당한 모형, 또는 적어도 근사적합 검정의 경계 내에서 표본 데이터 행렬에 가까운 공분산행렬

을 예측하는 모형을 탐지할 확률이 더 높음을 의미한다.

90% 신뢰구간의 상한 추정치가 '낮은 적합도'에 해당하는 값 이상인 경우($\hat{\varepsilon}_U \geq .10$), 모형의 타당성에 대해 확신하기 어려울 것이다. 예를 들어, 다음과 같은 **부적합 가설**(poor-fit hypothesis)을 검정하는 것은 연구모형의 적합도가 낮은 적합도 기준에 비해 얼마나 더 안 좋은지를 평가하는 기각-지지 검정에 해당한다.

$$H_0 : \varepsilon_0 \geq .10$$

낮은 적합도 가설은 근사적합 가설 검정 결과가 어느 정도 현실적인지를 검토하는 역할을 한다. 이 점에 있어서는 완전적합 가설 검정도 동일하다.

동일한 모형과 데이터에 적용한다 해도 여러 가지 유의성 검정 결과가 반드시 일관되게 나오는 것은 아니다. 예를 들어, 〈표 12-1〉의 예에서 모형 적합도 검정 결과는 다음과 같다.

$$\chi^2_M(5)=11.107, \quad p=0.049$$

$$\hat{\varepsilon}=.057, \quad 90\% \text{ CI } [.003, .103], \quad p_{\varepsilon_0 \leq .05}=.336$$

또한 [그림 7-5]에 제시한 질병 경로모형의 예에서 유의수준 .05에서 실시한 적합도 검정 결과는 다음과 같다.

1. 모형 카이제곱 검정에 대한 $p < .05$이고 $\hat{\varepsilon}_L > 0$이므로 완전적합 가설을 기각한다.
2. $p_{\varepsilon_0 \leq .05} > .05$이므로 근사적합 가설을 채택한다.
3. $\hat{\varepsilon}_U > .05$이므로 근사부적합 가설을 기각하지 못한다.
4. $\hat{\varepsilon}_U > .10$이므로 부적합 가설을 기각하지 못한다.

이처럼 같은 모형 적합도에 대한 유의성 검정 결과가 서로 불일치하는 문제를 해결하기 위한 유일한 방법은 90% 신뢰구간을 전체적으로 고려하여 해석하는 것이다. 즉, 이 예에서 RMSEA의 점 추정치인 $\hat{\varepsilon} = .057$은 정확성이 떨어지므로 근사적합 가설과 부적합 가설이 동시에 채택되는 모순이 발생한다. 사례수가 더 컸다면 더 정확한 결과를 얻을 수 있었을 것이다.

RMSEA는 다음과 같은 한계를 가진다.

1. 적합도 해석의 기준점에 근거하여 $\hat{\varepsilon}$ 추정치와 신뢰구간을 해석하는 데에는 비중심

카이제곱 분포를 따라야 한다는 가정이 필요하다. 그러나 이 가정이 만족되지 않는 경우도 있다. Olsson, Foss, Breivik(2004)은 모의실험 연구를 통하여 상대적으로 설정오류가 작은 모형에서는 $\hat{\varepsilon}$의 경험적 분포가 비중심 카이제곱 분포를 따르지만, 설정오류가 큰 모형에 대해서는 대체로 비중심 카이제곱 분포를 따르지 않는다는 점을 발견하였다. 다른 연구들(Chen et al., 2008; Yuan, 2005; Yuan, Hayashi, & Bentler, 2007)에서도 RMSEA의 기준점에 대한 일반화가능성에 의문을 제기하였다.

2. Nevitt과 Hancock(2000)은 몬테카를로 연구를 통하여 Satorra−Bentler의 척도 카이제곱과 같이 데이터의 비정규성을 교정한 강건 RMSEA의 수행력을 평가하였다. 데이터가 정규성을 따르지 않을 때, 강건 RMSEA 통계량은 교정을 가하지 않은 RMSEA (식 12.6)에 비하여 대체로 더 정확하였다.

3. Breivik과 Olsson(2001)은 모의실험 연구를 통하여 변수의 수가 상대적으로 적은 소규모 모형에 RMSEA가 불이익을 더 많이 가하는 경향이 있다고 하였다. 소규모 모형은 규모가 큰 모형에 비해 자유도가 커지는 데 한계가 있는 반면, 큰 모형에서는 자유도가 커질 수 있는 여지가 충분하기 때문이다.

CFI

Bentler CFI는 증분 적합도지수(incremental fit index) 중 하나로 0에서 1 사이의 값을 가지며, 1에 가까울수록 적합도가 좋음을 의미한다. CFI는 연구자의 모형이 근사적합 상태에서 얼마나 벗어나 있는지를 독립(영)모형과 비교하여 수치화한 지수다. $\chi^2_M \leq df_M$(즉, $\hat{\Delta}_M = 0$)인 모형에서 CFI는 1이며, 근사적합으로부터 전혀 벗어나지 않은 상태다. 이밖의 경우, CFI의 공식은 식 12.7과 같다. 기저모형에 대한 $\hat{\Delta}_B$는 식 12.8로 정의되며, χ^2_B와 df_B는 각각 기저모형에 대한 카이제곱과 자유도를 나타낸다.

$$\text{CFI} = 1 - \frac{\hat{\Delta}_M}{\hat{\Delta}_B} \tag{12.7}$$

$$\hat{\Delta}_B = \max(0, \chi^2_B - df_B) \tag{12.8}$$

일반적으로 χ^2_B의 값이 상당히 크기 때문에 실제 데이터에서 $\chi^2_B \leq df_B$인 상황은 잘 발생하지 않는다. CFI 값이 .90이라는 것은 연구모형의 적합도가 기저모형에 비해 90% 더 좋음을 의미한다.

CFI는 McDonald와 Marsh(1990)가 제안한 상대 비중심 지수(relative noncentrality index)를 0에서 1 사이의 값을 가지도록 재척도화한 것이다. 이와 관련된 통계량으로 TLI(Tucker-Lewis index; Tucker & Lewis, 1973)가 있으며, 이는 NNFI(non-normed fit index; Bentler & Bonett, 1980)라고도 불린다. TLI는 연구자의 모형으로부터 df_M을 통제함과 동시에 기저모형으로부터 df_B를 통제하며, TLI의 값은 1을 초과할 수 있다. TLI는 CFI에 비하여 모형의 복잡성에 대해 상대적으로 더 많은 불이익을 가한다. CFI와 TLI는 상관이 매우 높기 때문에 두 지수 중 하나만 보고해도 무방하다(Kenny, 2014a).

증분 적합도지수는 기저모형을 독립(영)모형으로 설정하고 있다는 점에서 비판을 받아왔다. 대부분의 SEM 분석에서 데이터의 공분산이 0이라는 가정은 비현실적이기 때문이다. 기저모형을 독립모형이 아닌 다른 현실적인 모형으로 설정하여 증분 적합도지수를 계산하는 것도 가능하다. 예를 들어, Widaman과 Thompson(2003)은 반복측정 패널설계에서 종단적 독립모형(longitudinal independence model)을 기저모형으로 설정하는 방법을 소개하였다. 이 모형에서는 모든 공분산을 0으로 고정하고, 각 시점에서 반복 측정된 변수의 평균과 분산을 시점별로 동일하게 고정하였다. 시간이 지남에 따라 관찰된 평균과 분산의 변화가 크다면 연구자의 모형이 기저모형에 비해 더 많은 정보를 제공할 수 있다고 할 수 있으나, 시간에 따른 변화가 미미한 경우에는 연구자의 모형에서 얻을 수 있는 정보가 적을 것이다(Little, 2013). 이처럼 SEM 프로그램에서 기본값으로 설정된 독립모형을 사용하지 않고 연구자가 기저모형을 특별히 지정하여 CFI를 계산하려면, 프로그램 코드 명령문(syntax)을 이용하여 직접 기저모형을 설정하여 분석한 다음 이로부터 산출된 카이제곱과 자유도 값을 식 12.7에 대입하여 CFI를 손으로 직접 계산해야 한다.

Hu와 Bentler(1999)는 CFI와 함께 상관잔차에 기반한 SRMR을 같이 보고할 것을 제안하였다. CFI는 형태계수의 설정오류에 민감한 반면, SRMR은 CFA 모형의 요인공분산에 대한 설정오류에 더 민감하기 때문이다. Hu와 Bentler(1999)는 CFI ≥ .95이고 SRMR ≤ .08인 경우를 수용 가능한 적합도 수준이라고 제안하였다. 그러나 이와 같은 기준은 Fan과 Sivo(2005)의 모의실험 연구에서는 지지를 얻지 못하였다. 이들은 Hu와 Bentler(1999)가 요인분석에서 얻은 CFI와 SRMR에 대한 결과가 통계적 오류라고 하였다. 다른 모의실험 연구에서도 CFI와 SRMR의 기준점에 대한 타당성을 지지하는 증거는 발견되지 않았다(Yuan, 2005).

SRMR

　SRMR은 절대 적합도지수로, 값이 커질수록 적합도가 좋지 않은 부적합성 통계량이다. SRMR은 공분산잔차의 절댓값을 평균한 **RMR**(root mean square residual)을 표준화한 지수다. RMR이 0이면 적합도가 완벽하다고 해석할 수 있으며, RMR이 커질수록 적합도는 나빠진다. RMR은 표준화되지 않은 변수로 계산되기 때문에, RMR 값이 가질 수 있는 범위는 측정변수의 척도에 따라 달라진다. 변수들의 척도가 모두 다르다면 RMR의 값을 해석하기 어렵다. 한편, SRMR은 표준된 척도상에서 공분산잔차 제곱을 평균한 다음 제곱근을 취하여 계산한다. 따라서 SRMR은 상관잔차의 절댓값들을 평균한 것으로, 관찰된 상관과 예측된 상관 사이의 전반적인 차이를 나타낸다. 일반적으로 SRMR 값이 .10보다 크면 적합도가 좋지 않은 것으로 간주하지만, SRMR이 작더라도 역시 상관잔차 행렬은 반드시 검토해야 한다.

잔차 검토를 위한 가이드라인

　상관잔차는 공분산잔차에 비해 해석이 쉽다. 일반적으로 상관잔차의 절댓값이 .10보다 크면 지역 적합도가 좋지 않을 가능성을 면밀히 검토해야 한다. 그러나 모형설정 오류의 유형이나 오류의 정도, 잔차의 크기 간에는 사실상 특정한 관계가 있다고 하기 어렵다. 상관잔차가 작더라도 모형설정 오류의 정도는 미미할수도, 심각할 수도 있다.

　이에 대한 한 가지 이유는 수정지수와 같은 진단적 통계량과 마찬가지로 잔차도 설정 오류의 영향을 받기 때문이다. 의학에서 특정 질병을 가지고 있는 환자에게 그 병을 진단하는 검사의 정확성이 오히려 떨어지는 일이 발생하는 경우와 마찬가지다. SEM에서도 모형의 일부가 잘못 설정되어 모형 전체에 오차가 만연한 경우 이와 같은 결과를 초래할 수 있다. 이러한 문제는 2SLS와 같은 단일추정에 비해 ML과 같은 동시추정 방법을 적용할 때 훨씬 심각하다. 그러나 모형의 어떤 부분이 잘못 설정되었는지 미리 알 수 없기 때문에 잔차의 패턴을 정확하게 이해하는 것은 어렵다.

　잔차의 패턴을 검토하면 적합도를 이해하는 데 도움이 된다. 양의 상관을 가지는 두 변수 X와 Y가 있고, 두 변수는 구조모형에서 간접효과로만 연결되어 있다고 가정하자. 이 변수들에 대한 잔차가 양수라는 것은 모형이 두 변수 간의 관찰된 상관을 실제보다 작게 예측했음을 뜻한다. 이 경우, X와 Y 간에 직접효과가 없다는 가설에 대해서 다시 생각해 볼 필요가 있으며, 오차 간에 상관을 설정하는 것도 생각해 볼 수 있다. 그러나 어떤 효과를 모형에 추가할 것인지, 그리고 인과의 방향을 어떻게 설정하는 것이 타당한지는 잔차 분석으로 알 수 없다. 하나로 모든 것을 알 수 있는 마법 같은 적합도지수가 존재하지 않는 것처럼, 진단적 통계량에서도 이 점은 마찬가지다. 연구자들이 모형을 재설정하기 위해 갖은 노력을 다해야 하는 부담을 덜어 줄 수 있는 마법 같은 진단적 통계량은 없다.

전체 적합도지수 해석 사례

〈표 12-1〉에 제시된 전체 적합도지수는 질병 경로모형에 대해 LISREL(Scientific Software International, 2013)을 적용하여 ML 추정법으로 계산한 것이다([그림 7-5]와 〈표 4-2〉 참조). 사례수는 $N = 373$, 최소화된 합치함수는 $F_{ML} = .0297787$이며, LISREL로 계산한 카이제곱 값은 $\chi_M^2(5) = 373 \times (.0297787) = 11.107$, $p = .049$다. LISREL 프로그램은 Browne(1984)의 ADF 추정치도 보고하는데, 정규성 가정하에서 이 모형에 대한 ADF 추정치는 $\chi_{ADF}^2(5) = 11.103$, $p = .049$로, ML 추정법으로 계산한 값과 거의 동일하다. 이 모형은 유의수준 .05에서 완전적합 가설을 가까스로 기각하였으나, 엄격성이 완화된 근사적합 검정에서는 $p_{\varepsilon_0 \leq .05} = .336$으로 영가설이 채택되었다(〈표 12-1〉 참조).

〈표 12-1〉에 제시된 근사적합도 값을 보면 일관되지 않은 양상을 볼 수 있다. RMSEA 값은 .057로 그다지 나쁘지 않지만, 90% 신뢰구간의 상한값은 .103으로 큰 편이어서 부적합 가설을 기각할 수 없는 상황이다. [그림 7-5]에 제시된 경로모형에 대한 적합도는 독립모형에 비해 약 96.2% 정도 좋다고 할 수 있다(CFI = .962). LISREL에서는 모든 측정변수 간의 공분산을 0으로 설정한 모형이 독립모형으로 정의되어 있다. CFI나 SRMR 값(.051)을 보면 적합도에 큰 문제가 있어 보이지는 않는다. 연습문제 1에서 3은 〈표 12-1〉에 제시된 결과들을 바탕으로 근사 적합도지수들을 계산하는 문제이고, 연습문제 4는 사례수를 더 크게 가정해서($N = 5,000$) 재분석함으로써 사례수의 변화가 전체 적합도지수의 값에 어떠한 영향을 미치는지 확인해 보는 문제다.

11장에서 질병 경로모형에 대해 잔차 검토를 비롯한 지역 적합도 검정을 수행한 결과(〈표 11-1〉〈표 11-8〉), 이 모형이 체력과 스트레스 간의 관찰된 관계를 제대로 설명하지 못하는 등 몇 가지 적합도 문제를 가지고 있다는 점을 확인한 바 있다. 〈표 12-1〉에 제시된 전체 적합도지수 중 일부는 적합도가 낮은 반면(예: χ_M^2, $\hat{\varepsilon}_U$), 적합도가 비교적 높은 것

〈표 12-1〉 질병 경로모형 분석 사례의 적합도 통계량

N	373
F_{ML}	.0297787
df_M	5
모형 검정 통계량	
χ^2_M	11.107, $p = .049$
정규성을 가정한 χ^2_{ADF}	11.103, $p = 049$
$p_{\varepsilon_0 \leq .05}$	.336
근사 적합도지수	
RMSEA [90% CI]	.057 [.003, .103]
CFI	.962
SRMR	.051
독립모형	
χ^2_B	172.289
df_B	10

주. CI: 신뢰구간. 모든 결과는 LISREL로 계산한 것임.

들도 있다($\hat{\varepsilon}$, CFI, SRMR). 이는 SEM에서 지역 적합도 검정의 중요성을 단적으로 보여 주는 예다.

위계모형 비교

다음으로 **위계(내재)모형**[hierarchical (nested) models]에 대한 가설 검정 방법을 살펴보고자 한다. 한 모형이 다른 모형의 부분집합(subset)에 해당할 때 두 모형은 위계적 또는 내재적 관계에 있다고 한다. 예를 들어, 모형 1을 구성하는 자유모수 중 하나를 0으로 고정하여 모형 2를 만들면 모형 2가 모형 1에 내재되는 위계적 관계에 있게 된다. 이는 SEM에서 가장 흔히 볼 수 있는 모형 비교 상황이다.

모형 트리밍과 모형 빌딩

위계적 모형을 비교하는 데에는 크게 두 가지 방법이 있다. 먼저 **모형 트리밍**(model

trimming)은 복잡한 모형에서 시작하여 자유모수를 하나씩 제거함으로써 모형을 단순화시키는 과정을 말한다. 보통은 원래 모형에서 자유모수로 설정되었던 경로 중 일부를 0으로 제약한다. 반대로 **모형 빌딩**(model building)은 기본 골격만 갖춘 초과식별 모형에 자유모수를 하나씩 추가해 나가는 과정을 말한다. 여기서는 이전에 0으로 고정되었던 경로 중 하나 이상의 경로를 자유모수로 설정하게 된다. 모형이 트리밍 과정을 통하여 단순해지면 χ^2_M이 증가하게 되므로 모형의 전체 적합도는 대체로 더 나빠진다. 같은 원리로, 경로가 추가될 때마다 χ^2_M이 감소하므로 모형의 적합도는 대체로 좋아진다. 그러나 모형 트리밍과 모형 빌딩의 공통된 목적은 적절하게 설정된 공분산구조를 가지면서 동시에 이론적으로도 정당화할 수 있는 모형을 찾는 것이다.

　모형 트리밍이나 빌딩 과정은 이론적 기준이나 경험적 기준에 근거해야 한다. 이론적 기준이란 연구자가 이론을 바탕으로 사전에 설정한 가설을 검정하는 것을 뜻한다. 예를 들어, 어떤 모형이 다음과 같은 경로를 포함하고 있다고 가정하자.

$$X \longrightarrow Y_2, \qquad X \longrightarrow Y_1 \longrightarrow Y_2$$

만일 연구자가 X와 Y_2의 관계를 Y_1이 전적으로 매개한다고 믿는다면, $X \longrightarrow Y_2$의 경로계수를 0으로 제약하여 이 경로를 삭제함으로써 연구자의 가설을 검정할 수 있다. 만일 이처럼 제약을 가한 모형의 전체 적합도가 $X \longrightarrow Y_2$를 자유모수로 설정한 모형과 비교하여 크게 나쁘지 않으면, 변수 간 인과의 방향이 타당하다는 가정하에 X와 Y_2 사이를 Y_1이 완전 매개한다는 가설을 지지할 수 있을 것이다. 그러나 여기서 중요한 점은 위계적 모형에 대한 검정 결과를 바탕으로 모형을 재설정할 때 반드시 연구자의 이론적 가설에 근거해야 한다는 것이다.

　반면, 통계적 준거에 의해 경로를 삭제하거나 추가하는 등 경험적 기준으로 모형을 재설정하는 경우는 그렇지 않다. 예를 들어, 어떤 경로모형에서 한 경로를 삭제하기로 결정한 근거가 단지 그 경로계수가 통계적으로 유의미하지 않기 때문이라면 이때 모형 재설정은 순전히 경험적 기준에 의해서만 이루어진 것이다. 모형 재설정이 이론에 기반한 것인지 경험에 기반한 것인지에 따라 모형 트리밍이나 모형 빌딩 결과가 의미하는 바는 달라질 수 있다. 이 점에 대해서는 모형 비교를 위한 검정 통계량을 소개한 후에 다시 다룰 것이다.

카이제곱 차이검정

카이제곱 차이검정 통계량(chi–square difference statistic)인 χ_D^2는 모형 트리밍 과정에서 자유모수가 삭제됨에 따라 발생되는 적합도의 감소, 또는 모형 빌딩 과정에서 자유모수가 추가됨에 따라 발생하는 적합도의 향상이 통계적으로 유의미한지를 검정하는 데 사용되는 방법이다.

명칭에서도 알 수 있듯이, χ_D^2는 간단히 말해서 동일한 데이터로 추정된 두 위계적 모형에 대한 χ_M^2의 차이다. 카이제곱 차이검정에서 자유도 df_D는 두 위계적 모형 각각의 자유도 df_M 차이와 같다. χ_D^2 통계치는 전집에서 두 위계적 모형의 적합도가 동일하다는 **동일적합 가설**(equal–fit hypothesis)을 검정하는 데 사용된다. χ_D^2의 값이 작으면 두 모형 간 적합도가 동일하다는 가설을 기각할 수 없으며, 값이 커지면 이 가설은 기각될 것이다.

모형을 트리밍하는 상황에서 동일적합 가설이 기각된다는 것은 모형이 과도하게 단순화되었다는 것을 의미하며, 반대로 모형 빌딩에서 동일적합 가설이 기각되면 경로를 추가해도 된다고 해석할 수 있다. 이때 비교의 대상이 되는 두 모형의 적합도는 양호해야 한다. 데이터를 충분히 설명하지 못하는 두 위계적 모형의 적합도를 비교하는 것은 의미가 없다.

$\chi_{M1}^2(5)=18.30$인 초과식별 모형이 있다고 가정해 보자. 여기에 경로 하나가 추가되어 자유도는 1만큼 감소되었고, 그 결과 $\chi_{M2}^2(4)=9.10$이 되었다. 이러한 결과로부터 $df_D = 5-4=1$이고, $\chi_D^2(1)=18.30-9.10=9.20$, $p=.002$임을 알 수 있다. 따라서 경로가 추가된 새로운 모형(M2)의 전체 적합도는 원래 모형(M1)의 적합도보다 유의수준 .05에서 통계적으로 더 낫다고 결론 내릴 수 있다. 이 예에서 카이제곱 차이검정은 1개의 경로와 관련되어 있으므로 $df_D=1$인 일변량 검정이다. 경로가 둘 이상 차이나는 위계적 모형들을 비교할 때, 즉 $df_D \geq 2$인 경우 카이제곱 차이검정은 추가되거나 삭제된 모든 경로를 동시에 검정하는 다변량 검정이다. 다변량 검정에서 χ_D^2에 대한 p 값이 .05 이하로 나타나면 경로들을 개별적으로 검정할 때 적어도 하나는 .05 수준에서 통계적으로 유의할 수 있다는 의미이지만, 반드시 그렇다는 보장은 없다.

[Topic Box 12-2]
척도 카이제곱 차이검정

Satorra와 Bentler(2001)는 MLR 추정으로 두 위계모형을 비교하는 상황에서 척도 카이제곱 차이검정 통계량을 손으로 계산하는 방법을 제안하였다. 모형 1이 모형 2보다 단순하다고 가정하자($df_{M1} > df_{M2}$). 척도화되지 않은 검정 통계량은 식 12.1에 제시한 ML 카이제곱 (χ^2_M)이며, 척도화된 카이제곱은 식 12.2에 제시한 Satorra-Bentler의 척도 카이제곱(χ^2_{SB})이다. χ^2_{SB}의 계산 방법은 다음과 같다.

1. 먼저, 척도화되지 않은 카이제곱 차이 통계량과 자유도를 계산한다.

$$\chi^2_D = \chi^2_{M1} - \chi^2_{M2}, \quad df_D = df_{M1} - df_{M2}$$

2. 각 모형별로 척도수정상수 c를 계산한다.

$$c_1 = \frac{\chi^2_{M1}}{\chi^2_{SB1}}, \quad c_2 = \frac{\chi^2_{M2}}{\chi^2_{SB2}} \tag{12.9}$$

3. 다음 식을 이용하여 척도 카이제곱 통계량 χ^2_D를 계산한다.

$$\hat{\chi}^2_D = \frac{\chi^2_D}{(c_1 df_{M1} - c_2 df_{M2})/df_D} \tag{12.10}$$

이때, p 값은 중심 카이제곱 분포에서 $\hat{\chi}^2_D (df_D)$에 대한 확률이다.

Mplus에서 'difftest' 옵션을 지정하면 척도 카이제곱 차이 통계량을 자동으로 계산한다. Crawford(2007)가 Windows용으로 개발한 SBDIFF.EXE도 무료로 사용 가능하다. 척도 카이제곱 통계량을 계산해 주는 웹사이트도 있다.* 사례수가 매우 작거나 단순한 모형이 잘못 설정되었을 때, 식 12.10에서 분모가 0보다 작은 상황이 발생할 수 있으며, 이 경우 검정 자체가 불가능하다. Satorra와 Bentler(2010)는 음수값이 산출되는 것을 피하기 위하여 새로운 척도 카이제곱 차이검정 통계량을 제안하였으나, 이를 사용하려면 일반적인 SEM 컴퓨터 프로그램의 분석결과로부터 얻을 수 없는 정보가 추가로 필요하다. Bryant와 Satorra(2012)는 EQS, Mplus, LISREL 8에서 새로운 카이제곱 차이검정을 수행할 수 있는 명령문을 제공하였다. 또한 Bryant와 Satorra(2013)는 EQS, Mplus, LISREL 8-9에서 새로운 카이제곱 차이검정을 자동으로 계산할 수 있는 Microsoft Excel 프로그램을 무료로 내려받을 수 있도록 하고 있다.

*www.uoguelph.ca/~scolwell/difftest.html

주의할 점은 두 위계모형에 대한 Satorra-Bentler 척도 카이제곱의 차이를 동일적합 가설을 검정하는 통계량으로 해석할 수 없다는 점이다. 차이검정 통계량이 카이제곱 분포를 따르지 않기 때문이다. **척도 카이제곱 차이검정 통계량**(Scaled chi-square difference statistic)은 근사 카이제곱 분포를 따르며, 이를 계산하기 위한 방법은 [Topic Box 12-2]에 제시되어 있다. 연습문제 5는 위계적 모형에 대해 척도 카이제곱 차이검정을 수행하는 문제다. 연구자는 위계적 모형 각각에서 산출된 근사 적합도지수(RMSEA, CFI, SRMR 등)를 바탕으로 위계적 모형에 대한 상대적 적합도를 비교할 수 있지만, 이를 바탕으로 유의성 검정을 할 수는 없다. 일반적으로 위계적 모형 중 더 단순한 모형에 대한 근사 적합도지수가 훨씬 나쁘면 더 복잡한 모형을 선택하게 되며, 이 경우 더 복잡한 모형은 지역 적합도 검성에서도 양호한 적합도를 가질 것이라고 가정한다.

경험적 재설정과 이론적 재설정

모형을 재설정할 때 경험적 기준에 근거했는지 이론적 기준에 근거했는지에 따라 모형 검정 통계치로서 χ_D^2의 해석이 달라진다. 예를 들어, 통계적으로 유의미하지 않은 경로를 모형에서 삭제했다고 가정하자. 이 경우 χ_D^2가 통계적으로 유의미하지 않을 가능성이 높지만, 만일 삭제된 경로가 사전에 이미 0으로 예측된 경로라면 χ_D^2 검정은 이론적으로도 의미를 가질 것이다. 또한 모형이 전적으로 통계적 유의도와 같은 경험적 준거에 의해 설정되었다면, 연구자는 이러한 결과가 그 표본에서만 우연히 나타났을 가능성을 고려해야 한다. 즉, 어떤 경로는 우연히 통계적으로 유의하게 나타났을 가능성이 있는데, 이 경로를 모형에 포함시키면 제1종 오류를 범하게 된다. 마찬가지로, 실제로 인과효과가 0이 아닌 경로가 어떤 표본에서는 통계적으로 유의하지 않을 수 있는데, 이 경로를 그 모형에서 제외시키게 되면 제2종 오류를 범하게 된다. 이처럼 표본 특수성으로 인한 문제를 완화할 수 있는 일종의 장치로서, 이론적 근거는 모형 재설정에서 매우 큰 역할을 한다.

표본 특수성에 관한 문제는 연구자가 SEM 프로그램에서 제공하는 자동 수정 옵션을 사용할 때 각별히 더 주의해야 한다. **수정지수**(modification index)는 모형에서 0으로 고정된 모든 경로에 대하여 계산되는데, 자동 수정 옵션을 사용하면 수정지수의 통계적 유의성과 같은 경험적 기준에 의하여 순전히 탐색적인 방식으로 경로를 삭제하거나 추가한다. 수정지수는 **라그랑즈 승수**(Lagrange multiplier: LM)의 일변량 버전으로, 모형 수정의 맥락에서는 자유도가 1인 χ^2으로 표현된다. 수정지수는 0으로 고정되었던 특정 경로를 자유모수로 추정할 경우 모형 카이제곱(χ^2_M)의 값이 얼마나 감소할지를 추정한다. 즉, 수정지수는 그 경로를 추가함에 따른 카이제곱 차이, 다시 말해 $\chi^2_D(1)$를 추정한다. 따라서 수정지수의 값이 클수록 그 경로를 모형에 추가함으로써 적합도가 개선되는 정도는 더 클 것으로 예측할 수 있다. 마찬가지로 다변량 LM은 0으로 제약한 여러 개의 경로들을 자유모수로 설정함으로써 나타나는 효과를 추정한다. Amos나 EQS와 같은 SEM 컴퓨터 프로그램에서는 사용자가 특정 모수를 지정하여 수정지수를 생성할 수 있기 때문에 연구자가 이론적인 근거를 가지고 수정지수를 사용할 수 있다.

수정지수를 사용하는 데에는 몇 가지 주의 사항이 있다.

1. 컴퓨터 프로그램에서 제안한 수정지수 값 중에는 '무의미한' 모수, 즉 해석이 불가능한 모수가 포함되어 있는 경우가 있다. 외생 측정변수와 설명오차 간 공분산 같은 것이 단적인 예다. 따라서 수정지수에만 의존하여 모수를 추가하게 되면 모형은 타당성을 잃게 된다.

2. 실제로 모형에 추가될 때 모형을 식별 불가 상태로 만드는 모수에 대한 수정지수가 제안되기도 한다.

3. 각 수정지수는 모형에서 해당 지수와 관련된 모수를 제외한 나머지 부분은 정확하게 설정되었다고 가정한 상태에서 산출된 것이다.

이와 같은 문제들이 발생하는 이유는 수정지수가 단지 $\chi^2_D(1)$에 대한 추정치에 불과하기 때문이다. 수정지수는 모형에 해당 모수를 실제로 추가하여 재분석함으로써 산출된 값이 아니라, 컴퓨터가 공분산행렬과 원래 모형에서 산출된 추정치들을 바탕으로 $\chi^2_D(1)$의 값을 '추측'하기 위해서 선형 대수에 기초하여 대략적으로 계산한 값이다.

수정지수와 유사한 통계량으로서 **Wald W 통계량**이 모형 트리밍 과정에서 사용되기도 한다. 일변량 Wald W는 자유모수로 설정되었던 특정 경로를 0으로 고정시킬 때 전체 χ^2_M이 증가되는 양, 즉 한 경로가 삭제됨에 따른 카이제곱 변화량인 $\chi^2_D(1)$을 추정한다. 유의수준 .05에서 일변량 Wald W의 값이 통계적으로 유의하지 않다는 것은 전체 모형 적합도가 감소하는 정도도 유의수준 .05에서 통계적으로 유의하지 않음을 의미한다. 따라서 전적으로 경험적 기준에 근거하여 모형 트리밍을 수행하면 통계적으로 유의하지 않은 Wald W 통계치를 가진 경로를 제거하게 될 것인데, 이는 표본의 특수성으로 인해 우연히 나타난 결과일 수 있다는 점에 주의해야 한다. 다변량 Wald W 통계치는 원래 모형으로부터 둘 이상의 경로들을 삭제할 때 χ^2_D의 값을 의미한다.

　방금 기술한 통계량들은 표본크기에 민감하다. 따라서 표본크기가 큰 경우에는 경로를 추가하거나 삭제함으로써 일어나는 적합도의 사소한 변화조차도 통계적으로 유의하게 나타날 수 있다. 따라서 연구자는 수정지수의 통계적 유의성에 주목할 뿐 아니라 경로가 자유롭게 추정되거나 0으로 제약될 경우 경로계수 추정치 변화의 절대적 크기, 즉 **모수 변화 예상치**(expected parameter change)도 고려해야 한다. 만일 모수 변화가 거의 일어나지 않는다면, 수정지수의 통계적 유의성이 실제 효과로 인한 것이 아니라 표본크기 때문일 수 있다(Kaplan, 2009, pp. 124-126 참조).

모형설정 탐색

　MacCallum(1986)의 연구와 Silvia와 MacCallum(1988)의 연구에서는 **설정 탐색**(specification search)에 관한 모의실험을 수행하였다. 먼저, 모집단에서 적합도가 완벽한 것으로 알려져 있는 구조방정식모형에 인위적으로 설정오류를 부과한 다음, 모집단으로부터 생성한 데이터에 적용하여 잘못 설정된 모형을 평가하였다. MacCallum(1986)은 수정지수를 사용하여 모형을 수정하였는데, 그 결과 경험적 기준에 의해 모형을 재설정한 결과는 정확하지 않았으며 대부분의 경우 원래 모형을 복원하지 못하였다. 이러한 양상은 표본크기가 작을 때 더 명백하게 나타났다(예: $N=100$). 경험적 기준에 의한 재설정은 표집오차를 추적하여 이를 줄일 수 있는 방식으로 모형을 재설정하는데, 한 표본의 공분산 패턴은 모집단의 공분산 패턴과 정확히 일치하지 않기 때문에 주의가 필요하다. Silvia와 MacCallum(1988)은 이론에 기반하여 자동 수정을 적용한 점을 제외하고는 MacCallum과 유사한 절차에 따라 실험을 수행하였으며, 그 결과 원래 모형을 복원하는 확률이 높았다. 이 연구들이 시사하는 바는 명확하다. 데이터를 면밀히 검토하고 데이터에 적합한 분석을 수행하는 것은 매우 중요하다. 그러나 데이터가 이론에 우선할 수는 없다.

　Marcoulides와 Ing(2012)은 LM 통계량에 기초한 기존의 자동 모형 수정 방법을 '우둔한(dumb)' 방법이라고 평가하며, 이와 같은 탐색 절차를 개선하기 위한 대안을 제안하였다. 이들이 제안한 방법은 발견적 알고리즘(heuristics)에 기반한 최적화 과정을 통해 자동으로 설정 탐색을 수행함에 따라 기존의 방법보다 '현명한(intelligent)' 방법으로 불리며, 일반적으로 컴퓨터 과학에서 많이 사용되는 기계 학습이나 데이터마이닝 이론을 바탕으로 개발된 알고리즘이다. 타 분야에서 사용되는 예로, 유전적 탐색 방법(genetic search method)은 부모 모형에서 자녀 모형으로 이어지는 '세대'들을 이용하여 모형을 평가하는 적응적 탐색 알고리즘을 적용한다. 개미 집단 최적화 방법(ant colony optimization methods)은 개미들이 최단 경로에 페로몬을 축적하고 다른 개미들이 같은 경로를 따라오도록 하여 먹이를 찾는 습성을 모방한 알고리즘으로, 정확한 모형에 수렴적으로 근접함으로써 적합도를 최대화시키기 위한 최적화 방법이다. 이러한 방법들은 반복(replication) 가능성이 큰 대규모 데이터에서 가장 잘 기능하며, 인과관계에 대한 타당한 가설에 기반할 때 더 정확한 수행력을 보인다. 이와 같은 알고리즘은 아직 SEM 컴퓨터 프로그램에서 실행되고 있지는 않지만 앞으로는 상황이 달라질 수 있다. 그러나 '현명한' 알고리즘이든 다른 알고리즘이든 간에 이론과 논리적 근거에 기반하지 않는 탐색 방법을 적용하는 것은 바람직하지 않다.

모형 빌딩의 예

[그림 7-5]에 제시한 질병 경로모형의 적합도가 그다지 좋지 않았음을 기억할 것이다(〈표 11-8〉과 〈표 12-1〉참조). 〈표 12-2〉에는 원래 모형에 추가될 수 있는 모든 경로에 대해 LISREL로 산출한 수정지수의 값을 보고하였다. 또한 원래 모형에 각 경로가 실제로 추가된 다음 모형 카이제곱의 감소분을 나타내는 $\chi_D^2(1)$도 제시하였다. 수정지수는 각 경로에 해당하는 $\chi_D^2(1)$ 값을 추정한 것이지만, 이 예에서는 카이제곱 감소분에 대한 추정치와 실제 감소분이 매우 유사하였다.

〈표 12-2〉에서 볼 수 있듯이, 원래 모형에서 생략되었던 다음 세 경로에 대한 수정지수는 모두 .05 수준에서 유의미하였다.

$$\text{스트레스} \longrightarrow \text{체력}, \qquad \text{체력} \longrightarrow \text{스트레스}, \qquad D_{Fi} \smile D_{St}$$

이 중 스트레스에서 체력으로 가는 경로와 체력에서 스트레스로 가는 경로에 대한 수정지수는 5.357과 5.096으로 비슷하다. 이로부터 둘 중 한 경로를 모형에 추가하게 되면 재설정된 모형에서 χ_M^2이 거의 비슷한 정도로 감소할 것을 예상할 수 있다. 체력과 스트레스에 대한 설명오차 간에 상관을 설정하게 되면 이보다는 더 적은 3.896만큼 χ_M^2 값이 감소하게 된다.

그렇다면 어떻게 재설정한 모형이 타당한 모형인가? 체력이 스트레스 경험에 영향을 줄 수 있다는 점(체력 ⟶ 스트레스)은 논리적으로 큰 무리가 없다. 체력이 좋은 사람일수록

〈표 12-2〉 질병 경로모형의 수정지수와 실제 카이제곱 차이 통계량

경로	MI 수정지수	p	$\chi^2_D(1)$
스트레스 ➞ 체력	5.357	.021	5.424
체력 ➞ 스트레스	5.096	.024	5.170
$D_{Fi} \curvearrowright D_{St}$	3.896	.048	3.972
강인성 ➞ 체력	2.931	.087	2.950
강인성 ➞ 질병	2.459	.117	2.477
운동 ➞ 스트레스	1.273	.259	1.278
운동 ➞ 질병	.576	.448	.578

스트레스를 잘 견딜 수 있는 성향이 더 높을 것이기 때문이다. 하지만 스트레스가 체력에 영향을 미친다는 가설(스트레스 ➞ 체력) 역시 설득력 있지 않을까? 또한 체력과 스트레스가 모형에서는 반영하지 않은 공통의 원인(설명오차 간 상관)을 공유하고 있다고도 볼 수 있지 않겠는가? 이론에 근거하지 않는다면 이와 같은 세 가지 방법 중에서 무엇을 선택하는 것이 타당한지 알 수 없다. 〈표 12-2〉에 제시된 수정지수 중 이 셋을 제외한 나머지는 모두 통계적으로 유의미하지 않았다. 나머지 수정지수들은 체력과 스트레스 사이에 추가 경로를 설정하지 않은 상태에서 재설정한 모형에 대해 계산된 것이지만, 이 변수들 사이에 경로를 추가하지 않은 것 자체가 설정오류일 수도 있다. 이처럼 모형 어딘가에 존재하는 설정오류로 인해 정확성에 영향을 줄 수 있다는 점은 수정지수의 한계다. 공분산, 상관, 표준화된 잔차 및 정규화된 잔차 등도 동일한 제한점을 가진다.

🥧 비위계적 모형 비교

연구자가 설정한 경쟁모형이 위계적 관계가 아닌 경우도 있다.[1] 비위계적 모형들로부터 산출된 χ^2_M 값을 기계적으로 비교할 수는 있겠지만, 여기서 나온 카이제곱 차이를 검정통계량으로 해석하는 것은 의미가 없다. 비위계적 모형에서는 카이제곱 차이검정을 적용할 수 없으며, 예측 적합도지수들을 사용하는 것이 더 좋다.

---

[1] 동일 표본에 대해 서로 다른 변수들로 구성한 비위계적 모형을 비교하는 것도 이론적으로는 가능하지만, 두 모형 간에 공유하고 있는 변수가 적을수록 모형 비교의 의미는 적어진다.

예측 적합도지수 중에서 ML 추정에서 가장 보편적으로 사용되는 것은 AIC(Akaike Information Criterion; akaike, 1974)로, 데이터 분석에 대한 정보 이론 접근법(information theory approach)에 기초하여 모형의 추정과 모형 선택을 하나의 개념적 틀 아래 결합시킨 지수다. 또한 이 지수는 단순한 모형에 유리하도록 정의된 간명성 조정지수다. 그런데 SEM 문헌에서는 AIC를 계산하는 공식이 두 가지로 제시되어서 독자들이 혼동할 소지가 있다. 첫 번째 공식은 식 12.11과 같다.

$$AIC_1 = \chi_M^2 + 2q \qquad (12.11)$$

여기서 q는 자유모수의 수이며, 연구모형의 카이제곱 값에 자유모수 수의 2배만큼을 더하여 AIC를 구한다. 두 번째 공식은 식 12.12와 같다.

$$AIC_2 = \chi_M^2 - 2df_M \qquad (12.12)$$

이 공식에서는 모형 카이제곱 값에서 자유도의 2배만큼을 빼서 AIC를 구한다. 두 공식이 다르게 표현되어 있지만 어떤 공식을 이용하든 AIC의 상대적인 변화량은 동일하다. 이때 변화량은 모형 복잡성의 함수다. 사례수가 증가할수록 AIC가 모형의 복잡성을 교정하는 정도는 점점 작아진다.

   AIC와 더불어 활용도가 높은 BIC(Bayes Information Criterion; Raftery, 1995)는 사례수를 더 직접적으로 반영하는 예측 적합도지수다. BIC의 공식은 식 12.13에 제시하였다.

$$BIC = \chi_M^2 + q \ln(N) \qquad (12.13)$$

여기서 q는 자유모수의 수이고, $\ln(N)$은 사례수에 밑을 e(약 2.7183)로 하는 자연로그를 취한 것이다. AIC와 BIC 같은 예측 적합도지수들은 비위계적 경쟁모형 중 하나를 선택하는 데 주로 사용되며, 값이 작을수록 적합도가 좋은 모형으로 선택된다. 선택된 모형은 상대적으로 적합도가 좋으면서 자유모수의 수가 적은 모형이다. 적합도가 비슷하면서 복잡한 모형은 데이터를 최대한 설명하기 위해서 필요 이상으로 자유모수를 많이 설정했을 가능성이 있기 때문이다. 다음 예를 살펴보자.

   Romney, Jenkins, Bynner(1992)는 심장 수술 후 회복과 관련된 두 개의 재귀 경로모형을 평가하였다. [그림 12-1] (a)의 심신의학 모형은 신경학적 역기능과 사회경제적지위

(SES)의 하락이 신체적 증상과 사회적 관계에 미치는 효과에 있어서 의욕이 매개의 역할을 한다는 가설을 반영한 모형이다. [그림 12-1] (b)의 전통적 의학모형은 동일한 변수들 사이의 인과적 관계에 대해 이와는 다른 가정을 하고 있다. 〈표 12-3〉은 Romney 등(1992)이 469명의 환자 표본을 대상으로 수행한 연구에서 얻은 측정변수 간의 상관을 나타낸다. 아쉽게도 연구자들은 변수들의 평균과 표준편차를 보고하지 않았다. ML 추정에 상관행렬을 이용하는 것은 일반적으로 권장되는 방법이 아니므로, 이 문제를 해결하기 위해 〈표 12-3〉에 제시된 상관행렬을 STATISTICA Advanced 프로그램의 SEPATH 모듈(StatSoft, 2013)로 분석하였다. 이 모듈은 제약 ML추정법을 이용한다. 두 모형의 분석결과, 모두 수용 가능한 해에 수렴되었다.

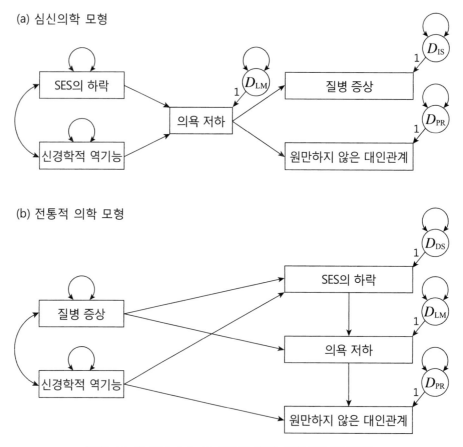

[그림 12-1] 심장 수술 후 적응에 관한 비위계적 경쟁모형

⟨표 12-3⟩ 심장 수술 후 적응에 관한 비위계적 모형 분석의 입력 데이터(상관)

변수	1	2	3	4	5
1. 의욕 저하	1.00				
2. 질병 증상	.53	1.00			
3. 신경학적 역기능	.15	.18	1.00		
4. 원만하지 않은 대인관계	.52	.29	−.05	1.00	
5. SES의 하락	.30	.34	.23	.09	1.00

주. Romney 등 (1992)의 분석에 사용된 데이터. $N = 469$.

Romney 등(1992)의 연구에 사용된 두 모형의 적합도지수는 ⟨표 12-4⟩에 제시하였다. 상대적으로 더 복잡한 전통적 의학모형의 전체 적합도($df_M = 3$)가 이보다 간명한 심신의학 모형($df_M = 5$)의 적합도보다 더 높은 것은 예상 가능한 일이다. 이 예에서 복잡한 모형이 갖는 적합도상의 이점은 AIC_1 산출 과정에서 자유모수의 수가 많음으로 인해 받는 불이익을 상쇄시킬 만큼 크며, BIC에서 사례수 요인을 가중치로 한 불이익을 상쇄시킬 만큼 크다. 전통적 의학모형의 AIC_1은 27.238, 심신의학 모형의 AIC_1은 60.402다. 연습문제 6에서 이 값을 직접 계산해 보기 바란다. 전통적 의학모형의 AIC_1이 더 낮기 때문에 심신의학에 비해 더 적합한 모형이라고 할 수 있다.

Preacher와 Merkle(2012)은 모의실험을 통해 BIC에 기초하여 모형을 선택하는 데 표집오차가 많이 개입되며, 조건에 따라서는 표집오차가 너무 커서 특정 모형이 상대적으로 더

⟨표 12-4⟩ 심장 수술 후 적응에 관한 비위계적 경로모형의 적합도 통계량

통계량	모형	
	심신의학 모형	전통적 의학 모형
χ^2_M	40.402	3.238
df_M	5	3
p	<.001	.356
q	10	12
AIC_1	60.402	27.238
BIC	101.908	77.045
RMSEA [90% CI]	.120 [.086, .156]	.016 [0, .080]
CFI	.913	.999
SRMR	.065	.016

주. q: 자유모수의 수. CI: 신뢰구간. AIC_1과 BIC를 제외한 모든 결과는 STATISTICA의 SEPATH 모듈로 계산한 것임.

적합하다고 주장하기 어려운 경우도 있다고 하였다. 이러한 점은 AIC에서도 동일하게 나타났다. 다른 통계량과 달리, BIC의 표집오차는 사례수가 커짐에 따라 증가한다. 포화모형이 아닌 오설정 모형의 경우 BIC를 구성하는 χ^2_M의 값이 사례수에 따라 증가하기 때문이다. 또한 BIC 값을 근거로 모형 적합도를 평가할 때 상대적으로 우위에 있는 모형이 표본에 따라 달라지는 **모형선택 불확실성**(model selection uncertainty)은 사례수가 증가하더라도 감소하지 않았다. Preacher와 Merkle(2012)의 모의실험 연구에서 사용한 모든 사례수에 대해서(N=80~5,000) 모형의 적합성은 상당히 다르게 나타났다. 이러한 결과는 예측 적합도지수에 근거하여 특정 모형이 다른 경쟁모형에 비해 적합도가 좋다고 주장하는데 있어서 주의가 필요하다는 점을 시사한다.

검정력 분석

SEM 연구에서는 개별 모수와 전체 모형의 두 가지 수준에서 통계적 검정력을 추정한다. 먼저, 개별 모수의 수준에서 검정력을 추정하는 방법으로서, Saris와 Satorra(1993)는 자유도가 1인 검정력 추정법을 소개하였다. 이 방법의 단점은 개별 모수들에 대해 검정력 추정 과정을 일일이 반복해야 한다는 데 있다. 비교적 최근에 제안된 방법으로는 Mplus, EQS, LISREL의 PRELIS 등에서 실행할 수 있는 몬테카를로 방법이 있는데, 이는 모의실험으로 생성된 표본 중에서 특정 모수를 0으로 설정한 영가설이 타당하게 기각되는 표본의 비율을 추정하는 것이다(Bandalos & Leite, 2013). 모의실험을 이용한 다른 방법으로는 목표 수준 이상의 검정력을 달성하는 데 필요한 최소 표본크기를 추정하는 방법이 있다.

전체 모형 수준에서 검정력을 분석하는 방법으로는 MacCallum, Browne, Sugawara(1996)의 방법과 Hancock과 Freeman(2001)이 제안한 방법이 있다. 이 방법들은 완전적합 가설($\varepsilon_0 = 0$), 근사적합 가설($\varepsilon_0 \leq .05$), 근사부적합 가설($\varepsilon_0 \geq .05$) 등 세 가지 영가설을 검정하는 데 있어서 RMSEA와 비중심 카이제곱 분포에 기초하고 있다([Topic Box 12-1] 참조). 앞서 제시한 영가설을 검정하려면 N, α, df_M, 그리고 대립가설인 ε_1하에서 적정한 수준의 ε 값을 결정해야 한다. 예를 들어, 근사적합 가설에 대한 ε_1 값은 '근사적합도'에 대한 기준점인 .05보다는 크고 '부적합'에 대한 기준인 .10보다는 작은 .08로 정할 수 있으며, 근사부적합 가설을 검정하는 데 있어서는 ε_1을 기준점인 .05보다 훨씬 좋은 수준인 .01로 설정하기도 한다. 연구자가 원하는 α, df_M, ε_0, ε_1의 값을 고려하여 목표 수준의 검정력을 확보하기 위해 필요한 최소 표본크기를 결정하는 것도 가능하다.

　　검정력의 추정치와 최소 표본크기는 MacCallum 등(1996) 또는 Hancock과 Freeman(2001) 이 근사부적합 가설에 대해 제시한 표를 참고하거나 컴퓨터 프로그램을 활용해서 구할 수 있다. MacCallum 등(1996)은 검정력 분석에 사용된 SAS/STAT 프로그램의 명령문을 제공 하며, Friendly(2009)는 MacCallum-Browne-Sugawara의 검정력 분석을 수행할 수 있도 록 SAS/STAT 매크로인 csmpower를 무료로 제공하고 있다.[2] Preacher와 Coffman(2006) 의 웹페이지에서는 목표 수준의 검정력에 도달하기 위한 최소 표본크기 N과 두 위계모형 간의 차이에 대한 검정력을 추정할 수 있는 R코드를 제공하고 있다.[3] Gnambs(2013)의 웹페 이지에서는 RMSEA와 다른 근사 적합도지수에 근거하여 검정력 분석을 수행할 수 있도록 R과 SPSS 명령문을 생성하는 프로그램을 제공한다.[4] R 패키지인 semTools(Pornprasertmanit, Miller, Schoemann, Rosseel et al., 2014)도 근사적합 및 근사부적합 가설에 대한 RMSEA를 기반으로 검정력을 추정하는 데 사용할 수 있다.

　　이밖에 J. Steiger가 STATISTICA Advanced 프로그램으로 작성한 Power Analysis 모듈 을 사용하는 것도 가능하다. 이 모듈을 사용하면 ε_0는 미리 정한 값으로 고정한 상태에서 ε_1, α, df_M, N의 값을 다양하게 변화시켜 모형의 검정력을 추정할 수 있다. 연구자가 ε_0와 ε_1의 값을 둘 다 정하는 것도 가능한데, MacCallum 등(1996)이 제안한 모수값과 다른 값을 사용해야 할 이론적 근거가 있는 경우에 매우 편리하게 적용할 수 있는 기능이다. 검 정력 분석을 실시하면 표본크기 및 다른 조건에 따라 검정력 곡선이 어떻게 변화하는지를 파악할 수 있기 때문에 연구 계획 단계에서 매우 큰 도움이 되며, 특히 연구를 지원하는 기 관에서 검정력에 대한 정보를 요구하는 경우에는 더욱 유용하다.

　　이 장에서는 질병 경로모형([그림 7-5])에 대한 근사적합 가설과 근사부적합 가설의 검 정력을 추정하기 위해 STATISTICA(StatSoft, 2013)의 Power Analysis 모듈을 사용하였다. 이때 표본크기는 본래 표본크기인 $N = 373$을 사용하였다. 또한 두 가설 각각에 대해 검정 력이 .80 이상이 되도록 하기 위해 필요한 최소 표본크기도 추정하였으며, 결과는 〈표 12-5〉에 제시하였다. 원래 표본크기를 바탕으로 근사적합 가설에 대한 검정력을 추정한 값은 .317이었다. 이는 이 모형이 모집단에서 근사적합하지 않는다고 가정할 때 모형을 기각할 확률이 30% 이상이라는 의미이다. 동일한 모형에 대하여 원래 표본크기를 바탕으 로 근사부적합 가설에 대한 검정력을 추정한 결과는 .229였다. 즉, 모집단에서 '좋은' 근사

〈표 12-5〉 질병에 관한 경로모형의 검정력 분석결과

$N=373$일 때의 검정력	
근사적합[a]	.317
근사부적합[b]	.229
검정력 ≥ .80을 확보하기 위한 최소 표본크기[c]	
근사적합	1,465
근사부적합	1,220

주. df_M =5, α =.05. 모든 결과는 STATISTICA의 Power Analysis 모듈을 사용하여 분석한 것임.
[a] H_0: ε_0 <.05, H_1: ε_1 =.08. [b] H_0: ε_0 ≥.05, H_1: ε_1 =.01. [c] 표본크기는 가장 가까운 5의 배수로 반올림하였음.

적합도를 가지는 모형을 적합하다고 탐지할 수 있는 가능성은 약 23%라고 할 수 있다. 근사적합 가설과 근사부적합 가설 검정에 대해서 검정력이 .80 이상이 되기 위해 필요한 최소 표본크기는 각각 1,465명과 1,220명이었다. [그림 12-2]는 이 모형에 대한 근사적합 가설의 검정력과 표본크기 간의 관계를 보여 준다.

자유도가 작을 때 (여기서는 df_M =5) 모형 수준의 검정력은 대체로 낮으며, 이러한 경향은 모수추정의 정확성을 확보하기에 합리적이라고 볼 수 있을 만큼 표본크기가 충분한 경우(N=373)에도 동일하다. 자유도가 1이나 2인 모형의 검정력이 .80 이상 되려면 수천 명의 표본이 필요할 지도 모른다(MacCallum et al., 1996, p. 144). 자유도가 10으로 증가하면 동일한 수준의 검정력을 확보하는 데 필요한 최소 표본크기는 300에서 400명 정도로 떨어지며, 자유도가 20 이상이면 .80 이상의 검정력을 확보하는 데 필요한 표본크기는 훨씬 작아진다. 그러나 어떤 경우든 최소 표본크기가 100명 이하여서는 안 된다. 검정력 분석 결과는 연구자가 자신의 연구에 대해 냉정하게 생각하도록 한다. 만일 어떤 분석을 하는 데 있어서 잘못된 모형을 기각할 확률이 낮다면, 연구자는 자신의 모형을 좀 더 냉철하게 보게 될 것이다.

모형 수준의 검정력 추정에 관한 최근의 연구 결과들을 간략히 요약하면 다음과 같다. Kim(2005)은 RMSEA와 CFI를 포함한 네 개의 근사 적합도지수를 바탕으로 적정 수준의 검정력을 확보하는 데 필요한 최소한의 표본크기 및 검정력 추정에 관해 연구하였다. 그 결과, 검정력과 최소 표본크기는 적합도지수의 종류에 따라 달랐으며, 측정변수의 수와 모형 자유도, 공분산의 크기에 따라서도 다르게 나타났다. 적합도지수들은 각기 모형 적합도의 서로 다른 측면을 반영하고 자유도 및 모형설정 오류의 유형과 직접적인 대응 관계를 가지지 않기 때문에, 이러한 결과는 당연하다고 볼 수 있다. Kim(2005)이 지적했듯이, CFI

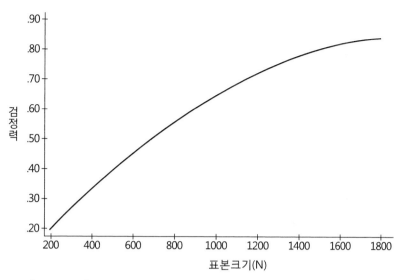

[그림 12-2] 질병에 관한 경로모형의 검정력과 표본크기(N)와의 관계

주. $df_M = 5$, $\alpha = .05$에서 대립가설 $\varepsilon_1 = .08$에 대해 근사적합 가설 $\varepsilon_0 \leq .05$을 검정함.

.95는 RMSEA .05와 동일한 정도의 모형설정 오류를 의미하지 않는다. SEM의 검정력 분석에 관한 더 자세한 내용은 Hancock과 French(2013)를 참고하기 바란다.

🍩 동치모형과 준동치모형

위계적 또는 비위계적 경쟁모형 사이에서 최종 모형을 선정한 후에는 동치모형(equivalent models)의 존재 가능성을 고려해야 한다. 동치모형은 변수들 간에 설정된 경로가 다르지만 모형의 복잡성인 자유도가 동일한 모형이다. 가장 일반적인 형태는 **관찰 동치성**(observational equivalence)으로, 모형이 생성할 수 있는 모든 관찰데이터의 확률 분포가 동일한 경우를 의미한다(Hershberger & Marcoulides, 2013). 반면, **공분산 동치성**(covariance equivalence)은 공분산행렬에 적합시킨 선형 모형에 대한 동치성으로, 모형에 의해 예측된 공분산행렬이 동일한 경우를 의미한다. 공분산 동치성을 가지는 두 개의 모형은 잔차와 조건부 독립성, 소멸 상관(vanishing correlation) 등이 모두 동일하다(Pearl, 2009b). 이러한 속성을 **d분리 동치성**(d-separation equivalence)이라고 한다.

〈표 12-6〉에 제시한 **Lee-Hershberger의 대체규칙**(Lee-Hershberger replacing rules; Lee & Hershberger, 1990)은 SEM에서 동치 구조모형을 생성하는 데 있어서 가장 잘 알려진 규칙이다. 직접효과를 쌍방향의 상호관계로 대체한 다음 두 상호효과에 동일성 제약을 가하

면 동치모형을 만들 수 있다. 대체규칙을 적용하여 기계적으로 동치모형을 만들 수는 있지만, 변수의 성격이나 측정 시점의 차이 등으로 인해 모형 중 일부는 타당하지 않을 수도 있다. 예를 들어, 문화변용(acculturation) 수준이 연령을 예측한다고 설정하는 것은 논리적으로 맞지 않고, 종단설계에서 Y_1이 Y_2 이전에 측정된 경우에 Y_2가 Y_1을 예측한다고 설정하는 것 역시 타당하지 않다.

대체규칙은 전이성(transition)이 완전히 확보되지 않는다는 문제점을 가진다(Hershberger, 2006). 어떤 모형에 대체규칙을 적용하여 동치모형을 생성한 다음 이 모형에 다시 대체규칙을 적용할 경우, 이렇게 생성된 모든 동치모형이 원래 모형과 동치관계가 된다는 보장이 없다. 더 심각한 문제는 대체규칙을 적용하여 생성한 동치모형이 원래 모형의 조건부 독립성을 그대로 예측하지 않는 새로운 구조모형을 생성할 수 있다는 점이다. 다시 말해서, 대체규칙으로 재설정된 모형은 원래 모형과 달리 d분리를 생성하거나 파괴할 수 있다(Pearl, 2012). 이러한 문제를 설명할 수 있는 일반적인 규칙이 있는지는 모르겠으나, 대체규칙을 적용함으로써 어떤 변수가 충돌변수로 역할이 바뀌게 되는 경우에 이러한 문제가 발생할 가능성이 더 크게 나타날 수 있다.

먼저, 대체규칙이 조건부 독립성에 변화를 주지 않는 간단한 예를 살펴보자. [그림 12-3] (a)는 Romney의 연구에서 설정한 전통적 의학 모형이다. 지면의 한계로 설명오차는 간단히 기호로만 표시하였다. 나머지 세 모형은 원래 모형에 〈표 12-6〉의 대체규칙을 적용하여 만든 동치모형이다. 예를 들어, [그림 12-3] (b)의 동치모형은 질병 증상과 신경학적 역기능 간의 공분산을 직접효과로 대체한 것이다. 또한 SES의 하락과 의욕 저하 간의 직접효과, SES의 하락과 신경학적 역기능 간의 직접효과를 원래 모형과 반대 방향으로 설정하였다. [그림 12-3] (c)의 동치모형은 SES의 하락과 관련된 3개의 직접효과 중 두 개를 공분산으로 대체한 것이다. [그림 12-3] (d)의 동치모형은 질병 증상과 신경학적 역기능 사이의 공분산을 쌍방향의 상호관계로 대체한 다음 동일성 제약을 가한 것이다. 또한 질병 증상과 SES의 하락 간의 직접효과와 신경학적 역기능과 SES의 하락 간의 직접효과도 원래 모형과 반대 방향으로 설정되었다. 네 모형은 모두 동치모형이므로 데이터에 대한 적합도가 동일하며(예: $\chi_M^2(3)=3.238$), 조건부 독립성도 동일하다(이 점에 대해서는 독자들이 직접 확인해 보기 바란다). 이러한 상황이 대체규칙 적용에 있어서 가장 바람직한 사례라고 할 수 있다.

〈표 12-6〉 구조모형에 대한 Lee-Hershberger의 대체규칙

구조모형의 시작 부분에 있는 구획 내의 변수들이 재귀적 관계이면서 포화식별상 　(규칙 12.1)
태인 경우, 직접효과, 설명오차 간 상관, 동일성 제약을 둔 상호효과[a]는 상호 대체
가능한 관계에 있다. 예를 들어, $Y_1 \longrightarrow Y_2$는 $Y_2 \longrightarrow Y_1$, $D_1 \smile D_2$, 또는 $Y_1 \rightleftarrows Y_2$
로 대체될 수 있다. 만일 두 변수가 외생변수라면 상관으로도 대체될 수 있다.

모형의 뒷 부분에서 두 내생변수가 공통된 원인을 가지고 있고 그들의 관계가 　(규칙 12.2)
재귀적일 때는 $Y_1 \longrightarrow Y_2$, $Y_2 \longrightarrow Y_1$, $D_1 \smile D_2$, 그리고 상호관계에 동일성
제약이 부여된 $Y_1 \rightleftarrows Y_2$는 모두 서로 대체 가능하다.

주. a: 표준화되지 않은 두 직접효과가 동일하다고 제약을 가함.

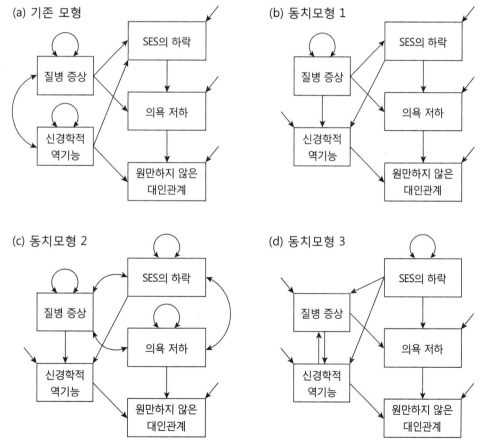

[그림 12-3] 심장 수술 후 적응에 관한 네 가지 동치 경로모형

이제 좀 더 어려운 예를 들어 보고자 한다. [그림 12-4] (a)는 Y_1에서 Y_2로 가는 직접효과와 Y_2와 Y_3에 대한 설명오차 간 상관을 부여한 경로모형이다. 이 모형에서 X와 Y_3 사이에는 다음과 같은 세 가지 경로가 존재한다.

$$X \longrightarrow Y_2 \longleftarrow U \longrightarrow Y_3$$
$$X \longrightarrow Y_1 \longrightarrow Y_2 \longleftarrow U \longrightarrow Y_3$$
$$X \longrightarrow Y_1 \longrightarrow Y_3$$

여기서 U는 Y_2와 Y_3의 측정되지 않은 원인을 나타내며, 설명오차상관을 U로 대체하여 표현할 수 있다. 첫 번째와 두 번째 경로는 충돌변수인 Y_2로 인해 차단되어 있으며, Y_1을 통제하면 열린 상태였던 세 번째 경로가 차단될 것이다. [그림 12-4] (a)는 다음과 같이 표현할 수 있으며, 각 변수들이 상호작용 항이 없는 선형모형의 연속변수일 때 $\rho_{XY_3 \cdot Y_1} = 0$으로 예측할 수 있다.

$$X \perp Y_3 \mid Y_1$$

[그림 12-4] (a)에서 Y_1과 Y_2는 X를 공통의 원인으로 공유하고 있기 때문에, 〈표 12-6〉의 규칙 12.2를 적용하면 Y_1과 Y_2의 관계를 반대로 설정할 수 있다. 이와 같이 재설정된 모형을 [그림 12-4] (b)에 제시하였다. 이 모형에서 X와 Y_3 사이의 경로는 다음과 같이 표현할 수 있다.

$$X \longrightarrow Y_2 \longleftarrow U \longrightarrow Y_3$$
$$X \longrightarrow Y_1 \longleftarrow Y_2 \longleftarrow U \longrightarrow Y_3$$
$$X \longrightarrow Y_1 \longrightarrow Y_3$$

첫 번째 경로는 충돌변수 Y_2로 차단되어 있다. 두 번째 경로 역시 충돌변수가 있지만, 이번에는 Y_2가 아니라 Y_1이다. Y_1을 통제하면 세 번째 제시된 열린 경로가 차단되지만, 두 번째 경로는 열린다. Y_1과 Y_2를 둘 다 통제하면 두 번째 경로는 닫히지만 첫 번째 경로는 열리게 된다. 따라서 이 모형에서 변수 X와 Y_3는 d분리될 수 없다. [그림 12-4] (b)는 [그림 12-4] (a)에 대체규칙을 적용하여 만든 동치모형이지만, 두 모형은 d분리 동등성을

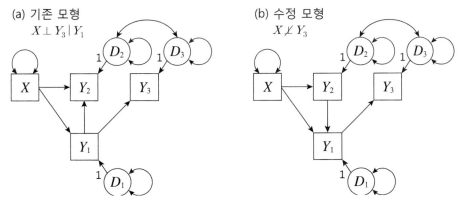

[그림 12-4] 기존 경로모형(a)과 대체규칙으로 생성한 수정모형(b)

가지지 않는다. d분리 동등성을 가지는 동치모형을 생성하기 위한 준거는 Pearl(2009b, pp. 145-149)에 잘 설명되어 있다.

비교적 단순한 구조모형은 동치모형의 수가 많지 않으나, 복잡한 모형에는 수백 개 내지 수천 개에 이르는 동치모형이 존재할 수 있다(예: MacCallum, Wegener, Uchino, & Fabrigar, 1993). 다음 장에서는 측정모형이 거의 무한대에 가까운 수의 동치모형을 가질 수 있다는 점을 배우게 될 것이다. 수리적으로 생성 가능한 동치모형을 연구자가 모두 고려한다는 것은 사실상 불가능하다. 하지만 적어도 몇 개의 의미 있는 동치모형을 고려하는 것은 필요하다. 그러나 실제 연구에서는 이처럼 제한된 시도조차 하지 않는 경우가 대부분이다. SEM 연구자들 가운데 동치모형의 존재를 고려하는 연구자들은 거의 없다(MacCallum & Austin, 2000). 이처럼 모형에 대한 확증 편향(confirmation bias)은 SEM의 활용과 관련해서 가장 심각한 문제 중 하나다.

Pearl(2009b)은 변수 간의 인과관계를 추론하는 과정이 단순히 수집된 데이터에만 의존해서는 안 된다는 점을 인정하게 되면 동치모형에 대한 고려는 불가피하다고 지적한다. 통계적 준거로는 한 동치모형이 다른 동치모형에 비해 더 타당하다고 할 근거가 빈약하다(Hershberger & Marcoulides, 2013, pp. 30-33). 변수들 간의 인과관계를 모형에서 다루고자 할 때는 이론적 · 경험적 기반이 탄탄해야 한다. 어떤 구조모형이 채택되었을 때, 이는 동일한 데이터에 대해 동일한 수준으로 설명할 수 있는 여러 개의 동치모형 중 하나가 선택되었을 뿐이다. 모형을 가능한 한 간명하게 설정하는 것은 동치모형의 수를 줄이는 하나의 방법이다. 변수들을 종단적으로 측정하거나 인과효과에 대한 강한 이론적 기반을 제시하는 것 역시 동치모형의 가능성을 줄일 수 있는 방법이다(Williams, 2012).

동치모형의 문제는 매개효과 연구에서 시간 차를 두고 변수를 측정해야 할 필요성과도 관련된다. 어떤 연구자가 변수 X, M, Y를 각각 원인변수, 매개변수, 결과변수로 설정했다고 가정하자. 이 변수들이 동일 시점에 측정되었고 모형에 다른 변수들이 없다면, 세 변수들 간에 직접효과를 다르게 배치함으로써 총 6개의 동치모형을 만들 수 있다. 이렇게 생성된 각 모형에 대하여 이번에는 직접효과를 쌍방향 상호효과로 대체하면 6개의 동치모형을 더 만들수 있다. 동일한 원인을 가지는 변수들의 직접효과 대신 설명오차 간 상관을 부여하게 되면 6개의 동치모형을 더 생성할 수 있다.

$$Y \longrightarrow X와 \quad Y \longrightarrow M을 \quad D_X \smile D_M으로 \ 대체$$

각 변수의 측정 시점이 달랐다면 생성된 동치모형 중 일부는 배제할 수 있겠지만, 측정 시점이 동일하기 때문에 총 18개의 동치모형을 고려해야 한다.

한편, 예측된 공분산과 조건부 독립성이 완전히 일치하지는 않지만 거의 비슷한 모형을 **준동치모형**(near-equivalent model)이라고 한다. 예를 들어, [그림 7-5]에 제시된 질병 재귀 경로모형의 예에서, 체력에서 스트레스로 가는 직접효과를 설정한 모형과 스트레스에서 체력으로 가는 직접효과를 설정한 모형은 준동치모형 관계에 있다(〈표 12-2〉 참조). 준동치모형을 생성하는 규칙은 없으며, 이론을 바탕으로 설정해야 한다. 어떤 경우에는 준동치모형의 수가 동치모형의 수보다 더 많아서 동치모형보다 더 심각하게 고려해야 할 때도 있다.

🍩 요약

전체 적합도 검정을 위한 가장 바람직한 방법에 관해서는 여전히 논란이 있지만, 현재 많은 연구자가 적용하고 있는 방법이 적합하지 않다는 점에 대해서는 어느 정도 합의가 이루어졌다고 볼 수 있다. 첫 번째 문제는 사례수가 별로 크지 않은 모형에서 완전적합 가설이 기각된 점을 연구자들이 무시하는 관행이고, 두 번째는 근사 적합도가 기존의 모의실험 연구를 바탕으로 제안된 기준점만 초과하면 된다고 주장하거나 또는 기준점 이하인 경우에도 여전히 적합도가 수용할 만하다고 주장하는 관행이다. 이보다는 잔차의 패턴을 분석하거나 이론적으로 근거가 있는 수정지수의 값을 참고하여 모형의 어느 부분에 설정오류가 존재하는지에 대해 명확히 진단하는 것이 바람직하다.

동일한 데이터에 적용할 수 있는 경쟁모형 가운데 상대적으로 더 적합한 모형을 선택해야 하는 경우가 있다. 단순한 모형이 복잡한 모형 안에 내재되어 있는 위계적 모형을 비교하는 상황이 가장 흔히 접할 수 있는 상황이다. 이 경우, 두 모형의 적합도가 동일하다는 가설을 검정하기 위하여 카이제곱 차이검정을 적용한다. 비위계적 모형을 비교하는 데에는 통계적 유의도 검정을 사용할 수 없고, 예측 적합도지수를 사용해야 한다. 모형이 채택되면 통계적 검정력을 추정하거나 동치 또는 준동치모형의 존재 가능성을 고려해 보는 것이 좋다. 잘못된 모형을 기각할 수 있는 검정력이 낮거나 여러 동치모형 중에서 해당 모형을 선택한 데 대한 이론적 근거가 빈약하면 연구모형의 타당성을 지지하기 어렵다. 13장에서는 CFA 기법을 이용한 반영적 측정모형 분석에 관해 다루고자 한다.

심화학습

Tomarken과 Waller(2003)는 전체 적합도는 좋지만 설명력이 좋지 않은 모형의 사례를 소개하였고, 『Personality and Individual Differences』의 특별호에서는 SEM에서 전체 적합도 평가를 할 때 검정 통계량과 근사 적합도 통계량의 역할에 관한 주제를 다루었다(Vernon & Eysenck, 2007). West, Taylor, Wu(2012)는 SEM 모형의 선택에 있어서 연구자들이 직면할 수 있는 일반적인 어려움에 관해 논의하였다.

Tomarken, A. J., & Waller, N. G. (2003). Potential problems with "well-fitting" models. *Journal of Abnormal Psychology, 112*, 578-598.

Vernon, P. A., & Eysenck, S. B. G. (Eds.). (2007). Structural equation modeling [Special issue]. *Personality and Individual Differences, 42*(5).

West, S. G., Taylor, A. B., & Wu, W. (2012). Model fit and model selection in structural equation modeling. In R. H. Hoyle (Ed.), *Handbook of structural equation modeling* (pp. 209-246). New York: Guilford Press.

연습문제

1. 〈표 12-1〉에 제시된 RMSEA의 값을 계산하시오.

2. 〈표 12-1〉에 제시된 CFI의 값을 계산하시오.

3. 〈표 12-1〉에 제시된 SRMR의 값을 〈표 11-8〉에 제시된 상관잔차 절댓값의 평균과 비교하시오.

4. 〈표 4-2〉의 데이터를 이용하여 [그림 7-5]의 경로모형을 $N=5,000$으로 설정하여 분석하시오. $N=373$인 기존 모형의 분석결과와 비교할 때, 〈표 12-1〉에 제시된 결과가 어떻게 달라질지 예상하여 설명하시오.

5. 다음에 제시된 두 위계적 모형에 대한 적합도 분석결과를 바탕으로 척도 카이제곱 차이 통계량을 계산하시오([Topic Box 12-2] 참조).

$$모형\ 1:\ df_{M1}=17,\ \chi^2_{M1}=57.50,\ \chi^2_{SB1}=28.35$$
$$모형\ 2:\ df_{M2}=12,\ \chi^2_{M2}=18.10,\ \chi^2_{SB2}=11.55$$

6. [그림 12-1]의 비위계적 경로모형에 대하여 〈표 12-4〉의 결과를 바탕으로 AIC_1과 BIC의 값을 계산하시오.

부록 12.A

LISREL의 모형 카이제곱

LISREL 9(Scientific Software International, 2013)은 다변량 정규성하에서 ML 추정을 실시하는 경우 두 가지 모형 카이제곱 통계량을 제공한다. 첫 번째 통계량은 $N(F_{ML})$으로 표현되는 χ^2_M, 즉 최대우도비 카이제곱으로 LISREL 9에는 C_1으로 표기되어 있으며, 두 번째 통계량은 Browne(1984)의 ADF 카이제곱으로 $C_2(W_{NT})$로 표기되어 있다. ADF 카이제곱은 ADF 추정에서 다변량 정규성을 가정한 가중치 행렬에 기초한 것이다. 실제 데이터에서 정규성 가정이 만족된다면 두 통계량은 거의 유사한 값을 나타낼 것이다. 이 경우 다른 SEM 컴퓨터 프로그램으로 동일한 데이터를 분석할 때 제공되는 결과와의 일관성을 고려한다면, $C_2(W_{NT})$보다 C_1을 보고할 것을 추천한다.

공분산행렬이 점근적일 때, 즉 PRELIS로 추정한 후 모형에 적합시키는 경우(예: 강건 추정), LISREL에서는 세 가지 카이제곱 통계량을 추가로 제공한다. 첫 번째는 $C_2(W_{NNT})$로, 가중치 행렬이 정규성을 가정하지 않은 ADF 추정에서 나온 것이다. 사례수가 아주 크지 않은 이상 이 행렬은 불안정하다. 사례수가 작은 경우 더 적합한 통계량은 Satorra-Bentler(1988)의 척도 카이제곱으로, LISREL에는 C_3로 표기되어 있다.[5] 공식은 앞서 식 12.2에 제시한 바 있다. 마지막으로, Satorra-Bentler(1988)의 수정 카이제곱인 C_4는 p값을 계산하는 데 있어서 수정된 자유도를 사용한다. LISREL 8(Scientific Software International, 2006)에서는 $C_2(W_{NT})$와 $C_2(W_{NNT})$가 각각 C_2와 C_4로 되어 있다. 더 자세한 사항은 Jöreskog(2004)를 참고하기 바란다.

---

5) 본문에서 'Satorra-Bentler(1988)'라고 표기한 문헌은 학술대회에 발표된 논문이고, 동일 내용에 대해 학술지에 게재된 논문은 Satorra & Bentler(1994)이다.

확인적 요인분석 모형

13장과 14장에서는 SEM에서 가장 핵심적인 잠재변수 모형을 차례로 다루고자 한다. 13장에서는 CFA의 반영적 측정모형을 소개하고, 가설 검정 전략, 모형 재설정, 동치 CFA 모형 등에 관해서도 논의한다. 위계적 CFA 모형과 이원요인 모형과 같은 특별한 형태의 모형에 관해서도 소개한다. 예시로 사용된 모형은 주로 연속변수들을 다루고 있으나, 리커트 척도와 같이 순서형 변수를 포함하는 모형의 분석법도 함께 소개할 것이다. CFA 모형의 분석방법에 익숙해지면 다음 장에서 다룰 SR 모형은 쉽게 이해할 수 있을 것이다.

요인과 측정변수에 대한 명명 오류

CFA 모형의 설정에 관해서는 앞에서 경로도를 이용하여 설명한 바 있다. CFA 모형에서 요인은 주로 A나 B와 같은 문자로 표기하며(예: [그림 9-3]), LISREL의 기호체계를 사용하여 ξ_1과 ξ_2와 같은 그리스 문자로 표기하기도 한다(예: 부록 9.A). 실제 분석에서는 '순차처리'와 같이 요인의 내용에 기초한 이름을 부여한다(예: [그림 9-7]). 연구자들은 요인의 이름을 정하는 데 있어서 다음과 같은 세 가지 논리적 오류를 범하지 않도록 주의해야 한다.

첫 번째 오류는 **명명 오류**(naming fallacy)로서, 연구자가 요인에 붙인 이름이 구인 자체를 정확하게 명명한 것이라고 인식하는 오류다. 분석결과에 대한 의사소통을 위해서 요인을 어떤 식으로든 명명하는 것은 필요하다. 언어적 명명은 추상적 기호보다 친숙하지만 이는 사용자들의 편의를 위한 것이지 깊이 있는 이론적 고찰에 기초한 것이 아닌 경우도 있다. 두 번째 오류는 요인이 실체와 반드시 상응해야 한다고 믿는 **구상화 오류**(reification fallacy)다. 예를 들어, 일반 지능인 g 요인에 대응되는 특정한 유전적 또는 신경학적 기질이 사실상 존재하지 않을 수 있음에도 불구하고, g요인을 통계분석에 의해 추상화된 구인이 아닌 실체라고 생각하는 것이 구상화 오류다. 이와 관련하여, Gardner(1993)는 g요인을 구상화하여 지능이 단일 차원을 가진다고 가정해서는 안 되며, 예술, 사회, 운동 등 다양한 영역에서 지능이 존재할 수 있다는 점을 강조하였다.

세 번째 오류는 측정변수의 명명과 관련된 오류로, 징글-쟁글 오류(Jingle-jangle fallacy)라고도 한다. **징글오류**(jingle fallacy)는 서로 다른 개념을 동일한 이름으로 명명함으로써 그 둘을 같은 개념으로 오인하는 오류이며, 반대로 **쟁글오류**(jangle fallacy)는 동일 개념을 다르게 명명함에 따라 다른 개념으로 오인하는 오류다. 동일한 구인을 측정한다고 알려진 검사들 간의 상관이 사실상 낮은 경우 징글 오류에 해당하며, 이러한 상황에서는 어느 한 검사에 의존해서 해당 구인을 측정하기 어렵다. 쟁글 오류는 서로 다른 구인을 측정한다고 알려진 검사들 간에 매우 높은 상관이 존재하는 경우에 해당한다. 여기서 얻을 수 있는 교훈은 검사 점수의 해석이 단지 검사의 명칭에만 의존해서는 안 된다는 점이다. 수렴 타당도와 변별 타당도를 확보하기 위해서는 CFA와 같은 다소 엄격한 방법을 적용하는 것이 좋다.

CFA 모형의 추정

이 절에서는 측정변수가 연속변수인 상황을 가정하여 설명할 것이다. 이 장의 후반부에서는 리커트 척도와 같은 순서형 변수를 포함하는 모형의 분석방법을 다룰 것이다.

추정치의 해석

CFA 모형의 모수추정치는 다음과 같다.

1. 형태계수는 회귀계수와 동일하게 해석된다. 예를 들어, 표준화되지 않은 형태계수가 4라면, 요인이 1점 증가할 때 측정변수도 4점 증가한다고 예측할 수 있다. 요인에 척도를 부여하기 위해 1로 고정한 계수들은 비표준화 해에서도 그대로 1로 표기되며, 추정오차가 없기 때문에 유의성 검정을 수행하지 않는다.
2. 측정모형에서 하나의 요인만 측정한다고 설정된 측정변수를 **단순 측정변수**(simple indicator)라고 한다. 이러한 구조를 가지는 측정모형에서 변수의 분산이 1이 되도록

표준화된 형태계수는 Pearson 상관계수에 해당한다. 표준화된 형태계수를 제곱하면 설명된 분산의 비율이 된다. 예를 들어, 단순 측정변수의 표준화된 형태계수가 .80이면, 해당 측정변수의 관찰된 분산 중 64%를 요인이 설명하고 있음을 의미한다 ($.80^2 = .64$). CFA에서는 요인이 측정변수의 분산 중 50% 이상을 설명하고 있는 경우 이상적이라고 본다.

3. 둘 이상의 요인을 측정하는 것으로 설정된 **복합 측정변수**(complex indicators)에 대한 표준화 형태계수는 요인 간의 상관을 통제한 상태에서 산출한 회귀계수(베타계수)에 해당한다. 복합 측정변수에 대한 표준화 계수는 상관이 아니기 때문에 이를 제곱한 것이 설명된 분산의 비율을 의미하지 않는다. 다행히 대부분의 SEM 분석 프로그램에서는 단순 측정변수든 복합 측정변수든 관계 없이 각 측정변수별로 R^2을 산출하는 기능을 가지고 있다.

4. 측정변수의 관찰된 분산 중에서 오차분산이 차지하는 비율은 설명되지 않은 분산의 비율에 해당한다. 어떤 측정변수의 분산이 25이고 오차분산이 9일 때 설명되지 않은 분산의 비율은 9/25 = .36이며, 설명된 분산의 비율은 $R^2 = 1 - .36 = .64$다.

측정변수와 요인 간에 추정된 상관은 **구조계수**(structure coefficient)라고 한다. 측정변수가 하나의 요인만을 측정하는 단순 측정변수의 표준화 형태계수는 구조계수와 동일하지만, 복합 측정변수에 대해서는 이러한 관계가 성립하지 않는다. Graham, Guthrie, Thompson (2003)은 측정변수와 요인 간의 직접적인 관계를 0으로 설정하였다고 해서 둘 사이의 상관이 0인 것은 아니라고 강조한다. 즉, 형태계수가 0이라고 해서 요인과 측정변수의 구조계수가 0인 것은 아니다. CFA 모형에서는 일반적으로 요인 간에 상관이 있다고 가정하기 때문에 측정변수와 형태계수로 연결되지 않은 요인들 간에도 어느 정도의 상관이 존재한다고 볼 수 있다. 하지만 측정변수와 직접적으로 연결된 요인과의 상관이 더 높아야 한다.

표준화 해의 종류

SEM 분석 프로그램 중에는 여러 개의 표준화 해를 제공하는 경우가 있다. 예를 들어, LISREL에서 출력 옵션을 'SS'(standardized solution)로 하여 표준화 해를 산출하면 요인분산만 표준화하고 형태계수의 추정치는 본래 측정변수의 척도를 유지한 결과를 산출한다. 이는 Mplus에서 STD에 해당한다. 이와 같은 형태의 표준화 해는 측정변수의 원래 척도를 유지하는 것이 의미가 있을 때 유용하게 사용된다. 측정변수까지 표준화하면 원래 척도의 의미를 잃게 되기 때문이다. 예를 들어, 수행 시간을 초 단위로 측정하여 변수로 사용하는 경우, 단위를 유지하여 해석하는 것이 편리하다. 요인과 측정변수를 둘 다 표준화한 해는 LISREL 출력 옵션에서는 'SC'(completely standardized solution)를 지정하면 되고, Mplus[1]에서는 STDYX가 이에 해당한다. EQS에서는 잠재변수와 측정변수가 모두 표준화 해를 제공한다. 연구자는 자신이 어떤 표준화 해를 선택했는지 보고해야 한다.

추정 시 발생 가능한 문제점

CFA에서 초깃값을 잘못 설정하면 반복 추정에 실패할 수 있다(부록 13.A 참조). 분산이 음수로 추정되거나 상관의 절댓값이 1 이상으로 추정되는 헤이우드 케이스와 같이 수용 불가능한 해가 산출되기도 한다. 요인당 측정변수의 수가 2개이거나 사례수가 100~150 정도로 작은 경우에는 수렴에 실패하거나 부적합한 해가 산출될 가능성이 높다(Marsh & Hau, 1999). Marsh와 Hau는 적은 사례수로 CFA 분석을 수행할 때 다음과 같은 점을 고려해야 한다고 제안하였다.

1. 측정학적으로 양호하면서 표준화된 부하량이 .70 이상인 측정변수를 사용하면 헤이우드 케이스가 발생할 가능성이 낮아진다(Wothke, 1993).
2. 하나의 요인에 부하된 측정변수들이 동일한 척도를 가지는 경우 비표준화 계수에 동일성 제약을 부과하면 수용 불가능한 해를 산출할 가능성이 낮아진다.
3. 측정변수가 문항인 경우에는 개별 문항 단위에서 분석하는 것보다 문항묶음을 만들어 분석하는 것도 고려할 필요가 있다. 문항묶음에 대한 내용은 뒤에서 자세히 다룰 것이다.

수용 불가 해는 모수행렬에서도 발생할 수 있다. CFA 분석 시 요인 공분산행렬과 오차 공분산행렬이 추정되는데(부록 9.A), 행렬을 구성하는 요소 중 어느 하나라도 허용 가능한 범위 밖에 있으면 전체 행렬은 비양정치 행렬이 된다. 이러한 현상이 발생하는 이유는 다음과 같다(Wothke, 1993).

---

1) Mplus에서 STDY 옵션은 공변인을 제외한 모든 변수를 표준화한 해이다. CFA에서는 공변인에 해당하는 예측변수가 없기 때문에, 모든 측정변수가 연속변수인 경우 STDYX와 STDY가 동일하게 산출된다.

1. 데이터가 제공하는 정보가 너무 빈약한 경우(예: 사례수가 작거나 요인당 측정변수가 두 개)

2. 모형에서 추정해야 할 자유모수가 너무 많은 경우

3. 표본에 극단값이 존재하거나 비정규성 정도가 심각한 경우

4. 요인공분산에 경험적 식별미달이 존재하는 경우(예: [그림 9-5] (c))

5. 측정모형이 잘못 설정된 경우

모형식별에 대한 경험적 검토

모형이 사실상 식별되지 않음에도 불구하고, 경고나 오류 메시지 없이 수용 가능 해로 수렴하는 경우가 발생하기도 한다. 특히 CFA 모형에서 오차 간에 상관을 허용하거나 측정변수가 요인에 복잡하게 설정되어 있어서 식별 어림법으로는 식별 여부를 판단하기 어려운 경우에 이러한 가능성은 더 커진다. 다음에 기술한 내용은 해의 유일성을 판단할 수 있는 경험적 검증법으로, 모든 유형의 SEM 모형에 적용될 수 있다. 그러나 이 검증법은 필요조건이지 충분조건은 아니다. 즉, 검증에 실패하면 해가 유일하지 않다는 의미이지만, 검증을 통과했다고 해서 식별된다고 볼 수 없다.

1. 동일한 모형에 대해서 다른 초깃값을 설정해서 재분석한다. 만약 첫 번째 분석에서 도출된 해와 다른 값으로 수렴한다면, 산출된 해는 유일한 해가 아니며 모형은 식별되지 않았다고 할 수 있다.

2. 두 번째 방법은 초과식별 모형에만 적용되는 것으로, 첫 번째 분석에서 산출된 예측 공분산행렬을 입력 데이터로 사용하여 동일한 모형을 재분석하는 것이다. 두 번째 분석에서 산출된 모수추정치가 첫 번째 분석결과와 다를 경우, 모형은 식별되지 않는다고 할 수 있다.

3. SEM 분석 프로그램 중에는 모수추정치 간의 예측된 상관행렬을 출력하는 것이 있다. 모수들은 모집단에서 고정된 값이지만, 추정치는 표본마다 임의로 변화한다. 공분산 추정치는 Fisher 정보 행렬을 기초로 동시에 추정된다. 모형이 식별 가능하면 이 행렬은 역행렬을 가지며, 이것이 바로 모수추정치 간의 공분산행렬이 된다. 추정치 간의 상관도 이 행렬로부터 구할 수 있다. 상관의 절댓값이 1에 가까운 경우 선형적 종속성 때문에 문제가 될 수 있다. Bollen과 Bauldry(2010)에서는 식별 여부를 경험적으로 판단하기 위한 다른 방법도 소개하고 있다.

경험적 검증법 적용의 예

9장에서 제시한 카우프만 아동용 지능검사(KABC-I) 예시를 바탕으로 경험적 검증법의 적용 방법을 설명하고자 한다([그림 9-7] 참조). 이 검사에서 첫 번째 요인인 순차처리 (sequential processing)는 세 개의 하위 검사로 구성되어 있고, 두 번째 요인인 동시처리 (simultaneous processing)는 다섯 개의 하위 검사로 구성되어 있다. 〈표 13-1〉에 제시된 데이터는 10세 아동을 대상으로 표준화한 결과다($N=200$). 분석에는 Mplus(Müthen & Müthen, 1998-2014)를 사용하였다. 참고로 Mplus에서는 분산을 구할 때 S^2을 $N-1$로 나누지 않고 N으로 나눈다. 데이터 분석은 Mplus뿐 아니라 Amos, EQS, lavaan, LISREL, SPSS, Stata로도 실시하였으며, 분석에 사용된 모든 파일들은 이 책의 웹사이트에서 내려받을 수 있다.

단일요인 모형

최종적으로 두 개 이상의 요인으로 구성된 모형을 설정하고자 하는 경우라도 예비 분석 단계에서는 단일요인(1요인) 모형으로 분석하는 경우가 많다. 단일요인 모형이 기각되지 않는다면 요인을 더 추가할 합리적 근거가 없기 때문이다. 단일요인 모형의 ML 추정치를 얻기 위하여 〈표 13-1〉의 데이터를 바탕으로 공분산행렬을 산출하여 Mplus에 입력하였다. 요인에 척도를 부여하기 위하여 '손동작' 하위 검사의 비표준화 계수를 1로 고정하였다. 독자들은 연습문제 1에서 이 모형의 자유도가 20이 나오는지 확인하기 바란다. 추정 결과, 수용 가능 해로 수렴하였다. 단일요인 모형에 대한 주요 적합도 지수는 〈표 13-2〉에 제시된 바와 같이 별로 양호하지 않게 나타났다. 이 모형은 완전적합 검정과 근사적합 검정 모두 통과하지 못했고($p<.001$), RMSEA의 90% 신뢰구간 하한값이 .119로 적합도의 양호성을 판단하기 위한 기준인 .10을 초과하였다. 연습문제 2에 제시된 잔차를 살펴보면 지역 적합도 역시 좋지 않음을 알 수 있다.

단일요인 CFA 모형은 동일한 측정변수에 대하여 요인을 둘 이상으로 설정한 CFA 모형에 내재된 모형이다. 다요인 모형에서 모든 요인간 상관을 1로 제약하면 개념적으로 단일요인 모형과 동일해지기 때문이다. 모든 요인들이 동일하다는 의미가 되므로, 여러 요인들을 단일요인으로 대체한 것과 동일한 효과를 가지게 된다. 따라서 두 모형의 상대적 적합도를 비교하는 데 카이제곱 차이검정을 적용할 수 있다. 카이제곱 차이검정을 설명하기 위하여, [그림 9-7]의 KABC-I의 2요인 모형을 〈표 13-1〉의 데이터에 적용하여 Mplus의

〈표 13-1〉 KABC-I의 2요인 모형 분석에 사용된 입력 데이터(상관과 표준편차)

측정변수	1	2	3	4	5	6	7	8
순차처리 척도								
1. 손동작	1.00							
2. 수회상	.39	1.00						
3. 단어배열	.35	.67	1.00					
동시처리 척도								
4. 그림 통합	.21	.11	.16	1.00				
5. 삼각형	.32	.27	.29	.38	1.00			
6. 공간기억	.40	.29	.28	.30	.47	1.00		
7. 행렬 유추	.39	.32	.30	.31	.42	.41	1.00	
8. 사진 순서	.39	.29	.37	.42	.58	.51	.42	1.00
SD	3.40	2.40	2.90	2.70	2.70	4.20	2.80	3.00

주. KABC-I(Kaufman 아동용 지능검사) 1판. 데이터 출처: Kaufman & Kaufman(1983), $N=200$.

ML 추정으로 분석하였다. 분석결과 수용 가능 해로 정상 수렴하였으며, 2요인 모형에 대한 적합도 통계량은 $\chi^2_M(19)=38.325$, $p=.006$이었다.

〈표 13-2〉 KABC-I의 1요인 및 2요인 모형에 대한 적합도 통계량

통계량	모형	
	1요인	2요인
χ^2_M	105.427	38.325
df_M	20	19
p	$<.001$	.006
RMSEA [90% CI]	.146 [.119, .174]	.071 [.038, .104]
$p_{\varepsilon_0 \leq .05}$	$<.001$	.132
CFI	.818	.959
SRMR	.084	.072

주. KABC-I(Kaufman 아동용 지능검사) 1판. CI: 신뢰구간. 모든 통계량은 Mplus로 분석한 결과임.

2요인 모형에 대한 카이제곱 검정은 p값이 유의미하게 산출되어 모형의 적합성 가설이 잠정적으로 기각되었으며, 1요인 모형에 대한 카이제곱 검정에서도 마찬가지였다. 이 문제에 대해서는 잠시 후에 다시 언급할 것이다.

$$\chi^2_M(20) = 105.427, \quad p < .001$$

두 카이제곱 통계량의 차이는 다음과 같으며, 이는 2요인 모형의 적합도가 1요인 모형에 비해 통계적으로 더 적합함을 의미한다.

$$\chi^2_D(1) = 105.427 - 38.325 = 67.102, \quad p < .001$$

그러나 2요인 모형의 적합도가 잠정적으로 기각되었기 때문에, 이와 같이 해석하는 것은 별로 석연치 않다. 일반적으로, 비교하고자 하는 두 모형 중 더 복잡한 모형의 적합도가 좋을 때 카이제곱 차이검정 결과는 의미를 가진다.

Kenny(1979)는 1요인 모형의 기각 여부를 바탕으로 경로모형의 적합성을 판단할 수 있다고 언급하였다. 1요인 모형이 기각되지 않았다는 것은 변수들이 단일한 요인을 측정하고 있을 가능성을 내포한다. 앞서 [그림 7-5]에 제시한 질병 경로모형을 1요인 CFA 모형으로 설정하여 〈표 4-2〉의 데이터로 분석해 보니 전체 적합도가 다음과 같이 좋지 않았으며, 지역 적합도 역시 좋지 않았다. 이는 경로분석이 더 적합하다는 증거가 될 수 있다.

$$\chi^2_M(5) = 60.549, \qquad p < .001$$
$$RMSEA = .173, \qquad 90\% \text{ CI } [.135, .213], \qquad p_{\varepsilon_0 \leq .05} < .001$$
$$CFI = .644, \qquad SRMR = .096$$

2요인 모형

〈표 13-2〉에는 KABC-I의 2요인 모형에 대한 적합도 통계량이 제시되어 있다. 앞서 언급한 바와 같이, 완전적합도 검정은 $p < .001$에서 기각되었다. RMSEA는 다소 혼합된 결론을 제시한다. $\hat{\varepsilon}_L$ 값은 .038로 .05보다 작기 때문에 $(p_{\varepsilon_0 \leq .05} = .138)$ 근사적합도 검정은 통과했다고 볼 수 있다. 그러나 $\hat{\varepsilon}_U$가 .104로 .05보다 크기 때문에 근사부적합 검정 기준

에서는 모형이 부적합한 것으로 나타났으며, 또한 이 값이 .10보다도 크기 때문에 모형이 부적합하다고 판단할 수 있다. CFI와 SRMR은 각각 .959와 .072로 적합도에 문제가 있다고 볼 수는 없다.

STATISTICA Advanced(StatSoft, 2013)의 Power Analysis 프로그램으로 근사적합도 검정과 근사부적합 검정에 대한 검정력을 분석한 결과, 각각 .440과 .302[2])로 비교적 낮게 나타났다. 검정력이 적어도 .80 정도 되려면 실제 분석에서 사용된 사례수($N=200$)의 두 배 이상이 필요하다. 목표 검정력인 .80에 도달하기 위해서는 근사적합도 검정은 455명, 근사부적합 검정은 490명이 필요하다.

〈표 13-3〉에는 2요인 모형의 모수추정치와 표준오차를 제시하였다. 참조변수에 대한 비표준화 형태계수를 1로 고정하였기 때문에 참조변수에 대한 표준오차는 산출되지 않는다. 다른 결과들은 모두 통계적으로 유의미하였다. 가장 관심을 두어야 할 결과는 표준화된 형태계수로서, 이는 구조계수와 동일한 의미를 가지며, 이를 제곱한 값은 설명된 분산의 비율을 의미한다. 예를 들어, 손동작에 대한 표준화 계수는 .497이므로 이 변수의 기저에 있는 요인은 손동작 변수의 약 25%($.497^2=.247$) 정도의 분산을 설명한다. 이 값은 연속변수임을 감안할 때 매우 낮은 값이다. 표에 제시된 표준화 계수들을 보면, 8개 중 4개 변수가 분산의 절반 이상을 설명하지 못하여 수렴 타당도가 낮게 나타났다. 반면, 요인상관 추정치는 .557로 변별 타당도는 합리적인 수준이라고 할 수 있다.

〈표 13-4〉에는 2요인 모형에 대한 구조계수를 보고하였다. 굵게 표기한 숫자는 각 측정변수에 대한 표준화 형태계수다. 예를 들어, [그림 9-7]에서 손동작 변수는 동시처리 요인을 측정하지 않는 것으로 설정되어 있다. 표에서 손동작에 대한 구조계수는 .497과 .277로 되어 있는데, 이 중 .497은 순차처리 요인의 측정변수에 대한 표준화 형태계수이며, .277은 손동작과 동시처리 요인 간에 예측된 상관을 의미한다. 이 값은 다음과 같은 추적 규칙을 적용하여 계산된 것으로, 손동작의 구조계수인 .497과 순차처리와 동시처리 간 상관인 .577을 곱하여 .277로 산출되었다.

손동작 ⟵ 순차처리 ⌣ 동시처리

---

2) 근사적합 가설: H_0: $\varepsilon_0 \leq .05$, $\varepsilon_1 = .08$. 근사부적합 가설: H_0: $\varepsilon_0 \geq .05$, $\varepsilon_1 = .01$. 두 검정에 대한 $\alpha = .05$.

〈표 13-3〉 KABC-I의 2요인 모형에 대한 ML 추정 결과

모수	비표준화		표준화	
	추정치	*SE*	추정치	*SE*
형태계수				
순차처리 요인				
손동작	1.000	–	.497	.062
수회상	1.147	.181	.807	.046
단어배열	1.388	.219	.808	.046
동시처리 요인				
그림 통합	1.000	–	.503	.061
삼각형	1.445	.227	.726	.044
공간기억	2.029	.335	.656	.050
행렬 유추	1.212	.212	.588	.055
사진 순서	1.727	.265	.782	.040
오차분산				
손동작	8.664	.938	.753	.061
수회상	1.998	.414	.349	.075
단어배열	2.902	.604	.347	.075
그림 통합	5.419	.585	.747	.061
삼각형	3.425	.458	.472	.064
공간기억	9.998	1.202	.570	.065
행렬 유추	5.104	.578	.654	.065
사진 순서	3.483	.537	.389	.063
요인분산 및 공분산				
순차처리	2.839	.838	1.000	–
동시처리	1.835	.530	1.000	–
순차처리 ⌣ 동시처리	1.271	.324	.557	.067

주. KABC-I(Kaufman 아동용 지능검사 1판). 오차분산의 표준화 추정치는 설명되지 않은 분산의 비율임. 모든 결과는 Mplus의 표준화 해 중 STDYX를 의미함.

〈표 13-4〉의 다른 측정변수들에 대한 구조계수는 연습문제 3에서 계산해 보기 바란다. 이 결과에서 알 수 있듯이, 요인 간 상관이 존재하는 경우 형태계수가 0으로 설정되었다 하더라도 구조계수는 0이 아닌 경우가 많다.

〈표 13-4〉 KABC-I의 2요인 모형에 대한 구조계수

측정변수	요인	
	순차처리	동시처리
손동작	.497	.277
수회상	.807	.449
단어배열	.808	.450
그림 통합	.280	.503
삼각형	.405	.726
공간기억	.365	.656
행렬 유추	.327	.588
사진 순서	.435	.782

주. KABC-I(Kaufman 아동용 지능검사 1판). 모든 분석은 Mplus로 수행되었음.

[그림 9-7]의 2요인 모형은 (1) 동일 요인을 측정하는 두 측정변수들이 그 요인에 의해 d분리되어 있으며, (2) 서로 다른 요인을 측정하는 두 측정변수들은 두 요인에 의해 d분리되어 있다. 〈표 13-5〉에 보고된 값들은 방금 설명한 기본세트(규칙 8.2)에 해당하는 편상관이다. 표에서 굵게 표기한 값들은 편상관이 .10 이상인 값들로, 대부분 순차처리를 측정하는 손동작 및 수회상과 관련된 값들이다. 이 모형은 손동작 및 수회상 변수가 동시처리를 측정하는 5개의 변수 중 4개와 가지는 관련성을 잘 설명하지 못한다고 할 수 있다.

〈표 13-6〉에는 변수들 간의 상관잔차와 표준화잔차가 제시되어 있다. 상관잔차의 절댓값이 .10 이상이거나 표준화잔차가 유의수준 .05에서 유의미한 경우(>1.96) 굵게 표기하였다. 이 값들은 대부분 손동작과 동시처리 요인을 측정하는 다른 변수들 간에 나타났다. 지금까지 고려한 모든 결과를 바탕으로 볼 때, [그림 9-7]의 2요인 모형은 적합한 모형으로 받아들이기 어렵다.

CFA 모형의 재설정

Kurt Vonnegut의 소설 〈죽음의 순례자(Slaughterhouse-Five)〉의 주인공은 역경에 직면할 때 "그렇게 가는 거지(So it goes)."라고 얘기하곤 한다. CFA에서도 연구자가 초기에 설정한 모형이 데이터에 잘 맞지 않아 버려야 하는 상황이 흔히 발생한다. CFA 모형을 재설정하는 것은 경로모형을 재설정하는 것보다 고려할 요소들이 많기 때문에 더 어려운 작업

〈표 13-5〉 KABC-I 2요인 모형에 대한 기본세트의 조건부 독립성을 판단하기 위한 편상관

측정변수	1	2	3	4	5	6	7	8
순차처리 척도								
1. 손동작	–							
2. 수회상	−.022	–						
3. 단어배열	−.101	.052	–					
동시처리 척도								
4. 그림 통합	.094	−.227	−.130	–				
5. 삼각형	.199	−.139	−.092	.025	–			
6. 공간기억	.334	−.009	−.033	−.046	−.012	–		
7. 행렬 유추	.324	.118	.075	.020	−.012	.040	–	
8. 사진 순서	.321	−.165	.051	.049	.029	−.006	−.079	–

주. KABC-I(Kaufman 아동용 지능검사 1판). 분석은 모두 SPSS를 이용하여 수행되었음.

이다. CFA 모형을 재설정할 때는 경험적인 측면보다 본질적인 측면에서 고찰해야 한다. 본질적인 고찰 없이 모형을 재설정할 때 연구자는 레오나르도 다빈치의 어록에 등장하는 항해사와 같은 상황에 처하게 될 것이다. "이론 없는 실천을 사랑하는 사람은 나침반이 없어 어디로 갈지 전혀 모르는 항해사와 같다."

　모형을 재설정하는 과정에서 일반적으로 두 가지 문제가 나타날 수 있다. 첫째는 측정변수와 관련된 문제로, 요인을 측정한다고 설정된 측정변수의 형태계수가 너무 작은 경우다. 이에 대한 하나의 해결책은 그 측정변수가 다른 요인에 부하되도록 바꾸어 모형을 설정하는 것이다. 상관잔차를 검토하면 측정변수를 다른 요인에 연결하는 것이 타당한지 확인하는 데 도움이 된다. 요인 A를 측정한다고 설정한 측정변수와 요인 B의 측정변수들 간 잔차의 크기가 크고 양수의 값을 가진다고 가정하자. 이것은 이 측정변수가 요인 A보다 요인 B를 측정할 가능성이 더 큼을 암시한다. 어떤 경우에는 측정변수가 본래 설정된 요인과도 비교적 높은 형태계수를 가지면서, 동시에 다른 요인의 측정변수들과 상관잔차 또한 높을 수 있다. 이러한 경우 측정변수는 둘 이상의 요인을 측정한다고 볼 수 있으므로 측정변수가 여러 요인에 부하되도록 모형을 재설정하는 것이 하나의 방법이다. 상관잔차가 이와 같이 나타나는 데 대한 또 다른 가능성은 측정변수들이 요인과는 관련 없는 고유한 특성 (예: 측정 방법)을 공유하고 있을 수 있다는 점이다. 이러한 경우에는 측정오차 간에 상관을 부여하면 된다.

〈표 13-6〉 KABC-I의 2요인 모형에 대한 상관잔차와 표준화잔차

측정변수	1	2	3	4	5	6	7	8
				상관잔차				
순차처리 척도								
1. 손동작	0							
2. 수회상	−.011	0						
3. 단어배열	−.052	.018	0					
동시처리 척도								
4. 그림 통합	.071	−.116	−.066	0				
5. 삼각형	.119	−.056	−.037	.015	0			
6. 공간기억	.218	−.005	−.015	−.030	−.007	0		
7. 행렬 유추	.227	.056	.035	.014	−.007	.024	0	
8. 사진 순서	.174	−.061	.018	.027	.012	−.003	−.040	0
				표준화잔차				
순차처리 척도								
1. 손동작	−							
2. 수회상	−.595	−						
3. 단어배열	−3.803	1.537	−					
동시처리 척도								
4. 그림 통합	1.126	−2.329	−1.315	−				
5. 삼각형	2.046	−1.558	−1.001	.427	−			
6. 공간기억	3.464	−.112	−.354	−.785	−.268	−		
7. 행렬 유추	3.505	1.129	.727	.323	−.246	.664	−	
8. 사진 순서	2.990	−2.001	.524	.909	.676	−.144	−1.978	−

주. KABC-I(Kaufman 아동용 지능검사 1판). 상관잔차는 EQS로, 표준화잔차는 Mplus로 계산하였음.

　　모형 재설정과 관련된 두 번째 문제로, 연구자가 요인수를 잘못 설정하였을 가능성을 검토할 필요가 있다. 예를 들어, 요인 간 상관이 너무 높아서 변별 타당도가 낮게 나타난 것이 모형에 너무 많은 요인들을 포함시켰기 때문일 수도 있다. 반대로, 요인수를 너무 적게 설정하여 측정변수들 사이에 수렴 타당도가 낮게 나왔을 수도 있다. 그러나 요인수를 바꾸는 것은 측정변수와 요인 간의 관계를 재설정하거나 오차 간에 상관을 부여하는 것보다 훨씬 심각한 변화로, 측정모형에 대한 가설 자체가 잘못되었을 가능성도 있다.

〈표 13-7〉 KABC-I의 2요인 모형에 대한 수정지수

경로	MI	p
동시처리 ⟶ 손동작	20.091	<.001
$E_{NR} \smile E_{WO}$	20.042	<.001
$E_{HM} \smile E_{WO}$	7.015	.008
동시처리 ⟶ 수회상	7.010	.008
$E_{HM} \smile E_{SM}$	4.847	.028
$E_{HM} \smile E_{MA}$	3.799	.051
순차처리 ⟶ 행렬 유추	3.247	.072
$E_{NR} \smile E_{PS}$	3.147	.076
순차처리 ⟶ 그림 통합	2.902	.089
$E_{MA} \smile E_{PS}$	2.727	.099

주. KABC-I(Kaufman 아동용 지능검사 1판). MI: 수정지수, NR: 수회상, WO: 단어배열, HM: 손동작, SM: 공간기억, MA: 행렬 유추, PS: 사진 순서. 모든 분석은 Mplus로 수행하였음.

모형 재설정은 보통 상관잔차를 점검함으로써 시작된다. KABC-I의 2요인 모형에 대한 상관잔차는 앞서 〈표 13-6〉에 제시하였으며, 순차처리 요인의 측정변수 중 하나인 손동작 변수와 동시처리 요인을 측정하는 대부분의 측정변수 간에 상관잔차가 양수이면서 큰 값을 나타내었다. 손동작의 표준화 형태계수가 보통 정도(.497)인 것으로 보아, 이 과제가 사실상 두 요인을 모두 측정하고 있을 가능성이 있다. 〈표 13-7〉에는 [그림 9-7]의 본래 모형에서 0으로 제약한 형태계수 및 오차분산에 대한 수정지수 중 가장 큰 10개의 값을 제시하였다. 표에서 동시처리⟶손동작, 그리고 $E_{NR} \smile E_{WO}$에 대한 $\chi^2(1)$ 값은 각각 20.091과 20.042였다. 따라서 손동작 과제를 동시처리 요인에 연결하거나 단어배열과 수회상 사이에 오차상관을 추가하면 χ^2_M의 값을 20 정도 줄일 수 있다. 수정지수를 바탕으로 나머지 경로들을 변화시키면 전체 적합도의 향상폭이 이보다는 작을 것이며, 이 중 수회상과 단어배열의 오차에 상관을 설정하거나, 수회상 과제가 순차처리 요인을 측정하도록 설정하면 카이제곱 값이 각각 7.015와 7.010 정도 향상될 것이다. KABC-I에 대한 선행연구 결과(Kline, Snyder, & Castellanos, 1996)와 요인분석을 적용한 다른 연구 결과(예: Keith, 1985)들을 참고해 보면, 손동작이 두 요인을 모두 측정하고 있다는 가정이 더 설득력 있다. Kline(2012)에는 EFA 분석과 동일한 데이터를 사용하여 KABC-I의 2요인 비제약 모형을 분석하는 방법이 설명되어 있다.

특별 주제

앞서 4장에서는 관찰변수에 대한 신뢰도계수에 관한 내용을 정리한 바 있다. [Topic Box 13-1]에서는 SEM에서 요인 측정의 신뢰도를 추정하는 계수를 다루고자 한다. 연습문제 4는 〈표 13-3〉의 결과를 바탕으로 [그림 9-7]의 동시처리 요인에 대한 신뢰도계수를 계산하는 문제다.

일반적으로 요인의 표준화 여부는 모형 적합도에 영향을 주지 않는다. Steiger(2002)는 이에 대한 예외로서 **제약 상호작용**(constraint interaction)을 설명하였다. 제약 상호작용은 요인 중 일부가 2개의 측정변수만 가지고 있고, 서로 다른 요인을 측정하는 변수들에 대한 계수에 **교차요인 동일성 제약**(cross-factor equality constraint)을 가한 CFA 모형에서 발생할 수 있다. 어떤 경우에는 동일성 제약 검정에 대한 $\chi_D^2(1)$ 값이 요인 척도화 방식에 따라 달라진다. 대부분의 경우에는 제약 상호작용이 발생하지 않지만, 이러한 상황이 발생할 가능성이 있다는 점은 주지해야 한다(부록 13.B 참조).

동일성 제약을 가한 형태계수들은 비표준화 상태에서는 동일하지만, 이를 표준화하면 동일한 값을 가지지 않는다. 따라서 동일성 제약을 가한 형태계수에 대해 표준화 해를 비교하는 것은 의미가 없다. 표준화 계수에 동일성 제약을 가하는 것이 꼭 필요하다면, 제약 추정법을 이용하여 상관행렬을 분석하는 것이 하나의 방법이다.

CFA에서 카이제곱 차이검정을 이용한 위계적 모형 비교를 이용하면 측정변수들이 동류형(congeneric)인지, 타우동형(tau-equivalent)인지, 또는 평행형(parallel)인지 검정할 수 있다. **동류형 측정변수**들은 같은 구인을 측정하지만, 반드시 요인을 동일한 강도로 측정할 필요는 없다. 동류형 CFA 모형은 측정변수들이 같은 요인을 측정한다고 설정하는 것 외에는 어떤 제약도 부과하지 않는다. 만약 이 모형이 데이터에 매우 잘 부합된다면 좀 더 엄격한 가정인 타우동형성과 평행성 가정에 대해서도 검정을 계속 진행할 수 있다. **타우동형 측정변수**들은 기본적으로 동류형 가정을 만족시키며, 진점수 분산이 동일하다는 가정을 추가로 부과한다. 타우동형성 가정은 비표준화 요인부하량을 모두 1로 고정하여 동일성 제약을 부여함으로써 검정할 수 있다. 만일 타우동형 모형의 적합도가 동류형 모형에 비해 그다지 나쁘지 않다면 추가적인 제약을 가하여 평행성 검정을 실시할 수 있다. **평행 측정변수**들은 오차분산까지 동일하다고 가정한다. 만약 이 모형의 적합도가 타우동형 모형에 비해 나쁘지 않다면, 측정변수들은 평행성을 가진다고 할 수 있다. 이러한 모형들은 모두 오차 독립성을 가정하며 상관행렬이 아닌 공분산행렬을 이용하여 분석해야 한다.

더 자세한 예시를 위해서는 Brown(2015, 7장)을 참조하라.

다요인모형에서 모든 요인을 통합하면 원래 설정한 모형에 내재된 단일요인 모형을 만들 수 있다. 앞에서 설명한 카이제곱 차이검정으로 모형 간 비교를 수행하는 것을 **중복성 검정**(test for redundancy)이라고 한다. 여러 요인 간의 공분산을 0으로 고정하여 **직교성 검정**(test for orthogonality)을 할 수도 있다. 모형이 2개의 요인만으로 구성되어 있다면 이 절차를 거치지 않아도 된다. 제약을 가하지 않은 모형에서 요인공분산에 대한 통계적 검정을 실시하더라도 동일한 정보를 얻을 수 있기 때문이다. 3개 이상의 요인으로 구성된 모형에서 직교성 검정은 모든 요인공분산이 통계적으로 0과 다른지를 검증하는 다변량 검정과 유사하다. 중복성 검정에서 모형이 식별되려면 요인별로 적어도 3개의 측정변수가 필요하다.

[Topic Box 13-1]
요인 측정의 신뢰도

Hancock과 Mueller(2001), Raykov(2004)는 반영적 측정모형으로 설정된 CFA 모형이나 SR 모형에서 요인 측정의 신뢰도를 추정하는 계수들에 관해 설명하였다. 이 계수들은 측정변수들이 단일 요인에 속해 있는지에 관해 직접적으로 측정한다는 점에서 Cronbach 알파(식 4.7)보다 낫다고 할 수 있다. **합성 신뢰도**(composite reliability: CR)는 **요인 rho 계수**(factor rho coefficient)라고도 불리며, 전체 분산 중 설명된 분산의 비를 의미한다. 측정변수들 간에 오차 간 상관이 설정되어 있지 않은 요인에 대한 합성 신뢰도는 다음과 같이 비표준화 해의 형태로 추정된다.

$$CR = \frac{(\sum \hat{\lambda}_i)^2 \hat{\phi}}{(\sum \hat{\lambda}_i)^2 \hat{\phi} + \sum \hat{\theta}_{ii}} \tag{13.1}$$

여기서 $\sum \hat{\lambda}_i$는 동일 요인에 대한 측정변수들의 비표준화 형태계수들을 합한 것이며, $\hat{\theta}$는 요인분산 추정치, $\sum \hat{\theta}_{ii}$는 오차분산의 합을 의미한다. 측정변수들 간에 상관이 존재할 경우는 다음과 같이 다른 공식이 사용된다.

$$CR = \frac{(\sum \hat{\lambda}_i)^2 \hat{\phi}}{(\sum \hat{\lambda}_i)^2 \hat{\phi} + \sum \hat{\theta}_{ii} + 2\sum \hat{\theta}_{ij}} \tag{13.2}$$

여기서 $\sum \hat{\theta}_{ij}$는 0이 아닌 오차공분산의 합을 의미한다. 이 밖에도 이와 유사한 형태의 변형된 식들이 Raykov(2004), Hancock과 Mueller(2001)에 소개되어 있다.

이 중 계산이 비교적 간단한 **평균분산추출**(average variance extracted: AVE)이라는 것이 있는데, 이는 하나의 요인만 측정하는 것으로 설정된 측정변수, 즉 단순 측정변수들에 대한 표준화 형태계수의 제곱을 평균한 것이다. AVE는 표준화 계수를 바탕으로 산출되기 때문에, 여러 집단에 걸쳐 직접적으로 비교하기 어렵다. 이러한 경우 비표준화 계수를 바탕으로 하는 CR을 사용하는 것이 더 낫다.

다음으로 [그림 9-7]의 2요인 모형에서 순차처리 요인을 측정하는 세 측정변수들에 대해 〈표 13-3〉의 값들을 이용하여 CR을 계산해 보자. 오차 간에 상관이 부여되지 않았으므로 식 13.1을 사용할 수 있다.

$$\sum \hat{\lambda}_i = 1.000+1.147+1.388 = 3.535$$
$$\hat{\phi} = 2.839$$
$$\sum \hat{\theta}_{ii} = 8.664+1.998+2.902 = 13.564$$
$$CR = \frac{3.535^2(2.839)}{3.535^2(2.839)+13.564} = .723$$

결과가 아주 나쁜 것은 아니지만, 이 요인에 대한 세 측정변수들이 수렴 타당도를 확보했는지에 대한 증거는 다소 부족하다(〈표 13-3〉 참조). Bentler(2009)는 측정변수가 이분 또는 다분 문항인 순서형 데이터에 적합한 CFA 모형에 적용 가능한 계수 산출 방법을 소개하였다.

소멸 테트라드(vanishing tetrads)는 오차 간 상관이 없는 네 개 이상의 측정변수로 구성된 요인들에 대해 일종의 초과식별 제약을 부여하는 것이다. Spearman(1904)은 하나의 요인을 측정하는 측정변수들을 특정한 조합으로 짝지은 후 상관의 곱을 구하여 서로 빼면 0이 된다는 점을 보여 주었다. 예를 들어, 동일한 요인을 측정하는 측정변수 $X_1 \sim X_4$에 대하여, 다음과 같은 세 개의 소멸 테트라드를 만들 수 있다.

$$\rho_{12}\rho_{13} - \rho_{13}\rho_{24} = 0$$
$$\rho_{12}\rho_{34} - \rho_{14}\rho_{23} = 0 \tag{13.3}$$
$$\rho_{13}\rho_{24} - \rho_{14}\rho_{23} = 0$$

여기서 ρ_{12}는 X_1과 X_2의 상관을 의미한다. 식 13.3의 세 식 중 두 개가 만족되면 나머지 하나는 반드시 참이기 때문에, 사실상 독립적인 제약은 두 개다. 측정변수 k의 수가 4개 이상인 요인에 대해서는 총 $k(k-3)/2$개의 독립적인 제약이 존재한다. Kenny와 Milan(2012)은 CFA 모형에 대하여 여러 가지 요인간·요인내 소멸상관을 설명하였다.

Spirtes, Glymour, Scheines(2001)는 **탐색적 테트라드 분석**(exploratory tetrad analysis: ETA)을 소개하였는데, 이는 네 개 이상의 측정변수들 간에 관찰된 소멸 테트라드에 기초하여 일차원의 단일요인 측정모형을 찾기 위한 컴퓨터 알고리즘이다. 무료 프로그램인 TETRAD V(Glymour, Scheines, Spirtes, Ramsey, 2014)는 이와 관련된 탐색 알고리즘을 수행한다.[3] Bollen과 Ting(1993)은 **확인적 테트라드 분석**(confirmatory tetrad analysis: CTA)을 소개하였는데, 이는 ETA와 달리 측정모형을 선험적으로 설정한 후 분석하는 방법이다. 정규성을 가지는 변수나 비정규성을 가지는 변수들에 대해서 소멸 테트라드를 검토하면 지역 적합도 및 전체 적합도를 평가할 수 있다. 소멸 테트라드는 관찰변수로부터 추정되기 때문에 CTA는 CFA나 SEM의 틀 안에서 식별되지 않는 측정모형을 분석하는 데 유용하다.

🥧 동치 CFA 모형

동치 CFA 모형을 생성하는 데에는 두 가지 원리가 있다. 하나는 다요인모형에 적용되는 원리이고, 다른 하나는 단일요인모형에 적용되는 원리다. 전자의 예로서, 능력과 성취 열망에 대한 자기 인식을 다룬 Kenny(1979)의 요인모형을 잠시 살펴보자. 이 모형은 [그림 13-1] (a)에 제시하였고, 지면을 절약하기 위해 측정오차는 생략하였다. 분석은 STATISTICA Advanced(StatSoft, 2013)의 SEPATH 모듈에서 제공하는 제약 ML 추정법을 사용하였다. 분석에 사용된 데이터는 8학년 학생 556명의 표본이었으며, 상관행렬은 〈표 13-8〉에 제시하였다. 주요 적합도 통계량은 다음과 같으며, 전반적으로 양호한 수준이었다.

$$\chi_M^2(8)=9.256, \ p=.321$$
$$\text{RMSEA}=.012, \ 90\% \ \text{CI} \ [.017, .054]$$
$$\text{CFI}=.999, \ \text{SRMR}=.012$$

[그림 13-1]에 제시된 다른 3개의 CFA 모형은 예측상관과 적합도 통계치가 원래 모형

---

3) www.phil.cmu.edu/tetrad

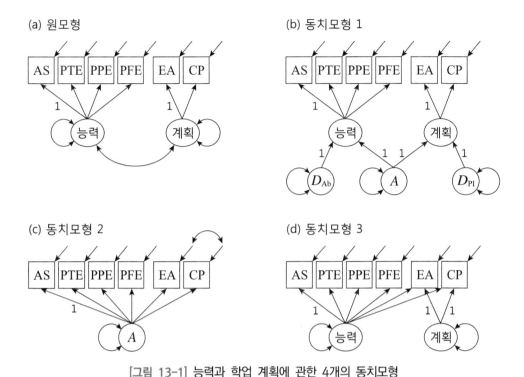

[그림 13-1] 능력과 학업 계획에 관한 4개의 동치모형

주. AS: 능력 자아개념, PTE: 능력에 대한 교사 평가, PPE: 능력에 대한 학부모 평가, PFE: 능력에 대한 동료 평가, EA: 교육적 열망, CP: 대학진학계획.

과 동일한 동치모형이다. [그림 13-1] (b)의 동치모형은 위계적 CFA 모형으로, 원래 모형의 요인 간에 설정되었던 공분산을 2차 요인(A)으로 대체한 것이다. 2차 요인은 측정변수를 가지지 않으며, 1차 요인(능력, 계획)에 직접효과를 가지는 것으로 설정된다. 이러한 설정을 통하여 2개의 1차 요인들이 서로 관련성을 가지는 이유를 설명할 수 있다. 이 모형에서 2차 요인은 2개의 1차 요인만 가지고 있기 때문에, 1차 요인으로 가는 직접효과를 동일하게 제약해야 한다(즉, A → 능력=A → 계획=1.0). 나머지 2개의 동치모형은 일부 요인들이 2개의 측정변수를 가지는 모형에만 해당되는 모형이다. [그림 13-1] (c)의 동치모형은 계획 요인을 없애는 대신 계획 요인을 측정하던 두 변수의 측정오차 간에 상관을 설정하였다. [그림 13-1] (d)의 동치모형은 능력 요인과 계획 요인 간의 상관 대신 일부 측정변수가 다차원적이라고 설정하고 있으며, 관찰된 상관을 설명하는 정도는 원래 모형과 동일하다. [그림 13-1] (d)의 모형에서는 요인들이 독립적으로 설정되었기 때문에, 교육적 열망(EA) 변수와 대학 진학 계획(CP) 변수들의 요인부하량을 동일하게 제약해야 모형이 식별될 수 있다.

　　다수의 요인을 포함하는 CFA 모형에 대해 동치모형을 생성하는 것은 방금 설명한 예보다 훨씬 복잡하다. 〈표 12-6〉에 제시한 대체규칙을 적용하면 요인 간 상관을 직접효과로 대체할 수 있는데, 그 결과로 일부 요인들은 내생변수가 되고, 모형은 더 이상 CFA 모형이 아닌 SR 모형으로 바뀌게 되지만 두 모형의 적합도는 동일하다. 예를 들면, [그림 13-1] (a)의 모형에서 능력과 계획 간의 상관을 직접효과로 대체하면 동치모형을 만들 수 있다. Raykov와 Marcoulides(2001)는 표준 CFA 모형에 대해서 무한히 많은 수의 동치모형이 생성될 수 있다는 것을 보여 주었다. 일례로, 요인간 상관을 제거하여 요인들을 독립으로 설정한 다음, 원래 모형에는 없었던 요인들을 모형에 포함시키고 측정변수들의 형태계수를 모두 1로 고정하여 동치모형을 생성할 수도 있다. 이렇게 설정한 동치모형들은 모두 원래 모형과 동일한 정도로 데이터를 설명한다.

단일요인 CFA 모형의 농치모형은 Hershberger와 Marcoulides(2013)의 **역측성변수법** (reversed indicator rule)을 사용하여 만들 수 있다. 역측정변수법에서는 측정변수 중 하나를 요인에 대한 원인 측정변수로 설정하며 나머지는 결과 측정변수로 설정한다. [그림 13-2] (a)의 CFA 모형을 살펴보자. 이 모형의 결과 측정변수는 단어 인식, 문자 인식, 단어 공략, 파닉스 기술로 구성되어 있다. [그림 13-2] (b)의 동치모형에서는 파닉스 기술을 읽기 요인에 대한 원인변수로 설정하였다. 이 모형의 요인은 더 이상 외생변수가 아니기 때문에 설명오차를 동반하며, 사실상 SR 모형이 된다. 나머지 3개의 측정변수들을 각각 읽기의 원인으로 설정하면 3개의 서로 다른 동치모형을 생성할 수 있다. 그러나 이렇게 생성된 동치모형 전부가 이론적 근거를 가지는 것은 아니다. 하지만 적어도 파닉스 기술을 원인 측정변수로 설정한 모형은 원래의 1요인 CFA 모형에 대한 합리적인 대안이 될 수 있다. [그림 13-2] (b)의 모형은 다수의 측정변수와 다수의 원인을 가지는 **MIMIC**(multiple indicators and multiple causes) 모형의 예다. MIMIC 모형에서 요인은 항상 내생변수이기 때문에, MIMIC 모형은 CFA 모형이 아니라 SR 모형이다. MIMIC 모형으로 설정된 요인을 SR 모형으로 분석하는 방법은 다음 장에서 설명할 것이다.

〈표 13-8〉 능력과 학업 계획에 관한 2요인 모형 분석을 위한 입력 데이터(상관)

변수	1	2	3	4	5	6
1. 능력 자아개념	1.00					
2. 능력에 대한 학부모 평가	.73	1.00				
3. 능력에 대한 교사 평가	.70	.68	1.00			
4. 능력에 대한 동료 평가	.58	.61	.57	1.00		
5. 교육적 열망	.46	.43	.40	.37	1.00	
6. 대학진학계획	.56	.52	.48	.41	.71	1.00

주. Kenny(1979)에서 사용한 입력 데이터. $N=556$.

(a) 결과 측정변수만 포함하는 기존 모형

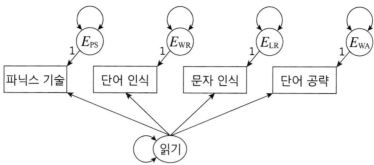

(b) 원인 측정변수를 포함한 동치모형

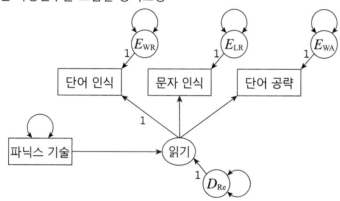

[그림 13-2] 읽기와 관련된 단일요인 동치모형을 생성하기 위한 역측정변수법의 적용

🥧 특수한 형태의 CFA 모형

이 절에서는 세 가지 특수한 형태의 CFA 모형에 관해 설명하고자 한다. 앞의 두 모형은 요인이 위계적 구조를 가질 때 적용할 수 있는 모형이고, 마지막 모형은 방법 효과와 관련된 모형이다.

위계적 CFA 모형

[그림 13-1] (a)에 제시된 2차모형은 2차 요인으로 설정된 일반요인 g가 세 개의 1차 요인인 $A \sim C$의 원인이 된다고 설정하고 있다. 1차 요인은 측정변수들에 의해 직접 측정되지만 2차 요인은 1차 요인의 측정변수들에 의해 간접적으로 측정된다. g요인을 $A \sim C$에 대한 공통 원인으로 설정한 것은 1차 요인들 간의 관계가 허위적임을 암시한다. 즉, g요인

이 요인 간의 공분산을 설명한다고 보는 것이다. 1차 요인에 직접적인 영향을 미치는 두 번째 원인은 설명오차로, 이는 g요인에 의해 설명될 수 없는 모든 원인을 나타낸다.

2차 CFA 모형이 식별되기 위해서는 최소한 3개의 1차 요인이 있어야 한다. 또한 1차 요인은 최소한 2개의 측정변수를 가져야 한다. [그림 13-3] (a)의 모형은 이 두 조건을 모두 만족시킨다. 그림에서는 2차 요인에 척도를 부여하기 위하여 g에서 A로 가는 직접효과를 1로 고정하였는데, 이 밖에 g요인의 분산을 1로 고정하여 요인을 표준화시키는 방법도 있다. 이렇게 하면 g요인에서 1차 요인으로 가는 3개의 직접효과는 모두 자유모수가 된다. 단일집단 분석에서는 두 방법 중 어떤 것을 사용하더라도 무방하다. 그러나 다집단분석에서는 고차 요인을 표준화하는 것이 적합하지 않다. 이와 같은 2차 CFA 모형이 연구에서 사용된 예로, g요인이 언어 추론이나 기억력과 같은 구체적인 기능을 설명하는 능력 요인으로 개념화된 연구가 있다(Williams, McIntosh, Dixon, Newton, & Youman, 2010). 2차 CFA 모형은 성격이나 삶의 질 등 다른 구인들을 측정하는 모형에서도 폭넓게 사용되고 있다.

이원요인 모형

이원요인 모형(bifactor model)은 **내재요인 모형**(nested-factor model) 또는 **일반-특수 모형**(general-specific model)으로도 불리며, 위계적 모형보다 덜 알려져 있긴 하지만 일반요인을 구성하는 특수요인 간 관련성을 다루는 모형이라는 점에서 위계적 모형과 공통점을 가진다(Chen, West, & Sousa, 2006). 이원요인 모형은 일반요인이 측정변수에 직접적인 영향을 주고 1차 요인들과는 독립적으로 설정된다는 점에서 2차모형과 차이가 있다. 이원요인 모형에서 일반요인이 특수요인들과 상관을 가지는 것으로 설정하면 모형이 식별되지 않을 수도 있다.

[그림 13-3] (b)에 제시된 바와 같이, 이원요인 모형은 일반요인(g)이 모든 측정변수들의 원인이며 특수요인인 $A \sim C$와는 관련이 없다고 설정한다. 이 모형은 측정변수의 분산을 서로 중복되지 않는 세 요소인 특수요인, 일반요인, 오차로 분할하고 있다. 이원요인 모형에서 특수요인과 일반요인들은 서로 독립이기 때문에, 이원요인 모형에서 특수요인은 2차모형에서 설명오차와 유사하다고 할 수 있다. 예를 들어, [그림 13-3] (a)의 2차모형에서 $D_A \sim D_C$는 일반요인과 독립적이라는 점에서 [그림 13-3] (b)에 제시된 이원요인 모형의 $A \sim C$에 상응한다. 또한 이원요인 모형에서 특수요인은 매개변수가 아닌 반면, 2차모형에서 1차 요인은 항상 매개변수다.

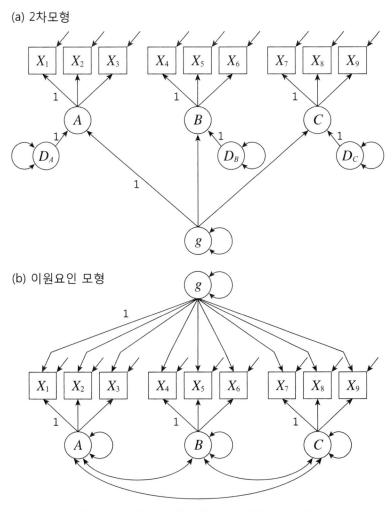

(a) 2차모형

(b) 이원요인 모형

[그림 13-3] (a) 2차모형과 (b) 이원요인 모형

　　Chen 등(2006)은 삶의 질에 관한 이원요인 모형을 분석하였는데, 모형에서 설정된 측정변수들은 일반적인 삶의 질과 더불어 정신 건강과 신체적 건강 등 좀 더 구체적인 영역에서의 적응을 동시에 반영하며, 일반적인 삶의 질 요인은 영역 특수적 요인들과는 독립된 것으로 보았다. 이를 2차모형으로 설정하였다면 삶의 질의 일반요인이 영역 특수적인 1차요인들의 원인이 되는 것으로 가정했을 것이다. 즉, 두 모형은 일반요인이 특수요인과 독립적인지 특수요인의 원인이 되는지에 관해 매우 다른 가정을 하고 있다.

　　2차모형에서 일반요인은 측정변수를 가지지 않기 때문에 이원요인 모형의 일반요인에 비해 해석이 다소 모호할 수 있다(Gignac, 2008). 결과변수가 특수요인과 일반요인에 의해 각각 예측되는 형태의 SR 모형 안에 이원요인 모형을 포함하여 분석하게 되면, 특수요인의 예측 타당도가 일반요인과 관계없이 추정될 수 있다는 점도 이원요인 모형의 또 다른 장점이라 할 수 있다(Chen et al., 2006). 반면, 2차모형에서는 일반요인과 1차 요인이 중첩되기 때문에 이와 같은 분석이 쉽지 않다. 자세한 사항은 Chen 등(2006)과 Gignac(2008)에 설명되어 있다.

다특질 다방법 데이터 분석 모형

CFA 분석법은 **다특질-다방법 연구**[multitrait-multimethod(MTMM) study] 데이터를 분석하는 데에도 사용될 수 있다. 다특질-다방법 연구는 Campbell과 Fiske(1959)에 의해 처음으로 구체화된 것으로, 2개 이상의 특질을 측정하는 데 있어서 두 가지 이상의 측정 방법을 사용하는 경우에 적용할 수 있는 방법이다. 여기서 특질(trait)이란 인지적 능력과 같이 다소 안정적인 특성을 가지는 가설적 구인을 말하며, 방법(method)이란 여러 가지 동형검사나 검사 상황, 다양한 데이터 수집 방법(예: 자기보고식 설문), 정보제공자(예: 교사) 등 구체적인 측정 방법 등을 의미한다. MTMM 연구의 주요한 목적은 (1) 다양한 측정 방법을 바탕으로 하는 검사들의 수렴 타당도와 변별 타당도를 평가하는 것과, (2) 관찰점수에 있어서 특질과 방법이 차지하는 효과를 분리하여 추정하는 것이다.

초기에는 변수 간의 상관행렬을 검토함으로써 MTMM 연구 데이터를 분석하였다. 예를 들면, 다른 방법으로 측정되지만 같은 특질을 측정하는 변수들 간에 상대적으로 높은 상관계수가 관측되면 수렴 타당도가 있다고 해석하며, 반대로 측정하고자 하는 특질과 방법이 다른 변수들 간에 상대적으로 낮은 상관계수가 관측되면 변별 타당도가 있다고 할 수 있다. 또한 다른 특질을 측정하지만 같은 방법을 사용하는 변수들 간에 상관계수가 비교적 높은 경우 공통 방법효과가 있다고 한다. 이는 변수들이 서로 다른 특질을 측정하더라도 같은 방법을 사용하여 측정하였다면 상관계수는 상대적으로 높을 수 있음을 의미한다.

이러한 연구에 CFA를 처음 도입하기 시작한 1970년대에는 많은 연구자가 [그림 13-4] (a)에 제시된 바와 같이 **특질상관-방법상관 모형**[correlated trait-correlated method(CTCM) model]을 설정하였다. 이 모형에서는 특질 요인들과 방법 요인들을 별도로 설정하여, 특질 요인간 그리고 방법 요인간에는 상관을 가지되 특질 요인과 방법 요인은 서로 독립적이라고 가정한다. 그림에서 $X_1 \sim X_3$, $X_4 \sim X_6$, $X_7 \sim X_9$은 각각 하나의 공통된 방법에 기초하여 변수를 측정하고 있음을 나타낸다. 또한 측정변수 (X_1, X_4, X_7)이 하나의 특질을 측정하고, (X_2, X_5, X_8)은 다른 특질을, 그리고 (X_3, X_6, X_9)은 또 다른 특질을 측정하고 있는 것으로 설정하고 있다. 특질 요인에 대한 형태계수가 비교적 크면 수렴 타당도가 있다고 할 수 있고, 방법 요인에 대한 계수가 크면 공통의 방법효과가 있다고 해석한다. 또한 특질 요인 사이에 적당한 크기의 상관이 산출되면 변별 타당도가 있다고 할 수 있다.

CTCM 모형을 성공적으로 분석한 결과를 보고한 연구들이 있기는 하지만, 반대로 수용 불가능하거나 불안정한 해가 산출되었다고 보고한 연구들도 있다. 예를 들어, Marsh와 Bailey(1991)는 모의실험 연구를 통하여 CTCM 분석을 실시한 결과, 75% 정도는 타당하지 않은 해가 도출된다는 점을 발견하였다. Kenny와 Kashy(1992)는 특질 요인이나 방법 요인의 형태계수가 동일하면 CTCM 모형은 식별되지 않으며, 형태계수의 값이 비슷하면 경험적으로 식별미달 상태가 될 수 있다는 문제를 발견하였다.

이에 대한 대안으로서, MTMM 데이터를 분석하기 위한 좀 더 단순한 CFA 모형이 제안되었다. 예를 들어, 여러 개의 방법 요인을 모형에 포함시키되 이들 요인 간에 상관이 없다고 설정한 모형, 하나의 방법 요인이 모든 측정변수에 영향을 주도록 설정한 모형, 그리고 [그림 13-4] (a)에 제시된 것과 같은 **오차상관 모형**[correlated uniqueness(CU) model]이 이러한 대안적 모형의 예에 해당한다(Marsh & Grayson, 1995). CU 모형은 여러 개의 방법 요인들을 모형에 포함시키는 대신에 같은 방법에 기초한 측정변수들의 측정오차 간에 상관을 가지도록 설정한 모형이다. 이와 같이 설정한 것은 방법효과가 각 측정변수의 고유한 속성이라고 가정하였기 때문이며, 측정변수의 잔차들 간에 상대적으로 높은 상관이 관측된 것은 측정변수들 간에 공통의 방법으로 인한 분산을 가진다는 증거라고 할 수 있다. Saris와 Alberts(2003)는 조사 연구에 있어서 응답 편향(response bias)이나 상대적인 응답 패턴(즉, 응답자들이 여러 문항에 걸쳐 상대적으로 반응하는 것), 방법효과 등을 다룬 모형들을 포함하여 CU 모형의 상관잔차를 설명할 수 있는 여러 가지 대안적인 모형에 관해 설명하였다(Eid et al., 2008 참조).

모든 측정변수가 동일한 방법으로 측정되었고, 방법 효과로 인한 분산이 우려되는 상황이라고 가정하자. Antonakis 등(2010)은 모든 측정변수들이 각각의 특수요인과 더불어 하나의 공통된 '방법' 요인에 종속되도록 설정하는 것은 사실상 이원요인 모형이며, 이는 공통 방법 분산을 통제하는 적절한 방법이 아님을 지적한다. 공통의 원인을 가지는 변수들에 대한 표지변수(marker)들을 모형에 포함하지 않고 공통 방법의 정확한 효과를 측정하는 것은 사실상 불가능하기 때문이다. 이러한 표지변수들은 특질을 나타내는 잠재변수 중 적어도 하나와 이론적으로 관련이 없으면서 공통 방법 분산에 영향을 받는다고 할 수 있다. 사회적 바람직성에 대한 표지변수의 예는 Marlowe-Crowne의 Social Desirability Scale(Crowne & Marlowe, 1960)에서 찾아볼 수 있다. 여러 개의 표지변수는 공통 방법 효과

(a) 특질상관-방법상관 모형

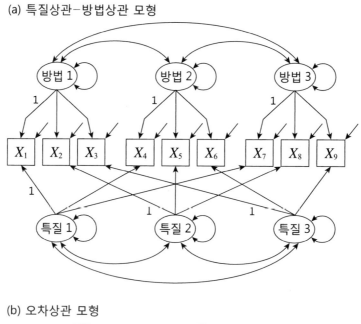

(b) 오차상관 모형

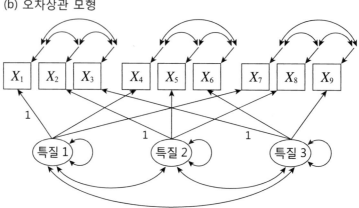

[그림 13-4] (a) 특질상관-방법상관 모형과 (b) 오차상관 모형

의 다양한 측면을 반영해야 하며, CFA에서 공통 방법 요인의 측정변수로서 설정된다. 자세한 사항은 Richardson, Simmering, Sturman(2009)을 참고하기 바란다.

🥧 리커트 척도 문항에 대한 CFA 분석

범주의 수가 적은 리커트 척도 문항이 측정변수로 사용되는 경우나 응답 분포가 심하게 비대칭인 경우에는 연속변수를 가정하는 추정 방법을 적용하는 것이 적합하지 않다. 여기

서는 순서화된 범주형 측정변수를 가지는 CFA 모형을 추정하기 위한 대안을 소개하고자
한다. 첫 번째 방법은 강건 가중최소제곱법(robust weighted least squares: robust WLS)으로,
일반적인 WLS 추정에 비해 계산이 단순하다. 이 추정법은 분포에 대한 가정을 하지 않지
만 많은 사례수를 필요로 한다. 강건 WLS 추정법은 여러 SEM 분석 프로그램에서 제공하
고 있으며, 비연속변수들에 이를 적용한 연구 사례들이 점차 증가하고 있다.

강건 WLS 추정

순서형 측정변수를 가지는 CFA 모형에 대한 WLS 추정의 논리는 **연속형/범주형 변수
방법**(continuous/categorical variable methodology; Muthén, 1984)으로, 순서형, 명목형, 연속
형 변수의 조합으로 구성된 SEM을 추정하는 데 적용된다. 이 접근법에서는 순서형 측정변
수가 **잠재반응변수**(latent response variable)와 연결되며, 잠재반응변수는 해당 측정변수에
특정한 방식으로 응답하도록 하는 잠재적 특성의 양(amount)으로서 연속적인 정규분포를
따르고 있다고 가정한다. 이분 문항의 경우 잠재적 특성의 양, 즉 **분계점**(threshold)은 그
값을 넘을 때 하나의 반응값(예: 참)을 가지고, 도달하지 못하면 다른 반응값(예: 거짓)을 가
지도록 하는 잠재변수 상에서의 경계점을 의미한다.

이분 문항은 하나의 분계점을 가지며, 반응 범주가 3개 이상인 다분 문항의 분계점 수는
범주의 수보다 1이 적다. 문항 X가 다음과 같이 3점 리커트 척도를 가진다고 하자.

1=동의하지 않음, 2=중립, 3=동의함

이 척도는 반응의 기저에 있는 잠재변수인 X^*를 적은 수의 범주로 측정하고 있다. 이때
문항 X는 두 개의 분계점 모수 τ_1와 τ_2를 가진다. X^*가 평균 0과 분산 1을 가질 때, 분계
점은 정규분포를 몇 개의 범주로 나누는 정규편차(normal deviate, z) 값으로 변수 X상의
이산적인 반응을 연속변수 X^* 값과 연결하는 지점이다. 구체적으로, 관찰 데이터는 다음
과 같이 생성된다.

$$X = \begin{cases} 1 & (X^* \leq \tau_1) \\ 2 & (\tau_1 < X^* \leq \tau_2) \\ 3 & (X^* > \tau_2) \end{cases} \tag{13.4}$$

풀어서 설명하면, X^*의 수준이 τ_1에 비하여 작은 경우 '1'(동의하지 않음), τ_1보다는 크지만 τ_2보다는 작거나 같은 경우 '2'(중립), 그리고 $X^* > \tau_2$인 경우 '3'(동의함)의 반응을 나타낼 것으로 예상할 수 있다.

[그림 13-5] (a)는 3점 리커트 척도를 가지는 문항 X에 대한 가상 반응의 히스토그램으로, 각 범주별 누적확률이 제시되어 있다. 예를 들어, '1'을 선택할 누적확률은 .25이므로, 정규분포상에서 25퍼센타일에 해당하는 정규편차 값인 −.67이 τ_1에 해당한다([그림 13-5] (b) 참조). 이는 X^*의 수준이 증가하여 평균에서 3분의 2 정도 낮은 지점에 위치할 경우, 문항 X에 대한 반응이 '1'에서 '2'로 바뀌게 됨을 의미한다. 연습문제 5는 [그림 13-5] (b)를 참고하여 '1'과 '2'를 선택할 누적확률이 .60인 경우 $\hat{\tau}_2 = .25$가 나오게 되는 결과를 해석하도록 하는 문제다.

여러 개의 문항에 대한 문항 반응과 분계점에 대한 정보를 바탕으로 컴퓨터는 잠재변수 간의 Pearson 상관행렬을 추정한다. 이때 이분문항 간의 상관은 사분상관(tetrachoric correlation)이라고 하며, 이를 제외하고는 모두 다분상관(polychoric correlation)이라고 한다. 다분상관이 더 일반적인 용어이므로, 여기서는 다분상관이라는 용어를 사용하고자 한다. 다분상관이 구해지면, 다음으로 **점근 공분산행렬**(asymptotic covariance matrix), 즉 다분상관계수의 정보행렬을 생성하게 되는데, 이 행렬의 역행렬이 완전 WLS 추정에서 가중치 행렬에 해당한다. 점근 공분산행렬의 대각선 값들은 무선 표본들로 구한 다분상관의 분산을 나타내며, 대각선 이외의 값들은 공분산을 나타낸다. 강건 WLS 추정은 전체 점근 공분산행렬의 대각선, 즉 오차분산을 합치함수에 사용한다.

측정모형은 잠재반응변수를 공통 요인에 대한 연속 지표로 설정하여 분석한다. 요인의 수와 측정변수–요인 간 대응은 측정변수가 연속변수인 일반적인 CFA 모형에서와 동일한 방식으로 연구자가 설정한다. 요인과 잠재반응변수 간의 관계를 선형으로 가정하더라도, 잠재반응변수와 관찰된 측정변수 간의 관계는 비선형이다. 강건 WLS 추정에서 모수들은 관찰된 다분상관과 모형에 의해 예측된 상관 간의 차이가 최소화되도록 추정된다.

점근 공분산행렬의 대각선 값들을 바탕으로 산출한 표준오차나 모형 검정통계의 값은 편향될 가능성이 있다. 강건 WLS 추정에서는 Satorra−Bentler 척도 카이제곱과 마찬가지로, 강건 표준오차와 교정된 모형 검정통계치를 계산하기 위해 완전 점근 공분산행렬로부터 정보를 사용하기 때문이다. 이처럼 강건 WLS 추정에서 순서형 측정변수에 대해 조정된 결과는 연속변수지만 정규성을 가지지 않는 측정변수들에 대한 MLR 추정에서 산출되는 결과와 유사하다. SEM에서 강건 WLS 추정과 순서형 데이터를 분석하는 데 사용되

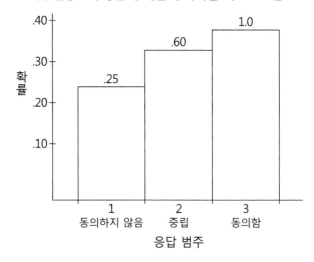

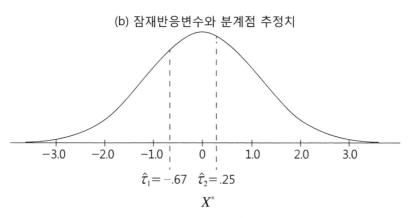

[그림 13-5] (a) 3점 척도로 측정된 문항 X에 대한 응답 분포 히스토그램과
(b) 잠재반응변수 X* 및 분계점

는 다른 방법들에 대해서는 Finney와 DiStefano(2013), Edwards, Wirth, Houts, Xi(2012)에 자세히 소개되어 있다.

[그림 13-6]은 $X_1 \sim X_5$의 다섯 문항에 WLS 추정을 적용한 단일 요인 CFA 모형이다. 모든 문항들은 리커트 4점 척도로 측정되었다. 잠재반응변수 X*에서 문항으로 가는 경로는 지그재그로 표시되어 있는데, 이는 각 문항별 분계점을 의미한다(Edwards et al., 2012). **분계점구조**는 X*와 X 변수를 연결해 주는 역할을 한다. 공통 요인은 A로 설정하였으며, 이에 대한 측정변수는 잠재반응변수로 설정한 후 오차를 부여하였다. 이 예에서는 모든 문항이 동일한 리커트 척도로 측정되었으나, 각 문항마다 서로 다른 척도를 가지더라도 분석

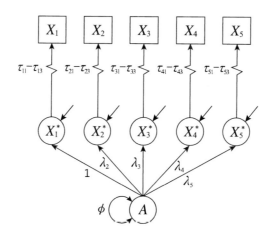

[그림 13-6] 4개의 응답 범주를 가진 리커트 척도 문항에 대한 단일요인 모형

주. X^*: 잠재반응변수, τ: 분계점, λ: 형태계수, ϕ: 요인분산. 델타 척도화에서 오차분산은 자유모수로 설정하지 않음.

에는 문제가 되지 않는다(예: 일부는 진위형, 일부는 3점 또는 4점 리커트 척도여도 무방함). 각 문항에 대한 분계점의 수는 반응 범주의 수보다 하나 적다.

　Mplus나 R 프로그램의 lavaan 패키지에서는 잠재반응변수를 척도화하는 방법을 두 가지로 제시하고 있다. 두 방법 모두 분계점은 자유모수로 설정한다. **델타 척도화**(delta scaling or parameterization)에서는 잠재반응변수의 전체 분산을 1로 고정한다. 이는 잠재반응변수에 대한 분산을 1로 고정하는 다분상관의 척도와 동일하다. 표준화된 델타 척도화에서는 공통 요인분산이 1로 고정되며, 이때 형태계수는 공통 요인이 1표준편차 변화할 때 잠재반응변수가 변화하는 양을 표준편차 단위로 나타낸 것이다. 분계점 모수는 곡선에서 특정 범주 왼쪽에 있는 누적 면적에 해당하는 정규 편차값을 의미한다(Finney & DiStefano, 2013). 이러한 해석은 독자들에게 익숙할 것이다.

　델타 척도화 대신 **세타 척도화**(theta scaling or parameterization)로 설정하더라도 적합도는 달라지지 않는다. 가장 큰 차이는 세타 척도화에서 각 잠재반응변수의 잔차분산을 1로 고정한다는 점이다. 이 척도는 프로빗 회귀의 척도화 방법과 일치한다. 비표준화 해에서, 형태계수는 요인이 1점 변화할 때 각 잠재반응변수가 프로빗(정규 잔차) 단위로 어느 정도 변화하는지를 의미하며, 분계점 모수는 표준화되지 않은 (즉, 분산이 1이 아닌) 잠재반응변수에 대하여 두 번째로 낮은 반응 범주에 대해 예측된 정규 편차값을 의미한다. 각 잠재반응변수의 전체 분산 값이 1이 아니기 때문에 세타 척도화에서 비표준화 추정치에 대한 해석은 쉽지 않다(Finney & DiStefano, 2013). 다행히 세타 척도화에서 완전히 표준화된 해는 델타 척도화 결과와 동일하기 때문에 해석이 용이하다.

Mplus에서 제공하는 강건 WLS 추정량은 **평균조정최소제곱**(mean-adjusted least squares: WLSM)과 **평균분산조정 가중최소제곱**(mean-and variance-adjusted weighted least squares: WLSMV)의 두 가지가 있다. 모수추정치와 강건 표준오차는 두 방법에서 모두 동일하게 산출되지만, 모형 카이제곱과 자유도는 약간 다르게 산출된다. 예를 들어, WLSMV 추정법은 카이제곱 분포를 좀 더 정확하게 근사하기 위해서 자유도를 추정하므로, 같은 모형이라 해도 표본에 따라 자유도가 달라질 수 있다(Lei & Wu, 2012). 이처럼 추정에 사용되는 자유도와 카이제곱 분포가 다를 수 있으므로, 어떤 추정법을 사용하는가에 따라 적합도 지수가 달라질 수 있다. WLSMV가 WLSM 추정에 비해 좀 더 정확하다는 모의실험 연구 결과가 있으며(Finney & DiStefano, 2013), WLSMV는 특히 관찰변수의 수가 상대적으로 작을 때 더 정확한 결과를 보였다.

LISREL에서는 강건 WLS 추정법을 **강건 대각 가중최소제곱법**(robust diagonally weighted least squares: RDWLS)이라고 부른다. LISREL 8(Scientific Software International, 2006)에서는 문항 분계점과 다분상관 행렬, 점근 공분산행렬 등을 추정하기 위해 원자료를 PRELIS에 입력한 다음, 추정된 다분상관 행렬과 점근 공분산행렬을 LISREL에 입력하는 방식으로 순서형 측정변수를 포함하는 측정모형의 분석이 이루어진다. 반면, LISREL 9(Scientific Software International, 2013)에서는 이와 같은 과정이 자동으로 수행되며, PRELIS의 사용은 옵션으로 변경되었다.

강건 WLS 추정을 이용한 분석 사례

다음은 [그림 13-6]의 단일요인 모형에 WLSMV 추정법과 델타 척도법을 적용하여 Mplus (Müthen & Müthen, 1998-2014) 프로그램으로 분석한 사례다. 분석에는 Radloff(1977)의 CES-D(Center for Epidemiologic Studies Depression) 척도를 구성하는 5개 문항(1, 2, 7, 11, 20)에 대한 백인 남성 2,004명의 응답 데이터를 사용하였다. 이 문항들은 우울과 관련된 신체화 증상이나 활동량 감소와 같은 내용을 다루고 있으며, 지난 한 주 동안 해당 증상이 나타난 정도를 4점 리커트 척도로 표시하도록 하고 있다(0=하루 미만, 1=1~2일, 2=3~4일, 3=5~7일). 데이터는 1982~1984년까지 국민건강영양조사(National Health and Nutrition Examination Survey: NHANES)에서 수집된 것으로(Cornoni-Huntley et al., 1983; Madans et al., 1986), 정치학 및 사회학 연구를 위한 대학 간 컨소시엄(Inter-university Consortium for Political and Social Research: ICPSR) 웹사이트에서 원자료를 얻을 수 있으며,[4] ICPSR의 허가를 받아 이

책의 웹사이트에도 수록되어 있다.

측정변수의 수가 5개이므로, 가용한 관측 정보의 수는 5(4)/2=10개의 다분상관과 각 문항별로 3개씩 모두 15개의 분계점을 합하여 총 25개다. 자유모수의 수는 20개로, 15개의 분계점과 잠재반응변수들에 대한 4개의 형태계수, 그리고 공통 요인분산 등이다([그림 13-6] 참조). 따라서 자유도는 $df_M = 25-20=5$이다. 표본 분계점과 추정된 분계점의 수가 15개로 동일하기 때문에, 관찰된 분계점은 예측된 분계점과 동일한 값을 가지게 된다. 즉, 모든 **분계점 잔차**는 0이 된다. Mplus 분석결과, 수용 가능한 해가 도출되었다. 적합도 지수는 다음과 같으며, 여기서 모형 카이제곱은 척도 Satorra−Bentler 통계치다.

$$\chi^2_{SB}(5)=17.904, \quad p = .003$$

$$RMSEA = .036, \quad 90\% \text{ CI } [.019, .055]$$

$$CFI = .994$$

Mplus는 이 분석에 대한 SRMR을 제공하지 않는다. 완전적합 검정이 기각되어 모형의 적합성은 잠정적으로 기각되었다. 다른 적합도 통계량들은 양호하나, 근사적합도 지수들에 대한 해석상의 가이드라인은 연속변수를 기초로 산출된 것이기 때문에 순서형 데이터에도 동일하게 적용된다고 보기 어렵다. 잠시 후에 살펴볼 잔차 분석결과도 큰 문제가 없다고 판단되어, 순서형 변수로 구성된 단일요인 모형은 적합한 것으로 결론 내릴 수 있다.

델타 척도화를 위한 모수추정치는 〈표 13-9〉에 제시하였다. 비표준화 형태계수는 우울 요인 A가 1점 증가함에 따른 각 잠재반응변수의 변화량을 추정한다. 표준화 형태계수는 우울 요인과 각 잠재반응변수 간의 Pearson 상관을 추정하며, 우울 요인이 1SD만큼 변화할 때 잠재반응변수가 몇 SD만큼 변화하는지를 나타낸다. 이를 제곱하면 설명된 분산의 비율인 R^2이 되는데, 이 값은 원래 문항(관찰변수)에서의 설명량이 아니라 잠재반응변수에서의 설명량을 의미한다.

---

4) www.icpsr.umich.edu

〈표 13-9〉 순서형 변수로 구성된 단일요인 모형에 대한 강건 가중최소제곱 추정치

모수	비표준화		표준화		
	추정치	SE	추정치	SE	R^2
	형태계수				
$A \longrightarrow X_1^*$	1.000	–	.609	.028	.370
$A \longrightarrow X_2^*$	1.070	.065	.651	.029	.424
$A \longrightarrow X_3^*$	1.285	.065	.782	.020	.612
$A \longrightarrow X_4^*$	1.004	.056	.611	.023	.373
$A \longrightarrow X_5^*$	1.266	.065	.771	.021	.594
	요인분산				
A	.370	.034	.1000	–	–

주. 요인 A: 우울 요인.

  X_1에 대한 분계점: .772, 1.420, 1.874.

  X_2에 대한 분계점: 1.044, 1.543, 1.874.

  X_3에 대한 분계점: .541, 1.152, 1.503.

  X_4에 대한 분계점: .288, 1.000, 1.500.

  X_5에 대한 분계점: .558, 1.252, 1.712.

  모든 결과는 Mplus의 델타 척도화와 STDYX 표준화를 이용하여 분석하였음.

〈표 13-10〉 순서형 변수로 구성된 단일요인 모형에 대한 상관잔차와 표준화잔차

측정변수	X_1^*	X_2^*	X_3^*	X_4^*	X_5^*
	상관잔차				
X_1^*	–				
X_2^*	.041	–			
X_3^*	−.005	−.029	–		
X_4^*	.030	.020	−.024	–	
X_5^*	−.046	−.013	.024	−.005	–
	표준화잔차				
X_1^*	–				
X_2^*	1.331	–			
X_3^*	−.213	−1.193	–		
X_4^*	1.110	.679	−1.230	–	
X_5^*	−1.935	−.511	**2.370**	−.282	–

주. 상관잔차는 Mplus로 계산되었으며, 표준화잔차는 LISREL로 계산되었음.

〈표 13-10〉의 상단에는 표본 다분상관과 모형에서 예측된 값 간의 차이인 상관잔차가 보고되어 있다. 상관잔차 중 절댓값이 .10을 넘는 것은 없다. 표준화잔차는 〈표 13-10〉의 하단에 보고하였다. 굵은 글씨로 표기한 하나의 값만 유의수준 .05에서 통계적으로 유의미하였는데, 이에 해당하는 상관잔차는 .024로 그다지 크지 않았다. 이러한 결과를 바탕으로 볼 때, 이 모형은 표본상관을 거의 비슷하게 재생한다는 점에서 적합하다고 판단하였다. 모형 카이제곱 검정과 표준화잔차에 대한 유의성 검정이 기각된 것은 설정오류 때문이라기보다는 상대적으로 큰 표본크기($N=2{,}004$) 때문이라고 할 수 있다.

동일한 모형과 데이터를 사용한 LISREL 분석에서는 먼저 PRELIS 프로그램을 이용하여 다분상관 행렬과 섬근 공분산행렬을 생성한 뒤, 이를 LISREL 프로그램에서 사용하였다. Mplus, LISREL, PRELIS 분석을 위한 명령문, 데이터, 결과 파일 등은 이 책의 웹사이트에 수록되어 있다.

기타 추정법

여기서는 순서형 측정변수를 포함하는 CFA 모형을 분석하는 데 적용 가능한 다른 추정법 몇 가지를 소개하고자 한다. EQS 프로그램은 연속변수와 범주형 내생변수들의 다양한 조합으로 구성된 모형을 분석하기 위해 Lee, Poon, Bentler(1995)가 개발한 2단계 접근법을 제공한다. 1단계에서는 잠재반응변수 간의 상관을 추정하기 위해 특수한 형태의 ML 추정법을 적용한다. 2단계에서는 점근 공분산행렬이 계산되며, 완전 WLS 추정법의 일종인 **임의 일반화최소제곱법**(arbitrary generalized least squares: AGLS)을 적용하여 모형을 분석한다.

Amos 프로그램은 순서형 데이터를 분석하기 위해 모수추정치에 대한 사후분포를 생성하고 정확성에 대한 정보를 시각적으로 제공하는 데 있어서 베이지안 접근법을 적용한다. Forero, Maydeu-Olivares, Gallardo-Pujol(2009)은 순서형 데이터에 적용 가능한 비가중최소제곱(unweighted least squares: ULS) 추정법을 소개하였다. 모의실험 연구에 따르면 ULS 추정법은 강건 WLS 추정에 비해 더 정확한 편이지만, 척도불변성이 만족되지 않아 모든 측정변수가 동일한 척도로 측정되어야 한다는 제한점을 가진다.

비연속 측정변수에 완전정보 최대우도법(full-information maximum likelihood: FIML)을 적용하는 방법은 LISREL, Mplus, Stata를 포함한 다양한 SEM 소프트웨어에서 다루고 있다. FIML은 WLS와 달리 이변량 상관구조에 모형을 적합시키지 않는다. 대신 원자료를 바탕으로 수치적분법을 사용하여 잠재반응변수를 직접 추정한다. 컴퓨터는 잠재반응변수들의 다변량 정규분포를 적분하여 확률을 추정한다. 예를 들어, [그림 13-7]에 제시된 이변량 정규분포에서 전체 분포는 이중 확률 적분으로 정의되는데, 컴퓨터가 이를 계산하는 것은 매우 어려운 작업이다. 따라서 FIML 추정 알고리즘은 잠재반응변수들의 결합분포로부터 표본을 임의로 추출하는 근사적 방법을 이용한다. 직사각형이나 체인과 같이 보다 단순한 기하학적 구조를 사용하여 다차원 확률 적분으로부터 표집하는 방법 중에는 마르코프 연쇄 몬테카를로(Markov Chain Monte Carlo: MCMC) 방법과 적응적 구적법(adaptive quadrature) 등이 있다. 차원이 많아질수록 계산 부담은 커지며, 산출되는 적합도 정보가 줄어든다는 점도 단점이다. 예를 들어, Mplus는 순서형 측정변수를 포함한 모형에 대해서 AIC나 BIC와 같이 적은 수의 적합도 통계량을 제공하며, 분석 옵션에 따라 잔차 정보를 제공하지 않는 경우도 있다. FIML 추정은 제한된 정보를 사용하는 다른 추정법에 비하여 정확성이 더 높다는 장점을 가지지만, 매우 많은 사례수를 필요로 한다는 제한점을 가진다 (Edwards et al., 2012).

문항묶음(parceling)은 CFA에서 문항을 분석하는 데 오래전부터 사용되어 온 방법이나, 최근에는 순서형 변수를 다루는 방법들이 제공되기 시작하면서 활용도가 다소 줄었다. 간단히 말해서, 문항묶음이란 리커트 척도로 제작된 문항들에 대하여 동질성을 가지는 문항끼리 평균하거나 총점을 구한 것이다. Little(2013)은 문항묶음을 할 때 평균을 사용해야 문항 원래의 척도를 유지할 수 있기 때문에 총점보다 평균을 사용할 것을 제안하였다. 만일 각 묶음을 구성하는 문항 수가 다르면 총점이 변수마다 다를 수 있지만, 평균을 사용하면 이러한 문제가 없다. 문항묶음의 신뢰도는 개별 문항에 비하여 대체로 높다. 모든 문항묶음의 분포가 정규성을 가지면 ML 추정을 적용하여 데이터를 분석하게 된다. CFA나 SR 모형에서 측정모형을 분석할 때 문항묶음은 대개 잠재변수의 연속 측정변수로 설정된다.

그러나 문항묶음에는 두 가지 단점이 있다. 첫째, 문항을 묶는 방법에는 임의로 묶는 방법과 이론에 기초한 방법 등 여러 가지가 있는데, 어떤 방법을 사용하는지에 따라 분석 결과가 달라진다. 둘째, 일차원성이 위배되는 경우에는 문항묶음을 하지 않는 것이 좋다. 특히 문항의 일차원성을 탐색하기 위한 분석의 일부로 문항묶음이 사용되어서는 안 된다. 문항묶음이 다차원적 요인구조를 은폐하게 되어, 설정이 잘못되었음에도 불구하고 적합도가 좋게 나오는 결과를 초래할 수 있기 때문이다. Yang, Nay, Hoyle(2010)은 문항 수가 많은 질문지를 분석할 때 데이터 통합의 형태로 문항묶음을 사용하는 것이 도움이 되는 상황을 소개하였다. 특히 사례수가 적은 경우에는 개별 문항들을 문항묶음으로 대체하여 분석하게 되면 분석이 안정적으로 수행될 수 있다.

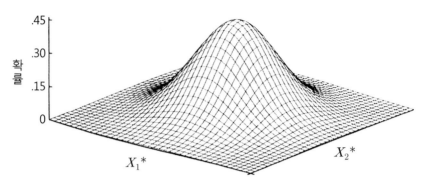

[그림 13-7] 두 잠재반응변수에 대한 이변량 정규분포

　　측정모형의 분석에 EFA 기법을 활용하는 것도 하나의 방법이다. EFA는 특별한 제약을 가하지 않은 채 모든 문항이 모든 요인을 측정한다고 설정하여 분석한다. EFA 분석에서 여러 요인에 대한 형태계수가 비교적 높게 산출되는 경우가 종종 있는데, CFA에서 이를 무시하고 하나의 요인만 측정하는 것으로 설정하는 것은 현실을 제대로 반영하지 못하는 것이며, 낮은 적합도로 이어질 수 있다. 최근에는 순서형 데이터에 적용 가능한 강건한 WLS나 FIML 추정법이 EFA 분석 프로그램에도 제공되기 시작되었으며, LISREL이나 Mplus와 같은 SEM 분석 프로그램에서도 EFA를 분석할 수 있다. EFA는 CFA에 비하여 좀 더 유연하므로, 이론이 비교적 약한 경우 유용하게 활용될 수 있다.

CFA의 대안으로서 문항반응이론

　　Wirth와 Edwards(2007)는 문항수준 CFA 분석에서 형태계수나 분계점과 같은 모수 추정치가 2모수 문항반응이론(item response theory: IRT) 모형의 변별도와 난이도 모수로 재척도화될 수 있음을 보여 주었다(예: [그림 4-4]). SEM 분석 프로그램 중에서 IRT의 모수 추정치를 제공하는 것도 있다. IRT나 CFA의 모수추정치들은 상호 변환관계에 있으나, 문항수준 데이터를 분석하는 맥락에서 CFA는 IRT기반의 분석에 비하여 몇 가지 장점이 있다. 첫째, CFA에서는 오차 간 상관을 설정하기 쉽지만, IRT 모형은 일반적으로 지역 독립성을 가정한다. 둘째, CFA에서는 측정변수와 요인을 복잡하게 연결하거나 다차원성을 가지는 것으로 설정할 수 있지만, IRT에서는 쉽지 않다. SEM 분석에서는 측정모형에 예측변수(공변인)를 설정하는 것도 가능하다.

　　한편, IRT가 CFA에 비하여 강점을 가지는 분야도 있다. 그중 하나는 **맞춤형 검사**(tailored test)를 개발하는 상황인데, 이는 어떤 피험자의 특성을 추정하는 데 있어서 그 피험자가 그 문항 이전에 응답한 결과에 기초하여 다음 문항이 정해지는 형태의 검사다. 먼저 제시된 문항들에 오답을 하면, 컴퓨터가 더 쉬운 문항을 다음 문항으로 제시한다. 피험자마다 실시되는 문항은 다르며, 신뢰도계수는 각 피험자별로 제시된다. 반면, CFA는 개별 사례에 대하여 각각 추정하는 것이 아니라, 전체 표본에 대하여 측정모형을 적합시키는 분석이다. 검사 동등화의 맥락에서도 IRT는 유용하게 사용될 수 있다. 검사동등화는 이전에 개발된 검사들과의 비교 가능성을 확보하기 위해 난이도를 조정하거나, 단축형 검사를 제작하는 상황에서 원검사와 유사한 수준의 정교성을 확보하기 위해 적용하는 통계적 방법이다.

🥧 요약

CFA는 반영적 측정에 대한 다양한 가설을 검정하는 데 사용된다. 일차원 구조로 설정된 측정모형의 분석은 수렴 타당도와 변별 타당도에 대한 가정을 검정하는 데 사용된다. 측정모형의 적합성이 떨어지는 경우 다양한 변화를 모형에 시도할 수 있기 때문에, 측정모형을 재설정하는 것은 쉽지 않은 작업이다. 동치 측정모형의 존재도 이러한 작업을 어렵게한다. 따라서 모형을 평가할 때 통계적 준거에만 의존하기보다는 이론에 기초하여 설정하는 것이 중요하다. 순서형 데이터를 분석하기 위해 개발된 특별한 추정법들이 있는데, 강건한 WLS와 같은 제한 정보 추정법은 잠재반응변수들에 대한 상관구조에 모형을 적합시키는 반면, FIML과 같은 완전정보 추정법은 원자료 자체를 직접 분석한다. 응답 범주의 수가 적거나 정규성이 심하게 위배된 분포에 대해서는 이러한 분석방법들이 일반적인 ML 추정법에 비하여 더 정확한 결과를 산출한다.

🔁 심화학습

Brown(2015)과 Harrington(2009)은 CFA에 대한 유용한 정보들을 수록하고 있으며, Edwards, Wirth, Houts, Xi(2012)는 SEM에서 순서형 데이터를 분석하는 방법을 기술하고 있다.

Brown, T. A. (2015). *Confirmatory factor analysis for applied research* (2nd ed.). New York: Guilford Press.

Edwards, M. C., Wirth, R. J., Houts, C. R., & Xi, N. (2012). Categorical data in the structural equation modeling framework. In R. Hoyle (Ed.), *Handbook of structural equation modeling* (pp. 195−208). New York: Guilford Press.

Harrington, D. (2009). *Confirmatory factor analysis.* New York: Oxford University Press.

연습문제

1. [그림 9-7]에 제시된 KABC-I의 단일 요인 모형에 대하여 $df_M = 20$임을 보이시오.

2. SEM 분석 프로그램을 사용하여 〈표 13-1〉의 데이터에 KABC-I의 단일요인 모형을 적용하여 분석하되, 잔차에 대한 분석도 수행하시오.

3. 〈표 13-3〉의 모수추정치에 추적규칙을 적용하여 〈표 13-4〉의 구조계수 값을 산출하시오.

4. 〈표 13-3〉의 결과를 바탕으로 동시처리 요인에 대한 합성 신뢰도(CR)를 구하시오.

5. [그림 13-5] (a)의 정보를 바탕으로 [그림 13-5] (b)에서 $\hat{\tau}_2 = .25$를 해석하시오.

부록 13.A
측정모형의 초깃값 설정

　여기서는 CFA 모형이나 SR 모형의 일부로 설정된 반영적 측정모형에서 초깃값을 설정하는 방법에 관해 설명하고자 한다. 요인을 비롯한 모든 변수는 표준화되지 않았다고 가정한다. 참조변수를 설정하여 요인에 척도를 부여하는 경우, 요인분산에 대한 초기 추정치는 해당 참조변수의 관찰된 분산의 90%를 넘지 않는 것이 좋다. 효과코딩법에서 동일 요인에 대한 모든 측정변수는 같은 척도를 가지기 때문에, 요인분산에 대한 초깃값은 모든 측정변수에 대한 관찰 분산 평균의 90% 이하여야 한다. 요인공분산에 대한 초깃값은 분산 추정치에 따라 달라진다. 즉, 공분산은 각 요인의 표준편차와 예측된 상관 값을 곱한 것이다.

　같은 요인을 측정하는 변수들의 분산이 참조변수의 분산과 유사하면, 모든 측정변수의 형태계수에 대한 초기 추정치는 1이 될 것이다. 만일 참조변수의 분산이 다른 측정변수 분산의 10분의 1 정도라면, 다른 측정변수의 형태계수에 대한 초기 추정치는 10이 될 것이다. 오차분산에 대한 초깃값을 보수적으로 잡으려면 관찰된 분산의 90% 정도로 설정하면 된다. 즉, 설명된 분산의 비율이 10%라고 설정하는 것이다. Bentler(2006)는 요인의 분산을 과대추정하는 것이 과소추정하는 것보다 더 낫다고 제안한다.

CFA 모형의 제약 상호작용

어떤 연구자가 다음과 같은 표준 2요인 CFA 모형을 설정하였다고 가정하자. 요인 A의 측정 변수는 X_1과 X_2, 요인 B의 측정변수는 X_3과 X_4로 설정되었다. 다음은 $N = 200$인 표본에서 산출한 표본 공분산행렬로, 변수 $X_1 \sim X_4$의 순서로 정렬한 것이다.

$$\begin{bmatrix} 25.00 \\ 7.20 & 9.00 \\ 3.20 & 2.00 & 4.00 \\ 2.00 & 1.25 & 1.20 & 4.00 \end{bmatrix} \qquad \text{(I)}$$

이 연구자는 X_2와 X_4가 각 요인에 대해 가지는 비표준화 부하량이 동일하다고 가정하였다. 이 가설을 검정하기 위해 두 부하량 추정치에 다음과 같이 동일성 제약을 가하고, 제약을 가하지 않은 모형과 비교하였다.

$$(A \longrightarrow X_2) = (B \longrightarrow X_4)$$

이상적으로는 이러한 과정에서 산출되는 $\chi_D^2(1)$ 값이 요인의 척도화 방법에 따라 달라져서는 안 되지만 이 예에서는 척도화 방법에 따라 다른 결과가 도출되었다. X_1과 X_3을 각각 요인 A와 B의 참조변수로 하여 요인에 척도를 부여한 경우 $\chi_D^2(1) = 0$으로 산출되었다. 하지만 요인분산을 1로 고정하여 LISREL로 분석한 결과 $\chi_D^2(1) = 14.017$이었다.

이처럼 예상치 못한 결과가 산출되는 것이 바로 제약 상호작용의 예다. 즉, 동일성 제약에 대한 카이제곱 차이검정 통계치가 요인 척도화 방식에 따라 다른 것이다. 이 예에서 제약 상호작용이 일어나는 이유는 여러 요인에 걸쳐 동일성 제약을 부여함으로써 두 식별 제약 중 하나를 불필요하게 만들었기 때문이다. 모형에서 불필요한 식별 제약을 없애게 되면, 같은 수의 자유도를 가진 두 개의 모형이 만들어지는데, 두 모형이 비위계적이기 때문에 카이제곱 차이검정을 할 수 없게 된다.

Steiger(2002)는 제약 상호작용이 있을 때 적용할 수 있는 간단한 방법을 소개하였다. 먼저,

동일성 제약을 부과하여 모형의 χ^2_M을 구한다. 만약 요인들이 표준화되어 있지 않으면, 형태계수를 새로운 상수로 고정한다. 요인들이 표준화된 상태라면, 요인분산 중 하나를 1이 아닌 다른 상수로 고정한다. 이와 같이 수정된 모형을 동일한 데이터로 분석하여 χ^2_M 값이 기존 값과 동일하지 않으면 제약 상호작용이 발생한 것이다. 이러한 경우, 요인의 척도화 방법은 이론에 기반하여 선택해야 한다. 만일 이론적 근거가 없다면, 동일성 제약에 대한 검정 결과가 의미 없을 수도 있다. Gonzalez와 Griffin(2001)은 SEM에서 표준오차를 추정하는 방법이 요인의 척도화 방법에 따라 항상 동일하지는 않다는 점을 설명하였다.

구조회귀모형

이 장에서는 모형을 구성하는 주요 변수들이 모두 잠재요인이면서 각 요인이 측정변수들로 구성되어 있는 '완전 잠재 SR 모형'의 분석법을 소개하고자 한다. 이 분석법에서는 설정오류의 원인을 발견하기 위해 측정모형과 구조모형을 분리하여 분석하는 2단계 접근법을 따르고 있다. 이 장에서는 또한 (1) 단일 측정변수에서 측정오차를 통제하는 '부분 잠재 SR 모형'의 분석과, (2) 형성적 측정모형으로 구성된 SEM 모형의 추정 방법에 관해서도 논의한다. 이 장에서 다루는 내용들은 15장부터 소개할 고급 분석 기법들을 적용하는 데 기초가 된다.

2단계 모형화

어떤 연구자가 [그림 10-4] (a)와 같이 완전 잠재(fully latent) 3요인 SR 모형을 설정한 다음, SR 모형을 구성하는 측정모형과 구조모형을 한 번에 분석하였다고 가정하자. 이때 SR 모형의 전반적인 적합도가 나쁘게 나타났다면, 이는 측정모형 때문인가, 구조모형 때문인가, 아니면 두 모형 모두 잘못되었기 때문인가? 이와 같은 1단계 모형화로는 모형 적합도가 낮은 원인이 정확히 어느 부분인지 발견하기 어렵다. 반면, Anderson과 Gerbing(1988)의 2단계 모형화는 SR 모형의 식별을 위한 2단계 식별 법칙과 맥을 같이한다.

1. 2단계 모형화의 첫 번째 단계는 완전 잠재 SR 모형을 CFA 측정모형으로 재설정한 다음 CFA 모형을 분석하여 적합도를 평가하는 단계다. 만약 CFA 모형의 적합도가 좋지 않으면, 측정구조에 대한 연구자의 가설이 틀렸을 가능성이 있으며, 구조모형이 초과식별될 경우 SR 모형의 적합도가 더욱 나빠질 수 있음을 의미한다. 예를 들어,

[그림 10-4] (b)에 제시한 3요인 CFA 모형의 적합도가 좋지 않다고 가정하자. 이 CFA 모형은 3개의 요인 간 공분산을 가지고 있다. 반면, SR 모형을 구성하는 구조모형에는 요인 간의 직접효과를 나타내는 2개의 경로만 있다. 요인 간에 3개의 경로를 설정한 CFA 모형의 적합도가 좋지 않다면, 요인 간에 2개의 경로를 설정한 SR 모형의 적합도는 더욱 좋지 않을 것이다. 따라서 2단계 모형화의 첫 단계는 타당한 CFA 모형을 찾아내는 것이라고 할 수 있다.

2. 1단계에서 타당한 측정모형이 설정되었다면, 2단계에서는 원래 SR 모형과 이를 재설정한 다양한 SR 모형의 적합도를 서로 비교하고, 카이제곱 차이검정을 이용하여 SR 모형과 CFA 모형의 적합도를 비교한다. 그 절차는 다음과 같다. 만약 SR 모형의 구조모형이 포화식별 상태이면, SR 모형의 적합도와 이를 CFA 모형으로 재설정한 모형은 동치이므로 적합도가 동일할 것이다. 예를 들어, 경로 $A \longrightarrow C$가 [그림 10-4] (a)의 SR 모형에 추가되면 이는 [그림 10-4] (b)의 CFA 측정모형과 같은 수만큼의 자유모수를 가지게 될 것이다. 따라서 [그림 10-4] (a)와 같이 구조모형이 초과식별 상태인 SR 모형은 CFA 모형에 내재되어 있다고 할 수 있다. 하지만 전체 모형의 적합도를 크게 손상시키지 않으면서 포화식별 상태인 SR 모형의 구조모형을 트리밍하는 것도 가능하다. 일반적으로 SR 모형의 구조모형에서도 경로분석과 마찬가지로 경로를 트리밍하거나 추가할 수 있다.

측정모형이 타당하면, SR 모형의 구조모형을 조금 변화시키더라도 측정모형의 요인부하량이 거의 변하지 않아야 한다. 즉, 요인 간의 구조적 관계가 변화하더라도 측정에 대한 가정은 상대적으로 불변성을 가진다고 할 수 있을 것이다. 구조모형을 변화시킬 때마다 요인부하량이 두드러지게 변한다면 측정의 불변성은 확보되지 않는다. 이러한 현상은 구인에 대한 경험적인 정의가 구조모형에 따라 바뀌는 **해석상의 혼동**(interpretational confounding; Burt, 1976)을 초래할 수 있다. 2단계 모형화를 적용하면 1단계 모형화에 비해 해석상의 혼동 가능성을 줄일 수 있다는 장점을 가진다.

🍩 4단계 모형화

완전 잠재 SR 모형에 대한 4단계 모형화(Hayduk & Glaser, 2000; Mulaik & Millsap, 2000)는 2단계 모형화의 연장으로, 측정모형의 설정오류를 더욱 정확하게 진단할 수 있는 방법이다. 이 접근법에서는 4개 이상의 위계적 모형들을 순서대로 설정하여 검증한다. 이때 내재된 모형들이 모두 식별 가능하려면 기존 SR 모형의 각 요인은 최소한 4개의 측정변수를 가져야 한다. 2단계 모형화의 경우와 마찬가지로, 제약을 덜 가한 모형의 적합도가 좋지 않다면 더 많은 제약을 가한 모형은 검토할 필요조차 없다. 4단계 모형화의 분석 절차는 다음과 같다.

1. 1단계 모형은 제약이 가장 약한 모형으로서, 요인의 수는 원래 SR 모형에 있는 것과 동일하고 각 측정변수들이 모든 요인에 부하되도록 설정한 EFA 모형이다. 이 모형은 4단계에서 최종 SR 모형 분석에 사용할 추정 방법과 동일한 방법으로 분석해야 한다(예: 순서형 데이터인 경우 강건 WLS 적용). 1단계 분석의 목적은 요인의 수에 관한 가설이 정확한지를 평가하는 것이지만, 모형 적합도가 좋다 해도 요인의 수가 정확하게 설정되었다는 점이 확증되었다고는 볼 수 없다(Hayduk & Glaser, 2000).

2. 4단계 모형화의 두 번째 단계는 2단계 모형화의 첫 번째 단계와 동일하다. 즉, 1단계 EFA 모형에 일부 요인에 대한 측정변수의 형태계수를 0으로 고정하여 CFA 모형을 설정하는 것이다. CFA 모형의 적합도가 좋으면 계속해서 SR 모형을 검증하고, 적합도가 좋지 않으면 측정모형을 재설정한다.

3. 세 번째 단계에서는 2단계에서 설정한 측정모형과 마찬가지로 형태계수를 0으로 고정하지만, 요인 간 공분산 중 적어도 하나를 직접효과로 재설정한다.

4. 마지막 단계에서는 시작 단계에서 자유모수로 설정되었던 모수들에 대한 선험적인 가설 검정을 수행한다. 이 단계에서는 대체로 직접효과의 일부를 0으로 제약한다. 4단계 모형화의 세 번째와 네 번째 단계는 기본적으로 2단계 모형화의 마지막 단계에 해당하는 절차를 세분화한 것이라고 보면 된다.

그렇다면 SR 모형을 분석하는 데 있어서 2단계 모형화와 4단계 모형화 중 어떤 방법이 더 나은가? 두 방법 모두 장단점을 가지고 있다. 두 접근 방법이 공통적으로 가지는 단점이라고 한다면, 같은 표본 데이터를 사용하여 측정모형과 SR 모형을 검증하고 재설정하기 때문에 적합한 결과가 산출된 것이 우연에 의한 것일 가능성을 배제할 수 없다는 점이다. 2단계 방법은 적용이 간편하며, 요인별로 4개의 측정변수를 가져야 한다는 조건이 필요 없다는 장점을 가진다. 2단계 모형화와 4단계 모형화는 구인 간의 인과효과를 추정하는 데 있어서 측정의 문제를 분리하여 생각하지 않는 1단계 모형화에 비하면 훨씬 더 나은 방법이다. 하지만 그렇다고 두 방법이 SR 모형을 검증하기 위한 만국 공통의 표준은 아니며,

이러한 표준은 존재하지 않는다(Bentler, 2000). Bollen(2000)은 SR 모형을 검증하기 위한 다른 방법을 추가로 제시하였다.

모수추정치의 해석

경로모형과 CFA 모형을 이미 학습하였기 때문에, SR 모형 분석에서 추정된 모수추정치를 해석하는 것은 그리 어렵지 않을 것이다. SR 모형에서 경로계수는 요인 간의 회귀계수로 해석할 수 있다. 또한 경로분석과 마찬가지로, SR 모형의 전체효과는 직접효과와 간접효과로 분해된다. SR 모형에서 형태계수는 CFA 모형에서와 같이 요인이 측정변수에 미치는 효과를 나타내는 회귀계수로 해석된다.

대부분의 SEM 컴퓨터 프로그램은 내생변수에 대한 R^2 값을 산출한다. SR 모형에서는 다른 요인으로부터 직접적인 영향을 받는 것으로 설정된 측정변수와 요인이 모두 내생변수에 해당한다. CFA 모형에서와 마찬가지로, 측정변수에 대한 R^2 값은 보통 측정변수의 관찰된 분산 중 측정오차 분산의 추정치가 차지하는 비율을 1에서 빼서 계산한다. 내생변수의 분산은 모형에서 직접 추정하는 자유모수가 아니지만, 내생변수에 대해 모형으로부터 예측된 분산은 계산할 수 있다. 따라서 내생요인에 대한 R^2 값은 그 요인에 대하여 예측된 분산 중에서 설명오차 분산의 추정치가 차지하는 비율을 1에서 뺀 값으로 계산한다. 한편, 분산이 음수로 추정되는 것과 같은 헤이우드 케이스에 주의해야 한다. 헤이우드 케이스가 나타나면 데이터에 문제가 있거나, 사례수가 작거나, 설정오류나 식별문제가 있음을 간접적으로 알 수 있다. 컴퓨터가 자동적으로 설정한 초깃값이 데이터와 맞지 않아 반복추정에 실패한 것이라면 사용자가 직접 초깃값을 생성하는 방법을 시도해 보는 것도 좋다. 부록 11.A에는 SR 모형의 구조모형에서 초깃값을 설정하는 데 적용할 수 있는 가이드라인을, 부록 13.A에는 측정모형에 대한 가이드라인을 각각 수록하였으니 참고하기 바란다.

대부분의 SEM 컴퓨터 프로그램에서는 내생요인의 요인부하량을 1로 고정하는 ULI 제약을 가함으로써 비표준화 해를 구하고 이를 표준화된 형태로 변환한다. Steiger(2002)는 이 방법에서 ULI 제약이 오직 내생요인을 척도화하는 역할만을 했다고 본다. 즉, 제약 상호작용이 없다는 것이다. SR 모형의 제약 상호작용에 대해서는 부록 14.A에 자세히 제시하였다.

SEM 분석 프로그램 중에는 동일한 모형의 분석결과에 대해 여러 종류의 표준화 해를 제공하는 프로그램들이 있다. 예를 들어, LISREL의 완전 표준화 해와 Mplus의 STDYX는 모든 변수를 표준화시키지만, LISREL의 표준화 해와 Mplus의 STD에서는 요인만 표준화시킨다. 외생 측정변수가 없는 완전 잠재 SR 모형을 Mplus로 분석하면 STDYX와 STDY가 동일하게 산출된다. 그러나 구조모형 중에 외생 측정변수가 포함된 부분 잠재 SR 모형(예: [그림 10-2] (a))에서는 두 결과가 다르게 산출된다. STDY에서는 표준화 과정에서 외생 측정변수(공변인)의 분산을 사용하지 않기 때문이다.

◐ SR 모형 예시

이 절에서는 완전 잠재 SR 모형의 2단계 분석에 대한 구체적인 예시를 살펴보기 위하여 10장에서 제시한 직무만족 모형을 사용하고자 한다. Houghton과 Jinkerson(2007)은 263명의 대학 교직원들을 대상으로 건설적 사고, 역기능적 사고, 주관적 안녕감, 직무만족의 4가지 구인을 각각 3개의 측정변수로 측정하였다. 건설적 사고는 역기능적 사고를 감소시키고, 이것이 주관적 안녕감을 증진시킴으로써 결과적으로 직무만족을 높인다는 가설을 설정하였고, 역기능적 사고가 직무만족을 직접 예측한다는 가설도 설정하였다([그림 10-6] 참조). 여기서는 이 모형의 측정구조가 〈표 14-1〉의 데이터를 잘 만족시키는지에 관해 먼저 분석하였다.

분석은 〈표 14-1〉의 상관행렬과 표준편차를 입력 데이터로 하여 Stata(StataCorp, 1985-2015)의 sem 명령어를 사용하였으며, 분석결과는 모두 수용 가능한 해로 수렴되었다. ML 추정으로 분석한 첫 번째 모형은 12개의 측정변수를 하나의 요인으로 설정한 표준 CFA 모형이다. 이 모형에 대한 주요 적합도 지수는 〈표 14-2〉에 제시하였다. 1요인 CFA 모형의 적합도는 양호하지 않았다. $\chi_M^2(54) = 566.797(p < .001)$이었으며, RMSEA의 90% 신뢰구간 상한값은 .204였다.

다음으로 [그림 10-6]의 측정구조를 4요인 CFA 모형으로 설정한 모형에 대한 주요 적합도 지수는 〈표 14-2〉에 제시하였다. 완전적합 가설에 대한 카이제곱 검정 결과는 $\chi_M^2(48) = 62.468(p = .078)$로 영가설이 채택되었다. 4요인 모형의 적합도는 1요인 모형에 비해 향상되어 카이제곱 차이검정 통계치가 $\chi_D^2(6) = 504.329(p < .001)$였으며, 근사 적합도 지수는 양호하였다(RMSEA의 상한값 = .056, CFI = .986).

⟨표 14-1⟩ 사고전략과 직무만족에 관한 구조회귀모형 분석 입력 데이터

변수	1	2	3	4	5	6	7	8	9	10	11	12
직무만족												
1. 직무$_1$	1.00											
2. 직무$_2$	.668	1.00										
3. 직무$_3$	.635	.599	1.00									
주관적 안녕감												
4. 행복감	.263	.261	.164	1.00								
5. 기분$_1$	.290	.315	.247	.486	1.00							
6. 기분$_2$	.207	.245	.231	.251	.449	1.00						
역기능적 사고												
7. 수행$_1$	−.206	−.182	−.195	−.309	−.266	−.142	1.00					
8. 수행$_2$	−.280	−.241	−.238	−.344	−.305	−.230	.753	1.00				
9. 인정욕구	−.258	−.244	−.185	−.255	−.255	−.215	.554	.587	1.00			
건설적 사고												
10. 신념	.080	.096	.094	−.017	.151	.141	−.074	−.111	.016	1.00		
11. 자기 대화	.061	.028	−.035	−.058	−.051	−.003	−.040	−.040	−.018	.284	1.00	
12. 심상	.113	.174	.059	.063	.138	.044	−.119	−.073	−.084	.563	.379	1.00
M	3.96	4.12	4.13	3.97	3.61	3.30	2.13	1.63	1.99	3.86	3.62	3.50
SD	.939	1.017	.937	.562	.760	.524	.585	.609	.731	.711	1.124	1.001

주. 자료 출처: Houghton & Jinkerson(2007). $N=263$.

⟨표 14-2⟩ 사고전략과 직무만족 모형에 대한 2단계 검증의 적합도

모형	χ^2_M	df_M	p	χ^2_D	df_D	p	RMSEA (90% CI)	CFI	SRMR
측정모형									
1요인	566.797	54	<.001	−	−	−	.190 (.176−.204)	.498	.133
4요인	62.468	48	.078	504.329	6	<.001	.034 (0−.056)	.986	.037
4요인, $E_{Ha} \frown E_{Mo_2}$	56.662	47	.158	5.806	1	.016	.028 (0−.052)	.991	.035
구조회귀모형									
6개 경로	56.662	47	.158	−	−	−	.028 (0−.052)	.991	.035
4개 경로	60.010	49	.135	3.348	2	.188	.029 (0−.052)	.989	.040

주. CI: 신뢰구간. 모든 결과는 Stata로 분석함.

EQS로 4요인 CFA 모형에 대한 잔차를 산출한 결과 상관잔차 절댓값이 .10 이상인 것이 두 개 있었다. 이는 대규모 자료임을 감안할 때 아주 나쁜 수치는 아니다. 표준화잔차 중에서는 주관적 안녕감을 측정하는 '행복감'과 '기분2'를 포함하여 총 세 개의 값이 .05 수준에서 유의미하였고, 두 변수 간 오차공분산에 대한 수정지수가 가장 크게 나타났다 (5.380).

다음으로 두 변수 간 오차공분산을 설명할 수 있는 공통된 내용이 있다고 판단하여, 오차공분산을 부여한 4요인 CFA 모형을 설정하였다. 결과는 〈표 14-2〉에 정리하였다. 적합도는 오차 공분산을 부여하지 않은 4요인 모형에 비해 향상되었으며, $\chi^2_D(1) = 5.806$ ($p = .016$)이었다. 재설정된 모형에 대한 $\chi^2_M(47) = 56.662(p = .158)$로 완전적합 가설이 채택되었으며, 기술적 적합도 지수도 양호하였다(RMSEA = .028, CFI = .991). 마지막으로, 상관잔차의 절댓값도 .10을 넘는 것이 없었다.

이와 같은 결과를 바탕으로 보면 [그림 14-1]과 같이 오차공분산이 부여된 4요인 CFA 모형을 최종 모형으로 채택하는 것이 타당해 보인다. 그러나 Houghton와 Jinkerson(2007)은 오차공분산이 없는 4요인 모형을 최종 모형으로 선택하였다. 〈표 14-3〉에는 [그림 14-1]의 4요인 CFA 모형에 대한 형태계수 및 오차분산 추정치를 제시하였다. 직무 만족을 비롯하여 각 요인들에 대한 측정변수의 표준화 형태계수 값은 .749~.839로 전반적으로 높은 편이었으나, 건설적 사고의 측정변수 중 자기대화에 대한 계수는 .433으로 다소 낮게 나타나 수렴 타당도가 완전히 확보되었다고 보기는 어렵다. 측정변수에 대한 R^2 값은 .188에서 .817 정도였다.

최종 CFA 측정모형에 대한 요인분산과 공분산, 오차공분산 추정치는 〈표 14-4〉에 제시하였다. 연습문제 1은 2개의 요인공분산이 유의수준 .05에서 통계적으로 유의미함을 밝히는 문제다. 요인간 상관은 -.480에서 .466으로 변별 타당도가 확보되었음을 알 수 있다. 오차공분산은 -.043, 오차상관은 -.243으로 추정되었다. 이 값 자체는 크지 않지만, 오차공분산을 부여함으로써 4요인 CFA 모형에서 발견된 지역 적합도 문제를 해결할 수 있다는 점에서 의미를 가진다.

다음으로 SR 모형의 2단계 모형화 중 1단계인 측정모형의 안정성이 확보된 상태에서 두 번째 단계로 몇 가지 SR 모형을 분석하는 예를 설명하고자 한다. 첫 번째 SR 모형은 구조모형 부분이 포화식별 상태다. 이 SR 모형과 [그림 14-1]에 제시된 CFA 모형은 요인 간 경로의 수가 6개인 동치모형이며, 〈표 14-2〉에 제시된 바와 같이 두 모형의 적합도가 완전히 동일하다. 두 모형이 동치이므로 경로계수와 오차분산 추정치도 오차 범위 내에서

〈표 14-3〉 사고전략과 직무만족 측정모형에 대한 형태계수와 잔차의 ML 추정치

측정변수	형태계수				오차분산			
	비표준화		표준화		비표준화		표준화	
	추정치	SE	추정치	SE	추정치	SE	추정치	SE
직무만족								
직무$_1$	1.000	–	.839	.030	.261	.042	.297	.051
직무$_2$	1.035	.082	.802	.032	.369	.051	.357	.052
직무$_3$	.891	.073	.749	.035	.386	.044	.439	.052
주관적 안녕감								
행복간	1.000	–	.671	.061	.174	.026	.550	.081
기분$_1$	1.490	.227	.739	.053	.262	.045	.453	.078
기분$_2$	.821	.126	.591	.062	.179	.022	.651	.073
역기능적 사고								
수행$_1$	1.000	–	.830	.029	.106	.015	.311	.048
수행$_2$	1.133	.079	.904	.026	.068	.017	.183	.047
인정욕구	.993	.088	.660	.040	.302	.030	.564	.053
건설적 사고								
신념	1.000	–	.648	.065	.293	.044	.580	.084
자기대화	1.056	.179	.433	.062	1.026	.098	.812	.053
심상	1.890	.340	.870	.073	.243	.127	.242	.127

주. 모든 분석은 Stata를 이용하였으며, 표준화 해는 완전 표준화 해임.

동일하게 산출된다. 따라서 여기서는 SR 모형의 구조모형 부분에 대해서만 주목하여 설명하고자 한다.

[그림 14-2]는 포화식별 상태의 구조모형에 대한 계수 추정치를 나타낸다. 그림에서 점선으로 표시된 부분은 Houghton과 Jinkerson(2007)이 0으로 고정한 값이다. 건설적 사고에서 역기능적 사고로 가는 직접효과의 비표준화 계수(-.131)와 표준화 계수 둘 다 유의수준 .05에서 유의미하지 않음에 따라, 역기능적 사고의 분산 중 건설적 사고가 설명하는 부분은 1.5%로 매우 낮게 나타났다($R^2 = .015$). 건설적 사고가 주관적 안녕감 및 직무만족에 미치는 직접효과에 대한 비표준화 및 표준화 계수도 통계적으로 유의미하지 않았다. 이는 연구자들의 예측과 일치하였다. 역기능적 사고에서 주관적 안녕감으로 가는 직접효과와 주관적 안녕감에서 직무만족으로 가는 직접효과는 표준화 계수의 크기가 각각 -.470과 .382로 둘 다 통계적으로 유의미하였다. 이러한 결과는 역기능적 사고에서 주관적 안녕감

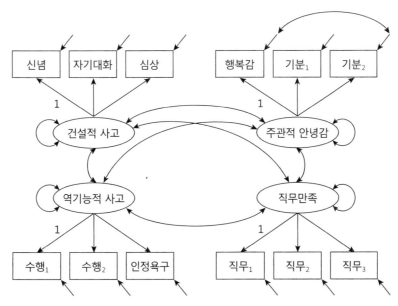

[그림 14-1] 사고전략과 직무만족에 관한 SR 모형을 구성하는 측정모형

을 통해 직무만족으로 가는 간접효과가 유의미하다는 점을 뒷받침한다. 주관적 안녕감과 직무만족에 대한 R^2은 .237과 .245로, 분산 중 약 25%가 설명되었다고 할 수 있다.

   Houghton과 Jinkerson(2007)은 [그림 14−2]에서 실선으로 표시된 4개 경로로 구성된 모형을 최종적으로 선택하였다. 이 모형에 대한 적합도는 〈표 14−2〉에 제시하였다. χ_M^2 (49)=60.010, p=.135로 완전적합 가설은 채택되었으며, 6개의 직접경로를 설정했던 SR 모형에 비하여 적합도가 통계적으로 유의미하게 나빠지지 않아 $\chi_D^2(2)$=3.348, p=.188로 나타났다. 그러나 이 모형의 상관잔차를 살펴보니 몇 가지 문제점이 발견되었다. 예를 들어, 직무만족을 측정하는 '직무₂'에 대한 잔차와 건설적 사고의 '심상'에 대한 잔차는 .142였으며, 건설적 사고를 측정하는 '신념'과 주관적 안녕감을 측정하는 '기분₁'과 '기분₂'에 대한 상관잔차 역시 절댓값이 .10을 넘었다. 이는 유의미하지 않은 경로를 제거함으로써 오히려 모형의 다른 부분에 대한 적합도를 악화시킬 수 있다는 점을 보여 주는 예다. 이와 같은 결과를 바탕으로, 포화식별된 구조모형을 가지는 SR 모형을 채택하는 것이 적합할 것으로 판단된다([그림 14−2] 참조). 연습문제 2에 포화식별된 구조모형을 효과분해하는 문제를 수록하였다. Amos, EQS, lavaan, LISREL, Mplus, Stata 프로그램을 이용하여 분석에 사용된 모든 파일은 이 책의 웹사이트에서 내려받을 수 있다.

   최종 SR 모형에 대한 검정력을 추정하는 데에는 STATISTICA Advanced(StatSoft, 2013) 의 검정력 분석 프로그램을 사용하였다(N=263, df_M=47, α=.05). 근사적합 가설

〈표 14-4〉 사고전략과 직무만족의 측정모형에 대한 요인분산과 공분산, 오차공분산 추정치

모수	비표준화		표준화	
	추정치	*SE*	추정치	*SE*
요인분산과 공분산				
직무만족	.620	.082	1.000	–
주관적 안녕감	.142	.031	1.000	–
역기능적 사고	.236	.031	1.000	–
건설적 사고	.213	.051	1.000	–
건설적 사고 ⌣ 역기능적 사고	−.028	.018	−.124	.073
건설적 사고 ⌣ 주관적 안녕감	.024	.014	.140	.080
건설적 사고 ⌣ 직무만족	.060	.029	.165	.074
역기능적 사고 ⌣ 주관적 안녕감	−.088	.018	−.480	.063
역기능적 사고 ⌣ 직무만족	−.132	.030	−.344	.064
주관적 안녕감 ⌣ 직무만족	.139	.027	−466	.066
오차공분산				
행복감 ⌣ 기분$_2$	−.043	.018	−.243	.116

주. 모든 분석은 Stata로 수행하였으며, 표준화 추정치는 완전 표준화 해임.

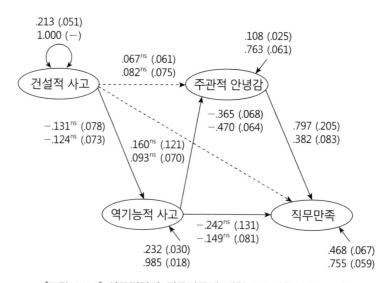

[그림 14-2] 사고전략과 직무만족에 대한 SR 모형의 구조모형

주. 추정치 중 윗줄은 비표준화 해, 아랫줄은 표준화 해임. 표준화 추정치는 완전 표준화 해임. 'ns'는 통계적으로 유의미하지 않은 해를 의미하고, 나머지 해는 모두 유의수준 .05에서 유의미하였음.

($\varepsilon_0 \leq .05$) 검정에서 $\varepsilon_1 = .08$로 가정할 때 검정력은 .869이고, 근사부적합 가설($\varepsilon_0 \geq .05$) 검정에서 $\varepsilon_1 = .01$로 가정할 때 검정력은 .767이었다. 이와 같은 결과는 거짓인 모형을 기 각하고 참인 모형을 찾아낼 확률이 상당히 좋음을 의미한다. 이 분석에 대한 사례수가 크 지는 않았지만, 작은 사례수로 인해 검정력이 낮아지는 효과를 상쇄할 만큼 자유도는 충분 한 것으로 나타났다.

동치 SR 모형

SR 모형에서도 동치모형을 생성할 수 있다. 앞에서 설명한 바와 같이 포화식별 상태의 구조모형을 가지는 완전 잠재 SR 모형에 대한 동치모형 중 하나는 요인 간에 공분산만 가 지는 CFA 모형으로 재설정한 모형이다. SR 모형의 구조모형이 포화식별 상태인지 여부에 관계 없이, 〈표 12-6〉에 제시된 대체규칙을 이용하여 여러 가지 동치모형을 생성할 수 있 으며, 재설정된 모형은 원래 구조모형과 d분리 동치 관계에 있다. 또한 SR 모형의 구조모 형은 그대로 유지한 상태에서 역측정변수법을 이용하여 측정모형의 동치모형을 생성하는 것도 가능하다([그림 13-2]). 구조모형에서 변화가 없으므로, 측정모형만 다양하게 변화시 킨 여러 가지 SR 모형은 데이터를 동일한 정도로 설명한다. 이에 대한 예는 Hershberger 와 Marcoulides(2013)를 참고하기 바란다.

[그림 14-2]에 제시된 모형에 대해서도 다양한 동치모형을 생성할 수 있다. 하나의 예 로, 직무만족에서 주관적 안녕감, 역기능적 사고를 거쳐 건설적 사고로 인과효과가 이어 지도록 원래 모형에서 인과의 방향을 반대로 설정한 구조모형을 하나의 예로 들 수 있다. Houghton과 Jinkerson(2007)의 연구에서는 자신들이 설정한 모형의 정당성을 확보할 수 있는 근거를 제시하였다. 이러한 근거 없이는 하나의 포화식별 모형이 다른 동치모형에 비해 낫다고 보기 어렵다.

단일 측정변수를 포함하는 비재귀모형

여기서 소개할 사례는 10장에서 다룬 예로, Chang 등(2007)이 177명의 간호사를 대상으 로 직업 및 조직몰입과 이직의도의 관계를 분석한 연구다. 〈표 10-1〉에 제시된 바와 같이 신뢰도계수가 보고되어 있으므로, 단일 측정변수의 측정오차를 모형에서 통제할 수 있다

([그림 10-7] 참조). 이 연구에서 설정된 구조모형은 세 가지 가설을 나타낸다. (1) 정서적, 유지적, 규범적 조직몰입은 이직의도에 영향을 준다. (2) 정서적, 유지적, 규범적 직업몰입은 이직의도에 영향을 준다. (3) 조직몰입과 직업몰입은 서로 영향을 준다.

[그림 10-7]에 제시된 모형의 모수를 추정하기 위하여 〈표 14-5〉의 상관과 표준편차를 바탕으로 산출한 공분산행렬에 R 프로그램의 lavaan 패키지(Rosseel, 2012)를 사용하여 ML 추정을 실시하였다. Lavaan 패키지의 스크립트와 분석결과 파일은 이 책의 웹사이트에서 내려받을 수 있으며, LISREL(Scientific Software International, 2013)의 분석 파일들도 함께 받을 수 있다. 분석은 정상적으로 수행되었으며, lavaan에서 산출된 주요 적합도 지수는 다음과 같다.

$$\chi_M^2(4) = 9.420, \ p = .051$$

$$RMSEA = .087, \ 90\% \ CI \ [0, .161], \ p_{\varepsilon_0 \leq .05} = .159$$

$$CFI = .991, \ SRMR = .018$$

〈표 14-5〉 조직몰입 및 직업몰입과 이직의도 간의 비재귀모형에 대한 입력 데이터

변수	1	2	3	4	5	6	7	8
조직몰입								
1. 정서적	.82							
2. 유지적	−.10	.70						
3. 규범적	.66	.10	.74					
직업몰입								
4. 정서적	.48	.06	.42	.86				
5. 유지적	.08	.58	.15	.22	.71			
6. 규범적	.48	.12	.44	.69	.34	.84		
이직의도								
7. 조직	−.53	−.04	−.58	−.34	−.13	−.34	.86	
8. 직업	−.50	−.02	−.40	−.63	−.28	−.58	.56	.88
M	4.33	4.07	4.02	5.15	4.17	4.44	4.15	3.65
SD	1.04	.98	.97	1.07	.78	1.09	1.40	1.50

주. 자료 출처는 Chang 등(2007)이며, N=177. 대각선의 값은 내적 일관성 신뢰도계수인 Cronbach 알파임.

완전적합 가설은 유의수준 .05수준에서 채택되었으며, 근사적합 가설도 동일 수준에서 채택되었다. CFI와 SRMR은 양호하였으나, RMSEA의 경우 신뢰구간의 상한값이 .161로 산출되어 그다지 좋지 않았다고 할 수 있다.

상관잔차의 절댓값은 모두 .10을 넘지 않았다. 표준화잔차 중 몇 개는 통계적으로 유의미하였으며, 이 중 절댓값이 가장 큰 것은 유지적 조직몰입과 직업 이직의도 간의 상관으로 $z = 2.665$였다. 이러한 점을 반영하여, [그림 10-7]에 제시된 원래 모형에 유지적 조직몰입에서 직업 이직의도로 가는 직접효과를 추가한 모형으로 재설정하였다. 재설정된 모형의 적합도 지수는 다음과 같다.

$$\chi^2_M(3) = .809, \ p = .847$$
$$RMSEA = 0, \ 90\% \ CI \ [0, .070], \ p_{\varepsilon_0 \leq .05} = .913$$
$$CFI = 1.000, \ SRMR = .005$$

적합도 지수는 모두 양호하였으며, 상관잔차의 절댓값 중 가장 큰 값은 .02로 통계적으로 유의미한 표준화잔차는 없었다. 원래 모형과 재설정된 모형의 적합도 차이는 다음과 같다.

$$\chi^2_D(1) = 9.420 - .809 = 8.611, \ p = .003$$

이러한 결과를 토대로 재설정된 모형이 최종 모형으로 채택되었다.

재설정된 SR 모형의 측정모형 부분에는 6개의 외생요인과 요인간 공분산을 제외하고는 자유모수가 없었다. 지면을 절약하기 위해 자유모수 추정치는 여기에 보고하지 않았다. 〈표 14-6〉에 제시된 값은 두 개의 상호효과를 포함한 직접효과와 재설정된 모형의 구조모형에 대한 오차분산 및 공분산에 대한 ML 추정치다. 조직 이직의도를 가장 잘 설명하는 예측변수는 규범적 조직몰입이다. 표준화 경로계수는 -.665로, 조직에 머물러야 한다는 의무감을 강하게 인식할수록 조직 이직의도는 낮아진다고 할 수 있다. 직업 이직의도를 가장 잘 예측하는 변수는 유지적 직업 몰입으로, 표준화 경로계수가 -.672로 나타났다. 즉, 직종을 변경하기 위한 부담이 높다고 인식할수록 이직의도는 낮아진다.

〈표 14-6〉 조직몰입 및 직업몰입과 이직의도의 비재귀모형에서 구조모형에 대한 ML 추정치

모수	비표준화	*SE*	표준화
	직접효과		
AOC ⟶ OrgTI	−.062	.413	−.045
COC ⟶ OrgTI	.030	.174	.019
NOC ⟶ OrgTI	−1.033	.408	−.665
APC ⟶ OccTI	−.754	.231	−.532
CPC ⟶ OccTI	−1.441	.647	−.672
NPC ⟶ OccTI	.094	.309	.067
COC ⟶ OccTI	.996	.454	.579
	상호 효과		
OccTI ⟶ OrgTI	.037	.147	.040
OrgTI ⟶ OccTI	.287	.145	.265
	설명오차분산 및 공분산		
OrgTI	.767	.192	.458
OccTI	.461	.157	.234
OrgTI ⌣ OccTI	.226	.178	.380

주. AOC: 정서적 조직헌신, COC: 유지적 조직몰입, NOC: 규범적 조직몰입, APC: 정서적 직업몰입, CPC: 유지적 직업몰입, NPC: 규범적 직업몰입, OrgTI: 조직 이직의도, OccTI: 직업 이직의도. 오차분산에 대한 표준화 추정치는 설명되지 않은 분산의 비율임. 모든 결과는 lavaan으로 분석하였으며, 표준화 해는 완전 표준화 해임.

　　직업 이직의도의 예측변수 중 두 번째로 예측력이 높은 변수는 유지적 조직몰입이었으며, 표준화 계수가 .579로 양수인 점에 주목할 필요가 있다. 조직을 떠나는 데 필요한 비용을 높게 인식할수록 직업 이직의도가 높았다. 이는 억제효과의 예라고 할 수 있다. 유지적 조직몰입과 직업 이직의도 간 Pearson 상관계수가 0에 가까웠음에도 불구하고(−.02), 다른 예측변수들을 통제하고 나니 표준화 계수가 양수로 산출된 것이다.

　　예상한 바와 같이, 조직 이직의도와 직업 이직의도가 상호 간에 미치는 직접효과는 양수였다. 둘 중에서 조직 이직의도가 직업 이직의도에 미치는 표준화 계수(.287)는 반대 방향의 계수(.037)에 비해 강하게 나타났다. 두 변수 간에 상호 인과관계가 존재하면 한 방향의 계수가 다른 방향의 계수보다 클 것이다. 직장을 떠나고자 하는 의도가 직업을 바꾸고자 하는 의도에 미치는 영향은 직업을 바꾸고자 하는 의도가 직장을 떠나고자 하는 의도에 미치는 영향에 비해 약 8배 높은 것으로 나타났다(.287/.037 = 7.76). 연습문제 3은 두 상

호관계에 동일성 제약을 가한 상태에서 재분석한 후 각 경로계수의 값을 해석하도록 하는 문제다.

부록에는 비재귀 구조모형 분석에서 고려해야 할 두 가지 주제를 소개하였다. 두 주제 모두 구조모형이 경로모형이든 SR 모형의 일부이든 관계 없이 모두 해당된다. 부록 14.B 는 비재귀 구조모형의 효과분해와 평형성 가정에 관한 내용이고, 부록 14.C는 피드백 순환구조를 구성하는 내생변수들에 대해 수정된 R^2과 유사한 형태의 설명된 분산 비율을 소개하고 있다.

SEM에서 형성적 측정모형의 분석

[그림 14-3] (a)는 4개의 결과 측정변수(effect indicators) $X_1 \sim X_4$를 가지는 반영적 측정모형(reflective measurement model)이다. Grace와 Bollen(2008)은 잠재요인에서 측정변수로 가는 인과관계를 L ⟶ M 블록(latent to manifest block)으로 명명하였다. 반영적 측정모형에서는 신뢰도가 동일한 측정변수들이 상호 교환 가능하며, 동일한 구인을 측정하는 변수들 간에는 양의 상관을 가져야 한다고 가정한다. 모형에서 측정오차는 측정변수 각각에 대해 부여되며, $E_1 \sim E_4$로 명명된다. [그림 14-3] (a)에서 요인은 외생변수지만, SR 모형에서는 요인이 내생변수가 될 수도 있다. 2단계 모형화로 SR 모형을 분석할 때, 결과 측정변수에 대한 형태계수는 구조모형을 달리 설정하더라도 동일성이 유지되어야 한다.

[그림 14-3] (b)는 원인 측정변수(causal indicators)를 가지는 형성적 측정모형(formative measurement model)이다. 원인 측정변수는 동일한 잠재구인을 측정하고 있다는 점에서 통일성을 가진다(Bollen & Bauldry, 2011). 형성적 측정모형에서 잠재변수는 측정변수에 의해 설명된다는 점에서 M ⟶ L 블록(manifest to latent block)이라고 표현된다(Grace & Bollen, 2008). 예를 들어, 수입, 교육, 직업 등은 사회경제적지위(SES)라는 개념을 형성한다. 이 변수들 중 어느 하나가 변화하면 SES의 수준이 달라질 수 있다. 경제학에서 식비, 주거비, 교통비, 의료비, 학비 등은 생계비를 형성하는 원인 측정변수의 예다. [그림 14-3] (b)의 설명오차는 $X_1 \sim X_4$의 원인 측정변수들이 잠재요인을 완벽하게 설명하지 못할 가능성을 반영한 오차이며, 잠재변수를 척도화하기 위하여 원인 측정변수 중 하나인 X_1의 비표준화 계수를 1로 고정하였다.

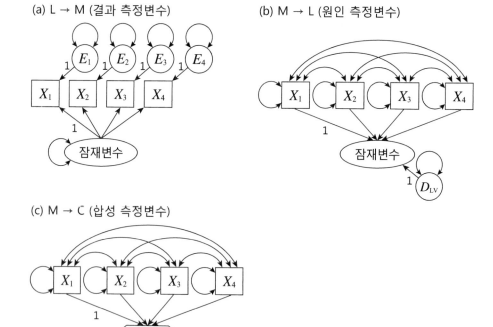

[그림 14-3] (a) 결과 측정변수로 정의된 잠재변수. (b) 원인 측정변수로 구성된 잠재변수.
(c) 합성 측정변수로 구성된 합성변수와 측정변수들 간의 관계

원인 측정변수들은 외생변수이므로 오차가 부여되지 않으며, 분산과 공분산이 자유모수로 추정된다. [그림 14-3] (b)와 같은 형성적 측정모형에서 오차는 반영적 측정모형과 달리 측정변수 수준이 아닌 구인 수준에서 설명오차(D_{LV})로 부여된다. 연습문제 4는 [그림 14-3] (b)를 세 개의 원인 측정변수를 가지도록 하되, 측정변수 수준에서 측정오차를 부여하도록 재설정하는 문제다. 원인 측정변수들의 상관은 반드시 양수일 필요가 없으며, 이론에 따라 구인에 가장 적합한 측정변수를 선택하면 된다(Bollen & Bauldry, 2011). 또한 측정변수 중 하나를 삭제하면 구인의 실제적 의미가 달라지므로, 결과 측정변수와 달리 원인 측정변수들은 상호교환적이라고 보기 어렵다.

요인이 원인 측정변수로만 측정되고 설명오차분산이 자유모수로 설정된 SEM 모형을 분석하는 데에는 식별문제가 걸림돌로 작용한다. 원인 측정변수만으로 구성된 요인에 척도를 부여해야 한다는 점은 이 절의 전반부에서 이미 언급하였으며, 이는 측정변수의 계수 중 하나를 1로 고정함으로써 쉽게 해결할 수 있다(Bollen & Bauldry, 2011). 문제는 설명오차분산의 식별문제인데, MacCallum과 Browne(1993)은 원인 측정변수를 가지는 요인의 설명오차분산이 식별되도록 하기 위해서 그 요인이 두 개 이상의 내생변수에 직접효과를

가지도록 설정하는 방법을 제안하였다. 이를 **2+ 배출경로 규칙**(2+ emitted paths rule)이라고 한다. 원인 측정변수로 구성된 요인이 한 개의 경로만 배출하면 오차분산은 식별미달 상태가 된다. 또한 원인 측정변수로 구성된 요인을 매개요인으로 설정하여 간접효과를 분석하고자 하는 SR 모형에서 일부 경로계수는 식별되지 않을 수 있다.

[그림 14-3] (a)의 모형은 일반적인 CFA 모형으로, 식별 가능한 모형이기 때문에(규칙 10.1) 그 자체로 독립적으로 분석할 수 있다. 하지만 [그림 14-3] (b)는 식별되지 않는 모형이다. 이 모형의 모수를 추정하려면 이 모형을 SR 모형 내에 포함시켜 두 개 이상의 직접효과를 배출하도록 해야 한다.

식별문제 해결을 위한 한 가지 방법은 원인 측정변수로 구성된 요인에 결과 측정변수들을 추가하는 MIMIC(multiple indicators and multiple causes) 모형으로 설정하는 것이다. 즉, 한 요인이 원인 측정변수와 결과 측정변수를 둘 다 가지도록 설정하는 것이다. 두 개의 결과 측정변수를 추가한다는 것은 원인 측정변수만으로 측정된 요인이 두 개의 직접효과를 배출함을 의미한다(Diamantopoulos, Riefler, & Roth, 2008). 그러나 이와 같이 설정하는 데에는 항상 이론적 근거가 필요하다. 예를 들어, Hershberger(1994)의 연구에서는 다양한 심리적 증상을 나타내는 측정변수들로 우울증에 관한 MIMIC요인을 설정하였다. 측정변수들 중에서 '눈물이 난다'나 '우울한 기분이 든다'와 같은 변수들은 우울증의 전형적인 증상이기 때문에 결과 측정변수로 설정하였다. 하지만 '외로움을 느낀다'는 우울증의 결과라기보다는 우울증을 유발할 수 있는 증상이기 때문에 우울증 요인의 원인 측정변수로 설정되었다.

만약 [그림 14-3] (b)의 설명오차분산을 0으로 고정하게 되면, 해당 요인은 [그림 14-3] (c)와 같이 더 이상 잠재요인이 아니라 측정변수의 조합으로 이루어진 합성변수가 된다. 이 모형은 **M ⟶ C 블록**(manifest to composite block)이라고 부른다(Grace & Bollen, 2008). 그림에서 합성변수는 6각형으로 표현하였는데, 표준적인 기호는 아니지만 설명오차가 없이 설정된 구인이므로 더 이상 잠재구인이 아니라는 의미를 담고 있다. Grace와 Bollen은 합성변수를 정의하기 위한 계수들을 미리 정하는 고정계수 합성(fixed-weights composite)과, 데이터로부터 계수를 직접 추정하여 합성변수를 산출하는 미정계수 합성(unknown weights composite)을 구분하였다.

[그림 14-3] (c)의 $X_1 \sim X_4$와 같은 **합성 측정변수**들은 개념적 통일성 없이 변수들을 임의로 조합한 것일 수도 있다(Bollen & Bauldry, 2011). 즉, 합성 측정변수들은 일차원성을 가지지 않을 수도 있고, 상관계수가 반드시 양수일 필요도 없다. 합성 측정변수에 대한 계수들은 합성된 변수가 다른 변수들과 가지는 관계가 달라짐에 따라 일정하게 유지될 필요도

없다. 계수들은 특정 결과변수를 예측하기 위해 컴퓨터가 산출한 최적의 해이므로 합성변수의 결과변수가 달라지게 되면 합성 측정변수의 계수들도 달라질 수 있다. 이는 앞서 설명한 미정계수 합성의 상황이며, 사전에 특정한 계수로 고정하는 방법도 있다.

합성이란 서로 관련성이 적은 여러 변수들의 효과를 종합하는 데 편리하게 사용할 수 있는 방법이다. 이때 계수는 인과의 의미보다는 합성변수를 구성하는 가중치의 개념을 가진다. 예를 들어, 나이, 성별, 인종의 합성변수는 인구통계 변수를 대략적으로 합친 것으로, 이렇게 합성한 변수의 직접효과는 각 측정변수들의 종합적인 영향력을 추정한 것이라고 할 수 있다(Bollen & Bauldry, 2011). 단점이 있다면, 나이, 성별, 인종의 개별적인 효과가 사라진다는 점이다. 대안적인 방법으로, 인구통계 변수들을 개별적인 공변인으로 설정하여 분석할 수 있으며, 이 점에 대해서는 다음에서 자세히 설명할 것이다.

SR 모형에서 공변인들은 잠재변수에 직접효과를 가지는 상호 관련된 외생변수들로 설정될 수 있다. 공변인은 그 변수의 효과를 통제하기 위해 모형에 포함되는 경우가 많다. 예를 들어, 성별을 잠재변수의 원인으로 포함하게 되면 남녀 간 차이를 통제한 상태에서 해당 잠재변수를 예측하는 다른 변수들의 효과를 산출하게 된다. 공변인이 요인에 직접효과를 가지기는 하지만 그 요인을 측정한다고 해석하지는 않는다. 공변인은 결과 측정변수나 원인 측정변수의 원인으로도 설정될 수 있으며, 이를 통해 잠재변수와 측정변수 간의 대응관계를 추정하는 데서 오는 오차를 피할 수 있다(Bollen & Bauldry, 2011).

Worland, Weeks, Janes, Strock(1984)는 158명의 청소년에게 언어 추론과 학업 성취도(읽기, 수리, 맞춤법) 검사를 실시하였으며, 이 학생들의 학교적응에 대한 교사의 평가(동기, 조화, 정서적 안정성)와 SES, 그리고 부모의 심각한 정신 장애에 대한 정보도 함께 수집하였다. 여기서는 Worland 등(1984)이 보고한 9개 변수 간의 상관과 일치하도록 〈표 14-7〉에 가상적인 상관과 표준편차를 생성하였다.

이때 가족위험은 낮은 SES와 부모의 정신병리적 문제, 청소년의 언어 지능과 같은 원인 측정변수로 이루어진 잠재변수라고 가정하자. 즉, 가족위험은 원인 측정변수들의 조합과 오차에 의해 설명된다. 〈표 14-7〉에서 볼 수 있듯이, 각 변수들 간의 상관이 모두 양수인 것은 아니지만 원인 측정변수이기 때문에 큰 문제가 되지 않는다. [그림 14-4]는 잠재변수인 가족위험이 원인 측정변수만을 가지는 SR 모형을 나타낸다. 가족위험은 성취도와 학교적응의 두 반영적 요인에 각각 직접효과를 배출하고 있다. 이렇게 설정하면 2+ 배출경로 규칙을 만족하므로 설명오차 분산은 식별된다. 이 모형은 성취도와 학교적응 간의 관계가 가족위험으로 인해 거짓 관계가 된다는 점을 반영하고 있으나 이러한 가정은 사실상 별로 타당하지 않다. 예를 들어, 학업 성취도가 높을수록 학교에 더 잘 적응할 수 있기 때문에 성

〈표 14-7〉 가족위험을 원인 측정변수로 정의한 모형의 분석 데이터

변수	1	2	3	4	5	6	7	8	9
가족위험									
1. 부모의 정신장애	1.00								
2. 낮은 SES	.22	1.00							
3. 언어 지능	−.43	−.49	1.00						
성취도									
4. 읽기	−.39	−.43	.58	1.00					
5. 수리	−.24	−.37	.50	.73	1.00				
6. 맞춤법	−.31	−.33	.43	.78	.72	1.00			
학교적응									
7. 동기	−.25	−.25	.39	.52	.53	.54	1.00		
8. 조화	−.25	−.26	.41	.54	.43	.47	.77	1.00	
9. 안정성	−.16	−.18	.31	.50	.46	.47	.60	.62	1.00
SD	13.00	13.50	13.10	12.50	13.50	14.20	9.50	11.10	8.70

주. N=158.

취도와 학교적응 간의 관계가 거짓이라고 보기는 어렵다. 하지만, 두 반영적 요인 간에 직접효과를 설정하거나 오차 간 공분산을 설정하게 되면 모형이 식별 불가능한 상태가 될 것이다.

연습문제 5는 [그림 14-4]의 모형 자유도가 22임을 증명하도록 하는 문제다. 필자는 〈표 14-7〉의 데이터를 바탕으로 산출된 공분산행렬에 이 모형을 적용하였고, LISREL (Scientific Software International, 2013)과 Mplus(Müthen & Müthen, 1998-2014)의 ML 추정법을 사용하여 분석하였다. 분석에 사용된 모든 파일은 이 책의 웹사이트에서 내려받을 수 있다. LISREL SIMPLIS나 Mplus 명령문으로는 원인 측정변수로 구성된 요인을 설정하는 것이 좀 까다롭다. LISREL에서는 'LISREL output' 명령문에서 'SO' 옵션을 지정해야 한다. 이 옵션을 지정하면 연구자가 잠재변수를 어떻게 설정했는지와 관계 없이 각 잠재변수에 대한 척도를 자동적으로 검토한다. Mplus에서는 원인 측정변수로 구성된 요인을 설정할 때 반영적 측정모형을 의미하는 'by' 대신 회귀모형을 나타내는 'on'을 사용하면 된다. 원인 측정변수로 구성된 요인에서 배출되는 직접효과를 설정할 때는 'by'를 사용하면 된다. 또한 직접효과들을 모두 자유모수로 설정해야 한다.

LISREL과 Mplus 분석결과, 모든 해는 수용 가능 해로 수렴하였으며, 적합도 통계와 모

수추정치는 두 프로그램에서 유사하게 나타났다. 다음은 Mplus 분석결과다.

$$\chi^2_M(22) = 35.308, \ p = .036$$
$$\text{RMSEA} = .062, 90\% \text{ CI } [.016, .098]$$
$$\text{CFI} = .980, \text{SRMR} = .031$$

이 모형에 대한 카이제곱 검정은 유의수준 .05에서 기각되었다. CFI와 SRMR은 나쁘지 않았지만 RMSEA 값은 수용 가능한 범위의 경계에 있었다. EQS 분석결과, 상관잔차 중 .10을 넘는 것은 없으나, 성취도와 학교적응의 측정변수 간 상관잔차는 비교적 크게 나타남에 따라 이 모형이 두 요인 간 상관을 과소추정한다고 볼 수 있다. Mplus에서 산출된 표준화잔차 중에서는 세 개가 통계적으로 유의미하였으며, .05수준에 근접한 것도 몇 개 있었다. 이러한 점들을 바탕으로 [그림 14-4]의 모형은 기각되었다.

성취도에서 학교적응으로 가는 직접효과나 이 두 요인 간 설명오차의 상관이 없다는 점은 설정오류라고 볼 수 있으나, 두 모수 중 하나를 모형에 추가하게 되면 식별문제가 발생한다. 모수추정을 위해서는 다음에 제시된 방법들을 적용하는 것이 가능하다.

1. 원인 측정변수로 설정된 위험 요인을 MIMIC 모형으로 재설정하여 적어도 하나의 결과 측정변수(예: 청소년의 언어 지능)를 가지도록 재설정하는 것이다. 가족이나 부모변수(원인 측정변수)가 위험이라는 잠재요인을 통하여 청소년의 특성(결과 측정변수)에 영향을 준다고 재설정한 것은 합리적으로 보인다. 위험 요인을 MIMIC 모형으로 재설정하게 되면, 성취도에서 학교적응으로 가는 직접효과를 설정한 모형 1과 직접효과 없이 설명오차 간 상관만 부여한 모형 2가 동치 관계에 있다는 점을 대체규칙을 통해 증명할 수 있다. 따라서 모형 1과 모형 2는 적합도가 완전히 동일하므로, 실증적인 측면에서는 두 모형을 구별할 수 없다.

2. [그림 14-4]의 모형에서 설명오차 D_{Ri}를 삭제하여, 잠재변수인 위험 요인을 합성변수로 바꾸는 방법이나, 별로 권장할 만한 방법은 아니다. 설명오차의 분산을 0으로 고정하는 것은 측정변수들이 위험 요인의 분산을 완벽히 설명한다고 가정하는 것인데, 이는 현실적으로 타당하지 않다. MacCallum과 Browne(1993)은 하나의 경로를 배출하는 합성변수를 없애고 그 측정변수들의 간접효과를 직접효과로 바꾸면 동치모형이 된다는 점을 보여 주었다.

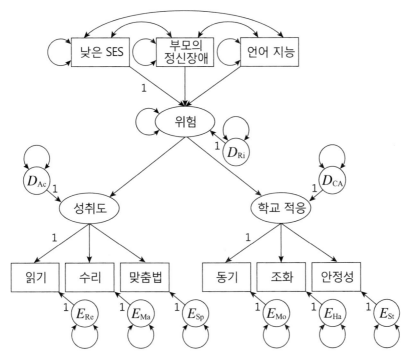

[그림 14-4] 원인 측정변수로 설정된 위험 요인에 관한 식별 가능 모형

3. 잠재요인인 위험 요인을 없애고 이를 구성하던 세 개의 측정변수에서 결과 측정변수
로 설정된 다른 두 내생요인으로 가는 직접효과를 설정하는 것이다. 이렇게 재설정
된 모형은 동치 관계에 있지 않다.

　　다음으로 위험 요인을 두 개의 원인 측정변수(낮은 SES와 부모의 정신장애)와 하나의 결과
측정변수(언어 지능)를 가지는 MIMIC 요인으로 설정한 모형을 분석하였다. 모형 1은 성취
도 요인에서 학교적응 요인으로 가는 직접효과를 가지며, 설명오차 간 상관이 부여되지 않
았다. 이 모형의 자유도가 $df_M = 23$임은 직접 증명해 보기 바란다. 〈표 14-7〉의 데이터를
이용하여 LISREL과 Mplus의 ML 추정으로 이 모형을 분석하였다. Mplus로 분석한 적합도
통계는 다음과 같다.

$$\chi^2_{M1}(23) = 35.308, \quad p = .049$$

$$\text{RMSEA} = .058, \quad 90\% \text{ CI } [.005, .094]$$

$$\text{CFI} = .983, \text{ SRMR} = .031$$

모형 1에 대한 카이제곱 검정은 .05 수준에서 근소하게 유의미한 결과를 나타내었으며, RMSEA와 CFI 값은 [그림 14-4]에 제시된 기존 모형에 비하여 아주 조금 향상되었다.[1] 모형 1의 적합도를 향상시킬 수 있는 다른 방법들도 있겠지만 여기서는 언급하지 않겠다. 성취도에서 학교적응으로 가는 직접효과의 표준화 추정치는 Mplus에서 .627로 추정되었다.

모형 2는 모형 1에서 성취도와 학교적응 요인의 설명오차 간 상관을 추가하고 두 요인 간의 직접효과는 설정하지 않은 모형으로, 모형 1과 동일한 적합도를 가진다. Mplus 추정 결과 설명오차 간 상관은 .507로 추정되었다. LISREL과 Mplus 모형으로 이와 같은 모형들을 추정한 결과는 모두 이 책의 웹사이트에서 내려받을 수 있다.

형성적 측정과 합성변수의 분석은 사회과학보다는 경제학이나 경영, 생물학 등의 분야에서 더 널리 사용되고 있다. 예를 들어, Grace(2006), Grace와 Bollen(2008)은 환경과학 연구에서 합성변수를 분석하는 사례를 제시하였다. 『Journal of Business Research』에서는 형성적 측정에 관한 특별 주제를 다룬 바 있다(Diamantopoulos, 2008). Jarvis, MacKenzie, Podsakoff(2003)는 소비자 연구 분야의 독자들을 포함한 다양한 연구자들에게 요인의 성격에 대한 고민 없이 단지 익숙한 설정 방법이라는 이유로 요인의 측정구조를 결과 측정변수로 정의하지 말 것을 당부하였다. 연구자들은 잠재변수와 측정변수 사이에 방향성을 설정하는 방법이 한 가지가 아님을 인지할 필요가 있고, 측정 구조에 대해 신중하게 다룰 필요가 있다.

그러나 형성적 측정에는 여러 가지 제한점이 존재한다. 원인 측정변수들이 외생변수가 되기 때문에 측정변수들의 분산과 공분산을 설명할 수 있는 기제가 모형 내에 존재하지 않으며, 따라서 이 측정변수들의 구인 타당도를 측정하기가 어렵다(Edwards, 2010). Diamantopoulos와 Winklhofer(2001)는 이에 대한 대안을 제시하고 있다. Edwards(2010)는 원인 측정변수들 간에 내적 일관성이 확보되지 않아도 된다는 점은 자칫 오해를 불러올 수 있다고 하였다. 어떤 연구자가 측정변수 간 상관이 낮다는 이유로 이 변수들을 형성적 측정변수로 설정하는 것이 좋겠다고 판단했다고 하자. 그러나 측정변수 간 상관이 낮은 이유가 구인에 대한 측정 도구를 잘못 개발했기 때문이라면 이러한 결정이 타당하다고 볼 수 없다. Howell, Breivik, Wilcox(2007)는 형성적 측정이 반영적 측정과 동일한 수준의 중요도를 가질 수 없으며, 어떤 구인을 원인 측정변수로 설정하더라도 그 구인에 대해 결과 측정변수를 포함해야 한다고 강조하였다. 반면, Bollen (2007)과 같이 이와는 다른 관점을

---

1) [그림 14-4]의 기존 모형과 모형1에 대한 모형 카이제곱은 35.308로 동일하였으나, 두 모형의 자유도가 각각 22와 23으로 다름에 따라 RMSEA와 CFI는 두 모형에서 다르게 나타났다.

가지고 있는 학자도 있다.

　측정모형과 구조모형으로 구성된 SEM 모형에 대한 대안적 분석 모형으로 **PLS**(partial least squares) **경로모형**이 있다. PLS 모형은 2단계의 반복 추정법으로서 구인을 선형결합 변수로 설정하여 추정하는 분석법이다. 1단계에서는 각 측정변수들과 성분(component)을 연결하는 가중치가 추정되며, 각 성분은 다시 결과 측정변수로 이어지는 회귀 관계를 가지도록 설정된다. 2단계에서는 종속변수에 대한 예측력을 최대화하는 방식으로 성분들 간의 관계를 나타내는 계수가 추정된다. 측정에 대한 강한 가설을 검정하기에는 SEM이 더 적합하지만, 이론 검증보다 예측이 강조되거나 사례수가 적은 상황, 또는 원인 측정변수로 측정되는 요인의 식별문제가 대두되는 상황에서는 PLS 분석이 더 적합하다. 자세한 설명은 [Topic Box 14-1]을 참조하기 바란다.

[Topic Box 14-1]
PLS 경로모형

　PLS 경로모형(PLS-PM)의 논리를 설명하기 위해서는 먼저 주성분분석(PCA)과 요인분석의 차이를 이해할 필요가 있다. 먼저, PCA는 전체 분산을 기반으로 하고 요인분석은 공분산을 기반으로 한다는 점에서 차이가 있다. 또한 PCA는 요인을 측정변수들의 선형 결합이라고 가정하는 반면, 요인분석은 잠재요인과 측정변수, 오차분산을 명확히 구분한다. PLS-PM은 PCA와 유사하다.

　PLS-PM은 H. Wold(1982)가 개발한 **소프트 모형화**에 기초하고 있다. 즉, 측정모형에 대한 이론적 배경이 강하지는 않지만 잠재변수들 간의 예측 관계를 추정하는 것이 분석의 주요 목적인 상황에서 주로 적용된다. 반복 알고리즘의 초기 단계에서는 잠재변수들이 측정변수에 기초한 단순한 합성점수로서 추정된다. 반복 알고리즘이 진행되면서 측정변수들은 합성변수들에 회귀된다. 이 방법은 기본적으로 정준상관이 확장된 형태지만 측정변수들과 성분들을 구분하고 성분들 간의 직·간접효과에 대한 추정을 허용한다는 점에서 차이가 있다. 정준상관과 유사하게, PLS 경로모형은 예측력을 최대화하는 방식으로 가중치가 부여된다. 반면, SEM에서 추정은 예측력을 최대화하는 것이 아니라 공분산행렬의 잔차를 최소화하는 것이다.

　PLS-PM에서 적용하는 추정법은 데이터에 대한 가정이 덜 엄격하다. 예를 들어, 원점수에 대해 특정한 형태의 분포를 가정하지 않으며, 반복추정 과정도 그다지 복잡하지 않다. 결과적으로, PLS-PM을 사례수가 작은 데이터에 적용하는 것이 가능하며, 식별문제나 수용 불가능한 해가 도출될 염려도 거의 없다. 예를 들어, 원인 측정변수들을 가지는 성분이 하나의 직접효과를 배출한다고 설정하더라도 식별에는 문제가 없다. 이러한 특징으로 인해 측정변수의 수가 많은 복잡한 모형을 분석할 때는 PLS가 SEM에 비해 분석이 더 용이하다는 장점을 가진다.

ML과 같이 SEM에서 적용되는 완전정보 추정법에 비하여 PLS에서 적용하는 제한정보 추정법은 편향(bias) 가능성이 있고, 일관성(consistency)의 측면에서도 부정확하다는 평가를 받는다. 이러한 점이 PLS-PM의 단점이나, 사례수가 큰 경우 크게 문제가 되지 않는다. PLS-PM에서 표준오차는 붓스트랩과 같은 부가적인 방법을 이용하여 추정된다. 연구자들은 PLS-PM 모형을 평가할 때 형태계수나 경로계수, 종속변수들에 대한 R^2값 등 지역 적합도 정보를 참고한다. PLS-PM에도 전체 적합도 지수가 있으나, SEM과 비교할 때 전체 적합도를 평가하는 것이 쉽지는 않다. 합성변수를 형성하는 가중치를 미지수로하여 분석하는 PLS-PM은 사실상 SEM에서와 같은 이론적 잠재변수를 추정하는 것이 아니라고 주장하는 학자들도 있다. PLS-PM의 장점은 유연성과 강건성이며, 분포에 대한 가정이나 식별 조건 등이 SEM에 비해 덜 엄격하다는 점이다. [Rigdon(2013)과 McIntosh, Edwards, & Antonakis(2014) 참조].

PLS-PM 분석을 위한 상용 프로그램이나 공개 프로그램이 몇 가지 개발되어 있다. 예를 들어, SmartPLS(Ringle, Wende, & Becker, 2014)는 그래픽 인터페이스를 가지는 상용 프로그램으로서, 사용자들이 그리기 도구를 이용하여 경로도를 작성하여 분석할 수 있으며, 학생 버전도 무료로 제공되고 있다. PLS-Graph 프로그램(Chin, 2001)도 유사한 특징들을 가지며 학술적 목적인 경우 무료로 제공하고 있다. 이 밖에 semPLS(Monecke, 2014)와 같이 R 프로그램의 PLS-PM 패키지도 사용 가능하다.

요약

SR 모형의 평가는 경로모형과 CFA 모형에서 동시에 이루어진다. 측정모형에서는 잠재구인이 하나 또는 여러 개의 측정변수로 설정되어 평가되며, 구조모형에서는 변수들 간의 인과관계가 표현된다. 2단계 모형화에서는 먼저 측정모형에 대한 평가가 이루어지는데, 측정모형이 타당하다고 판단되면 2단계 구조모형에 대한 평가가 진행된다. 반영적 측정모형에서는 결과 측정변수들이 잠재변수에 의해 설명되는 것으로 설정하는데, 이와 같은 설정이 모든 연구문제에 적합한 것은 아니다. 경우에 따라서는 측정변수들이 잠재변수들에 대한 원인으로 설정되는 형성적 측정모형을 적용해야 하는 경우도 있다.

SR 모형의 평가는 공분산에 기초한 SEM 분석에서 가장 중요한 부분이라고 볼 수 있다. 4부에서는 평균구조의 분석과 같은 심화 주제를 다룬다. 마지막 장에서는 SEM 분석에서 고려해야 할 실질적인 사항에 대해 안내하고자 한다.

심화학습

Bollen과 Bauldry(2011)는 결과 측정변수, 원인 측정변수, 합성 측정변수 등을 정의하였고, Edwards(2010)는 형성적 측정의 개념에 대해 비판하였으며, Rigdon(2013)은 SEM의 관점에서 PLS-PM 기법을 소개하였다.

Bollen, K. A., & Bauldry, S. (2011). Three Cs in measurement models: Causal indicators, composite indicators, and covariates. *Psychological Methods, 16*, 265-284.

Edwards, J. R. (2010). The fallacy of formative measurement. *Organizational Research Methods, 14*, 370-388.

Rigdon, E. E. (2013). Partial least squares path modeling. In G. R. Hancock & R. O. Mueller (Eds.), *Structural equation modeling: A second course* (2nd ed.) (pp. 81-116). Charlotte, NC: IAP.

연습문제

1. ⟨표 14-4⟩에 제시된 요인공분산의 통계적 유의성을 .05 수준에서 평가하시오.

2. [그림 14-2]에 제시된 표준화 해를 바탕으로 효과분해를 수행하시오.

3. [그림 14-3] (b)에서 측정변수 수준에서 측정오차를 통제하기 위하여 세 개의 원인 측정변수들을 가지도록 재설정하시오.

4. [그림 14-4] 모형의 자유도가 22임을 보이시오.

부록 14.A

SR 모형의 제약 상호작용

CFA 모형에서 여러 요인에 대한 형태계수의 부하량이 서로 동일한지를 확인하기 위한 카이제곱 차이검정 통계치가 요인의 척도화 방법, 즉 ULI 제약과 UVI 제약에 따라 달라질 때 제약 상호작용이 발생한다는 점을 부록 13.B에서 언급한 바 있다. Steiger(2002)는 동일한 현상이 SR 모형에서도 발생할 수 있다는 점을 지적하였다. 즉, 일부 요인들이 두 개의 측정변수만 가지고 있고, 여러 내생요인에 대한 직접효과 추정치가 동일하다고 제약을 가한 상황이다. 앞에서 설명한 것처럼 표준화 해가 2단계로 계산된다고 할 때, 즉 ULI 제약으로 비표준화 해가 추정된 다음 표준화되는 경우, 제약 상호작용으로 인해 SR 모형의 표준화 해가 부정확하게 산출되는 결과를 초래할 수 있다.

제약 상호작용은 SR 모형과 CFA 모형에서 동일한 방법으로 찾아낼 수 있다. 동일성 제약을 가한 상태에서 요인 식별을 위해 부여한 상수 1을 다른 양수 값으로 바꾼 다음 재분석하는 것이다. 모형 카이제곱 값이 반올림으로 인한 오차 이상으로 변화하면 제약 상호작용이 존재한다고 해석한다. Steiger(2002)는 SR 모형에서 제약 상호작용을 다루는 방법을 제안하였다. 요인을 표준화하여 분석하는 것이 정당화되는 상황에서는 표준화 경로계수의 동일성에 대한 가설을 검정하고 정확한 표준오차를 산출하기 위하여 제약추정법이 사용될 수 있다. SR 모형의 제약 추정에서는 내생요인과 외생요인 등 모든 요인을 표준화한다.

비재귀모형의 효과분해와 평형성 가정

피드백 순환 구조가 있는 비재귀 구조모형에는 추적규칙(tracing rule)이 적용되지 않는다. 피드백 순환을 구성하는 변수들은 자기 자신에 대해 간접효과를 가진다. $Y_1 \rightleftarrows Y_2$와 같이 상호효과를 가지는 변수들이 있다고 생각해 보자. Y_1이 Y_2에 미치는 표준화 직접효과가 .40이고, 반대 방향의 직접효과가 .20이라고 가정하자. Y_1에 대한 간접효과는 다음과 같은 순서로 구할 수 있으며, .40 × .20, 즉 .08이 된다.

$$Y_1 \longrightarrow Y_2 \longrightarrow Y_1$$

그러나 피드백 순환 내에서 상호작용은 이론적으로 무한 반복될 수 있기 때문에 Y_1이 Y_2를 거쳐 자기 자신에게 미치는 간접효과는 여러 개가 존재할 수 있다. 예를 들어, 다음과 같은 경로를 거쳐 발생하는 간접효과는 .40 × .20 × .40 × .20, 즉 .0064로 추정된다.

$$Y_1 \longrightarrow Y_2 \longrightarrow Y_1 \longrightarrow Y_2 \longrightarrow Y_1$$

수리적으로 이러한 간접효과 항들은 0으로 빠르게 수렴하겠지만, Y_1에서 자신에게 미치는 총효과는 Y_2를 거치는 모든 순환 관계를 고려하여 추정해야 한다. Y_2의 간접효과와 총효과도 유사하게 구할 수 있다.

피드백 순환을 구성하는 변수들 간의 간접효과와 총효과를 계산하는 데에는 평형성 가정이 필요하다. 횡단 자료로 분석하는 경우 평형성 가정이 실제로 만족되는지 여부를 통계적으로 검증하기는 어렵다. Kaplan 등(2001)은 모의실험 연구를 통하여 SEM 분석 프로그램에서 제공하는 **안정성 지수**(stability index)가 평형성의 결여로 인한 추정의 편파성을 정확하게 측정하지 않는다는 점을 발견하였다. 안정성 지수는 피드백 순환에 포함된 변수들만이 아니라 구조모형에 포함된 모든 내생변수 간의 직접효과 계수 행렬이 가지는 수리적 특성에 기초한 것이다. 이러한 특성은 시간이 지남에 따라 직접효과의 추정치가 매우 커지는 현상과 관련된 것으로, 이러한 현상이 발생하게 되면 평형 상태에 도달할 수 없기 때문에 시스템이 '폭발한다'고 표현한다. 안정성 지수를 산출하기 위한 수리적 개념은 매우 복잡하다(Kaplan et al., 2001, pp. 317-

322). 일반적으로 안정성 지수가 1 이하이면 평형성에 대한 긍정적 증거로 해석하며, 1 이상이면 평형성이 결여되었다고 해석한다. 그러나 Kaplan 등(2001)은 모의실험 연구 결과를 바탕으로, 이러한 해석이 일반적으로 지지되지 않으므로 이론적 기반에서 평형성을 평가할 필요가 있음을 강조하였다.

비재귀모형의 수정된 설명분산 비율

피드백 순환을 구성하는 내생변수에 대한 R^2을 구할 때는 설명되지 않은 분산 비율을 1에서 빼는 기존의 방법이 적절하지 않다. 피드백 순환을 구성하는 변수들의 설명오차들은 원인으로 설정된 변수와 상관을 가지고, 이는 잔차(설명오차)가 원인변수들과 상관을 가지지 않아야 한다는 최소제곱 기준을 위반하는 것이기 때문이다. 비재귀모형에서 수정된 R^2 통계량을 구하는 방법에는 다음과 같은 것들이 있다.

1. **Bentler–Raykov의 수정된 R^2**(Bentler & Raykov, 2000)은 설명오차와 원인변수들 간의 상관을 통제한 상태에서 내생변수의 분산을 다시 구획함으로써 산출된다. 이 통계량은 EQS, Stata 등의 SEM 컴퓨터 프로그램에서 자동적으로 산출된다.

2. LISREL(Scientific Software International, 2006) 버전 8은 구조모형을 구성하는 내생변수들에 대해 **축소된 R^2**(reduced-form R^2)을 산출한다. 축소된 R^2에서는 내생변수들이 외생변수들에만 회귀된다. 이렇게 하면 설명오차가 내생변수에 미치는 직접효과가 제거되는 결과를 가지게 되며, 다른 모든 내생변수들이 기여하는 부분도 제거하게 된다(Hayduk, 2006). 비재귀모형에 대해서는 축소된 형태의 R^2이 일반적인 R^2에 비하여 훨씬 작게 산출된다.

3. Hayduk(2006)은 피드백 순환을 구성하는 변수들 또는 오차 간 상관이 존재하는 경우에 적용 가능한 **오차차단 R^2**(blocked-error R^2)을 설명하였다. 오차차단 R^2은 연구의 초점이 되는 내생변수의 설명오차가 가지는 영향을 차단하여 계산된다. 이 통계량의 장점은 재귀모형에서 각 내생변수에 대한 R^2 값과 동일하다는 점이다. 비재귀모형에 대한 오차차단 R^2은 LISREL 버전 9(Scientific Software International, 2013)부터 자동으로 산출된다. Hayduk(2006)은 모든 모수에 대해 사용자가 지정한 값으로 고정하여 산출된 예측 공분산행렬을 바탕으로 오차차단 R^2을 계산하는 방법을 제시하였다.

수정된 R^2은 모형과 데이터에 따라 일반적인 R^2 값에 비해 클 수도 있고 작을 수도 있다. 다음 표에는 [그림 10-7]에 제시된 인과 순환에 포함된 두 내생변수에 대해 〈표 14-6〉의 결과를 이용하여 계산한 R^2, EQS로 계산한 Bentler–Raykov R^2, LISREL 8로 계산한 축소된 R^2,

LISREL 9로 계산한 오차차단 R^2을 각각 제시하였다. 분석결과는 모두 유지적 조직몰입에서 직업 이직의도로 가는 직접효과를 가지는 최종모형을 분석한 것이다.

내생변수	R^2	BR R^2	축소된 R^2	오차차단 R^2
OrgTI	.542	.541	.520	.521
OccTI	.766	.764	.658	.690

주. BR: Bentler-Raykov, OrgTI: 조직 이직의도, OccTI: 직업 이직의도.

이와 같이 동일한 모형과 데이터에 대해 산출한 세 가지 종류의 수정된 R^2은 각기 다른 방식으로 원인변수들과 설명오차 간의 예측된 상관을 통제하기 때문에 서로 다른 값을 가질 수 있다. 따라서 연구자는 비재귀모형에서 내생변수에 대한 설명분산의 비율을 추정하는 데 있어서 어떤 R^2을 사용하였는지 밝혀야 한다.

Part **4**

SEM 분석의 고급 기법

평균구조와 잠재성장모형

SEM의 기본 분석 자료인 공분산행렬에는 평균에 대한 정보가 포함되어 있지 않다. 공분산 행렬만 가지고 분석을 수행하면 모든 측정변수들이 평균에 대해 중심화된 편차점수로 변환되기 때문에 잠재변수의 평균이 0이 된다. 이처럼 평균에 대한 정보를 무시하고 분석하는 경우, 연구자가 원하는 분석을 하기 어려운 상황이 발생할 수 있다. 반복측정 변수의 평균 변화 추이를 보고자 하는 경우가 한 예다. SEM에서 평균에 대한 분석을 수행하려면 모형의 공분산구조에 평균구조를 더하여 추정하거나 원자료를 이용하여 분석하면 된다. SEM 분석은 오차공분산에 대한 가설이나 잠재변수 평균에 대한 가설을 검증할 수 있다는 점에서 다른 분석방법과 구별된다. 이 장에서는 최근 다양한 연구 분야에서 폭넓게 활용되고 있는 잠재성장모형도 함께 다룰 것이다.

평균구조 분석의 논리

SEM에서 측정변수의 공분산구조를 분석하기 위한 기본 원리는 다중회귀분석에서 찾을 수 있으며, 평균에 대한 분석 역시 다중회귀분석의 원리에 기초한다. 비표준화 회귀식에는 공분산구조로부터 산출된 회귀계수(B)와 평균구조로부터 산출된 절편(A)이 둘 다 포함되어 있다. 예를 들어, 〈표 15-1〉의 변수 X와 Y를 생각해 보자. 표에 제시된 데이터를 이용하여 X로부터 Y를 예측하기 위한 비표준화 회귀방정식을 구하면 다음과 같다.

$$\hat{Y} = .455X + 20.000$$

〈표 15-1〉 평균구조 분석을 위한 예시 데이터

| 사례 | 원점수 | | 상수 |
	X	Y	⚠
A	3	24	1
B	8	20	1
C	10	22	1
D	15	32	1
E	19	27	1
M	11.000	25.000	–
SD	6.205	4.690	–
S^2	38.500	22.000	–

주. $r_{XY} = .601$.

이 식에서 회귀계수 .455는 두 변수의 평균에 대한 정보를 포함하고 있지 않다(식 2.2 참조). 절편인 20.000은 하나의 숫자로 표현되어 있지만, 사실상 두 변수의 평균과 회귀계수가 반영된 값이다. 〈표 15-1〉에서 $M_X = 11.000$이고, $M_Y = 25.000$이므로 식 2.3에 따르면 절편은 다음과 같이 나타낼 수 있다.

$$A = 25.000 - .455\,(11.000) = 20.000$$

Y의 평균도 다음과 같이 절편과 회귀계수, 그리고 X의 평균의 함수로 나타낼 수 있다.

$$M_Y = 20.000 + .455\,(11.000) = 25.000$$

회귀분석에서 절편을 계산하는 방식은 SEM의 평균 분석 방식과 유사하다. 〈표 15-1〉에서 ⚠로 표시된 열을 살펴보면, McArdle과 McDonald의 RAM 기호체계에 따라 모든 사례에 1이라는 상수를 부여한 것을 볼 수 있다. 상수 ⚠에 대한 두 차례의 회귀분석 결과는 〈표 15-2〉에 제시되어 있다. 두 분석 모두 명시적으로 절편을 분석에서 제외했을 때 산출되는 결과이며, 이러한 과정이 없으면 자동적으로 절편을 계산하게 된다. 첫 번째 분석은 X와 상수를 예측변수로 하여 Y를 예측한 회귀분석 결과다. 이때 X의 회귀계수는 이전처럼 .455이고, 상수는 절편 값과 동일하게 20.000이다. 두 번째 분석에서는 상수가 X를 예측하며, 이때 상수의 회귀계수는 11.000으로 X의 평균에 해당한다. 이는 다음과 같은 규칙에 근거한 결과다.

준거변수와 예측변수가 연속변수일 때,   (규칙 15.1)

1. 예측변수와 상수가 준거변수를 예측하는 회귀식에서 상수의 비표준화 계수는 회귀식의 절편에 해당한다.
2. 상수가 예측변수를 예측하는 회귀식에서 비표준화 계수는 예측변수의 평균에 해당한다.

지금까지 설명한 회귀분석을 경로분석의 표현 방식으로 나타내면 [그림 15-1]과 같다. 일반적인 경로모형과 달리 이 그림에는 공분산구조와 평균구조가 모두 나타나 있다. 공분산구조는 외생변수 X의 직접효과와 X의 분산 및 설명오차(D_Y)의 분산으로 구성되어 있다. 〈표 15-1〉의 데이터를 이용하여 OLS 추정방식으로 공분산구조를 추정하면, 비표준화 경로계수는 비표준화 회귀계수와 동일한 값인 .455로, 설명오차의 분산[1]은 14.054로 산출된다. 공분산구조에는 평균에 대한 정보가 포함되지 않는다.

[그림 15-1]에서 평균구조는 X와 Y에 대한 상수의 직접효과로 구성된다. 그림에서 상수는 외생변수로 그렸지만, 변량이 없기 때문에 일반적인 의미의 외생변수는 아니다. X에 대한 상수△의 직접효과를 구하면 비표준화계수가 11.000으로 산출되어 X의 평균과 동일하며, 이는 앞서 수행한 회귀분석 결과와 같다(〈표 15-2〉 참조). 그러므로 X의 평균은 경로모형의 평균구조에서 비표준화 경로계수로 표시된다. 상수△이 다른 변수를 통해 X에 미치는 간접효과가 없기 때문에 △에서 X로 향하는 경로의 비표준화 계수는 그 자체로 총효과가 된다.

상수△이 내생변수 Y에 미치는 직접효과에 대한 비표준화 경로계수는 20.000이며, 이는 X로 Y를 예측하는 회귀식의 절편과 같다. 이러한 직접효과 외에, 상수△은 X를 경유

〈표 15-2〉 〈표 15-1〉의 데이터에 대한 회귀분석 결과

회귀	예측변수	비표준화 계수
1. X와 △이 Y를 예측	X	.455
	△	20.000
2. △이 X를 예측	△	11.000

---

1) 설명오차분산은 OLS 추정 공식인 $(1-r_{XY}^2)s_Y^2 = (1-.601^2)\ 22.000 = 14.054$로 추정된다.

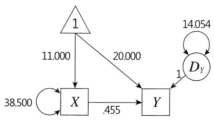

[그림 15-1] 평균구조를 포함하는 경로모형

하여 Y에 미치는 간접효과를 가진다. 이 모형에 대하여 효과 추적규칙을 사용하면 다음과 같은 결과를 얻을 수 있으며, 이때 25.000은 Y의 평균과 같은 값이다.

$$Y에 대한 상수 \triangle 의 총효과 = (\triangle \to Y) + (\triangle \to X \to Y)$$
$$= 20.000 + .455(11.000) = 25.000$$

평균구조에 대한 두 번째 규칙은 다음과 같이 경로분석의 용어로 표현할 수 있다.

연속변수인 내생변수와 외생변수에 대하여,   (규칙 15.2)
　　1. 내생변수 Y의 평균은 (a) 절편, (b) 비표준화 경로계수, (c) 외생변수의 평균에 의해 결정된다.
　　2. 내생변수와 외생변수의 예측평균은 상수가 그 변수에 미치는 총효과와 같다.

[그림 15-1]의 평균구조는 포화식별(두 개 평균 $\triangle$ 의 직접 효과 2개) 상태이기 때문에, Y의 예측평균은 관찰평균과 동일하다. 이 점에 대해서는 다음에 자세히 설명하고자 한다.

　　SEM 컴퓨터 프로그램으로 평균구조를 분석하면 모형 내 변수에 회귀시킬 상수를 자동으로 생성한다. 그리고 상수가 각 변수에 어떤 직접효과와 간접효과를 가지는지를 명시함으로써 각 변수를 평균구조에 포함시킨다. 이 점은 세 번째 규칙을 이끌어 낸다.

연속변수를 활용한 구조방정식모형에서   (규칙 15.3)
　　1. 상수가 외생변수에 미치는 직접효과의 비표준화 경로계수는 그 외생변수의 평균이다.
　　2. 상수가 내생변수에 미치는 직접효과는 내생변수의 절편이고, 총효과는 내생변수의 평균이다.

어떤 변수를 평균구조에서 제외하면, 그 변수의 평균은 0으로 가정된다. 예를 들어, 오차 항의 평균은 언제나 0으로 가정하기 때문에, 오차항은 평균구조에 포함시키지 않는다. 오 차항의 평균을 자유모수로 설정하면 평균구조가 식별되지 않을 수도 있다. 연구자는 평균 구조와 관련하여 다음의 세 가지 사항을 기억할 필요가 있다.

1. SEM 문헌에서 평균구조를 나타내는 보편적인 기호는 없다. 이 책에서 경로도에 △ 기호를 사용한 이유는 독자들이 평균구조의 존재를 쉽게 이해할 수 있도록 하기 위 해서다. 그러나 모형 경로도에 평균구조를 명시할 필요는 없다. 어떤 학자들은 경로 도에 공분산구조만 제시하고, 평균 추정치는 별도의 표에 제시하기도 한다.

2. 평균구조를 경로모형에 추가하면 각 내생변수에 대한 경로식에 절편이 포함되며, 절 편 추정치는 다른 자유모수 추정치와 함께 출력된다. 절편 추정치를 알면 내생변수 에 대한 예측값을 좀 더 쉽게 계산할 수 있다. 데이터 편집기(data editor)에서 경로계 수와 절편을 조합하여 예측값을 수동으로 계산하거나, 절편이 포함된 회귀식에 각 사례의 관측값을 대입하여 직접 계산할 수도 있다. Stata의 sem 명령어는 관찰된 내 생변수나 잠재 내생변수의 예측값을 자동적으로 원자료 파일에 저장하도록 한다.

3. EM 알고리즘처럼 결측 데이터를 다룰 수 있는 특수한 형태의 ML 추정법은 공분산 과 평균을 모두 추정한다. 이 방법을 사용하면 연구자가 평균분석에 관심이 없다 하 더라도 모형에 평균구조가 추가된다. SEM 컴퓨터 프로그램에서 ML 추정법이 실행 되는 방식에 따라 공분산구조에 평균구조를 명확하게 제시해야 하는지 여부가 달라 진다.

🌐 평균구조의 식별

평균구조의 식별 원리는 다음과 같다.

평균구조를 포함하는 모형의 자유모수는 다음과 같다. (규칙 15.4)
1. (오차를 제외한) 외생변수의 평균
2. 내생변수의 절편
3. 평균구조가 포함되지 않은 일반적인 공분산구조모형의 모수

가용한 관측 정보의 수를 계산하는 공식은 다음과 같다.

평균구조가 포함된 모형에서 측정변수의 수가 v일 때,   (규칙 15.5)
관측 정보의 수는 $v(v+3)/2$ 이다.

규칙 15.5의 공식을 활용하면 측정변수의 분산과 중복되지 않는 공분산의 수, 측정변수의 평균의 개수를 모두 합한 값이 산출된다. 예를 들어, 세 개의 연속변수가 있다면, 3(6)/2 = 9개의 정보가 산출된다. 즉, 3개의 평균과 3개의 분산, 3개의 고유한 공분산을 합하여 총 9개의 정보를 모수추정에 이용할 수 있다(〈표 4-1〉의 오른쪽 하단 참조).

평균구조가 식별되려면 자유모수의 수가 관찰된 평균의 수보다 크지 않아야 한다. 평균구조의 식별 상태는 공분산구조의 식별 상태와 구분하여 생각해야 한다. 예를 들어, 공분산구조가 초과식별되더라도 평균구조가 식별미달되면 모형이 판별되지 않으며, 반대의 경우도 마찬가지다. 평균구조가 포화식별 상태이면 자유모수(상수의 직접효과)의 수가 측정변수 평균의 수와 동일함을 의미한다. 그러므로 이때는 모형을 통해 예측된 평균(상수의 총효과)이 측정변수의 평균과 정확히 일치하고, 공분산구조만을 포함하는 모형의 적합도는 공분산구조와 평균구조를 모두 포함하는 모형의 적합도와 일치하게 된다.

예를 들어, [그림 15-1]에 제시된 경로모형의 평균구조는 X의 평균($\triangle \longrightarrow X$)과 X에 대한 Y의 회귀식에서의 Y절편($\triangle \longrightarrow Y$)에 해당하는 두 개의 자유모수를 가진다. 이 모형에서 관찰평균 역시 두 개이므로(M_X, M_Y), 평균구조는 포화식별된다. 이 모형에서 X에 대한 상수의 총효과는 11.000이고, Y에 대한 총효과는 25.000임을 앞 절에서 증명한 바 있다. 이와 같이 산출한 예측평균은 관찰평균과 동일하다(〈표 15-1〉). 그러나 평균구조가 초과식별 상태인 경우에는 예측된 평균이 관찰평균과 다를 수 있다. 이 경우, 관찰된 평균과 예측된 평균의 차이인 **평균잔차**가 0이 아닌 값으로 산출될 수 있다. **표준화된 평균잔차**는 평균잔차를 표준오차로 나눈 값이며, 사례수가 충분한 경우, z 검정 통계량에 해당한다.

🫖 평균구조의 모수추정

공분산구조만 포함하는 모형을 분석하는 데 사용되는 대부분의 모수추정 방법은 공분산구조와 평균구조를 둘 다 포함하는 모형에도 적용될 수 있다. 그러나 CFI와 같은 증분적합도지수의 경우 평균구조를 포함하는 모형에서는 계산되지 않거나, 모형의 공분산구조에 대해서만 계산된다. 증분 적합도지수를 계산하려면 독립모형과 비교해야 하는데, 평균구조를 포함하는 모형에서는 독립모형을 정의하기가 어렵다. 공분산구조와 평균구조를 모두 0으로 고정하는 독립모형은 매우 비현실적이기 때문이다. 분석하고자 하는 변수가 반복측정 변수가 아닌 경우에는 대안적으로 평균이 관찰된 표본값과 같다고 설정하는 것이 가능하다. 반복측정 변수에 대한 분석에서는 시점의 변화에 관계 없이 평균이 같다고 가정해야 한다. 즉, 같은 변수의 평균값은 처음 측정할 때의 값과 같다고 가정하는 것이다(Kenny, 2014a). 연구자는 자신이 사용하는 SEM 프로그램에서 평균을 분석할 때 독립모형을 어떻게 정의하는지를 확인해야 한다.

잠재성장모형

잠재성장모형(latent growth model: LGM)은 **잠재곡선모형**(latent curve model)으로 지칭되기도 하며, SEM이나 HLM 등과 같은 통계 기법을 이용해 분석할 수 있는 종단모형의 일종이다(Garson, 2013). LGM은 단일표본으로 평균구조를 분석하는 구조방정식모형 중 가장 일반적인 유형이라고 할 수 있다. 이 장에서 다루고 있는 잠재성장모형은 과거에 여러 연구자가 평균구조를 포함하는 SR 모형으로 소개한 바 있으며(Bollen & Curran, 2006; Preacher, Wichman, MacCallum, & Briggs, 2008), 대부분의 SEM 소프트웨어를 사용하여 분석할 수 있다.

SEM으로 LGM을 분석하기 위해서는 분석데이터가 측정 시점마다 동일한 단위로 측정되어야 하며, 각 측정시점에서 동일한 구인을 측정한 것이어야 한다. 또한 일반적으로 분석데이터가 **시간구조**를 가져야 하는데, 이는 각 시점별로 모든 사례가 동시에 측정되어야 함을 의미한다. 단, 측정간격이 일정할 필요는 없다. 예를 들어, 모든 유아에 대해 생후 3, 6, 12, 24개월에 조사하였다면 분석 가능하지만, 어떤 유아는 생후 3, 6, 12, 24개월의 시점에 관찰하고, 다른 유아는 생후 4, 10, 15, 30개월에 관찰했다면, 이 두 데이터는 함께 분석하지 못한다. 반면, HLM은 시간구조 데이터에 대한 제약이 없다.[2] HLM의 또 다른 장점은 결측값이 존재하거나 각 시점별로 사례수가 다른 불균형 데이터를 다루는 데 있어서도 SEM에 비해 더 유연하다는 것이다. SEM 분석은 전체 적합도 통계량(global fit statistics)을

---

2) Ωnyx나 Mplus 등의 일부 SEM 소프트웨어는 잠재성장모형 분석에서 시간구조에 대한 제약 없이 분석 가능하다.

사용할 수 있고, 다중성장곡선을 동시에 분석할 수 있으며, 측정변수 외에도 잠재변수를 분석할 수 있다는 상대적인 강점이 있다.

LGM 분석에서는 일반적으로 원자료가 없어도 된다. 내생변수가 모두 연속변수인 경우 공분산과 평균으로 구성된 요약행렬을 분석하기 때문이다. Willett과 Sayer(1994)는 각 사례에 대한 실제 성장기록을 살펴보는 것이 시간에 따른 곡선적 변화를 모형에 포함시킬지 여부를 결정하는 데 도움이 된다고 하였다. 곡선변화는 특정시점에 따라 변화속도가 달라지는 반면, 단순 선형성장은 모든 시점에서 동일하다. 원자료 파일을 분석하는 경우, 모든 개별사례에 대한 예측 성장곡선을 산출할 수 있다.

Bauer(2003)와 Curran(2003)에 언급된 것처럼, 잠재성장모형은 반복측정된 점수들이 개인에 내재된 2수준 다층모형의 한 형태다. 동일한 사례로부터 얻은 점수는 독립적이지 않기 때문에 독립성의 부재를 고려하여 분석을 실시해야 한다. HLM과 SEM에서 LGM 분석에 접근하는 방식은 상이하지만, 모수추정 결과는 동일하게 산출된다. 이를 HLM과 SEM의 동형성(isomorphism)이라고 한다(Curran, 2003).

🍥 실제 분석 사례

이 절에서는 전산화된 항공교통관제 업무 데이터를 분석한 Browne과 Du Toit(1991)의 연구를 소개하고자 한다. 이 연구는 Kanfer와 Ackerman(1989)에 의해 137명의 조종사를 대상으로 실시되었으며, 분석에 사용한 점수는 6번의 착륙 시도 중 성공적인 착륙 횟수다. 표본크기가 작아서 분석에 기술적인 문제가 나타날 수 있기 때문에, 보다 현실적인 표본크기($N=250$)로 입력하여 분석하였다. 이 때문에 표준오차나 일부 적합도 통계량에는 차이가 발생하였지만, 기본적인 모수추정치에는 차이가 없다.

6회에 걸친 착륙 시도 결과에 대한 요약표는 〈표 15-3〉에 제시하였다. 첫 번째 시도의 평균은 11.77이고, 여섯 번째 시도의 평균은 34.20으로 증가하였다. 표준편차는 첫 시도와 여섯 번째 시도로 가면서 7.60에서 9.62로 증가하였는데, 이는 착륙 시도가 반복될수록 조종사 간 점수 차이가 커짐을 의미한다. 인접한 착륙 시도간의 상관은 인접하지 않는 시도와의 상관보다 대체로 높았는데, 이는 학습 관련 데이터에서 흔히 볼 수 있는 특징이다. 표에서 능력 변수는 일반 인지 적성검사 점수를 의미하며, 점수가 높을수록 능력이 우수함을 나타낸다. 이 변수는 초기 수행과 시점에 따른 수행의 변화에 대한 예측변수로 활용된다. 각 착륙시도 시점에서의 평균점수는 [그림 15-2]에서 볼 수 있듯이 선형적 경향과 곡

〈표 15-3〉 항공교통관제 업무 수행에 대한 잠재성장모형 분석데이터

변수	착륙 시도						능력
	1	2	3	4	5	6	
횟수							
1	1.00						
2	.77	1.00					
3	.59	.81	1.00				
4	.50	.72	.89	1.00			
5	.48	.69	.84	.91	1.00		
6	.46	.68	.80	.88	.93	1.00	
능력	.50	.46	.36	.26	.28	.28	1.00
M	11.77	21.39	27.50	31.02	32.58	34.20	.70
SD	7.60	8.44	8.95	9.21	9.49	9.62	5.62

주. 데이터 출처는 Browne과 Du Toit(1991)이며, $N=250$임.

선적 경향을 모두 나타낸다. 곡선적인 경향은 부적 이차곡선의 형태를 띠고 있어, 착륙 시도가 반복될수록 성공 빈도의 증가세가 감소함을 알 수 있다.

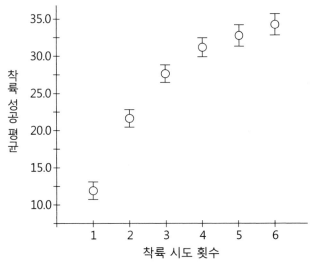

[그림 15-2] 착륙 시도 데이터의 평균과 95% 신뢰구간

변화의 모형화

잠재성장모형 분석은 보통 2단계로 실시된다. 1단계에서는 반복 측정변수만 포함한 기본 변화모형을 분석한다. 이 모형에 대한 분석결과로 반복 측정변수들의 공분산과 평균을 설명한다. 이때 변화모형이 수용 가능하다고 판단되면, 2단계에서 시간에 따른 변화를 설명하는 예측변수를 모형에 추가하게 된다. 예를 들어, 일반 인지적성이 항공교통 관제 업무의 초기수행이나 시간에 따른 개선 비율을 예측한다고 가정하여 이를 모형에 투입하는 것이다. 이처럼 단계를 구분하여 분석하면, 1단계 분석 없이 바로 2단계 분석을 수행하는 것에 비해 모형설정 오류를 쉽게 찾아낼 수 있다.

[그림 15-3]은 항공교통 관제 업무에 대한 기본 변화모형으로, 다음의 네 가지 특징을 가진다.

1. 이 모형은 Meredith와 Tisak(1990)의 연구와 Kaplan(2009)의 연구에서 **비선형 곡선 적합**(nonlinear curve fitting)으로 지칭한 잠재성장모형이다. 이 모형에는 두 개의 잠재성장요인이 있으며, 그림에 초기수준(Initial Status)과 변화(Change)로 나타내었다. 두 요인의 측정변수는 학습 과제에 대한 6회의 반복측정 결과로, 각 측정변수는 측정오차를 가지는 내생변수로 설정된다. 이는 잠재성장요인의 추정치가 측정변수에서 설명되지 않는 변산을 통제한 값이라는 것을 의미한다.

2. 초기수준 요인은 잠재변수 회귀방정식의 절편과 유사하며, 이 요인의 비표준화 형태계수는 모두 1.0으로 고정된다([그림 15-3] 참조). 변화 요인의 두 형태계수는 측정 시기에 대응되도록 상수로 고정하는데, 여기서는 1차 시도에 0을, 2차 시도에 1.0을 부여한다. 1차 시도에 대한 형태계수를 0으로 고정한 것은 1차 시도를 기준점으로 설정했다는 의미로, 초기수준 요인은 첫 번째 측정치를 기준으로 정의될 것이다.[3] 모형이 식별되도록 하기 위해서는 변화 요인에 척도를 부여해야 하며, 여기서는 두 번째 측정변수의 계수를 1.0으로 고정한다.

---

3) 첫 번째 측정변수가 아닌 다른 변수로도 기준점을 정하는 것이 가능하다. 예를 들어, 1차 시도에 대한 계수를 −1로, 2차 시도에 대한 계수를 0으로 고정하면, 초기 수준을 두 번째 측정치로 설정하게 된다. 기준점을 어디에 두느냐에 따라 요인분산과 공분산에 차이가 있을 수 있으며, 추가적인 사항은 Willett과 Sayer(1994)에서 찾을 수 있다.

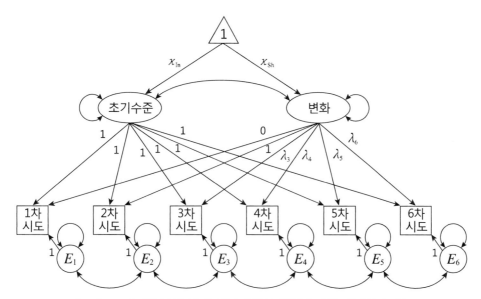

[그림 15-3] 항공교통 관제 업무 수행의 변화에 대한 잠재성장모형

주. κ는 외생 잠재성장요인, λ는 변화 요인의 형태계수.

3. [그림 15-3]에서 3차 시도부터 6차 시도에 대한 변화 요인의 형태계수는 자유모수로 설정하였다($\lambda_3 \sim \lambda_6$). 이렇게 하면 분석에 사용한 데이터에 가장 적합한 선형 또는 비선형의 변화 패턴이 나오도록 자유모수를 추정하게 된다. 각 자유모수는 1차 시도와 2차 시도에 대해 고정된 값을 기준으로 상대적으로 추정되며, 추정된 값에 따라 변화의 모양이 결정된다. 예를 들어, 변화 요인에 대한 형태계수의 상대적인 증가율이 일정하면 직선적 변화, 일정하지 않으면 곡선적 변화가 된다.

4. 초기수준 요인과 변화 요인 간의 공분산은 초기의 수행이 추후의 변화를 예측하는 정도를 나타낸다. 공분산이 양수라는 것은, 첫 시도의 수행이 좋을수록 이후 시도에서의 향상도가 높음을 의미한다. 즉, 처음에 수행을 잘 할수록 향상 속도가 빠르다는 것이다. 공분산이 음수이면 반대로 해석할 수 있는데, 초깃값이 낮을수록 성장 속도가 빠름을 나타낸다. 공분산이 0에 가까우면 초기의 수행수준과 이후의 향상도가 관계가 없다는 것을 의미한다.

5. [그림 15-3]에서 상수는 초기수준 요인과 변화 요인에 직접효과를 가진다. 초기수준 요인과 변화 요인의 평균을 자유모수로 설정하여 각각 κ_{In}와 κ_{Sh}로 나타내었다. LISREL의 표기법에서 문자 κ는 외생요인의 평균을 나타낸다. 초기수준 요인의 평균 κ_{In}는 1차 시도에서 오차분산을 통제한 초기 수준의 평균이다. 반면, 초기수준 요인의 분산은 초기수준 평균을 중심으로 하는 개인차를 나타낸다. 변화 요인의 평균인

κ_{Sh}는 1차 시도와 2차 시도 사이의 평균적인 변화율을 나타내며, 설명되지 않는 분산을 조정한 값이다. 변화 요인의 분산은 측정시점이 달라짐에 따른 변화율의 개인차를 의미한다.

6. 측정변수들의 평균은 내생변수로서 모형에서 추정하고자 하는 모수가 아니다. 각 시점별 측정변수의 평균에 대한 상수항의 비표준화 총효과는 측정변수에 대한 예측평균이다. 모형에서 예측평균을 어떻게 산출하는지 살펴보기 위해 [그림 15-3]에 추적규칙을 적용하면 예측평균은 요인평균과 형태계수에 의해 결정된다는 것을 알 수 있다. 예를 들어, 상수항은 1차 시도에 다음과 같이 2개의 간접효과를 가진다.

$$\triangle \longrightarrow \text{초기수준} \longrightarrow \text{1차 시도} = \kappa_{In} \times 1.0 = \kappa_{In}$$
$$\triangle \longrightarrow \text{변화} \longrightarrow \text{1차 시도} = \kappa_{Sh} \times 0 = 0$$

1차 시도에 대한 상수항의 총효과는 위의 두 간접효과의 합, 즉 κ_{In}이므로, 1차 시도의 예측평균은 초기수준 요인의 평균과 동일한 의미를 가진다. 2차 시도의 예측평균은 두 잠재성장요인을 통한 상수항의 두 간접효과의 합, 즉 $\kappa_{In} + \kappa_{Sh}$이다. 여기서 κ_{Sh}은 2차 시도의 평균이 1차 시도에 비하여 얼마나 향상되었는지를 의미한다.

$$\triangle \longrightarrow \text{초기수준} \longrightarrow \text{2차 시도} = \kappa_{In} \times 1.0 = \kappa_{In}$$
$$\triangle \longrightarrow \text{변화} \longrightarrow \text{2차 시도} = \kappa_{Sh} \times 1.0 = \kappa_{Sh}$$

[그림 15-3]에 추적규칙을 다시 적용하면, 3차 시도에 대한 상수항의 총효과는 다음에 제시한 간접효과들의 합이다.

$$\triangle \longrightarrow \text{초기수준} \longrightarrow \text{3차 시도} = \kappa_{In} \times 1.0 = \kappa_{In}$$
$$\triangle \longrightarrow \text{변화} \longrightarrow \text{3차 시도} = \kappa_{Sh} \times \lambda_3$$

따라서 3차 시도의 예측평균은 $\kappa_{In} + \lambda_3(\kappa_{Sh})$이다. 이 식에서 형태계수 λ_3는 처음 두 시도 간의 향상 정도에 비하여 세 번째 시도에서 평균적으로 어느 정도 향상했는지를 상대적으로 나타내는 값이며, 3차 시도의 예측평균을 산출하기 위해서는 초기평균에 이 형태계수만큼을 더하면 된다. 예를 들어, λ_3이 1.50이면, 3차 시도의 평균은 처음 두 시도 간의 향상 정도에 1.5배를 한 뒤 이를 초기평균에 더하면 된다. 연습문제 1에서 4차 시도의 평균을 예측하는 식을 만들고 이를 해석해 보길 바란다.

7. [그림 15-3]을 보면 인접한 시점 사이의 오차항이 서로 관련성을 가지는 것으로 가정하고 있다. 오차 간에 공분산을 설정하지 않거나 $E_1 \frown E_3$처럼 인접하지 않은 오차간에 공분산을 설정하는 것도 가능하다. 측정오차를 명시적으로 모형화할 수 있다는 점은 전통적인 통계기법에 비해서 SEM이 가지는 장점이다. 예를 들어, 반복측정 ANOVA는 오차분산이 동일하고 독립적이라는 점을 가정하지만 이는 [그림 15-3]의 데이터에는 적합하지 않은 가정이다.[4] MANOVA의 경우는 오차 간 상관을 가정하므로 오차분산에 대한 가정은 제약이 상대적으로 덜하지만, ANOVA와 MANOVA 모두 성장 곡선상의 개별 사례간 차이를 오차분산이라고 간주한다. 반면, SEM에서 LGM분석의 목적은 성장곡선상의 개별 사례의 차이를 명확하게 추정하는 데 있다.

[그림 15-3]의 모형에는 20개의 자유모수가 있다. 이는 (1) 2개의 요인 평균(초기수준과 변화 요인), (2) 8개의 분산(2개 요인과 6개 측정오차), (3) 6개 공분산(요인간 공분산 1개와 인접 시점의 측정오차 간의 공분산 5개), 그리고 (4) 4개의 형태계수(변화 요인의 3~6차)를 포함한다. 측정변수가 6개이기 때문에, 모형을 추정하는 데 사용할 수 있는 관측 정보의 수는 6(9)/2=27이 되므로(6개의 분산, 15개의 공분산, 6개 평균), 모형은 식별 가능하며 자유도(df_M)는 7이다. 여기서는 Amos의 ML 추정법(Amos Development Corporation, 1983-2013)을 사용하여 [그림 15-3]의 변화모형을 〈표 15-3〉의 데이터에 적용하였다. Amos 프로그램은 분산을 계산할 때 분모에 $N-1$이 아닌 N으로 계산한다. Amos 분석의 입력파일과 출력파일은 이 책의 홈페이지에서 내려받을 수 있다. 이 밖에 EQS와 lavaan, LISREL, Mplus, Stata를 활용하여 동일한 분석을 수행할 수 있는 컴퓨터 파일 역시 탑재되어 있다.

[그림 15-3]의 모형을 분석한 결과, 수용 가능한 해가 산출되었다. 주요 적합도지수는 〈표 15-1〉의 첫째 행에 제시하였다. 참고로, Amos 프로그램은 SRMR을 산출하지 않는다. 완전적합 가정은 .05 수준에서 기각되었고($\chi^2_M(7)=16.991$, $p=.017$), RMSEA의 90% 신뢰구간 상한값은 .122로, 이 모형의 적합도는 그다지 좋지 않았다. Bentler CFI 값은 .995로, 특별한 문제는 없었다.[5] 부분적합도 검증 결과는 보다 명확하다. 표준화잔차나 표준화 평균잔차는 모두 통계적으로 유의미하지 않았고, 상관잔차의 절댓값은 모두 .10을 넘지 않았으며, 예측평균은 관찰평균과 비슷하였다. 이러한 결과를 토대로 [그림 15-3]의

---

4) 이러한 데이터는 모든 차이점수의 분산이 모집단에서 동일하다고 가정하는 구형성 가정을 위배할 가능성이 높다.

5) Amos에서 독립모형(independence model)은 측정변수 간의 상관이 없고, 평균과 분산에 제약이 없는 것을 가정한다.

〈표 15-4〉 항공교통 관제 업무 수행에 대한 잠재성장모형의 주요 적합도지수

모형	χ^2_M	df_M	p	χ^2_D	df_D	p	RMSEA (90% CI)	CFI
변화모형	16.991	7	.017	–	–	–	.076 (.030−.122)	.995
오차독립성을 가정한 변화모형	105.824	12	<.001	88.833	5	<.001	.177 (.147−.209)	.949
예측모형	27.333	11	.004	–	–	–	.077 (.041−.114)	.991

주. CI는 신뢰구간이며, 위는 Amos 프로그램 분석결과임.

변화모형은 채택되었다. 〈표 15-4〉의 두 번째 행에는 오차분산의 상관이 0으로 고정된 변화모형의 주요 적합도지수가 제시되어 있다. 제약모형의 적합도지수가 좋지 않기 때문에, 본 데이터의 오차 독립성에 대한 가설은 기각되었다.

[그림 15-3]의 변화모형에 대한 자유모수 추정치는 〈표 15-5〉에 제시되어 있다. 잠재성장요인에 대한 상수항의 비표준화 직접효과는 각 요인에 대한 추정된 평균이다. 초기수준 요인의 추정 평균은 11.763으로 1차 시도의 관찰평균(11.77, 〈표 15-3〉 참조)과 비슷하다. 두 개의 평균값이 정확하게 같지는 않은데, 하나는 측정변수이고, 다른 하나는 잠재변수이기 때문이다. 변화 요인의 추정평균은 9.597이며, 1차 시도에서 2차 시도 간의 평균적인 증가는 약 9.60점이다. 잠재성장모형 분석에서 각 성장요인의 분산에 대한 통계적 유의성이 연구의 관심이 되기도 한다. 예를 들어, 초기수준 요인과 변화 요인의 추정 분산은 각각 50.430과 12.929이며, 둘 다 .01 수준에서 통계적으로 유의미하다(〈표 15-5〉 참조). 이는 연구대상 참여자들이 초기수행 및 변화율에 있어서 개인차를 가짐을 보여 준다.

잠재성장요인 간에 추정된 공분산은 −7.221이다. 표준오차가 3.705(〈표 15.5〉)인 것을 고려할 때, 이 공분산은 .05 수준에서의 통계적 유의성을 가지기에 약간 부족하다(z = 1.95, p =.051). 요인간 상관은 −.283이다. 이는 1차 시도에서 수행수준이 높을수록 이후의 변화 속도가 낮을 것으로 예상됨을 의미한다. 즉, 1차 시도에서 높은 수행수준을 보인 참여자들은 이후에 향상되는 정도가 낮으며, 초기 수행수준이 낮은 참여자들의 향상도는 높다는 것이다. 1차 시도~6차 시도의 분산과 공분산도 표에 제시되어 있다. 변화모형은 측정변수 분산의 많은 부분을 설명하고 있다. R^2 값은 2차 시도에서 .699로 가장 낮고 5차 시도에서 .905로 가장 높았다. 오차상관은 .057~.434로 산출되었으며, 반복측정 데이터에서 흔히 볼 수 있듯이 모두 양수다.

〈표 15-5〉에는 변화 요인의 측정변수에 대해 자유모수로 추정된 형태계수(3차 시도~6차

〈표 15-5〉 항공교통 관제 업무 수행에 대한 잠재성장모형의 최대우도 모수추정치

모수	비표준화	SE	표준화
평균구조			
잠재성장요인 평균			
⚠ ⟶ 초기수준	11.763	.482	0
⚠ ⟶ 변화	9.597	.346	0
공분산구조			
형태계수			
변화 ⟶ 1차 시도	0	−	0
변화 ⟶ 2차 시도	1.000	−	.430
변화 ⟶ 3차 시도	1.639	.042	.672
변화 ⟶ 4차 시도	2.015	.057	.798
변화 ⟶ 5차 시도	2.171	.061	.830
변화 ⟶ 6차 시도	2.323	.066	.840
분산과 공분산			
잠재성장요인			
초기수준	50.430	8.276	1.000
변화	12.929	2.175	1.000
초기수준 ⌣ 변화	−7.221	3.705	−.283
오차항			
1차 시도	7.484	6.881	.129
2차 시도	21.096	2.825	.301
3차 시도	15.359	1.823	.200
4차 시도	8.553	1.707	.104
5차 시도	8.439	2.137	.095
6차 시도	12.260	2.337	.124
$E_1 \smile E_2$	5.457	3.504	.434
$E_2 \smile E_3$	6.259	1.185	.348
$E_3 \smile E_4$	3.939	1.282	.344
$E_4 \smile E_5$	.488	.906	.057
$E_5 \smile E_6$	3.881	1.899	.382

주. 초기수준 요인에 대한 비표준화 형태계수 추정치는 모두 1로 고정하였음. 오차항의 표준화 추정치는 설명되지 않은 분산의 비율로서, 각 시점의 예측된 분산 대비 오차분산의 비율로 계산됨. 모든 결과는 Amos로 계산되었음.

시도)도 제시되어 있다. 3차 시도의 비표준화 계수는 1.639로, 3차 시도의 평균점수는 1차 시도와 2차 시도 사이의 향상도에 1.639를 곱한 값을 초기수준 요인의 평균에 더하여 추정된 값이다. 4차 시도의 비표준화 형태계수는 2.015이며, 비슷한 방식으로 해석하면 된다. 연습문제 2는 〈표 15-5〉의 정보를 이용하여 5차 시도와 6차 시도의 변화 요인으로 제시된 비표준화 형태계수를 해석하는 것이다.

다음은 변화 요인에 대한 1차 시도~6차 시도의 비표준화 형태계수다([그림 15-3]과 〈표 15-5〉 참조).

$$0 \quad 1.0 \quad 1.639 \quad 2.015 \quad 2.171 \quad 2.323$$

이 계수들은 [그림 15-4]의 Y축에 각각 표시하였다. 곡선의 형태를 띠는 비표준화 형태계수는 [그림 15-2]에 제시한 각 시점별 평균에 대응된다. 두 곡선 모두 정적인 선형 추세와 부적인 곡선 추세를 보이므로, 연구자가 설정한 변화모형이 데이터에 잘 부합함을 알 수 있다.

1차 시도와 2차 시도의 관찰평균은 각각 11.77과 21.39다(〈표 15-3〉). 〈표 15-5〉의 결과를 이용하여 상수의 총효과로 계산한 예측평균은 다음과 같다.

$$1차\ 시도에\ 대한\ \triangle의\ 총효과 = \triangle \longrightarrow 초기수준 \longrightarrow 1차\ 시도\ +$$
$$\triangle \longrightarrow 변화 \longrightarrow 1차\ 시도$$
$$= 11.763\ (1.0) + 9.597\ (0) = 11.763$$
$$2차\ 시도에\ 대한\ \triangle의\ 총효과 = \triangle \longrightarrow 초기수준 \longrightarrow 2차\ 시도\ +$$
$$\triangle \longrightarrow 변화 \longrightarrow 2차\ 시도$$
$$= 11.763\ (1.0) + 9.597\ (1.0) = 21.360$$

앞에서 계산한 예측평균은 관찰평균과 비슷한 값을 가진다. 3차 시도의 경우 $\hat{\lambda}_3 = 1.639$이므로, 평균은 다음과 같이 계산할 수 있으며, 계산 결과 관찰 평균값인 27.50과 비슷하게 산출된다(〈표 15-3〉).

$$3차\ 시도에\ 대한\ \triangle의\ 총효과 = \triangle \longrightarrow 초기수준 \longrightarrow 3차\ 시도\ +$$
$$\triangle \longrightarrow 변화 \longrightarrow 3차\ 시도$$
$$= 11.763\ (1.0) + 9.597\ (1.639) = 27.492$$

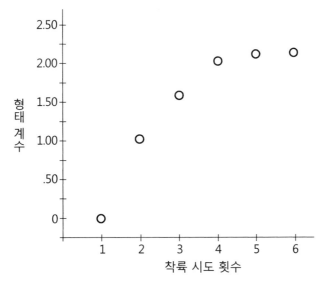

[그림 15-4] 변화 요인의 측정변수에 대한 비표준화 형태계수

주. 1차 시도와 2차 시도의 계수는 각각 0과 1.0으로 고정하였고, 3차 시도에서 6차 시도의 계수는 자유모수로 추정함.

　　연습문제 3은 4차 시도~6차 시도의 예측평균을 계산하는 문제다. 이러한 연습을 통해 변화모형이 관찰평균과 비슷한 값을 추정한다는 것을 알 수 있을 것이다.

변화에 대한 예측모형

　　예측모형에서는 [그림 15-5]와 같이 앞에서 설정한 변화모형에 잠재성장요인에 대한 예측변수를 추가한다. 예측모형에서는 초기수준 요인과 변화 요인이 내생변수가 되기 때문에 설명오차를 가지며, 설명오차 간 공분산은 능력 변수를 통제한 후의 설명오차 간 연관성을 나타낸다. 능력이 각 요인에 미치는 직접효과에 대한 비표준화계수는 γ_{In}과 γ_{Sh}로 표기되었다. 능력 변수는 외생변수이므로 상수에 대한 직접효과는 평균값이며, 잠재변수는 아니지만 그림에 κ_{Ab}로 표현하였다.[6]

　　예측모형에서 잠재성장요인에 대한 상수의 직접효과는 평균이 아니라 능력에 대한 회귀식의 절편이다. [그림 15-5]에서 절편은 α_{In}과 α_{Sh}로 표기되었다. 잠재성장요인의 평균은 여전히 상수의 총효과이며, 예측모형에서는 다음과 같이 표현된다.

---

6) 평균구조에서는 예측변수가 반드시 포함되지 않아도 된다. 그러나 여기에서는 예측변수의 평균이 [그림 15-5]의 모형을 분석하기 위한 입력 데이터의 일부이기 때문에 예측변수를 포함하였다.

$$\text{초기수준에 대한 } \triangle \text{의 총효과} = \triangle \longrightarrow \text{능력} \longrightarrow \text{초기수준} + \qquad (15.1)$$

$$\triangle \longrightarrow \text{초기수준}$$

$$= \kappa_{Ab}\,(\gamma_{In}) + \alpha_{In}$$

$$\text{초기수준에 대한 } \triangle \text{의 총효과} = \triangle \longrightarrow \text{능력} \longrightarrow \text{변화} +$$

$$\triangle \longrightarrow \text{변화}$$

$$= \kappa_{Ab}\,(\gamma_{Sh}) + \alpha_{Sh}$$

연습문제 4는 방금 기술한 초기수준 요인에 대한 식을 해석하는 문제이다. [그림 15-5]의 예측모형에서 측정 영역은 [그림 15-3]의 변화모형과 마찬가지로 인접한 시도 간의 오차 공분산을 포함하였고, 3차 시도에서 6차 시도의 형태계수를 자유모수로 포함하였다.

[그림 15-5]의 예측모형에서 측정변수는 총 7개이므로, 전체 7(10)/2=35의 정보를 사용할 수 있으며, 추정해야 할 자유모수는 (1) 상수의 직접효과 3개(능력의 평균, 두 잠재성장요인의 절편), (2) 9개의 분산(능력, 두 요인의 설명오차, 6개의 오차 항), (3) 6개의 공분산(1개 설명오차 공분산과 5개 오차공분산), (4) 능력이 2개의 잠재성장요인에 미치는 직접효과, (5) 4개의 형태계수(3차 시도~6차 시도)를 포함하여 총 24개로, 모형의 자유도는 $df_M = 11$이 된다.

[그림 15-5]의 예측모형을 〈표 15-3〉의 데이터에 적용하여 Amos로 분석한 결과는 수용 가능한 해로 수렴하였다. 주요 적합도지수는 〈표 15-4〉에 제시하였다. 예측모형에

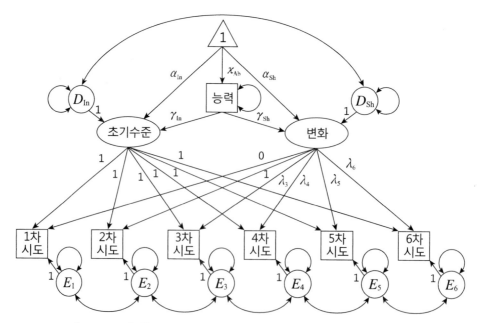

[그림 15-5] 항공교통 관제 업무 수행의 변화를 예측하는 잠재성장모형

대한 카이제곱 검정은 기각되었고(χ_M^2(11)=27.333, p=.004), RMSEA에 대한 90% 신뢰구간의 상한선은 .114로서 .10을 초과하였다. 그러나 모든 상관잔차의 절댓값이 .10보다 작고, 예측평균이 관찰평균과 유사하게 나타나는 등 지역적합도 모형은 양호한 것으로 보이므로, [그림 15-5]의 예측모형은 그대로 유지되었다.

〈표 15-6〉은 [그림 15-5]의 예측모형의 평균구조와 공분산구조의 구조모형에 대한 ML 모수추정치를 제시한 것이다. 예측모형의 측정 영역에 대한 형태계수와 오차분산, 공분산 추정치는 변화모형에서의 추정치(〈표 15-5〉)와 비슷하게 산출되었다. 능력에 대한 상수의 비표준화 직접효과는 그 변수의 관찰평균값인 .70과 동일하다(〈표 15-3〉 참조). 잠재성장요인에 대한 상수의 비표준화 직접효과는 절편이다(초기수준에 대한 절편은 11.287이고 변화 요인에 대한 절편은 9.608). 잠재성장요인의 평균은 상수의 직접효과로 추정할 수 있으며, 〈표 15-6〉의 결과를 통하여 추정한 평균은 다음과 같다.

$$\text{초기수준에 대한 } \triangle \text{ 총효과} = .700 (.678) + 11.287 = 11.762$$
$$\text{변화에 대한 } \triangle \text{ 총효과} = .700 (-.096) + 9.608 = 9.541$$

이때 .678과 −.096은 초기수준 요인과 변화 요인에 대한 능력의 비표준화 직접효과다. 이렇게 예측된 평균값들은 변화모형(〈표 15-5〉)에서 추정된 값과 비슷하며, 같은 방식으로 해석될 수 있다.

두 잠재성장요인에 대한 능력의 비표준화 직접효과(.678과 −.096)는 유의수준 .05에서 통계적으로 유의미하다. 표준화 계수는 더 많은 정보를 제공한다. 능력이 1SD 증가할 때, 초기수준 요인의 수준은 .541SD 증가할 것으로 예측되므로(〈표 15-6〉), 일반적인 능력이 높으면 1차 시도에서 수행이 높을 것으로 예측된다. 능력은 초기수준 요인에 대한 전체 분산의 29.3%를 설명한다(R^2=1−.707=.293). 그러나 능력이 1SD 증가할 때, 변화 요인의 수준은 .153 SD 감소하는 것으로 예측된다. 이는 참여자의 능력이 높을수록 시도 횟수가 증가함에 따라 상대적으로 향상되는 정도가 낮으며, 능력이 낮은 경우 향상되는 정도가 높다는 것을 의미한다. 변화 요인의 분산에 대한 능력의 설명 비율은 약 2.3%이므로(R^2=1−.977=.023), 능력은 향상도보다 초기수준을 더 잘 예언한다고 할 수 있다. 설명오차상관의 추정치는 −.220이며, 이는 능력의 수준을 통제하면 초기 수행수준이 높을수록 이후의 향상도는 낮아진다는 것을 의미한다. 이러한 결과는 변화모형에서도 유사하게 나타났다(〈표 15-5〉).

[그림 15-5]에서 각 시도에 대한 상수의 비표준화 총효과는 각 시도의 예측평균에 해당한다. 각각의 총효과는 4개의 간접경로로 구성된다. 〈표 15-6〉에 제시된 값들을 이용하

〈표 15-6〉 항공교통 관제 업무 수행 변화에 대한 잠재성장모형의 예측모형 추정 결과

모수	비표준화	*SE*	표준화
	평균구조		
예측 평균			
$\triangle \longrightarrow$ 능력	.700	.355	0
잠재성장요인의 절편			
$\triangle \longrightarrow$ 초기수준	11.287	.421	0
$\triangle \longrightarrow$ 변화	9.608	.351	0
	공분산구조		
직접효과			
능력 $\longrightarrow$ 초기수준	.678	.074	.541
능력 $\longrightarrow$ 변화	-.096	.043	-.153
설명오차의 분산 및 공분산			
초기수준	34.841	6.904	.707
변화	12.145	1.996	.977
$D_{\text{In}} \smile D_{\text{Sh}}$	-4.526	3.209	-.220

주. 6차 시도에 걸친 변화 요인의 형태계수는 각각 0, 1.0, 1.647, 2.027, 2.185, 2.338임. 설명오차항의 표준화 추정치는 설명되지 않은 분산의 비율로서, 잠재성장요인의 예측된 분산 대비 설명오차분산의 비율로 계산됨. Amos로 계산되었으며, 표준화 해는 완전 표준화 해임.

여 3차 시도의 예측 평균을 계산하면 다음과 같다.

$$\hat{\kappa}_{\text{Ab}} = .700, \quad \hat{\alpha}_{\text{In}} = 11.287, \quad \hat{\alpha}_{\text{Sh}} = 9.608$$

$$\hat{\gamma}_{\text{In}} = .678, \quad \hat{\gamma}_{\text{Sh}} = -.096, \quad \hat{\lambda}_3 = 1.647$$

3차 시도에 대한 $\triangle$ 의 총효과= $\triangle \longrightarrow$ 초기수준 $\longrightarrow$ 3차 시도 +

$\triangle \longrightarrow$ 능력 $\longrightarrow$ 초기수준 $\longrightarrow$ 3차 시도 +

$\triangle \longrightarrow$ 변화 $\longrightarrow$ 3차 시도 +

$\triangle \longrightarrow$ 능력 $\longrightarrow$ 변화 $\longrightarrow$ 3차 시도

$= 11.287 (1.0) + .700 (.678) (1.0) +$

$9.608 (1.647) + .700 (-.096) (1.647)$

$= 27.475$

3차 시도의 관찰평균은 27.50으로, 예측평균과 비슷한 값이다. 연습문제 5는 예측모형의 1차 시도~2차 시도와 4차 시도~6차 시도의 예측평균을 계산하는 문제다. 대부분의 SEM 컴퓨터 패키지는 예측평균을 자동으로 산출한다.

다항성장모형과의 비교

[그림 15-6]에 제시된 모형은 6차례에 걸친 항공교통 관제 업무에 대한 다항변화모형이다.[7] [그림 15-3]의 변화모형이 곡선을 적합시켰던 것과 달리, [그림 15-6]에 제시된 변화모형에는 선형과 2차 잠재성장요인이 각각 존재한다. 그림에서 모든 비표준화 형태계수는 상수로 고정되었다. 선형 요인의 형태계수는 (0, 1, 2, 3, 4, 5)로 균등한 간격을 가지도록 하였고, 2차 요인에 대한 형태계수는 선형 요인에 대한 계수의 제곱인 (0, 1, 4, 9, 16, 25)로 고정하였다. 초기수준 요인에 대한 형태계수는 모두 1.0으로 고정하였다. 세 잠재성장요인 간에는 서로 관련성을 가지는 것으로 가정하였다.

[그림 15-6]에는 3개의 외생 잠재성장요인에 대한 상수의 직접효과가 설정되어 있다. 각 직접효과는 요인의 평균과 동일하며, 그림에 κ_{In}, κ_{Li}, κ_{Qu}로 표시되어 있다. κ_{In}는 선형모형과 동일하게 1차 시도의 평균 수행을 의미한다. κ_{Li} 값은 6차례 시도의 평균적인 선형 기울기이고 정적 경향인 경우 양수, 부적 경향인 경우 음수값을 가진다. 시점 간 선형변화로부터의 평균적인 이탈(즉, 곡선이 가속 또는 감속하는 경향)은 κ_{Qu}의 값으로 표시되고, 이 값이 양수이면 정적인 2차 경향, 음수이면 부적인 2차 경향을 나타낸다. 모형의 자유도가 충분하면 [그림 15-6]에 3차 요인을 추가함으로써 추가적인 곡선 경향을 설정할 수도 있다. 이때 3차 요인의 형태계수는 선형 요인의 형태계수를 세제곱하여 설정한다. 대부분의 데이터에서 3차보다 높은 차수의 곡선 경향을 추정하는 경우는 거의 없다.

[그림 15-6]의 다항변화모형이 가지는 장점은 모형의 적합도에 대해 위계적으로 검증할 수 있다는 것이다. 먼저 시간에 따른 변화가 없는 것으로 가정하여 초기수준 요인만 모형에 포함시키고, 다음은 초기수준 및 선형요인으로 모형화한 후, 마지막으로 세 가지 잠재성장요인 모두 모형에 포함하여 추정한다. 각 단계에서 잠재성장요인을 모형에 추가함에 따라 모형 적합도가 상당하게 향상되어야 한다. 그렇지 않으면, 잠재성장요인의 수

---

7) 변화에 대한 다항예측모형을 상세화하기 위해서 보통의 방식(능력이 모든 잠재성장요인에 회귀되는 방식)으로 능력 예측변수가 [그림 15-6]의 다항성장모형에 투입될 수도 있으나 이러한 추가적인 정교화 과정은 논의하지 않았다.

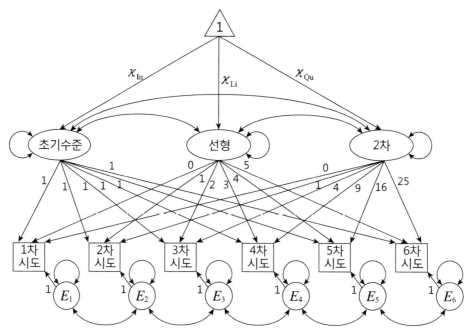

[그림 15-6] 선형 요인과 2차 요인으로 구성된 다항변화모형

가 더 적은 간결한 모형을 선택하는 것이 더 낫다. 단점은 비선형 곡선적합(nonlinear curve fitting)에 비하여 복잡성이 증가한다는 점이다. 비선형 곡선적합에서는 데이터의 선형 및 비선형 추세를 한꺼번에 변화 요인에 반영할 수 있다([그림 15-3] 참조). 또 다른 문제는 [그림 15-6]과 같은 다항모형을 식별하기 위해서 적어도 네 시점에서 측정된 데이터가 필요하다는 것이다. 비선형 곡선적합 모형은 세 시점 데이터만 있어도 된다.

〈표 15-3〉의 데이터에 [그림 15-6]의 다항 변화모형을 적용하여 분석하면, 세 잠재성장 요인인 초기수준, 선형 요인, 2차 요인의 분산-공분산행렬이 비양정치(non-positive definite)라는 경고 또는 오류 메시지를 나타낼 것이다. 아마도 [그림 15-6]의 비교적 복잡한 모형에 비하여 표본의 크기가 매우 작기 때문이거나($N=250$), 변수간 상관이 너무 높아서(예: 4차 시도와 5차 시도의 상관계수 $r=.91$, 〈표 15-3〉) 공선성으로 인해 보다 복잡한 다항성장 모형의 분석이 실패했을 가능성이 있다. 다항 요인들은 매우 높은 상관을 가질 수 있으며, 이 예시 데이터는 선형 요인과 2차 요인을 적절히 구분할 만큼 정교하지 않을 수 있다. 또 다른 어려움은 선형 기울기 요인을 넘어서는 다항 요인의 분산이 상대적으로 작기 때문에 곡선적 궤적에 대한 통계적 검정력이 제한될 수 있다는 것이다. 이 예시의 경우, 다항성장 모형에 비하여 간단하고 실용적인 비선형 곡선적합 모형([그림 15-3])이 대안이 될 수 있다.

잠재성장모형의 확장

단일표본에서 단변량 성장곡선모형의 기본 구조는 다양한 방법으로 확장될 수 있다. 예를 들어, [그림 15-5]의 능력 변수는 한 시점에 측정된 **시간불변 예측변수**(time-invariant predictor)이지만, 동일한 간격으로 측정된 반복측정 변수인 **시간의존 예측변수**(time-varying predictor)를 잠재성장요인의 측정변수로서 포함시킬 수도 있다. 또한 측정변수가 이분형 변수나 순서형 변수인 경우에도 잠재성장모형을 적용하는 것이 가능하다. 이 경우 이분형 변수나 순서형 변수에 대응되는 잠재반응변수를 설정하여 분석하며, 범주형 결과변수를 잠재반응변수와 연결시키는 모수로서 분계점(thresholds)이 모형에 포함된다(예: [그림 13-6]). 보다 자세한 내용은 Masyn, Petras, Liu(2014)를 참조하라.

[그림 15-5]에서 능력 변수는 오차가 없는 외생변수로 설정되었다. 오차분산에 대한 선험적 추정치가 있다면, 단일 측정변수의 측정오차를 통제할 수 있음을 앞에서 설명한 바 있다(예: [그림 10-7]). 같은 방법으로 반복측정 변수의 측정오차도 명시적으로 통제할 수 있다. 즉, 각 시점의 측정변수를 단일 측정변수로 가지는 잠재변수들을 대상으로 잠재성장모형을 설정하는 것이다. 예측변수의 측정오차를 통제하는 또 다른 방법은 잠재성장요인을 예측하기 위해서 설정된 외생요인에 여러 개의 측정변수를 사용하는 것이다. 즉, 성장모형의 예측변수를 모두 잠재변수로 설정하는 것이다. 또 다른 변형은 반복측정 변수들이 모두 잠재변수이고, 각각은 여러 측정변수로 측정된 모형을 분석하는 것이다. 잠재변수들의 시간에 따른 변화를 잠재성장요인으로 설명하기 때문에 이러한 모형을 **요인의 잠재곡선모형**(curve-of-factors model)이라고 한다(Park & Schutz, 2005).

[그림 15-6]과 같은 다항모형의 대안은 보다 긴 기간의 관찰 중에 특정한 시점이나 단계에서 비선형적 변화 시점을 찾아내는 **단계 잠재궤적모형**(piecewise latent trajectory model)이다. 이 모형에서는 각 단계별로 잠재성장요인을 가지며, 단계가 순차적인 경우 한 단계의 끝이 다음 단계의 시작이 된다. 이러한 접근은 매우 중요한 특정 시간 동안 일어나는 현상에 대한 연구나, 처치 후 증상의 감소가 명확한 치료 효과 연구 등에 특히 적합하다. 더 자세한 사항은 Flora(2008)를 참조하면 된다.

두 개의 영역에서 일어나는 변화에 대해 다변량 잠재성장모형을 설정하는 것도 가능하다. 이러한 영역들이 동일한 시점에 측정되는 경우, 이 모형은 **평행성장과정**(parallel growth process)이라고 한다(Kaplan, 2009). 예를 들어, George(2006)는 과학의 유용성에 관한 태도에 대한 종단 데이터를 분석하였다. 분석된 모형은 각 영역 내에서 설정된 잠재성장요인이 다른 영역의 잠재성장요인들과 관련이 있다고 설정한 **교차영역변화 모형**(cross-domain change model)이었다. 분석결과, 학생들의 과학 교과에 대한 흥미는 중·고등학교 기간 동안 꾸준히 감소하는 반면, 과학의 유용성에 대한 관점은 동일한 기간에 증가하였다. 과학에 대한 초기 흥미가 높을수록 과학의 유용성에 대해 긍정적인 태도를 가지는 것으로 예측되었다. 한 영역의 변화는 다른 영역의 변화와 정적 관계를 가졌으며, 각 영역의 초기수준은 다른 영역의 변화와 부적으로 연관이 있었다. 예를 들어, 과학의 유용성에 대해 보다 긍정적인 태도를 보인 7학년 학생일수록, 과학에 대한 흥미는 더 느린 폭으로 감소하였다.

　　잠재곡선의 요인모형(factor-of-curves model)은 일종의 평행성장과정 모형으로, 1차 잠재성장요인이 각 영역내의 궤적을 설명하고(예: 과학에 대한 관심, 과학의 유용성에 대한 태도), 1차 잠재성장요인 간의 관련성을 설명하기 위해 2차 잠재성장요인을 설정한다. 이러한 유형의 모형은 1차 잠재성장요인들 간에 상관을 부여한 모형에 비하여 더 간결하지만, 두 번 이상 반복 측정된 결과변수가 상이한 변화 패턴을 보일 때 모형설정이 어려울 수 있다(Park & Schutz, 2005). 더 자세한 사항은 Bishop, Geiser와 Cole(2015)을 참조하면 된다.

　　Bollen과 Curran(2004)은 잠재성장요인의 측정변수들이 시간에 따라 서로 직접효과와 간접효과를 가질 수 있도록 허용하는 **자기회귀 잠재궤적모형**[autoregressive latent trajectory (ALT) model]을 설명하였다. **자기회귀 구조**(autoregressive structure)는 한 변수의 이전 값이 동일한 변수의 미래 값을 예언하기 위해 사용되는 구조(예: 마르코프 연쇄)를 의미한다. 즉, 다음의 예시와 같이 이전 시점의 변수는 이후에 측정된 변수의 예측변수로 설정된다.

　　1차 시도 ⟶ 2차 시도 ⟶ 3차 시도 ⟶ 4차 시도 ⟶ 5차 시도 ⟶ 6차 시도

이 도식은 이전 시점에서의 수행이 현재 시점의 수행에 영향을 주는 자기회귀 지연모형의 예다. 이 모형에는 각 시점 간에 직접효과도 존재하지만, 매개변수인 2차 시도를 통하여 1차 시도가 3차 시도에 미치는 간접효과도 포함된다. 자기회귀 잠재궤적모형의 자기회귀 영역은 기본적으로 잠재성장요인에 의해 설명되지 않는 측정변수들 간의 직접효과를 통제한 마르코프 연쇄다.

　　자기회귀구조를 분석하는 다양한 통계적인 방법이 있다. 먼저, **자기회귀 통합 이동평균 모형**[autoregressive integrative moving average(ARIMA) model]은 계절적 추세나 다양한 종류의 상호작용 효과 등과 같은 패턴을 찾아내기 위해 시계열에서 시프트와 래그(shifts and lags)를 사용한다. 반면, 일반적인 성장모형은 측정변수들 간의 지연된 효과를 포함하지 않는다. 대신 측정변수들은 잠재성장요인들과 공통요인으로 인해 허위적 관계를 가진다

고 가정된다(예: [그림 15-5]). Bollen과 Curran(2004)은 이러한 가정이 경우에 따라 비현실적일 수 있다고 주장한다. ALT 모형의 기본 가정은 여러 개의 측정변수에 대한 패널 데이터 분석으로 확장될 수 있다. 단점은 ALT 모형의 자기회귀곡선과 잠재성장곡선 영역 모두 모형이 잘못 설정되지 않았다는 다소 강력한 가정에 근거하지만, 성장모형의 비선형성으로 인해 이러한 가정이 위배될 수 있다는 점이다(Voelkle, 2008). Little(2013, pp. 271-273)은 동일한 공분산 정보를 사용하여 자기회귀와 잠재성장곡선 부분을 동시에 추정하는 것이 하나의 모형으로 답할 수 없는 두 가지 질문을 동시에 해결하고자 하는 것이라고 설명하였다.

🥧 요약

　SEM에서 평균은 컴퓨터가 외생변수나 내생변수를 상수 1에 회귀하여 추정한다. 평균구조의 모수는 외생변수의 평균과 내생변수의 절편이다. 내생변수의 평균은 모형에서 추정하는 모수가 아니다. 그러나 상수의 총효과로 계산되는 내생변수의 예측평균을 관찰평균과 비교할 수는 있다. 모형이 식별되도록 하려면 평균구조의 모수의 수가 관찰평균의 수를 초과해서는 안 된다. 종단데이터의 잠재성장모형은 기본적으로 평균구조를 포함하는 SR 모형이다. 각 반복측정 변수는 적어도 두 개의 잠재성장요인에 대한 측정변수로 설정된다. 이러한 요인들 중의 하나는 초기수준을 나타내며, 모든 측정변수의 형태계수는 1로 고정된다. 비선형 곡선적합모형에서는 변화 요인 하나로 성장궤적을 추정한다. 다항모형은 선형 요인에서 시작하여 2차 요인과 같이 변화의 경향을 설명하는 요인들을 추가하여 설정한다. 잠재성장요인은 보통 서로 관련성을 가지는 것으로 가정한다. 다음 장은 다집단 분석과 CFA의 측정 동일성에 관한 주제를 다룬다.

🔲 심화학습

Bollen과 Curran(2006), Preacher 등(2008)은 잠재성장모형에 관한 훌륭한 참고문헌이다. Park과 Schutz(2005)는 운동과 스포츠 분야의 예시 데이터를 이용하여 잠재성장모형을 설명하고 있지만, 다른 학문 영역의 독자들에게도 의미 있는 예시들이다.

Bollen, K. A., & Curran, P. J. (2006). *Latent curve models: A structural equation perspective.* Hoboken, NJ: Wiley.

Park, I., & Schutz, R. W. (2005). An introduction to latent growth models: Analysis of repeated measures physical performance data. *Research Quarterly for Exercise and Sport, 76*, 176–192.

Preacher, K. J., Wichman, A. L., MacCallum, R. C., & Briggs, N. E. (2008). *Latent growth curve modeling.* Thousand Oaks, CA: Sage.

연습문제

1. [그림 15-3]에 추적규칙을 적용하고, 4차 시도의 예측평균에 대한 식을 해석하시오.

2. [그림 15-3]에 제시된 변화 요인의 측정변수로서 〈표 15-5〉의 5차 시도와 6차 시도의 비표준화 형태계수를 해석하시오.

3. 〈표 15-3〉과 〈표 15-3〉의 정보를 바탕으로 4~6차 시도의 예측평균을 계산하시오.

4. [그림 15-5]의 초기수준 요인에 대해 (식 15.1)을 해석하시오.

5. [그림 15-5]의 1~2차 시도 및 4~6차 시도의 예측평균을 계산하시오(〈표 15-6〉 참조).

다집단 분석과 측정동일성

이 장에서는 두 개 이상의 표본 데이터를 동시에 활용하는 다집단 SEM 분석에 대해 설명한다. 특정 모수가 모집단에 따라 동일한지 여부는 모수추정 시 집단 간 동일성 제약을 부과함으로써 검증한다. 동일성 제약을 부과한 모형의 적합도가 좋지 않으면, 이는 해당 모수에 대한 집단 간 차이의 증거라고 볼 수 있다. 다집단 CFA에서는 측정변수들이 서로 다른 집단에서 동일한 요인을 동일한 수준의 정교성을 가지고 측정하고 있는지를 검증한다. 이 장에서는 CFA의 측정동일성 검증에 관해 먼저 연속형 측정변수로 구성된 모형을 이용하여 설명하고, 다음으로 범주형 측정변수를 포함하는 모형의 동일성 검증에 대해 설명할 것이다.

다집단 SEM의 논리

다집단 SEM 분석에서 가장 중요한 질문은 관심 대상인 모형 모수가 표본 집단마다 다른지 여부다.[1] 이는 상호작용 효과로 표현되기도 하며, 피험자가 소속된 집단에 따라 모형에 설정된 관계가 달라지는지, 즉 조절되는지를 나타낸다. 상호작용 효과가 존재한다면, 각 표본마다 일부 모수에 대한 추정치를 따로 산출해야 전체 표본에 대해 수용할 만한 수준의 적합도를 얻을 수 있을 것이다.

상호작용 효과를 가장 간단하게 검증하는 방법은 동일한 모형을 각 표본에 개별적으로 적용하고 비표준화 해를 비교하는 것이다. 표본 간의 차이를 살펴보기 위해서는 표준화 추정치가 아닌 비표준화 추정치를 비교해야 한다. 따라서 원자료를 사용하거나 공분산행

---

1) 집단 간 모수추정치의 크기 차이가 별로 크지 않으면 다집단 분석을 통해 통계적 검증을 할 필요가 없다.

렬과 평균의 정보를 바탕으로 분석을 실시해야 한다. 어떤 모수에 대한 비표준화 추정치가 표본마다 다르면 모집단에서 해당 모수가 동일하다고 볼 수 없다.

　다집단 분석 기능을 제공하는 SEM 통계 패키지를 활용하면 보다 복잡한 비교가 가능하다. 집단 간 동일성 제약을 부과하여 모수들의 집단 차이를 직접 검증할 수 있다. 어떤 모수에 대해 동일성 제약을 부과하면 컴퓨터가 모든 표본 내에서 해당 모수에 대해 동일한 비표준화 추정치를 산출하도록 강제한다. 그런 다음, 카이제곱 차이검정을 통해 해당 모수에 제약을 가한 모형과 제약을 가하지 않은 모형의 적합도를 비교한다. 비제약 모형의 적합도에 비해 제약모형의 적합도가 훨씬 낮게 나타나면 각 표본이 추출된 모집단의 모수가 서로 다르다고 결론지을 수 있다. 이때 비표준화 해에서 동일성 제약을 부과하여 산출한 추정치는 표준화 해에서 추정치와 다르다는 것을 기억해야 한다.

　LISREL은 다집단 분석에서 표준화 해를 계산하는 방법으로서 네 가지 옵션을 제공한다. 집단 내 표준화 해(within-groups standardized solution)와 집단 내 완전 표준화 해(within-groups completely standardized solution)는 모두 집단 내 공분산행렬을 표준화함으로써 산출되는데, 전자는 요인만 표준화하는데 비하여 후자는 모든 변수를 표준화한다. LISREL의 공통척도 표준화 해(common metric standardized solution)에서 표본 간 가중평균 요인공분산행렬은 상관행렬이지만, 모든 변수는 공통척도 표준화 해로 척도화된다. 공통행렬 표준화 해는 집단 내 표준화 해에 비하여 집단 간 비교를 더 직접적으로 할 수 있지만, 집단 간 비교의 목적으로는 비표준화 해를 사용하는 것이 더 낫다. 연구자는 SEM 통계 패키지가 표준화 해를 어떤 방식으로 계산해 주는지 살펴보기 위해 프로그램의 설명서를 참조하기 바란다.

　경로분석, 구조회귀모형, 확인적 요인분석 등 모든 SEM 분석은 다집단 분석이 가능하다. 예를 들어, Molina, Alegría, Mahalingam(2013)은 라틴 아메리카 성인들의 자기보고식 건강 관련 데이터를 바탕으로 경로분석을 수행하였다. 그 결과 심리적 스트레스가 지각된 건강상태에 미치는 간접효과의 크기가 성별과 민족에 따라 다른 것으로 나타났다. 구체적으로, 쿠바 남성의 심리적 스트레스가 건강상태에 미치는 영향이 다른 민족이나 성별에 비하여 더 큰 것으로 나타났다. Benyamini, Ein-Dor, Ginzburg, Solomon(2009)은 1982년 레바논 전쟁에 참전한 이스라엘의 퇴역군인을 전쟁 이후 1년과 2년, 3년, 그리고 20년 후에 조사한 자기보고식 건강 데이터에 잠재성장모형을 적용하였다. 이 분석에서는 전쟁 중에 전투 스트레스 반응을 보였는지에 따라 퇴역군인들을 두 집단으로 구분하였는데, 전투 스트레스 반응을 보인 집단의 경우 건강상태가 시간이 흐름에 따라 호전되기는 하였으나, 반응을 보이지 않은 집단의 퇴역군인보다는 여전히 낮은 것으로 나타났다.

　다집단 CFA의 목적은 일련의 측정변수들이 둘 이상의 표본에 대하여 측정동일성을 가지는지를 살펴보려는 것이다. CFA에서 동일성 검증은 크게 (1) 평균구조 측정모형을 설정하고, (2) 연구자의 관심에 따라 형태계수, 절편, 분계점, 오차분산 및 공분산 등에 동일성 제약을 가하고, (3) 제약을 가한 모형들 간에 적합성을 비교하는 절차로 이루어진다.

측정동일성

측정동일성은 요인의 조작적 정의를 바탕으로 측정된 점수가 다양한 상황에서 동일한 의미를 가지는 것을 의미한다(Meade & Lautenschlager, 2004). 이때 다양한 상황에는 측정 시간, 검사실시 방법, 모집단 등이 해당된다. 측정동일성이 만족되지 않았다는 것은 개인 간 차이가 시간이나 방법, 또는 소속 집단에 따른 차이와 명백하게 구분되지 못한다는 것이므로(Horn & McArdle, 1992), 점수에 대한 추론의 명확한 근거가 없다는 뜻이다.

종단적 측정동일성은 동일한 모집단에서 측정 모수의 시간에 따른 안정성을 의미한다. 같은 검사를 여러 시점에 걸쳐 실시하는 종단연구의 경우, 각 시점별로 측정되는 요인이 동일한 의미를 가진다는 보장이 없다. 종단적 요인분석의 결과 동일한 요인구조가 여러 시점에 걸쳐 적합하게 나온다면 시간에 따른 측정의 동일성이 확보되었다고 볼 수 있다 (Little, 2013, 5장). 같은 검사를 온라인과 지필고사로 실시한 경우 검사 방식에 상관 없이 동일한 요인구조가 도출된다면 검사 실시 방법에 대한 측정동일성을 가진다고 할 수 있다 (Whitaker & McKinney, 2007). 모집단에 따른 동일성 검증의 논리는 시간이나 방법에 대한 동일성 검증과 기본적으로 같기 때문에, 이후에 진행되는 논의는 모집단에 대한 동일성을 검증하는 상황을 가정하여 기술하고자 한다.

여기에서는 측정변수가 연속형 변수임을 가정하여 설명하고, 이후 범주형 측정변수에 대해서도 논의할 예정이다. 측정동일성에는 크게 네 가지 종류가 있다. 동일성의 종류가 같더라도 학자에 따라 지칭하는 용어가 다르기 때문에, 혼동을 피하기 위해 여기에서는 가장 간단한 용어를 사용하고 다른 명칭에 대해서는 각주에 제시하였다. 측정동일성의 종류는 (1) 형태동일성, (2) 약한 동일성, (3) 강한 동일성, (4) 엄격한 동일성으로 구분되며 (Wu, Li, & Zumbo, 2007), 뒤로 갈수록 동일성에 대한 제약에 대한 가정이 강해진다. 즉, 측정동일성 검증은 동일성의 존재 여부를 검증하는 것이 아니라, 연구자의 데이터에 가장 적합한 수준의 동일성이 무엇인지를 결정하는 과정이라고 할 수 있다.

형태동일성은 제약이 가장 느슨한 동일성이며, 각 집단에 동일한 CFA 모형을 설정함으로써 검증한다. 요인의 수와 요인과 측정변수간의 대응 관계는 집단 간에 동일하게 설정되나, 모든 모수가 각 집단별로 자유롭게 추정된다. 가장 제약이 약한 상태인 형태동일성 검증 단계에서 모형과 데이터가 적합하지 않다면, 제약을 추가한 다음 단계부터는 측정동일성이 전혀 성립하지 않는다.[2] 모형과 데이터가 적합하면 형태동일성 가설은 채택되며, 이는 각 집단에서 같은 요인을 측정하되 어느 정도 다른 방식으로 측정할 수 있음을 암시한다. 즉, 일부 측정변수에 대해서는 형태계수와 절편, 오차분산이 같지 않을 수도 있다. 형태동일성만 확보된 상태에서 요인 점수가 계산된다면, 집단마다 상이한 가중치를 반영하여 요인 점수가 계산되어야 한다.

약한 동일성은 형태동일성 가정이 만족된 상태에서 비표준화 형태계수도 동일하다는 제약을 추가로 가한다.[3] 즉, (1) 각 측정변수의 비표준화 계수가 집단마다 농일하다는 제약을 가하고, (2) 형태동일성 모형과 약한 동일성 모형 간의 카이제곱 통계치를 비교함으로써 검증할 수 있다. 만약 약한 동일성 모형의 적합도가 형태동일성 모형에 비해 아주 나쁘지 않다면, 약한 동일성 가설을 채택한다. 약한 동일성 가정이 만족되면 측정변수와 요인 간의 관계를 나타내는 계수가 집단마다 동일하다는 의미이므로, 구인이 각 집단에서 동일한 방식으로 구체화됨을 의미한다. 이 경우, 요인점수는 모든 집단에서 같은 가중치를 이용하여 계산된다.

Gregorich(2006)는 약한 동일성 가정이 기각되는 원인에 대해 두 가지 가능성을 제시하였다. 첫 번째 가능성은 각 요인에 대응하는 문항들이 집단에 따라 다른 의미를 가지는 것이다. 예를 들어, 서양에서는 우울의 심리적 증상이 강조되는 반면, 동양에서는 신체적 증상이 더 뚜렷하게 나타나는 경향이 있다(Ryder et al., 2008). 다른 가능성은 **극단적 반응양식**(extreme response style: ERS)이 분산에 영향을 줄 수 있다는 점이다. ERS가 낮은 사람의 경우 극단적인 반응(예: 전혀 아니다 또는 항상 그렇다)보다는 주로 중간 반응을 선택하는 경향이 있으며, 이러한 경향성은 겸손과 겸양이 강조되는 동양 문화권에서는 더 두드러지게 발견되기도 한다. 반대로 ERS가 높은 경우에는 극단적인 답지가 선호되는데, 이러한 경향성은 결단력과 확실성이 강조되는 사회에서 더 보편적으로 나타나기도 한다. Cheung과 Rensvold(2000)는 다집단 CFA 분석시 비교하고자 하는 집단 간에 이와 같은 반응 양식의 차이가 존재하는지 검토할 필요가 있음을 제안하였다.

약한 동일성 가설이 채택되면, 측정변수들의 공통 분산에 해당하는 요인을 각 측정변수

---

2) **차원 동일성**(dimensional invariance)은 각 집단 별로 측정변수들이 동일한 수의 요인을 측정하는 것으로 설정되었다는 점만 가정할 뿐, 요인과 측정변수 간 관계에 대해서는 제약을 가하지 않는다.

3) 약한 동일성은 **패턴 동일성**(pattern invariance) 또는 **측정단위 동일성**(metric invariance)으로 불리기도 한다.

가 집단 간에 같은 방식으로 측정한다고 볼 수 있기 때문에, 다음으로 유의성 검정을 통하여 집단 간 요인분산과 공분산 추정치를 공식적으로 비교할 수 있게 된다. 이때 오차분산이 집단 간에 차이를 보이더라도 공통 요인분산의 집단 차이에는 영향을 주지 않는다. 그러나 측정변수의 경우는 요인과 오차분산의 영향을 받기 때문에 약한 동일성만 만족된 상태에서는 측정변수에 대한 분산이나 공분산을 집단 간에 공식적으로 비교하지는 않는다 (Gregorich, 2006).

강한 동일성은 약한 동일성을 가정한 상태에서 절편이 집단 간에 동일하다는 제약을 추가로 부과한다.[4] 절편은 요인의 진점수가 0이라고 가정한 상태에서 추정한 측정변수의 점수이다. 절편이 같다는 것은 서로 다른 집단이 동일한 방식으로 측정변수의 반응 양식을 사용한다는 것을 의미한다. 즉, 한 집단의 구성원과 다른 집단의 구성원 간에 요인의 수준이 같다면, 측정변수에서 같은 점수를 얻는다는 것이다. 형태계수와 절편이 동일하다고 제약을 가한 강한 동일성 모형의 적합도가 형태계수만 동일하다고 제약한 약한 동일성 모형에 비하여 나쁘지 않다면 강한 동일성 가설은 채택된다.

강한 동일성이 기각되는 것은 **차별적 부가반응양식**(differential additive response style)이 존재한다는 것을 시사하며, 이는 측정변수에 대한 전반적인 반응 수준이 요인의 감소나 증가와는 무관하게 자신이 속한 특정 집단에 따라 체계적인 영향을 가지는 것을 의미한다 (Cheung & Rensvold, 2000). 만약 건강과 관련된 설문조사에서 성별에 따라 특정 건강 문제가 있다고 인정하는 정도에 차이가 있다고 가정해 보자. 이러한 차이는 관찰 평균에는 영향을 미치지만 잠재요인 자체에는 영향을 주지 않는다. 차별적 부가반응양식은 문화적 차이나 코호트 효과, 또는 데이터 수집 방식의 절차적 차이에 기인하기도 한다. 데이터 수집의 절차적 차이에 대한 한 예는 환자가 어떤 클리닉에서는 평소의 옷차림으로 몸무게를 재고, 다른 클리닉에서는 검사용 가운을 입고 몸무게를 재는 상황에서 찾아볼 수 있다. 이 경우 어디에서 몸무게를 쟀느냐에 따라 몸무게 진점수에 더해지는 상수가 달라지며, 두 클리닉 간의 평균 몸무게에도 영향을 준다. 만약 반응 양식이 모든 측정변수에 영향을 준다면 동일성 검증으로 이러한 패턴을 찾아내지는 못하며, 이때 요인의 측정치는 모든 측정변수에서 반응유형의 영향을 동일한 정도로 받게 된다.

어떤 측정변수에 대한 형태계수나 절편이 집단에 따라 상당히 다른 값을 보이는 것을 **차별기능문항**(differential item functioning: DIF)이라고 한다. DIF가 존재하면 요인 진점수가 동일하더라도 측정변수에 대한 개인점수는 어떤 집단에 소속되었는지에 따라 다르며,

---

4) 강한 동일성은 **척도 동일성**(scalar invariance)이라고 불리기도 한다.

이는 측정동일성이 위배되었음을 의미한다. 다집단 CFA의 목표는 약한 동일성이나 강한 동일성 가설을 기각하는 데 기여한 측정변수를 찾아내는 것이다. 검사 개발 과정에서 DIF 의 가능성이 있는 문항이 발견되는 경우, 해당 문항은 제거되거나 수정된다. 문항에 사용된 표현이나 용어를 수정하여 특정한 집단에 불리하거나 유리하지 않게 바꾸는 것이 하나의 방법이다(Karami, 2012).

강한 동일성이 확보되면, (1) 추정된 요인 평균의 집단 차이가 편파되지 않았고, (2) 측정변수의 평균이나 요인점수 추정치의 집단 차이가 차별적 부가반응양식에 의해 왜곡되지 않았다고 해석할 수 있다(Gregorich, 2006). 즉, 요인은 모든 집단에서 공통적인 의미를 가지며, 측정변수의 평균을 집단 간에 비교할 때 각 집단에 부가되는 효과가 동일한 크기를 가지므로, 강한 동일성은 집단 간 평균 차이를 의미 있게 해석하기 위한 최소한의 요건이다. t검정과 같은 유의성 검정에서는 모집단 분산의 동일성을 가정한다. 분산동일성 가정은 CFA를 통해서도 확인할 수 있는데, 요인분산에 대한 동일성 제약을 둔 다음 이처럼 제약을 가한 모형과 제약을 가하지 않은 모형의 상대적인 모형 적합도를 비교함으로써 검증할 수 있다. CFA에서 등분산성 가정이 기각되면 t검정을 사용할 수 없으며, Welch-James 검정(부록 16.A)과 같이 분산 동일성 가정을 필요로 하지 않는 방법을 사용하면 된다. 한편, 측정변수에 대한 측정동일성은 요인분산의 동일성이나 요인 평균의 동일성을 필요로 하지 않는다.

엄격한 동일성(strict invariance)은 가장 높은 수준의 측정동일성이라고 할 수 있으며, 강한 동일성에 집단 간 오차분산 및 오차공분산의 동일성을 추가로 가정한다. 이는 측정변수가 각 집단에서 동일한 수준의 정확도로 요인을 측정함을 의미한다. Deshon과 Wu 등(2007)은 요인이 집단마다 동일하게 측정된다고 하기 위해서는 잔차 동일성이 만족되어야 한다고 주장하였다. 이는 관찰 점수를 설명하기 위하여 모형에 포함되지 않은 체계적인 효과가 집단 간 형태계수나 절편의 차이와 혼동되어 모형설정 오류를 발생시킬 수 있기 때문이다. Little(2013, p. 149)은 잔차분산이 임의로 발생하는 무선적 측정오차뿐 아니라 체계적으로 나타나는 그 측정변수만의 고유분산을 둘 다 반영하는 것이므로(예: [그림 9-2]) 엄격한 동일성 가설은 각 측정변수에 대하여 이 두 구성요소의 합이 집단마다 같다는 것을 의미한다고 하였다. 고유분산이 집단마다 동일함을 가정하는 것은 합리적이지만, 무선오차의 구성요소까지 집단마다 동일하다고 기대하는 것은 그다지 합리적이지 않다. 일부 학자들은 관찰된 분산과 공분산의 집단 간 차이를 정식으로 비교하기 위해서 엄격한 동일성이 요구된다고 보며, 엄격한 동일성이 만족되면 관찰분산 및 공분산의 차이는 오차분산과 공분산의 집단 차이와 혼재되지 않는다. 그러나 Little(2013)은 이러한 조건을 적용하는 데 대해 우려를 표하였는데, 고유분산의 무선적인 부분과 체계적인 부분의 합이 정확하게 같지 않으면, 동일성 제약으로 인해 발생한 부적합의 양만큼 모형의 다른 부분에 대한 추정치를 오염시키기 때문이다.

대부분의 연구자는 지금까지 설명한 측정동일성의 단계를 모두 평가하지 않는다. Vandenberg와 Lance(2000)는 측정동일성 연구와 관련하여 출판된 67개의 문헌을 검토한 결과, 99%의 연구에서 약한 동일성만 평가하였다고 보고하였다. 잔차분산과 공분산동일성은 전체 연구의 49%에서만 평가하였고, 12%의 연구에서만 절편 동등성이 검증되었다. 연구자들은 형태계수의 동질성 부재가 측정동일성에 미치는 잠재적인 영향을 이해하고 있지만, 절편 및 잔차 동일성에 대해서는 고려하지 않는 연구자들이 많다.

동일성 검증 전략 및 관련 이슈

측정동일성 검증의 위계적 접근 방법은 모형 트리밍(model trimming) 전략에 해당한다. 먼저, 비제약 모형인 형태동일성에서 시작하여 집단 간 동일성 제약을 추가함으로써 약한 동일성, 강한 동일성, 엄격한 동일성의 순서로 점차 제약이 가중된다. Stark, Chernyshenko, Drasgow(2006)는 이러한 전략을 **자유 기본모형 접근**(free baseline approach)이라고 지칭한다. 어떤 특정한 단계에서 동일성 가정을 채택하지 못하면 제약을 더 많이 가한 모형은 고려되지 않는다.

측정동일성은 제약을 점차 덜어 내는 모형 빌딩(model building) 방식으로도 검증할 수 있다. 즉, 처음에 엄격한 동일성 가정을 부과한 제약모형에서 시작하여, 제약을 가한 모수를 집단마다 자유롭게 추정할 수 있도록 점진적으로 풀어 주는 방식으로 측정동일성을 검증할 수 있다. 이 방법은 **제약 기본모형 접근**(constrained baseline approach)이라고 한다 (Stark et al., 2006). 문제는 이 방법에서 처음에 완전제약모형이 기각되었을 때, 형태계수와 절편, 잔차 중에서 어떤 집단 간 동일성 제약을 완화해야 하는지가 명확하지 않을 수 있다는 것이다. 만약 이론이 명확하지 않으면, 선택은 임의적일 수 있다. 이상적으로는 같은 데이터에 모형 트리밍과 모형 빌딩을 적용하면 동일한 최종 모형을 선택해야 하지만, 항상 그런 것은 아니다.

동일성 검증은 위계적 관계에 있는 모형들을 평가하는 것이기 때문에, 이전에 검증된 모형에 대한 의사결정이 이후의 의사결정에 영향을 미친다. 가끔 이러한 의사결정이 의도하지 않은 결과를 가져오기도 한다. 예를 들어, 이전의 모형에서 사소한 모형 재설정으로 보였던 것이 분석의 마지막 단계에서 최종모형의 선택에 심각한 영향을 미치기도 한다. 이러한 이유로 Millsamp와 Olivera-Aguilar(2012)는 동일성 검증을 위한 컴퓨터 프로그램의 효과적인 활용이 연구자의 경험과 판단에 크게 의존한다고 지적하였다.

Cheung과 Rensvold(2002)는 대규모 표본에서는 모수추정치 간의 절대적 차이가 매우 작더라도 카이제곱 차이검정이 통계적으로 유의미할 수 있다는 점을 지적하였다. 실제로 집단 간 동일성 제약을 부과함에 따라 모형 적합도의 차이가 거의 없는 상황에서는 카이제곱 차이검정이 기각되었다고 해서 측정동일성이 위배되었다고 판단하기 어렵다. 이러한 상황을 확인하기 위하여 집단 간 비표준화 해를 비교하는 것도 한 가지 방법이다. 또한 근사적합도 지수들의 차이를 살펴보는 것도 방법인데, 동일성 검증 설자에 석용할 수 있는 가이드라인은 매우 적다. Cheung과 Rensvold(2002)는 컴퓨터 시뮬레이션 연구에서 Benter CFI 값이 요인 당 측정변수의 수와 같은 모형 특성에 상대적으로 영향을 받지 않는다고 하였다. 이들은 CFI 값의 차이가 .01 이하이면 더 엄격한 동일성 가정이 기각되지 않는다고 주장하였다. 같은 시뮬레이션 연구에서 두 번째로 유용한 근사적합도 지수는 McDonald(1989)의 비중심성 지수(NCI)였다.[5]

Meade, Johnson, Braddy(2008)는 다양한 수준의 측정동일성을 가지는 데이터를 생성하여 몇 가지 근사적합도 지수의 수행을 비교하였다. 분석 데이터는 집단 간에 상이한 요인구조를 가지는 모형과, 요인구조는 동일하되 형태계수가 상이한 모형, 절편이 상이한 모형 등이다. 집단별로 6,000명 이상의 대표본에서는 비교하고자 하는 모수의 집단 간 차이가 매우 작더라도 χ^2 차이검정이 기각되어 측정동일성이 위배되는 결과가 나타난다. 반면, 근사적합도 지수는 카이제곱 차이 검정에 비하여 사례수와 요인의 수, 측정변수의 수에 영향을 적게 받는다. CFI는 McDonald의 NCI와 더불어 가장 잘 기능하는 근사적합도 지수다. 이 결과를 바탕으로 Meade 등(2008)은 대표본에서 CFI 값의 차이가 .002 이하이면 모형 간의 적합도 차이가 매우 작다고 해석할 수 있음을 제안하였다.

Chen(2007)은 근사적합도지수를 이용하여 동일성을 검증할 때 단일한 기준을 적용하는 것에 대해 의문을 제기하였다. 예를 들어, 두 집단의 표본크기가 작고($n < 300$) 집단 간에 차이를 보이는 경우, $\Delta\text{CFI} \leq .005$ 또는 $\Delta\text{RMSEA} \leq .010$이어야 한다는 기준은 동일성의 부재를 어느 정도 정확히 찾아낼 수 있다. 그러나 표본크기가 크고($n > 300$) 집단 간에 동일하며, 동일성의 패턴이 혼합되어 있으면 보다 엄격한 규칙이 필요하다. 동일성의 패턴

---

5) NCI$=\exp[-.05(\chi^2_M - df_M)/N]$으로 정의된다. NCI의 범위는 0에서 1이며, 1에 가까울수록 좋은 적합도를 나타낸다. Mulaik(2009b)은 NCI값이 적합도의 작은 변화에도 매우 민감하게 영향받는다고 하였다.

이 혼합되어 있다는 것은 동일성이 위배된 모수가 형태계수나 절편, 잔차분산 중 두 개 이상에서 나타남을 의미한다. 이 경우는 ΔCFI $\leq$ .010 또는 ΔRMSEA $\leq$ .0.015의 기준을 적용하는 것이 더 합리적이다. 또한 표본크기가 작을 때는 RMSEA가 CFI에 비하여 동일성모형을 과도하게 기각하는 경향이 있다. Cheung과 Rensvold(2002)의 연구, Meade 등(2008)의 연구, 그리고 Chen(2007)의 연구결과는 대규모 표본데이터를 분석할 때 카이제곱 차이검정에만 의존해서 측정동일성을 평가하기보다 근사적합도지수를 동시에 활용하는 것이 바람직하나 모든 상황에 적용할 수 있는 단일한 규칙은 없다는 것을 보여 준다. 한편, Sass, Schmitt, Marsh(2014)는 근사적합도지수에 대한 판단 기준이 순서형 데이터에는잘 맞지 않을 수 있다고 경고하였다.

표본크기가 일정수준 이상 크지 않은 한, 다집단 CFA의 유의성 검정에 대한 검정력은 대체로 낮다. 예를 들어, Meade와 Bauer(2007)는 시뮬레이션 연구를 통해 형태계수의 모집단 차이를 발견하는 검정력이 사례수가 100일 때 약 .40이라고 제시하였다. 반면, 사례수가 400일 때 검정력은 일반적으로 높았으나, 사례수가 중간일 때(n =200)의 검정력은 일정하지 않았다. 동일성 검증의 검정력은 집단 크기 외에도 요인간 상관의 크기와 같은 데이터 특성에 영향을 받기 때문이다. Meade와 Bauer(2007)의 연구결과에서는 사례수가 크지 않을 때 적정 수준의 검정력을 담보하기 위해 필요한 사례수와 측정변수의 수에 대한 일반적인 가이드라인을 제시하지는 않았다.

Byrne, Shavelson, Muthén(1989)은 **부분 측정동일성**을 동일성의 중간단계라고 하였다. 예를 들어, 약한 동일성은 비표준화 형태계수가 집단 간에 동일하다는 것을 가정하는데, 만약 형태계수 중 일부만 동일하다면 부분적인 약한 동일성만 확보되는 것이다. 이 경우, 동일성이 확보되지 않은 형태계수가 각 집단에서 자유롭게 추정되도록 하여 모수의 차이를 통제한 상태에서 절편동일성에 대한 검증을 수행할 수 있다. 그러나 모든 분석 상황에서 사용할 수 있는 측정변수가 집단 간에 동일하다고 판단할 수 있는 정도의 부분 동일성이 어느 정도인지 명확한 지침이 없다는 것은 어려운 일이다(Steenkamp & Baumgartner, 1998). 예컨대, 20개의 형태계수 중에서 하나가 동일하지 않다고 가정해 보자. 형태계수의 19/20, 즉 95% 이상이 집단마다 동일한 상황에서 절편이나 잔차 등과 같은 다른 모수의 동일성을 검증하는 것은 그리 나쁘지 않다. 그러나 20개 중에 10개 이상의 형태계수들이 집단마다 다르면, 각 집단에서 측정변수들이 같은 요인을 정의한다고 자신 있게 말하기 어려울 것이다.

Steinmetz(2011)는 시뮬레이션 연구를 통해 형태계수 동일성이 위배된 측정변수의 수가 적을 경우, 요인점수의 평균에 대한 추정치인 합성점수에 대한 집단 간 차이의 정확도에 미치는 영향이 미미하다는 점을 발견하였다. 그러나 절편 동일성이 하나라도 위배된 경우에는 합성점수에 대해 실질적인 영향을 미쳤는데, 실제로 요인평균이 집단 간에 동일함에도 불구하고 합성점수가 다르게 나타나는 결과를 가져오기도 하였다. 또한 실제로 동일하지 않은 요인평균의 집단 간 차이를 줄여 주는 현상도 발생하였다. 따라서 집단 간 평균 차이에 대한 올바른 해석을 위해서는 절편의 완전 동일성이 필요하다. 그렇지 않으면, 측정변수의 집단 간 평균 차이는 절편과 요인 평균의 집단 차이와 혼재되어 해석상의 어려움을 유발할 수 있다.

Asparouhov와 Muthén(2014)은 대략적인 측정동일성만 확보된 상태에서 집단별 평균과 분산을 추정하기 위한 **정렬법**(alignment method)을 제안하였다. 이 방법은 비교하고자 하는 집단의 수가 많을 경우 전통적인 다집단 CFA에 비하여 편리하게 집단 간 차이를 비교할 수 있다는 장점을 가진다. 이 방법을 적용하여 산출한 최종 모형은 형태동일성 모형과 동일한 수준의 모형 적합도를 가진다. 정렬법에서 두 집단 간의 형태계수나 절편의 비동일성 정도는 손실함수로 추정되며, 컴퓨터 프로그램은 정렬모형의 비동일성 정도를 최소화하기 위하여 베이지안 추정치를 활용하여 형태동일성 모형의 추정치의 가중치를 조정한다. 정렬법에서는 비동일성을 최소화하는 최적의 정렬 모형을 발견하기 위하여 유의성 검정에 의존한다. 현재 이 방법은 한 측정변수가 두 개 이상의 요인에 적재되는 다차원 측정모형에서는 잘 작동하지 않는다는 한계를 가진다. 정렬법은 Mplus에서 실행할 수 있다(Muthén & Muthén, 1998-2014).

가장 낮은 단계의 형태동일성에서부터 가장 높은 단계인 엄격한 동일성까지, 동일성에 대한 각기 다른 가설을 나타내는 여러 CFA 모형이 위계적으로 분석되기 때문에 측정동일성의 분석 절차는 다소 복잡하다. 따라서 각 단계에서 어떤 모수에 제약을 가했는지를 보다 쉽게 기억하기 위해서는 명령어 파일에 주석을 달거나 메모를 남겨 두는 것이 좋다.

다음에는 측정동일성 검증의 두 가지 사례를 제시하였는데, 두 예시 모두 두 집단에 대하여 다섯 개의 측정변수로 이루어진 단일요인 모형에 대한 시뮬레이션 분석이라는 특징을 가진다. 첫 번째 예시에서는 측정변수를 연속변수로, 두 번째 예시에서는 순서형 변수로 처리하였다. 식별 조건과 같은 이슈들도 함께 설명하였다. 이와 같은 2차적 분석에서는 분석에 포함된 두 집단에서 어떤 모수가 동일하고 어떤 모수가 동일하지 않은지에 대한 선험적 가설을 설정하는 것이 불가능하다는 한계가 있다. 그러므로 데이터에 대한 모형 적합도를 높이기 위해 모형을 재설정하는 데 있어서 불가피한 편향이 있을 수 있다. 실제 1차적 분석에서는 이론적 근거나 이전의 경험 연구결과에 따라 모형을 수정하는 것이 바람직하다.

연속 측정변수의 분석 사례

　　Dillman Carpentier 등(2008)은 히스패닉 청소년 450명을 대상으로 부모-자녀 갈등 검사를 실시하였다. 전체 피험자는 집에서 주로 사용하는 언어가 영어(n_1 =193)인지 스페인어(n_2 =257)인지에 따라 두 집단으로 구분되었다. Millsap과 Olivera-Aguilar(2012) 연구에서 사용된 측정변수들에 대한 기술통계치는 〈표 16-1〉에 집단별로 제시하였다.

　　[그림 16-1]은 초기의 평균구조 CFA 모형을 나타낸다. 모형에서 외생변수인 갈등 요인에 대한 상수의 직접효과는 평균에 대한 추정치이며, 그림에 κ로 표시되어 있다. 측정변수에 대한 상수의 직접효과는 회귀식의 절편에 해당하며, ν로 표시되었다.[6] 상수의 총효과는 측정변수의 예측 평균에 해당된다. 예를 들어, 측정변수 X_1에 대한 상수의 총효과는 다음 식과 같다.

$$X_1 \text{에 대한 } \triangle \text{의 총효과} = \triangle \longrightarrow \text{갈등} \longrightarrow X_1 + \quad\quad (16.1)$$
$$\triangle \longrightarrow X_1$$
$$= \kappa(\lambda_1) + \nu_1$$

〈표 16-1〉 영어권과 스페인어권 가정의 부모-자녀 갈등 분석을 위한 단일요인 모형의 입력 데이터

측정변수	X_1	X_2	X_3	X_4	X_5	영어권 M	영어권 SD
X_1	−	.381	.599	.416	.601	2.280	.887
X_2	.227	−	.393	.445	.404	1.518	.925
X_3	.400	.322	−	.476	.661	2.052	.972
X_4	.324	.330	.354	−	.519	1.689	1.014
X_5	.473	.370	.486	.540	−	1.684	.901
스페인어권 M	2.113	1.175	1.708	1.366	1.319		
SD	1.034	.597	.836	.785	.701		

주. 데이터 출처: Millsap & Olivera-Aguilar(2012). 대각선 위는 영어권 청소년(n_1=193), 대각선 아래는 스페인어권 청소년임(n_2=257).

---

[6] Mplus에서는 연속 측정변수에 대한 절편은 ν로 표기하며, LISREL에서는 Tau-X로 표기한다.

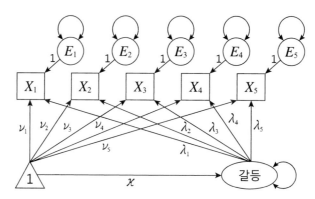

[그림 16-1] 영어권과 스페인어권 집단 간의 부모-자녀 갈등 분석을 위한 초기 단일요인모형

주. κ는 외생 갈등 요인, ν는 측정변수 절편, λ는 측정변수의 형태계수.

즉, 특정 집단에서 X_1의 예측평균은 집단의 요인 평균(κ)과 X_1과 공통요인의 회귀식에서 비표준화 계수(λ_1), 그리고 절편(ν_1)의 함수다. 연습문제 1은 X_1의 평균을 집단 간에 의미 있게 비교하기 위해 엄격한 동일성이 필요한 이유를 식 16.1을 참고하여 설명하도록 하는 문제다.

[그림 16-1]의 모형은 단일 표본으로 추정되지 않는 한 다음의 두 가지 이유로 식별 문제가 발생한다. 첫째, 평균구조가 식별미달 상태다. 5개의 가용 정보(측정변수 $X_1 \sim X_5$의 평균)가 있으나, 요인평균(κ)과 5개의 절편($\nu_1 \sim \nu_5$)을 포함하여 모두 6개의 자유모수를 추정해야 한다. 둘째, 갈등 변수는 잠재변수이므로 척도를 부여해야 한다. 다집단 CFA에서 요인을 척도화하고 [그림 16-1]에 제시된 평균구조를 식별하기 위해서는 세 가지 방법을 적용할 수 있다(Little, Slegers, & Cards, 2006). 다음에 소개할 방법들 중 어떤 방법을 적용하든지 상관 없이 카이제곱 통계치를 비롯한 적합도 통계치는 동일하게 산출된다.

1. **참조집단법**(reference group method)은 한 집단을 참조집단으로 선택하여, 참조집단의 요인평균과 분산을 각각 0과 1로 고정시키는 방법이다. 다른 집단에서는 비표준화 형태계수와 절편에 집단 간 동일성 제약을 가한 상태에서 요인평균과 분산이 자유롭게 추정되며, 이때 참조집단의 값을 기준으로 상대적인 값으로 추정된다. 예를 들어, 요인평균은 각 측정변수의 형태계수를 가중치로 하여 산출한 측정변수들 간의 평균 차이로 추정되며, 요인분산은 측정변수들의 분산 중 요인에 의해 설명되는 공통분산의 비율 차이로 추정된다(Little et al., 2006).

2. **표지변수법**(marker variable method)은 측정변수 중 하나의 비표준화 형태계수를 1로, 절편을 0으로 고정시키는 방법으로, 각 집단별로 동일한 측정변수를 표지변수

로 선택한다. 이 방법은 표지변수의 설명된 분산과 동일한 척도로 요인을 척도화한다. 나머지 변수들의 형태계수와 절편은 자유모수로 추정하되 집단 간에 동일하게 추정되도록 설정된다. 요인평균과 분산은 모든 집단에서 자유모수로 추정한다.

이 두 방법의 단점은 참조집단이나 표지변수의 선택이 임의적일 수 있다는 것이다. 원칙적으로는 어떤 집단이나 변수를 선택하든지 모형의 전반적인 적합도에 영향을 주지 않아야 하지만, Millsap(2001)은 몇 가지 예외적인 상황이 있음을 지적하였다. 참조집단방법과 표지변수방법 모두 동일성 가정을 요구하지만 동일성 가정을 서로 다른 방식으로 처리한다. 참조집단방법에서는 요인분산이 1로 고정되기 때문에 참조집단의 진점수 분산은 모든 요인마다 동일하다고 가정할 수 있어야 한다. 또한 표지변수방법에서는 각 집단에서 표지변수의 형태계수가 1로 고정되어 측정동일성 검증에서 제외하게 되므로, 표지변수에 대한 형태계수가 각 집단마다 동일하다는 것을 선험적으로 가정해야 한다. 만약 연구자가 우연히 선택한 표지변수가 집단별로 동일하지 않은 변수였다면 연구결과는 왜곡될 수 있다. 다음에 소개되는 세 번째 방법은 이러한 문제를 피할 수 있다.

3. **효과코딩법**(effects coding method)은 같은 요인을 측정하는 모든 변수가 같은 척도를 가질 때 적용할 수 있는 방법이다(9장 참조). 다집단 CFA에서는 각 측정변수에 대한 비표준화 형태계수들의 평균을 1로 고정하고, 절편의 평균을 0으로 고정하는 방식으로 효과코딩법을 적용한다. [그림 16-1]의 모형에서 평균 형태계수는 다음과 같이 1로 고정된다.

$$\frac{\lambda_1 + \lambda_2 + \lambda_3 + \lambda_4 + \lambda_5}{5} = 1.0 \tag{16.2}$$

식 16.2와 대수적으로 동등한 공식은 총 5가지가 있으며, 그중 하나를 제시하면 다음과 같다.

$$\lambda_1 = 5 - \lambda_2 - \lambda_3 - \lambda_4 - \lambda_5 \tag{16.3}$$

측정변수들의 절편의 평균은 다음과 같이 0으로 고정된다.

$$\frac{\nu_1 + \nu_2 + \nu_3 + \nu_4 + \nu_5}{5} = 0 \tag{16.4}$$

이 공식 역시 대수적으로 동등한 5개의 공식이 있으며, 그중의 하나가 다음과 같다.

$$\nu_1 = 0 - \nu_2 - \nu_3 - \nu_4 - \nu_5 \tag{16.5}$$

식 16.3과 식 16.5는 한 모수가 다른 모수들의 선형 결합으로 설명되는 선형제약을 나타 낸다.

효과코딩법은 한 변수를 선택하여 형태계수를 1로 고정하거나 절편을 0으로 고정하지 않고, 각 집단에서 형태계수들의 평균이 1이 되도록 추정한다. 따라서 요인은 측정변수들 의 설명된 분산의 평균과 같은 척도를 가지며, 각 변수의 절편도 각 집단에서 평균이 0이 되는 최적의 조합으로 추정된다. 요인평균은 측정변수들의 최적의 가중 평균으로 추정되 며, 요인분산은 각 요인별 측정변수로 설명되는 평균적인 분산의 양으로 추정된다(Little et al., 2006).

독자의 이해를 돕기 위해 Mplus(Muthén & Muthén, 1998-2014)의 ML 추정법을 활용하여 [그림 16-1]의 모형을 〈표 16-1〉의 데이터로 분석해 보았다. 요인의 척도화에는 효과 코딩법을 활용하였다. 〈표 16-2〉는 총 7개의 측정동일성 모형에 대한 적합도 통계를 제 시하였다. 모형 1은 형태동일성 가설을 나타낸다. 측정변수가 5개이므로, 각 집단별로 5(8)/2=20개, 전체적으로 40개의 관측 정보가 존재한다. 각 집단에서 추정해야 할 자유모 수는 총 4개의 형태계수와 4개의 절편, 그리고 공통요인의 평균과 분산, 5개의 측정변수에 대한 오차분산 등이다. 따라서 각 집단별로 추정해야 할 자유모수는 15개이고 집단이 두 개이므로 총 30개의 자유모수를 추정해야 하며, 형태동일성 모형의 자유도는 $df_M = 40 - 30 = 10$이다.

형태동일성만 가정한 모형 1에 대한 카이제곱 검정 결과, 적합도가 양호한 것으로 나타 났다($\chi^2_M(10) = 15.363$, $p = .119$). 모형의 카이제곱 통계치인 15.363 중에서 영어권 집단이 기 여한 부분은 8.991(58.5%), 스페인어권 집단이 기여한 부분은 6.372(41.5%)이었다. RMSEA 의 90% 신뢰구간의 상한값은 .095로 양호한 적합도라고 판단할 수 있는 경계값에 가깝다. 잔차 분석결과, 평균의 예측에 있어서는 두 집단 모두 정확도가 높았으나, 공분산의 경우 스페인어권 집단에서만 정확하게 예측한 것으로 나타났다. 영어권 집단의 경우, 측정변수

〈표 16-2〉 영어권과 스페인어권 가정의 부모-자녀 갈등에 대한 측정동일성 모형의 적합도

동일성모형	채택 여부	χ^2_M	df_M	모형 비교	χ^2_D	df_D	RMSEA (90% CI)	CFI	SRMR
1. 형태동일성	N	15.363	10	–	–	–	.049 [0, .095]	.991	.026
2. 형태동일성 [a]	Y	7.850	9	2 vs. 1	7.513**	1	0 [0, .068]	1.000	.018
3. 약한 동일성 [a]	Y	13.361	13	3 vs. 2	5.511	4	.011 [0, .068]	.999	.036
4. 강한 동일성 [a]	N	22.717	17	4 vs. 3	9.356	4	.039 [0, .076]	.991	.046
5. 부분적 강한 동일성 [a, b]	Y	13.462	15	5 vs. 3	.101	2	0 [0, .057]	1.000	.036
6. 부분적 강한 동일성 [a, b, c]	N	87.658**	20	6 vs. 5	74.196**	5	.123 [.097, .149]	.891	.122
7. 부분적 강한 동일성 [a, b, d]	N	24.931	16	7 vs. 5	11.469**	1	.050 [0, .086]	.986	.111

주. 모든 분석은 Mplus로 분석하였음. CI: 신뢰구간. [a] 영어권 가정에 대해서만 오차공분산을 설정($E_2 \smile E_4$). [b] X_3-X_5에 대해서만 절편동일성을 가정. [c] 오차분산동일성 가정. [d] 요인분산동일성 가정. *$p < .05$; **$p < .01$.

X_2와 X_4에 대한 표준화잔차가 통계적으로 유의미하였다($z = 2.466$, $p = .014$). 이 측정변수들의 상관잔차는 .119로, 모형이 관찰된 상관을 .119만큼 적게 예측한다는 것을 보여 준다. 이러한 결과들을 토대로 모형 1은 기각하는 것으로 결정하였다.

모형 2는 모형 1의 형태동일성 모형에 영어권 집단에서만 측정변수 X_2와 X_4의 오차공분산을 추가한 모형이다. 수정된 형태동일성 모형 역시 카이제곱 검정에서 기각되지 않았으며($\chi^2_M(9) = 7.850$, $p = .549$), 영어권과 스페인어권 집단의 카이제곱 기여도는 각각 1.478(18.8%)과 6.372(81.2%)로 영어권 집단에서 모형의 적합도가 더 좋은 것으로 해석할 수 있다. 모형 2의 적합도는 전반적으로 양호하며, 잔차에도 심각한 문제는 없는 것으로 나타났다. 즉, 표준화 평균 잔차는 모두 통계적으로 유의미하지 않았으며, 모든 상관잔차의 절댓값이 .10을 넘지 않았다. 또한 카이제곱 검정결과를 보면, 모형 2의 적합도는 모형 1의 적합도보다 우수하다고 할 수 있다($\chi^2_D(1) = 7.513$, $p = .006$). 따라서 영어권 집단에만 오차공분산을 추가한 수정 모형은 채택되었다.

그러나 영어권 집단에만 오차공분산을 추가한 상태에서 적합도가 좋았다고 하여 형태동일성 가정이 만족되었다고 주장하는 것은 측정변수 X_2와 X_4 간에 요인으로 설명할 수 없는 체계적 효과를 공분산으로 설정하여 분석함에 따른 결과일 수 있으므로 논란의 소지가 있을 수 있다. 5개의 측정변수가 실제로 같은 요인을 같은 정도의 정확성으로 측정한다고 주장하기 위해서는 오차공분산에 대한 동일성 가정이 필요하기 때문에, 이러한 상황에

서 약한 동일성을 주장할 수 있는지에 대해서도 회의적일 수 있다.

모형 3에서는 비표준화 형태계수에 대해 집단 간 동일성 제약을 가함으로써 약한 동일성 가설을 검증하였다. 이 모형에서는 식 16.3에서 정의한 형태계수간 선형 제약을 두 집단에 모두 가할 필요가 없기 때문에 스페인어 집단에 대한 Mplus 명령어에서는 삭제하였다. 이 모형 역시 카이제곱 검정을 통과하였고($\chi_M^2(13)=13.361$, $p=.423$), 전체 카이제곱에 대한 영어권과 스페인어권 집단의 기여도는 각각 3.617(27.0%)과 9.744(73.0%)였다. 카이제곱 차이검정에 따르면 모형 3의 상대적인 적합도는 모형 2에 비하여 통계적으로 유의미하게 나빠지지 않았고, 적합도 지수들도 대체로 큰 문제를 보이지 않았다. 표준화잔차는 각 집단별로 하나씩 통계적으로 유의미한 값이 나타났으나, 상관잔차의 절댓값이 .10보다 작으므로 모형 3은 채택되었다.

모형 4는 각 측정변수의 절편이 집단 간에 동일한 것으로 제약한 강한 동일성 모형이다. 이 모형은 카이제곱 검정에 의해 기각되지 않으며($\chi_M^2(17)=22.717$, $p=.159$), 영어권과 스페인어권 집단의 기여도는 각각 7.780(34.2%)과 14.937(65.8%)이었다. 적합도 통계량은 대체로 양호하였으나, 각 집단에서 측정변수 X_1과 X_2의 표준화 평균 잔차는 모두 유의미하였다. 이는 모형 4가 측정변수 X_3-X_5의 집단별 평균은 잘 예측하고 있지만 측정변수 X_1과 X_2의 집단별 평균을 정확히 예측하고 있지 않음을 보여 준다. 이러한 이유로 모형 4는 기각되었다.

모형 5에서는 측정변수 X_1과 X_2의 절편에 대한 동일성 제약을 해제하고, X_3-X_5에 대해서만 동일성 제약을 가하였다. 이 모형의 카이제곱 검정은 기각되지 않으며($\chi_M^2(15)=13.462$, $p=.567$), 영어권과 스페인어권 집단의 기여도는 각각 3.809(28.3%)과 9.653(71.7%)이었다. 또한 상대적 적합도는 집단별로 모든 절편을 자유롭게 추정한 모형 3(약한 동일성 모형)에 비해 통계적으로 유의미하게 나빠지지 않았다($\chi_D^2(2)=.101$, $p=.951$). 적합도 통계량은 수용할 만한 수준이었고, 잔차 분석에서도 심각한 지역 적합도 문제가 없는 것으로 나타났다. 오차분산에 대한 동일성 제약을 추가로 가한 모형 6은 적합도가 낮게 나타남에 따라($\chi_M^2(20)=87.658$, $p<.001$; RMSEA=.123). 오차분산동일성의 검증은 더 이상 진행되지 않았다. 요인분산에 대한 동일성을 가정한 모형 7의 상대적 적합도는 오차분산을 각 집단에서 자유롭게 추정한 모형 5보다 통계적으로 유의미하게 낮은 것으로 나타났으며($\chi_D^2(1)=11.469$, $p<.001$), 두 집단 모두 유의미한 표준화잔차가 존재하였다. 이러한 결과를 토대로 모형 6과 모형 7은 기각하고, 모형 5를 최종적인 동일성 모형으로 결정하였다.

7개 모형의 적합도를 종합적으로 검토한 결과, 영어권과 스페인어권 집단 간에 형태계수 동일성에 대한 증거는 존재하지만, 절편동일성에 있어서는 5개의 측정변수 중 3개만 확보되어 부분적 강한 동일성이 확보된 것으로 판단할 수 있다. 오차분산동일성과 요인분산동일성도 확보되지 않았다. 따라서 5개의 측정변수들이 대략적으로 동일한 요인을 측정하지만, 각 측정변수별로 어느 정도의 정교성 수준을 가지고 요인을 측정하는가는 집단 간에 동일하다고 볼 수 없다. 그러나 영어권 집단에만 오차공분산을 포함시킴에 따라 해석이 모호해진 부분이 있다. 이와 같은 분석결과는 Millsap과 Olivera-Aguilar(2012, p. 387)의 분석결과와 일부 다르지만, 형태계수 동일성과 부분 절편동일성에 대한 해석은 동일하였다.

〈표 16-3〉은 최종 모형인 모형 5의 공분산구조에 대한 모수추정 결과다. 표에서 각 측정변수의 비표준화 형태계수가 집단 간에 동일하게 추정되었으나, 표준화 형태계수는 동일하지 않음을 볼 수 있다. 영어권 집단에서만 추정된 측정변수 X_2와 X_4 간의 오차공분산

〈표 16-3〉 모형 5의 공분산구조에 대한 최대우도 모수추정치

모수	영어권			스페인어권		
	비표준화	SE	표준화	비표준화	SE	표준화
비제약 모수추정치						
요인분산						
갈등	.412	.051	1.000	.235	.027	1.000
오차분산과 공분산						
X_1	.356	.047	.433	.741	.071	.737
X_2	.651	.069	.797	.273	.026	.742
X_3	.354	.049	.396	.427	.045	.581
X_4	.648	.073	.617	.370	.038	.617
X_5	.249	.041	.306	.165	.027	.339
$E_2 \smile E_4$	.139	.052	.213	–	–	–
동일성 제약 모수추정치						
형태계수						
갈등 ⟶ X_1	1.062	.059	.753	1.062	.059	.513
갈등 ⟶ X_2	.635	.055	.451	.635	.055	.507
갈등 ⟶ X_3	1.144	.053	.777	1.144	.053	.647
갈등 ⟶ X_4	.988	.056	.619	.988	.056	.619
갈등 ⟶ X_5	1.171	.049	.833	1.171	.049	.813

주. 〈표 16-2〉의 모형 5의 추정치임. Mplus로 계산되었으며 표준화 추정치는 STDYX임.

을 제외하고, 오차분산과 요인분산은 각 집단에서 자유모수로 추정되었다. 〈표 16-4〉는 두 집단의 평균구조에 대한 비표준화 추정치다. 총 5개의 측정변수 중 3개(X_3-X_5)의 절편이 집단 간에 동일하였으나, X_1과 X_2에 대한 절편 추정치는 집단별로 다르게 추정되었다. 이러한 결과는 측정변수 X_1과 X_2의 절편 차이로 인해 요인 평균 비교의 의미가 불명확해질 수 있음을 보여 준다. 연습문제 2는 〈표 16-3〉과 〈표 16-4〉의 결과를 활용하여 각 집단의 예측 평균을 계산하는 것이다.

　〈표 16-4〉에 제시된 바와 같이, 영어권과 스페인어권 표본에서 갈등 요인에 대해 추정된 평균은 각각 1.843과 1.532다. 그러나 〈표 16-3〉에 제시된 것처럼, 요인분산이 집단 간에 동일하지 않기 때문에, 두 집단의 평균을 비교를 위해 집단 내 분산을 통합하는 것은 적합하지 않다. 대신 등분산성을 가정하지 않는 Welch-James 검정(부록 16.A)을 이용하여 평균 비교를 수행하였다. 〈표 16-3〉과 〈표 16-4〉의 추정치는 다음과 같으며,

$$\hat{\kappa}_{\text{Eng}}=1.843, \quad \hat{\sigma}^2_{\text{Eng}}=.412, \quad n_1=193$$

$$\hat{\kappa}_{\text{Spa}}=1.532, \quad \hat{\sigma}^2_{\text{Spa}}=.235, \quad n_2=257$$

〈표 16-4〉 모형 5의 평균구조에 대한 최대우도 모수추정치

모수	영어권		스페인어권	
	추정치	*SE*	추정치	*SE*
비제약 모수추정치				
요인 평균				
⚠ ⟶ 갈등	1.843	.051	1.532	.039
측정변수의 절편				
⚠ ⟶ X_1	.323	.115	.486	.105
⚠ ⟶ X_2	.346	.113	.202	.089
동일성 제약 모수추정치				
측정변수의 절편				
⚠ ⟶ X_3	-.051	.095	-.051	.095
⚠ ⟶ X_4	-.144	.097	-.144	.097
⚠ ⟶ X_5	-.474	.087	-.474	.087

주. 모든 분석은 Mplus를 이용하여 수행되었으며, 표준화 추정치는 STDYX를 이용하였음.

이를 바탕으로 산출한 Welch-James 검정 결과, 집단 간 요인평균이 통계적으로 유의미하게 차이가 있다고 해석할 수 있다. 연습문제 3을 통해 여러분이 직접 계산해 보기 바란다.

$$t(344.33) = \frac{1.843 - 1.532}{.0552} = 5.63, \;\; p < .001$$

영어권과 스페인어권 집단 간 요인평균 차이에 대한 효과크기는 유의성 검정 결과보다 더 유용한 정보를 제공한다. 집단 내 분산이 상이하기 때문에 각 집단의 분산을 이용하면, 다음과 같이 두 개의 효과크기가 계산될 수 있다(Kline, 2013a, 5장).

$$d_{Eng} = \frac{1.843 - 1.532}{\sqrt{.412}} = \frac{.311}{.643} = .48$$

$$d_{Spa} = \frac{1.843 - 1.532}{\sqrt{.235}} = \frac{.311}{.485} = .64$$

효과크기를 바탕으로 해석하면, 요인 평균의 차이인 .311은 대략 .50~.60 표준편차 단위 정도의 크기를 가지며, 영어권 청소년들이 스페인어권 청소년들에 비하여 갈등을 더 높게 인식하고 있다고 해석할 수 있다. Choi, Fan과 Hancock(2009)은 잠재변수의 차이에 대한 효과크기 값을 산출하는 방법에 관해 기술하였다.

이 책의 웹사이트에서 본 분석에 사용된 Mplus 데이터와 명령어, 결과 파일 등을 다운받을 수 있으며, 동일한 데이터를 LISREL(Scientific Software International, 2013)로 분석한 파일도 탑재되어 있다. LISREL 9의 SIMPLIS 프로그램 언어가 두 개 이상의 모수에 대한 선형 제약 기능을 지원하지 않기 때문에, 본 분석을 위해서 LISREL의 행렬 기반 프로그램을 사용하였다.

🌐 순서형 측정변수의 분석 사례

리커트 척도와 같은 순서형 측정변수에 대한 측정동일성의 일반적인 정의는 다음과 같이 내릴 수 있다. 잠재변수에서의 위치가 동일한 응답자들이 어떤 문항에 대해 특정 응답범주를 선택할 확률이 집단 간에 동일할 경우 측정동일성을 가진다고 정의한다(Millsap,

2011). 그러나 순서형 측정변수에 대해 관찰된 응답은 공통 요인에 간접적으로만 연결된다. [그림 13-6]에서 볼 수 있듯이, (1) 반응범주의 수가 c라고 할 때, 각 문항이 $c-1$개의 분계점을 통하여 연속형 잠재반응변수와 연계되어 있으며, (2) 공통요인에 대한 측정변수가 관찰된 변수(문항)가 아닌 잠재반응변수로 설정되기 때문이다. 따라서 측정변수가 순서형일 경우에는 동일성 검증에 있어서 특별한 고려가 필요하다.

[그림 16-2]의 단일요인 CFA 모형을 생각해 보자. 각 문항은 0, 1, 2, 3의 네 개의 응답 범주를 가지는 리커트 척도로 측정되었으며, 각 측정변수에 대응하는 잠재반응변수 X^*를 연결시킨 구조를 분계점구조(threshold structure)라고 하며, 범주가 4개이므로 문항당 3개씩의 분계점 모수(τ)를 가진다. 공분산구조는 잠재반응변수 X^*를 우울 요인의 측성변수로 설정한 구조에 해당한다. 그림에서 λ는 X^*의 형태계수, α는 절편, 오차분산은 θ로 표시하였고, 우울 요인의 평균은 κ로 표시하였다.

다음으로 순서형 측정변수가 포함된 다집단 CFA의 모형이 식별되기 위한 최소 요건에 대해 생각해 보자. Millsap과 Yun-Tein(2004)이 제안한 식별 조건은 각 문항이 3개 이상의 범주로 측정된 다분(polytomous) 문항이고, 잠재반응변수가 하나의 요인만 측정하도록 설정된 단순한 구조임을 가정한다. 또한 세타(θ) 척도화 방법을 적용하여, 참조집단의 모든 X^* 변수에 대한 오차분산을 1로 고정하고, 다른 집단의 오차분산은 자유모수로 추정한다. 순서형 데이터에 대한 다집단 CFA에서는 세타 척도화가 오차분산을 자유모수로 추정하지 않는 델타 척도화 방법보다 선호된다. 델타 척도화를 적용하면 집단 간 오차동일

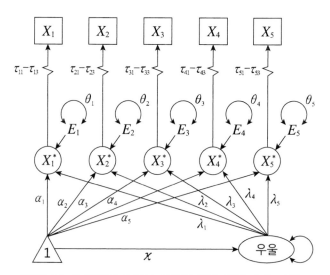

[그림 16-2] 백인과 흑인의 우울에 대한 단일 요인 모형

주. κ: 우울 요인의 평균, α: 잠재반응변수의 절편, λ: 잠재반응변수의 형태계수, θ: 오차분산, τ: 문항 분계점.

성을 직접 평가하는 것이 불가능하기 때문이다(Newsom, 2015, 2장 참조).

[그림 16-2]의 모형은 다음과 같은 제약을 가함으로써 식별된다.

1. 참조집단에서 요인의 평균은 0으로 설정하고 모든 오차분산은 표준화한다. 이를 기호로 나타내면 다음과 같다.

$$\kappa = 0, \ \theta_1 = \theta_2 = \theta_3 = \theta_4 = \theta_5 = 1.0$$

2. 모든 집단에서 모든 X^*에 대한 상수의 직접효과 즉, 절편(α)을 0으로 고정한다. 다음으로 집단 간에 동일한 X^*를 표지변수(참조변수)로 선택하고, 그 변수의 비표준화 형태계수를 1로 고정하여 집단 간에 동일한 방식으로 요인을 척도화한다. 이는 표지변수에 대한 형태계수 동일성을 가정하는 것이다. 예를 들어, X_1^*가 표지변수이면, 모든 집단에 대하여 다음과 같이 설정한다.

$$\lambda_1 = 1, \ \alpha_1 = \alpha_2 = \alpha_3 = \alpha_4 = \alpha_5 = 0$$

3. 모든 X^*에 대하여 분계점 모수 중 하나가 집단마다 동일하다고 제약하며, 표지변수로 선택된 X^*에 대해서는 두 번째 분계점 모수에 대해서도 동일성 제약을 가한다. 이를 기호로 나타내면 다음과 같으며, 다음 식에서 A와 B는 집단을 나타낸다. Millsap과 Yun-Tein(2004)은 이분(dichotomous)변수로 측정된 모형이나 일부 잠재반응변수가 둘 이상의 형태계수를 갖는 복잡한 구조에 대해서도 식별 요건을 설명하였다.

$$\tau_{11A} = \tau_{11B}, \ \tau_{12A} = \tau_{12B}$$
$$\tau_{21A} = \tau_{21B}, \ \tau_{31A} = \tau_{31B}, \ \tau_{41A} = \tau_{41B}, \ \tau_{51A} = \tau_{51B}$$

이 세 가지 식별 조건에서는 자유모수에 대한 내용이 언급되어 있지 않다. [그림 16-2]의 요인과 관련된 모수들이 이에 해당하며, 각 집단에서 자유롭게 추정된다. 표지변수를 제외한 변수들의 형태계수는 각 집단에서 자유롭게 추정된다. 참조집단을 제외한 모든 집단에서 요인 평균과 오차분산은 자유모수로 추정된다. 위에서 설명한 식별 조건을 적용한 상태에서 이와 같이 자유모수를 추정하는 것은 순서형 측정변수를 바탕으로 하는 다집단

CFA에서 형태동일성 모형에 해당한다. 형태동일성 모형이 기각되면 측정동일성에 대한 평가를 더 이상 진행할 수 없다.

반면, 형태동일성 모형이 채택된다면 다음 단계로 약한 동일성 모형을 검증할 수 있다. 약한 동일성 검증은 각 잠재반응변수의 비표준화 형태계수가 집단마다 동일하다고 제약하고, 형태통일성 모형과 상대적 적합도를 비교함으로써 이루어진다. 약한 동일성 모형의 적합도가 형태동일성 모형에 비하여 통계적으로 나쁘지 않다면 약한 동일성 모형이 채택된다.

강한 동일성 가설은 약한 동일성이 확보된 상태에서 검증할 수 있다. 강한 동일성 모형에서는 형태동일성 모형이나 약한 동일성 모형에서 아직 제약을 사하시 않은 분세점들에 대해서도 동일성 제약을 부여함으로써 검증한다. 강한 동일성 모형의 적합도가 약한 동일성 모형에 비하여 나쁘지 않으면 모형은 채택된다. 순서형 측정변수가 동일한 요인을 측정한다고 주장하기 위해서는 형태계수와 분계점 모두 집단 간에 동일해야 하지만, 정확성의 정도는 다를 수 있다. 따라서 마지막으로, 강한 동일성을 가정한 상태에서 엄격한 동일성을 추가로 제약한 최종모형을 검증한다. 이때 엄격한 동일성 가정은 잠재반응변수의 오차분산과 공분산이 집단 간에 동일함을 가정한다. 엄격한 동일성이 확보되면 측정변수가 모든 집단에서 동일한 방식으로 요인을 측정한다고 주장할 수 있다.

측정동일성 모형의 어떤 단계에서도 집단 간 요인분산이나 평균의 동일성을 요구하지 않으므로, 요인분산이나 평균이 집단 간에 다르더라도 이것이 순서형 측정변수의 측정구조 및 특성에 영향을 주지 않는다. 또한 순서형 측정변수의 분석에서는 공통 요인분산이나 평균을 공식적으로 비교하는 것과 별로 관련성이 없는데, 순서형 측정변수는 연속형 측정변수와는 달리 잠재반응변수의 요인 구조에 간접적으로 영향을 받기 때문이다. 게다가, 리커트 척도의 응답 범주는 절대적인 크기가 아닌 순서의 의미만 가지므로 사실상 문항의 평균과 분산 값은 임의적이라고 할 수 있다.

실제 사례에서 비교한 두 집단 중 첫 번째 집단의 데이터에 대해서는 13장에서 이미 설명한 바 있다. 간단히 요약하면, CES-D(Center for Epidemiologic Studies Depression) 척도 (Radloff, 1977) 중 우울 증상을 묻는 5개 문항을 2,004명의 백인 남성에게 실시하였다. 각 문항은 0, 1, 2, 3의 리커트 척도로, 점수가 높을수록 일주일간 해당 증상이 나타난 빈도가 높다는 것을 의미한다. 이 절에서 소개한 다집단 분석에서는 이 집단을 참조집단으로 지정하였다. 두 번째 표본은 동일한 5개 문항에 응답한 248명의 흑인 남성들의 응답 데이터 다. 〈표 16-5〉에 Mplus를 통해 추정한 각 집단의 다분상관(polychoric correlation)과 분계점을 제시하였다. 두 집단 모두 다분상관은 모두 양수값을 가지고, 분계점은 집단 간에 큰

〈표 16-5〉 우울증 데이터에 대한 백인과 흑인 표본의 다분상관과 분계점

잠재반응변수	X_1^*	X_2^*	X_3^*	X_4^*	X_5^*
			백인 ($n_1 = 2{,}004$)		
X_1^*	–				
X_2^*	.437	–			
X_3^*	.471	.480	–		
X_4^*	.401	.418	.454	–	
X_5^*	.423	.489	.627	.465	–
			흑인 ($n_2 = 248$)		
X_1^*	–				
X_2^*	.508	–			
X_3^*	.351	.373	–		
X_4^*	.305	.336	.398	–	
X_5^*	.464	.371	.531	.483	–

주. 표본 분계점(백인-X_1: .772, 1.420, 1.874; X_2: 1.044, 1.543, 1.874; X_3: .541, 1.152, 1.503; X_4: .288, 1.000, 1.500; X_5: .558, 1.252, 1.712. 흑인-X_1: .674, 1.487, 1.849; X_2: .753, 1.487, 1.622; X_3: .235, .726, .973; X_4: .361, 1.057, 1.374; X_5: .529, 1.233, 1.661). Mplus 결과임.

차이가 없는 것으로 나타났다. 연습문제 4는 〈표 16-5〉의 분계점을 두 집단에서 문항 X_1의 4개 반응 범주 각각의 반응 비율로 변환시키는 문제다.

이 분석에서는 Mplus의 WLSMV 추정량과 세타 척도화를 적용하여 [그림 16-2]의 단일요인 CFA 모형에 대한 평균구조 및 분계점구조를 분석하였다. 먼저, 앞에서 기술한 세 가지 식별 제약을 가하여 형태동일성 모형을 검증하였다. 5개 문항($p=5$) 모두 응답 범주가 4개($c=4$)이므로, 분계점의 수는 3이며($q=c-1=3$), 두 집단에 걸쳐 존재하는 독립적인 반응 비율의 수는 $2pq=2(5)(3)=30$이 된다. 각 집단에서 고유한 다분상관의 개수는 $p(p-1)/2$이므로, 이를 두 집단에 대해 계산하면 $p(p-1)=5(4)=20$이다. 따라서 두 집단에서 사용 가능한 총 정보의 개수는 $2pq+p(p-1)=30+20=50$이 된다. 추정해야 할 자유모수는 다음과 같다.

1. 흑인 집단의 요인 평균과 $p=5$개의 오차분산
2. 흑인과 백인 집단에서 추정해야 할 2개의 요인분산과 8개의 형태계수($2(p-1)=2(4)=8$), 24개의 분계점($2pq-p-1=2(5)(3)-5-1=30-6=24$)

이를 합하면, 전체 자유모수의 수는 $1+5+2+8+24=40$개다. 이 값은 또한 $2p(q+1)=$ $2(5)(4)=40$으로도 구할 수 있다(Millsap & Yun-Tein, 2004). 따라서 형태동일성 모형의 자유도는 $df_\mathrm{M}=50-40=10$이 된다.

〈표 16-6〉은 형태동일성 모형과 5개의 추가적인 동일성 모형에 대한 적합도 통계량이다. 표에서, WLSMV로 추정된 모형 카이제곱(χ^2_SB)은 카이제곱 차이검정에 직접 사용할 수 없다. 그러나 Mplus의 'difftest' 옵션을 사용하면 척도화된 카이제곱 차이검정 통계량($\hat{\chi}^2_\mathrm{D}$)을 자동으로 산출해 준다. 모형 1은 완전적합 검증에 의해 기각되었으며($\chi^2_\mathrm{SB}(10)=$ 25.210, $p=.005$), 카이제곱 통계치에 대한 백인과 흑인의 기여도는 각각 $15.552(61.7\%)$와 $9.657(38.3\%)$이었다.

흑인 집단에서 측정변수 X_1^*와 X_2^*의 상관잔차는 .128로 산출되었고, 이는 모형 1이 이 변수들에 대한 표본 다분상관(.508)을 .128만큼 과소추정했다고 해석할 수 있다. 즉, 흑인 집단에서는 X_1^*와 X_2^* 간의 공통된 원인이 누락되었을 가능성이 있다고 볼 수 있다.

이를 바탕으로, 흑인 표본에 대해서만 모형 1의 형태동일성 모형에 X_1^*와 X_2^*의 오차공분산을 추가하여 모형 2를 설정하였다. 이 모형은 카이제곱 검정에 의해 기각되었다($\chi^2_\mathrm{SB}(9)=18.404$, $p=.031$). 전체 모형 카이제곱에 대한 기여도에서 흑인 집단$(1.340, 7.3\%)$보다 백인 집단$(17.064, 92.7\%)$의 카이제곱 기여도가 훨씬 더 높은 것을 볼 수 있다. 두 집단의 상관잔차 절댓값은 모두 .10보다 작고, 분계점에 대한 잔차도 두 집단 모두 비교적 작게 산출되었다. 모형 2는 문항 X_1-X_5의 4개 범주에서 반응 비율을 거의 비슷하게 예측하였으며, 적합도도 모형 1에 비하여 통계적으로 높았다($\hat{\chi}^2_\mathrm{D}(1)=5.066$, $p=.025$). 다른 적합도 통계값도 합리적인 수준이므로, 모형 2의 형태동일성 모형을 채택하였다.

〈표 16-6〉 백인과 흑인의 우울증 데이터에 대한 측정동일성 모형의 적합도

동일성 모형	채택 여부	χ^2_SB	df_M	모형 비교	$\hat{\chi}^2_\mathrm{D}$	df_D	RMSEA (90% CI)	CFI
1. 형태동일성	N	25.210**	10	–	–	–	.037 [.019, .055]	.994
2. 형태동일성[a]	Y	18.404*	9	2 vs. 1	5.066*	1	.030 [.009, .050]	.996
3. 약한 동일성[a]	Y	26.638*	13	3 vs. 2	8.656	4	.031 [.013, .047]	.995
4. 강한 동일성[a]	Y	35.633*	22	4 vs. 3	10.788	9	.023 [.007, .037]	.995
5. 엄격한 동일성[a]	N	71.607**	27	5 vs. 4	28.029**	5	.038 [.028, .049]	.983
6. 부분 엄격 동일성[a, b]	Y	39.555*	26	6 vs. 4	5.266	4	.022 [.004, .034]	.995

주. CI는 신뢰구간임. 모든 결과는 Mplus의 세타 척도화 방법으로 계산하였음. [a] 흑인 집단에 오차공분산 설정$(E_1 \smile E_2)$; [b] 흑인 집단에 대해 X_3^*의 오차분산을 자유롭게 추정함. *$p<.05$; **$p<.01$.

모형 3에서는 $X_2{}^* - X_4{}^*$의 비표준화 형태계수에 집단 간 동일성을 가하였다. $X_1{}^*$을 표지변수로 선택하였으므로, $X_1{}^*$에 대한 형태계수를 0으로 고정하였다. 모형 3의 약한 동일성 모형은 카이제곱 검정에서 기각되었고($\hat{\chi}^2_{SB}(13)=26.638$, $p=.014$), 전체 모형의 카이제곱에 대한 상대적 기여도는 백인 집단에서 15.666(58.8%), 흑인 집단에서 10.972(41.2%)로 나타났다. 그러나 잔차분석에서 심각한 설정오류가 발견되지 않았고, 제약이 상대적으로 약한 형태동일성 모형에 비하여 모형의 적합도가 통계적으로 유의미하게 나빠지지 않으므로($\hat{\chi}^2_D(4)=8.656$, $p=.070$), 모형 3은 채택되었다.

모형 4에서는 이전 단계의 동일성 모형에서 제약하지 않았던 집단 간 비표준화 분계점에 동일성을 제약함으로써 강한 동일성 가정을 부여하였다. 모형 4는 카이제곱 검정에서 기각되었으며($\chi^2_{SB}(22)=35.633$, $p=.033$), 모형 카이제곱은 백인 집단에서 15.468(43.4%), 흑인 집단에서 20.165(56.6%)의 기여도를 나타내었다. 그러나 전체 모형 적합도는 모형 3에 비하여 통계적으로 유의미하게 나빠지지 않았고($\hat{\chi}^2_D(9)=10.788$, $p=.291$), 잔차 분석결과 지역 적합도에 큰 문제가 없으므로, 모형 4는 채택되었다.

모형 5는 엄격한 동일성 가설을 반영한 모형으로, 5개 변수 각각의 오차분산을 1로 제약하였다. 이 모형은 완전적합도 검증에 의해 기각되었으며($\chi^2_{SB}(27)=71.607$, $p<.001$), 전체 모형의 카이제곱 중 19.026(26.6%)은 백인 집단에서, 52.582(73.4%)은 흑인 집단에서 기인하였다. 또한 모형 적합도는 모형 4에 비하여 부적합한 것으로 나타났으며($\hat{\chi}^2_D(5)=28.029$, $p<.001$), 두 집단 모두 $X_3{}^*$의 오차분산에 대한 수정지수가 유의미하였다(백인: $z=8.284$, $p<.001$, 흑인: $z=8.154$, $p<.001$). 이러한 결과에 기반하여 엄격한 동일성 모형은 기각되었다.

모형 6에서는 $X_3{}^*$의 오차분산에 대한 집단 간 동일성 제약을 해제하여 부분 엄격 동일성 모형을 설정하였다. 이 모형은 카이제곱 검정에 의해 기각되었으며($\chi^2_{SB}(26)=39.555$, $p=.043$), 전체 카이제곱은 백인집단에서 14.542(36.8%), 흑인 집단에서 25.013(63.2%)의 기여도를 나타내었다. 그러나 모형 6이 모형 4에 비하여 적합도가 현저히 낮아진다고 보기 어렵고, 잔차 분석에서도 문제가 없었으므로 모형 6을 채택하였다.

요약하면, 동일한 형태계수와 분계점을 가정한 강한 동일성 모형이 채택됨에 따라, 분석에 사용된 5개 문항은 백인 집단과 흑인 집단에서 비슷한 방식으로 우울 요인을 측정한다고 해석할 수 있다. 그러나 부분 엄격 동일성만 확보되어, X_3에 대해서는 정확성의 정도가 집단 간에 다르다고 볼 수 있다. 흑인 집단에서만 $X_1{}^*$와 $X_2{}^*$ 간에 오차공분산을 설정해야 했던 것도 집단 간 오차 이질성의 또 다른 증거다. 이로 인해 측정동일성의 해석이 모호해진 부분도 있다.

최종 모형으로 선택된 모형 6의 모수추정치는 〈표 16-7〉에서 〈표 16-9〉에 제시되어 있다. 〈표 16-7〉은 각 집단별로 자유롭게 추정한 결과다. 흑인 표본에서 추정된 요인 평균 .086은 사실상 상수이며, 흑인의 평균은 백인의 평균보다 .086만큼 높다고 해석할 수 있다. 백인과 흑인의 요인분산과 표본크기는 다음과 같다.

$$\hat{\sigma}_W^2 = .577, \ \hat{\sigma}_{AA}^2 = .585$$

$$n_W = 2{,}004, \ n_{AA} = 248$$

두 집단의 분산이 비슷하기 때문에 통합 분산을 사용하여 효과크기를 계산하였다.

$$d = \frac{.086}{\dfrac{\sqrt{2{,}003(.577)+247(.585)}}{2{,}250}} = .11$$

효과크기를 바탕으로 흑인의 우울 요인 평균이 백인보다 약 .10 표준편차 단위만큼 높다고 해석할 수 있다. 흑인 집단의 오차분산과 공분산을 살펴보면, X_3^*의 오차분산은 3.498이고, X_1^*와 X_2^*의 오차공분산은 .192다. 비표준화 해에서 두 변수의 오차분산은 모두 1이기 때문에, 앞에서 언급한 오차공분산은 오차상관과 같았다.

〈표 16-7〉 모형 6의 비제약 모수에 대한 강건 가중최소제곱 추정치

모수	백인 비표준화	SE	표준화	흑인 비표준화	SE	표준화
우울 요인						
분산	.577	.081	1.000	.585	.128	1.000
평균	0	–	0	.086	.077	0
요인분산과 공분산						
X_3^*	1.000	–	.372	3.498	.883	.672
$E_1 \smile E_2$	–	–	–	.192	.130	.192

주. 오차분산의 표준화 추정치는 설명되지 않은 분산의 비율임. Mplus의 세타 척도화에 의한 결과이며, 표준화 해는 STDYX로 산출하였음.

〈표 16-8〉 모형 6의 형태계수와 오차분산에 대한 강건 가중최소제곱 추정치

모수	백인			흑인		
	비표준화	SE	표준화	비표준화	SE	표준화
형태계수						
우울 ⟶ X_1^*	1.000	–	.605	1.000	–	.607
우울 ⟶ X_2^*	1.104	.104	.643	1.104	.104	.645
우울 ⟶ X_3^*	1.710	.159	.792	1.710	.159	.573
우울 ⟶ X_4^*	1.008	.086	.608	1.008	.086	.610
우울 ⟶ X_5^*	1.579	.144	.768	1.579	.144	.770
오차분산						
X_1^*	1.000	–	.634	1.000	–	.631
X_2^*	1.000	–	.587	1.000	–	.584
X_4^*	1.000	–	.630	1.000	–	.627
X_5^*	1.000	–	.410	1.000	–	.407

주. 모든 분석은 Mplus의 세타 척도화 방법을 적용하여 수행되었고, 표준화 해는 STDYX임.

〈표 16-8〉은 모든 5개 측정변수의 형태계수와 X_3^*을 제외한 모든 측정변수의 오차분산이 같다고 제약한 모형의 분석결과다. 표에서 비표준화 추정치만 집단 간에 동일하게 산출된 것에 주목하기 바란다. 연습문제 5는 〈표 16-7〉과 〈표 16-8〉에 나타난 결과를 바탕으로 두 집단에서 각 측정변수의 R^2을 계산하는 것이다. 분계점 추정치는 〈표 16-9〉에 제시되어 있다. 세타 척도화의 표준화 해에서 분계점은 정규편차(normal deviate)로 해석되며, 평균이 0, 분산이 1인 잠재반응변수의 한 범주에서 다음 범주로 넘어가는 관찰된 반응에 해당하는 지점을 추정한 값이다. 일반적으로, 문항 분계점 추정치는 집단 간에 동일하고, 〈표 16-9〉의 표준화 분계점은 백인과 흑인 집단 모두에서 〈표 16-5〉의 관찰된 분계점과 비슷하게 산출되었다.

이 책의 웹사이트에서 이 분석에 사용된 Mplus의 프로그램 파일을 내려받을 수 있으며, lavaan 패키지로 분석하기 위한 파일도 찾을 수 있다. Millsap과 Yun-Tein(2004)은 순서형 데이터를 활용한 다집단 CFA 모형으로 측정동일성을 검증하는 데 있어서 Mplus와 LISREL의 차이점을 기술하였으며, Hirschfeld와 von Brachel(2014)은 R에서 측정동일성 검증을 위한 lavaan, semPlot, semTools에 관해 설명하였다.

〈표 16-9〉 모형 6의 분계점 모수에 대한 강건 가중최소제곱 추정치

문항	분계점	백인			흑인		
		비표준화	SE	표준화	비표준화	SE	표준화
X_1	1	.966	.045	.769	.966	.045	.767
	2	1.801	.062	1.434	1.801	.062	1.431
	3	2.360	.080	1.880	2.360	.080	1.875
X_2	1	1.326	.058	1.016	1.326	.058	1.013
	2	2.017	.075	1.546	2.017	.075	1.542
	3	2.412	.087	1.848	2.412	.087	1.843
X_3	1	.873	.062	.532	.873	.062	.383
	2	1.881	.093	1.148	1.881	.093	.824
	3	2.456	.113	1.498	2.456	.113	1.076
X_4	1	.382	.036	.303	.382	.036	.303
	2	1.276	.046	1.013	1.276	.046	1.011
	3	1.880	.058	1.493	1.880	.058	1.489
X_5	1	.882	.059	.565	.882	.059	.562
	2	1.967	.088	1.260	1.967	.088	1.255
	3	2.681	.113	1.717	2.681	.113	1.711

주. 모든 분석은 Mplus의 세타 척도화 방법을 적용하여 수행되었고, 표준화 해는 STDYX임.

🔵 구조동일성

구조회귀모형(SR 모형)에 평균구조가 포함된 모형의 다집단 분석은 평균구조를 포함하는 CFA 모형과 동일한 논리를 따른다. SR 모형에서는 내생요인에 대한 상수의 직접효과가 외생요인을 원인으로 하고 내생요인을 결과로 하는 회귀식의 절편에 해당하며, 내생요인에 대한 상수의 총효과는 평균에 해당한다. SR 모형의 부분 측정동일성 검증 역시 CFA와 동일한 논리를 따른다. 또한 SR 모형에서는 요인 간의 **구조적 관계**가 설정되어 있기 때문에 요인 간의 직접효과 또는 설명오차분산과 공분산에 대한 비표준화 회귀계수가 집단 간 동일한지를 검증하는 구조동일성 검증이 가능하다. 구조동일성 검증은 구조모형에서

관심 있는 모수에 동일성 제약을 가한 다음, 동일성 제약을 가하지 않은 모형의 적합도와 비교하여 실행한다. 만약 제약을 가한 모형의 적합도가 제약을 가하지 않은 모형에 비하여 유의미하게 나빠지지 않는다면, 구조동일성 모형을 채택한다. 단, 구조동일성 검증을 실시하기 위해서는 반드시 측정동일성 검증이 선행되어야 한다. 각 집단에서 요인이 동일한 방식으로 측정되지 않았다면, 경로계수나 설명오차에 대한 직접적인 비교가 불가능할 수도 있다.

대안적인 통계방법

문항반응이론(IRT)은 공통요인을 측정하는 문항들의 차별기능문항(differential item functioning: DIF)을 찾아내는 데 유용한 방법이다. DIF 분석에는 문항특성곡선을 이용하는 경우가 많다. 피험자의 능력이 동일함에도 불구하고 소속 집단에 따라 문항 난이도와 변별도, 추측도 등의 모수추정치가 상당히 다르게 나타날 때 DIF가 존재할 가능성이 있다고 본다(Zumbo, 2007). 또한 검사를 구성하는 문항들에 대한 누적적인 반응을 바탕으로 검사 차원에서 차별기능검사(differential test functioning: DTF)를 분석할 수도 있다. Oliveri, Olson, Ercikan과 Zumbo(2012)는 문제해결력 검사에 응답한 영어권 학생과 프랑스어권 학생들을 대상으로 집단별 DIF와 DTF를 자동적으로 추정하는 모수적 및 비모수적 IRT 방법과 순서형 로지스틱 회귀 방법에 관해 소개하였다. 이들은 검사단위의 분석에서는 문항단위의 차별 기능을 정확히 찾아내기 쉽지 않다는 것을 발견하였다. 어떤 문항은 영어권 학생에서 유리하고 다른 문항은 프랑스어권 학생에게 유리하기 때문에, 문항반응이 전체 점수로 합산될 경우 문항 단위의 편향이 상쇄되는 것으로 나타났다. Karami(2012)와 Millsap(2011)에서도 DIF 분석을 위한 다른 통계적 방법에 관해 기술하고 있다.

동일성 검증의 또 다른 대안으로서 EFA 방법을 적용하는 것도 가능하다. CFA와 마찬가지로 EFA에서도 순서형 측정변수를 분석하는 데 있어서 요인평균과 분산, 공분산 추정치와 문항 분계점 및 잠재반응변수의 형태계수 추정치를 산출해 주는 특별한 방법이 존재한다(Wirth & Edwards, 2007). EFA에서도 집단 간 유사성을 측정할 수 있는 다양한 통계적 방법이 존재한다(Nimon & Reio, 2011). Millsap(2011)은 동일성 검증을 실시할 때 제약을 가하지 않은 측정모형에 대해서는 EFA로 분석을 시작한 다음, 제약을 가한 측정모형을 분석할 때 CFA로 진행하는 것도 하나의 방법이라고 하였다.

요약

　다집단 SEM 분석에서는 특정한 비표준화 추정치에 대해 집단 간 동일성 제약을 부과하는 것이 일반적이다. 다집단 분석은 두 개 이상의 표본이 선택된 모집단에서 제약된 모수가 동일하다는 가설을 검증하기 위해 수행되며, 동일성을 제약한 모형의 적합도가 비제약 모형에 비하여 유의미하게 나쁘면 동일성 가설을 기각한다. 다집단 CFA에서는 측정동일성 가설, 즉 측정변수들이 집단 간에 동일한 요인을 측정하고 있는지를 검증한다. 가장 기본적인 형식은 형태동일성이며, 이는 집단 간에 동일한 CFA를 설정하고 아무런 제약을 가하지 않은 형태의 모형이다. 다음 단계는 약한 동일성으로, 각 측정변수의 비표준화 형태계수가 집단마다 같다고 가정한 모형이다. 강한 동일성 가설은 연속 측정변수의 절편 또는 순서형 측정변수의 분계점이 표본마다 같다는 것을 요구한다. 엄격한 동일성은 오차분산이나 공분산에도 동일성 제약을 부과한다. 측정변수가 요인들을 각 집단에서 동일하게 측정한다고 결론내리기 위해서는 엄격한 동일성까지 만족되어야 한다.

심화학습

Millsap(2011)은 연속형 또는 순서형 데이터로 동일성 검증을 하는 데 적용할 수 있는 CFA와 IRT 등의 통계적 방법을 다루고 있다. 동일성 검증의 분석 사례를 추가로 학습하려면 Wu, Li, Zumbo(2007)의 연구를 참고하기 바란다.

Millsap, R. E. (2011). *Statistical approaches to measurement invariance*. New York: Routledge.
Wu, A. D., Li, Z., & Zumbo, B. D. (2007). Decoding the meaning of factorial invariance and updating the practice of multi-group confirmatory factor analysis: A demonstration with TIMSS data. *Practical Assessment Research & Evaluation, 12*(3). Retrieved from http://pareonline.net/pdf/v12n3.pdf

연습문제

1. 식 16.1을 참고하여, 연속 측정변수의 평균을 집단 간에 의미 있게 비교하기 위해서 엄격한 동일성이 필요한 이유를 설명하시오.

2. 〈표 16-3〉과 〈표 16-4〉의 결과를 바탕으로, 각 집단의 모든 측정변수에 대한 예측 평균을 계산하시오.

3. 〈표 16-3〉과 〈표 16-4〉의 정보를 바탕으로, Welch-James 검정을 이용하여 갈등 요인에 대한 평균을 비교하시오.

4. 〈표 16-5〉에 제시된 각 문항의 분계점을 4개 범주(0, 1, 2, 3)의 반응 비율로 변환하시오.

5. 〈표 16-7〉과 〈표 16-8〉의 결과를 바탕으로 두 집단의 각 측정변수에 대하여 R^2을 계산하시오.

Welch-James 검정

독립 표본에 대한 Welch–James(WJ) 검정은 정규성은 가정하지만 등분산성은 가정하지 않는다. WJ검정의 공식은 다음과 같다.

$$t(df_{WJ}) = \frac{\hat{\mu}_1 - \hat{\mu}_2}{\hat{\sigma}_{WJ}}$$
(16.6)

WJ 검정의 자유도는 집단의 분산으로부터 추정되며, 다음에 제시한 **Welch–Satterthwaite 공식**을 적용하여 계산한다.

$$df_{WJ} = \frac{\left(\dfrac{\hat{\sigma}_1^2}{n_1} + \dfrac{\hat{\sigma}_2^2}{n_2}\right)^2}{\dfrac{(\hat{\sigma}_1^2)^2}{n_1^2(n_1 - 1)} + \dfrac{(\hat{\sigma}_2^2)^2}{n_2^2(n_2 - 1)}}$$
(16.7)

df_{WJ} 값은 일반적으로 정수로 산출되지 않는다. WJ 검정 통계량의 표준오차는 다음과 같다.

$$\hat{\sigma}_{WJ} = \sqrt{\frac{\sigma_1^2}{n_1} + \frac{\sigma_2^2}{n_2}}$$
(16.8)

인터넷에 무료로 제공되는 t분포 계산기를 이용하면, 정수가 아닌 자유도를 바탕으로 산출한 WJ 검정의 임계값을 구할 수 있다.[7]

---

7) www.usablestats.com/calcs/tinv

상호작용 효과와 다층 구조방정식모형

이 장에서는 SEM의 고급 분석 기법으로서 관찰변수와 잠재변수의 상호작용 효과 추정 방법 및 다층 SEM을 소개하고, 조건부과정모형이나 인과매개모형과 같이 상호작용을 가정한 매개효과 추정방법에 대해서도 설명한다. 이러한 주제들을 자세하게 다루는 것은 이 책의 범위를 벗어나므로, 이 장에서는 SEM에서 고급 분석기법의 적용이 필요한 상황이 어떤 상황인지에 관해 독자들이 이해하고 향후 학습을 위한 참고문헌을 제공하는 데 초점을 두고자 한다. 이 책을 읽으면서 "발견의 기회는 부단하게 연구하며 참을성 있게 노력하고 준비된 자에게만 찾아 온다."는 파스퇴르의 격언을 기억하기 바란다.

관찰변수의 상호작용 효과

SEM에서 연속형 관찰변수의 상호작용에 대한 추정은 다중회귀분석에서 조절효과를 분석하는 것과 동일한 방법으로 이루어진다. 즉, $XW = X \times W$와 같이 두 변수의 **곱셈항**(product terms)을 모형에 포함하여 상호작용 효과를 분석한다. 이러한 기법은 다항식을 이용하여 곡선적 추세를 추정하는 경우에도 적용되며, 2차 곡선 추세를 나타내려면 $X^2 = X \times X$, 3차 곡선 추세는 $X^3 = X \times X \times X$와 같이 곱셈의 차수를 늘려서 생성한 항들을 모형에 포함하여 분석한다. 이 장에서 곡선효과의 추정을 상세히 다루지는 않으나, 기본 원리는 상호작용 효과의 추정과 동일하다. 이에 관한 자세한 내용은 Cohen 등(2003)의 6장을 참조하기 바란다.

〈표 17-1〉의 데이터에서 X와 W를 독립변수로 하는 Y의 비표준화 회귀식은 다음과 같이 도출되며, 이때 $R^2 = .033$으로 산출되었다.

〈표 17-1〉 다중회귀분석의 상호작용 분석을 위한 데이터

예측변수			준거변수
X	W	XW	Y
2	10	20	5
6	12	72	9
8	13	104	11
11	10	110	11
4	24	96	11
7	19	133	10
8	18	144	7
11	25	275	5

주. M_X =7.125, SD_X =3.137, M_W =16.375, SD_W =6.022.

$$\widehat{Y}=.112X-.064\,W+8.873 \tag{17.1}$$

이 회귀식에서 .112와 −.064는 각각 X와 W의 기울기를 나타낸다([그림 2-2] 참조). Y 절편에 해당하는 8.873은 $X=W=0$일 때 Y의 예측점수인데, 〈표 17-1〉을 보면, X와 W의 점수 범위에 0이 포함되어 있지 않다. 이와 같은 경우, 절편에 대한 의미 있는 해석이 가능하도록 다음의 식을 이용하여 변수를 중심화하여 분석하기도 한다. 연습문제 1에서 다음 변수 계산을 통해 X와 W의 점수를 중심화해 보도록 하자.

$$x=X-M_X,\ \ w=W-M_W$$

x와 w는 평균과의 편차점수이며, 이를 중심화된 변수라고 한다. 다음 식은 중심화된 변수 x와 w를 예측변수로 하여 분석한 회귀식이며, 이때도 $R^2=.033$이 산출된다.

$$\widehat{Y}=.112x-.064w+8.625 \tag{17.2}$$

이 식에서 새로 산출된 Y 절편은 8.625이며, 이는 $X=M_X$이고 $W=M_W$일 때 Y의 예측 점수에 해당한다. 식 17.1과 식 17.2를 비교할 때, 예측변수들을 중심화하면 절편이 바뀌지만 R^2(.033)과 회귀계수는 달라지지 않는다.

이상에서 설명한 두 회귀분석 모두 곱셈항을 포함하지 않는 비조건적 선형효과를 분석

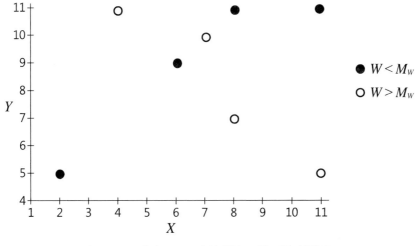

[그림 17-1] 〈표 17-1〉의 변수 X와 Y의 산점도

하는 모형이다. 그러나 〈표 17-1〉의 점수를 살펴보면 이러한 효과는 실제로 변수 W에 따라 조건적으로 변하는 것을 알 수 있다. X와 Y 변수 간 선형적 관계는 W 점수가 낮은 경우에는 정적 관계를 나타내지만, W 점수가 높은 경우에는 부적 관계를 나타낸다. [그림 17-1]에서 이러한 양상을 보여 주고 있으며, 닫힌 원은 W의 평균인 M_W보다 작은 점수를, 열린 원은 M_W보다 큰 점수를 나타낸다. 또한 W와 Y 변수 간 관계의 방향에 있어서도 이와 유사한 변화가 나타난다. 즉, X의 수준이 높을 때 W와 Y의 관계가 정적인 반면, X의 수준이 낮을 때는 부적 관계가 나타난다. 즉, W는 X와 Y의 관계를 조절하고, X는 W와 Y의 관계를 조절한다고 할 수 있다. 이것을 대칭적 상호작용이라 한다. 연습문제 2에서 조절효과와 매개효과의 차이를 설명해 보도록 하자.

〈표 17-1〉의 곱셈항 XW는 X, W, XW로 Y를 예측하는 회귀식에서 상호작용 효과를 나타낸다. 이 분석에서 $R^2 = .829$이고, $\widehat{Y}$은 다음과 같이 표현된다.

$$\widehat{Y} = 1.768X + .734W - .108XW - 3.118 \tag{17.3}$$

식 17.3에서 Y 절편은 $X = W = 0$일 때 $\widehat{Y}$이 -3.118임을 의미한다. XW의 회귀계수가 $-.108$이라는 것은 W가 한 단위 증가할 때 X로부터 Y를 예측하는 선형 회귀식에서 기울기가 .108 만큼 감소함을 의미한다. 이와 유사하게, X가 한 단위 증가할 때 W로부터 Y를 예측하는 회귀식의 기울기도 .108만큼 감소한다고 해석할 수 있다. [그림 17-2]는 식 17.3에 제시된 회귀식을 좌표 평면 위에 나타낸 것으로, X로부터 Y를 예측하는 회귀식의 기울기가

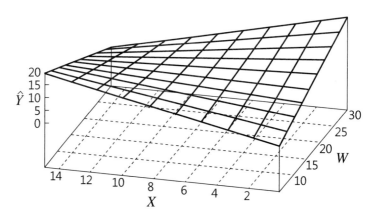

[그림 17-2] 〈표 17-1〉의 데이터를 사용하여 추정한 비표준화 회귀 평면

W값에 따라 변하고, W로부터 Y를 예측하는 회귀식의 기울기는 X값에 따라 달라지는 것을 보여 준다. [그림 17-2]는 곱셈항이 포함된 회귀식인데, 이것을 곱셈항이 포함되지 않은 회귀식([그림 2-2])과 비교해 보기 바란다.

식 17.3에서 X와 Y의 회귀계수는 조건적 선형효과를 추정한다. 예를 들어, 회귀계수 1.768은 W가 0일 때 X에 대한 Y의 회귀식의 기울기를 나타내며, 이와 마찬가지로 회귀계수 .734는 X가 0일 때 W에 대한 Y의 회귀식의 기울기를 나타낸다. 그러나 두 예측변수에 대해 0이 관찰 가능한 값의 범위 내에 있지 않으므로 식 17.3에서 X와 W의 회귀계수에 대한 해석은 실질적인 의미가 거의 없다고 볼 수 있다.

앞서 설명한 바와 같이, 여기서도 중심화를 통해 x와 w를 계산함으로써 예측변수의 점수 범위에 0이 포함되지 않는 문제를 해결할 수 있다. 다음 식은 중심화한 두 변수의 곱셈항인 xw를 산출한 후 Y에 대한 회귀식을 추정한 것으로, $R^2 = .829$로 산출되었다.

$$\widehat{Y} = -.001x - .035w - .108xw + 8.903 \tag{17.4}$$

중심화를 하게 되면 R^2 값(.829)과 곱셈항의 회귀계수(-.108)는 그대로 유지되지만, 두 예측변수의 회귀계수와 절편이 달라지게 된다. 이것은 식 17.3과 식 17.4를 비교해 보면 쉽게 확인할 수 있다. 식 17.4에서 절편 8.903은 x과 w이 각각 0일 때 Y의 예측값이다. 중심화된 변수의 값이 0이라는 것은 각 예측변수의 원래 단위에서의 평균을 나타내므로 $X = M_X$이고, $W = M_W$일 때 $\widehat{Y} = 8.903$이라는 것과 같다.

식 17.4에서 x와 w의 회귀계수는 다음과 같이 해석할 수 있다. $w = 0$일 때, X로부터 Y를 예측하는 회귀식의 기울기는 -.001이며 이것은 $W = M_W$일 때, 두 변수 X와 Y가 서로 거의 관련이 없음을 나타낸다. 또한 X가 평균과 같은 경우 W로부터 Y를 예측하는 회귀식의 기울기는 $-.035$다. 곱셈항이 포함된 회귀분석에서 중심화를 하게 되면 절편과 회귀계수에 대한 해석이 원래 점수 척도의 0점에서 편차점수 척도의 0, 즉 변수의 평균에서의 효과로 바뀌게 된다.

　회귀분석을 이용한 조절효과 분석에서 중심화가 반드시 필요하다고 주장하는 연구자들이 있으나 이것은 사실이 아니다(Edwards, 2009). 중심화는 선택 사항이며, 특정 예측변수에서 0의 값이 존재하지 않을 때 중심화를 실시하면 해석이 용이해진다는 장점이 있다. 0이 유효한 점수인 예측변수들에 대해서는 중심화하지 않고 원점수로 분석해도 무방하다. 중심화를 하더라도 **본질적 다중공선성**(essential multicollinearity), 즉 개별 예측변수의 효과와 상호작용 효과의 중복으로 인한 공선성 문제는 해결되지 않는다. 중심화를 실시하면 단지 **비본질적 다중공선성**(nonessential multicollinearity), 즉 원래 예측변수들과 상호작용항 사이의 상관에만 영향을 미치는데, 이는 변수의 척도로 인한 문제이며 데이터 자체의 특성에 영향을 주는 것은 아니다(Cohen et al., 2003). 연습문제 3에서 〈표 17-1〉에 제시된 원래 척도상의 X, W, XW의 상관과, 중심화된 변수인 x, w, xw의 상관을 계산해 보자. 중심화를 적용하면 원래 척도상의 점수와 비교할 때 원척도와 상호작용항 간 상관을 낮추는 경향이 있으나, 그 밖의 다른 영향은 없다는 점을 확인할 수 있을 것이다.

　다음으로 연속변수의 상호작용 효과에 대한 해석을 살펴보기로 하겠다. 〈표 17-1〉의 데이터에 대해 X, W, XW로부터 Y를 예측하기 위한 회귀모형은 식 17.3과 같다. 이 식을 X에 관해 다시 정리하면 다음과 같이 나타낼 수 있다.

$$\hat{Y} = (1.768 - .108\,W)X + (.734\,W - 3.118) \qquad (17.5)$$

식 17.5에서 X의 회귀계수인 $(1.768 - .108\,W)$는 회귀식의 기울기로서 W에 의존한다. 즉, X로부터 Y를 예측하는 회귀선의 기울기는 W에 의해 결정된다고 볼 수 있다. 식 17.5에서 $(.734\,W - 3.118)$은 단순회귀분석의 절편을 나타내며, 이 값 역시 W에 의해 결정된다([그림 17-2] 참조).

　식 17.5에서 W를 의미 있는 값으로 대체한 후, 앞서 제시한 단순회귀분석의 결과를 살펴보도록 하자. 〈표 17-1〉의 데이터에 대해 $M_W = 16.375$, $SD_W = 6.022$이며, 평균으로부터 $-2, -1, 0, +1, +2$ 표준편차에 위치한 W값은 각각 4.331, 10.353, 16.375, 22.397, 28.419와 같다. $W = M_W + SD_W = 22.397$이고 이 값을 식 17.5에 대입하면 다음과 같은 회귀식이 도출된다.

$$\hat{Y}_{W=22.397} = -.651X + 13.321$$

〈표 17-2〉는 앞서 나열한 모든 수준의 W값에 대해 X로부터 Y를 예측하는 단순회귀식을 보여 준다. 회귀식의 기울기는 $W < M_W$인 경우 양수 값을 나타내나, $W > M_W$이면 음수로 바뀌게 된다. W의 평균값에서 기울기는 사실상 0에 가까우므로(−.001), X와 Y는 서로 상관이 없다고 볼 수 있다. 〈표 17-2〉와 [그림 17-3]의 절편 값들 역시 W의 수준에 따라 달라진다는 점을 기억하기 바란다.

정규분포를 가정하는 대규모 표본에서 기울기를 표준오차로 나눈 비율로 z 검정을 실시할 수 있다. 이와 관련된 개념으로, **유의영역**(regions of significance)이란 X로부터 Y를 예측하는 단순 회귀식의 기울기가 통계적으로 유의하게 나타나는 W값의 범위를 나타낸다. 또한 기울기의 **신뢰구간**(confidence bands)은 상호작용을 해석하기 위한 개념으로, 신뢰구간이 0을 포함하지 않는 경우, 변수 W는 X와 Y의 관계를 조절한다고 해석할 수 있다. Preacher, Rucker, Hayes(2007)는 단순회귀식의 기울기를 분석할 수 있는 무료 컴퓨터 프로그램을 소개하였다.[1] SAS/STAT의 spin plot을 통해 상호작용을 시각적으로 표현하는 명령어도 무료로 이용 가능하다.[2]

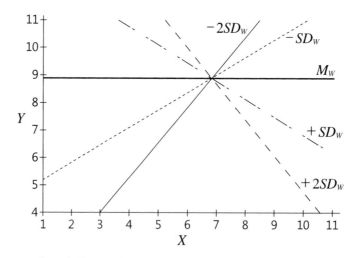

[그림 17-3] W의 함수로 나타낸 X와 Y 간의 단순회귀식(〈표 17-1〉의 데이터)

1) www.quantpsy.org/medn.htm

2) www.ats.ucla.edu/stat/sas/faq/spplot/reg_int_cont.htm

곱셈항에 대한 표준화 회귀계수는 일반적인 회귀계수와 같이 해석할 수 없다. 그 이유는 두 변수를 표준화시켜 곱한 값($z_X \times z_W$)과 두 변수를 곱한 다음 표준화시킨 값(z_{XW})이 서로 다르기 때문이다. 〈표 17-1〉 데이터에 대해 다중회귀분석을 실시하면 일반적으로 다음과 같은 결과가 산출된다.

$$\hat{z}_Y = b_X z_X + b_W z_W + b_{XW} z_{XW} \tag{17.6}$$

이 식에서 회귀계수 b_{XW}는 표준화 상호작용 효과를 정확하게 추정하지 못한다. 올바른 표준화 모형은 z_{XW}가 아닌 '$z_X \times z_W$'항의 표준화계수를 포함해야 할 것이다. Cohen 등 (2003, pp. 282-284)은 표준화 상호작용 효과를 정확하게 추정하기 위한 방법에 대해 설명하고 있다.

모형의 확장 및 난점

잔차 중심화(residual centering) 방식을 이용하면 변수 X와 W의 효과를 통제하여 상관을 없앤 **잔차 곱셈항**(residualized product term)을 생성할 수 있다(Lance, 1988; Little, Bovaird, & Widaman, 2006). 이러한 잔차 곱셈항은 두 단계에 걸쳐 산출된다. 1단계에서는 X와 W로부터 XW를 예측하는 회귀분석을 실시한다. 여기서 얻은 잔차는 X와 W 간 상관이 제거되면서 상호작용 정보는 포함하게 된다. 2단계에서는 변수 X, W와 1단계에서 산출한 잔차 곱셈항 XW_{res}로부터 Y를 예측하는 회귀분석을 실시한다. 연습문제 4에서 〈표 17-1〉의 데이터를 이용하여 이 분석을 실시해 보도록 하자.

XW항은 [그림 17-3]에 제시된 바와 같이 선형×선형 간 상호작용을 나타낸다. XW^2 항은 선형×제곱항(2차 변수) 간 상호작용을 나타내는데, 이는 Y에 대한 X의 선형관계가

〈표 17-2〉 W의 수준에 따른 X와 Y 간의 단순회귀식

수준	점수	회귀식
$-2SD_W$	4.331	$\hat{Y} = 1.300X + .061$
$-SD_W$	10.353	$\hat{Y} = .650X + 4.481$
M_W	16.375	$\hat{Y} = -.001X + 8.901$
$+SD_W$	22.397	$\hat{Y} = -.651X + 13.321$
$+2SD_W$	28.419	$\hat{Y} = -1.301X + 17.742$

W가 높거나 낮을 때 더 빠르게 변화한다는 것을 의미한다. 또한 이것은 W와 Y의 2차 곡선적 관계가 X의 여러 수준에 걸쳐 일정한 비율로 변화한다는 것을 뜻하기도 한다. 이와 같은 상호작용 효과를 추정하기 위해서는 X, W, W^2, XW, XW^2을 통해 Y를 예측하는 회귀분석을 실시하면 된다(예: Cohen et al., 2003, pp. 292-295). 곱셈항 XWZ는 세 변수들 간의 3원 선형 상호작용을 나타낸다. 3원 선형 상호작용은 가령 X와 W라는 두 개의 예측변수 간 상호작용이 다른 예측변수인 Z의 수준에 따라 선형적으로 변화한다는 것을 의미한다(Dawson & Richter, 2006 참조).

Judd, Kenny, McClelland(2001)는 반복측정자료에서 차이점수를 종속변수로 하여 조절변수의 예측효과를 분석하는 방법에 대해 설명하였다. 각 사례에 대한 차이점수는 Y에 대한 X의 효과를 의미하며, 이러한 효과의 크기가 조절변수의 수준에 따라 달라질 경우 상호작용 효과가 있다는 가설이 지지된다. Edwards(1995)는 어떤 변수에 대한 관리자와 부하 간 일치도와 같이 두 구인 간의 유사성 정도가 결과변수인 경우 상호작용 효과를 분석하는 방법에 대해 설명하였다. Cohen 등(2003, 9장)과 Hayes와 Matthes(2009)의 연구에서는 범주형 변수 간 상호작용 효과의 추정 방법에 대해 설명하였다. 상호작용은 다층모형에서도 분석할 수 있는데, 이 부분은 이 장의 후반부에서 다루도록 하겠다.

측정오차는 개별 변수에서보다 곱셈항에서 훨씬 커질 수 있기 때문에 점수 신뢰도는 매우 중요한 문제다. 측정오차가 커질 경우 곱셈항의 회귀계수 추정치와 통계적 유의도에 대한 검정력을 떨어뜨리는 결과로 이어지게 된다(Edwards, 2009). 준거변수의 측정오차 역시 곱셈항의 회귀계수에 편향을 가져올 수도 있다(Baron & Kenny, 1986). 이러한 문제를 해결하는 한 가지 방법은 .90 이상의 매우 높은 신뢰도를 갖는 예측변수를 사용하는 것이다. 또 다른 방법으로 구조방정식모형의 틀 안에서 잠재변수들 간의 상호작용 효과를 추정하는 방법이 있는데, 이 방법에 대해서는 이 장의 후반부에서 설명할 것이다. 상호작용 효과 검정 시 적절한 검정력을 확보하기 위해서는 표본이 크고 점수 신뢰도가 높아야 한다(Aguinis, 1995).

🥐 경로분석의 상호작용 효과

[그림 17-4]는 **조절된 경로분석**(moderated path analysis)에서 두 연속변수 사이의 상호작용 효과를 표현하는 네 가지 방식을 보여 주고 있다. [그림 17-4] (a)는 회귀분석에서 조절효과를 분석하는 경우와 마찬가지로 X, W, XW로부터 Y를 예측하는 회귀식을 나타

낸다. 기호 γ_X와 γ_W는 각 변수의 직접효과를 나타내며, γ_{XW}는 상호작용 효과를 나타낸다. Mplus의 간단한 기호체계로 표현된 [그림 17-4] (b)에서 닫힌 원은 곱셈항을 나타내며, 닫힌 원으로부터 나가는 경로가 상호작용을 나타낸다. [그림 17-4] (c)와 [그림 17-4] (d)에는 곱셈항이 명시적으로 포함되어 있지 않으나, 이때도 역시 곱셈항이 X와 W의 효과와 함께 분석된다. 주요 예측변수 X의 효과가 조절변수 W의 수준에 따라 달라진다는 연구가설은 [그림 17-4] (c)에서 $X-Y$ 경로 사이에 놓인 W 경로에 의해 표현되며, 이러한 조절변수 효과는 [그림 17-4] (a)와 [그림 17-4] (b)에서와 마찬가지로 γ_{XW}로 나타낸다. [그림 17-4] (d)에서는 주요 예측변수와 조절변수 효과의 역할이 반대로 설정되어 있으나, 상호작용이 대칭적이기 때문에 이러한 설정이 허용된다. [그림 17-4] 에 제시된 4개 모형은 동일한 모형으로 간주된다.

[그림 17-4]의 모형들은 평균구조를 포함하지 않기 때문에 절편이 아닌 기울기만 분석하게 된다. 그러나 조절된 경로분석에서 기본적인 공분산구조에 평균구조를 추가하여 공분산과 평균을 함께 분석하는 데에는 큰 문제가 없다. 이 경우 조절된 경로 분석을 통해 기

(a) 회귀분석으로 표현한 도식

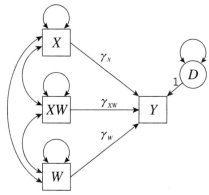

(b) 단순화한 도식

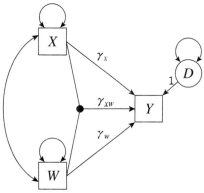

(c) 예측변수 X와 조절변수 W의 경로분석

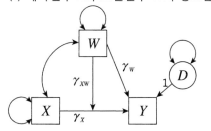

(d) 예측변수 W와 조절변수 X의 경로분석

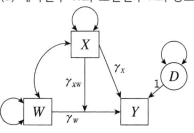

[그림 17-4] 연속형 관찰변수의 상호작용 효과에 대한 경로분석 도식

울기와 절편, 유의도 영역과 신뢰구간을 추정할 수 있다. 이와 관련하여 다음 사항들에 유의할 필요가 있다.

1. Kenny(2013)는 매개모형과 마찬가지로 조절모형 역시 인과모형에 해당하므로 기본적인 방향성 가정이 올바르게 설정되지 않으면 의미 없는 분석결과가 도출될 수 있다고 보았다. 예를 들어, X와 Y 사이의 직접효과가 반대로 설정될 경우, X와 W의 상호작용 효과도 반대 방향으로 나타날 수 있다.

2. Kenny(2013)는 곡선적 효과와 상호작용 효과가 혼재될 수 있는 사례를 설명하였다. 예를 들어, 소득 X와 직무동기 Y의 관계에 대한 분석에서 낮은 소득 수준에서는 두 변수 간에 보다 높은 상관이 나타나기 때문에 두 변수가 곡선적 관계에 있다고 볼 수 있다. 한편, 젊은 직원일수록 소득이 낮으므로 나이를 나타내는 변수 W와 소득 X 사이에 '상호작용'이 존재한다고 볼 수 있다. 즉, 젊은 직원들에게서 소득과 직무동기 간 상관이 더 높게 나타날 수 있다. 이렇듯 곡선적인 관계와 상호작용 효과 간 혼동을 피하기 위해 Edwards(2009)는 XW 추정 시 X^2과 W^2도 함께 포함시킬 것을 제안하였다.

3. Edwards(2009)는 [그림 17-4] (a)에서 보는 바와 같이 경로도에 곱셈항을 원인변수로 포함시킬 수는 있으나, 이것이 인과효과를 의미하지는 않는다고 하였다. 이는 곱셈항(XW)이 그것을 구성하는 예측변수(X, W)와 구별되는 별도의 속성을 나타내는 것이 아니기 때문이다. 곱셈항은 개별 예측변수의 주효과와 함께 분석될 때 결합효과를 표현하는 수리적인 합성일 뿐 인과관계를 반영하지는 않는다. 따라서 [그림 17-4] (c)와 [그림 17-4] (d)에서 곱셈항을 표현하고 있으나 인과관계로는 가정하지 않았다.

조건부과정모형

조건부과정모형(conditional process modeling)은 직접효과와 간접효과의 경계 조건과 인과효과가 발생하는 상황에 관한 사항들을 다룬다(Hayes, 2013a). 다음 논의에서는 원인변수, 매개변수, 결과변수를 측정하는 데 있어 시간차를 두고 측정된 연구 설계를 가정한다. 반면, 동일한 시점에 모든 변수가 측정된 횡단연구설계에서는 매개효과보다 간접효과라는 표현이 더 적합하다. 조건부과정모형의 핵심개념은 **매개된 조절효과**(mediated moderation)

(a) 매개된 조절과 1단계 조절효과($X \rightarrow M$은 W에 따라 달라짐)

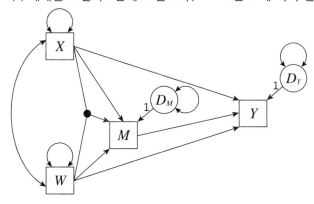

(b) 2단계 조절효과($M \rightarrow Y$는 W에 따라 달라짐)

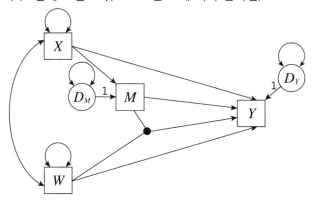

(c) 원인변수-매개변수 상호작용

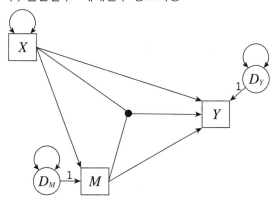

[그림 17-5] (a) $X \rightarrow M$에 대한 매개된 조절과 1단계 조절. (b) $M \rightarrow Y$에 대한 2단계 조절.
(c) 원인변수-매개변수 상호작용

로서 상호작용 효과, 즉 조절효과가 하나 이상의 개입변수(intervening variable) 또는 매개변수를 통해 전달되는 경우를 의미한다(Baron & Kenny, 1986). [그림 17-5] (a) 는 Y에 대한 X와 W의 상호작용 효과가 전적으로 매개변수 M을 통한 간접효과에 의한 것이라는 연구가설을 반영하고 있다. Lance(1988)에서도 기본적으로 동일한 경로모형을 검증하였다. 예를 들어, Y는 강의 내용에 대한 기억의 정확성, X는 기억할 내용의 인지적 부담, W는 사회적 지각의 복잡성, 그리고 M은 강의 내용 중 언급된 특별한 행동을 나타낸다고 하자. 이 모형의 분석결과, 인지적 부담(X)과 사회적 지각의 복잡성(W) 간 상호작용 효과는 주로 강의 중 언급된 특별한 행동(M)을 통한 간접효과에 의한 것으로 나타났다.

또 다른 중요한 개념 중 하나로 **조절된 매개효과**(moderated mediation)를 들 수 있으며, 이는 **조건적 간접효과**(conditional indirect effect)라고도 한다(James & Brett, 1984; Preacher et al., 2007). 조절된 매개효과란 간접경로에서 하나 이상의 직접효과의 크기가 외부변수의 수준에 따라 달라지는 경우를 가리킨다. 다집단 경로분석에서 외부변수는 소속 집단에 해당하며, 간접효과의 크기가 집단마다 다르다면 그 효과는 조건적이라고 볼 수 있다. 단일집단 분석에서도 조건적 간접효과 추정이 가능하다. 이때 외부변수는 동일 모형 내 다른 변수가 되며, 이 부분은 뒤에서 자세히 다루도록 하겠다.

조절된 매개효과에는 다양한 유형이 있다. [그림 17-5] (a)는 앞서 설명한 매개된 조절효과 이외에도 **1단계 조절효과**(first-stage moderation)를 보여 준다(Edwards & Lambert, 2007). 이때 Y에 대한 X의 간접효과의 첫 번째 경로, 즉 $X \longrightarrow M$은 외부변수 W에 따라 달라진다. 이러한 상호작용 효과는 [그림 17-5] (a)에서 X, W와 XW로부터 M을 예측하는 회귀식으로 표현되며, M에 대한 X의 직접효과가 W의 수준에 따라 달라지는 것을 나타낸다. Y에 대한 W의 간접효과를 나타내는 첫 번째 경로, 즉 $W \longrightarrow M$이 X에 따라 달라진다는 가설이 동일한 모형에서 반영될 수도 있는데, 이것은 상호작용이 대칭적이기에 가능하다. 한편, [그림 17-5] (b)는 **2단계 조절효과**(second-stage moderation)를 나타내며, 이 그림에서 Y에 대한 X의 간접효과의 두 번째 경로에 해당하는 $M \longrightarrow Y$는 외부변수 W에 따라 달라진다. 이러한 상호작용은 [그림 17-5] (b)에서 X, M, W와 MW에 대한 Y의 회귀식으로 표현되며, Y에 대한 M의 직접효과는 W에 따라 달라진다.

Edwards와 Lambert(2007)는 다른 형태의 조절된 매개효과에 대해 다음과 같이 요약하였다.

1. **1단계 조절효과와 2단계 조절효과**는 W가 M을 통해 X에서 Y로의 직접경로와 간접경로 효과들을 모두 조절할 때 발생한다. 즉, W가 $X \longrightarrow M$을 조절하고, 다른 변

수인 Z가 $M \longrightarrow Y$를 조절할 때 발생한다.

2. **직접효과와 1단계 조절효과**가 있는 모형에서, Y에 대한 X의 직접효과와 간접효과의 첫 번째 경로인 $X \longrightarrow M$은 모두 외부변수에 의해 조절된다. **직접효과와 2단계 조절효과**에서는 외부변수가 직접효과와 간접효과의 두 번째 경로인 $M \longrightarrow Y$를 모두 조절한다. 또한 **총효과 조절**(total effect moderation)에서 외부변수는 간접효과의 경로 이외에도 직접효과를 조절한다.

Curran, Hill과 Niemiec(2013)은 조건부과정모형을 적용하여 아동들의 축구 활동참여도와 불만족을 분석하였다. 분석결과, 코치의 구조화는 아동의 참여도와 정적인 관계에 있는 반면, 불만족과는 부적으로 관련되어 있으며, 이러한 관계는 아동의 심리적 요구 충족을 통해 간접적으로 나타나는 것으로 드러났다. 이와 같은 간접효과는 코치로부터 자율적 지원 수준이 높은 아이들에게서만 나타났다. Preacher 등(2007)은 [그림 17-5]에 제시된 형태의 조건적 간접효과에 대한 경로모형 분석을 위한 SPSS 매크로 명령문을 제공하였다(각주 1 참조). Hayes(2013b)도 조건부과정모형을 위한 컴퓨터 프로그램을 인터넷에 무료로 제공하고 있다.[3]

🫓 인과매개분석

인과매개분석(causal mediation analysis)은 앞서 8장에서 소개된 바 있다. 다시 간단하게 설명하면 인과매개분석은 직접효과와 간접효과, 총효과에 대한 반사실적(counterfactual) 정의에 기반한 방법으로서 연속형과 이분형 매개변수 및 결과변수뿐 아니라 선형모형과 비선형모형도 분석할 수 있는 방법이다. 이때 원인변수 X와 매개변수 M의 상호작용이 가정된다. 이와 달리 Baron과 Kenny(1986)의 고전적 방법은 상호작용을 가정하지 않고 간접경로를 구성하는 직접효과들의 곱셈항을 통해 선형모형에서 연속변수에 대한 간접효과를 추정한다(예: 〈표 11-4〉). 상호작용이 없을 경우 선형모형에 대한 인과매개분석의 결과와 Baron-Kenny 방법에 의한 결과는 동일하다. 그러나 상호작용이 포함될 경우 두 방법은 같은 데이터에 대해 매우 다른 추정치를 산출한다. 이러한 맥락에서 인과매개분석은 상호작용을 허용하는 모형으로서 Baron-Kenny 방법의 확장된 형태로 볼 수 있다(Valeri

---

3) www.afhayes.com

& VanderWeele, 2013). 또한 조건부과정모형에서도 원인변수와 매개변수 간 상호작용을 추정할 수 있으나(Preacher et al., 2007), 그러한 효과는 반사실적 관점에서 정의된 것은 아니다.

[그림 17-5] (c)는 원인변수 X와 매개변수 M의 상호작용에 대한 조절된 경로모형을 나타낸다. 여기서 이분변수 X는 연구 대상을 통제집단(X=0) 또는 실험집단(X=1)으로 무선할당한 것을 나타낸다고 하자. 매개변수 M과 결과변수 Y는 모두 연속형 변수다. 무선 할당을 통해 처치변수와 매개변수 사이와 처치변수와 결과변수 사이의 혼입효과가 통제된다. 그러나 이 과정에서 매개변수와 결과변수 간 혼입효과가 배제되는 것은 아니다. 인과매개분석에서는 일반적으로 매개변수와 결과변수 간 혼입이 없다는 것을 가정하나, 매개변수가 개인차 변수일 경우 이것은 매우 강한 가정일 수 있다. 8장에 소개된 조작된 매개효과 설계와 같이 실험설계를 통해 매개효과를 분석하는 경우 조절변수와 결과변수 사이의 혼입에 대한 편향 효과를 감소시킬 수 있다. 이에 관한 보다 자세한 내용은 MacKinnon과 Pirlott(2015)을 참조하기 바란다.

공분산과 함께 평균이 분석될 경우 [그림 17-4] (c)의 원인변수와 매개변수 간 상호작용을 비표준화 회귀식으로 나타내면 다음과 같다.

$$\widehat{M} = \beta_0 + \beta_1 X$$
$$\widehat{Y} = \theta_0 + \theta_1 X + \theta_2 M + \theta_3 XM \qquad (17.7)$$

이 식에서 β_0와 θ_0는 각각 X로부터 M을 예측하는 회귀식의 절편과 X, M, XM으로 Y를 예측하는 회귀식의 절편을 나타낸다. M을 예측하는 X의 회귀계수는 β_1이며, θ_1, θ_2, θ_3는 각각 Y를 예측하는 X, M, XM의 회귀계수다.

X의 통제된 직접효과(controlled direct effect: CDE)는 매개변수가 모든 사례에 대해 $M = m$으로 동일하게 통제되어 있다고 가정할 때 처치변수가 X=0(통제집단)에서 X=1(실험집단)로 달라짐에 따라 나타나는 결과변수 Y의 평균 변화량을 추정한다. 한편, 자연적 직접효과(natural direct effect: NDE)는 X가 통제집단(0)에서 실험집단(1)으로 달라지지만 매개변수(M)는 통제집단에서 기대되는 값을 유지할 경우 기대되는 Y의 평균 변화량을 나타낸다. 이에 반해 자연적 간접효과(natural indirect effect: NIE)는 매개변수가 통제집단에서 관찰되는 값으로부터 실험집단의 값으로 달라질 때 실험 조건 하에서 결과변수가 평균적으로 어느 정도 변하는지를 추정한다. Y에 대한 X의 총효과는 NDE와 NIE의 합이 된다.

[그림 17-5] (c)의 모형에 대한 식 17.7에서 CDE와 NDE, NIE는 각각 다음과 같이 나타낼 수 있다(Valeri & VanderWeele, 2013).

$$CDE = \theta_1 + \theta_3 m$$
$$NDE = \theta_1 + \theta_3 \beta_0 \tag{17.8}$$
$$NIE = (\theta_2 + \theta_3) \beta_1$$

이 식에서 CDE는 매개변수의 특정 수준($M=m$)에 대해 정의되며, NDE는 통제집단($X=0$)에서 매개변수의 예측된 수준인 β_0으로 표현된다. β_0은 X로부터 M을 예측하는 회귀식에서 절편에 해당한다. 또한 상호작용이 없다면 $\theta_3 = 0$이 된다(식 17.7 참조). 이 경우 CDE와 NDE가 Baron-Kenny 방법의 직접효과인 θ_1과 같고, NIE는 Baron-Kenny의 간접효과에 대한 곱셈항 추정치인 $\beta_1 \theta_2$과 같다.

다음으로 Petersen 등(2006)에 소개된 수리적 예시를 살펴보면, $X=1$은 인체면역결핍바이러스(HIV)에 대한 항레트로바이러스 처치집단을, $X=0$은 통제집단을 나타낸다. 또한 매개변수 M은 HIV의 혈중 농도(바이러스성 부하)이고 결과변수는 CD4 T 세포(헬퍼 백혈구) 수준이다. 각 점수들이 중심화되지 않았다는 가정하에 이 연구를 비표준화 회귀식으로 표현하면 다음과 같다.

$$\widehat{M} = 1.70 - .20X$$
$$\widehat{Y} = 450.00 + 50.00X - 20.00M - 10.00XM \tag{17.9}$$

이 식에서 통제집단에 대한 바이러스성 부하의 예측값은 1.70으로, 처치가 가해질 때 이 값은 .20만큼 낮아진다. 바이러스성 부하가 없는 통제집단 환자들의 CD4 T 세포 수준에 대한 예측값은 450.00이며, 처치가 가해질 경우 이 수치는 약 50.00점 높아지게 된다. 또한 통제집단에 속한 환자들의 바이러스성 부하가 1점 높아질 때 CD4 T 세포 수준은 20.00점 낮아진다. 바이러스성 부하로부터 CD4 T 세포 수준을 예측하는 회귀선의 기울기는 통제집단과 비교할 때 실험집단에서 10.00점이 낮다. 이 회귀식에 대한 상수와 회귀계수는 다음과 같다.

$$\beta_0 = 1.70, \ \beta_1 = -.20$$
$$\theta_0 = 450.00, \ \theta_1 = 50.00, \ \theta_2 = -20.00, \ \theta_3 = -10.00$$

이 연구 예시에서 바이러스성 부하가 $M=m$인 수준에서 실험집단과 통제집단의 직접효과는 다음과 같다.

$$CDE=50.00-10.00m$$

연구자는 m에 대한 특정 값을 이 식에 대입하여 CDE를 추정할 수 있다. 또한 전체 표본에 대해 M의 가중 평균에서 직접효과를 추정할 수도 있다. 통제집단에서 나타날 것으로 예측되는 바이러스성 부하 수준에서 추정된 실험처치의 직접효과는 NDE=50.00-10.00 (1.70)=33.00이다. 이때 1.70은 통제집단($X=0$)에서의 바이러스성 부하의 예측값이다 (식 17.9 참조). 통제집단에서 실험집단으로 바뀔 때 바이러스성 부하값도 변한다고 가정하면 실험처치의 간접효과는 다음과 같이 추정된다.

$$NIE=(-20.00-10.00)(-.20)=6.00$$

이때 −.20은 통제집단과 실험집단 간의 바이러스성 부하의 차이다(식 17.9 참조). 실험처치의 총효과는 앞에서 계산된 자연적 직접효과와 자연적 간접효과의 합이다.

$$TE=33.00+6.00=39.00$$

즉, 항레트로바이러스 요법은 자연적 직접효과(33.00)와 바이러스성 부하를 통한 자연적 간접효과(6.00)에 의해 CD4 T 세포 수준을 39.00점 높인다.

MacKinnon과 Pirlott(2015)은 매개변수와 결과변수 간의 직접효과에 대한 인과적 해석을 강화하는 인과매개분석과 도구변수추정 등의 방법들을 설명하였다. Valeri와 VanderWeele(2013)는 공변인을 허용하는 인과매개분석을 위한 SPSS와 SAS/STAT의 매크로를 소개하였다.[4] 결과변수에 대한 원인의 총효과를 분해하면, (1) 매개효과나 조절효과가 아닌 효과, (2) 매개효과, (3) 조절효과, (4) 매개와 조절 모두에 의한 효과로 구분할 수 있다(VanderWeele, 2014). Muthén과 Asparouhov(2015)는 관찰변수의 측정오차를 통제한 잠재변수로 인과매개분석을 수행하는 방법에 대해 설명하였다. Imai, Keele와 Yamamoto(2010)는 가정이 위배되었을 때의 효과에 대한 민감도 분석을 수행할 수 있는

---

4) http://dx.doi.org/10.1037/a0031034.supp

R 프로그램 mediation 패키지에 대해 기술하고 있다.[5] Mplus 프로그램도 인과매개모형을 위한 특수한 명령문이 있다(Muthén & Muthén, 1998-2014). Hicks와 Tingley(2011)는 STATA에서 인과매개모형을 분석하기 위한 MEDIATION 모듈을 소개하였다.[6] 인과매개 분석에 대한 보다 많은 정보는 VanderWeele(2015)를 참고하기 바란다.

잠재변수의 상호작용 효과

　SEM의 **측정변수 곱셈법**(indicant product approach)에서 곱셈항은 상호작용이나 곡선효과를 나타내는 잠재변수의 곱인 다중 측정변수들로 설정된다. 이 절에서는 잠재변수의 상호작용 효과에 대한 추정만을 다루지만, 동일한 원리를 잠재변수의 곡선적 효과 분석에도 적용할 수 있다. 모든 측정변수가 연속형 변수이며, 요인 A가 두 측정변수 X_1과 X_2를 가지고 요인 B는 두 측정변수 W_1과 W_2를 가진다고 하자. A의 참조변수는 X_1, B의 참조변수는 W_1이며, 이러한 변수들에 대한 측정모형을 설정하면 다음과 같다.

$$X_1 = A + E_{X_1} \qquad W_1 = B + E_{W_1}$$
$$X_2 = \lambda_{X_2}A + E_{X_2} \qquad W_2 = \lambda_{W_2}B + E_{W_2} \qquad (17.10)$$

식 17.10에서 자유모수는 X_2와 W_2의 형태계수, 4개의 오차분산, 요인 A 및 B의 분산과 공분산이다.

　잠재변수 곱인 AB는 변수 A와 B, AB로부터 종속변수를 예측할 때 요인 A와 B의 선형×선형 상호작용 효과를 나타낸다. 이 잠재 상호작용 요인의 측정변수는 다음에 제시된 4개의 곱셈항이다.

$$X_1W_1, \ X_1W_2, \ X_2W_1, \ X_2W_2$$

식 17.10에서 곱셈항으로 표현되지 않은 측정변수들을 서로 곱하여 다음과 같이 곱셈항을 포함하는 측정모형으로 표현할 수 있다.

---

5) http://cran.r-project.org/web/packages/mediation

6) http://econpapers.repec.org/software/bocbocode/s457294.htm

$$X_1 W_1 = AB + AE_{W_1} + BE_{X_1} + E_{X_1}E_{W_1}$$

$$X_1 W_2 = \lambda_{W_2}AB + AE_{W_2} + \lambda_{W_2}BE_{X_1} + E_{X_1}E_{W_2}$$

$$X_2 W_1 = \lambda_{X_2}AB + \lambda_{X_2}AE_{W_1} + BE_{X_2} + E_{X_2}E_{W_1} \qquad (17.11)$$

$$X_2 W_2 = \lambda_{X_2}\lambda_{W_2}AB + \lambda_{X_2}AE_{W_2} + \lambda_{W_2}BE_{X_2} + E_{X_2}E_{W_2}$$

식 17.11은 측정변수의 곱에 대한 측정모형이 단지 AB뿐 아니라 총 8개의 부가적인 잠재변수의 곱셈항을 포함하는 것을 보여 준다. 예를 들어, $X_1 W_1$은 AB, AE_{W_1}, BE_{X_1}과 $E_{X_1}E_{W_1}$의 합으로 구성되며, 이 중 네 번째 항은 $X_1 W_1$의 잔차항이다. 식 17.11에서 모든 형태계수는 상수 1이나 비곱셈항 측정변수인 X_2와 W_2 계수의 함수이므로(식 17.10), 측정변수의 곱셈항에 대한 새로운 계수의 추정이 필요하지 않다.

측정변수의 곱셈항을 포함한 측정모형에서 다른 모수들은 식 17.11에 함축된 바와 같이 잠재변수들의 분산과 공분산이다. Kenny와 Judd(1984)는 모든 비곱셈항 잠재변수(식 17.10)와 비곱셈항 측정변수의 중심화된 점수가 정규분포를 따른다는 가정하에, (1) 잠재 곱셈 변수와 곱셈항이 아닌 잠재요인 A와 B의 공분산이 모두 0이라는 것과 (2) 잠재변수의 곱셈항에 대한 분산은 다음과 같이 곱셈항이 아닌 잠재변수들의 분산의 함수로 표현할 수 있다는 것을 보여 준다.

$$\sigma^2_{AB} = \sigma^2_A \sigma^2_B + \sigma^2_{A,B} \qquad \sigma^2_{E_{X_1}E_{W_1}} = \sigma^2_{E_{X_1}} \sigma^2_{E_{W_1}}$$

$$\sigma^2_{BE_{X_1}} = \sigma^2_B \sigma^2_{E_{X_1}} \qquad \sigma^2_{E_{X_1}E_{W_2}} = \sigma^2_{E_{X_1}} \sigma^2_{E_{W_2}}$$

$$\sigma^2_{BE_{X_2}} = \sigma^2_B \sigma^2_{E_{X_2}} \qquad \sigma^2_{E_{X_2}E_{W_1}} = \sigma^2_{E_{X_2}} \sigma^2_{E_{W_1}} \qquad (17.12)$$

$$\sigma^2_{AE_{W_1}} = \sigma^2_A \sigma^2_{E_{W_1}} \qquad \sigma^2_{E_{X_2}E_{W_2}} = \sigma^2_{E_{X_2}} \sigma^2_{E_{W_2}}$$

$$\sigma^2_{AE_{W_2}} = \sigma^2_A \sigma^2_{E_{W_2}}$$

여기서 $\sigma^2_{A,B}$항은 요인 A와 B의 공분산을 나타낸다. 예를 들어, 잠재요인의 곱셈항에 대한 분산(σ^2_{AB})은 요인 A와 B의 분산의 곱에 이들의 공분산을 더한 값이다. 즉, 다른 잠재 곱 변수들의 분산은 모두 곱셈항이 아닌 개별 잠재변수의 분산과 관련된다. 따라서 새로운 분산이 추정될 필요가 없으며, 측정변수의 곱에 대한 측정모형은 이론적으로 식별된다고 볼 수 있다.

[그림 17-6]은 Kenny-Judd 방법을 바탕으로 Y에 대한 요인 A와 B, AB의 회귀분석을 실시하기 위한 전체 SR 모형을 나타낸다. 이 그림은 식 17.10과 식 17.11에서 각각 정의된 비곱셈항 측정변수와 곱셈항 측정변수에 대한 측정모형을 보여 준다. 이 그림의 구조모형의 모수들 중에서 다음 각 경로의 계수는 각각 다른 효과를 통제했을 때, 잠재요인 A와 B, 그리고 이 요인들의 선형×선형 상호작용을 나타낸다.

$$A \longrightarrow Y, \quad B \longrightarrow Y, \quad AB \longrightarrow Y$$

Kenny-Judd 추정 방법

Kenny와 Judd(1984)는 측정변수의 곱셈항을 포함하는 구조방정식모형의 추정 방법을 소개한 최초의 연구 중 하나다. **Kenny-Judd 방법**은 일반적으로 평균편차 형식의 관찰변수에 적용되는데, 이때 평균편차 형식이란 측정변수의 곱셈항을 생성하기 전 곱셈항이 아닌 측정변수에 대한 점수를 중심화하는 것을 말한다. 이 과정에서 다음의 두 가지 잠정적인 문제점을 고려해야 할 필요가 있다.

1. 이 방법은 측정변수의 곱셈항에 대한 측정모형의 일부 모수들을 추정하기 위해 비선형 제약을 부여한다(식 17.12). 그러나 모든 SEM 컴퓨터 프로그램이 비선형 제약을 지원하지는 않으며, 이러한 모든 제약 조건들을 올바르게 설정하는 일은 손이 많이 가면서도 오류를 범하기 쉽다.
2. 개별 측정변수가 정규분포를 따르더라도, 그 변수들의 곱셈항은 정규분포를 따르지 않을 수도 있다. 예를 들어, [그림 17-6]에서 Kenny-Judd 방법은 잠재요인 A, B와 곱셈항이 아닌 측정변수의 오차항이 정규분포를 따른다고 가정한다. 그러나 AB와 같은 곱셈항은 정규분포를 따르지 않을 수 있으며, 이로 인해 최대우도추정의 정규분포 가정을 위배하게 된다. Yang-Wallentin과 Jöreskog(2001)는 강건 표준오차와 수정된 모형 검정 통계량을 산출할 수 있는 수정된 정규이론 추정법을 이용하여 변수의 곱셈항이 포함된 측정모형을 분석하는 방법을 설명하였다. 한편, 비교적 작은 크기의 모형을 추정하는 데에도 표본크기는 최소 400~500 이상이 되어야 할 것이다.

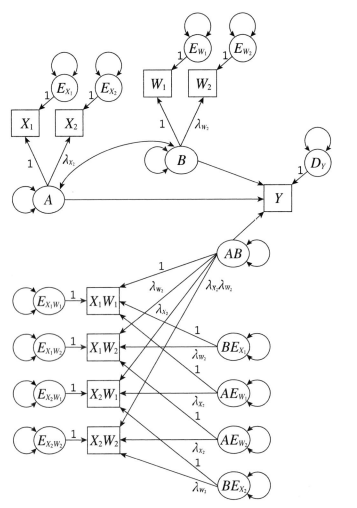

[그림 17-6] Kenny-Judd 방법을 적용하여 설정한 상호작용모형

⟨표 17-3⟩은 Kenny와 Judd(1984)의 데이터에 대한 공분산행렬로, 표본크기는 가상적으로 500으로 설정하였다. Mplus에서 Kenny-Judd 방법(Muthén & Muthén, 1998-2014)을 적용하여 ⟨표 17-4⟩의 데이터를 [그림 17-6]의 모형으로 분석하였다.

이 책의 홈페이지에서는 이 예시 자료의 분석에 관한 컴퓨터 프로그램 파일들을 모두 내려받을 수 있다. Mplus 명령문 파일에는 비선형 제약 조건을 설명하는 주석이 포함되어 있다. Kenny와 Judd(1984)는 이 자료에 대해 일반화최소제곱(GLS) 추정방법을 사용하였기 때문에 이 책에서도 동일한 추정방법을 이용하여 Mplus에서 분석하였다. 예시 분석에 사용한 입력자료는 행렬 형식으로서 원자료 파일을 필요로 하는 수정된 정규이론 추정법을 적용하거나 평균구조를 분석하는 것이 불가능하다.

〈표 17-3〉 Kenny-Judd 방법을 이용한 잠재변수의 상호작용 효과 분석을 위한 입력자료

변수	1	2	3	4	5	6	7	8	9
1. X_1	2.395								
2. X_2	1.254	1.542							
3. W_1	.445	.202	2.097						
4. W_2	.231	.116	1.141	1.370					
5. $X_1 W_1$	−.367	−.070	−.148	−.133	5.669				
6. $X_1 W_2$	−.301	−.041	−.130	−.117	2.868	3.076			
7. $X_2 W_1$	−.081	−.054	.038	.037	2.989	1.346	3.411		
8. $X_2 W_2$	−.047	−.045	.039	−.043	1.341	1.392	1.719	1.960	
9. Y	−.368	−.179	.402	.282	2.556	1.579	1.623	.971	2.174

주. 데이터 출처: Kenny & Judd(1984); N=500.

[그림 17-6]에서 보는 바와 같이, 앞의 예제에 대한 분석에서는 4개의 개별 측정변수, 4개의 측정변수의 곱셈항과 결과변수 Y 등 총 9개의 관찰변수를 포함한다. 따라서 9(10)/2 =45개의 관찰치를 분석에 사용 가능하며, 다음과 같이 총 13개의 자유모수를 포함한다.

1. X_2와 W_2에 대한 형태계수 2개
2. A, B, E_{X_1}, E_{X_2}, E_{W_1}, E_{W_2}, D_Y에 대한 분산 7개
3. A와 B의 공분산 1개
4. Y에 대한 A, B, AB의 직접효과 3개

따라서 자유도는 df_M =45−13=32이다. Mplus 분석에서 수용 가능한 해로 수렴되었고 다음에 제시된 모형 적합도 통계값을 살펴볼 때 전체적으로 양호한 적합도를 보인다.

$$\chi_M^2(32)=41.989, \ p=.111$$

$$\hat{\varepsilon}=.025, 90\% \text{ CI } [0, .044], \ p_{\varepsilon_0 \leq .05}=.988$$

$$\text{CFI}=.988, \ \text{SRMR}=.046$$

[그림 17-6]의 모형에 대하여 Mplus에서 산출한 GLS 모수추정치는 Kenny와 Judd(1984) 의 원자료 분석결과와 유사하다. 잠재요인 A, B, AB는 Y의 전체분산 중 .868을 설명하고 있으며, Y를 예측하는 비표준화 회귀식은 다음과 같다.

$$\hat{Y} = -.169A + .321B + .699AB$$

이 회귀식에서는 평균이 분석되지 않기 때문에 상수항을 갖지 않는다. 이 회귀식에 대한 재배열을 통해 곱셈항을 빼거나, 잠재요인 B를 예측변수로 하는 회귀식에서 그 예측변수의 기울기를 잠재요인인 A의 함수로 표현하여 단순회귀식을 나타낼 수도 있다. 이러한 절차를 통해 [그림 17-6]의 모형과 〈표 17-3〉의 자료에 대해 Y와 B 사이의 관계는 평균보다 높은 A 수준에서는 양의 값을 갖지만 평균값보다 낮은 A 수준에서는 음의 값을 갖는다는 것을 알 수 있다.

대안적 추정 방법

Jöreskog와 Yang(1996)은 Kenny-Judd 방법을 이용하여 잠재변인의 상호작용 효과를 추정할 때 모형에 평균구조를 포함시킬 것을 제안하였다(기본적인 Kenny-Judd 방법은 평균을 분석하지 않음). 이들은 측정변수의 평균이 모형의 다른 모수들의 함수이기 때문에 보다 정확한 추정을 위해 상수항이 모형에 포함되어야 한다고 설명한다. 또한 모형식별에 있어 모든 가능한 측정변수 곱셈항 대신 하나의 측정변수 곱셈항만이 필요하다고 하였다. Marsh, Wen과 Hau(2006)는 동일한 측정변수로부터의 정보가 반복되지 않는 **대응짝 측정변수**(matched-pairs indicators)에 대한 분석방법을 제안하였다. 예를 들어, 잠재요인 A에 대한 측정변수 X_1, X_2와 잠재요인 B에 대한 측정변수 W_1, W_2에 대하여 측정변수의 곱셈항 짝인 X_1W_1과 X_2W_2가 대응짝 측정변수가 되며, 이 곱셈항 세트에서 개별 측정변수가 두 번씩 나타나지 않는다. 또 다른 대응짝 측정변수로는 X_1W_2와 X_2W_1을 들 수 있다.

Ping(1996)은 비선형 제약을 필요로 하지 않는 2단계 추정방법을 설명하였는데, 거의 모든 SEM 컴퓨터 프로그램에서 이 방법을 사용할 수 있다. 첫 번째 단계에서 모형은 곱셈항 변수 없이 분석된다. 이 분석의 모수추정치는 측정변수 곱에 대한 측정모형의 모수를 계산하는 데 사용된다. 이렇게 계산된 값들은 측정변수 곱셈항과 곱셈항이 아닌 측정변수가 함께 분석되는 두 번째 단계에서 고정모수로 설정된다. 두 번째 분석 단계의 결과에는 잠재적인 상호작용 효과의 추정치가 포함된다. 엑셀 프로그램을 이용한 Ping(1996) 방법에 의한 계산 절차가 무료로 제공된다.[7]

다른 추정 방법으로 Bollen(1996)의 잠재변수 분석을 위한 2단계 최소제곱법(2SLS)을 이

---

7) www.wright.edu/~robert.ping

용할 수 있다. 이 방법을 적용하려면 최소 하나 이상의 잠재변수의 곱셈항과 도구변수로 지정된 별도의 측정변수의 곱셈항이 포함되어야 한다. 2SLS 추정방법은 정규분포를 가정하지 않고, 반복추정 방법이 아니기 때문에 기술적인 문제에 덜 영향받을 수 있다. Yang-Wallentin(2001)은 모의실험 연구를 통해 잠재적 상호작용 효과 추정에 있어서의 ML 추정법과 Bollen(1996)의 2SLS 방법을 비교하였다. 표본크기가 400 미만인 경우 두 방법 모두 제대로 작동하지 않았으나, 표본크기가 큰 경우에는 두 방법 간 차이가 매우 작은 것으로 나타났다.

Wall과 Amemiya(2001)는 잠재곡선 효과 또는 상호작용 효과를 추정하기 위한 방법으로 **일반 곱측정변수 추가법**(generalized appended product indicator method: GAPI)을 소개하였다. Kenny-Judd 방법에서와 마찬가지로 관찰변수의 곱은 잠재곱 변수의 측정변수로 설정되지만, GAPI 방법은 정규분포 가정을 필요로 하지 않는다. 결과적으로 이 방법에서는 잠재곱 변수들이 서로 독립적일 필요는 없으나, 그 대신 이러한 공분산들이 평균구조를 포함하는 모형 분석의 한 부분으로 추정된다. Kenny-Judd 방법의 다른 비선형 제약들은 GAPI 방법에도 부여된다. 그러나 이러한 방법은 컴퓨터 프로그램의 명령문으로 실행하기에 복잡하다는 단점이 있다(Marsh et al., 2006).

Marsh 등(2006)은 잠재 상호작용과 곡선효과를 추정하기 위한 방법으로 다변량 정규성을 가정하지 않는 비제약 방법에 대해 설명하였다. 이 방법은 측정변수의 곱셈항을 포함하지만, 측정변수 곱셈항과 잠재변수 곱셈항 간의 대응성 추정에 있어 비선형 제약을 가하지 않는다. 이러한 비제약 방법은 대체로 GAPI 방법에 비하여 컴퓨터 프로그램상에서 실행하기가 용이하다(Marsh et al., 2006). Marsh, Wen, Hau(2004)의 모의실험 결과에 따르면, 대규모 표본 자료에서는 비제약방법이 선호된다.

Klein과 Moosbrugger(2000)의 **잠재조절 구조방정식**(latent moderated structural equations: LMS) 방법은 ML 추정의 특수한 형태로서 곱셈항이 아닌 변수들에 대해 정규분포를 가정하는 한편, 잠재변수의 곱에 대해서는 비정규성의 정도를 추정한다. 이 방법은 모형에 평균구조를 추가하고 EM 알고리즘을 활용하여 모수를 추정하며, 측정변수의 곱셈항을 포함시키지 않고 개별 측정변수로부터의 원자료를 직접 분석한다. LMS 방법에서는 비정규성의 정도가 명시적으로 추정되기 때문에 이상에서 설명한 모든 추정 방법 중 가장 정확한 추정이 이루어질 수 있다.

LMS 방법은 수리적으로 복잡한 계산절차를 요하는 방법이다. Klein과 Muthén(2007)은 LMS 방법의 축약 버전으로 **준최대우도**(quasi-maximum likelihood: QML) 추정법을 소개하였는데, 이 방법은 LMS 방법을 통해 산출되는 것과 거의 유사한 결과를 산출한다. QML 방법은 Mplus에서 실행 가능하며 수치적분법(numerical integration)에 의해 모수추정치를 산출한다. 또한 간단한 특수 명령어를 통해 분석이 실행될 수 있다. 예를 들어, 'xwith'라는 키워드는 자동적으로 잠재변수의 곱셈항을 생성한다. 그러나 Mplus에서 QML 방법을 실행하면 잔차를 포함하여 대부분의 잘 알려진 SEM 적합도 통계량이 산출되지 않는다는 단점이 있다. 대신 AIC나 BIC 등과 같은 예측 적합도지수 등을 활용하여 서로 다른 모형 간 상대적 적합도를 비교할 수 있다.

Little, Bovaird와 Widaman(2006)은 잠재변수들의 상호작용 또는 곡선효과의 추정을 위한 잔차 중심화의 확장에 대해 설명하였다. 이 방법에서 연구자는 모든 가능한 측정변수의 곱셈항들을 생성한 후 이 곱셈항들을 구성하는 개별 측정변수들로 회귀시킨다. 이때 잔차는 상호작용을 나타내지만 대응하는 비곱셈항 요인과는 상관이 없는 것으로 간주된다. 이 방법에서 특이한 사항은 오차공분산이 일반적인 비곱셈항 측정변수에 기초하여 잔차화된 측정변수의 곱셈항 간에 설정된다는 점이다. 이 방법은 기본적으로 모든 SEM 프로그램에서 실행할 수 있으며, 모형에 대한 전체 적합도를 평가를 위해 일반적인 적합도 통계량을 참조할 수 있다. Little, Bovaird와 Widaman(2006)은 모의실험 연구를 통해 잔차화된 측정변수 곱셈 방법은 일반적으로 LMS/QML 방법 및 평균 중심화를 사용한 Marsh 등(2004)의 비제약 방법과 유사한 모수추정치를 산출한다고 보고하였다.

잠재변수에 대한 곡선효과와 상호작용 효과 추정에 있어 하나의 '가장 좋은' 방법이란 존재하지 않으며, 현재에도 활발하게 연구가 진행되고 있는 분야다. 이와 관련한 보다 상세한 정보는 Marsh, Wen, Nagengas와 Hau(2012)를 참조하기 바란다. 여기에서 실증적 사례 하나를 간단하게 살펴보도록 하자. Klein과 Moosbrugger(2000)는 심신 상태와 관련한 불평 수준에 대하여 목표조정의 유연성과 지각된 체력 사이의 잠재적 상호작용 효과를 추정하기 위해 304명의 중년 남성 표본을 대상으로 LMS 방법을 적용하였다. 분석결과, 지각된 체력 수준이 높을수록 목표 유연성의 효과를 중화시킨 반면, 불평에 대한 목표 유연성의 효과는 지각된 체력 수준이 낮을수록 보다 뚜렷하게 나타났다.

다층모형과 SEM

위계선형모형이나 임의계수모형 등 다양한 명칭으로 불리는 다층모형(multilevel modeling: MLM)은 점수들이 상위 수준의 단위에서 군집화되어 있고, 각 단위 내 점수들이 서로 독립적이지 않다고 가정될 경우 위계적(또는 내재적) 구조의 데이터를 분석하기 위한 통계방법들을 지칭한다. 반복측정자료는 여러 개의 점수가 동일한 피험자에게 내재되어 있다는 점에서 위계적 속성을 갖는다고 볼 수 있다. 이들 점수들 사이의 의존성은 반복측정자료에 적용되는 다양한 통계방법에서 명시적으로 추정되며, SEM의 잠재성장모형에서 자기상관오차를 추정하는 것도 이에 해당한다.

복합표집설계(complex sampling design)에서는 각 수준 내 연구 대상을 표집하기 전에 최소 하나 이상의 상위 수준의 변수가 선정된다. 50개의 학교에 재학 중인 7,000명의 학생으로 구성된 표본이 있다고 가정해 보자. 같은 학교에 다니는 학생들의 점수는 서로 독립적이지 않을 가능성이 높다. 같은 학교의 학생들은 교직원, 학교 규칙, 교육과정 등 다른 학교에서와는 다른 다양한 변수에 의한 영향을 공유하게 되기 때문이다. 이처럼 점수들 간 종속성이 있을 경우, 식 3.2의 표준오차 공식을 적용하면 정확하지 않은 추정이 이루어질 수 있다. 특히 복잡한 표본에서는 표집오차가 더욱 과소 추정되는 경향을 보인다. 유의성 검정을 위한 검정통계량에서 표준오차가 분모에 있기 때문에 이 값이 작아지게 되면 영가설의 기각 확률이 높아지게 된다. 따라서 복합표집설계에서 표준오차를 정확하게 추정하기 위한 목적으로 MLM를 사용하기도 한다.

대부분의 SEM 컴퓨터 프로그램에는 복잡한 표본에서 표준오차를 자동적으로 조정하는 기능이 있다. 이때 대체로 하나 이상의 상위 수준 변수가 설정되는데 학생들이 여러 학교에서 표집되는 경우 학교수준을 나타내는 군집, 층화 또는 집단 변수가 명령문에 명시된다. 이러한 변수들이 모형에는 나타나지 않더라도 컴퓨터 프로그램은 각 군집 내 상호의존적인 점수들의 표준오차를 조정하는 방법을 알고 있다. 컴퓨터 프로그램은 또한 모집단 비율을 고려하여 특정 집단에 소속될 확률을 조정하는 표집 가중치를 적용할 수 있다. 가령, 고소득 가구가 지나치게 높은 비율로 표집된 경우, 가중치를 적용하여 고소득 가구에 대한 점수의 상대적 기여도를 줄일 수 있다. 이러한 방법을 통해 저소득 가구 자료의 상대적 비중이 증가하게 된다.

그러나 MLM은 복합표집설계에서 표준오차를 조정하거나 표집 가중치를 지정하는 것 이상의 장점이 있다. 예를 들어, 다층 자료에서 상위 수준 변수에 대한 **맥락효과**를 추정하는 것이 가능하다. 즉, 집단 내 및 집단 간 예측변수의 조합을 통해 집단 내 분산을 설명할 수 있다. 50개 학교에 재학 중인 학생들을 대상으로 컴퓨터 게임에 사용하는 시간(Game)과 학업성취도(Ach)를 측정했다고 가정해 보자. 50개 학교는 학생 수에 차이가 있으며 이 것은 학생 특성이 아닌 학교 특성으로 볼 수 있다.

2수준 회귀분석에서, 게임시간과 성취도와의 관계는 학교 내와 학교 간의 두 수준에서 분석할 수 있다. 학교 내 수준에서의 관계는 통합된(pooled) 학교 내 공분산행렬을 이용하여 추정하고, 학교 간 수준에서의 관계는 각 학교의 평균 값에 기초한 학교 간 공분산행렬을 이용하여 분석한다. 게임시간과 성취도 사이에 대한 학교 내 관계는 학교 간 수준에서 관찰된 것과 다를 수 있다. 예를 들어, 두 변수는 학교 내 개별 학생 수준에서는 서로 관련이 없는 반면, 학교 간 수준에서는 부적인 관계로 나타날 수 있다. 이러한 상황은 학교 내 기울기나 절편이 학교 평균에 기반한 값들과 다를 경우에 발생할 수 있다(Stapleton, 2013).

[그림 17-7] (a)는 2수준 회귀분석을 나타내는 경로도로서 Mplus 상에서의 다층모형 경로도에 대한 간단한 기호체계를 보여 준다. 학교 간과 학교 내 각 수준에서 게임시간에 대한 성취도의 회귀식 기울기는 게임시간에서 성취도로 이어지는 경로의 중간에 있는 's'로 표시된 닫힌 원으로 표현된다. 동일한 경로의 끝 지점에 별도의 라벨 없이 닫힌 원으로 표시된 것은 절편을 나타낸다. [그림 17-7] (a)에서 평균구조가 가정되었으나 그림상에 명시적으로 표현되지는 않았다. Curran과 Bauer(2007)는 다층모형 분석에서 평균구조를 명시적으로 표현하기 위한 새로운 방식의 기호체계를 소개하였다.

[그림 17-7] (b)는 **기울기와 절편의 무선효과 모형**(slopes-and-intercepts-as-outcomes model)에 대한 임의계수 회귀분석(random coefficients regression analysis) 모형을 나타낸다. [그림 17-7] (a)에서 보는 바와 같이 학교 내 수준에서 성취도(Ach)는 게임시간(Game)에 의해 예측된다. [그림 17-7] (b)에서는 학교규모(Size)가 학교 간 수준의 맥락변수로 설정되어 학교 내 수준에서의 기울기와 절편에 대한 예측변수가 된다. 이러한 기울기와 절편은 학교마다 다르고 서로 관련성을 가지는 것으로 가정되므로 [그림 17-7] (b)의 학교 간 모형에서 임의잠재변수로 설정된다. 이러한 모형설정은 학교 내 수준에서 게임시간에 대한 성취도의 회귀식이 학교 간 수준에서 학교규모의 함수로 변화하는 **수준간 상호작용**(cross-level interactions)을 반영한다. 예를 들어, 게임시간으로 성취도를 예측하는 회귀식의 기울기가 소규모 학교보다 대규모 학교에서 더 가파른 경우, 다시 말해 대규모 학교에서 두 변수 간 관계가 더 강하게 나타나는 경우에는 학교 내 변수(게임시간)와 학교 간 변수(학교규모) 사이에 상호작용이 존재한다. 기울기만 무선효과로 설정하거나(slopes-as-outcomes model), 절편만 무선효과로 설정하는 것(intercepts-as-outcomes model)도 가능하다. 학교가 교육청에 내재되어 있고 학생은 학교에 내재되어 있는 경우처럼 2수준을 초과하는 설계에서는 분석이 더욱 복잡해지기 때문에 대부분의 임의계수 회귀분석에서는 2수준 정도만을 다룬다.

(a) 기본 2수준 회귀모형

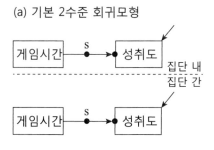

(b) 기울기와 절편의 무선효과 회귀모형

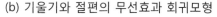
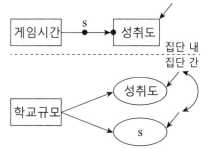

(c) 기울기와 절편의 무선효과

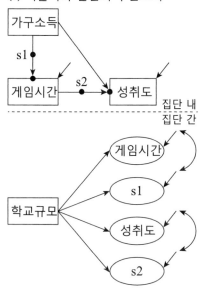

[그림 17-7] 다층모형에 대한 Mplus 기호체계

다층모형의 한계점은 다음과 같이 요약할 수 있다(Bauer, 2003; Curran, 2003).

1. [그림 17-7] (b)에서 게임시간이나 학교규모와 같은 학교 내 예측변수와 학교 간 예측변수의 점수는 신뢰도가 완벽하다고 가정된다. 다층모형에서는 측정오차를 산출할 수 있는 직접적인 방법이 없기 때문이다.

2. 다층모형에서는 예측변수나 결과변수를 여러 측정변수로 구성된 잠재변수로 표현할 수 있는 직접적인 방법이 없다. 다시 말해 측정모형을 설정하기가 어렵다.

3. 다층모형에서 간접효과를 추정하는 방법이 있기는 하나 실제 적용이 쉽지 않다.

4. 다층모형에서는 전체 모형의 적합도에 대한 단일한 가설 검정이 실시되는 것이 아니라 동일한 표본 자료에 대한 여러 대체 모형들의 상대적인 검정력을 평가한다.

MLM과 SEM의 결합

MLM의 상대적인 약점은 SEM의 상대적인 강점이기도 하다. 간단히 말해 SEM에서는 측정모형의 설정을 통해 여러 측정변수에 대한 오차변수를 쉽게 분석할 수 있다. 잠재변수는 구조모형에서 예측변수나 결과변수로 설정될 수 있다. SEM에서는 직접효과나 간접효과에 대한 추정도 용이하며, 모형 전체의 적합도 검정 역시 가능하다.

SEM 기능을 MLM 분석이 가능한 범위까지 확장하고자 했던 초기의 노력은 SEM 프로그램을 이용하여 2수준 모형을 분석하는 데 기반하였으며, Duncan, Duncan, Hops와 Alpert (1997)의 연구가 그 예다. 이 방법은 두 집단 간 구조방정식모형을 동시에 추정하는 소프트웨어 기능을 이용하는 것이었다. 이때 '집단'은 동일한 복합표본에서 추정될 두 모형, 즉 집단 내와 집단 간 모형에 해당한다. 통합된 집단 내 공분산행렬은 집단 내 모형의 입력 자료이고, 집단 평균을 기반으로 하는 집단 간 공분산행렬은 집단 간 모형의 입력 자료이다. 이전 SEM 프로그램 버전에는 복합표본 자료를 처리할 수 있는 기본적인 기능들이 없었기 때문에 SPSS와 같은 다른 프로그램을 이용하여 두 자료 행렬을 별도로 계산해야 했다.

[그림 17-7] (b)에 제시된 모형과 같이 상대적으로 간단한 2수준 모형을 분석하는 데 있어서도 SEM 프로그램의 이전 버전에서 명령문을 작성하는 일은 '매우 복잡하고 손이 많이 가며 오류를 범하기 쉬운' 번거로운 작업이었다. 다행히도 EQS와 LISREL, Mplus와 Stata 등의 컴퓨터 프로그램에는 복합표본의 다층모형을 쉽게 설정하고 분석하기 위한 특수 명령어가 있다. 이러한 명령어들은 2수준 모형을 분석하기 위해 복잡한 프로그래밍 언어를 작성해야 했던 이전 버전의 SEM 프로그램에 비해 사용하기가 비교적 간단하다.

이상에서 설명한 다층모형과 관련한 비교적 새로운 기능들은 MLM과 SEM을 통합한 **다층구조방정식모형**(multilevel structural equation modeling: MLSEM)에서 구현할 수 있다. 예를 들어, 다층모형 분석 기능이 포함된 SEM 프로그램을 이용하여 [그림 17-7] (c)에 제시된 2수준 경로모형을 설정할 수 있다. 가구소득은 학교 내 모형에서 게임시간과 성취도의 공통된 원인변수다. 학교 내 모형에서 두 쌍의 기울기와 절편은 학교 간 모형에서 학교규모의 예측변수다. 첫 번째 기울기와 절편은 가구소득에 대한 게임의 회귀식에서 도출되며, 두 번째 기울기와 절편은 학교 내 수준에서의 게임시간과 가구소득에 대한 성취도의 회귀식으로부터 도출된다. 학교 간 모형은 학교규모를 포함한 수준 간 상호작용을 나타낸다.

MLM 분석 기능이 포함된 SEM 컴퓨터 프로그램을 이용하여 다음과 같은 기본적인 형태의 ML-SEM 분석들을 수행할 수 있다.

1. 복잡한 표본자료에 대한 모형 적합시 정확한 표준오차 추정이 가능하다.
2. 집단 내 수준과 집단 간 수준에서 각기 다른 모형의 분석이 가능하다. 집단 내 수준과 집단 간 수준의 모형이 [그림 17-7] (a)에서처럼 같을 수도 있고 다를 수도 있다. 구조모형은 모형 수준에 관계없이 간접효과를 포함시킬 수 있다. Preacher, Zhang과 Zyphur(2011)는 ML-SEM에서 간접효과를 추정할 때 얻을 수 있는 이점에 대해 설명하였다.
3. 기울기와 절편을 결과변수로 설정한 모형의 분석이 가능하다. 즉, 집단 내 수준의 관찰변수나 잠재변수로부터 도출된 무선 기울기와 절편이 집단 간 수준에서 맥락변수를 나타내는 관찰변수 또는 잠재변수로 예측되는 모형을 분석한다.

이 중 두 번째 유형에 해당하는 ML-SEM 분석에 대한 두 가지 예시를 소개하고자 한다. Wu(2008)는 333명의 학생을 대상으로 삶의 만족도에 대한 설문조사를 실시하였다. 학생들로 하여금 사회나 경제 등을 포함한 총 12개 영역에서 그들이 실제 소유한 것과 갖기를 원하는 것 사이의 차이(소유-욕구 간 불일치)에 대한 설문에 응답하도록 하였다. 이와 같은 응답 자료는 반복 측정으로서 측정 영역이 피험자에게 내재되어 있고, 피험자 간 수준은 다양한 측정 영역에서 삶의 만족도 평정에 영향을 미치는 개인차에 해당한다. Wu(2008)가 제안한 최종 다층경로모형은 [그림 17-8] (a)와 같다. 피험자 내 수준에서 소유-욕구 불일치는 만족도에 대한 직접효과와 간접효과를 모두 포함한다.

반면, 피험자 간 수준에서 소유-희망 불일치 효과에는 욕구 변수를 통한 간접효과만 존재한다. Wu(2008)는 삶의 만족도가 소유와 욕구 간 차이와 관련이 있지만 그 효과가 사람들이 갖기를 원한다고 말하는 것을 통한 간접효과인지에 대한 여부는 분석의 수준에 의해 결정된다고 해석하였다.

Kaplan(2000, pp. 48-53)은 고등학생들을 대상으로 하는 대규모 표본 자료에 적용된 다층 CFA를 소개하였다. 학생들은 교사의 질, 부정적 학교환경(예: 안전문제), 문제 행동 등에 대한 인식을 묻는 설문에 응답하였다. [그림 17-8] (b)는 Kaplan(2000)의 최종모형이다. 학교 내 모형은 3요인 CFA 모형으로, 세 요인은 각각 학생들이 평정한 3개의 영역에 해당한다. 학교 간 모형은 모든 측정변수가 학교풍토라는 하나의 요인에 의존한다는 점에서 더욱 간단하다. 따라서 학교 내 학생들의 평정에 대한 분산은 세 가지 차원으로 구분되는 반면, 학교 간 분산은 하나의 요인에 의해 설명되고 있다. ML-SEM 분석에 대한 보다 많은 예시는 Stapleton(2013)을 참조하기 바란다.

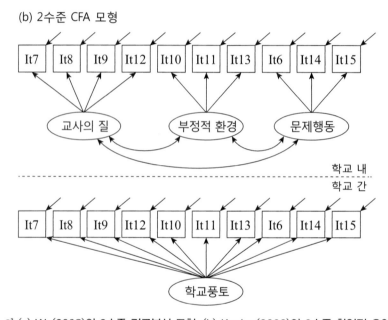

[그림 17-8] (a) Wu(2008)의 2수준 경로분석 모형. (b) Kaplan(2000)의 2수준 확인적 요인분석 모형

🍱 요약

　조절된 경로분석에서 관찰변수들의 상호작용 효과는 곱셈항으로 표현되며, 다른 개별 측정변수들과 함께 모형에 포함된다. 곱셈항의 경로계수는 대응하는 상호작용 효과를 추정한다. 두 연속변수 사이의 상호작용 효과를 해석하는 한 가지 방법은 어느 한 예측 변수에 의한 결과변수의 단순회귀식을 다른 예측변수의 다양한 값에서 생성하는 것이다. Kenny-Judd 방법은 잠재변수의 상호작용 효과를 추정하는 고전적인 방법 중 하나로, 잠

재 곱 변수에 대한 모든 측정변수 곱셈항을 사용하고 비선형제약을 부여한다. 최근 개발된 방법들은 실행하기가 더욱 쉽다. 인과매개분석은 통제된 직접효과, 자연적 직접효과, 그리고 자연적 간접효과를 추정하며, 모두 반사실적 관점에서 정의된다. 인과매개분석에서는 이러한 효과들이 일관적으로 정의되고, 원인변수와 매개변수 간 상호작용이 추정된다. 또한 조건처리모형은 동일한 분석 내에서 조건적인 간접효과와 간접적 상호작용 효과의 형태로 매개효과와 조절효과를 추정할 수 있다. 다층모형과 SEM 간의 결합을 통해, 첫째, 집단 내 수준에서의 관찰결과변수 또는 잠재결과변수에 대한 집단 내 수준과 집단 간수준 모두에서 관찰된 예측변수나 잠재 예측변수를 분석할 수 있다. 둘째, 측정오차를 설명할 수 있으며, 셋째 구조모형이 설정되었을 때 간접효과와 직접효과를 모두 추정할 수있다. 복합표집설계에서 다층분석을 직접적으로 지원하는 SEM 프로그램의 이용도가 높아지면서 연구자들은 복잡한 분석을 손쉽게 할 수 있게 되었다.

심화학습

Marsh, Wen, Nagengast와 Hau(2012)는 잠재변수의 상호작용 효과를 추정하기 위한 방법들을 소개하였고, Stapleton(2013)은 ML-SEM의 이론적 근거에 대해 설명하고 있다. Valeri와 VanderWeele(2013)는 인과매개분석에 대해 명료하게 설명하고 있다.

Marsh, H. W., Wen, Z., Nagengast, B., & Hau, K. T. (2012). Structural equation models of latent interaction. In R. H. Hoyle (Ed.), *Handbook of structural equation modeling* (pp. 436-458). New York: Guilford Press.

Stapleton, L. M. (2013). Using multilevel structural equation modeling techniques with complex sample data. In G. R. Hancock & R. O. Mueller (Eds.), *A second course in structural equation modeling* (2nd ed., pp. 521-562). Greenwich, CT: IAP.

Valeri, L., & VanderWeele, T. J. (2013). Mediation analysis allowing for exposure-mediator interactions and causal interpretation: Theoretical assumptions and implementation with SAS and SPSS macros. *Psychological Methods, 2*, 137-150.

연습문제

1. 〈표 17-1〉 자료에서 예측변수들을 중심화하고, 식 17.2를 증명하시오.

2. 매개변수와 조절변수의 차이를 설명하시오.

3. 〈표 17-1〉 자료에서 X, W, XW 간의 상관과 x와 w, xw 간의 상관을 비교하시오.

4. 〈표 17-1〉 자료를 이용하여 X, W, XW_{res}에 의해 Y를 예측하는 회귀분석을 실시한 후 그 결과를 논의하시오.

Chapter

구조방정식모형의 바람직한 활용을 위한 제언

18

SEM 모형은 다양한 연구 가설을 검정하는 데 활용된다. 다른 통계방법을 이용할 때와 마찬가지로 SEM 분석 역시 합리적인 절차와 논리에 근거해야 한다. 이 장에서 논의할 사항 중 일부는 앞서 모형의 설정과 식별, 측정, 표본과 데이터, 추정, 모형 재설정, 결과 보고 및 해석 방법 등을 설명하면서 각 장에서 언급한 바 있지만, 여기서는 SEM의 실제 적용 관점에서 이러한 주제들을 보다 종합적으로 살펴보고자 한다. 이 밖에도 모형에 대한 확증 편향(confirmation bias)을 최소화하는 방법을 비롯하여 SEM 분석과 관련된 주요 쟁점들에 대해서도 다룰 것이다. 이 장에서 논의할 주제들이 서로 완전히 구분되는 것은 아니지만, 어느 정도 주제별로 유목화하여 다루는 것이 논의를 진행하는 데 편할 것으로 판단하여 주제별로 정리하였다. 이 장에서는 SEM 적용에 관한 우수 사례와 연구자들이 흔히 범하기 쉬운 실수들을 제시하고자 한다. 이를 바탕으로 여러분의 SEM 분석 능력을 향상시킬 수 있을 것이다. "당신이 하는 일이 차이를 만들 수 있는 것처럼 행동하라. 그러면 실제로 그렇게 될 것이다."라는 심리학자 윌리엄 제임스의 명언을 기억하기 바란다.

분석결과 보고에 관한 참고 자료

〈표 18-1〉에는 SEM 분석결과에 대한 보고 방법 및 보고서 작성 관련 지침들을 기술한 참고 자료 목록이 제시되어 있다. 표 상단에 제시된 연구들은 주로 SEM 분석결과를 보고하는 데 있어서 참고할 사항을 다룬 문헌들이다. Hoyle과 Isherwood(2011)의 연구에서는 SEM 분석의 전 과정을 점검할 수 있도록 질문지를 개발하여 학술 논문의 분석결과 보고에 관한 일반적인 기준을 제공하였다(미국심리학회 학술지 논문 결과 보고 기준에 대한 출판 및 소통 위원회 워킹그룹, 2008).

〈표 18-1〉 구조방정식모형 결과 보고 관련 참고문헌

참고문헌	제안
	결과 보고 지침
Boomsma, Hoyle, & Panter(2012)	잠재변수분석과 몬테카를로 연구에 대한 지침
DiStefano & Hess(2005)	구인타당도 검증을 위한 CFA의 활용
MacCallum & Austin(2000)	결과 보고 시 유의 사항 및 적용을 위한 제언
McDonald & Ho(2002)	자료준비와 모형 검정 결과 보고 관련 제안 사항
Hoyle & Isherwood(2011)	SEM 분석 전 과정에 대한 점검을 위한 질문지
Jackson, Gillaspy, & Purc-Stephenson(2009)	CFA 결과 보고 지침
Mueller & Hancock(2008)	우수 적용 사례와 결과 보고
Thompson(2000)	SEM의 '십계명'[1]
	학문 분야별 SEM 적용
Chan, Lee, Lee, Kubota, & Allen(2007)	재활 상담
Chin, Peterson, & Brown(2008)	마케팅
Grace(2006)	자연과학
Khine(2013)	교육학
Nunkoo, Ramkissoon, & Gursoy(2013)	여행 및 관광
Okech, Kim, & Little(2013)	사회복지학
Schreiber(2008)	약무 행정
Shah & Goldstein(2006)	경영학

　　DiStefano와 Hess(2005)의 연구 및 Jackson, Gillaspy와 Purc-Stephenson(2009)의 연구에서는 CFA 분석결과 보고 방법을 제안하였으며, Thompson(2000)의 SEM '십계명'에도 관련 내용이 기술되어 있다. 〈표 18-1〉의 하단에 소개된 연구들은 교육학(Khine, 2013)이나 자연과학(Grace, 2006) 등 다양한 분야에서 SEM이 활용된 사례다.

　　다음으로, SEM의 분석 단계별 유의 사항을 제시하고자 한다. Mueller와 Hancock(2008)의 연구나 Schumaker와 Lomax(2010, 11장)의 연구에서도 이와 관련된 내용이 수록되어 있어 도움이 될 것이다.

---

1) Thompson(2000)은 적절한 크기의 표본 확보, 상관행렬이 아닌 공분산행렬 분석, 간명한 모형의 사용, 분포 가정 확인, 통계적 유의도 뿐 아니라 이론적·실제적 유의도 확인, 여러 가지 적합도 통계량 보고, SR 모형 분석 시 2단계 모형화 적용, 이론적으로 가능한 대안 모형 고려, 합리적인 모형 재설정, 동치모형의 확인 등 10가지를 연구자들이 고려해야 할 10가지 원칙으로 제시하였다.

🫓 모형설정

　　모형설정은 SEM의 모든 통계적 절차 중 가장 중요한 단계이지만 모형설정에 충분한 시간을 할애하지 않는 경우가 많다. 모형설정 단계에서 실행되어야 하는 몇 가지 방법들을 열거하면 다음과 같다.

- 모형설정의 기초가 되는 이론적인 근거와 실증적 연구 결과를 기술한다. 분석하고자 하는 연구문제를 명확하게 기술하고, 여러 가지 통계방법 중 SEM이 적용되어야 하는 이유에 대해 설명한다.
- 잠재변수가 포함된 모형에서, 관련 구인에 관해 명확히 정의한다. 정의해야 할 구인이 해당 분야에서 비교적 생소한 개념인 경우에는 이 과정이 특히 중요하다. 이때 '공격성(aggression)' 등과 같은 모호한 명칭은 가급적 피하도록 하고 공격성의 특징 또는 유형을 보다 구체화한다. 이를테면, 언어적 공격성, 방어적 공격성, 지배적 공격성 등과 같이 구체적인 명칭을 사용하여 구인을 정의한다.
- 단일 측정변수보다는 여러 개의 측정변수로 측정하는 것이 바람직하다. 다만, 하나의 구인을 측정하는 여러 측정변수 중 하나만이 측정학적으로 양호한 경우에는 예외적으로 단일 측정변수를 사용하는 것이 나을 수도 있다.
- 여러 개의 측정변수가 하나의 요인을 구성할 때는 모든 측정변수가 측정학적으로 양호해야 하며 각 요인은 최소 세 개 이상의 측정변수를 포함해야 한다. 요인당 두 개의 측정변수만 갖게 될 경우 추정에 실패하거나 식별미달 문제가 발생할 수 있다. 또한 두 개의 측정변수로 구성된 요인에 대한 오차상관을 추정하는 것이 어렵기 때문에 모형설정 오류가 발생하기도 한다.
- 외생 요인을 측정하는 변수가 하나인 경우에는 측정오차가 없다고 설정하는 것은 바람직하지 않다. 대신 단일 측정변수의 점수 신뢰도를 추정하고 그 변수의 오차항을 모형에 포함시킴으로써 명시적으로 점수의 오차를 통제하는 것이 좋다. 다른 방법으로는 단일 측정변수에 대한 도구변수를 설정하여 해당 변수의 무선오차를 제거하는 방법이 있다. 이때 도구변수는 심리측정학적으로 양호한 특성을 가져야 한다 (Bollen, 2012).
- 모형설정 시 변수 간의 방향성에 대한 이론적 근거를 제시하여야 하며, 이것은 측정모형과 구조모형에 공통적으로 적용되는 사항이다. 예를 들어, 요인과 측정변수 간의 관계를 반영적으로 설정하는 것이 적합한지, 형성적으로 설정하는 것이 적합한지

판단한다. 구조모형의 경우, 인과관계에 대한 연구 가설에 대해 충분히 설명해야 한다. 특히 시간차 없이 동시에 수집되는 변수들의 경우 인과적 추론을 직접적으로 뒷받침하는 요소가 없으므로, 인과관계에 대한 이론을 충분히 설명하는 것이 중요하다.

● 횡단설계에서 변수 관계에 대한 이론적 근거가 있을 경우에는 상호적 인과관계를 설정해도 좋지만, 방향성에 대한 불확실성을 드러내지 않기 위한 목적으로 피드백 순환을 설정해서는 안 된다. 피드백 관계는 평형성(equilibrium)과 같은 가정을 필요로 할 뿐 아니라, 그 존재 자체가 구조모형을 비재귀모형으로 만들기 때문에 모형 분석 시 모형식별과 같은 잠정적인 문제를 유발할 수 있다.

● 모형 내 다른 변수와 관련성을 가지는 변수인데도 불구하고 모형에 포함되지 않은 원인변수가 있는지 면밀히 검토해야 한다. 모형에 포함되지 않은 원인변수가 모형에 포함된 원인변수들과 관련이 없다면 직접효과의 추정치가 변수 누락에 의한 영향을 받지 않겠지만 행동과학 연구에서 원인변수들이 서로 독립적인 경우는 매우 드물다. 모형에 포함된 원인변수들과의 상관 패턴에 따라 직접효과의 추정치가 지나치게 높거나 낮게 나타날 수도 있다.

● Pearl의 구조인과모형(그래프 이론)은 연구자가 모형을 설정하고 연구를 계획하는 데 유용하게 활용될 수 있다. 예를 들어, 인과효과에 대한 모형식별 여부를 판단하기 위하여 일부 원인변수들이 측정되지 않은 것으로 가정하는 비순환정향그래프(directed acyclic graphs: DAG)를 이용할 수 있다. 식별되지 않는 원인변수들을 확인한 후, 누락된 혼입변수에 대해서 대용물(proxy) 변수를 포함시키는 방안도 고려해 볼 수 있다.

● 설명오차나 측정오차 간의 상관을 설정하는 것이 이론적으로 타당하고 식별 가능한 경우 오차 간에 상관을 설정한다. 오차상관을 생략하게 되면 부정확한 결과가 도출되는 경우가 있으며, 잠재변수에 대해서는 특히 유의할 필요가 있다. 경제학과 같은 일부 학문 분야에서는 오차상관을 설정하는 것이 보편적이다. 오차상관의 설정을 필요악으로 인식할 필요는 없다. 단, 모형 적합도를 높이기 위한 목적으로 이론적 배경이나 연구설계(예: 반복측정)에 따른 근거 없이 오차상관을 부여하는 것은 지양해야 한다. 오차상관을 부여하면 모형이 복잡해지므로 결과적으로 모형 적합도가 향상되지만, 표본에 따라 추정값이 달라지는 우연변동성 문제가 발생된다는 단점이 있다.

● 하나의 측정변수가 두 개 이상의 요인에 속한다고 가정하는 것은 가능하지만, 이러한 설정은 해당 변수에 대한 사전 지식을 토대로 이루어져야 한다. 오차상관과 마찬가지로 이론적 근거 없이 측정모형을 복잡하게 설정하는 것은 바람직하지 않다.

● 반영적 측정모형에서 동일 요인을 측정하는 측정변수들은 서로 양의 상관을 가져야

한다. 만약 상관 중에서 어느 하나라도 0에 가깝거나 음수라면 모형설정 오류에 해당한다. 대안적으로 측정변수를 잠재변수의 원인으로 설정하는 형성적 측정모형이 가능하지만, 반영적 측정모형 대신 형성적 측정모형을 설정할 때는 타당한 이론적 근거가 있어야 한다. 또한 형성적 측정모형에서는 구인타당도를 평가하는 것이 더 어렵다.

● 측정변수가 원인인지 결과인지를 판단하는 데 있어 유의도 검정 결과에만 의존해선 안 된다. 예를 들어, 측정변수들 간의 상관이 모두 양수가 아니면 측정변수들이 원인이라고 자동으로 결론 내릴 수 없다. 또한 어느 한 변수가 제3의 변수와 비재귀적 인과 관계를 가지는 다른 변수의 적절한 도구변수인지에 대한 검정 결과를 맹신해서도 안 된다. 모형설정은 특정 연구 분야에서 측정 관련 지식이나 인과관계에 대한 주요 연구문제에 기반하여야 한다. 통계적 가설 검정은 우연성 변동에 의한 영향을 받게 되며, 표본크기가 작은 경우 이것은 더 큰 문제가 될 수 있다.

● 간명성의 원리에 따라 모형을 설정한다. 초기모형으로는 이론 상 가장 중요한 효과를 반영할 수 있는 가급적 가장 단순한 모형을 설정한다. 그러나 다집단 CFA에서 측정동일성을 검증할 때는 일반적으로 가장 복잡한 모형을 먼저 분석하는 것이 좋다. 즉, 형태 동일성에서 시작하여 형태계수나 절편, 분계점(thresholds), 오차분산 등 특정 모수에 대한 동일성 제약이 더해지면 모형이 점차 간명해진다.

● 간명성 원리를 따르라는 것이 복잡한 모형을 분석하지 말라는 의미는 아니다. 복잡한 현상에 내재된 본질을 포착하기 위해서는 상대적으로 복잡한 통계 모형이 필요할 수 있다. 간명성 원리의 핵심은 관련 이론과 선행 연구결과를 바탕으로 모형을 설정하되, 가급적 단순한 모형을 설정하는 것이 바람직하다는 것이다. 타당한 근거 없이 복잡한 모형은 모형 적합도를 높이기 위해 설정된 경우가 많다.

● 모형에 평균구조가 포함되는지 여부를 명시한다. 평균구조가 포함될 경우 본문과 경로도에 어떤 변수의 평균구조가 포함되었는지를 표시해야 한다.

● 모형이 상호작용 효과를 포함하는 경우, 상호작용 효과의 설정에 대한 이론적인 근거를 기술한다.

● 변수 간 인과관계를 가정한 경우, 경로도에 인과의 방향이 정적인지 부적인지 표시하는 것이 좋다. 또한 모형의 경로도를 제시할 때는 오차항과 상관을 모두 표시하고, 경로도의 구성요소와 본문의 기술 내용이 일치하는지도 확인한다.

● 모수에 제약을 부여한 경우 제약의 근거를 설명하고, 식별 요건, 관련 이론, 선행 연구 결과 및 연구의 목적과 관련시킨다.

- 이론적으로 타당한 대안모형을 설정하고 모형 검증에서 대안모형이 어떠한 역할을 하는지 설명한다. 또한 위계적 모형과 비위계적 모형의 비교와 같은 분석 계획에 관해서도 기술한다.
- 다집단 CFA에서 측정동일성을 어떠한 순서로 검증할 것인지에 대해 설명한다.
- 잠재변수의 척도를 적절하게 부여한다. 다집단 SEM에서 집단 간 분산이 다른 경우, 각 집단의 분산을 1로 고정시켜 요인들을 표준화하는 것은 옳지 않다. 참조변수의 형태계수를 1로 고정하여, 비표준화 상태에서 분석하는 것이 바람직하다. 이때 각 집단에서 동일한 형태계수가 고정되어야 하고, 고정된 형태계수를 갖는 측정변수는 모든 표본에 걸쳐 동일하다고 가정한다. 모든 집단에 대한 비표준화 형태계수의 평균을 1로 고정하거나 절편의 평균을 0으로 고정하는 효과코딩법을 사용하는 것도 가능하다. 단일표본분석에서 요인분산이 시간에 따라 변할 경우 각 시점에서 측정된 요인의 분산을 1로 고정하는 것은 옳지 않다.
- 복합표집설계에서 집단 내 모형과 집단 간 모형이 무조건 동일하다고 가정해서는 안 된다. 다층모형의 특징은 집단 내 수준과 집단 간 수준의 분석에서 상이한 모형이 공분산 패턴을 설명할 수 있다는 것이다.

🥧 모형식별

SEM 연구에서 모형식별이 중요한 주제로 다루어지는데, 이에 대한 몇 가지 가이드라인을 제시하면 다음과 같다.

- 초기모형에서 관측 정보의 수와 자유모수의 개수를 센다. 또한 잠재변수가 어떻게 척도화되었는지를 설명하고 이를 경로도에 나타낸다. 이를 바탕으로 모형식별을 위한 필요조건이 충족되었음을 확인한다.
- 연구자가 설정한 구조방정식모형이 식별되기 위한 충분조건을 기술한다. 예를 들어, 구조모형이 비재귀모형인 경우 차수조건을 만족하는지, 측정모형에 복합지표나 오차공분산이 포함된 경우, 식별을 위한 충분조건을 충족시키는지 등을 기술한다.
- 복잡한 모형의 경우, 그 모형이 실제로 식별되는지를 증명해야 한다. 컴퓨터가 실제 식별되지 않은 모형에 대해 수렴되면서 수용 가능한 해를 도출하는 것이 이론적으로 가능하나, 이러한 상황에 대해 경고 메시지를 제공하지 않을 수도 있다는 점에 유의

하기 바란다. 모형이 실제로 식별되지 않는다면, 컴퓨터로 계산된 해는 무수히 많은 해 중의 하나이고, 이에 대한 의미 있는 해석이 불가능하다.

측정도구

측정도구에 의해 점수가 산출되므로 양호한 측정도구를 이용하는 것이 중요하다. SEM 에서 측정도구와 관련한 가이드라인을 제시하면 다음과 같다.

- 측정하고자 하는 구인을 조작적으로 정의한다. 즉, 구인에 대한 정의를 측정하고자 하는 구체적인 행동 특성이나 행위와 연결시킨다.
- 신뢰도 및 타당도와 같이 측정도구가 갖추어야 할 바람직한 심리측정학적 특성을 기술한다. 이때 연구자가 사용한 표본에서 신뢰도와 타당도에 대한 증거를 산출하는 것이 좋다.
- 연구자가 사용한 표본에서 신뢰도와 타당도를 직접 추정하는 것이 불가능할 경우 다른 표본에서 산출된 신뢰도 추정치를 보고하되, 연구자가 사용한 표본과의 유사성을 기술하도록 한다.
- 종단적 연구설계에서 연구대상의 손실로 인해 결측이 예상되는 경우, 데이터 손실 패턴을 예측할 수 있는 보조변수를 설정하여 측정한다. 보조변수는 모형에 포함되지 않지만 결측 데이터의 점수를 대체할 때 유용하다.
- CFA에서 문항들의 평균이나 총점을 바탕으로 문항묶음을 만들어 분석하려면 각 문항묶음에 속한 문항들의 일차원성 가정이 충족되어야 한다. 이러한 일차원성 가정의 충족 여부는 CFA 분석에 앞서 확인되어야 하는데, 그 이유는 CFA 분석에서 문항묶음의 일차원성이 우연히 충족될 수도 있기 때문이다. 이 경우 문항묶음을 사용함으로써 일차원성 가정이 충족되지 않는 요인구조가 은폐되어 분석결과를 왜곡시킬 수 있다.
- 연구자가 구인의 이름으로 명명한 것과 측정변수들에 의해 실제로 측정된 것의 의미는 다를 수 있다. 구인타당도는 경험적 절차에 따라 입증되는 것이며 연구자에 의해 지칭되는 것이 아니다.

⬛ 표본과 데이터

SEM을 포함한 모든 통계분석에 있어 표본과 데이터의 속성을 이해하는 것은 매우 중요하다. SEM에서 표본과 데이터에 관해 고려할 사항은 다음과 같다.

● 데이터 입력과 코딩이 정확하게 이루어졌는지 수시로 점검해야 한다. 원자료 또는 상관이나 공분산행렬 값을 입력할 때 특히 실수를 범하기 쉽다. 컴퓨터를 이용하여 자동으로 자료를 입력하는 과정에서도 오류가 발생할 수 있으며, 프로그래밍 오류로 잘못된 점수가 계산되기도 한다. 통계 프로그램에 코드를 입력할 때도 실수하는 경우가 흔히 발생한다. 가령, 결측값을 '−9'로 입력해야 하는데 '9'로 입력하는 실수가 발생하기도 한다.

● 표본의 특성에 대해 명확하게 기술해야 한다. 편의 표본인 경우 연구 대상의 선택 방식에 따라 의도한 모집단을 대표하지 않을 수도 있다는 점을 설명한다.

● 표본크기 결정기준을 설명한다. 표본크기는 검정력 분석결과나 $N:q$ 규칙(q는 자유모수의 수)과 같은 표본크기 결정 공식과 연구 상황 등을 고려하여 결정할 수 있다.

● 모형과 추정방법에 적합한 표본크기를 사용한다. 표본크기에 비해 모형이 복잡하면 추정의 통계적 정확도가 낮아진다. 표본크기가 작은 경우에는 우연성 변동의 영향도 커지게 된다. 분포에 대한 강한 가정을 필요로 하지 않는 추정방법일수록 큰 표본을 필요로 한다. 순서형 자료를 분석할 때는 연속형 자료를 분석할 때보다 더 많은 사례수가 필요하다. 연구자는 분석에 필요한 표본이 충분히 확보되었음을 명시해야 한다. 표본크기가 작은 경우에는 그에 맞는 단순한 통계분석 방법을 적용하도록 한다.

● 검정력 분석을 통해 표본크기를 결정한 경우에는 검정력 분석에서 목표로 한 검정력 (예: ≥.90)과 분석의 수준이 전체 모형을 대상으로 하는지 개별모수를 대상으로 하는지 등에 관해 설명한다. 영가설과 대립가설을 진술하고 유의수준(α)과 모집단 근사 적합도 지수 등을 기술한다.

● 모의실험 자료인 경우, 데이터 생성에 이용된 컴퓨터 프로그램과 알고리즘, 표본크기, 반복 횟수 등을 밝히고, 수렴의 문제나 그 외 분석 상의 다른 문제들로 인한 데이터 손실 정도가 어느 정도인지를 설명한다.

● 기존에 수집된 아카이브 데이터에 구조방정식모형을 적용한 경우에는 연구자가 필요로 하는 변수들이 모두 존재하지 않은 가능성이 있으므로, 원인변수나 결과변수의 누락으로 인해 모형설정 오류가 발생할 수 있다는 점을 설명한다. 아카이브 데이터

로 분석하는 경우 식별문제가 발생할 수도 있는데, 데이터가 이미 수집된 상태이므로 변수의 추가를 통해 식별문제를 해결하기는 어렵다. 비재귀모형의 식별 문제를 해결하는 하나의 방법으로 외생변수를 추가할 수 있으며, 측정변수를 추가하는 것은 측정모형을 식별하는 데 도움이 될 수 있다.

- 비표준화 변수를 가정하는 추정방법을 사용할 경우에는 원점수를 표준화하지 않도록 유의해야 한다. 분산이 서로 다른 독립 표본을 포함하는 자료에 대한 분석과 시간이 경과함에 따라 표준편차나 평균이 변화하는 종단자료, 잠재성장모형 등 평균분석을 포함하는 SEM 분석의 경우에는 점수를 표준화하는 것이 적절하지 않다.

- 데이터와 관련된 복잡한 문제들을 어떻게 해결하였는지에 대해 기술한다. 결측값과 극단값을 처리한 방법, 공선성을 어떻게 다루었는지, 그리고 연속변수를 정규화하기 위해 변환을 사용했는지 등이 이에 해당한다.

- 결측 데이터의 패턴이 무선적인지 체계적인지를 평가한다. 사례별 제거나 단일값으로 대체하는 방법 등의 고전적인 결측 처리방법에서는 일반적으로 자료 손실 패턴이 완전하게 무선적이라고 가정하지만, 실제 그러한 경우는 거의 없다. 이러한 고전적 방법은 이론적 근거가 약할 뿐 아니라 데이터에 내재된 정보를 거의 활용하지 못한다. 결측 처리에 대한 대안적인 접근에서는 이론적인 예측 분포를 바탕으로 결측값을 다른 점수로 대체하는데, 이때 일반적으로 자료 손실 메커니즘이 무선이라는 다소 덜 엄격한 가정을 전제로 한다. 그러나 이러한 방법은 자료 손실 패턴이 체계적인 경우 부정확한 결과를 도출할 수 있다. 만약 이러한 경우라면 문제를 해결할 수 있는 통계적인 장치가 없으며, 주어진 데이터 손실 패턴을 참고하여 결과 해석의 범위를 명시해야 할 것이다.

- 결측값과 극단값을 처리하는 방법에 따라 분석결과가 다르게 나타날 경우, 연구자가 선택한 방법에 의한 결과와 함께 다른 방법을 선택할 때 나타나는 결과도 보고하도록 한다. 이를 통해 자료수집과 분석 과정에서 일반적으로 발생하는 문제들을 어떻게 처리하는지에 따라 연구 결과가 상이하게 도출된다는 점을 확인할 수 있을 뿐 아니라 그 자체로도 흥미로운 결과일 수 있다.

- 각 추정법에서 요구하는 분포의 가정을 확인한다. 예를 들어, 연속형 내생변수의 경우 다변량 정규성을 확인해야 하며, 왜도와 첨도를 제시하도록 한다. 연속형 변수 간 관계가 선형적인지도 확인한다. 원인변수와 결과변수의 관계가 곡선적일 경우 고차항을 분석에 포함시키는 것을 고려한다.

- 연속형 변수에 대한 평균, 표준편차, 상관 등 기본적인 기술통계 결과를 제시하여 다

른 연구자들이 이러한 요약 통계값을 이용하여 2차 분석을 하거나 분석결과를 확인할 수 있도록 한다. 신뢰도 추정치, 왜도, 첨도, 표본크기 등을 하나의 표로 정리하여 압축적으로 제시하도록 한다.

● 다른 연구자들이 분석 자료를 이용할 수 있도록 가능하면 원자료를 제공해 주는 것이 좋다. 이때 특정 연구 대상이나 조건에 대한 민감한 정보는 삭제한 후 자료를 제공하도록 한다. 원자료를 제공하는 것이 바람직한 이유는 자료가 순서형이거나 연속형 결과변수의 비정규성을 교정하기 위한 추정방법을 사용하는 SEM의 경우 원자료가 필요하기 때문이다.

● 분석에 사용된 데이터 행렬 유형이 연속형 데이터의 공분산행렬인지 상관행렬이나 순서형 자료 또는 분계점에 대한 점근적 공분산행렬인지 명시한다. 연속형 자료의 상관행렬을 분석하는 경우 이에 적합한 추정방법을 사용하도록 한다.

● 데이터 행렬이 양정치인지 확인한다.

● 반복측정이나 복합표본설계에서 수집된 다층자료와 같이 위계를 가지는 데이터의 경우, 상호의존성을 분석에서 어떻게 반영하였는지 설명하도록 한다. 예를 들어, 반복측정변수에 대해 오차상관을 설정하고 2수준으로 모형을 설정하여 분석하는 것이 하나의 방법이다.

🥧 추정

이상의 단계에서 발견되지 않은 문제들로 인해 발생될 수 있는 추정 단계에서의 문제들을 요약하면 다음과 같다.

● 분석에 사용된 SEM 컴퓨터 프로그램과 버전 정보를 기술하고 부록에 최종 모형 설정에 사용된 명령문을 제시한다. 지면 부족으로 명령문을 부록으로 포함시키지 못하는 경우에는 웹사이트 주소를 제공하는 것도 방법이다.

● 추정방법을 구체적으로 명시한다. 통계 프로그램에서 기본 옵션으로 제공하는 최대우도법을 적용한 경우에도 마찬가지다. 그 외 다른 추정방법이 사용된 경우라면 그 방법이 무엇인지와 선택 이유를 명확하게 기술하도록 한다.

● 순서형 자료의 경우 그에 적합한 방법을 사용하도록 한다. 범주의 수가 6개 이하이고 응답 분포가 비대칭인 경우에는 방법 선택에 특히 유의해야 한다. 이 경우 강건

가중최소제곱법(Robust weighted least square), 수치적분법(numerical integration), 완전정보최대우도법 등을 적용할 수 있으나, 이러한 방법을 적용하기 위해서는 표본크기가 커야 한다.

● 컴퓨터 프로그램 명령문을 신중하게 검토한다. 자료입력 단계에서와 마찬가지로 이 단계에서도 모형이나 분석방법 등을 잘못 지정하는 오류를 쉽게 범할 수 있다. 예전에 비해 SEM 프로그램들을 사용하기가 쉬워졌지만, 명령문 오류가 아닌 논리적인 실수는 발견하기가 쉽지 않다. 논리적 오류가 있더라도 분석결과가 도출될 수 있기 때문에, 자신이 의도한 모형으로 제대로 설정되었는지 반드시 확인해야 한다. 예를 들어, $Y_2 \longrightarrow Y_1$을 의도했으나 $Y_1 \longrightarrow Y_2$로 설정될 수도 있다.

● 수렴된 해가 도출되었는지의 여부와 도출된 해가 수용 가능한 값인지에 대해 설명한다. 추정의 실패나 헤이우드 케이스와 같은 문제가 발생한 경우, 이를 어떻게 해결했는지 설명한다(예: 반복연산 횟수 제한 조정 등). 모든 SEM 프로그램에서 수용할 수 없는 해에 대한 경고나 에러 메시지를 제공하는 것은 아니므로 전체 분석결과 파일을 신중하게 검토해야 한다. 수용 불가능한 해가 도출되는 경우, 분석결과에 대해 신뢰할 수 없기 때문에 결과 해석은 무의미하다.

● 모형에 대한 평가에 있어 전체 적합도 검정 결과에만 의존하거나, 적합도지수의 평가기준을 지나치게 맹신하여 모형을 평가하는 것은 바람직하지 않다. 모형이 카이제곱 검정에서 부적합하게 나타나거나, 내생변수가 연속형이 아닌 경우에 특히 유의해야 한다.

● 지역 적합도 검정을 통해 조건적 독립성, 공분산잔차, 상관잔차, 평균잔차, 분계점 잔차 등을 분석함으로써 보다 미시적 수준에서 적합도를 평가하는 것이 바람직하다. 이때 공분산잔차의 유의도 검정 결과 해석에 유의해야 한다. 소표본에서는 관찰값과 예측값 간 차이가 큰 경우라도 유의한 검정결과가 나타나지 않을 수 있는 반면, 대표본에서는 사소한 크기의 차이에도 유의한 결과로 나타난다.

● 위계적 모형이나 비위계적 모형과 같이 여러 개의 대안 모형을 비교하는 경우, 모형 선택 기준을 명확하게 제시한다. 위계적 모형의 비교에서는 카이제곱 검정 결과를 보고한다. 모형 재설정 과정을 통해 데이터에 일치하는 모형을 찾을 수 없는 경우에는 모형을 선택하지 않는 것도 SEM에서 가능하다는 점을 기억하기 바란다.

● 다집단 분석에서 동일한 모수에 대한 동일성 제약은 일반적으로 비표준화 해에 한해 적용된다. 동일한 모수에 대한 표준화 추정치는 집단별로 다를 수 있으며, 표준화 추정치로는 일반적으로 집단 간 직접비교가 불가능하다.

- 서로 다른 요인들 간의 비표준화 형태계수의 동질성을 검정하는 경우와 서로 다른 내생변수에 대한 직접효과의 동질성을 검증하는 경우에 제약상호작용이 있는지 검토한다. 동일제약 모수에 대한 카이제곱 차이 검정의 결과가 요인의 척도화 방법에 따라 다르다면 제약상호작용이 존재한다고 볼 수 있다. 이때 표준화변수 분석이 합리적이라는 가정하에 제약추정법을 사용하여 상관행렬을 분석하는 것도 하나의 대안이 될 수 있다.

- 완전 잠재 구조회귀모형에 대한 검정에서 구조모형을 분석하기 전에 측정모형이 데이터에 부합한지를 먼저 확인하는 2단계 접근법을 적용한다.

- 잠재성장모형에 대한 검정에서는 반복측정 변수만을 포함하는 기본적인 변화모형을 먼저 분석한다. 변화모형을 선택한 다음에는 변화를 예측하는 공변인을 모형에 추가한다.

- 측정변수의 집단 평균을 비교하기 위해서는 각 집단의 측정변수가 동일한 잠재변수를 측정하는지를 확인한다. 즉, 형태계수, 절편 또는 분계점, 그리고 오차분산과 공분산이 집단별로 동일하다고 간주하는 엄격한 동일성(strict invariance) 가정을 검증한다. 이렇게 하지 않으면 이와 같은 모수의 집단 간 차이가 측정변수에 대한 집단 간 차이와 혼입되어 결과 해석이 어렵게 된다.

- 잠재변수의 집단 평균을 비교하기 위해서는 강한 동일성(strong invariance) 가정을 설정해야 한다. 형태계수나 절편에서 집단 간 차이가 나타날 경우 그것은 측정변수가 요인들을 측정하는 방식이 집단별로 동일하지 않다는 것을 의미한다. 요인분산이나 공분산에 대한 집단 간 비교는 약한 동일성(weak invariance), 즉 집단 간 비표준화 형태계수의 동일성만 충족시키면 된다.

- SEM 분석의 초보자인 경우 모형의 식별여부를 확신하기 어려운 복잡한 모형에 대한 분석은 피하는 것이 좋다. 수렴 문제가 없으면서 수용 가능한 유일한 해가 있는지 확인할 수 있는 검정 방법이 있기는 하나, 안정적인 방법은 아니다. 초깃값을 잘못 지정하여 잘못된 해를 산출하게 되면 유일한 해가 없다고 해석할 수 있지만, 이러한 문제가 발생하지 않았다고 해서 모형이 실제로 식별되었는지를 증명하지는 못한다.

- 추정과 관련된 또 다른 문제로는 식별미달(underidentification)을 들 수 있다. 식별미달 문제는 극단적 공선성이 존재하거나, 중요한 모수가 0에 가깝거나 서로 거의 동일한 모수추정치를 나타내는 경우 발생할 수 있다. 두 개의 측정변수만을 갖는 요인이 포함된 측정모형은 식별미달 문제에 특히 취약하다. 데이터에 문제가 있을 때 모형을 재설정하게 되면 모형설정 오류가 발생할 수 있다.

🥧 모형 재설정

SEM 분석의 확인적 속성을 엄격하게 적용하여 분석하는 경우를 제외하고는 대부분의 경우 모형 재설정 과정을 거치게 된다. 모형을 재설정하는 경우 다음의 사항들을 올바르게 이해하는 것이 중요하다.

- 모형 재설정에 대한 이론적 근거를 제시한다. 즉, 재설정된 모형이 어떻게 정당화될 수 있는지 설명한다. 재설정된 모형의 상관잔차, 표준화된 잔차, 수정지수 등과 같은 구체적인 통계량을 제시하고, 이론과의 관련성을 설명한다.
- 선험적 모형설정 결과와 모형을 적용한 이후 결과의 차이를 명확히 구분하여 제시한다. 수정지수와 같은 통계적 기준에만 의존해서는 모형을 올바르게 설정할 수 없다. 이론과 선행 연구를 고려하여 통계적 기준을 적용하도록 한다.
- 추가되거나 삭제된 경로의 수와 특징 등을 명확히 기술한다.
- 최종모형이 초기모형과 완전히 다르다면, 모형의 재설정이 단순히 표본의 특성으로 인한 것이 아니라는 점을 재확인하도록 한다. 이론적 근거 없이 모수를 추가하게 되면 모형 적합도는 향상되겠지만 지나치게 많은 모수를 포함하는 모형이 되며, 다른 표본을 이용하여 반복 연구를 하더라도 동일한 결과가 나오기 어려울 가능성이 크다. 따라서 최종모형이 초기모형과 너무 차이가 큰 경우에는 아예 모형 자체의 타당성을 재검토하는 것이 바람직하다.

🥧 결과 보고

SEM 분석을 마치게 되면 분석결과를 적절한 방식으로 조직하여 보고할 수 있어야 한다. 결과 보고와 관련하여 몇 가지 유의 사항을 제시하면 다음과 같다.

- 최종 모형에 대한 비표준화 추정치 및 표준오차, 표준화 추정치 등의 모수추정치를 보고한다. 다집단 분석에서 표준화 해를 보고하는 경우에는 동일 척도에서 산출한 것인지 집단 내에서 표준화한 값인지 명시한다. 단일표본 잠재변수 모형의 분석에서 표준화 해를 보고하는 경우에도, 요인만 표준화한 것인지 모든 변수를 표준화한 것인지 명시한다.

● 제약추정법을 적용하거나 표준화 해에 대한 정확한 표준오차가 산출되지 않은 경우
  에는 표준화 모수추정치의 통계적 유의성을 언급하지 않도록 한다.

● 구조모형의 경우 전체효과를 직접효과와 총간접효과로 구분하여 보고한다. 이때 이
  론적으로 의미 있는 모든 개별 간접효과를 추정하고 해석한다.

● 간접경로를 구성하는 직접효과의 계수들을 곱하여 간접효과를 추정하는 경우 원인
  변수와 매개변수의 상호작용이 없다는 가정에 근거한다. 이 가정이 합리적이지 않
  다고 판단되면 통제된 직접효과, 자연적 직접효과, 자연적 간접효과 분석 등 적절한
  방법을 사용하도록 한다.

● 본문이나 표 또는 부록에 잔차 정보를 보고한다. 전체 적합도에 대한 정보만으로는
  충분하지 않으므로, 모형 적합도에 대한 보다 구체적인 정보를 제공하도록 한다.

● 비재귀적 관계에 있는 내생변수에 대해 R^2이나 수정된 R^2과 같은 설명력에 대한
  정보를 제시한다. CFA에서 순서형 측정변수의 R^2은 각 측정변수에 대응하는 잠재
  반응변수에 적용되므로, 측정변수에 직접적으로 적용되지 않음에 유의하자. 또한
  개별 내생변수에 대한 R^2은 전체적인 모형 적합도와는 아무 관련이 없다. 효과크기
  를 해석할 때는 자신의 연구 분야에서 기대되는 결과를 참고하여 해석한다.

● 모형에 대한 카이제곱 값과 자유도, p값을 보고한다. 카이제곱 검정에서 영가설이
  기각되는 경우 이를 명확하게 보고하고 잠정적으로 모형을 기각한다. 근사적합도지
  수를 보고할 때는 연구 결과에 유리한 통계치만 선택적으로 보고하지 말고, RMSEA
  와 90% 신뢰구간, CFI, SRMR 등 기본적인 근사적합도지수를 보고한다. 모형에 평균
  구조가 포함된 경우에는 CFI와 같은 증분적합도지수 계산시 독립모형이 어떻게 설
  정되었는지에 관해 설명하도록 한다(예: 모든 평균이 0인 것으로 가정함 vs. 표본 값을 이
  용함).

🫓 해석

SEM 분석결과에 대한 해석과 관련하여 고려할 사항은 다음과 같다.

● 모수추정치의 부호와 크기가 이론적으로 타당한지 검토한다. 또한 억제효과나 다른
  예상치 못한 결과가 나타났는지에 대해서도 점검해야 한다.

● 간접효과에 대한 유의성 검정을 할 때는 p값에서의 작은 차이를 너무 정교하게 구분

하지 않아도 된다. Sobel 검증을 비롯하여 간접효과를 검증하는 대부분의 방법은 기반이 되는 가정들이 충족되지 않는 경우가 많기 때문에 분석결과가 정확하지 않을 수 있다. 간접효과에 대한 붓스트랩 검정도 정확하지 않을 수 있는데, 특히 표본크기가 크지 않은 경우 더욱 그러하다. 따라서 유의미성보다는 간접효과의 크기가 실질적인 의미를 갖는지를 확인하는 것이 중요하다.

● 통계적 유의성을 효과크기와 혼동하지 말아야 한다. 통계적으로 유의한 결과라고 하여 그것이 임상적으로나 이론적 또는 실제적으로 반드시 유의한 결과를 나타내는 것은 아니다. 결과 보고 표에서 '*'로 표시된 유의성 검정 결과에 현혹되지 않도록 유의해야 하며, 다른 통계방법에서와 마찬가지로 SEM 분석에서도 통계적으로 유의한 결과가 항상 진실을 말해 주는 것은 아니다.

● 연구 설계에서 원인변수, 매개변수, 결과변수 사이에 시간적 선행성이 존재하지 않는 경우에는 간접효과를 '매개효과'로 간주할 수 없다. 원인변수가 실험변수이고 매개변수가 개인차를 나타내는 변수일 때, 매개변수와 결과변수 간의 공통 원인이 누락된 경우 결과의 편향을 나타낼 수 있다는 점에 유의해야 한다.

● 모형이 데이터에 적합하다고 하여 실제에 근접하는 모형으로 해석해서는 안 된다. 모형-데이터 간 적합도는 다음 제시된 네 가지 경우 중 하나에 해당한다고 볼 수 있다. (1) 모형이 실제를 정확하게 반영하는 경우, (2) 모형이 실제를 거의 정확하게 반영하지만 완전히 일치하지는 않는 경우, (3) 모형이 표본 데이터에는 적합하지만, 모집단에서는 적합도가 낮은 경우, (4) 모형이 지나치게 많은 자유모수를 포함하고 있어 모형의 복잡성으로 인해 적합도가 좋게 나오는 경우 등이다. 연구가 독립된 표본에 반복적으로 실시되지 않는 이상, 연구자의 모형이 이 중 어느 경우에 해당되는지 파악하는 것은 일반적으로 불가능하다. 이러한 맥락에서 SEM은 모형과 실제와의 일치성 여부를 '확증'하기보다는 잘못된 모형을 기각하는 데 유용한 방법이라 할 수 있으며, 반복적으로 수행되는 연구가 아닌 경우 이러한 특징이 더욱 뚜렷하게 나타난다. 같은 이유로 모형의 근사적합도 역시 모형에 설정된 인과효과를 '입증'해 주지 않는다.

● 요인의 이름을 잘못 지정하거나 요인에 이름을 부여하는 것만으로 그것이 곧 해당 요인의 의미가 해석된 것으로 생각하지 말아야 한다. 즉, 요인명이 요인의 의미를 모두 설명해 주는 것은 아니다. 예를 들어, 3요인 CFA 모형이 데이터에 적합하다고 하여 연구자가 부여한 요인명이 정확하다는 것을 의미하지는 않는다. 모형에서 가정하는 구인들이 실제 세계의 대상들을 반드시 반영한다고 생각할 필요도 없다. 실제

세계의 대상을 반영하는 구인이 있을 수도 있고 그렇지 않을 수도 있다.
● 상호작용 효과가 존재하는 경우 상호작용의 패턴을 설명한다. 조절변수가 다른 두 변수간의 연관성을 얼마나 변화시키는지 보고하는 데 있어서, 상호작용 효과의 통계적 유의미성과 효과크기 등을 보고한다.

확증 편향

SEM에서 확증 편향은 동치모형이나 대안모형을 제대로 파악하지 못하는 경우에 발생할 수 있다. 확증 편향을 최소하기 위해 유의해야 할 사항은 다음과 같다.

● 동치모형을 명시한다. 최종모형과 동치모형을 비교함으로써 여러 동치모형 가운데 최종모형을 채택한 이유를 설명한다.
● 동치모형은 아니지만 동일한 변수 및 동일한 데이터 행렬에 적합한 대안모형들을 고려한다. 대안모형과 비교하여 연구자가 채택한 모형의 선택 이유를 설명한다.
● 위계적 관계가 아닌 대안모형 간 상대적 적합도를 AIC나 BIC 등의 예측적합도지수와 비교할 때는 표집오차의 영향을 고려해야 한다. 적합도지수가 더 좋은 모형이 모집단의 특성을 반영하는 '실제' 모형이 아닐 수도 있다. 모형선택에서 표집오차 크기는 표본크기에 비례한다. 이것은 행동과학 연구에서 모형에 대한 통계적 예측보다 반복적 연구 결과를 더 중요하게 생각하는 이유이기도 하다.

SEM의 역할과 통계적 이점

SEM이 과학적 연구도구로서 갖는 역할과 특징을 요약하면 다음과 같다.

● SEM은 단순히 모형을 검증하는 것이 아니라 이론을 검증하기 위한 방법이다. 분석모형은 선행연구나 이론에 근거한 연구가설을 반영하지만, 그 밖에 다른 특별한 의미는 없다. 모형은 가설을 검정하기 위한 수단일 뿐, SEM의 궁극적 목적은 연구가설을 의미 있고 타당한 방식으로 평가하는 것에 있다. 이러한 목적에 비추어 볼 때, 모형의 채택 여부는 부수적인 것으로 볼 수 있다.

● 채택되는 모형이 없는 경우 선행이론에 대해 시사하는 바를 설명한다. 예를 들어, 연구 결과를 바탕으로 이론이 어떠한 점에서 잘못되었는지 논의한다.

● 모형이 채택되면, 연구결과에 의해 밝혀진 내용을 설명한다. 연구결과 중 가장 중요한 부분과 학술적 기여도, 새롭게 제기된 연구문제, 후속 연구의 방향 등에 대해 기술한다.

● 분석에 사용된 표본을 무선적으로 분리하여 교차타당화 할 수 있을 만큼 표본이 크지 않을 경우에는 이를 연구의 제한점으로 명확하게 기술한다. 또한 이러한 내용을 후속 연구를 위한 제언에 언급할 수 있다.

● SEM은 연구설계나 연구가설의 오류를 보완할 수 없다. 예를 들어, 경로분석의 경로도에 연구가설을 잘못 반영할 경우 신뢰롭지 않은 분석결과가 도출될 수 있다. 직접효과와 간접효과에 대한 설정을 실험설계나 종단설계를 대신하는 과정으로 볼 수 없다. 또한 오차항을 모형에 포함시킨다고 하여 측정학적으로 양호하지 않은 측정치가 양호한 측정치로 바뀌지 않는다. 연구설계, 측정도구, 연구가설 등이 타당하지 않은 연구에 SEM을 적용하는 것은 버터를 자르는 데 톱을 사용하는 것과 같다. 이론적 기반이 타당하지 않은 연구에 SEM를 적용하는 것은 그저 복잡한 분석을 수행하는 것일 뿐 의미 있는 결과를 얻기 어려울 것이다.

🥧 요약

이상으로 SEM에 대한 모든 논의를 마친다. 이 책을 읽으면서 특별히 관심 있게 읽은 내용이 있거나 자신의 연구 분야에서 많이 사용되는 분석방법에 관한 내용이 있다면 다시 찬찬히 읽어 봐도 좋을 것이다. 어떤 경우이건 이 책이 연구자의 데이터와 연구가설을 다루기에 적합한 방법들을 탐색하는 데 도움이 되길 바란다. 또한 SEM을 적용하여 새로운 연구문제에 대한 답을 찾거나 기존 연구와는 다른 새로운 관점의 연구문제를 설정하는 데에도 도움이 되었으면 한다. 전통적인 유의도 검정을 통한 효과 검증에 국한하지 않고 모형 자체에 보다 관심을 두는 새로운 접근법으로서도 SEM을 활용하기 바란다. Garrison Keillor가 The Writer's Almanac이라는 라디오 프로그램의 마지막 방송에서 한 인사말로 이 책을 마무리하고자 한다. "Be well, do good work, and keep in touch."

심화학습

McCoach, Black과 O'Connell(2007)은 인과추론 오류의 원인을 설명하였으며, Tomarken과 Waller(2005)는 일반적인 오개념에 대해 조사하였다. 또한 Tu(2009)는 역학 분야에서의 SEM 활용과 제한점을 기술하였다.

McCoach, D. B., Black, A. C., & O'Connell, A. A. (2007). Errors of inference in structural equation modeling. *Psychology in the Schools, 44*, 461–470.

Tomarken, A. J., & Waller, N. G. (2005). Structural equation modeling: Strengths, limitations, and misconceptions. *Annual Review of Clinical Psychology, 1*, 31–65.

Tu, Y.–K. (2009). Commentary: Is structural equation modelling a step forward for epidemiologists? *International Journal of Epidemiology, 38*, 549–551.

연습문제 정답

Chapter 2

1. 〈표 2-1〉의 기술통계치를 바탕으로 계산한 결과는 다음과 같다.

$$B_X = .686\left(\frac{10.870}{3.007}\right) = 2.479$$

$$A_X = 102.950 - 2.479(16.900) = 61.054$$

2. $M_X = 16.900$일 때, X를 평균 중심화한 점수(x)는 다음과 같다.

$-.90, \quad -2.90, \quad -.90, \quad -4.90, \quad 1.10,$

$1.10, \quad -3.90, \quad -.90, \quad 1.10, \quad 5.10,$

$1.10, \quad 2.10, \quad -.90, \quad -.90, \quad 5.10,$

$-4.90, \quad 3.10, \quad -2.90, \quad 4.10, \quad .10$

이와 같이 변환된 점수(x)에 대하여 $M_x = 0$, $SD_x = 3.007$, $r_{xY} = .686$이므로, 회귀계수와 절편은 다음과 같이 산출된다.

$$B_X = .686\left(\frac{10.870}{3.007}\right) = 2.479$$

$$A_x = 102.950 - 2.479(0) = 102.950$$

3. $\hat{Y} = 2.479X + 61.054$이므로, 예측점수 $\hat{Y}$는 다음과 같다.

$100.719, \quad 95.761, \quad 100.719, \quad 90.803, \quad 105.677,$

$105.677, \quad 93.282, \quad 100.719, \quad 105.677, \quad 115.593,$

$105.677, \quad 108.156, \quad 100.719, \quad 100.719, \quad 115.593,$

$90.803, \quad 110.635, \quad 95.761, \quad 113.114, \quad 103.198$

또한 잔차점수인 $Y - \hat{Y}$는 다음과 같다.

$-.719, \quad -3.761, \quad -12.719, \quad 4.197, \quad -7.677,$

$-4.677, \quad 3.718, \quad -2.719, \quad 4.323, \quad 8.407,$

$-3.677, \quad 6.844, \quad -8.719, \quad 1.281, \quad -11.593,$

$-5.803, \quad 7.365, \quad 9.239, \quad -2.114, \quad 18.802$

따라서 이를 이용하여 분산과 상관제곱을 구하면 다음과 같다.

$$S_Y^2 = S_{\hat{Y}}^2 + S_{Y-\hat{Y}}^2 = 55.570 + 62.586 = 118.155$$

$$r_{XY}^2 = S_{\hat{Y}}^2 / S_Y^2 = 55.570/118.155 = .470, \quad r_{XY} = .686$$

4. 주어진 기술 통계치를 이용하여 회귀식의 계수를 계산하면 다음과 같다.

$$b_X = \frac{.686 - .499(.272)}{1 - .272^2} = .594 \qquad B_X = .594\left(\frac{10.870}{3.007}\right) = 2.147$$

$$b_W = \frac{.499 - .686(.272)}{1 - .272^2} = .337 \qquad B_W = .337\left(\frac{10.870}{2.817}\right) = 1.302$$

$$A_{X,W} = 102.950 - 2.147(16.900) - 1.302(49.400) = 2.340$$

$$R_{Y\cdot X,W}^2 = .595(.686) + .337(.499) = .576$$

5. $N=20$, $k=2$이고 $R^2_{Y \cdot X, W} = .576$이므로,

$$\hat{R}^2_{Y \cdot X, W} = 1 - (1 - .576)\left(\frac{20 - 1}{20 - 2 - 1}\right) = .526$$

6. 다음은 SPSS로 생성한 표준화잔차 분포다.

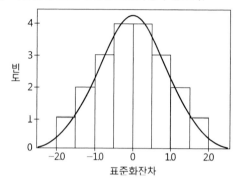

7. $r_{XY} = .686$, $r_{WY} = .499$, $r_{XW} = .272$, $R^2_{Y \cdot X, W} = .576$일 때,

$$r^2_{Y(W \cdot X)} = .576 - .686^2 = \frac{(.499 - .686(.272))^2}{1 - .272^2} = .105$$

$$r^2_{WY \cdot X} = \frac{.576 - .686^2}{1 - .686^2} = \frac{(.499 - .686(.272))^2}{(1 - .272^2)(1 - .686^2)} = .199$$

W는 Y의 분산 중 10.5%를 고유하게 설명하고, Y의 분산 중 X로 설명되지 않은 분산의 19.9%를 설명한다.

Chapter 3

1. 대표성은 통계적 유의도와는 아무런 관련이 없으며 사례가 어떻게 선택되는지에 따라 결정된다. 신뢰도가 반복성을 의미하는 것으로 정의된다면, 통계적 유의도가 반복연구의 가능성을 직접적으로 나타내지는 않을 것이다. 그러나 신뢰도가 표집오차를 의미한다면 표본크기가 클수록 표집오차가 작을 것이다. 또한 p는 오류의 확률을 의미하는 것이 아니다. 표집 조사에서 오류가 발생할 확률은 거의 1이기 때문이다. p를 귀무가설이 참일 확률로 해석하는 것도 역시 잘못된 해석이다.

2. 이것은 우연성 확률에 대한 오류에 관한 진술이다. p 값은 특정 결과가 우연히 발생했을 가능성을 의미하지 않으며, $1 - p$는 '실제' 효과가 존재할 확률을 의미하지 않는다. 모든 표본 분석결과는 오차의 영향을 받는다.

3. 표집오차 확률은 거의 1이므로 사전에 설정할 수 없다. 일반적으로 유의수준 α는 연구자가 미리 설정하지만, 사실 유의수준을 반드시 설정해야 하는 것은 아니다. 유의도 검정이 무선표집을 가정한다는 주장을 포함하여, 나머지 진술문의 내용은 옳다고 할 수 있다.

4. 이 문제의 답은 NDC 계산기를 이용하여 산출하였다. $F(2, 47) = 31.925$는 다음의 위치에 해당한다고 할 수 있다.

　　a. 비중심 $F(2, 47, 28.573)$ 분포의 97.5퍼센타일

　　b. 비중심 $F(2, 17, 109.201)$ 분포의 2.5퍼센타일

　　따라서 λ에 대한 95% 신뢰구간은 [28.573, 109.201]이다. 식 3.4를 사용하여 이 구간의 상한 및 하한을 $N=50$에 대한 ρ^2 단위로 변환하면, $R^2 = .576$에 기반한 비중심 95% 신뢰구간은 [.364, .686]이 된다. 이 구간은 $N=20$으로 구한 신뢰구간인 [.173, .722]보다 좁은 범위다.

Chapter **4**

1. 〈표 4-1〉의 통계치를 바탕으로 계산된 결과는 다음과 같다.

$$s_X^2 = 3.0070^2 = 9.0422, \quad s_W^2 = 2.8172^2 = 7.9366, \quad s_Y^2 = 10.8699^2 = 118.0895$$

$$cov_{XW} = .2721\,(3.0070)\,(2.8172) = 2.3050$$

$$cov_{XY} = .6858\,(3.0070)\,(10.8699) = 22.4159$$

$$cov_{WY} = .4991\,(2.8172)\,(10.8699) = 15.2838$$

2. $cov_{XY} = 13.00$, $s_X^2 = 12.00$, $s_Y^2 = 10.00$이므로, 공분산은 다음과 같이 계산된다.

$$cov_{XY} = r_{XY}\sqrt{12.00 \times 10.00} = r_{XY}(10.9545) = 13.00$$

이 식을 상관에 대하여 풀면, 다음과 같이 이론적 범위를 벗어난 값이 산출됨을 알 수 있다.

$$r_{XY} = 13.00/10.9545 = 1.19$$

3. [그림 4-2]의 데이터에서, $\hat{\gamma}_1 = 3.10$이고 $\hat{\gamma}_2 = 15.73$이다. 이 데이터를 변환하기 전에 상수 −9.0을 각 점수에 더하면 가장 낮은 점수는 1.0이 된다. 제곱근 변환을 적용하면, $\hat{\gamma}_1 = 2.31$이고 $\hat{\gamma}_2 = 9.95$가 된다. 로그 변환을 적용하면 $\hat{\gamma}_1 = 1.655$이고 $\hat{\gamma}_2 = 5.788$이 되어, 비정규성은 더 감소한다.

4. 〈표 4-3〉의 데이터에서 쌍별제거를 통해 계산된 유효 표본크기를 갖는 공분산행렬은 다음과 같다.

		X	Y	W
X	cov	86.400	−22.500	15.900
	N	6	4	5
Y	cov	−22.500	8.200	−9.667
	N	4	5	4
W	cov	15.900	−9.667	5.200
	N	5	4	6

이와 같은 공분산행렬을 온라인 행렬 계산기에 입력하여 계산한 결과, 고유치는 (95.937, 7.074, −3.211)이고 판별식은 −2,178.864로 산출되어, 비양정치 행렬임을 알 수 있다. 쌍별제거된 공분산행렬로부터 구한 상관행렬은 다음과 같다.

	X	Y	W
X	1.00		
Y	$-.85$	1.00	
W	.75	-1.48	1.00

5. 다섯 문항 간의 상관계수를 소수점 넷째 자리까지 표기하면 다음과 같다.

	I1	I2	I3	I4	I5
I1	–				
I2	.3333	–			
I3	.1491	.1491	–		
I4	.3333	.3333	.1491	–	
I5	.3333	.3333	.1491	.3333	–

α_C에 대한 계산은 다음과 같다.

$$\bar{r}_{ij} = \frac{6(.3333)+4(.1491)}{10} = .2596 \qquad \alpha_C = \frac{5(.2596)}{1+(5-1).2596} = .6368$$

이 결과는 SPSS로 구한 결과인 $\alpha_C = .63$과 반올림 오차 내에서 동일하다.

Chapter 6

1. 세 집단의 소속 정보를 나타내는 한 가지 방법은 다음과 같이 두 개의 더미변수 d_1과 d_2로 구성된 변수 세트를 설정하는 것이다.

집단	d_1	d_2
1	1	0
2	0	1
3	0	0

더미변수 d_1은 집단 1과 집단 3의 대비를, 더미변수 d_2는 집단 2와 집단 3의 대비를 의미한다. 경로모형에서는 d_1과 d_2를 서로 상관이 있는 외생변수의 쌍으로 설정한다.

2. [그림 6-3]에서 Y의 측정오차가 증가하면 변수의 신뢰도인 r_{YY}가 감소하고 설명오차분산이 증가하며 R^2은 작아진다.

3. [그림 6-4] (a)의 $X \longrightarrow Y$에 대한 계수 a와 [그림 6-4] (b)의 $Y \longrightarrow X$에 대한 계수 b는 비표준화 계수로 모두 다음의 식을 재배열하여 얻어진다.

$$cov_{XY} = r_{XY}SD_X SD_Y$$

예측변수 X로부터 Y를 예측하는 회귀식에서 비표준화 계수는 다음과 같다.

$$r_{XY}(SD_Y/SD_X)$$

예측변수 Y로부터 X를 예측하는 회귀식에서 비표준화 계수는 다음과 같다.

$$r_{XY}(SD_X/SD_Y)$$

이와 같은 관계로부터, 표준화된 형식에서는 $X \longrightarrow Y$와 $Y \longrightarrow X$의 계수가 모두 r_{XY}임을 알 수 있다. 따라서 [그림 6-4] (a)와 [그림 6-4] (b)의 두 경로모형이 서로 동치모형이라는 것은 명백하다.

4. [그림 6-6] (b)에는 내생변수들에 대한 직접효과가 네 개 있다. 이 그림에서 외생변수는 모두 네 개이며, 이 중 둘(X_1, X_2)은 측정변수이고 둘(D_1, D_2)은 측정변수가 아니다. 이 외생변수들의 분산(4)과 공분산(2)은 모두 자유모수다. 따라서 [그림 6-6] (b)의 자유모수의 전체 개수는 10이 된다. [그림 6-6] (c)에는 내생변수들에 대한 직접효과가 3개, 외생변수의 분산이 4개가 있다. 여기에 두 쌍의 외생변수들의 공분산 2개를 더하면 모두 9개의 자유모수가 있다.

5. (1) Y_1과 Y_2의 관련성 중 일부는 Y_1이 Y_2에 미치는 직접효과로 인한 것이다. (2) 두 변수 사이에는 두 가지 요소에 의해 허위적 연관성이 발생한다. (a) 두 변수는 적어도 하나 이상의 측정되지 않은 공통원인을 공유한다. (b) 두 변수의 직접원인인 X_1과 X_2는 서로 상관을 가진다. (3) 변수 X_1은 중간에 있는 Y_1을 통해 Y_2에 간접적으로 영향을 미친다.

6. 측정변수의 개수가 6개이기 때문에 관측 정보의 개수는 6(7)/2=21이다. 내생변수에 대한 직접효과는 모두 6개이고 외생변수의 분산은 6개, 외생변수 쌍 사이의 공분산은 3개가 있다. 따라서 자유모수의 전체 개수는 6+6+3=15이다. 모형의 자유도 df_M은 21−15=6이 된다.

Chapter 7

1. [그림 7-1] (a)의 관측 정보의 개수는 4(5)/2=10이다. 자유모수는 X_1, X_2, D_1, D_2 각각의 분산 4개, 공분산 2개($X_1 \smile X_2$과 $D_1 \smile D_2$), 측정변수들이 내생변수 Y_1과 Y_2에 대해 가지는 직접효과 4개를 모두 더해 10개다. 따라서 이 모형의 자유도는 df_M=0이다. [그림 7-1] (b)의 관측 정보는 6(7)/2=21개다. 이 모형의 자유모수는 분산 6개($X_1 \sim X_3$, $D_1 \sim D_3$), 공분산 6개, $Y_1 \sim Y_3$에 대한 직접효과 6개를 모두 더하여 18개이며 따라서 모형 자유도(df_M)는 3이다.

2. [그림 7-1] (a)에 포함된 내생변수의 개수는 2이다. 따라서 각 방정식의 체계 행렬의 계수는 최소한 2−1=1이 되어야 한다.

Y_1에 대한 평가:

$$\begin{array}{c} \\ \blacktriangleright Y_1 \\ Y_2 \end{array} \begin{array}{cccc} X_1 & X_2 & Y_1 & Y_2 \\ \end{array} \left[\begin{array}{cccc} + & 0 & + & + \\ 0 & 1 & + & + \end{array} \right] \longrightarrow [1] \longrightarrow 계수=1$$

Y_2에 대한 평가:

$$\begin{array}{c} \\ Y_1 \\ \blacktriangleright Y_2 \end{array} \begin{array}{cccc} X_1 & X_2 & Y_1 & Y_2 \\ \end{array} \left[\begin{array}{cccc} 1 & 0 & + & + \\ 0 & + & + & + \end{array} \right] \longrightarrow [1] \longrightarrow 계수=1$$

두 방정식은 모두 계수조건을 충족하기 때문에 이 모형은 식별된다.

3. [그림 7-4] (b)의 Y_1에 대한 방정식에서 제외된 변수는 없기 때문에 차수조건은 충족되지 않는다. 계수조건을 평가하면 다음과 같다.

Y_1에 대한 평가:

$$\begin{array}{cc} & X\ Y_1\ Y_2 \\ \blacktriangleright Y_1 & \begin{bmatrix} + & + & + \\ 0 & + & + \end{bmatrix} \\ Y_2 & \end{array} \longrightarrow [\ ] \longrightarrow 계수 = 0$$

Y_2에 대한 평가:

$$\begin{array}{cc} & X\ Y_1\ Y_2 \\ Y_1 & \begin{bmatrix} 1 & + & + \\ 0 & + & + \end{bmatrix} \\ \blacktriangleright Y_2 & \end{array} \longrightarrow [1] \longrightarrow 계수 = 1$$

Y_1에 대한 방정식이 계수조건을 충족시키지 못함을 알 수 있다. 그러니 차수조건과 계수조건이 충족되지 못함에도 [그림 7-4] (b)는 식별된다.

4. 설명오차상관이 포함되어 있지 않은 [그림 7-4] (b)의 모형은 식별 가능하지만 이 모형의 자유도는 0이다. 그러나 이 모형에 내생변수 Y_2에 대한 도구변수를 포함시키면 이 설명오차상관을 추정할 수 있다. 이와 같이 재설정된 모형은 [그림 7-1] (a)와 같은 형태를 가진다. 이 모형 또한 자유도가 0인 포화식별 상태이지만 여기에 포함된 설명오차상관의 모수가 0이라는 가설은 z 검정을 통해 평가될 수 있다.

5. [그림 7-4] (a)를 재설정한 모형은 다음과 같다.

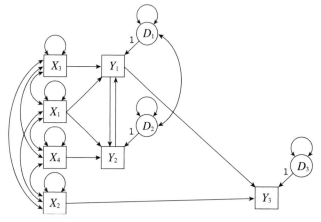

재설정된 모형에서는 피드백 순환에 포함된 변수들이 각각 고유한 도구변수(Y_1에 대해서는 X_3, Y_2에 대해서는 X_4)를 가지고 있기 때문에 이들이 포함된 구획을 식별할 수 있다. Y_3가 포함된 구획 역시 재귀 구획이기 때문에 식별된다. 따라서 재설정된 모형은 식별된다.

Chapter **8**

1. 그래프 $Y \longrightarrow W \longrightarrow X$는 [그림 8-1] (a) 및 [그림 8-1] (b)와 동일한 조건부독립($X \perp Y \mid W$)을 함축한다. 이 세 그래프는 d분리의 측면에서 모두 동치 관계에 있다.

2. [그림 8-2] (c)가 함축하고 있는 24개의 조건부독립은 다음과 같다.

비인접 쌍	조건부독립	
X, C	$X \perp C \mid B$	$X \perp C \mid (B, A)$
	$X \perp C \mid (B, Y)$	$X \perp Y \mid (B, A, Y)$
X, Y	$X \perp Y \mid B$	$X \perp Y \mid (B, C)$
	$X \perp Y \mid (B, A)$	$X \perp Y \mid (B, C, A)$
A, B	$A \perp B \mid X$	$A \perp B \mid (X, C)$
	$A \perp B \mid (X, Y)$	$A \perp B \mid (X, C, Y)$
A, C	$A \perp C \mid B$	$A \perp C \mid X$
	$A \perp C \mid (B, X)$	$A \perp C \mid (B, Y)$
	$A \perp C \mid (X, Y)$	$A \perp C \mid (B, X, Y)$
A, Y	$A \perp Y \mid B$	$A \perp Y \mid X$
	$A \perp Y \mid (B, X)$	$A \perp Y \mid (B, C)$
	$A \perp Y \mid (X, C)$	$A \perp Y \mid (B, C, X)$

3. [그림 8-2] (c)에는 d분리될 수 있는 다섯 개의 비인접 쌍이 있기 때문에 기본세트의 크기는 5다. 이 기본세트의 각 비인접 쌍의 부모와 해당 조건부독립을 나열하면 다음과 같다.

비인접 쌍	부모	조건부독립
X, C	C	$X \perp C \mid B$
X, Y	B, C	$X \perp Y \mid (B, C)$
A, B	X	$A \perp B \mid X$
A, C	B, X	$A \perp C \mid (B, X)$
A, Y	B, C, X	$A \perp Y \mid (B, C, X)$

4. [그림 8-3] (b)의 X_2와 Y_1 사이에는 다음에 나열된 네 개의 경로가 있다.

$$X_2 \longrightarrow Y_2 \longrightarrow Y_3 \longleftarrow Y_1$$
$$X_2 \longrightarrow Y_2 \longleftarrow U_3 \longrightarrow Y_1$$
$$X_2 \longleftarrow U_1 \longrightarrow X_1 \longrightarrow Y_1$$
$$X_2 \longleftarrow U_1 \longrightarrow X_1 \longleftarrow U_2 \longrightarrow Y_1$$

첫 번째, 두 번째, 네 번째 경로는 충돌변수에 의해 차단되어 있지만 세 번째 경로는 열려 있다. X_1을 조건화하면 세 번째 경로가 차단되지만 이렇게 하면 X_1이 충돌변수로 포함된 네 번째 경로가 열린다. U_1을 추가로 조건화하면 X_1만 조건화할 때 열리는 네 번째 경로가 차단되겠지만 U_1은 측정되지 않는다. 따라서 이 변수 쌍을 d분리할 수 있는 조건화 세트는 없다.

5. [그림 8-4] (a)의 변수 쌍 D와 Y 사이에는 다음에 나열된 두 개의 뒷문경로가 있다.

$$D \longleftarrow A \longrightarrow X \longrightarrow E \longrightarrow Y$$
$$D \longleftarrow A \longrightarrow X \longleftarrow C \longrightarrow Y$$

두 번째 경로는 충돌변수 X에 의해 차단되어 있다. 세트 (A)는 첫 번째 뒷문경로를 차단하지만 이미 차단되어 있는 두 번째 뒷문경로는 열지 않기 때문에 충분세트다. 이 세트의 진부분집합은 공집합뿐이고 공집합은 충분세트가 아니기 때문에 이 세트는 최소충분세트이기도 하다. 세트 (C, X) 또한 열려 있는 뒷문경로를 차단하지만 닫혀 있는 뒷문경로는 열지 않기 때문에 충분세트다. 이 세트의 진부분집합 (C)나 (X)는 뒷문경로를 모두 닫기에 충분하지 않기 때문에 이 세트 역시 최소충분세트다.

6. [그림 8-4] (a)에서 경로 $C \longrightarrow Y$가 삭제된 수정 그래프에서 세트 (A, X), (D, E), (D, X)는 각각 변수 C와 Y를 d분리한다. 각 세트는 또한 Y에 미치는 C의 직접효과를 식별하는 최소충분세트이다. 세트 (A, D, X)처럼 이 직접효과를 식별하는 다른 충분세트들도 있지만 이들은 최소충분세트가 아니다.

Chapter 9

1. [그림 9-1] (b)를 DAG로 재설정하면 다음과 같다.

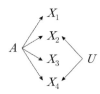

재설정된 그래프에서 U는 잠재변수이기 때문에 조건화 세트에 포함될 수 없으며 X_2와 X_4의 공통원인으로서 U를 포함한 뒷문경로는 조건화에 의해 차단될 수 없다. 따라서 이 그래프가 함의하는 조건부 독립은 다음과 같다.

$$X_1 \perp X_2 \mid A \qquad X_1 \perp X_3 \mid A \qquad X_1 \perp X_4 \mid A$$
$$X_2 \perp X_3 \mid A \qquad X_3 \perp X_4 \mid A$$

2. [그림 9-4] 요인 B의 지표변수에 대한 비표준화 형태계수의 평균을 제약하는 식은 다음과 같다.

$$\frac{\lambda_{42} + \lambda_{52} + \lambda_{62}}{3} = 1.0$$

이 식은 다음에 나열된 세 관계식으로 변환될 수 있다.

$$\lambda_{42} = 3 - \lambda_{52} - \lambda_{62}, \quad \lambda_{52} = 3 - \lambda_{52} - \lambda_{62}, \quad \lambda_{62} = 3 - \lambda_{42} - \lambda_{52}$$

효과코딩법을 이용하여 요인 B의 척도를 설정하기 위해서는 앞의 세 식 중 어느 하나를 선택하여 SEM 프로그램의 명령문에 해당 선형 제약을 삽입하면 된다.

3. [그림 9-5] (a)의 모형은 지표변수가 두 개이기 때문에 이 모형의 관측 정보의 개수는 2(3)/2=3이다. 이 모형의 자유모수는 외생변수(A, E_1, E_2)의 분산 3개와 X_2의 형태계수 1개를 더하여 모두 4개다. 따라서 자유도 $df_M = 3 - 4 = -1$이다.

4. [그림 9-5] (b)의 모형의 관측 정보의 개수는 3(4)/2=6이다. 이 모형의 자유모수는 외생변수$(A, E_1 \sim$

E_3)의 분산 4개와 $X_2 \sim X_3$의 형태계수 2개를 더하여 6개다. 따라서 자유도 $df_M = 6-6=0$이다.

5. [그림 9-5] (c)의 모형의 관측 정보의 개수는 4(5)/2=10이다. 이 모형의 자유모수의 개수는 외생변수(A, B, $E_1 \sim E_4$)의 분산 6개와 요인공분산 1개, 그리고 X_2와 X_4의 형태계수 2개를 더하여 모두 9개다. 따라서 자유도 $df_M = 10-9=1$이다.

6. [그림 9-6] (f)의 모형은 식별되기 때문에 오차상관 $E_3 \frown E_5$이 식별되면 재설정 모형은 식별된다. 이 오차상관은 〈표 9-2〉의 규칙 9.4를 충족하기 때문에 식별되며 따라서 재설정 모형도 식별된다. 구체적으로 보면 재설정 모형은 먼저 규칙 9.3(〈표 9-1〉의 규칙 9.2)을 충족하며, 또한 두 요인 A와 B는 각각 복합지표 X_3과 오차상관을 공유하지 않는 단순지표(예: A는 X_2와 B는 X_4)를 하나 이상 가지고 있기 때문에 규칙 9.4의 두 번째 요건을 충족한다.

7. [그림 9-7]은 표준 CFA 모형으로 각 요인에 요구되는 지표변수의 최소 개수에 관한 규칙 9.1을 충족한다. 또한 각 요인과 오차항의 척도는 ULI 제약을 통해 설정되어 있다. 지표변수는 8개로 관측 정보의 개수는 8(9)/2=36이다. 자유모수는 모두 17개로, 여기에는 10개의 외생변수(요인 2개, 오차항 8개)의 분산, 1개의 요인공분산, 6개의 형태계수(표지변수를 제외한 모든 지표변수의 계수)가 포함된다. 모형의 자유도 $df_M = 36-17=19$이다. 이 사실들을 종합하면 [그림 9-7]은 식별된다는 것을 알 수 있다.

Chapter 10

1. [그림 10-1] (b) 모형의 관측 정보의 개수는 6(7)/2=21이다. 자유모수는 외생변수(요인 A, 관측변수 $X_1 \sim X_2$와 $Y_1 \sim Y_4$의 오차, 요인 B와 C의 설명오차)의 분산 9개, 내생변수(X_2, Y_2, Y_4, B, C)에 대한 직접효과 5개를 합해 총 14개다. 따라서 모형 자유도 $df_M = 21-14=7$이다.

2. [그림 10-2] (a)와 [그림 10-3] (a)의 두 모형은 측정변수의 개수가 동일하기 때문에 두 모형의 관측 정보의 개수는 모두 5(6)/2=15이다. [그림 10-2] (a)의 자유모수는 외생변수(X_1, $Y_1 \sim Y_4$의 오차, 요인 B와 C의 설명오차)의 분산 7개와 내생변수(Y_2, Y_4, B, C)에 대한 직접효과 4개를 합해 모두 11개이기 때문에 이 모형의 자유도 $df_M = 15-11=4$다. [그림 10-3] (a)의 자유모수 역시 외생변수(A, $Y_1 - Y_4$의 오차, 요인 B와 C의 설명오차)의 분산 7개와 동일한 내생변수에 대한 직접효과 4개를 합해 총 11개이기 때문에 이 모형의 자유도 역시 $df_M = 15-11=4$다.

3. [그림 10-1] (a)의 X_1, Y_1, Y_3의 신뢰도를 각각 .80, .75, .90이라 하면 측정오차를 조정한 SR 모형은 다음과 같이 설정할 수 있다.

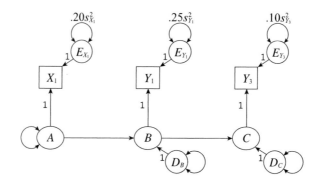

4. [그림 10-6]의 관측 정보의 개수는 12(13)/2=78이다. 자유모수는 외생변수(건설적 사고 요인, 12개 측정변수의 오차항, 3개 내생요인의 설명오차)의 분산 16개와 내생변수에 대한 직접효과 12개(측정모형의 형태계수 8개와 구조모형의 직접효과 4개)를 합하여 모두 28개다. 따라서 모형 자유도 df_M= 78-28=50이다.

5. 〈표 10-1〉에 의하면 유지적 조직몰입 변수의 분산과 신뢰도는 각각 s^2=.98²=.9604와 r_{XX}=.70이다. 따라서 [그림 10-7]의 유지적 조직몰입 지표변수의 비표준화 오차분산은 다음과 같다.

$$.30 (.9604)=.2881$$

6. [그림 10-7]의 측정변수는 8개이므로 관측 정보의 개수는 8(9)/2=36이다. 이 모형의 자유모수의 개수는 분산 8개(외생요인 6개와 설명오차 2개), 공분산 16개(설명오차공분산 1개와 외생요인들 사이의 공분산 15개), 구조모형의 직접효과 8개로 총 32개다. 따라서 모형 자유도 df_M=36-32=4다.

Chapter 11

1. 〈표 11-2〉를 보면, 강인성이 1점 증가할 때 스트레스가 .203점 감소하며, z=-.203/.045=-4.51, $(p<.01)$이므로 이 값은 통계적으로 유의미하다. 표준화 추정치를 바탕으로 해석하면, 강인성이 1SD만큼 증가함에 따라 스트레스는 .230SD만큼 감소한다고 할 수 있다.

2. 총 3개의 충분세트, 즉 (운동), (강인성), (체력)이 규칙 8.4를 만족시키므로 스트레스에서 질병으로 가는 직접효과는 식별된다. 〈표 11-2〉의 결과를 보면, 비표준화 추정치는 .574에서 .628, 표준화 추정치는 .307에서 .337의 범위에 있다. 여기서 질병의 두 부모변수를 통제한 결과를 해석해 보면, 체력을 통제할 때 스트레스가 1점 증가함에 따라 질병은 .574점 증가하고, 스트레스가 1SD 증가하면 질병이 .307SD 증가한다고 해석할 수 있다.

3. 〈표 11-3〉의 결과를 보면, 체력과 스트레스는 질병에 대한 총분산의 .177을 설명하므로, 표준화된 오차분산은 1-.177=.823이 된다. 관찰된 분산은 3,903.75이므로, 비표준화 오차분산 추정치는 .823 (3,903.95)=3,212.786이다.

4. [그림 11-1]의 결과를 바탕으로 강인성이 스트레스를 통해 질병에 미치는 간접효과에 대한 비표준화 추정치를 구하면 $-.203 (.574)=-.117$이므로, 강인성이 1점 증가하면 스트레스를 매개로 질병이 .117점 감소한다. 표준화 추정치는 $-.230 (.307)=-.071$이므로, 강인성이 1SD 증가하면 스트레스를 매개로 질병이 .071SD 감소한다.

5. 강인성이 스트레스를 통해 질병에 미치는 비표준화 및 표준화 간접효과의 곱 추정치는 각각 $-.117$과 $-.071$이다. 〈표 11-2〉의 결과를 바탕으로 구한 비표준화 곱 추정치에 대한 근사 추정오차는 다음과 같으며, $z=-.117/.032=3.71, (p < .05)$이다.

$$SE_{ab} = \sqrt{.574^2(.045^2)+(-.203)^2.089^2} = .032$$

〈표 11-4〉에서 동일한 간접효과에 대해 제시된 다른 두 추정치는 공변인 조정에 기초한 것이며, 둘 다 통계적으로 유의미하였다. 세 결과 모두 표준화 추정치는 $-.163$에서 $-.071$ 사이로 나타났으며, 비표준화 추정치는 $-.267$에서 $-.117$였다.

6. [그림 7-5]를 보면, 체력과 스트레스 간에 다음과 같은 비인과 경로가 존재한다.

체력 ⟵ 운동 ⤵ 강인성 ⟶ 스트레스

〈표 11-5〉를 보면, 이 경로에 대한 표준화 계수의 곱은 다음과 같으며, 따라서 예측상관은 .003이다.

$$.390 (-.030) (-.230) = .003$$

관찰된 상관은 $-.130$(〈표 4-2〉)였으므로, 상관잔차는 $-.130-.003=-.133$이다.

Chapter 12

1. 〈표 12-1〉의 결과를 보면, RMSEA는 다음과 같이 계산된다.

$$\hat{\Delta}_M = 11.107-5=6.107, \quad N=373, \quad df_M=5$$

$$\text{RMSEA} = \sqrt{\frac{6.107}{5(372)}} = .057$$

2. Table 12.1을 바탕으로 CFI를 산출하면 다음과 같다.

$$\hat{\Delta}_M = 11.107-5=6.107, \quad \hat{\Delta}_B = 172.289-10=162.289$$

$$\text{CFI} = 1 - \frac{6.107}{162.289} = .962$$

3. 〈표 12-1〉에서 SRMR$=.051$이다. 〈표 11-8〉의 상단에서 대각선에 표기된 값들을 제외한 상관잔차 절댓값의 평균은 다음과 같다.

$$(.057+.015+.082+.092+.133+.041+.033)/10=.045$$

SRMR 값은 상관잔차 절댓값의 평균에 따라 달라지지만, 두 값이 정확히 일치하지는 않을 수 있다.

4. 다음에 제시된 값들은 [그림 7-5]의 모형을 〈표 4-2〉의 데이터에 적용시켜 LISREL 학생 버전으로 생

성한 값들이다. 표본크기는 373과 5,000으로 하여 각각 분석하였다.

통계치	$N=373$	$N=5,000$
$\chi_M^2(5)$	11.107, $p=.049$	148.894, $p<.001$
RMSEA [90% CI]	.057 [.003, .103]	.076 [.066, .087]
CFI	.962	.937
SRMR	.051	.051

예상대로, 대표본에서 모형 카이제곱 값은 더 크게 산출되었고, p값은 더 작게 산출되었다. RMSEA 값은 대표본에서 더 컸지만 90% 신뢰구간은 더 좁게 나타났다. CFI 값 역시 대표본에서 더 낮았으며, SRMR 값은 동일하였다.

5. 척도 카이제곱 통계치는 다음과 같이 산출된다.

$$df_D = 17-12=5$$

$$\chi_D^2(5)=57.50-18.10=39.40$$

$$c_1 = \frac{57.50}{28.35}=2.028 \text{ and } c_2 = \frac{18.10}{11.55}=1.567$$

$$\hat{\chi}_D^2(5)=\frac{39.40}{[2.028(17)-1.567(12)]/5}=\frac{39.40}{3.134}=12.57, \ p=.028$$

6. 두 모형 모두 $N=469$다. 〈표 12-4〉의 심신의학모형을 바탕으로 구한 적합도 통계치는 다음과 같다.

$$\chi_M^2(5)=40.402, \ q=10$$

$$AIC_1=40.402+2(10)=60.402$$

$$BIC=40.401+10 [\ln (469)]=101.908$$

전통의학 모형에 대한 적합도는 다음과 같다.

$$\chi_M^2(3)=3.238, \ q=12$$

$$AIC_1=3.238+2(12)=27.238$$

$$BIC=3.238+12 [\ln (469)]=77.045$$

Chapter 13

1. 측정변수가 8개이므로 8(9)/2=36개의 관측 정보가 존재한다. 손동작 과제를 참조변수로 설정하면, 단일요인 모형에 대한 자유모수는 7개의 형태계수와 8개의 잔차분산, 1개의 요인분산으로 총 16개가 된다. 자유도는 $df_M=36-16=20$이다.

2. 다음 행렬의 대각선 하단에 제시된 값들은 KABC-I의 단일요인 모형에 대해 Mplus로 분석한 표준화 잔차값이고, .05수준에서 통계적으로 유의미한 값들은 굵게 표시하였다. 대각선 상단의 값들은 EQS 로 구한 상관잔차로, 절댓값이 .10 이상인 값들을 굵게 표시하였다. 분석결과에서 볼 수 있듯이, 지역

적합도에 있어서 문제가 있다고 할 수 있다.

측정변수	1	2	3	4	5	6	7	8
1. 손동작	−	**.101**	.047	−.056	−.069	.028	.046	−.034
2. 수회상	**2.062**	−	**.397**	**−.130**	−.081	−.045	.010	−.092
3. 단어배열	1.026	**6.218**	−	−.091	−.077	−.071	−.025	−.030
4. 그림 통합	−1.231	**−2.727**	−1.953	−	.057	−.009	.025	.068
5. 삼각형	**−2.201**	**−2.364**	**−2.355**	1.378	−	.019	.003	.066
6. 공간기억	.723	−1.188	**−1.996**	−.210	.595	−	.011	.018
7. 행렬 유추	1.086	.236	−.601	.544	.088	.313	−	−.034
8. 사진 순서	−1.240	**−3.420**	−1.037	1.833	**2.178**	.675	−.036	−

3. 구조계수를 계산하면 다음과 같다.

측정변수	동시처리	측정변수	순차처리
손동작	.497 (.557)=.277	그림 통합	.503 (.557)=.280
수회상	.807 (.557)=.449	삼각형	.726 (.557)=.404
단어배열	.808 (.557)=.450	공간기억	.656 (.557)=.365
		행렬 유추	.588 (.557)=.328
		사진 순서	.782 (.557)=.436

4. 〈표 13-3〉에서, 동시처리 요인에 대한 CR 계수는 다음과 같이 계산된다.

$$\sum \hat{\lambda}_i = (1.000+1.445+2.029+1.212+1.727)=7.413$$

$$\hat{\phi}=1.835$$

$$\sum \hat{\theta}_{ii} = (5.419+3.425+9.998+5.104+3.483)=27.429$$

$$CR = \frac{7.413^2(1.835)}{7.413^2(1.835)+27.429}=.786$$

5. [그림 13-5]에 제시된 문항에 대한 분계점은 $\hat{\tau}_2=.25$로, 이는 정규분포에서 60퍼센타일에 해당하는 정규편차 값이다. 이 값은 X변수에서 응답이 2에서 3으로 변화하는 지점을 연속변수 X^* 상에서 표시한 것이다.

Chapter **14**

1. 〈표 14-4〉의 요인공분산에 대한 z검정 통계치는 다음과 같다.

공분산	z검정
건설적 ⌣ 역기능적	$z = -.028/.017 = -1.65, \ p = .099$
건설적 ⌣ 주관적 안녕감	$z = .024/.014 = 1.17, \ p = .242$
건설적 ⌣ 직무만족	$z = .060/.029 = 2.07, \ p = .039$
역기능적 ⌣ 주관적 안녕감	$z = -.088/.017 = -5.18, \ p < .001$
역기능적 ⌣ 직무만족	$z = -.132/.030 = -4.40, \ p < .001$
주관적 안녕감 ⌣ 직무만족	$z = .139/.027 = 5.15, \ p < .001$

2. 다음은 [그림 14-2]에 대한 표준화 효과분해 결과다. 건설적 사고가 직무만족에 미치는 총간접효과는 다음의 세 경로로 구성된다.

내생변수	효과	건설적 사고	역기능적 사고	주관적 안녕감
역기능적 사고	직접	-.124	–	–
	총간접	–	–	–
	전체	-.124	–	–
주관적 안녕감	직접	.082	-.470	–
	총간접	-.058	–	–
	전체	.024	-.470	–
직무만족	직접	.093	-.149	.382
	총간접	.072	-.180	–
	전체	.165	-.329	.382

3. 다음은 [그림 14-3] (b)를 재설정한 모형의 경로도로, r_{11}, r_{22}, r_{33}은 세 측정변수의 신뢰도계수이며, s_{12}, s_{22}, s_{32}는 원인 측정변수의 표본 분산이다. 이 모형은 독립적으로는 식별불가하나, 형성적 요인에 대한 측정변수 수준에서 측정오차를 어떻게 통제하는지 보여 주고 있다.

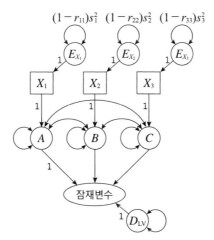

4. [그림 14-4]를 보면 총 9(10)/2=45개의 관측 정보가 있음을 볼 수 있다. 자유모수는 12개의 분산 (3개의 원인 측정변수, 3개의 설명오차, 6개의 결과 측정변수에 대한 오차)과, 원인 측정변수 간에 존재하는 3개의 공분산, 구조모형에서 2개의 직접효과, 측정모형에서 6개의 형태계수 등 총 23개다. 따라서 자유도는 df_M =45-23=22다.

Chapter 15

1. [그림 15-3]에서 4차 시도에 대한 상수의 총효과는 다음과 같다.

$$\triangle \longrightarrow \text{초기수준} \longrightarrow \text{4차 시도} = \kappa_{In} \times 1.0 = \kappa_{In}$$

$$\triangle \longrightarrow \text{변화} \longrightarrow \text{4차 시도} = \kappa_{Sh} \times \lambda_4$$

4차 시도의 예측평균은 $\kappa_{In} + \lambda_4(\kappa_{Sh})$이며, 이때 λ_4는 처음 두 시점 간 평균의 향상도를 의미한다.

2. 〈표 15-5〉에서, $\hat{\lambda}_5$ =2.171이므로, 5차 시도의 예측평균은 초기수준 요인에 대한 추정평균인 11.763과, 1차 시도와 2차 시도 사이의 추정평균 향상도의 2.171배인 9.597의 합과 같다. 6차 시도에 대한 $\hat{\lambda}_6$ = 2.323에 대해서도 동일하게 해석하면 된다.

3. 4차 시도~6차 시도의 관찰평균은 각각 31.02, 32.58, 34.20이다(〈표 15-3〉). 〈표 15-5〉에 따르면 각 예측평균은 다음과 같이 계산된다.

4차 시도에 대한 $\triangle$ 의 총효과= $\triangle \longrightarrow$ 초기수준 $\longrightarrow$ 4차 시도+

$\triangle \longrightarrow$ 변화 $\longrightarrow$ 4차 시도

=11.763 (1.0)+9.597 (2.015)=31.101

5차 시도에 대한 $\triangle$ 의 총효과= $\triangle \longrightarrow$ 초기수준 $\longrightarrow$ 5차 시도+

$\triangle \longrightarrow$ 변화 $\longrightarrow$ 5차 시도

=11.763 (1.0)+9.597 (2.171)=32.598

6차 시도에 대한 ⚠ 의 총효과= ⚠ ⟶ 초기수준 ⟶ 6차 시도+

⚠ ⟶ 변화 ⟶ 6차 시도

=11.763 (1.0)+9.597 (2.323)=34.057

4. [그림 15-5]의 초기수준 요인에 대한 예측 평균을 기호로 나타내면 다음과 같다.

초기수준에 대한 ⚠ 의 총효과= ⚠ ⟶ 능력 ⟶ 초기수준+

⚠ ⟶ 초기수준

$= \kappa_{Ab} (\gamma_{In}) + \alpha_{In}$

즉, 이 요인의 예측평균은 (1) 능력 변수의 평균(κ_{Ab})과 능력에 대한 초기수준 요인의 비표준화 회귀
계수(γ_{In})를 곱한 후 (2) 동일한 회귀분석에서의 비표준화 절편(α_{In})을 합한 값이다.

5. 1차 시도~2차 시도와 4차 시도~6차 시도의 관찰평균은 각각 11.77, 21.39, 31.02, 32.58, 34.20이
다(〈표 15-3〉). 〈표 15-6〉의 결과에 따라 예측평균을 계산하면 다음과 같다.

1차 시도에 대한 ⚠ 의 총효과= ⚠ ⟶ 초기수준 ⟶ 1차 시도+

⚠ ⟶ 능력 ⟶ 초기수준 ⟶ 1차 시도+

⚠ ⟶ 변화 ⟶ 1차 시도+

⚠ ⟶ 능력 ⟶ 변화 ⟶ 1차 시도

=11.287 (1.0)+.700 (.678) (1.0)+

9.608 (0)+.700 (−.096) (0)

=11.762

2차 시도에 대한 ⚠ 의 총효과= ⚠ ⟶ 초기수준 ⟶ 2차 시도+

⚠ ⟶ 능력 ⟶ 초기수준 ⟶ 2차 시도+

⚠ ⟶ 변화 ⟶ 2차 시도+

⚠ ⟶ 능력 ⟶ 변화 ⟶ 2차 시도

=11.287 (1.0)+.700 (.678) (1.0)+

9.608 (1.0)+.700 (−.096) (1.0)

=21.302

4차 시도에 대한 ⚠ 의 총효과= ⚠ ⟶ 초기수준 ⟶ 4차 시도+

⚠ ⟶ 능력 ⟶ 초기수준 ⟶ 4차 시도+

⚠ ⟶ 변화 ⟶ 4차 시도+

⚠ ⟶ 능력 ⟶ 변화 ⟶ 4차 시도

=11.287 (1.0)+.700 (.678) (1.0)+

9.608 (2.027)+.700 (−.096) (2.027)

=31.101

5차 시도에 대한 △ 의 총효과= △ ⟶ 초기수준 ⟶ 5차 시도+

△ ⟶ 능력 ⟶ 초기수준 ⟶ 5차 시도+

△ ⟶ 변화 ⟶ 5차 시도+

△ ⟶ 능력 ⟶ 변화 ⟶ 5차 시도

$= 11.287\,(1.0) + .700\,(.678)\,(1.0) +$

$9.608\,(2.185) + .700\,(-.096)\,(2.185)$

$= 32.608$

6차 시도에 대한 △ 의 총효과= △ ⟶ 초기수준 ⟶ 6차 시도+

△ ⟶ 능력 ⟶ 초기수준 ⟶ 6차 시도+

△ ⟶ 변화 ⟶ 6차 시도+

△ ⟶ 능력 ⟶ 변화 ⟶ 6차 시도

$= 11.287\,(1.0) + .700\,(.678)\,(1.0) +$

$9.608\,(2.338) + .700\,(-.096)\,(2.338)$

$= 34.068$

Chapter 16

1. [그림 16-1]의 모형이 두 개의 상이한 집단에서 추출된 표본에 의해 평가되었다고 가정해 보자. 단일요인의 모집단 평균은 κ_1과 κ_2로, 두 값이 동일하다고 가정하지 않는다. λ_{1A}를 모집단 A에서 공통요인에 대한 X_1의 비표준화 형태계수, ν_{1A}를 절편이라고 가정하자. λ_{1B}와 ν_{1B}는 각각 모집단 B에서 대응하는 수이다. 이 모형에서 X_1의 평균은 두 모집단에서 각각 다음과 같이 표현될 수 있다.

$$\mu_{1A} = \kappa_1(\lambda_{1A}) + \nu_{1A}$$
$$\mu_{1B} = \kappa_2(\lambda_{1B}) + \nu_{1B}$$

두 조건 $\lambda_{1A} = \lambda_{1B}$와 $\nu_{1A} = \nu_{1B}$가 충족되지 않는다면, $\mu_{1A} - \mu_{1B}$는 요인평균 κ_1과 κ_2의 차이 이외의 것을 반영한다. 즉, 비표준화 형태계수나 절편의 차이는 요인평균의 차이와 혼재되어 있다.

2. [그림 16-1]과 같이 모형이 설정될 때, 〈표 16-4〉의 비표준화 결과는 두 표본에서 자유롭게 추정된다.

$$\hat{\kappa}_{Eng} = 1.843, \quad \hat{\nu}_{1Eng} = .323, \quad \hat{\nu}_{2Eng} = .346$$
$$\hat{\kappa}_{Spa} = 1.532, \quad \hat{\nu}_{1Spa} = .486, \quad \hat{\nu}_{2Spa} = .202$$

〈표 16-3〉과 〈표 16-4〉의 비표준화 추정치들은 두 표본에서 동일하다.

$$\hat{\lambda}_1 = 1.062, \quad \hat{\lambda}_2 = .635, \quad \hat{\lambda}_3 = 1.144, \quad \hat{\lambda}_4 = .988, \quad \hat{\lambda}_5 = 1.171$$
$$\hat{\nu}_3 = -.051, \quad \hat{\nu}_4 = -.144, \quad \hat{\nu}_5 = -.474$$

(식 16.1)을 활용하여, 두 표본에서의 관찰변수에 대한 예측평균을 계산하면 다음과 같다.

$$\hat{\mu}_{1Eng}=1.843\,(1.062)+.323=2.280 \qquad \hat{\mu}_{1Spa}=1.532\,(1.062)+.486=2.113$$

$$\hat{\mu}_{2Eng}=1.843\,(.635)+.346=1.516 \qquad \hat{\mu}_{2Spa}=1.532\,(.635)+.202=1.175$$

$$\hat{\mu}_{3Eng}=1.843\,(1.144)-.051=2.057 \qquad \hat{\mu}_{3Spa}=1.532\,(1.144)-.051=1.702$$

$$\hat{\mu}_{4Eng}=1.843\,(.988)-.144=1.677 \qquad \hat{\mu}_{4Spa}=1.532\,(.988)-.144=1.370$$

$$\hat{\mu}_{5Eng}=1.843\,(1.171)-.474=1.684 \qquad \hat{\mu}_{5Spa}=1.532\,(1.171)-.474=1.320$$

앞의 예측평균은 두 집단 모두에서 관찰평균과 비슷하다(〈표 16-1〉 참조).

3. $\hat{\kappa}_{Eng}=1.843$, $\hat{\sigma}^2_{Eng}=.412$, $n_1=193$, $\hat{\kappa}_{Spa}=1.532$, $\hat{\sigma}^2_{Spa}=.235$, $n_2=257$일 때, Welch-James 검정은 다음과 같이 계산된다.

$$t(df_{WJ})=\frac{1.843-1.532}{\hat{\sigma}_{WJ}}$$

$$df_{WJ}=\frac{\left(\dfrac{.412}{193}+\dfrac{.235}{257}\right)^2}{\dfrac{(.412)^2}{193^2(192)}+\dfrac{(.235)^2}{257^2(256)}}=344.33$$

$$\hat{\sigma}_{WJ}=\sqrt{\frac{.412}{193}+\frac{.235}{257}}=.0552$$

$$t(344.33)=\frac{.311}{.0552}=5.63,\ \ p<.001$$

4. 백인 표본에서 X_1의 분계점은 .772, 1.420, 1.874이고(〈표 16-5〉), 정규분포상 대응하는 백분위는 각각 77.99, 92.22, 96.95다. 흑인 표본에서 X_1의 분계점은 각각 .674, 1.487, 1.849이고, 정규분포상 대응하는 백분위는 각각 74.98, 93.15, 96.78이다. 각 범주(0, 1, 2, 3)의 반응 비율은 다음과 같다.

표본	0	1	2	3
백인	.7799	.1423	.0443	.0335
흑인	.7498	.1817	.0363	.0322

5. 다음 R^2 값은 원래 문항이 아닌 잠재반응변수에 해당하는 값이다.

변수	백인	흑인
X_1^*	$1-.634=.366$	$1-.631=.639$
X_2^*	$1-.587=.413$	$1-.584=.416$
X_3^*	$1-.372=.628$	$1-.672=.328$
X_4^*	$1-.630=.370$	$1-.627=.373$
X_5^*	$1-.410=.590$	$1-.407=.593$

Chapter 17

1. 다음은 〈표 17-1〉의 중심화된 예측변수, 변수들의 곱, 준거점수다.

X	w	xw	Y
−5.125	−3.375	17.2969	5
−1.125	−1.375	1.5469	9
.875	−.375	−.3281	11
3.875	−3.375	−13.0781	11
−3.125	10.625	−33.2031	11
−.125	5.625	−.7031	10
.875	4.625	4.0469	7
3.875	11.625	45.0469	5

x와 w로 Y를 예측하는 비표준화 회귀식은 다음과 같다.

$$\hat{Y} = .112x - .064w + 8.625$$

이때 중심화된 예측변수 x와 w의 회귀계수는 중심화되지 않은 원점수의 회귀계수와 동일하다(식 17.1 참조).

2. 조절변수는 조절변수의 수준에 따라 두 변수 사이의 관계를 약하게 하거나 강하게 하여 두 변수의 관계를 조절한다. 인과모형에서 조절변수는 한 변수가 다른 변수에 미치는 영향을 변화시킨다. 조절효과는 대칭 관계이므로, 조절변수와 원인변수의 역할이 바뀔 수 있다. 반면, 매개변수는 한 변수의 인과효과를 제3의 변수에 전달하는 중개 변수로, 매개변수의 변화가 결과변수에 영향을 미치기 전에 선행변수가 매개변수에 영향을 미치는 형태로 설정된다(Little, 2013). 매개는 대칭적이 아니므로, 원인변수와 매개변수의 역할은 바뀔 수 없다. 즉, 매개효과는 특별한 인과적 순서(간접효과)를 함의한다. 매개변수와 조절변수는 각각 결과에 영향을 주는 것으로 가정된다는 점에서 모두 인과적 변수이다. 인과매개분석에서 원인변수와 매개변수는 상호작용한다고 가정한다. 이 경우, 매개변수는 동시에 조절변수의 기능도 수행한다.

3. 〈표 17-1〉에서 예측변수의 원점수 간 상관과 중심화된 점수 간 상관은 다음과 같다.

	X	W	XW		x	w	xw
X	−			x	−		
W	.156	−		w	.156	−	
XW	.747	.706	−	xw	.284	.113	−

중심화를 하면 예측변수와 이에 대응하는 곱의 항 간의 상관계수를 축소한다(예: .747 vs. .284). 이는 X와 W의 척도로 인한 비본질적 다중공선성으로 인한 부분이다.

4. 〈표 17-1〉의 자료에 대하여, XW에 대한 X와 W의 비표준화 회귀식은 다음과 같다.

$$\hat{Y}_{XW} = 15.3372X + 7.3892W - 11.0248$$

잔차는 다음과 같이 계산된다.

$$XW_{\text{res}} = XW - \hat{Y}_{\text{XW}}$$

개별 사례에 대한 잔차를 제시하면 다음과 같다.

XW	예측된 XW	XW_{res}
20	−6.4589	26.4589
72	69.6681	2.3319
104	107.7317	−3.7317
110	131.5758	−21.5758
96	127.6636	−31.6636
133	136.7294	−3.7294
144	144.6774	−.6774
275	242.4130	32.5870

그리고 XW_{res}와 각 예측변수 X와 W의 상관이 거의 0이라는 것을 확인해 보기 바란다.

Y에 대한 X, W와 XW_{res}의 회귀식은 다음과 같다.

$$\hat{Y} = .112X - .064W - .108XW_{\text{res}} + 8.873$$

이때 X와 W의 회귀계수와 절편은 곱의 항이 없는 (식 17.1)의 대응값과 같다. XW_{res}가 포함된 분석의 X와 W의 회귀계수는 다른 예측변수를 통제한 후 각 예측변수와 Y의 무조건적인 선형 관계를 추정한다.

Achen, C. H. (2005). Let's put garbage-can regressions and garbage-can probits where they belong. *Conflict Management and Peace Science, 22*, 327−339.

Acock, A. C. (2013). *Discovering structural equation modeling using Stata 13*. College Station, TX: Stata Press.

Agresti, A. (2007). *An introduction to categorical data analysis*. Hoboken, NJ: Wiley.

Aguinis, H. (1995). Statistical power with moderated multiple regression in management research. *Journal of Management, 21*, 1141−1158.

Aguinis, H., Werner, S., Abbott, J. L., Angert, C., Park, J. H., & Kohlhausen, D. (2010). Customer-centric science: Reporting significant research results with rigor, relevance, and practical impact in mind. *Organizational Research Methods, 13*, 515−539.

Akaike, H. (1974). A new look at the statistical model identification. *IEEE Transactions on Automatic Control, 19*, 716−723.

Allison, P. D. (2003). Missing data techniques for structural equation modeling. *Journal of Abnormal Psychology, 112*, 545−557.

American Psychological Association Publication and Communications Board Working Group on Journal Article Reporting Standards. (2008). Reporting standards for research in psychology: Why do we need them? What might they be? *American Psychologist, 63*, 839−851.

Amos Development Corporation. (1983−2013). *IBM SPSS Amos* (Version 22.0) [computer software]. Meadville, PA: Author.

Anderson, J. C., & Gerbing, D. W. (1988). Structural equation modeling in practice: A review and recommended two-step approach. *Psychological Bulletin, 103*, 411−423.

Antonakis, J., Bendahan, S., Jacquart, P., & Lalive, R. (2010). On making causal claims: A review and recommendations. *The Leadership Quarterly, 21*, 1086−1120.

Armstrong, J. S. (2007). Significance tests harm progress in forecasting. *International Journal of Forecasting, 23*, 321−327.

Asparouhov, T., & Muthén, B. (2014). Multiple-group factor analysis alignment. *Structural Equation Modeling, 21*, 495−508.

Bandalos, D. L., & Gagne, P. (2012). Simulation methods in structural equation modeling. In R. H. Hoyle (Ed.), *Handbook of structural equation modeling* (pp. 92−108). New York: Guilford Press.

Bandalos, D. L., & Leite, W. (2013). Use of Monte Carlo studies in structural equation modeling. In G. R. Hancock & R. O. Mueller (Eds.), *Structural equation modeling: A second course* (2nd ed., pp. 625−666). Charlotte, NC: IAP.

Baron, R. M., & Kenny, D. A. (1986). The moderator-mediator variable distinction in social psychological research: Conceptual, strategic, and statistical considerations. *Journal of Personality and Social Psychology, 51*, 1173−1182.

Barrett, P. (2007). Structural equation modeling: Adjudging model fit. *Personality and Individual*

Differences, 42, 815−824.

Bartholomew, D. J. (2002). Old and new approaches to latent variable modeling. In G. A. Marcoulides & I. Moustaki (Eds.), *Latent variable and latent structure models* (pp. 1−13). Mahwah, NJ: Erlbaum.

Bauer, D. J. (2003). Estimating multilevel linear models as structural equation models. *Journal of Educational and Behavioral Statistics, 28*, 135−167.

Baylor, C., Hula, W., Donovan, N. J., Doyle, P. J., Kendall, D., & Yorkston, K. (2011). An introduction to item response theory and Rasch models for speech-anguage pathologists. *American Journal of Speech-anguage Pathology, 20*, 243−259.

Beauducel, A., & Wittman, W. (2005). Simulation study on fit indices in confirmatory factor analysis based on data with slightly distorted simple structure. *Structural Equation Modeling, 12*, 41−75.

Beaujean, A. A. (2014). *Latent variable modeling using R: A step-by-step guide.* New York: Routledge.

Bentler, P. M. (1980). Multivariate analysis with latent variables: Causal modeling. *Annual Review of Psychology, 31*, 419−456.

Bentler, P. M. (1987). Drug use and personality in adolescence and young adulthood: Structured models with nonnormal variables. *Child Development, 58*, 65−79.

Bentler, P. M. (1990). Comparative fit indexes in structural models. *Psychological Bulletin, 107*, 238−246.

Bentler, P. M. (2000). Rites, wrongs, and gold in model testing. *Structural Equation Modeling, 7*, 82−91.

Bentler, P. M. (2006). *EQS 6 structural equations program manual.* Encino, CA: Multivariate Software.

Bentler, P. M. (2009). Alpha, dimension-free, and model-based internal consistency reliability. *Psychometrika, 74*, 137−143.

Bentler, P. M., & Bonett, D. G. (1980). Significance tests and goodness-of-fit in the analysis of covariance structures. *Psychological Bulletin, 88*, 588−600.

Bentler, P. M., & Raykov, T. (2000). On measures of explained variance in nonrecursive structural equation models. *Journal of Applied Psychology, 85*, 125−131.

Benyamini, Y., Ein-Dor, T., Ginzburg, K., & Solomon, Z. (2009). Trajectories of self-rated health among veterans: A latent growth curve analysis of the impact of posttraumatic symptoms. *Psychosomatic Medicine, 71*, 345−352.

Bergsma, W., Croon, M. A., & Hagenaars, J. A. (2009). *Marginal models: For dependent, clustered, and longitudinal categorical data.* New York: Springer.

Bernstein, I. H., & Teng, G. (1989). Factoring items and factoring scales are different: Spurious evidence for multidimensionality due to item categorization. *Psychological Bulletin, 105*, 467−477.

Berry, W. D. (1984). *Nonrecursive causal models.* Beverly Hills, CA: Sage.

Bishop, J., Geiser, C., & Cole, D. A. (2015). Modeling latent growth with multiple indicators: A comparison of three approaches. *Psychological Methods, 20*, 43−62.

Blalock, H. M. (1961). Correlation and causality: The multivariate case. *Social Forces, 39*, 246−251.

Blest, D. C. (2003). A new measure of kurtosis adjusted for skewness. *Australian and New Zealand Journal of Statistics, 45*, 175−179.

Block, J. (1995). On the relation between IQ, impulsivity, and delinquency: Remarks on the Lynam, Moffitt, and Stouthamer-Loeber (1993) interpretation. *Journal of Abnormal Psychology, 104*, 395−398.

Blunch, N. (2013). *Introduction to structural equation modeling using IBM SPSS Statistics and Amos* (2nd ed.). Thousand Oaks, CA: Sage.

Boker, S., Neale, M., Maes, H., Wilde, M., Spiegel, M., Brick, T., et al. (2011). OpenMx: An open source extended structural equation modeling framework. *Psychometrika, 76*, 306−317.

Bollen, K. A. (1989). *Structural equations with latent variables.* New York: Wiley.

Bollen, K. A. (1996). A limited-information estimator for LISREL models with and without heteroscedastic errors. In G. Marcoulides & R. Schumacker (Eds.), *Advanced structural equation modeling techniques* (pp. 227−241). Mahwah, NJ: Erlbaum.

Bollen, K. A. (2000). Modeling strategies: In search of the Holy Grail. *Structural Equation Modeling, 7*, 74−81.

Bollen, K. A. (2002). Latent variables in psychology and the social sciences. *Annual Review of Psychology, 53*, 605−634.

Bollen, K. A. (2007). Interpretational confounding is due to misspecification, not to type of indicator: Comment on Howell, Breivik, and Wilcox (2007). *Psychological Methods, 12*, 219−228.

Bollen, K. A. (2012). Instrumental variables in sociology and the social sciences. *Annual Review of Sociology, 38*, 37−72.

Bollen, K. A., & Bauldry, S. (2010). Model identification and computer algebra. *Sociological Methods and Research, 39*, 127−156.

Bollen, K. A., & Bauldry, S. (2011). Three Cs in measurement models: Causal indicators, composite indicators, and covariates. *Psychological Methods, 16*, 265−284.

Bollen, K. A., & Curran, P. J. (2004). Autoregressive latent trajectory (ALT) models: A synthesis of two traditions. *Sociological Methods Research, 32*, 336−383.

Bollen, K. A., & Curran, P. J. (2006). *Latent curve models: A structural equation perspective.* Hoboken, NJ: Wiley.

Bollen, K. A., & Hoyle, R. H. (2012). Latent variable models in structural equation modeling. In R. H. Hoyle (Ed.), *Handbook of structural equation modeling* (pp. 56−67). New York: Guilford Press.

Bollen, K. A., Kirby, J. B., Curran, P. J., Paxton, P. M., & Chen, F. (2007). Latent variable models under misspecification: Two-stage least squares (TSLS) and maximum likelihood (ML) estimators. *Sociological Methods and Research, 36*, 48−86.

Bollen, K. A., & Pearl, J. (2013). Eight myths about causality and structural equation models. In S. L. Morgan (Ed.), *Handbook of causal analysis for social research* (pp. 301−328). New York: Springer.

Bollen, K. A., & Stine, R. A. (1993). Bootstrapping goodness-of-fit measures in structural equation models. In K. A. Bollen & J. S. Long (Eds.), *Testing structural equation models* (pp. 111−135). Newbury Park, CA: Sage.

Bollen, K. A., & Ting, K. (1993). Confirmatory tetrad analysis. In P. M. Marsden (Ed.), *Sociological Methodology 1993* (pp. 147−175). Washington, DC: American Sociological Association.

Boomsma, A., Hoyle, R. H., & Panter, A. T. (2012). The structural equation modeling research report. In R. H. Hoyle (Ed.), *Handbook of structural equation modeling* (pp. 341−358). New York: Guilford Press.

Box, G. E. P. (1976). Science and statistics. *Journal of the American Statistical Association, 71*, 791−799.

Box, G. E. P., & Cox, D. R. (1964). An analysis of transformations. *Journal of the Royal Statistical Society, Series B (Methodological), 26*, 211−252.

Breitling, L. P. (2010). dagR: A suite of R functions for directed acyclic graphs. *Epidemiology, 21*, 586−587.

Breivik, E., & Olsson, U. H. (2001). Adding variables to improve fit: The effect of model size on fit assessment in LISREL. In R. Cudeck, S. Du Toit, & D. Sorbom (Eds.), *Structural equation modeling: Present and future. A Festschrift in honor of Karl Jöreskog* (pp. 169–194). Lincolnwood, IL: Scientific Software International.

Brito, C., & Pearl, J. (2002). A new identification condition for recursive models with correlated errors. *Structural Equation Modeling, 9*, 459–474.

Brown, T. A. (2006). *Confirmatory factor analysis for applied research.* New York: Guilford Press.

Brown, T. A. (2015). *Confirmatory factor analysis for applied research* (2nd ed.). New York: Guilford Press.

Browne, M. W. (1982). Covariance structures. In D. M. Hawkins (Ed.), *Topics in applied multivariate analysis* (pp. 72–141). Cambridge, UK: Cambridge University Press.

Browne, M. W. (1984). Asymptotically distribution-free methods in the analysis of covariance structures. *British Journal of Mathematical and Statistical Psychology, 37*, 62–83.

Browne, M. W., & Cudeck, R. (1993). Alternative ways of assessing model fit. In K. A. Bollen and J. S. Long (Eds.), *Testing structural equation models* (pp. 136–162). Newbury Park, CA: Sage.

Browne, M. W., & Du Toit, S. H. C. (1991). Models for learning data. In L. M. Collins & J. L. Horn (Eds.), *Best methods for the analysis of change* (pp. 47–68). Washington, DC: American Psychological Association.

Bryant, F. B., & Satorra, A. (2012). Principles and practice of scaled difference chi-square testing. *Structural Equation Modeling, 19*, 372–398.

Bryant, F. B., & Satorra, A. (2013). EXCEL macro file for conducting scaled difference chi-square tests via LISREL 8, LISREL 9, EQS, and Mplus. Retrieved from *www.econ.upf.edu/~satorra*

Budtz-Jørgensen, E., Keiding, N., Grandjean, P., & Weihe, P. (2002). Estimation of health effects of prenatal methylmercury exposure using structural equation models. *Environmental Health: A Global Access Science Source, 1*(2). Retrieved from *www.ehjournal.net*

Bullock, J. G., Green, D. P., & Ha, S. E. (2010). Yes, but what's the mechanism? (Don't expect an easy answer). *Journal of Personality and Social Psychology, 98*, 550–558.

Burt, R. S. (1976). Interpretational confounding of unobserved variables in structural equation models. *Sociological Methods and Research, 5*, 3–52.

Byrne, B. M. (2006). *Structural equation modeling with EQS: Basic concepts, applications, and programming* (2nd ed.). New York: Routledge.

Byrne, B. M. (2010). *Structural equation modeling with Amos: Basic concepts, applications, and programming* (2nd ed.). New York: Routledge.

Byrne, B. M. (2012a). Choosing structural equation modeling computer software: Snapshots of LISREL, EQS, Amos, and Mplus. In R. H. Hoyle (Ed.), *Handbook of structural equation modeling* (pp. 307–324). New York: Guilford Press.

Byrne, B. M. (2012b). *Structural equation modeling with Mplus: Basic concepts, applications, and programming.* New York: Routledge.

Byrne, B. M., Shavelson, R. J., & Muthén, B. (1989). Testing for the equivalence of factor covariance and mean structures: The issue of partial measurement invariance. *Psychological Bulletin, 105*, 456–466.

Byrne, D. (2009). *Bicycle diaries.* New York: Viking.

Cameron, L. C., Ittenbach R. F., McGrew, K. S., Harrison, P., Taylor, L. R., & Hwang, Y. R. (1997). Confirmatory factor analysis of the K–ABC with gifted referrals. *Educational and Psychological*

Measurement, 57, 823-840.

Campbell, D. T., & Fiske, D. W. (1959). Convergent and discriminant validation by the multitrait-ultimethod matrix. *Psychological Bulletin, 56*, 81-105.

Carlson, J. F., Geisinger, K. F., & Jonson, J. L. (Eds.). (2014). *The Nineteenth Mental Measurements Yearbook.* Lincoln: Buros Institute of Mental Measurements, University of Nebraska.

Chan, F., Lee, G. K., Lee, E.-J., Kubota, C., & Allen, C. A. (2007). Structural equation modeling in rehabilitation counseling research. *Rehabilitation Counseling Bulletin, 51*(1), 53-66.

Chang, H.-T., Chi, N. W., & Miao, M. C. (2007). Testing the relationship between three- component organizational/occupational commitment and organizational/occupational turnover intention using a non-recursive model. *Journal of Vocational Behavior, 70*, 352-368.

Chen, B., & Pearl, J. (2015). Graphical tools of linear structural equation modeling. Retrieved from *http://ftp.cs.ucla.edu/pub/stat_ser/r432.pdf*

Chen, F., Bollen, K. A., Paxton, P., Curran, P. J., & Kirby, J. B. (2001). Improper solutions in structural equation models: Causes, consequences, and strategies. *Sociological Methods and Research, 29*, 468-508.

Chen, F., Curran, P. J., Bollen, K. A., & Paxton, P. (2008). An empirical evaluation of the use of fixed cutoff points in RMSEA test statistic in structural equation models. *Sociological Methods and Research, 36*, 462-494.

Chen, F. F. (2007). Sensitivity of goodness of fit indexes to lack of measurement invariance. *Structural Equation Modeling, 14*, 464-504.

Chen, F. F., West, S. G., & Sousa, K. H. (2006). A comparison of bifactor and second-order models of quality of life. *Multivariate Behavioral Research, 41*, 189-225.

Cheung, G. W., & Rensvold, R. B. (2000). Assessing extreme and acquiescence response sets in cross-cultural research using structural equations modeling. *Journal of Cross-Cultural Psychology, 31*, 187-212.

Cheung, G. W., & Rensvold, R. B. (2002). Evaluating goodness-of-fit indexes for testing measurement invariance. *Structural Equation Modeling, 9*, 233-255.

Chin, W. W. (2001). *PLS-Graph user's guide.* Houston, TX: Soft Modeling.

Chin, W. W., Peterson, R. A., & Brown, S. P. (2008). Structural equation modeling in marketing: Some practical reminders. *Journal of Marketing Theory and Practice, 16*, 287-298.

Choi, J., Fan, W., & Hancock, G. R. (2009). A note on confidence intervals for two-group latent mean effect size measures. *Multivariate Behavioral Research, 44*, 396-406.

Choi, Y. Y., Song, J.-I., Chun, J. S., Lee, K. O., & Song, W. K. (2013). A structural equation modeling approach for the estimation of genetic and environmental effects from twin fMRI data. *International Journal of Bioscience, Biochemistry and Bioinformatics, 3*, 167-169.

Cohen, J., Cohen, P., West, S. G., & Aiken, L. S. (2003). *Applied multiple regression/correlation analysis for the behavioral sciences* (3rd ed.). New York: Routledge.

Cole, D. A., Ciesla, J. A., & Steiger, J. H. (2007). The insidious effects of failing to include design-driven correlated residuals in latent-variable covariance structure analysis. *Psychological Methods, 12*, 381-398.

Cole, D. A., & Maxwell, S. E. (2003). Testing mediational models with longitudinal data: Questions and tips in the use of structural equation modeling. *Journal of Abnormal Psychology, 112*, 558-577.

Cole, D. A., & Preacher, K. J. (2014). Manifest variable path analysis: Potentially serious and misleading consequences due to uncorrected measurement error. *Psychological Methods, 19*, 300–315.

Cornoni-Huntley, J., Barbano, H. E., Brody, J. A., Cohen, B., Feldman, J. J., Kleinman, J. C., et al. (1983). National Health and Nutrition Examination I — pidemiologic followup survey. *Public Health Reports, 98*, 245–251.

Crawford, J. R. (2007). SBDIFF.EXE [computer software]. Retrieved from *http://homepages. abdn.ac.uk/j.crawford/pages/dept/sbdiff.htm*

Crowne, D. P., & Marlowe, D. (1960). A new scale of social desirability independent of psychopathology. *Journal of Consulting Psychology, 24*, 349–354.

Cudeck, R. (1989). Analysis of correlation matrices using covariance structure models. *Psychological Bulletin, 105*, 317–327.

Cumming, G. (2012). *Understanding the new statistics: Effect sizes, confidence intervals, and meta-analysis.* New York: Routledge.

Curran, P. J. (2003). Have multilevel models been structural equation models all along? *Multivariate Behavioral Research, 38*, 529–569.

Curran, P. J., & Bauer, D. J. (2007). Building path diagrams for multilevel models. *Psychological Methods, 12*, 283–297.

Curran, T., Hill, A. P., & Niemiec, C. P. (2013). A conditional process model of children's behavioral engagement and behavioral disaffection in sport based on self-determination theory. *Journal of Sport and Exercise Psychology, 35*, 30–43.

Dawson, J. F., & Richter, A. W. (2006). Probing three-way interactions in moderated multiple regression: Development and application of a slope difference test. *Journal of Applied Psychology, 91*, 917–926.

Deshon, R. P. (2004). Measures are not invariant across groups without error variance homogeneity. *Psychology Science, 46*, 137–149.

Diamantopoulos, A. (Ed.). (2008). Formative indicators [Special issue]. *Journal of Business Research, 61*(12).

Diamantopoulos, A., Riefler, P., & Roth, K. P. (2008). Advancing formative measurement models. *Journal of Business Research, 61*, 1203–1218.

Diamantopoulos, A., & Siguaw, J. A. (2000). *Introducing LISREL: A guide for the uninitiated.* Thousand Oaks, CA: Sage.

Diamantopoulos, A., & Winklhofer, H. M. (2001). Index construction with formative indicators: An alternative to scale development. *Journal of Marketing Research, 38*, 269–277.

Dillman Carpentier, F. R., Mauricio, A. M., Gonzales, N. A., Millsap, R. E., Meza, C. M., Dumka, L. E., et al. (2008). Engaging Mexican origin families in a school-based preventive intervention. *Journal of Primary Prevention, 28*, 521–546.

DiStefano, C. (2002). The impact of categorization with confirmatory factor analysis. *Structural Equation Modeling, 9*, 327–346.

DiStefano, C., & Hess, B. (2005). Using confirmatory factor analysis for construct validation: An empirical review. *Journal of Psychoeducational Assessment, 23*, 225–241.

DiStefano, C., Zhu, M., & Mindrilă, D. (2009). Understanding and using factor scores: Considerations for the applied researcher. *Practical Assessment, Research and Evaluation, 14*(20). Retrieved from *http://pareonline.net/pdf/v14n20.pdf*

Duncan, O. D. (1966). Path analysis: Sociological examples. *American Journal of Sociology, 74*, 119–137.

Duncan, O. D. (1975). *Introduction to structural equation models.* New York: Academic Press.

Duncan, T. E., Duncan, S. C., Hops, H., & Alpert, A. (1997). Multi-level covariance structure analysis of intra-familial substance use. *Drug and Alcohol Dependence, 46*, 167–180.

Duncan, T. E., Duncan, S. C., Strycker, L. A., Li, F., & Alpert, A. (1999). *An introduction to latent variable growth curve modeling: Concepts, issues, and applications.* Mahwah, NJ: Erlbaum.

Edwards, J. R. (1995). Alternatives to difference scores as dependent variables in the study of congruence in organizational research. *Organizational Behavior and Human Decision Processes, 64*, 307–324.

Edwards, J. R. (2009). Seven deadly myths of testing moderation in organizational research. In C. E. Lance & R. J. Vandenberg (Eds.), *Statistical and methodological myths and urban legends: Doctrine, verity and fable in the organizational and social sciences* (pp. 143–164). New York: Taylor & Francis.

Edwards, J. R. (2010). The fallacy of formative measurement. *Organizational Research Methods, 14*, 370–388.

Edwards, J. R., & Lambert, L. S. (2007). Methods for integrating moderation and mediation: A general analytical framework using moderated path analysis. *Psychological Methods, 12*, 1–22.

Edwards, M. C., Wirth, R. J., Houts, C. R., & Xi, N. (2012). Categorical data in the structural equation modeling framework. In R. Hoyle (Ed.), *Handbook of structural equation modeling* (pp. 195–208). New York: Guilford Press.

Efron, B. (1979). Bootstrap methods: Another look at the jackknife. *Annals of Statistics, 7*, 1–26.

Eid, M., Nussbeck, F. W., Geiser, C., Cole, D. A., Gollwitzer, M., & Lischetzke, T. (2008). Structural equation modeling of multitrait-ultimethod data: Different models for different types of methods. *Psychological Methods, 13*, 230–253.

Ellis, P. D. (2010). *The essential guide to effect sizes: Statistical power, meta-analysis, and the interpretation of research results.* New York: Cambridge University Press.

Elwert, F. (2013). Graphical causal models. In S. L. Morgan (Ed.), *Handbook of causal analysis for social research* (pp. 245–273). New York: Springer.

Enders, C. K. (2010). *Applied missing data analysis.* New York: Guilford Press.

Epskamp, S. (2014). Package semPlot. Retrieved from *http://cran.r-project.org/web/packages/semPlot/semPlot.pdf*

Erceg-Hurn, D. M., & Mirosevich, V. M. (2008). Modern robust statistical methods: An easy way to maximize the accuracy and power of your research. *American Psychologist, 63*, 591–601.

Fabrigar, L. R., & Wegener, D. T. (2012). *Exploratory factor analysis.* New York: Oxford University Press.

Fan, X. (1997). Canonical correlation analysis and structural equation modeling: What do they have in common? *Structural Equation Modeling, 4*, 65–79.

Fan, X., & Sivo, S. A. (2005). Sensitivity of fit indexes to misspecified structural or measurement model components: Rationale of the two-index strategy revisited. *Structural Equation Modeling, 12*, 343–367.

Finkel, S. E. (1995). *Causal analysis with panel data.* Thousand Oaks, CA: Sage.

Finney, S. J., & DiStefano, C. (2006). Nonnormal and categorical data in structural equation modeling. In G. R. Hancock & R. O. Mueller (Eds.), *A second course in structural equation modeling* (pp. 269–314). Greenwich, CT: IAP.

Finney, S. J., & DiStefano, C. (2013). Nonnormal and categorical data in structural equation modeling.

In G. R. Hancock & R. O. Mueller (Eds.), *Structural equation modeling: A second course* (2nd ed.) (pp. 439–492). Charlotte, NC: IAP.

Flora, D. B. (2008). Specifying piecewise latent trajectory models for longitudinal data. *Structural Equation Modeling, 15*, 513–533.

Forero, C. G., Maydeu-Olivares, A., & Gallardo-Pujol, D. (2009). Factor analysis with ordinal indicators: A Monte Carlo study comparing DWLS and ULS estimation. *Structural Equation Modeling, 16*, 625–641.

Fox, J. (2006). Structural equation modeling with the sem package in R. *Structural Equation Modeling, 13*, 465–486.

Fox, J. (2012). Structural equation modeling in R with the sem package. Retrieved from *http://socserv.mcmaster.ca/jfox/Books/Companion/appendix/Appendix-SEMs.pdf*

Frees, E. W. (2004). *Longitudinal and panel data: Analysis and applications in the social sciences.* New York: Cambridge University Press.

Friendly, M. (2006). SAS macro programs: boxcox. Retrieved from *www.math.yorku.ca/SCS/sasmac/boxcox.html*

Friendly, M. (2009). SAS macro programs: csmpower. Retrieved from *www.datavis.ca/sasmac/csmpower.html*

Gardner, H. (1993). *Multiple intelligences: The theory in practice.* New York: Basic.

Garson, G. D. (Ed.). (2013) *Hierarchical linear modeling: Guide and applications.* Thousand Oaks, CA: Sage.

Geary, R. C. (1947). Testing for normality. *Biometrika, 34*, 209–242.

Geiser, C. (2013). *Data analysis with Mplus.* New York: Guilford Press.

George, R. (2006). A cross-domain analysis of change in students' attitudes toward science and attitudes about the utility of science. *International Journal of Science Education, 28*, 571–589.

Gerbing, D. W., & Anderson, J. C. (1993). Monte Carlo evaluations of fit in structural equation models. In K. A. Bollen & J. S. Long (Eds.), *Testing structural equation models* (pp. 40–65). Newbury Park, CA: Sage.

Gignac, G. E. (2008). Higher-order models versus direct hierarchical models: *g* as superordinate or breadth factor? *Psychology Science Quarterly, 50*, 21–43.

Glymour, C., Scheines, R., Spirtes, P., & Ramsey, J. (2014). TETRAD V [computer software]. Available from *www.phil.cmu.edu/tetrad/current.html*

Glymour, M. M. (2006). Using causal diagrams to understand common problems in social epidemiology. In M. Oakes & J. Kaufman (Eds.), *Methods in social epidemiology* (pp. 387–422). San Francisco: Jossey–Bass.

Gnambs, T. (2013). Required sample size and power for SEM. Retrieved from *http://timo.gnambs.at/en/scripts/powerforsem*

Goldman, B. A., & Mitchell, D. F. (2007). *Directory of unpublished experimental mental measures* (vol. 9). Washington, DC: American Psychological Association.

Goldstein, H., Bonnet, G., & Rocher, T. (2007). Multilevel structural equation models for the analysis of comparative data on educational performance. *Journal of Educational and Behavioral Statistics, 32*, 252–286.

Gonzalez, R., & Griffin, D. (2001). Testing parameters in structural equation modeling: Every "one" matters. *Psychological Methods, 6*, 258–269.

Goodwin, L. D., & Leech, N. L. (2006). Understanding correlation: Factors that affect the size of *r*. *Journal of Experimental Education, 74*, 251–266.

Grace, J. B. (2006). *Structural equation modeling and natural systems*. New York: Cambridge University Press.

Grace, J. B., & Bollen, K. A. (2008). Representing general theoretical concepts in structural equation models: The role of composite variables. *Environmental and Ecological Statistics, 15*, 191–213.

Graham, J. M., Guthrie, A. C., & Thompson, B. (2003). Consequences of not interpreting structure coefficients in published CFA research: A reminder. *Structural Equation Modeling, 10*, 142–153.

Graham, J. W., & Coffman, D. L. (2012). Structural equation modeling with missing data. In R. H. Hoyle (Ed.), *Handbook of structural equation modeling* (pp. 277–295). New York: Guilford Press.

Gregorich, S. E. (2006). Do self-report instruments allow meaningful comparisons across diverse population groups? Testing measurement invariance using the confirmatory factor analysis framework. *Medical Care, 44*(Suppl. 3), S78–S94.

Hagenaars, J. A., & McCutcheon, A. L. (Eds.). (2002). *Applied latent class analysis*. New York: Cambridge University Press.

Haller, H., & Krauss, S. (2002). Misinterpretations of significance: A problem students share with their teachers? *Methods of Psychological Research Online, 7*(1), 1–17. Retrieved from *www.dgps.de/fachgruppen/methoden/mpr-online*

Hallquist, M., & Wiley, J. (2015). MplusAutomation: Automating Mplus model estimation and interpretation. R package version 0.6–3 [computer software]. Retrieved from *http://cran.r-project.org/web/packages/MplusAutomation*

Hancock, G. R., & Freeman, M. J. (2001). Power and sample size for the Root Mean Square Error of Approximation of not close fit in structural equation modeling. *Educational and Psychological Measurement, 61*, 741–758.

Hancock, G. R., & French, B. F. (2013). Power analysis in structural equation modeling. In G. R. Hancock & R. O. Mueller (Eds.), *Structural equation modeling: A second course* (2nd ed.) (pp. 117–159). Charlotte, NC: IAP.

Hancock, G. R., & Liu, M. (2012). Bootstrapping standard errors and data-odel fit statistics in structural equation modeling. In R. H. Hoyle (Ed.), *Handbook of structural equation modeling* (pp. 296–306). New York: Guilford Press.

Hancock, G. R., & Mueller, R. O. (2001). Rethinking construct reliability within latent variable systems. In R. Cudeck, S. du Toit, & D. Sorbom (Eds.), *Structural Equation Modeling: Present and future. A Festschrift in honor of Karl Jöreskog* (pp. 195–216). Lincolnwood, IL: Scientific Software International.

Hardt, J., Herke, M., & Leonhart, R. (2012). Auxiliary variables in multiple imputation in regression with missing *X*: A warning against including too many in small sample research. *BMC Medical Research Methodology, 12*(184). Retrieved from *www.biomedcentral.com/1471-2288/12/184*

Harrington, D. (2009). *Confirmatory factor analysis*. New York: Oxford University Press.

Hayduk, L. A. (1996). *LISREL issues, debates and strategies*. Baltimore, MD: Johns Hopkins University Press.

Hayduk, L. A. (2006). Blocked-error-R_2: A conceptually improved definition of the proportion of explained variance in models containing loops or correlated residuals. *Quality and Quantity, 40*, 629–649.

Hayduk, L. A. (2014a). Seeing perfectly-fitting factor models that are causally misspecified: Understanding that close-fitting models can be worse. *Educational and Psychological Measurement, 74*, 905−926.

Hayduk, L. A. (2014b). Shame for disrespecting evidence: The personal consequences of insufficient respect for structural equation model testing. *BMC: Medical Research Methodology, 14*(124). Retrieved from www.biomedcentral.com/1471-2288/14/124

Hayduk, L., Cummings, G., Boadu, K., Pazderka-Robinson, H., & Boulianne, S. (2007). Testing! testing! one, two, three—esting the theory in structural equation models! *Personality and Individual Differences, 42*, 841−850.

Hayduk, L., Cummings, G., Stratkotter, R., Nimmo, M., Grygoryev, K., Dosman, D., et al. (2003). Pearl's d-separation: One more step into causal thinking. *Structural Equation Modeling, 10*, 289−311.

Hayduk, L. A., & Glaser, D. N. (2000). Jiving the four-step, waltzing around factor analysis, and other serious fun. *Structural Equation Modeling, 7*, 1−35.

Hayduk, L. A., & Littvay, L. (2012). Should researchers use single indicators, best indicators, or multiple indicators in structural equation models? *BMC Medical Research Methodology, 12*(159). Retrieved from *www.biomedcentral.com/1471-2288/12/159*

Hayduk, L. A., Pazderka-Robinson, H., Cummings, G. C., Levers, M.-J. D., & Beres, M. A. (2005). Structural equation model testing and the quality of natural killer cell activity measurements. *BMC Medical Research Methodology, 5*(1). Retrieved from *www.ncbi.nlm.nih.gov/pmc/articles/PMC546216*

Hayes, A. F. (2013a). Conditional process modeling: Using structural equation modeling to examine contingent causal processes. In G. R. Hancock & R. O. Mueller (Eds.), *Structural equation modeling: A second course* (2nd ed.) (pp. 219−266). Greenwich, CT: IAP.

Hayes, A. F. (2013b). *Introduction to mediation, moderation, and conditional process analysis: A regression-based approach*. New York: Guilford Press.

Hayes, A. F., & Matthes, J. (2009). Computational procedures for probing interactions in OLS and logistic regression: SPSS and SAS implementations. *Behavior Research Methods, 41*, 924−936.

Henningsen, A., & Hamann, J. D. (2007). Systemfit: A package for estimating systems of simultaneous equations in R. *Journal of Statistical Software, 23*(4). Retrieved from *www.jstatsoft.org/v23/i04/paper*

Hershberger, S. L. (1994). The specification of equivalent models before the collection of data. In A. von Eye & C. C. Clogg (Eds.), *Latent variables analysis* (pp. 68−105). Thousand Oaks, CA: Sage.

Hershberger, S. L. (2006). The problem of equivalent structural models. In G. R. Hancock & R. O. Mueller (Eds.), *Structural equation modeling: A second course* (2nd ed.) (pp. 13−41). Greenwich, CT: IAP.

Hershberger, S. L., & Marcoulides, G. A. (2013). The problem of equivalent structural models. In G. R. Hancock & R. O. Mueller (Eds.), *Structural equation modeling: A second course* (2nd ed., pp. 3−39). Charlotte, NC: IAP.

Hicks, R., & Tingley, D. (2011). Causal mediation analysis. *Stata Journal, 11*, 605−619.

Hirschfeld, G., & von Brachel, R. (2014). Multiple-group confirmatory factor analysis in R— tutorial in measurement invariance with continuous and ordinal indicators. *Practical Assessment, Research and Evaluation, 19*(7). Retrieved from *http://pareonline.net/getvn.asp?v=19&n=7*

Hoekstra, R., Kiers, H. A. L., & Johnson, A. (2013). Are assumptions of well-known statistical techniques checked, and why (not)? *Frontiers in Psychology, 3*. Retrieved from *www.frontiersin.org/article/10.3389/fpsyg.2012.00137/full*

Holland, P. W. (1986). Statistics and causal inference. *Journal of the American Statistical Association, 81*,

945-960.

Holsta, K. K., & Budtz-Jørgensena, E. (2012). Linear latent variable models: The lava package. *Computational Statistics, 28*, 1385-1452.

Horn, J. L., & McArdle, J. J. (1992). A practical and theoretical guide to measurement invariance in aging research. *Experimental Aging Research, 18*, 117-144.

Houghton, J. D., & Jinkerson, D. L. (2007). Constructive thought strategies and job satisfaction: A preliminary examination. *Journal of Business Psychology, 22*, 45-53.

Howell, R. D., Breivik, E., & Wilcox, J. B. (2007). Reconsidering formative measurement. *Psychological Methods, 12*, 205-218.

Hoyle, R. H. (2012). Model specification in structural equation modeling. In R. H. Hoyle (Ed.), *Handbook of structural equation modeling* (pp. 126-144). New York: Guilford Press.

Hoyle, R. C., & Isherwood, J. C. (2011). Reporting results from structural equation modeling analyses in *Archives of Scientific Psychology. Archives of Scientific Psychology, 1*, 14-22.

Hu, L., & Bentler, P. M. (1998). Fit indices in covariance structure modeling: Sensitivity to underparameterized model misspecification. *Psychological Methods, 3*, 424-453.

Hu, L., & Bentler, P. M. (1999). Cutoff criteria for fit indexes in covariance structure analysis: Conventional criteria versus new alternatives. *Structural Equation Modeling, 6*, 1-55.

Huck, S. W. (1992). Group heterogeneity and Pearson's *r. Educational and Psychological Measurement, 52*, 253-260.

Hunter, J. E., & Gerbing, D. W. (1982). Unidimensional measurement, second order factor analysis, and causal models. *Research in Organizational Behavior, 4*, 267-320.

Hurlbert, S. H., & Lombardi, C. M. (2009). Final collapse of the Neyman-Pearson decision theory framework and rise of the neoFisherian. *Annales Zoologici Fennici, 46*, 311-349.

Imai, K., Keele, L., & Yamamoto, T. (2010). Identification, inference, and sensitivity analysis for causal mediation effects. *Statistical Science, 25*, 51-71.

Ioannidis, J. P. A. (2005). Why most published research findings are false. *PLoS Medicine, 2*(8): e124. Retrieved from *www.plosmedicine.org*

Jackson, D. L. (2003). Revisiting sample size and number of parameter estimates: Some support for the *N:q* hypothesis. *Structural Equation Modeling, 10*, 128-141.

Jackson, D. L., Gillaspy, J. A., Jr., & Purc-Stephenson, R. (2009). Reporting practices in confirmatory factor analysis: An overview and some recommendations. *Psychological Methods, 14*, 6-23.

James, G. S. (1951). The comparison of several groups of observations when the ratios of the population variances are unknown. *Biometrika, 38*, 324-329.

James, L. R., & Brett, J. M. (1984). Mediators, moderators, and tests for mediation. *Journal of Applied Psychology, 69*, 307-321.

Jarvis, C. B., MacKenzie, S. B., & Podsakoff, P. M. (2003). A critical review of construct indicators and measurement model misspecification in marketing and consumer research. *Journal of Consumer Research, 30*, 199-218.

Jöreskog, K. G. (1993). Testing structural equation models. In K. A. Bollen & J. S. Lang (Eds.), *Testing structural equation models* (pp. 294-316). Newbury Park, CA: Sage.

Jöreskog, K. G. (2004). *On chi-squares for the independence model and fit measures in LISREL.* Retrieved from *www.ssicentral.com/lisrel/techdocs/ftb.pdf*

Jöreskog, K. G., & Yang, F. (1996). Nonlinear structural equation models: The Kenny-udd model with interaction effects. In G. A. Marcoulides & R. E. Schumacker (Eds.), *Advanced structural equation modeling* (pp. 57–88). Mahwah, NJ: Erlbaum.

Judd, C. M., Kenny, D. A., & McClelland, G. H. (2001). Estimating and testing mediation and moderation in within-participant designs. *Psychological Methods, 6*, 115–134.

Jung, S. (2013). Structural equation modeling with small sample sizes using two-stage ridge least-squares estimation. *Behavior Research Methods, 45*, 75–81.

Kane, M. T. (2013). Validating the interpretations and uses of test scores. *Journal of Educational Measurement, 50*, 1–73.

Kanfer, R., & Ackerman, P. L. (1989). Motivation and cognitive abilities: An integrative/ aptitude-treatment interaction approach to skill acquisition. *Journal of Applied Psychology, 74*, 657–690.

Kaplan, D. (2000). *Structural equation modeling: Foundations and extensions.* Thousand Oaks, CA: Sage.

Kaplan, D. (2009). *Structural equation modeling: Foundations and extensions* (2nd ed.). Thousand Oaks, CA: Sage.

Kaplan, D., & Depaoli, S. (2012). Bayesian structural equation modeling. In R. H. Hoyle (Ed.), *Handbook of structural equation modeling* (pp. 650–673). New York: Guilford Press.

Kaplan, D., Harik, P., & Hotchkiss, L. (2001). Cross-sectional estimation of dynamic structural equation models in disequilibrium. In R. Cudeck, S. Du Toit, and D. Sorbom (Eds.), *Structural equation modeling: Present and future. A Festschrift in honor of Karl Jöreskog* (pp. 315–339). Lincolnwood, IL: Scientific Software International.

Karami, H. (2012). An introduction to differential item functioning. *International Journal of Educational and Psychological Assessment, 11*, 56–76.

Kaufman, A. S., & Kaufman, N. L. (1983). *K–ABC administration and scoring manual.* Circle Pines, MN: American Guidance Service.

Keith, T. Z. (1985). Questioning the K–ABC: What does it measure? *School Psychology Review, 14*, 9–20.

Kenny, D. A. (1979). *Correlation and causality.* New York: Wiley.

Kenny, D. A. (2011a). Estimation with instrumental variables. Retrieved from *http:// davidakenny.net/ cm/iv.htm*

Kenny, D. A. (2011b). Terminology and basics of SEM. Retrieved from *http://davidakenny.net/ cm/ basics.htm*

Kenny, D. (2013). Moderator variables: Introduction. Retrieved from *http://davidakenny.net/cm/ moderation.htm*

Kenny, D. A. (2014a). Measuring model fit. Retrieved from *http://davidakenny.net/cm/fit.htm*

Kenny, D. A. (2014b). Mediation. Retrieved from *http://davidakenny.net/cm/mediate.htm#CI*

Kenny, D. A., & Judd, C. M. (1984). Estimating the nonlinear and interactive effects of latent variables. *Psychological Bulletin, 96*, 201–210.

Kenny, D. A., & Kashy, D. A. (1992). Analysis of the multitrait-multimethod matrix by confirmatory factor analysis. *Psychological Bulletin, 112*, 165–172.

Kenny, D. A., Kashy, D. A., & Bolger, N. (1998). Data analysis in social psychology. In D. Gilbert, S. Fiske, & G. Lindzey (Eds.), *The handbook of social psychology* (Vol. 1, 4th ed., pp. 233–265). Boston: McGraw–ill.

Kenny, D. A., & Milan, S. (2012). Identification: A nontechnical discussion of a technical issue. In R. H.

Hoyle (Ed.), *Handbook of structural equation modeling* (pp. 145–163). New York: Guilford Press.

Keselman, H. J., Huberty, C. J., Lix, L. M., Olejnik, S., Cribbie, R. A., Donahue, B., et al. (1998). Statistical practices of education researchers: An analysis of the ANOVA, MANOVA, and ANCOVA analyses. *Review of Educational Research, 68*, 350–368.

Khine, M. S. (Ed.). (2013). *Application of structural equation modeling in educational research and practice.* Rotterdam, The Netherlands: Sense.

Kim, K. H. (2005). The relation among fit indexes, power, and sample size in structural equation modeling. *Structural Equation Modeling, 12*, 368–390.

Klein, A., & Moosbrugger, A. (2000). Maximum likelihood estimation of latent interaction effects with the LMS method. *Psychometrika, 65*, 457–474.

Klein, A. G., & Muthén, B. O. (2007). Quasi-maximum likelihood estimation of structural equation models with multiple interaction and quadratic effects. *Multivariate Behavioral Research, 42*, 647–673.

Kline, R. B. (2012). Assumptions in structural equation modeling. In R. H. Hoyle (Ed.), *Handbook of structural equation modeling* (pp. 111–125). New York: Guilford Press.

Kline, R. B. (2013a). *Beyond significance testing: Statistics reform in the behavioral sciences* (2nd ed.). Washington, DC: American Psychological Association.

Kline, R. B. (2013b). Exploratory and confirmatory factor analysis. In Y. Petscher & C. Schatsschneider (Eds.), *Applied quantitative analysis in the social sciences* (pp. 171–207). New York: Routledge.

Kline, R. B., Snyder, J., & Castellanos, M. (1996). Lessons from the Kaufman Assessment Battery for Children (K–ABC): Toward a new assessment model. *Psychological Assessment, 8*, 7–17.

Knight, C. R., & Winship, C. (2013). The causal implications of mechanistic thinking: Identification using directed acyclic graphs (DAGs). In S. L. Morgan (Ed.), *Handbook of causal analysis for social research* (pp. 275–299). New York: Springer.

Knuppel, S., & Stang, A. (2010). DAG program: Identifying minimal sufficient adjustment sets. *Epidemiology, 21*, 159.

Kuhnel, S. (2001). The didactical power of structural equation modeling. In R. Cudeck, S. du Toit, & D. Sorbom (Eds.), *Structural equation modeling: Present and future. A Festschrift in honor of Karl Jöreskog* (pp. 79–96). Lincolnwood, IL: Scientific Software International.

Lambdin, C. (2012). Significance tests as sorcery: Science is empirical—ignificance tests are not. *Theory and Psychology, 22*, 67–90.

Lance, C. E. (1988). Residual centering, exploratory and confirmatory moderator analysis, and decomposition of effects in path models containing interaction effects. *Applied Psychological Measurement, 12*, 163–175.

Lee, S., & Hershberger, S. L. (1990). A simple rule for generating equivalent models in covariance structure modeling. *Multivariate Behavioral Research, 25*, 313–334.

Lee, S. Y., Poon, W. Y., & Bentler, P. M. (1995). A two-stage estimation of structural equation models with continuous and polytomous variables. *British Journal of Mathematical and Statistical Psychology, 48*, 339–358.

Lei, P.-W., & Wu, Q. (2012). Estimation in structural equation modeling. In R. H. Hoyle (Ed.), *Handbook of structural equation modeling* (pp. 164–179). New York: Guilford Press.

Little, R. J. A., & Rubin, D. B. (2002). *Statistical analysis with missing data* (2nd ed.). New York: Wiley.

Little, T. D. (2013). *Longitudinal structural equation modeling.* New York: Guilford Press.

Little, T. D., Bovaird, J. A., & Widaman, K. F. (2006). On the merits of orthogonalizing powered and product terms: Implications for modeling interactions among latent variables. *Structural Equation Modeling, 13,* 497−519.

Little, T. D., Lindenberger, U., & Nesselroade, J. R. (1999). On selecting indicators for multivariate measurement and modeling with latent variables: When "good" indicators are bad and "bad" indicators are good. *Psychological Methods, 4,* 192−211.

Little, T. D., Slegers, D. W., & Card, N. A. (2006). A non-arbitrary method of identifying and scaling latent variables in SEM and MACS models. *Structural Equation Modeling, 13,* 59−72.

Loehlin, J. C. (2004). *Latent variable models: An introduction to factor, path, and structural equation analysis* (4th ed.). Mahwah, NJ: Erlbaum.

Lynam, D. R., Moffitt, T., & Stouthamer-Loeber, M. (1993). Explaining the relation between IQ and delinquency: Class, race, test motivation, or self-control? *Journal of Abnormal Psychology, 102,* 187−196.

Maasen, G. H., & Bakker, A. B. (2001). Suppressor variables in path models: Definitions and interpretations. *Sociological Methods and Research, 30,* 241−270.

MacCallum, R. C. (1986). Specification searches in covariance structure modeling. *Psychological Bulletin, 100,* 107−120.

MacCallum, R. C., & Austin, J. T. (2000). Applications of structural equation modeling in psychological research. *Annual Review of Psychology, 51,* 201−236.

MacCallum, R. C., & Browne, M. W. (1993). The use of causal indicators in covariance structure models: Some practical issues. *Psychological Bulletin, 114,* 533−541.

MacCallum, R. C., Browne, M. W., & Sugawara, H. M. (1996). Power analysis and determination of sample size for covariance structure modeling. *Psychological Methods, 1,* 130−149.

MacCallum, R. C., Wegener, D. T., Uchino, B. N., & Fabrigar, L. R. (1993). The problem of equivalent models in applications of covariance structure analysis. *Psychological Bulletin, 114,* 185−199.

MacKinnon, D. P. (2008). *Introduction to statistical mediation analysis.* New York: Erlbaum.

MacKinnon, D. P., Krull, J. L., & Lockwood, C. M. (2000). Equivalence of the mediation, confounding, and suppression effect. *Prevention Science, 1,* 173−181.

MacKinnon, D. P., & Pirlott, A. G. (2015). Statistical approaches for enhancing causal interpretation of the M to Y relation in mediation analysis. *Personality and Social Psychology Review, 19,* 30−43.

Madans, J. H., Kleinman, J. C., Cox, C. S., Barbano, H. E., Feldman, J. J., Cohen, B., et al. (1986). 10 years after NHANES I─eport of initial followup, 1982−4. *Public Health Reports, 101,* 465−473.

Maddox, T. (2008). *Tests: A comprehensive reference for assessments in psychology, education and business* (6th ed.). Austin, TX: PRO-ED.

Mair, P., Wu, E., & Bentler, P. M. (2010). EQS goes R: Simulations for SEM using the package REQS. *Structural Equation Modeling, 17,* 333−349.

Malone, P. S., & Lubansky, J. B. (2012). Preparing data for structural equation modeling: Doing your homework. In R. H. Hoyle (Ed.), *Handbook of structural equation modeling* (pp. 263−276). New York: Guilford Press.

Marcoulides, G. A., & Ing, M. (2012). Automated structural equation modeling strategies. In R. H. Hoyle (Ed.), *Handbook of structural equation modeling* (pp. 690−704). New York: Guilford Press.

Mardia, K. V. (1985). Mardia's test of multinormality. In S. Kotz & N. L. Johnson (Eds.), *Encyclopedia of statistical sciences* (Vol. 5, pp. 217−221). New York: Wiley.

Markland, D. (2007). The golden rule is that there are no golden rules: A commentary on Paul Barrett's recommendations for reporting model fit in structural equation modeling. *Personality and Individual Differences, 42*, 851−858.

Marsh, H. W., & Bailey, M. (1991). Confirmatory factor analysis of multitrait-multimethod data: A comparison of alternative models. *Applied Psychological Measurement, 15*, 47−70.

Marsh, H. W., Balla, J. R., & Hau, K. −T. (1996). An evaluation of incremental fit indices: A clarification of mathematical and empirical properties. In G. A. Marcoulides & R. E. Schumaker (Eds.), *Advanced structural equation modeling* (pp. 315−353). Mahwah, NJ: Erlbaum.

Marsh, H. W., & Grayson, D. (1995). Latent variable models of multitrait-multimethod data. In R. H. Hoyle (Ed.), *Structural equation modeling* (pp. 177−198). Thousand Oaks, CA: Sage.

Marsh, H. W., & Hau, K. −T. (1999). Confirmatory factor analysis: Strategies for small sample sizes. In R. H. Hoyle (Ed.), *Statistical strategies for small sample research* (pp. 252−284). Thousand Oaks, CA: Sage.

Marsh, H. W., Hau, K. −T., & Wen, Z. (2004). In search of golden rules: Comment on hypothesis testing approaches to setting cutoff values for fit indexes and dangers in overgeneralizing Hu and Bentler's (1999) findings. *Structural Equation Modeling, 11*, 320−341.

Marsh, H. W., Morin, A. J. S., Parker, P. D., & Kaur, G. (2014). Exploratory structural equation modeling: Integration of the best features of exploratory and confirmatory factor analysis. *Annual Review of Clinical Psychology, 10*, 85−110.

Marsh, H. W., Wen, Z., & Hau, K. T. (2004). Structural equation models of latent interactions: Evaluation of alternative estimation strategies and indicator construction. *Psychological Methods, 9*, 275−300.

Marsh, H. W., Wen, Z., & Hau, K. T. (2006). Structural equation modeling of latent interaction and quadratic effects. In G. R. Hancock & R. O. Mueller (Eds.), *Structural equation modeling: A second course* (2nd ed., pp. 225−265). Greenwich, CT: IAP.

Marsh, H. W., Wen, Z., Nagengast, B., & Hau, K. T. (2012). Structural equation models of latent interaction. In R. H. Hoyle (Ed.), *Handbook of structural equation modeling* (pp. 436−458). New York: Guilford Press.

Masyn, K. E., Petras, H., & Liu, W. (2014). Growth curve models with categorical outcomes. In G. Bruinsma & D. Weisburd (Eds.), *Encyclopedia of Criminology and Criminal Justice* (pp. 2013−2025). New York: Springer Verlag.

MathWorks. (2013). MATLAB (Version 8.2) [computer software]. Natick, MA: Author.

Matsueda, R. L. (2012). Key advances in structural equation modeling. In R. H. Hoyle (Ed.), *Handbook of structural equation modeling* (pp. 3−16). New York: Guilford Press.

Mauro, R. (1990). Understanding L.O.V.E. (left out variables error): A method for estimating the effects of omitted variables. *Psychological Bulletin, 108*, 314−329.

Maxwell, S. E., & Cole, D. A. (2007). Bias in cross-sectional analyses of longitudinal mediation. *Psychological Methods, 12*, 23−44.

McArdle, J. J., & McDonald, R. P. (1984). Some algebraic properties of the Reticular Action Model for moment structures. *British Journal of Mathematical and Statistical Psychology, 37*, 234−251.

McCoach, D. B., Black, A. C., & O'Connell, A. A. (2007). Errors of inference in structural equation modeling. *Psychology in the Schools, 44,* 461−470.

McDonald, R. A., Behson, S. J., & Seifert, C. F. (2005). Strategies for dealing with measurement error in multiple regression. *Journal of Academy of Business and Economics, 5,* 80−97.

McDonald, R. P. (1989). An index of goodness of fit based on noncentrality. *Journal of Classification, 6,* 97−103.

McDonald, R. P., & Ho, M.−H. R. (2002). Principles and practice in reporting structural equation analyses. *Psychological Methods, 7,* 64−82.

McDonald, R. P., & Marsh, H. W. (1990). Choosing a multivariate model: Noncentrality and goodness of fit. *Psychological Bulletin,* 107, 247−255.

McIntosh, C. N., Edwards, J. R., & Antonakis, J. (2014). Reflections on partial least squares path modeling. *Organizational Research Methods, 17,* 210−251.

McKnight, P. E., McKnight, K. M., Sidani, S., & Figueredo, A. J. (2007). *Missing data: A gentle introduction.* New York: Guilford Press.

Meade, A. W., & Bauer, D. J. (2007). Power and precision in confirmatory factor analytic tests of measurement invariance. *Structural Equation Modeling, 14,* 611−635.

Meade, A. W., Johnson, E. C., & Braddy, P. W. (2008). Power and sensitivity of alternative fit indices in tests of measurement invariance. *Journal of Applied Psychology, 93,* 568−592.

Meade, A. W., & Lautenschlager, G. J. (2004). A comparison of item response theory and confirmatory factor analytic methodologies for establishing measurement equivalence/ invariance. *Organizational Research Methods, 7,* 361−388.

Meredith, W., & Tisak, J. (1990). Latent curve analysis. *Psychometrika, 55,* 107−122.

Messick, S. (1995). Validation of inferences from persons' responses and performances as scientific inquiry into score meaning. *American Psychologist, 50,* 741−749.

Micceri, T. (1989). The unicorn, the normal curve, and other improbable creatures. *Psychological Bulletin, 105,* 156−166.

Miles, J., & Shevlin, M. (2007). A time and a place for incremental fit indices. *Personality and Individual Differences, 42,* 869−874.

Millsap, R. E. (2001). When trivial constraints are not trivial: The choice of uniqueness constraints in confirmatory factor analysis. *Structural Equation Modeling, 8,* 1−17.

Millsap, R. E. (2007). Structural equation modeling made difficult. *Personality and Individual Differences, 42,* 875−881.

Millsap, R. E. (2011). *Statistical approaches to measurement invariance.* New York: Routledge.

Millsap, R. E., & Olivera-Aguilar, M. (2012). Investigating measurement invariance using confirmatory factor analysis. In R. H. Hoyle (Ed.), *Handbook of structural equation modeling* (pp. 380−392). New York: Guilford Press.

Millsap, R. E., & Yun-Tein, J. (2004). Assessing factorial invariance in ordered-categorical measures. *Multivariate Behavioral Research, 39,* 479−515.

Molina, K. M., Alegria, M., & Mahalingam, R. (2013). A multiple-group path analysis of the role of everyday discrimination on self-rated physical health among Latina/os in the U.S. *Annals of Behavioral Medicine, 45*(1), 33−44.

Monecke, A. (2014). Package semPLS [computer software]. Retrieved from *http://cran. r-project.org/web/packages/semPLS/semPLS.pdf*

Mooijaart, A., & Satorra, A. (2009). On insensitivity of the chi-square model test to non-linear misspecification in structural equation models. *Psychometrika, 74*, 443−455.

Mueller, R. O., & Hancock, G. R. (2008). Best practices in structural equation modeling. In J. W. Osborne (Ed.), *Best practices in quantitative methods* (pp. 488−508). Thousand Oaks, CA: Sage.

Mulaik, S. A. (1987). A brief history of the philosophical foundations of exploratory factor analysis. *Multivariate Behavioral Research, 22*, 267−305.

Mulaik, S. A. (2009a). *Foundations of factor analysis* (2nd ed.). Boca Raton, FL: Chapman & Hall/CRC.

Mulaik, S. A. (2009b). *Linear causal modeling with structural equations.* New York: CRC Press.

Mulaik, S. A., & Millsap, R. E. (2000). Doing the four-step right. *Structural Equation Modeling, 7*, 36−73.

Muthén, B. O. (1984). A general structural equation model with dichotomous, ordered categorical, and continuous latent variable indicators. *Psychometrika, 49*, 115−132.

Muthén, B. O. (1994). Multilevel covariance structure analysis. *Sociological Methods and Research, 22*, 376−398.

Muthén, B. O. (2001). Latent variable mixture modeling. In G. A. Marcoulides and R. E. Schumaker (Eds.), *New developments and techniques in structural equation modeling* (pp. 1−33). Mahwah, NJ: Erlbaum.

Muthén, B. O. (2011). Applications of causally defined direct and indirect effects in mediation analysis using SEM in Mplus. Retrieved from *www.statmodel.com/download/causalmediation.pdf*

Muthén, B., & Asparouhov, T. (2015). Causal effects in mediation modeling: An introduction with applications to latent variables. *Structural Equation Modeling, 22*, 12−23.

Muthén, B. O., du Toit, S. H. C., & Spisic, D. (1997). Robust inference using weighted least squares and quadratic estimating equations in latent variable modeling with categorical and continuous outcomes. Retrieved from *www.statmodel.com/bmuthén/articles/Article_075.pdf*

Muthén, L. K., & Muthén, B. O. (1998−2014). Mplus (Version 7.3) [computer software]. Los Angeles: Author.

Myers, T. A. (2011). Goodbye, listwise deletion: Presenting hot deck imputation as an easy and effective tool for handling missing data. *Communication Methods and Measures, 5*, 297−310.

Narayanan, A. (2012). A review of eight software packages for structural equation modeling. *American Statistician, 66*, 129−138.

Neale, M. C., Boker, S. M., Xie, G., & Maes, H. H. (2004). *Mx: Statistical modeling* (6th ed.). Richmond: Virginia Commonwealth University, Virginia Institute for Psychiatric and Behavioral Genetics.

Nevitt, J., & Hancock, G. R. (2000). Improving the root mean square error of approximation for nonnormal conditions in structural equation modeling. *Journal of Experimental Education, 68*, 251−268.

Nevitt, J., & Hancock, G. R. (2001). Performance of bootstrapping approaches to model test statistics and parameter standard error estimation in structural equation modeling. *Structural Equation Modeling, 8*, 353−377.

Newsom, J. (2015). *Longitudinal structural equation modeling: A comprehensive introduction.* New York: Routledge.

Nimon, K., & Reio, T., Jr. (2011). Measurement invariance: A foundational principle for quantitative theory building. *Human Resource Development Review, 10*, 198−214.

Nunkoo, R., Ramkissoon, H., & Gursoy, D. (2013). Use of structural equation modeling in tourism research: Past, present, and future. *Journal of Travel Research, 52*, 759–771.

Nunnally, J. C., & Bernstein, I. H. (1994). *Psychometric theory* (3rd ed.). New York: McGraw–Hill.

O'Brien, R. M. (1994). Identification of simple measurement models with multiple latent variables and correlated errors. *Sociological Methodology, 24*, 137–170.

Okech, D., Kim, J., & Little, T. D. (2013). Recent developments in structural equation modeling research in social work publications. *British Journal of Social Work*. Advance access publication. Retrieved from *http://bjsw.oxfordjournals.org*

Oliveri, M. E., Olson, B. D., Ercikan, K., & Zumbo, B. D. (2012). Methodologies for investigating item and test-level measurement equivalence in international large-scale assessments. *International Journal of Testing, 12*, 203–223.

Olsson, U. H., Foss, T., & Breivik, E. (2004). Two equivalent discrepancy functions for maximum likelihood estimation: Do their test statistics follow a non-central chi-square distribution under model misspecification. *Sociological Methods and Research, 32*, 453–500.

Olsson, U. H., Foss, T., Troye, S. V., & Howell, R. D. (2000). The performance of ML, GLS, and WLS estimation in structural equation modeling under conditions of misspecification and non-normality. *Structural Equation Modeling, 7*, 557–595.

O'Rourke, R., & Hatcher, L. (2013). *A step-by-step approach to using SAS for factor analysis and structural equation modeling* (2nd ed.). Cary, NC: SAS Institute.

Osborne, J. W. (2002). Notes on the use of data transformations. *Practical Assessment, Research and Evaluation, 8*(6). Retrieved from *http://pareonline.net/getvn.asp?v=8&n=6*

Osborne, J. W. (2010). Improving your data transformations: Applying the Box–ox transformation. *Practical Assessment, Research and Evaluation, 15*(12). Retrieved from *http://pareonline.net/getvn.asp?v=15&n=12*

Osborne, J. W., & Fitzpatrick, D. C. (2012). Replication analysis in exploratory factor analysis: What it is and why it makes your analysis better. *Practical Assessment, Research and Evaluation, 17*. Retrieved from *http://pareonline.net/pdf/v17n15.pdf*

Park, I. & Schutz, R. W. (2005). An introduction to latent growth models: Analysis of repeated measures physical performance data. *Research Quarterly for Exercise and Sport, 76*, 176–192.

Paxton, P., Hipp, J. R., & Marquart-Pyatt, S. T. (2011). *Nonrecursive models: Endogeneity, reciprocal relationships, and feedback loops*. Thousand Oaks, CA: Sage.

Pearl, J. (2000). *Causality: Models, reasoning, and inference*. New York: Cambridge University Press.

Pearl, J. (2009a). Causal inference in statistics: An overview. *Statistics Surveys, 3*, 96–146.

Pearl, J. (2009b). *Causality: Models, reasoning, and inference* (2nd ed.). New York: Cambridge University Press.

Pearl, J. (2012). The causal foundations of structural equation modeling. In R. H. Hoyle (Ed.), *Handbook of structural equation modeling* (pp. 68–91). New York: Guilford Press.

Pearl, J. (2014). Interpretation and identification of causal mediation. *Psychological Methods, 19*, 459–481.

Pearl, J., & Meshkat, P. (1999). Testing regression models with fewer regressors. In D. Heckerman & J. Whittaker (Eds.), *Proceedings of the Seventh International Workshop on Artificial Intelligence and Statistics* (pp. 255–259). San Francisco: Morgan Kaufmann.

Pedhazur, E. J., & Schmelkin, L. P. (1991). *Measurement, design, and analysis: An integrated approach*.

Hillsdale, NJ: Erlbaum.

Peters, C. L. O., & Enders, C. (2002). A primer for the estimation of structural equation models in the presence of missing data. *Journal of Targeting, Measurement and Analysis for Marketing, 11*, 81–95.

Petersen, M. L., Sinisi, S. E., & van der Laan, M. J. (2006). Estimation of direct causal effects. *Epidemiology, 17*, 276–284.

Ping, R. A. (1996). Interaction and quadratic effect estimation: A two-step technique using structural equation analysis. *Psychological Bulletin, 119*, 166–175.

Pinter, J. (1996). Continuous global optimization software: A brief review. *Optima, 52*, 1–8.

Pornprasertmanit, S., Miller, P., Schoemann, A., Quick, C., & Jorgensen, T. (2014). Package simsem. Retrieved from http://cran.r-project.org/web/packages/simsem/simsem.pdf

Pornprasertmanit, S., Miller, P., Schoemann, A., Rosseel, Y., Quick, C., Garnier-illarreal, M., et al. (2014). Package semTools. Retrieved from *http://cran.r-project.org/web/packages/semTools/sem-Tools.pdf*

Porter, K., Poole, D., Kisynski, J., Sueda, S., Knoll, B., Mackworth, A., et al. (1999–2009). Belief and Decision Network Tool (Version 5.1.10) (computer software). Retrieved from *http://aispace.org/bayes*

Preacher, K. J., & Coffman, D. L. (2006). Computing power and minimum sample size for RMSEA. Retrieved from *www.quantpsy.org/rmsea/rmsea.htm*

Preacher, K. J., & Hayes, A. F. (2008). Asymptotic and resampling strategies for assessing and comparing indirect effects in multiple mediator models. *Behavior Research Methods, 40*, 879–891.

Preacher, K. J., & Kelley, K. (2011). Effect size measures for mediation models: Quantitative strategies for communicating indirect effects. *Psychological Methods, 16*, 93–115.

Preacher, K. J., & Merkle, E. C. (2012). The problem of model selection uncertainty in structural equation modeling. *Psychological Methods, 17*, 1–14.

Preacher, K. J., Rucker, D. D., & Hayes, A. F. (2007). Addressing moderated mediation hypotheses: Theory, methods, and prescriptions. *Multivariate Behavioral Research, 42*, 185–227.

Preacher, K. J., Wichman, A. L., MacCallum, R. C., & Briggs, N. E. (2008). *Latent growth curve modeling.* Thousand Oaks, CA: Sage.

Preacher, K. J., Zhang, Z., & Zyphur, M. J. (2011). Alternative methods for assessing mediation in multilevel data: The advantages of multilevel SEM. *Structural Equation Modeling, 18*, 161–182.

Provalis Research. (1995–011). SimStat (Version 2.6.1) [Computer software]. Montreal, Quebec, Canada: Author.

Radloff, L. S. (1977). The CES–D scale: A self-report depression scale for research in the general populations. *Applied Psychological Measurement, 1*, 385–401.

Raftery, A. E. (1995). Bayesian model selection in social research. *Sociological Methodology, 25*, 111–163.

Raykov, T. (2004). Behavioral scale reliability and measurement invariance evaluation using latent variable modeling. *Behavior Therapy, 35*, 299–331.

Raykov, T. (2011). *Introduction to psychometric theory.* New York: Routledge.

Raykov, T., & Marcoulides, G. A. (2000). *A first course in structural equation modeling.* Mahwah, NJ: Erlbaum.

Raykov, T., & Marcoulides, G. A. (2001). Can there be infinitely many models equivalent to a given covariance structure? *Structural Equation Modeling 8*, 142–149.

Rensvold, R. B., & Cheung, G. W. (1999). Identification of influential cases in structural equation models using the jackknife method. *Organizational Research Methods, 2*, 293–308.

Rhemtulla, M., Brosseau-Liard, P. E., & Savalei, V. (2012). When can categorical variables be treated as continuous? A comparison of robust continuous and categorical SEM estimation methods under suboptimal conditions. *Psychological Methods, 17*, 354–373.

Richardson, H. A., Simmering, M. J., & Sturman, M. C. (2009). A tale of three perspectives examining post hoc statistical techniques for detection and correction of common method variance. *Organizational Research Methods, 12*, 762–800.

Rigdon, E. E. (1995). A necessary and sufficient identification rule for structural models estimated in practice. *Multivariate Behavioral Research, 30*, 359–383.

Rigdon, E. E. (1997). Not positive definite matrices—auses and cures. Retrieved from *www2.gsu.edu/~ mkteer/npdmatri.html*

Rigdon, E. E. (2013). Partial least squares path modeling. In G. R. Hancock & R. O. Mueller (Eds.), *Structural equation modeling: A second course* (2nd ed., pp. 81–116). Charlotte, NC: IAP.

Rigdon, E. E. (2014, May). *Factor indeterminacy and factor-based structural equation modeling.* Paper presented at the second Modern Modeling Methods Conference. Retrieved from *www.modeling. uconn.edu/archive/2014/slides-from-paper-symposia*

Rindskopf, D. (1984). Structural equation models: Empirical identification, Heywood cases, and related problems. *Sociological Methods and Research, 13*, 109–119.

Ringle, C. M., Wende, S., & Becker, J.-M. (2014). SmartPLS 3 [computer software]. Retrieved *www.smartpls.com*

Rodgers, J. L. (2010). The epistemology of mathematical and statistical modeling: A quiet methodological revolution. *American Psychologist, 65*, 1–12.

Rodgers, J. L., & Nicewander, W. A. (1988). Thirteen ways to look at the correlation coefficient. *American Statistician, 42*, 59–66.

Rogosa, D. R. (1988). *Ballad of the casual modeler.* Retrieved from *www.stanford.edu/class/ed260/ballad*

Romney, D. M., Jenkins, C. D., & Bynner, J. M. (1992). A structural analysis of health-related quality of life dimensions. *Human Relations, 45*, 165–176.

Rosenberg, J. F. (1998). Kant and the problem of simultaneous causation. *International Journal of Philosophical Studies, 6*, 167–188.

Rosseel, Y. (2012). lavaan: An R package for structural equation modeling. *Journal of Statistical Software, 48*(2). Retrieved from *www.jstatsoft.org/v48/i02/paper*

Roth, D. L., Wiebe, D. J., Fillingham, R. B., & Shay, K. A. (1989). Life events, fitness, hardiness, and health: A simultaneous analysis of proposed stress-resistance effects. *Journal of Personality and Social Psychology, 57*, 136–142.

Rothman, K. J., Greenland, S., & Lash, T. L. (2008). *Modern epidemiology* (3rd ed.). Philadelphia: Lippincott Williams & Wilkins.

Royston, P., Altman, D. G., & Sauerbrei, W. (2006). Dichotomizing continuous predictors in multiple regression: A bad idea. *Statistics in Medicine, 25*, 127–141.

Rubin, D. B. (2005). Causal inference using potential outcomes: Design, modeling, decisions. *Journal of the American Statistical Association, 100*, 322–331.

Rubin, D. B. (2009). Should observational studies be designed to allow lack of balance in covariate distributions across treatment groups? *Statistics in Medicine, 28*, 1420−1423.

Ryder, A. G., Yang, J., Zhu, X., Yao, S., Yi, J., Heine, S. J., et al. (2008). The cultural shaping of depression: Somatic symptoms in China, psychological symptoms in North America? *Journal of Abnormal Psychology, 117*, 300−313.

Saris, W. E., & Alberts, C. (2003). Different explanations for correlated disturbance terms in MTMM studies. *Structural Equation Modeling, 10*, 193−213.

Saris, W. E., & Satorra, A. (1993). Power evaluations in structural equation models. In K. A. Bollen & J. S. Long (Eds.), *Testing structural equation models* (pp. 181−204). Newbury Park, CA: Sage.

SAS Institute. (2014). SAS/STAT (Version 9.4) [computer software]. Cary, NC: Author.

Sass, D. A., Schmitt, T. A., & Marsh, H. W. (2014). Evaluating model fit with ordered categorical data within a measurement invariance framework: A comparison of estimators. *Structural Equation Modeling, 21*, 167−180.

Satorra, A., & Bentler, P. M. (1988). Scaling corrections for chi-square statistics in covariance structure analysis. In *American Statistical Association 1988 Proceedings of the Business and Economic Statistics Section* (pp. 308−313). Alexandria, VA: American Statistical Association.

Satorra, A., & Bentler, P. M. (1994). Corrections to test statistics and standard errors on covariance structure analysis. In A. von Eye & C. C. Clogg (Eds.), *Latent variables analysis* (pp. 399−419). Thousand Oaks, CA: Sage.

Satorra, A., & Bentler, P. M. (2001). A scaled difference chi-square test statistic for moment structure analysis. *Psychometrika, 66*, 507−514.

Satorra, A., & Bentler, P. M. (2010). Ensuring positiveness of the scaled chi-square test statistic. *Psychometrika, 75*, 243−248.

Savalei, V. (2014). Understanding robust corrections in structural equation modeling. *Structural Equation Modeling, 21*, 149−160.

Schreiber, J. B. (2008). Core reporting practices in structural equation modeling. *Research in Social and Administrative Pharmacy, 4*, 83−97.

Schumaker, R. E., & Lomax, R. G. (2010). *A beginner's guide to structural equation modeling* (3rd ed.). Mahwah, NJ: Erlbaum.

Schumaker, R. E., & Marcoulides, G. A. (Eds.). (1998). *Interaction and nonlinear effects in structural equation modeling.* Mahwah, NJ: Erlbaum.

Scientific Software International. (2006). LISREL (Version 8.8) [computer software]. Skokie, IL: Author.

Scientific Software International. (2013). LISREL (Version 9.1) [computer software]. Skokie, IL: Author.

Selig, J. P., & Preacher, K. J. (2009). Mediation models for longitudinal data in developmental research. *Research in Human Development, 6*, 144−164.

Shadish, W. R., Cook, T. D., & Campbell, D. T. (2001). *Experimental and quasi-experimental designs for generalized causal inference.* New York: Houghton Mifflin.

Shah, R., & Goldstein, S. M. (2006). Use of structural equation modeling in operations management research: Looking back and forward. *Journal of Operations Management, 24*, 148−169.

Shapiro, A., & Browne, M. W. (1987). Analysis of covariance structures under elliptical distributions. *Journal of the American Statistical Association, 82*, 1092−1097.

Shieh, G. (2006). Suppression situations in multiple linear regression. *Educational and Psychological Measurement, 66*, 435−447.

Shipley, B. (2000). A new inferential test for path models based on directed acyclic graphs. *Structural Equation Modeling, 7*, 206−218.

Silvia, E. S. M., & MacCallum, R. C. (1988). Some factors affecting the success of specification searches in covariance structure modeling. *Multivariate Behavioral Research, 23*, 297−326.

Skrondal, A., & Rabe-Hesketh, S. (2004). *Generalized latent variable modeling: Multilevel, longitudinal, and structural equation models*. Boca Raton, FL: Chapman & Hall/CRC.

Sobel, M. E. (1982). Asymptotic intervals for indirect effects in structural equations models. In S. Leinhart (Ed.), *Sociological methodology* (pp. 290−312). San Francisco: Jossey−Bass.

Spearman, C. (1904). General intelligence, objectively determined and measured. *American Journal of Psychology, 15*, 201−293.

Spirtes, P. (1995). Directed cyclic graphical representations of feedback models. In P. Besnard & S. Hanks (Eds.), *Proceedings of the Eleventh Conference on Uncertainty in Artificial Intelligence* (pp. 491−498). San Francisco: Morgan Kaufmann.

Spirtes, P., Glymour, C., & Scheines, R. (2001). *Causation, prediction, and search* (2nd ed.). Cambridge, MA: MIT Press.

Stapleton, L. M. (2013). Using multilevel structural equation modeling techniques with complex sample data. In G. R. Hancock & R. O. Mueller (Eds.), *A second course in structural equation modeling* (2nd ed., pp. 521−562). Greenwich, CT: IAP.

Stark, S., Chernyshenko, O. S., & Drasgow, F. (2006). Detecting differential item functioning with confirmatory factor analysis and item response theory: Toward a unified strategy. *Journal of Applied Psychology, 91*, 1292−1306.

StataCorp. (1985−2015). *Stata statistical software: Release 14* [computer software]. College Station, TX: Author.

StatPoint Technologies, Inc. (1982−2013). Statgraphics Centurion (Version 16.2.04). [Computer software]. Warrenton, VA: Author.

StatSoft. (2013). *STATISTICA Advanced* (Version 12) [computer software]. Tulsa, OK: Author.

Steenkamp, J.−B. E. M., & Baumgartner, H. (1998). Assessing measurement invariance in cross-national consumer research. *Journal of Consumer Research, 25*, 78−107.

Steiger, J. H. (1990). Structural model evaluation and modification: An interval estimation approach. *Multivariate Behavioral Research, 25*, 173−180.

Steiger, J. H. (2001). Driving fast in reverse: The relationship between software development, theory, and education in structural equation modeling. *Journal of the American Statistical Association, 96*, 331−338.

Steiger, J. H. (2002). When constraints interact: A caution about reference variables, identification constraints, and scale dependencies in structural equation modeling. *Psychological Methods, 7*, 210−227.

Steiger, J. H. (2007). Understanding the limitations of global fit assessment in structural equation modeling. *Personality and Individual Differences, 42*, 893−898.

Steiger, J. H., & Fouladi, R. T. (1997). Noncentrality interval estimation and the evaluation of statistical models. In L. L. Harlow, S. A. Mulaik, & J. H. Steiger (Eds.), *What if there were no significance tests?* (pp. 221−257). Mahwah, NJ: Erlbaum.

Steiger, J. H., & Schonemann, P. H. (1978). A history of factor indeterminacy. In S. Shye (Ed.), *Theory construction and data analysis* (pp. 136–78). Chicago: University of Chicago Press.

Streiner, D. L. (2003). Starting at the beginning: An introduction to coefficient alpha and internal consistency. *Journal of Personality Assessment, 80*, 99–103.

Steinmetz, H. (2011). Analyzing observed composite differences across groups: Is partial measurement invariance enough? *Methodology, 9*, 1–12.

Stone-Romero, E. F., & Rosopa, P. J. (2011). Experimental tests of mediation models: Prospects, problems, and some solutions. *Organizational Research Methods, 14*, 631–646.

Systat Software. (2009). *Systat* (Version 13.1) [computer software]. Chicago: Author.

Textor, J., Hardt, J., & Knuppel, S. (2011). DAGitty: A graphical tool for analyzing causal diagrams. *Epidemiology, 5*, 745.

Thompson, B. (1995). Stepwise regression and stepwise discriminant analysis need not apply here: A guidelines editorial. *Educational and Psychological Measurement, 55*, 525–534.

Thompson, B. (2000). Ten commandments of structural equation modeling. In L. G. Grimm & P. R. Yarnold (Eds.), *Reading and understanding more multivariate statistics* (pp. 261–283). Washington, DC: American Psychological Association.

Thompson, B. (2006). *Foundations of behavioral statistics: An insight-based approach.* New York: Guilford Press.

Thompson, B., & Vacha-Haase, T. (2000). Psychometrics is datametrics: The test is not reliable. *Educational and Psychological Measurement, 60*, 174–195.

Thorndike, R. M., & Thorndike-Christ, T. M. (2010). *Measurement and evaluation in psychology and education* (8th ed.). Upper Saddle River, NJ: Pearson.

Tomarken, A. J., & Waller, N. G. (2003). Potential problems with "well-fitting" models. *Journal of Abnormal Psychology, 112*, 578–598.

Tomarken, A. J., & Waller, N. G. (2005). Structural equation modeling: Strengths, limitations, and misconceptions. *Annual Review of Clinical Psychology, 1*, 31–65.

Trafimow, D., & Marks, M. (2015). Editorial. *Basic and Applied Social Psychology, 37*, 1–2.

Tu, Y.-K. (2009). Commentary: Is structural equation modelling a step forward for epidemiologists? *International Journal of Epidemiology, 38*, 549–551.

Tucker, L. R., & Lewis, C. (1973). A reliability coefficient for maximum likelihood factor analysis. *Psychometrika, 38*, 1–10.

Vacha-Haase, T., & Thompson, B. (2011). Score reliability: A retrospective look back at 12 years of reliability generalization. *Measurement and Evaluation in Counseling and Development, 44*, 159–168.

Valeri, L., & VanderWeele, T. J. (2013). Mediation analysis allowing for exposure-ediator interactions and causal interpretation: Theoretical assumptions and implementation with SAS and SPSS macros. *Psychological Methods, 2*, 137–150.

Vandenberg, R. J., & Lance, C. E. (2000). A review and synthesis of the measurement invariance literature: Suggestions, practices, and recommendations for organizational research. *Organizational Research Methods, 3*, 4–70.

VanderWeele, T. J. (2014). A unification of mediation and interaction: A 4–way decomposition. *Epidemiology, 25*, 749–761.

VanderWeele, T. J. (2015). *Explanation in causal inference: Methods for mediation and interaction.* New York: Oxford University Press.

van Prooijen, J.-W., & van der Kloot, W. A. (2001). Confirmatory analysis of exploratively obtained factor structures. *Educational and Psychological Measurement, 61*, 777−792.

Vernon, P. A., & Eysenck, S. B. G. (Eds.). (2007). Structural equation modeling [Special issue]. *Personality and Individual Differences, 42*(5).

Vieira, A. L. (2011). *Interactive LISREL in practice: Getting started with a SIMPLIS approach.* New York: Springer.

Voelkle, M. C. (2008). Reconsidering the use of autoregressive latent trajectory (ALT) model. *Multivariate Behavioral Research, 43*, 564−591.

von Oertzen, T., Brandmaier, A. M., & Tsang, S. (2015). Structural equation modeling with Ωnyx. *Structural Equation Modeling, 22*, 148−161.

Vriens, M., & Melton, E. (2002). Managing missing data. *Marketing Research, 14*, 12−17.

Wall, M. M., & Amemiya, Y. (2001). Generalized appended product indicator procedure for nonlinear structural equation analysis. *Journal of Educational and Behavioral Statistics, 26*, 1−29.

Wang, J., & Wang, X. (2012). *Structural equation modeling: Applications using Mplus.* West Sussex, UK: Wiley.

West, S. G., Taylor, A. B., & Wu, W. (2012). Model fit and model selection in structural equation modeling. In R. H. Hoyle (Ed.), *Handbook of structural equation modeling* (pp. 209−246). New York: Guilford Press.

Westland, C. J. (2010). Lower bounds on sample size in structural equation modeling. *Electronic Commerce Research and Applications, 9*, 476−487.

Wherry, R. J. (1931). A new formula for predicting the shrinkage of the coefficient of multiple correlation. *Annals of Mathematical Statistics, 2*, 440−451.

Whitaker, B. G., & McKinney, J. L. (2007). Assessing the measurement invariance of latent job satisfaction ratings across survey administration modes for respondent subgroups: A MIMIC modeling approach. *Behavior Research Methods, 39*, 502−509.

Whittingham, M. J., Stephens, P. A., Bradbury, R. B., & Freckleton, R. P. (2006). Why do we still use stepwise modelling in ecology and behaviour? *Journal of Animal Ecology, 75*, 1182−1189.

Widaman, K. F., & Thompson, J. S. (2003). On specifying the null model for incremental fit indexes in structural equation modeling. *Psychological Methods, 8*, 16−37.

Wilcox, R. R. (2012). *Introduction to robust estimation and hypothesis testing* (3rd ed.). San Diego, CA: Academic Press.

Willett, J. B., & Sayer, A. G. (1994). Using covariance structure analysis to detect correlates and predictors of individual change over time. *Psychological Bulletin, 116*, 363−381.

Williams, L. J. (2012). Equivalent models: Concepts, problems, alternatives. In R. H. Hoyle (Ed.), *Handbook of structural equation modeling* (pp. 247−260). New York: Guilford Press.

Williams, T. H., McIntosh, D. E., Dixon, F., Newton, J. H., & Youman, E. (2010). A confirmatory factor analysis of the Stanford-Binet Intelligence Scales, fifth edition, with a high-achieving sample. *Psychology in the Schools, 47*, 1071−1083.

Wirth, R. J., & Edwards, M. C. (2007). Item factor analysis: Current approaches and future directions. *Psychological Methods, 12*, 58−79.

Wold, H. (1982). Soft modeling: The basic design and some extensions. In K. G. Jöreskog & H. Wold (Eds.), *Systems under indirect observation: Causality, structure, prediction* (Vol. 2, pp. 1−4).

Amsterdam: North-Holland.

Wolf, E. J., Harrington, K. M., Clark, S. L., & Miller, M. W. (2013). Sample size requirements for structural equation models: An evaluation of power, bias, and solution propriety. *Educational and Psychological Measurement, 73*, 913–934.

Wolfle, L. M. (2003). The introduction of path analysis to the social sciences, and some emergent themes: An annotated bibliography. *Structural Equation Modeling, 10*, 1–34.

Wong, C. –S., & Law, K. S. (1999). Testing reciprocal relations by nonrecursive structural equation models using cross-sectional data. *Organizational Research Methods, 2*, 69–87.

Worland, J., Weeks, G. G., Janes, C. L., & Strock, B. D. (1984). Intelligence, classroom behavior, and academic achievement in children at high and low risk for psychopathology: A structural equation analysis. *Journal of Abnormal Child Psychology, 12*, 437–454.

Wothke, W. (1993). Nonpositive definite matrices in structural equation modeling. In K. A. Bollen & J. S. Long (Eds.), *Testing structural equation models* (pp. 256–293). Newbury Park, CA: Sage.

Wright, S. (1921). Correlation and causation. *Journal of Agricultural Research, 20*, 557–585.

Wright, S. (1923). The theory of path coefficients: A reply to Niles' criticism. *Genetics, 20*, 239–255.

Wright, S. (1934). The method of path coefficients. *Annals of Mathematical Statistics, 5*, 161–215.

Wu, A. D., Li, Z., & Zumbo, B. D. (2007). Decoding the meaning of factorial invariance and updating the practice of multi-group confirmatory factor analysis: A demonstration with TIMSS data. *Practical Assessment Research and Evaluation, 12*(3). Retrieved from *http://pareonline.net/pdf/v12n3.pdf*

Wu, C. H. (2008). The role of perceived discrepancy in satisfaction evaluation. *Social Indicators Research, 88*, 423–436.

Yang, C., Nay, S., & Hoyle, R. H. (2010). Three approaches to using lengthy ordinal scales in structural equation models: Parceling, latent scoring, and shortening scales. *Applied Psychological Measurement, 34*, 122–142.

Yang-Wallentin, F. (2001). Comparisons of the ML and TSLS estimators for the Kenny-udd model. In R. Cudeck, S. du Toit, & D. Sorbom (Eds.), *Structural equation modeling: Present and future. A Festschrift in honor of Karl Jöreskog* (pp. 425–442). Lincolnwood, IL: Scientific Software International.

Yang-Wallentin, F., & Jöreskog, K. G. (2001). Robust standard errors and chi-squares for interaction models. In G. A. Marcoulides & R. Schumacker (Eds.), *New developments and techniques in structural equation modeling* (pp. 159–171). Mahwah, NJ: Erlbaum.

Yuan, K. –H. (2005). Fit indices versus test statistics. *Multivariate Behavioral Research, 40*, 115–148.

Yuan, K. –H., Hayashi, K., & Bentler, P. (2007). Normal theory likelihood ratio statistic for mean and covariance structure analysis under alternative hypotheses. *Journal of Multivariate Analysis, 9*, 1262–1282.

Ziliak, S., & McCloskey, D. N. (2008). *The cult of statistical significance: How the standard error costs us jobs, justice, and lives.* Ann Arbor: University of Michigan Press.

Zumbo, B. D. (2007). Three generations of DIF analyses: Considering where it has been, where it is now, and where it is going. *Language Assessment Quarterly, 4*, 223–233.

찾아보기

저자 소개

Rex B. Kline

캐나다 몬트리올의 컨커디어 대학교 심리학과 교수

임상심리학 박사학위를 취득한 후 주로 인간의 인지적 능력과 행동적, 학업적 특성의 측정, 구조방정식모형, 행동과학에서 통계적 방법론의 혁신, 컴퓨터 과학 분야의 사용성 공학 등을 중심으로 연구와 저작 활동, 연구자 교육을 수행해 왔다. Kline 박사는 이 분야와 관련된 7권의 저서와 10편 이상의 북챕터를 발간하였다.

역자 소개

이현숙(Hyun Sook Yi)

건국대학교 교직과 및 대학원 교육학과 교수

서울대학교 지구과학교육과 및 동 대학원을 졸업하고, 미국 아이오와 대학교에서 교육측정 및 통계 전공으로 박사학위를 받았다. 주요 연구 관심 분야는 구조방정식모형, 인지진단이론, 문항반응이론, 학습분석학 등이다. 본 역서의 번역 총괄 및 Part 3의 번역 책임을 담당하였다.

장승민(Seungmin Jahng)

성균관대학교 심리학과 교수

서울대학교 심리학과 및 동 대학원을 졸업하고, 미국 미주리 대학교에서 통계학으로 석사학위, 계량심리학으로 박사학위를 받았다. 주요 연구 관심 분야는 잠재변수 모형, 다층모형, 심리측정, 개인차 등이다. 본 역서에서는 Part 2 번역 책임을 담당하였다.

신혜숙(Hye Sook Shin)

강원대학교 교육학과 교수

서울대학교 교육학과 및 동 대학원을 졸업하고, 미국 UCLA 대학교에서 교육통계 및 교육연구방법론으로 박사학위를 받았다. 주요 연구 관심 분야는 구조방정식모형, 다층모형, 학교효과 추정 등이다. 본 역서에서는 Part 4 번역 책임을 담당하였다.

김수진(Soojin Kim)

한국교육과정평가원 연구원

중앙대학교 영문학과를 졸업하고 미국 텍사스 대학교 오스틴 캠퍼스에서 측정평가 전공으로 석사와 박사 학위를 받았으며 미국 ETS 연구원을 역임했다. 주요 연구 관심 분야는 인지진단이론, 문항반응이론, 자동검사 제작을 통한 평가 구축 등이다. 본 역서에서는 Part 1 번역 책임을 담당하였다.

전경희(Kyong Hee Chon)

강남대학교 교육학과 교수

경인교육대학교를 졸업하고 이화여자대학교에서 교육평가로 석사학위, 미국 아이오와 대학교에서 교육측정 및 통계 전공으로 박사학위를 받았다. 주요 연구 관심 분야는 검사이론, 척도개발, 구조방정식모형 등이다. 본 역서의 검토 작업을 담당하였다.

구조방정식모형: 원리와 적용

Principles and Practice of Structural Equation Modeling (4th ed.)

2019년 3월 15일 1판 1쇄 발행
2023년 8월 10일 1판 4쇄 발행

지은이 • Rex B. Kline
옮긴이 • 이현숙 · 장승민 · 신혜숙 · 김수진 · 전경희
펴낸이 • 김 진 환
펴낸곳 • (주) **학지사**

04031 서울특별시 마포구 양화로 15길 20 마인드월드빌딩 5층

대표전화 • 02) 330-5114   팩스 • 02) 324-2345

등록번호 • 제313-2006-000265호

홈페이지 • http://www.hakjisa.co.kr
인스타그램 • https://www.instagram.com/hakjisabook

ISBN 978-89-997-1772-7 93370

정가 **27,000원**

출판미디어기업 **학지사**

간호보건의학출판 **학지사메디컬** www.hakjisamd.co.kr
심리검사연구소 **인싸이트** www.inpsyt.co.kr
학술논문서비스 **뉴논문** www.newnonmun.com
원격교육연수원 **카운피아** www.counpia.com